알프레드
아들러

개인심리학의 탄생

마인드큐브Mindcube :
책은 지은이와 만든이와 읽는이가 함께 이루는 정신의 공간입니다.

알프레드 아들러

개인심리학의 탄생

알렉산더 클루이 지음 **이미옥** 옮김

Alfred Adler

DIE VERMESSUNG DER MENSCHLICHEN PSYCHE **BIOGRAPHIE**

【일러두기】

- 후주([1]…)는 원주이며, 각주(*…)는 옮긴이가 단 것이다.

"벌들은 우리가 생각하는 것만큼 그렇게 바쁜 것이 아니다.

그들은 단지 느리게 행동할 수 없을 뿐이다."

— 킨 허바드Kin Hubbard

"영혼의 울림은 시대를 관통한다."

— 로렌스 펄링게티Lawrence Ferlinghetti

"우리가 무엇인가에 대해 이야기를 나누지 않는다면

어떻게 그것을 비추는 힘이 생길 수 있을까요?"

— 프란츠 도델Franz Dodel

알프레드 아들러

개인심리학의 탄생

제 2 부. 아들러의 시대

대기실

"우리는 신대륙의 개척자였고, 그 지도자는 프로이트였다."

빌헬름 슈테켈(Wilhelm Stekel)1

희뿌연 안개가 장막처럼 짙게 드리워 있었다. 안개는 꿈꾸는 연기처럼 문들 사이에서, 책상 위에서, 그리고 의자들 사이에서 나풀거렸다. 그 짙은 안개 속에서 무형無形의 정신들이 나타났다가 변하다가 다시 사라졌다. 그 안에서 비밀 투성이인 삶에 대하여, 삶의 통찰에 대하여, 그리고 영혼에 나 있는 어두운 구멍에 대하여, 끊임없이 대화가 피어올랐다.

안개는 고양이의 앞발까지 다가오지는 않았다. 거실의 자욱한 연기는 쉬지 않고 불을 붙이고, 느긋하게 내뿜고, 뻑뻑 뿜어대고, 꾹꾹 눌러 끄는 궐련과 담배 때문이었다. 일단 주제가 정해지면 수많은 의견이 나오고 수많은 말들이 오갔다. 그 뒤틀리고 상반되는 생각들 사이사이에 끊임없이 담배연기가 뿜어졌다. 어느 늦은 밤, 토론 모임이 파하고 난 뒤 이 집의 장남이 방을 물끄러미 쳐다본 적이 있었다. 이렇듯 좁은 공간에서 사람들이 몇 시간 동안이나 머물면서 그렇게 떠들었는데도 산소 부족으로 쓰러진 사람이 없다는 게 아들에게는 신기하게 보였다.[2] 이곳은 바로 프로이트의 집이었다. 주소는 빈Wien 베르크가세Berggasse 9번지.

지그문트 프로이트Sigmund Freud가 연구실로 사용하던 공간은 모임을 갖기에는 너무 작고 비좁았다. 책이며 골동품, 예술품들—여러 종교와 양식이 두루 섞인 물건들이었는데, 대체로 휴머니즘과 고전시대의 특징들이 두드러졌다—로 가득했던 까닭이다. 그래서 집 뒤쪽에 위치하고 있던 진료실의 대기실이 모임 장소로 사용되었다.[3] 연구실의 문은 늘 열려 있었다. 책상 위에는 각종 이집트산 형상물들이 놓여 있었고, 훗날 유명하게 된 소파와, 목을 기댈 수 있도록 등받이 윗부분을 높게 올린 안락의자, 그리고 장서들이 보였다.

어느 수요일 저녁이었다. 수요회 모임이 열렸다. 프로이트의 가까운 지인들, 제자들, 조수들이 참석했다. 그 가운데 알프레드 아들러Alfred Adler도 있었다. 단단한 체구에, 콧수염도 길렀고, 당연히 흡연도 했다. 좁지만 위대했던 이 장소에서 역사는 무르익어갔다.[4]

저녁식사를 마친 회원들은 여덟시 반쯤 프로이트의 대기실로 모여들었다. 다 모이면 담요가 제공되었다. 잠시 후 조용한 걸음으로 프로이트가 등장했다. 아홉시가 되면 한 사람이 일어나 30분 정도 발표를 했다. 발표시간이 더 길어져도 참석자들은 받아들였다. 이후 커피가 나왔고, 악명 높았던 딱딱한 과자가 곁들여졌다.[5] 전혀 루쿨루스 풍風*이 아닌, 소박하기 짝이 없는 이 커피 타임은 15분 정

* 루쿨루스(Lucius Licinius Lucullus, 기원전 117~56)는 로마 시대의 장군이자 부유한 원로원 의원으로, 사치스러운 향연을 벌인 것으로 유명하다.

도 소요되었다. 그런 뒤에 추첨으로 뽑힌 연설자에 의해 주제에 대한 논평이 이어졌다. 관행 같은 건 없었다. 즉, 어느 누구도 자신의 의견을 억누를 필요는 없었다.

프로이트는 하루 20개비 가량의 담배를 피웠다. 이 집에 모인 사람들과 어울려 많이 그리고 거칠게 피워댔다. 논쟁은 늘 뜨거웠고, 늦은 밤이 되어서야 끝나는 경우가 많았다. 이 담배와 안개 속 저녁 모임은 단순히 의견을 나누고 비판적인 의견을 주고받는 자리가 아니었다. 모임의 참석자들은 영혼의 나라라는 미지의 땅에 최초로 깃발을 꽂는다는 확신을 가지고 있었다. 물론 서열은 분명했다. 선봉은 프로이트였다. 그는 지휘를 했고, 열정과 예리함을 시범으로 보였다. 마지막 말을 하는 사람도 항상 프로이트였고, 모임의 끝에 전체 내용을 요약하는 사람도 역시 그였다.[6]

모임에는 뭔가 새로운 신흥종교에서 느낄 법한 분위기가 맴돌았다. 식탁에 둘러앉아 나누는 이야기는 선생과 학생 사이의 대화, 창시자와 후계자 사이의 대화, 예언자와 제자 사이의 대화 같은 분위기였다. 이들을 예수의 열두 제자에 빗대 "프로이트의 학생들은 그의 사도使徒들"[7]이라는 말도 있었고, 일부는 스스로를 교회에 나가는 교인들처럼 생각했다. 빌헬름 슈테켈*은 이렇게 말했다. "나는 프로이트의 사제였고, 프로이트는 나의 그리스도였다."[8] 이 그리스도에게는 카리스마가 있었다. 그는 엄격했으며, 가부장 같은 사명감도 가지고 있었다. 프로이트가 정신분석을 "(인간에 대한) 구원의

* 1868~1940. 오스트리아 출신 의사이자 정신분석가.

종교"라고 인정한 것은, 그가 평생 반反종교적 성향이었다는 점을 고려할 때 모순적이자 극단적으로 들릴 수는 있겠지만, 틀린 말은 아니었다.[9] 오래 된 신들과 심리학의 우상들은 붕괴되었고, 보다 명랑하고 분명하며 사랑할 만한 바알신*을 사람들은 숭배했는데, 자신들의 영혼에 인간을 신으로 만들고 신을 사람으로 만든 자들의 감동이 살고 있다는 것을 알았기 때문이었다.[10] 프로이트의 혁명적 이념들은 심적이고 정신적인 고통 주변을 맴돌았다. 그리고 이런 이념들은 지금까지는 존재하지 않던, 사람들의 고통을 끝내주거나 적어도 완화시켜줄 기술을 제공했다.[11]

프로이트는 발표자에게 문서나 메모 없이 자유롭게 말할 것을 주문했다. 그리고 이 규칙에 결코 예외를 두지 않았다. 훗날 프리츠 비텔스Fritz Wittels는 이처럼 전적으로 사적인 모임이라 할 수 있는 이 수요회 모임에서 프로이트가 두 시간 반 동안 강연했던 것을 두고 '폭죽'이라고 묘사한 바 있다.[12] 의심할 바 없이 프로이트에게는 폭발적인 성격이 존재했다. 이런 성격은 발표를 하는 사람이 누구보다 잘 감지할 수 있었다. "한 점 의구심도 없을 때까지!"라는 계명을 고수하는 프로이트가 그 계명의 적용에 실로 단호했기 때문이었다. 프로이트는 냉정하고 "엄격하게 무자비할"[13]수 있었다. 만일 원하는 수준에 미달하거나 주제가 빈약해 보이면 용인해주지도 않았고 인내심 있게 참아주지도 않았다. 프로이트는 자신의 지배적인 성격을 바탕으로 이견과 대안적인 생각, 그리고 항변들을 제압하

* 셈족의 태양신. 기독교에서는 악마라고 본다.

고 늘 압승을 거두었다. 모임에 참석한 대부분의 사람들이 프로이트의 논쟁상의 우회나 해석을 신뢰하고 추종하게 되자, 그렇게 상대를 굴복시키는 일은 더욱 쉬워졌다. 프로이트에게 반대하는 말을 하기란 어려웠다. 또한 그는 무조건적인 충성심을 요구했다. 프로이트는 조롱할 수 있었고, 빈정댈 수 있었고, 악의가 있기도 했으며, 잘 용서해주지도 않았다. 심지어 수십 년이 지나도 용서를 해주지 않았다. 그는 하인리히 하이네Heinrich Heine의 격언집 《생각과 묘안》Gedanken und Einfälle에 들어 있는 "개인적인 것들"이라는 내용에서 인용하기도 했다. "그래, 사람들은 적을 용서해야 해. 하지만 적이 교수형에 처해지기 전까지는 용서하는 게 아니지."[14]

제 1 부

아들러와 그의 시대

1. 시작

"유일하게 진정한 의미에서의 외국이란 과거이다."

한스 마그누스 엔첸스베르거 (Hans Magnus Enzensberger)1

20세기는 심리학의 세기였다.

그런데 이 심리학의 세기는 여느 세기보다 길었고, 그 기산법起算法도 달랐다. 심리학의 세기는 이미 1899년에 시작되었다. 빈의 정신과의사 지그문트 프로이트가 지극히 오래된 문화적 기술인 해몽에 대한 책을 한 권 출간하면서 제목을 《꿈의 해석》Die Traumdeutung이라 붙이고는 출간 연도를 1년 뒤인 1900년으로 표기하라고 요청했을 때였다. 반면, 이 세기는 2011년에 끝났다. 알프레드 아들러의 시신을 화장하고 남은 재가 빈으로 송환되었을 때였다.

오늘날 빈의 중앙 묘지에 아들러의 묘석이 있다. 사람 키 높이의 사각으로 된 묘석이다. 관광객들이 볼거리 많은 시내를 구경하듯 이곳 묘지에 들르고는 한다. 묘석의 사람 머리 높이 지점은 쇠로 빙 둘러쳐져 있는데, 여기에 영어로 된 문구가 새겨져 있다.* 현대를

* Alfred Adler/Founder of/Individual Psychology/7th Feb. 1890~28th May 1937

알리는 하나의 묘석이다. 이 묘석은 삶의 마지막에, 그러니까 1930년대 중반에 알베르트 아인슈타인과 동급이라고 회자되었던 빈의 심리학자, 알프레드 아들러를 위해 세워졌다. 천재 아인슈타인이 우주를 측정했다면, 천재 아들러도 그에 못지않은 일을 이뤄냈다고 할 수 있다. 바로 인간 영혼에 대한 지도화 작업이 그것이었다.[2]

어떻게 이런 평가, 이런 동일시 현상이 생겨났을까? 대서특필할 기사를 찾는 언론 및 시대와 어떤 연관성이 있었던 걸까? 아니면 이러한 갈채의 배후에 뭔가 더 많은 것이 숨겨져 있는 걸까? 또 아니면 새롭고, 다르며, 현대적이고, 시대에 부합함과 동시에 시대를 넘어서서 인간을 자체적으로 이해하고자 하는 의문 덕분일까? 개인과 집단의 가치관에 대한 의문일까, 혹은 과학과 글을 쓰는 사람의 자기반성 없이는 더이상 의논할 수 없는 사고와 행동과 느낌의 방식에 대한 탐구 덕분일까?[3] 심리학의 역사는 순수한 대상물의 역사에 비해 더 많은 것을 포함하고 있다.[4] 20세기 가장 위대하고 영향력이 컸던 세 명의 심리학자를 꼽는다면, 심층심리학의 개척자인 지그문트 프로이트, 카를 구스타프 융Carl Gustav Jung, 그리고 알프레드 아들러를 들 수 있다. 이 중 아들러는 앞의 두 사람에 비해 오늘날 부당하다 할 만큼 덜 알려져 있다. 이는 문제에 대한 역사적 의식을 필요로 한다. 19세기 후반과 20세기를 넘어서 중요했고 과거나 지금이나 심리학의 특징이며, 하이테크와 인간 의학이라는 앞선 기술이 지배적인 시대에는 특히 문제들의 우선순위에 대한 역사적 의식이 필요하다. 어떻게 심리학과 인간에 대한 지식이 인류학의 기본으로 자리잡게 되었는지, 그리고 시급한 현안이지만 이에 대한 근거가 부족하여 심리학을 근거로 삼게 되었는지에 대한

역사적 의식 말이다.[5]

아마 심층심리학파의 그 어떤 학설도, 아들러의 심리치료 체계인 개인심리학처럼 환자의 질병과 고통을 극복하고자 하는 노력과 밀접하게 연관되어 있는 학설은 없을 것이다.[6] 개인심리학의 초기 개종자이자 로고테라피Logotherapie의 창시자였던 빈의 심리학자 빅토르 프랑클Viktor Frankl이 1993년에 다음과 같이 말한 것은 피상적이고 따라서 경솔한 발언이었다. "심리치료의 방향을 개척했던 모든 창시자는 자신의 저서에 자기 자신만의 질병 이야기를 기록하고, 이때 자신이 겪었던 문제들을 해결하고자 시도한다."[7]

심리학 없이 역사를 이해하고자 하는 것은 나태해 보인다. 무의미하다고 할 정도의 나태함이다. 역사 없이 심리학을 이해하고자 하는 것은 박약하다. 지적으로 불손하기까지 하다. 왜냐하면 지나치게 근시안적으로 파악하기 때문이다. 역사적 발전단계와 통과단계에 대한 이해 없이는, 심층심리학의 실제 상태를 아는 것은 불가능하다. 심층심리학의 창시자들이 마주쳤던 진퇴양난, 그들이 겪었던 지난한 단계들, 그들이 기어올라야 했던 인식이라는 야곱의 사다리Jacob's ladder에 대한 이해 없이는 더더욱 불가능하다. 심리학 연구의 발전은 주류들이 거둔 승리의 역사만이 아니었다.[8] 빈 의과대학의 공중보건 센터에서 심리치료를 하고 있는 오스카 프리쉔슐라거Oskar Frischenschlager 교수는 이렇게 말한다. "정신분석 또는 심리치료의 역사를 전기傳記를 통해서 알게 되는 것은 어떤 점이 흥미로운가? 대답은 간단하다. 즉, 연구 대상 그 자체에 놓여 있다. 심리학은 체험과 행동을 다루고, 정신분석은 그 너머의 접근하기 힘든 무의식과 하나의 문화에서 태어난 개인의 복잡한 역사를 다룬다. 하지만 과학적 요구를 담고 정신적 기능에 대해 말하는 모든 것들은, 동시에 우리 모두에게 직접적으로 해당된다."[9]

어떤 심리역사학자는 1970년에, 아들러가 함축적으로 말하는 "우리"가 시대에 매우 부합하는 것이라 생각했다.[10] 그로부터 50년이 지난 지금도 그 생각은 유효하다. 즉 개인심리학은 오늘날까지 빛을 발산하고 있으며, 지금도 여전히 효과가 있다. 아들러의 심리치료 이론은 산산조각 난 사회에 대해 해독解毒 기능을 할 수 있다. 분리주의, 과거로의 회귀, 이기주의와 붕괴 현상이 뚜렷한 사회, 그리고 신新청교도주의와 신新인종주의, 해묵은 증오가 들끓고 있는 이 사회에 대해 말이다. 아들러는 사람들이 자존감이 부족하거나 결여되어 있을 때 타인을 깎아내려 자신을 높이려 하는 경향이 있다고 처음으로 지적했다. 장기간에 걸쳐 동등하게 대우받지 못했거나 열등하게 취급받은 집단 혹은 계층 전체가 그런 감정을 강화하게 되며, 자신에 대한 회의와 의심을 걷어낼 수 있는 보상수단을 찾기 위해 다양한 회피전략을 찾게 된다는 것이다.

이러한 아들러의 인식은 심신상관心身相關 의학이라는 새로운 패러다임의 형성으로 이어졌다. 질병의 증상을—아들러의 '남성적 저항männliche Protest'이라는 표현을 따라—신체기관의 반항으로 간주하기. 권력도구로서의 유약함과 질병. 신체기관의 열등성에 대한 보상. 열등감. 신체기관의 사회적 연관성. 신체기관과 심리적 상부구조 및 인격목표의 일치. 신체기관의 표현Organjargon으로서의 증상. 인간 삶의 사회적 구조. 과제 수행에서의 목표의식. 사회적 지향성 결여에서 비롯된 그릇된 보상. 권력 문제 및 자기현시 문제로서의 신경증. 치료 목표로서의 자기 자신의 의사 되기와, 의사-환자 관계의 민주화, 그리고 회복에 대한 환자의 공동책임 강조.[11] 이러한 것들이 바로 개인심리학의 핵심어이자 슬로건이다. 또 개인심리학의 치료 방법이기도 하다. 개인심리학적 치료방법의 특징이라 할 만한 것은 치료상담 과정에서 드러나지 않으며, 프로이트 하면 떠오르는 긴 소파도 없다. 개인심리학은 그런 것들을 없앴다. 환자와 치료사는 서로 마주보고 앉는다. 위아래라는 게 없다. 환자와 치료사는 상호반응을 하는 것이다. 움직임을 지각하는 것이 중요하기 때문이다.

아들러 심리학의 신조는 사람을 있는 그대로 받아들이고, 지금 있는 바로 그 자리에서 그를 "맞이한다abholen"는 것이다. 그리고 치료를 하는 동안 앉아 있는다. "개인심리학은 개인의 자기계발이나 좌절을, 개인이 그 안에서 살고 있으며 적극적으로 반응을 주고받는 사회 환경과 분리해서 생각할 수 없는 것이라고 파악한다. 이러한 개인심리학은 영웅숭배를 예방하는 데도 적합할 뿐더러, 개인은 단지 사회적-역사적 현실을 합쳐놓은 것일 뿐이라는 절망적인 견해에 대항하기에도 적합하다."[12]

지금은 아들러에 대한 원본 자료들이 많이 남아 있지 않다. 워싱턴 DC의 국회도서관 기록물 박스에 수 미터 높이 분량의 문서들이 있고, 런던의 지인들에게 일부 자료들이 있으며, 중부 유럽의 시설들에 몇몇 서류들이 남아 있는 정도다. 아들러는 편지를 주고받을 때 상대로부터 받은 답신을 버리는 습관이 있었다.[13] 하지만 그는 끊임없이 새로운 사람들과 접촉하고 우정을 나누었다. 그 지인들이 기억을 더듬어서 얘기해주는 일화들이 있다.[14] 그렇지만 "일화들이 난무하면, 진실의 발견은 더 힘들어진다."[15] 알프레드 아들러의 삶은 덧붙여 추가한 내용들로 가득하고, 목격자들의 주관적인 목격담에 영향을 받고 있다. 그 가운데는 틀린 보도들도 있다. 그리고 상대편과 적대자들의 기억으로 말미암아 변색된 부분도 있다. 이와 관련해서, 불완전한 보고들을 퍼뜨린 언론이 적지 않은 역할을 한 것도 사실이다. 일례로 《뉴욕타임스》는 스위스의 심리학자 카를 구스타프 융이 1961년에 사망했을 때, 융이 "열등 콤플렉스"라는 개념을 창시한 주인공이라고 썼다. 하지만 이는 틀렸다. 런던의 일간지 《더 타임스》도 1939년에 장문의 추모기사에서 지그문트 프로이트가 열등 콤플렉스의 아버지라고 썼다.[16] 이 역시 틀렸다. 왜냐하면 이 개념을 정립한 주인공은 바로 알프레드 아들러였기 때문이다.

역사 서술의 방향은 구불구불하다. 결코 직선으로 향하는 법이 없으며, 중심이 반듯한 경우는 매우 드물다. 중간에서 발생하는 적지 않은 사건들은 의미 있게 완결된 생명체에게 적지 않은 영향을 주거나 아무런 영향을 주지 않기도 한다.[17] 이에 대해 로베르트 무질Robert Musil이 하나의 이미지를 제공한 바 있다. 그는 자신의 소설 《특성 없는 남자》Der Mann ohhe Eigenschaften에서 이렇게 썼다. "역사의 길은 한번 치면 예정된 경로로 움직이게 되어 있는 당구공 같지 않고 오히려 구름이 가는 길, 또는 여기서는 그림자에, 저기서는 사람들 또는 기이하게 생긴 건물에 의해 가는 방향이 바뀌어 결국에는 알지도 못하고 가고 싶지도 않은 곳에 도착하는 나그네의 길과 비슷하다. 역사의 길에는 길을 잃게 하는 어떤 것이 분명히 있다. 현재는 마치 도시의 맨 끝에 있어서 더이상 도시에 속하지 못하는 마지막 집과도 같다."[18]

바로 그런 집에서 알프레드 아들러는 성장했다.

2. 빈 1850년, 1870년, 1900년

"카카니엔*은 현재 발전단계에 있는 나라들 가운데
신이 신용, 삶의 즐거움, 자신에 대한 믿음, 그리고 마치
대단한 과제가 있는 것 같은 상상을 퍼뜨리는
모든 문화국가의 능력을 기피해버린 최초의 국토이다."

로베르트 무질[1]

알프레드 아들러가 1870년 2월 7일 태어난 집은 빈의 외곽도시인 루돌프스하임Rudolfsheim에 있었다. 아들러의 부계 혈통은 유대인으로, 부르겐란트Burgenland 출신이었다. 아들러의 아버지 레오폴트 아들러Leopold Adler는 1835년에 태어났다. 할아버지 시몬 아들러Simon Adler는 오늘날 슬로바키아의 수도 브라티슬라바Bratislava인 프레스부르크Pressburg에서 남쪽으로 14킬로미터 떨어진 부르겐란트에 있는 키트제Kittsee에서 모피를 다루는 장인이었다. 키트제라는 지역은 시장을 열 권리가 있는 공동체였고, 이 시장공동체는 헝가리의 에스

* 19세기 중반 오스트리아 제국과 헝가리인들의 대타협으로 만들어진 국가인 오스트리아-헝가리제국을 가리킨다. 오스트리아 황제(Kaiser)가 헝가리 왕(König)을 겸하는 나라라는 뜻에서 두 개의 K(독일어로 '카')에 주목한 '카카니엔'이라는 별칭이 사용되었다.

테르하지Esterhazy 제후들이 1670년부터 자신들의 지배영역으로 보호했던, 소위 말하는 7개 공동체에 속해 있었다. 1712년부터 모라비아Mähren에 살던 유대인들이 키트제로 옮겨갔다. 1821년 키트제의 유대인은 789명에 달했다. 부르겐란트 지역은 여러 인종들이 모여 살고 있었다. 독일어를 가장 많이 사용하기는 했으나, 헝가리인, 크로아티아인, 집시인 그리고 유대인도 3천 명이 살았다.

시몬 아들러는 카테린느 람플Katherine Lampl과 결혼했는데, 이에 대해서는 알려진 바가 거의 없다. 1850년대에 이르러 레오폴트와 그의 네 살 위의 형 다비드David는 빈으로 이사를 갔다. 다비드가 빈의 한 지역구인 레오폴트슈타트Leopoldstadt에 재단사로 정착을 하고 1862년에 결혼했을 때, 그들의 아버지는 세상을 떠난 뒤였다.

레오폴트 아들러는 1966년 자기보다 열네 살 어린 파울리네 베어Pauline Beer와 결혼했다. 그녀는 빈의 또다른 외곽도시인 펜칭Penzing 출신이었다. 그녀가 살았던 포스트가街 22번지, 오늘날 린처가街 20번지에 있던 집은 그녀의 가족이 1861년에 구입한 것이었다. 파울리네의 부모 헤르만Hermann과 엘리자베트Elizabeth는 모라비아 출신으로 1858년 또는 1859년부터 펜칭에서 살았는데, 자녀를 일곱을 두었다. 파울리네는 셋째였고, 고명딸이었다. 헤르만 베어는 귀리, 밀과 밀기울을 거래했는데, 아들 여섯을 두고 있었기에 회사 이름을 "헤르만 베어와 아들들"이라고 지었다. 헤르만은 1881년 2월에, 그리고 대략 1년 뒤인 1882년에 엘리자베트가, 세상을 떠났다. 회사는 넷째 자식이었던 살로몬의 손에 들어갔다.[2] 이 가족은 매우 거대하고, 자손들도 많았다. 상거래는 유대인들이 전통적으로 해오던 업종이었다.[3]

레오폴트와 파울리네 아들러는 일곱 자녀를 두었다. 지그문트Sigmund(1868~1957)가 맏이였는데, 살아서 태어난 첫째 아이였다.[4] 그는 부동산업자로 성공했다. 알프레드는 둘째였다. 파울리네 아들러는 1872년 첫딸 헤르미네Hermine를 낳았다. 넷째인 루돌프Rudolf는 1873년에 태어났으나 일찍 사망했다. 이듬해인 1874년 둘째딸 이르마Irma가 태어났다. 그녀는 훗날 인쇄업자와 결혼했다. 넷째아들 막스Max가 1877년에 태어났다. 그는 형제들 가운데 유일하게 종교를 중요하게 생각하는 직업을 가졌다. 막스는 가톨릭으로 개종했고, 대학에서 공부를 했으며, 1904년 박사학위를 받고 수십 년 동안 바티칸에서 이탈리아어로 발간되는 교회 신문의 편집을 맡았다. 막내인 리하르트Richard는 1884년에 태어났다. 그 역시 막스 형처럼 나중에 가톨릭으로 개종했고, 피아노 교사가 되었다. 파울리네와 레오폴트 아들러는 처음에는 펜칭과 루돌프스하임에 살았는데, 이곳은 한때 도시의 방어벽이자 보루였던 외곽도시였다.

이 가족에게 이렇다 할 떠들썩한 면은 없었다. 그러다 하나의 결정이 내려지자 한 걸음 성큼 나아가게 되었다. 1782년에 황제 요제프 2세Joseph II는 빈의 보루였던 곳을 국민들을 위해 내주었다. 또 황제의 정원들—아우가르텐Augarten, 프라터Prater, 쇤브룬Schönbrunn—도 곧 공동체에 개방되었다. 이 공원들은 오락과 명상과 교제의 장소로 이용되었고, 그리하여 보루를 허무는 것이 유행이 되었다. 빈의 "내부의 도시", 1구역은 미어터지게 되었다. 주거할 곳이 끔찍할 정도로 부족했고, 이와 함께 불만족들이 생겨났다. 질병과 방치, 불만족과 절망이 만연했다. 과거에 적을 방어하기 위한 능선이었던 곳이 대부분 사라졌다. 사람들은 가로수 길을 만들었고, 즐겁게 산책

을 하고, 질병을 예방하며 사회를 안정시키려는 목적으로 정원들과 아름다운 길을 만들었다.[5]

75년 뒤, 1857년 크리스마스이브가 되기 4일 전, 황제 프란츠 요제프 1세는 한 법령에 서명을 했다. 그의 서명은 빈의 얼굴을 근본적으로 바꾸는 계기가 되었다. 마지막까지 남아 있던 보루들을 철거하고 요새 구덩이를 메우라는 명령이 내려졌다. 이것이 바로 빈의 링슈트라세Ringstraße*에 대한 최초의 아이디어였다.

1858년 3월에 철거 작업이 시작됐다. 이듬해 9월 1일 황제는 도시 확장을 수락했다. 그리하여 1863년 9월까지 로텐투름Rotenturm, 스투벤Stuben, 카롤리넨Karolinen, 케른트너Kärntner 성문이 사라졌고, 피셔Fischer, 프란첸Franzen 성문과 곤차가Gonzaga, 엘렌트Elend, 쇼텐Schotten, 묄커Mölker, 스투벤Stuben 요새가 사라졌다.[6] 그러는 사이 11년 뒤인 1861년, 빈의 교구의원 선거가 치러졌다. 선거는 세 등급에 의해, 그러니까 세 종류의 단체에 의해 진행되었다. 첫 번째 선거단체와 세 번째 선거단체의 선거권은 세금의 정도에 따라서 결정되었다. 매년 기본세금으로 300굴덴 이상을 내거나 소득세를 100굴덴 내는 사람은 제1등급에 속했다. 100굴덴 이하, 하지만 최소한 10굴덴 이상의 소득세를 내는 사람들은 제3등급에 속했다. 제2등급에 속하는 사람들은 관료들, 의사들, 교사들, 장교들과 성직자들이었다. 1861년 단체별 선거체계로 인해 50만 명의 주민들 가운데 선거권을 가진 사람들은 고작 18,322명에 불과했다. 변호사였던 율리우스

* 빈의 중심부에 위치한 순환도로

리터 폰 네발트Julius Ritter von Newald 박사가 알저그룬트Alsergrund 구역에서 의원 후보자로 나섰다. 이곳에는 6만 명이 살고 있었다. 이들 가운데 선거권자는 44명이었다. 네발트는 34표로 완승을 거두었다. 1861년에는 세 명의 유대인 출신 후보자들이 시청 청사로 들어갈 수 있는 의원으로 뽑혔다.[7]

유대인 출신의 오스트리아인들과 관련해서, 제국은 애매하게 행동했다. 유대인 대자본가, 은행가와 사업가들은 자유경제의 버팀목이었다. 통상장관은 이와 같은 상류층 시민들을 과거의 경제 제한으로부터 자유롭게 해주기 위해 노동계에 새로운 질서를 도입했다. 하지만 앞으로 빈의 순환도로를 건설하게 될 이들은 정치적으로는 자유주의자로 비난을 받았다.[8] 1859년과 1861년 사이 시기를 놓친 감이 있지만 국민경제상의 진로 수정의 일환으로 몇 가지 제한규정이 처해졌다. 1867년에는 국가기본법에 따라 모든 시민들에게 시민권이라는 범위 내에서 폭넓고도 완전한 종교의 자유와 양심의 자유가 보장되었다. 이로 말미암아 유대인들의 이민 물결이 눈에 띄게 늘어났다. 빈에는 1810년 유대인 가족이 113가구가 있었다. 혁명이 일어났던 1848년에는 신교를 허용하고 관용을 보여주었던 종교 칙령(1781년)이 막을 내렸고, 유대인 가구는 197가구였다. 1857년 제국의 수도에는 6217명의 유대인들이 기록되어 있었는데, 도시에 살았던 인구의 1.3%에 해당되었다. 과학적인 조사에도 불구하고 이 숫자는 혼란을 불러일으킨다. 왜냐하면 "거주권자"들만 파악했기 때문이다. 1869년 인구조사에서 비로소 거주권이 있는 사람들 외에 다른 곳에 시민권을 가진 사람들도 계산했다. 그러자 빈에 거주했던 607,514명 가운데 유대인은 40,230명이었고,

이들 가운데 오로지 7,867명만이 시민권을 소지하고 있었다. 빈에서 살았던 유대인들 가운데 20%는 모라비아 출신이었고, 14%는 보헤미아Böhmen 출신, 그리고 11.5%는 갈리시아Galizien와 부코비나Bukowina 출신이었다.[9] 알프레드 아들러의 아버지 레오폴트 역시 헝가리 소속의 부르겐란트 출신이었다. 빈에서 "낯선" 사람들은 단지 유대인들만이 아니었다. 대도시이자 수도였던 빈에 살았던 60만 명 이상의 주민들 가운데 165,000명이 다른 국가 출신이었고, 당시 "빈 사람"들 가운데 4분의 1이 전혀 빈 사람이 아니었던 것이다.[10]

"링슈트라세"를 건축하라는 조치에 따라 요새 125개가 사라졌다. 그러는 사이 요새의 구덩이가 흙으로 채워졌고, 땅을 고르게 다졌고, 도로가 생길 예정선이 정해졌다. 상류층 시민들을 위한 새로운 집들이 생겨났다. 제국은 건축 상으로도 탁월해야 한다는 생각이었고, 그리하여 수도 빈은 화려함과 장식품들로 더욱 두드러졌다.[11] 1865년 5월 1일, 링슈트라세는 대대적인 축제 분위기 속에서 황제의 손으로 직접 개막식이 열리게 되었다. 물론 뭔가 불만스러운 광경이 눈에 들어오기는 했다. 큰 가로수 길을 따라서 64채의 집들만 완성되었는데, 이것은 원래 계획했던 것의 절반에 그친 것이기 때문이었다. 하지만 이 링슈트라세는 이미 자랑거리가 되었다. 1863년부터 1865년까지 뷔르템베르크Württemberg의 필립Philipp 공작과 그의 아내이자 공작부인인 마리아 테레지아Maria Theresia가 이 거리에 화려한 궁전을 짓게 했다. 1873년 빈에서 개최될 만국박람회에 즈음하여 이 임페리얼 궁전은 상류층들을 위한 호텔로 개조되었고, 호텔 임페리얼로 개장했다.[12] 이 당시 오스트리아는 이미 오래 전부터 위기의 상태에 있었다.

1851년 프란츠 요제프 1세Franz Joseph I 황제는 1849년의 헌법을 폐기했다. 귀족과 군대의 지원을 받아 개혁과 중앙집권의 프로그램을 도입했다. 지방의 실업가들 조합의 특권이 완화되었고, 자유로운 직업선택과 거주이전권이 분명하게 인정되었으며, 단일한 법체계에서 평등권이 보장되었다. 교육정책을 확장했고, 철도망 건설을 통해서 상거래를 지원했다. 바티칸과 새로운 협약을 통해서 가톨릭교회의 의미를 강화했다. 이와 동시에 크림 전쟁과 사르디니아-피에몬테를 대상으로 치른 전쟁, 프랑스를 대적한 전쟁—이 전쟁에 패함으로써 롬바르디아를 잃었다—에 군사적으로 참여하여 비용을 너무 많이 들이는 바람에, 오스트리아는 국가 예산을 지나치게 많이 써서 붕괴 직전까지 갔고, 황제는 통치자로서의 명성을 잃고 말았다. 프란츠 요제프 황제는 최고 명령권자로서 솔페리노Solferino에서의 패배를 직접 책임지기 위해 시기적절하게 군의 우두머리로 나섰다.

도시를 개조하는 동안, 합스부르크가Habsburgerreich는 사회간접시설로는 유명세를 떨쳤으나 외교정책상으로는 실패했다. 채권자들은 예산을 통제하지 않고 시스템을 변화시키지 않는 이상 대부를 제공하지 않겠다고 했다. 은행협회를 설립했던 안젤름 잘로몬 로트쉴트Anselm Salomon Rothschild는 황제에게 "헌법이 없으면 돈도 없습니다"[13]라고 말했으나 소용이 없었다.

1867년 프로이센과 대항해서 치렀던 전쟁—1866년 쾨니히그레츠Königgrätz 전투가 있은 뒤 베네치아Venetien를 새롭게 생겨난 이탈리아 공화국에 다시 넘겨줘야 했다—과 재정위기는 헌법을 바꿔야 하는 계기를 제공했고, 제국 내부의 균형을 잃지 않는 조치를 취하게 만들었다. 헝가리에게는 어느 정도의 독립을 인정하게 되어서, 헝가리 자체의 내각과 의회를 구성할 수 있게 되었다. 오스트리아에서 이중의 군주국 오스트리아-헝가리가 생겨난 것이었다.[14] 이 시기에 오스트리아 국내정치는 한편으로 1848년에 나왔으며, 특수한 하위 국가들, 그러니까 역사적으로 오스트리아에 속했던 헝가리, 보헤미아와 갈리시아가 포함된 연방주의를 표방하는 구상과 연관이 있었다. 이런 정치적 구상에서 보수주의자들이 민족주의자들과 경쟁을 벌이고 있었다.[15]

운송과 통신 분야에서의 변화, 그리고 지역 발전과 자체 결정이 하나의 추세였고, 경제가 후퇴하는 시기에 사회적 동요가 일어날지도 모른다는 두려움으로 인해 반자유주의적 사회적 조치와 보다 강력한 경찰의 감시가 또다른 물결이었다. 1870년 이후 빈에서는 새로운 은행이 53개 설립되었고, 1872년에는 새로이 설립된 주식회사가 530개였다. 이들 은행과 주식회사들 전체의 설립 자본은 10조 굴덴에 달했다. 유가증권으로 가치를 계산하면 30억 굴덴이었다. 건설 붐은 증권시세에 불을 붙였다. 1871년 빈과 오스트리아 동북부 주에는 대기업 건설회사가 세 군데 있었으나, 1873년에는 44개가 되었다. 그라프 크레네빌Graf Crenneville 장군은 이렇게 말했다. "대공大公에서부터 구두닦이에 이르기까지, 그야말로 모든 사람들이 주식시장에 뛰어들었다." 1867년 주식시장을 지속적으로 방문할 수 있는 카드를 소지한 방문자들은 867명이었으나, 6년 후에는 2,352명이나 되었다. 매일 5만 번의 거래가 성사되었다.[16] 1873년 5월 9일 빈의 주식시장이 붕괴되었다. 유가 증권의 평균 지수는 339에서 196으로 떨어진 것이다. 주가는 1876년 최저 수준으로까지 떨어졌는데, 당시에 주가는 105였다. 주가의 총손실은 15억 굴덴에 달했다. 48개의 은행, 8개 보험회사, 60개의 공장이 파산했다. 주식에 중독되어 있던 대공 루드비히 빅토어Ludwig Viktor는 20만 굴덴의 손실을 입었다. 자살률이 증가했고, 수백 명이 도나우 강에 뛰어들었다. 이들 가운데 유명 인사로는 은행가 에스켈레스Eskeles의 사위였던 원수元帥 프라이헤어 폰 가블렌츠Freiherr von Gablenz 남작이 있었다.[17]

주식시장의 붕괴로 반 유대인 경향이 나타났다. 반유대주의자이며 풍자 작가인 프리드리히 마사이데크Friedrich Masaidek는 《조롱하는 사람의 입장에서 본 빈과 빈 사람》이라는 전단을 뿌렸다. 여기에서는 빈의 링슈트라세가 "수많은 은행들, 주식 판매대와 이와 비슷하게 돈을 훔쳐가는 사업을 벌이는 자들이 모여 있는 사기꾼"으로 묘사되었다.[18] 마사이데크는 게오르크 리터 폰 쇠너러Georg Ritter von Schönerer와 함께 반유대주의 독일민족주의 연맹을 설립했다. 쇠너러는 민족주의-인종주의라는 명제를 가장 과격하게 주장한 사람이었다. 그는 또한 기독교 달력을 폐지하고 새로운 달력을 사용할 것을 요구했다. 기원전 113년을 0으로 시작하는 달력으로, 이때는 바로 노레이아 전투*에서 로마군이 게르만 민족의 종족에 속했던 킴버족Kimbern과 튜턴Teutonen 족에 의해 패했을 때이다.[19]

1924년 학자 한 명이 50년 전을 회상했고, 여전히 고독과 자신을 거부했던 씁쓸함을 느껴야만 했다. "내가 1873년에 다녔던 대학은

* 로마군과 게르만족 사이의 전투로, 이때 역사상 최초로 게르만 민족이 등장한다.

처음에는 몇 가지 실망을 안겨주었다. 무엇보다 나는 열등하고 국민의 한 사람으로 소속되지 않는다는 느낌을 가지게 되었다. 왜냐하면 유대인이었기 때문이다. 나는 확고하게 열등감을 거부했다. 나의 출신 때문에, 또는 사람들이 흔히 말하듯 인종 때문에 나를 부끄러워해야 하는 이유를 파악할 수 없었다. 나를 거절하는 민족을 나는 아무런 후회 없이 포기했다."[20] 지그문트 프로이트는 이렇게 기록했다.

1873년 5월 1일, 오스트리아 빈에 있는 프라터 공원에서 만국박람회가 열렸다. 2천 만 명의 방문객을 예상했지만 실제로는 7백만 명에 그쳤다. 이는 박람회를 개최한 지 8일 후에 빈에서 콜레라가 발생했기 때문이기도 했다.[21] 이 질병은 당시에 유럽 대도시의 위생 문제를 점점 심각하게 부각시켰다.

주식시장의 붕괴로 불경기에 처해 있던 이 시기에 정치적 영역에서는 자유주의자들과 귀족들, 중도주의자들과 민족주의자들 사이의 대립의 골이 깊어졌다. "오스트리아-헝가리와 무엇보다 이중 군주제 가운데 오스트리아 영역을 유일무이하며 독특하게 만들었던 것은, 다양한 인종과 시민들의 이질성에 있는 게 아니라, 시민들이 사용하는 상이한 언어와 다양한 종교로 인해 생기는 문제들을 해결하기 위한 행정구조에 있었다."[22] 여기에 다문화적이고, "국민들의 보편적 권리에 대해서 규정해둔 국가의 기본법"에 바탕을 두고 있는 언어와 종교의 다양성도 추가되었다. 1867년 12월 21일 제정되었던 기본법 2조는 법 앞에서 모든 국민들이 평등함을 보장했고, 4조는 영토 내에서 개인과 재산의 무제한적 거주권을 보장했다. 여기에 6조가 보충되었다. 여기에서는 다시 한번 거주지를 자유롭게 선택할 권리에 대해서 언급되어 있고, "모든 종류의 부동산"을 취득해도 되고 모든 "업종"에 종사해도 된다고 나와 있다.[23] 이 조항은 유대인들에게 자유, 평등, 평등한 권리를 주었다.[24] 1872년 유대인 출신으로 식품과 음료제조 기업가이자 보헤미아 스미리츠Smiritz 출신의 아돌프 이그나츠 마우트너Adolf Ignaz Mautner는 빈에서 최초로 하면下面 발효 맥주를 생산함으로써 마르크호프의 기사Ritter von Markhof라는 작위를 받았다. 또한 북독일의 슈베린에 있는 말힌Malchin에서 이주해온 유대인 기계공 지그프리트 마르쿠스Siegfried Marcus는 1870년 빈-노이바우Wien-Neubau에 있는 몬트샤인Mondschein가에서 최초로 벤진 엔진이 달린 단순한 승용차를 제작했고, 나중에 38개의 특허를 신청했다.[25]

1879년 황제의 어린 시절 친구였던 타페Taaffe 백작은 가톨릭-보수주의, 체코, 폴란드와 슬로베니아로 이루어진 동맹인 "철의 고리"을 결성했다. 이 동맹은 1893년까지 유지되었다. 이러한 반동적 연맹은 강력한 비판을 받아야만 했다. "우리는 타페 백작에게는 가지 않는다!" 이스라엘의 문화공동체 대변인이었던 요제프 리터 폰 베르터하이머는 이렇게 외쳤다.

대략 1880년부터 합스부르크가 제국에 사는 많은 주민들은 더이상 관찰하는 위치에 머물지 않았고, 적극적으로 참여했다.[26] 그들은 점점 역동적으로 움직이는 변화와 사회간접시설의 발전들로부터 정신적으로나 정치적으로 영향을 받으려 했다. 철도 덕분에 유동성이 증가했고, 이를 통해 도시로 유입되는 이주자들도 늘어났다. 1881년 러시아에서는 알렉산더 2세 황제가 살해된 후에 소수민족 박해가 시작되었다. 갈리시아에서 부코비나, 부코비나에서 빈으로 피난민 행렬이 이어졌다. 레오폴트슈타트에는 정통파 유대인들이 증가했다. 의사 레온 핀스커Leon Pinsker는 오데사 출신이었다. 하지만 이 의사는 유대교 계몽주의라 할 수 있는 하스칼라Haskala 덕분에 정통파 유대교를 거부했다. 핀스커는 1882년 베를린에서 《독자적 해방운동! 러시아 유대인이 종족에게 경고함》을 출간했는데, 이것은 알리야Alija를 하자는, 이른바 팔레스타인으로 이동하자는 최초의 전형적인 시온주의적 외침이었다. 그와 시온을 사랑한다는 의미의 이주 운동 "시바트 시온Chibbat Zion"은 빈에서 저항에 부딪혔다. 빈의 유대인들은 자신들이 이루었던 것을 양도할 생각이 없었던 것이다.

이와 비슷한 시기에 반유대주의가 정치적으로 조직화되어서 막강한 힘을 발휘하기 시작했다. 1882년 2월 11일 반유대주의 오스트리아 개혁연맹이 설립되었다. "유대인들을 내몰자!"라는 구호를 외친 자들은 소규모 공장 노동자들, 수공업자들과 대학졸업자들로 이루어진 무리들이었다. 그들과 가까웠던 신문인 《폴크스프로인트 Volksfreund》는 "오직 기독교인들한테서 사자!"라는 구호를 외쳤다.[27]

빈은 1890~1910년 사이에 인구가 60% 늘어나게 되었다. 부다페스트, 프라하, 체르노비츠와 렘베르크, 인스부르크와 클라우젠부르크, 나중에 클루지, 또는 자그레브도 마찬가지였다. 헝가리에서 1889년 철도회사가 국영화되고 난 뒤에 여행자 수는 몇 년 만에 깜짝 놀랄 만큼 증가했는데, 1년에 거의 0에서(당시 기차는 화물운송에만 이용되었다) 7백 만 명으로 늘어났다.[28] 유동성은 국경도 개방하게 만들었다. 1876~1910년 사이 4백만 인구였던 오스트리아에 노동을 하려는 이주자들의 유입이 늘었다. 많은 이주자들은 반년이

나 3/4년 후에 떠났으나, 몇 년 후에 고향으로 돌아가기도 했다.[29]

1880년대와 1890년대에 걸쳐 모든 진영에서 즉흥적으로 애국주의적 재향군인회들이 결성되더니 민족주의가 활기를 띄기 시작했다.[30] 1897년 4월에 합스부르크 제국의 오스트리아 지역에서 수상이었던 폰 바덴 백작Graf von Baden이 보헤미아를 위한 언어규정을 법으로 지정했다. 체코 언어는 독일어와 마찬가지로 공식 언어가 되어야 하고 모든 독일 공무원들은 1901년까지 체코 언어를 완벽하게 구사할 수 있어야 한다는 것이었다. 그러자 민족주의자들이 들고 일어났다. 의회에서는 격투가 벌어졌다. 의회 앞에서 항의하는 대중들을 경찰 혼자서는 제압할 수 없어 기병들의 도움으로 무리를 흩어지게 했다.[31] 그 규정에 반대하는 시위가 근 1년 동안 벌어졌다. 언론은 갈등에 불을 질렀고, 정당들은 전투에 들어갔다. 이와 같은 소동은 바로 제국이 불안정하다는 점을 보여주었다. 1914년까지 지역적으로 타협적인 해결책을 모색하는 작업이 이루어졌다. 민족주의를 주창하는 우두머리들을 체포해야만 했다.[32]

1914년까지 빈은 적극적으로 개조되고 새로운 프로젝트들이 광범위하게 실행되는 도시였다. 45년 동안 주민들이 폭발적으로 늘어난 것도 놀랄 일이 아니었다. 1869~1914년 사이에 2.5배가 늘어나 2백만 명 이상까지 증가했던 것이다.[33] 이로 인해 1858~1914년 기간 동안 이 도시는 1억 굴덴이라는 어마어마한 액수를 삼켜버렸다. 오늘날까지도 구경할 수 있는 건물들을 당시에 세웠던 것이다. 고층건물, 박물관, 극장, 예술과 고등 교육을 실시하기 위한 공공시설과 기관들 말이다. 즉, 궁정의 오페라 극장과 빈 국립극장, 자연사 박물관과 예술사 박물관, 신 시청, 순수 예술 아카데미, 법원, 의

회건물, 봉헌 교회와 대학들. 여기에 전통시장, 다리, 공원, 분수들과 기념비들도 있다.[34]

일찌감치 이런 추세를 비판하는 이의가 제기되었다. 빈에서 발간되었던 신문 《비너 포아슈타트차이퉁Wiener Vorstadtzeitung》은 이미 1858년 그처럼 왜곡된 상태에 대해서 주의를 환기시켰다. "도시를 확장하려는 계획으로 말미암아 궁전 같은 집들이 어마어마하게 많이 생겨났다. 이런 집에는 오로지 잘 사는 사업가, 고위직 공무원과 연금 생활자들만이 살 수 있다. 그러나 빈에 사는 중산층들, 그리고 시민들 가운데 가장 많은 수를 차지하고 있는 소시민들에게는 어떤 일이 일어나고 있는가. 수많은 사무직 근로자들과 온갖 노동자들, 소상공인들과 관리들은 잊어버린 것은 아닌지? 아마도 많이 배려하지는 않는 듯하다."[35] 1850년대 말 빈에는 대략 50만 명이 살고 있었고, 파리에는 대략 130만 명, 그리고 런던에는 3백만 명이 살고 있었다. 통계상으로 영국의 수도에서는 집 한 채에 열 명이 살았는데, 빈에서는 한 건물에 55명이 살았다.[36] 실제로 10년 후, 빈의 노동자 가족은 평균 면적 35㎡에 살았다. 시민들은 대체로 120㎡ 넓이의 집에 살았다. 상류층 시민계급들은 그야말로 저택에서 살았다. 링슈트라세에 들어섰던 도시의 호화 저택들은 600㎡에 달하기도 했다. 나라의 격에 맞는 건물로서, 또는 회의를 주최하고 손님들을 맞이하는 목적으로 사용되었던 건물들 가운데 음악당과 겨울정원도 있었고, 심지어 무도회가 열리는 홀도 있었다.[37]

빈의 중심부에 있는 링슈트라세에 건축물들을 짓겠다는 생각은 나라를 대표하는 고상한 건물을 지어야 한다는 의도와 매우 밀접하게 관련이 있었다.[38] 이처럼 화려한 환상環狀도로에 대한 소식은 프랑스의 수도로까지 퍼져나갔고, 파리 시민들은 크고 쭉쭉 뻗은 환상도로가 대체되면서 오래되고 구불구불한 거리가 사라지는 것을 체험했다. 1878년 빅토르 티소Victor Tissot는 이렇게 열광했다. "링슈트라세는 우아한 수도이다. 이곳에서 사람들은 귀금속 상인들과 유명한 공예품 경영자들을 발견할 수 있다. 이곳에서 가장 아름다운 시간은 세 시와 다섯 시 사이인데, 특히 늦가을과 초봄의 일요일이 그러하다. 사람들은 새롭게 차려입고, 마치 거대한 홀 안이라도 되는 것처럼 여기저기에서 만난다." 그는 다음과 같은 내용도 덧붙였다. "파리에는 이와 비교할 만한 것이 없다. 왜냐하면 링슈트라세는, 세계 전체가 모여드는 곳이기 때문이다 거대한 세계, 절반의 세계, 1/4의 세계, 심지어 외교관들과 궁정의 세계도."[39] 예술 비평가였던 루드비히 헤베시Ludwig Hevesi는, 링슈트라세에서 볼 수 있는 광경을 동물학적으로 서술했다. "두 개의 다리로 다니는 비버와 검은담비들의 행렬이 서로 밀어내며 지나간다." 현대 건축의 선구자인 아돌프 루스Adolf Loos는 이렇게 빈정거렸다. "내가 링슈트라세를 따라 어슬렁거리면서 걸어다니면, 현대에 되살아난 포템킨Potemkin* 이, 어떤 과제를 충족시키고자 하는 것처럼 보인다. 그러니까 귀족의 도시에 와 있는 것 같다는 믿음을 누군가에게 심어줘야 하는 과제라고 할까."[40]

1879년 4월 27일, 어느 일요일, 포템키니즘이 최고조에 달했다. 수도이자 황제가 거주했던 도시 빈이 주최가 되어서, 지존인 황제

* 제정 러시아의 여왕이었던 카타리나 2세가 총애했던 신하

부부의 결혼 25주년을 축하하는 축제 행렬이 프라터 공원에서 출발하여 환상도로 링슈트라세를 지나갔다. 화가 한스 폰 마카르트Hans von Makart는 프란츠 요제프와 엘리자베트의 은혼식을 기념하는 이와 같은 감사 행렬의 연출을 맡게 되었다. 잘츠부르크 사람이었던 이 화가는 당시 빈에서 가장 요청을 많이 받았으며 가장 유명했던 예술가였고, 전선을 이용해서 화려한 네오바로크 풍 작품을 창작해냈다. 아침 9시부터 1만 4천 명이 자리를 잡고 있었고, 3천 명의 참여자들과 30대의 축제 마차들이 움직였다. 링슈트라세와 프라터 공원의 프라터 거리를 따라서 번호가 표시된 5만 개의 좌석과 120개의 무대가 준비되어 있었다. 대략 30만 명의 관람객들이 이 떠들썩한 행사를 놀라운 눈으로 구경했다. 화가들 가운데 제후 계급에 속했던 마카르트는 깃털 장식이 달린 커다란 모자를 쓰고 말을 탄 채 이 행사에 직접 참여했으나, 평균보다 작은 체구였기에 그다지 당당하지는 않은 인상을 남겼다.

이로부터 5년 후 마카르트는 사망했다. 젊은 세대는 "온갖 불손함으로 꽃다발을 가지고 놀다가 성공을 거두지 못했던, 기만적인 마카르트라는 꽃다발"이라는 쓰레기를 치웠고, 망각이라는 명부에 넘겼다.[41] 작가이자 비평가였던 헤르만 바르Hermann Bahr는 몇 년 후 이와 같은 축제를 두고 조롱하기를, "허공에 던진 가장무도회" 혹은 "예술가의 작업실이 농담으로 취급한 불멸의 즉흥쇼"[42]라고 비판을 퍼부었다. 바르는 사회의 과도기를 이렇게 진단했다. "링슈트라세에서는 새로운 사회의 놀이터가 즉흥적으로 만들어졌다. 하룻밤 사이에도 이런 놀이터가 생겨났던 것이다. 빈은 이러한 환상도로 링슈트라세에 신속하게 적응을 해야만 했다."[43]

그 사이 오스트리아-헝가리는 중남동 유럽의 식민 통치 강대국이 되었다. 위임한다는 구실로 진행되었지만 말이다. 1877/78년 러시아-튀르크의 전쟁과 베를린 회의(1878년) 이후 약해졌던 오스만 제국이 붕괴되는 것을 막을 수 있었다. 그때까지 터키 오스만의 영토였던 보스니아와 헤르체고비나 그리고 산작 노비 파자르Sanjak of Novi Pazar*가 점령당했다. 이제 세르비아는 오스트리아와 직접적으로 국경을 접한 지역이 되었다.[44] 과거 보스니아-헤르체고비나의 총독이었고 당시 재무부 장관을 역임하던 벤자민 폰 칼라이Benjamin von Kallay는 한 명의 영국 기자에게 합스부르크 제국이 떠맡고 있는 임무를, "문명화되지 않은" 발칸에서 "문명화"를 시키는 것이라고 설명했다. 그러니까 현대적인 이념으로 오래된 전통을 유지할 수 있도록 균형을 맞추는 데 있다고 말이다.[45]

이 해에 카를 루에거Karl Lueger는 빈의 시장으로 선출되었다. 소시민 계층 출신이었으며 박사 학위를 가진 이 변호사는 20년 간 지방 정치를 했고 확신과 기회주의 사이의 구불구불한 길을 가고 있었다. 기독교사회당의 지도적 인물인 루에거는 갈등에 불을 붙이기 좋아하는, 그야말로 극단적인 선동 정치가였다. 그런 까닭에 소시민들에게 인기가 있었다. 게다가 소시민들은 자신들의 생각을 그가 잘 이해한다고 느꼈고, 루에거는 당시 정치가로서는 아주 이례적인 표현을 사용하기도 했다. "빈 사람 같고, 시민적이며, 선량하면서도 투박하고, 심지어 문지기들이 사용할 법한 어투"[46]를 구사하

* 남동 유럽에 있던 오스만제국의 영토

고는 했던 것이다.

빈으로 이주해오는 유대인들이 늘어나자 정치적 자유주의가 몰락하게 되었다. 이로써 반유대주의가 왜 점점 더 세력을 얻고 심지어 미쳐 날뛰는 수준에 이르렀는지에 대해서 어느 정도 설명이 된다. 기독교사회당은 참고 있다가 선거 시기에 사용할 수 있는 반유대주의라는 날개를 가지고 있었다. 기독교사회당 소속의 대다수 당원들에게 반유대주의라는 특징은 자유재량에 달려 있었다.[47] "아름다운 칼"이라 불렸고, 담배가게 주인의 아들이자 박사 학위를 가진 법학자이며, "변두리 술집의 영웅"[48]이었던 루에거는 1887년부터, 보수적이고 로마 가톨릭을 믿는 투표권자들로 표를 얻기 위해서 유대인 증오를 정치적 전략으로 투입했다. 1890년 이스라엘 법에 대해서 그가 했던 연설은 세인의 주목을 끌었다. 증오심과 고발, 거짓말이 두루 섞인 연설이었다.[49] 루에거는 시기적절하게 유대인을 반대하는 목소리를 낼 줄 알았다.[50] 특히 다음과 같은 구호였다. "누가 유대인인지는 내가 결정한다." 이처럼 능숙하게 그때그때 상황에 따라 행동하는 기회주의는 유대인을 지극히 싫어한 사람한테서도 발견할 수 있었다. 바로 빈의 목사였으며, 유대인을 일컬어 "예수의 살인자"라며 격렬하게 설교를 했고 자신을 대신하여 개종한 변호사 막스 뢰브Max Löw를 여러 차례 법정에 서게 했다.[51] "빈은 독일적이었을 뿐 아니라, 반유대주의적이었다."[52] 이것은 소수에 해당된 게 아니라 보편적인 현상이었다.

3. 유년기, 청소년기, 대학

"아들러는 속속들이 빈Wien 사람이었다."

윌리엄 M. 존스톤 (William M. Johnston)1

쇤브루너Schönbrunner 가街의 집—지금은 마리아힐퍼Mariahilfer 가街 208번지—은 훗날 알프레드 아들러가 미소를 지으며 떠올린 바와 같이 도시의 끄트머리 집이었다.[2] 이 건물에는 총 15가구가 세 들어 살았으며, 건물 앞에는 널따란 공터가 있었다. 여기에서부터 펜칭과 쇤브룬 성까지 초원, 평야, 그리고 탁 트인 토지가 펼쳐져 있었다. 당연히 아이들이 마음껏 뛰어놀 수 있는 장소였다. 알프레드는 이곳에서 일곱 살이 될 때까지 보냈다. 그는 골목에서 뛰어놀았던 "골목 소년"이었다. 여러 명과 함께 돌아다녔고, 아이들이 좋아하는 놀이친구였다.[3] 아들러는 과거를 회상하며 공동체와 연결, 우정의 구조와 연대감 등을 자신의 심리학 학설의 시발점이라 확인했다. 그는 또 구루병이 있었기 때문에, 신선한 공기를 마셔야 한다는 이유로 밖으로 보내지기도 했다.

1877년부터 점점 더 늘어난 가족은 조용히 안주할 수 없었다. 아들러 가족은 빈의 제2구역에 속하는 레오폴트슈타트로 이사를 갔고, 이후 4년 동안 거의 매년 이사를 다녔다. 1879년부터 아들러는 슈페를가세Sperlgasse에 위치한 레오폴트슈타트 공립실업 김나지움에 들어갔다. 이 학교에 입학할 수 있는 연령이 10세였기에, 아들러는 출생연도를 실제 나이보다 한 살 앞당겨 1869년으로 기록했다. 하지만 아들러는 1학년을 한 번 더 다녀야 했다. 1881년 당시 빈 성문 앞에 위치해 있던 헤르날스Hernals로 이사를 갔기 때문이다. 이곳에서 아들러 가족은 하우프트Haupt 가 25번지에 있는 집에 세를 들었다. 가게를 했던 공간은 바로 옆에 있는 23번지 건물에 있었다. 이 두 건물은 팔피 백작의 소유였다. 레오폴트 아들러는 부유한 헝가리 귀족이었으며 에르트외드Erdöd 출신의 모리츠 팔피Moriz Palffy를 위해서 일하는 중간상인 또는 중개인이었기 때문에, 옆길로 빠진 것은 아니었다. 알프레드는 헤르날 김나지움에 들어갔고, 이 학교를 졸업할 때까지 다녔다. 비록 그의 가족이 1883년 멀리 떨어진 베링Währing으로 이사를 갔음에도 불구하고 말이다. 아들러 가족은 이곳에서 집을 한 채 사들였고, 이곳의 마당과 지하실에서 닭, 염소와 토끼를 길렀다.[4]

레오폴트 아들러에게는 상인으로서의 운이 그다지 따라주지 않았다. 아내 파울리네가 결혼을 하면서 가져왔던 지참금을 잘못 투자를 했는데, 무엇보다 자신의 형제인 다비드가 주도했던 섬유거래에 투자를 했던 것이다.[5] 경제적 기반이 무너졌고, 가지고 있던 집까지 저당 잡혔다. 게다가 곧 2차, 3차 저당까지 잡히게 되는 바람에, 마침내 1891년 헐값으로 집을 처분해야 했다. 가족은 레오폴트슈타트로 다시 이사를 갔고, 이곳에서 1896년까지 살았다. 처음에는 오베렌Oberen 도나우Donau 가에 살다가 나중에는 거대한 렘브란트호프Rembrandthof의 뒤쪽 구역에서 살았다. 마침내 알프레드의 어머니 파울리네는 경제적으로 자리를 잘 잡은 친척 한 명을 물색했는데, 가족이 몰락하는 모습을 더이상 구경만 할 수 없었던 까닭이다. 지그문트는 부친의 사업에 동참하게 되었다.[6]

아들러의 유년기 기억—일종의 회고적 투사retrospektive Projektion일 것이다—을 보면 그가 잘못한 것이 아닌데도 스스로 잘못을 저지른 것처럼 느끼는 부분이 나타난다. 그가 무심코 부른 노래가 "비밀 누설"의 계기가 돼 보모가 즉시 해고되었던 일이라든지, 길거리에서 일어난 사고로 하마터면 차에 치일 뻔했던 일, 중증 폐렴[7]과 구루병을 앓은 일, 그리고 불안한 상황이면 성문聲門 협착증을 겪었던 일 등이 그러하다.[8] 여기에다가 어머니는 큰아들 지그문트를 더 아꼈던 터라 알프레드는 어머니와 원만한 관계를 맺고자 원치 않았다. 적어도 지인들과 친구들의 주장에 따르면, 아버지와의 관계는 나쁘지 않았다고 한다. 친척들이 기억하는 바에 의하면, 의젓했던 이 남자는 깔끔한 모습이었고 말과 행동을 통해서 알프레드에게 용기를 주었다. 레오폴트 아들러는 아들에게, 항상 비판적이고 사람들을 말이 아니라 행동으로 판단해야 한다고 충고해주었다.

알프레드의 아버지는 아침 5시면 일어났다. 그는 85세가 되던 1921년까지 살았다. 노년에 그는 오후에는 시청 술집을 찾아갔고, 오후 5시면 햄을 넣은 빵을 하나 먹었고, 6시에 잠자리에 들었다. 그 당시 이미 홀아비로 산 지 15년이나 되었다. 아내 파울리네는 1906년 61세의 나이로 세상을 떠났다. 알프레드 아들러는 1897년 이렇게 썼다. "나의 아버지는 단순하고 소박한 사람으로, 나의 친척들에 의하면, 자신의 사업에 대해서도 잘 모르시고 세상에 대해서도 잘 모르시는 분이야. 그의 심성이 어떠했는지는 나도 잘 몰라.

나는 다만, 아버지는 청소년 시기에 가족을 위해서는 모든 것을 할 정도로 헌신적이었고, 결혼을 하자 이런 사랑이 자신의 가족에게 향했다고만 들었거든. 아버지는 본성적으로 너무나 선량한 사람이며, 조용하면서도 천천히, 한 단계씩 발전하는 것을 선호한 분이지."[9]

알프레드 아들러는 평범한 수준의 학생이었다. 이런 점은 1888년 고등학교 졸업시험에서도 나타났다. 성적표를 보면 2등급은 한 과목이었을 뿐, 세 과목은 3등급이었고, 일곱 과목은 4등급이었다.[10] 아들러의 가족은 반종교적이었다. 유대교는 전혀 중요한 역할을 하지 못했다. 알프레드가 비록 열세 살에 유대교 남자 성년식인 바르 미츠바Bar Mitzwa를 치렀음에도 불구하고 말이다. 그것은 형식적인 행사에 불과했다.[11] 가족에게 더 중요했던 것은 음악이었다. 알프레드는 피아노를 배웠으며, 노래 부르기에 좋은 목소리를 가졌다. 어린 시절에는 좋아하는 작곡가 슈베르트Franz Schubert를 방문하고 싶어하기도 했다.[12]

일찌감치 경험했던 트라우마는 바로 남동생 루돌프의 죽음이었을 것으로 추정된다. 루돌프는 1874년 1월 31일 아침, 알프레드의 곁에서 죽어 있었다. 두 형제는 침대를 함께 사용했던 것이다. 알프레드는 이렇게 기록했다. "나는 죽음이라는 것을 일찌감치 지각했다. 완전하게 이해했으며, 어린 아이에게 감당할 수 없는 위협으로 보지 않고서 나는 죽음이라는 것을 받아들였다. 다섯 살 때 폐렴을 앓았는데 오히려 그 당시 나는 죽음을 더 강렬하게 의식했다. 우리 집을 방문했던 의사가 아버지에게 더이상 나를 보살필 필요가 없다고 말했을 때였다. 더이상 희망이 없다고 봤던 것이다. 나는 끔찍한 경악을 느꼈다. 며칠 후, 내가 다시 회복한 뒤에, 나는 의사가 되어야겠다고 확고하게 결심했다. 죽음이라는 위험으로부터 나를 더 잘 방어하고, 나를 진료했던 의사가 지니고 있던 무기보다 더 좋은 무기로 죽음과 대항해서 싸우기 위해서였다."[13] 실제로 아들러는 훗날 빈에서 의학 공부를 시작하면서 대담한 목표를 설정했다. 즉, 죽음이라는 단호함을 방해하고 좌절시키고자 했다.[14]

사회통계학은 지식 사회학적으로 매우 분명한 한 가지 사실을 보여준다. 당시 의학이 대중적인 학과가 되었던 것이다. 의학을 전공하는 대학생들의 수가 1859년과 1867년 사이에 세 배로 늘어났고, 수강 신청자들은 390명에서 1138명으로, 1885년에는 다시 2248명으로 늘어났다.[15] 이들 가운데 78%가 자유주의-시민층 가족 출신이었고, 93%가 유대인 종교를 믿고 있었다.[16] "유대인 의사들은 하층 중에서 상류층이었다. 의학 공부는 유대인들에게 허용되었던 최초의 분야였다."[17] 그렇게 의학은 아들러에게 당연한 진로였다. 게다가 의학은 전통적인 출세의 길이기도 했다. 당시 빈 의대에는 1889/90년 학기에 14명의 유명한 교수들과 37명의 유대인 강사들이 재직하고 있었다.[18]

키가 165센티미터였던 아들러는 대학에서 처음에는 그다지 열심히 공부하지 않았다. 수강신청 내역을 보면 그는 학업을 계속하는 데 필요한 최소한의 강의 및 실습에만 참여했다.[19] 수강료가 부족해서가 아니었다. 인문계 고등학교를 다닌 아들러는 다른 분야에 관심을 가지고 있어서 철학과 정치적인 글들을 읽었기 때문이었다. 새로운 친구들도 사귀었고, 한 정당에 입당하기도 했으며, 대학생 연합에 들어가기도 했다.

다섯 번째 학기였던 1890/91년 겨울에 알프레드 아들러는 《사이코페시아 섹슈알리스Pshchopathia Sexualis》의 저자인 리하르트 폰 크라프트-에빙Richard von Kraft-Ebing 정신과 교수의 '신경계의 가장 중요한 질환'이라는 강의를 주당 90분 수강했다. 정신의학은 시험을 치는 과목은 아니었다. 1891년 여름학기를 제외하고 아들러는 여름학기 동안 11시간 내지 13시간을 수강해서 학업을 이어가는 데 필요한 최소 학점을 이수했다. 다른 학기 때에는 아주 많은 양을 벼락치기로 공부했다. 1893년 여름학기에 주당 5시간 동안 '신경계의 병리학'이라는 포괄적 강의를 들었다는 자료가 남아 있다. 그는 1892년 3월 박사학위 1차 구술시험을 치렀다. 2차는 2년 후, 3차는 1895년 11월 12일에 봤는데, 마지막 두 번의 성적은 '충분함genügend'이었다. 그로부터 열흘 후 그는 박사학위를 받았다. 그 사이 프레스부르크Preßburg 수비대 병원에서 군 복무를 마쳤는데, 당시 프레스부르크는 헝가리에 속해 있었다. 관할구역에 따라 군 복무지가 지정되는데, 아들러의 경우 부르겐란트에 있는 키트제였고, 이곳은 헝가리에 속해 있었으므로 이에 따라서 장소를 지정받았던 것이다. 아들러는 "알라다르 아들러Aladar Adler"라는 이름으로 기록되었다.[20]

1895년 말 아들러는 무보수 '지원자'로서 3개월 동안 마리안가세Mariangasse에 있는 빈 종합병원의 안과에서 근무했다. 이 외래전문 종합병원은 민간 자선시설로서 대학생들과 젊은 의사들이 직접 실습을 할 수 있는 장소였다. 충분히 배우고, 충분히 환자를 다뤄보고 연구할 수 있도록, 노동자들과 군인들도 치료했다. 이 종합병원은 학계에서 금세 명성을 얻게 되었다.[21] 여기에서 근무한 뒤 1896년 3월 20일 아들러가 받은 수료증에는 이렇게 나와 있다. "빈 출신의 알프레드 아들러 박사는 1895년 11월 26일부터 1896년 3월 20일까지 안과에서 지원자로 의사를 돕는 봉사를 했으며(……) 학위를 취득하기 전부터 오랫동안 위에 언급한 과에서 청강생으로 참여했었다. 그는 항상 매우 열정적이고 유능했으며, 환자들에게 세심한 배려를 하는 데서도 뛰어났다. 안과 소속의 간부들로부터 충분히 만족한다는 평가를 받았다."[22] 아들러가 대학을 마칠 즈음에 전문가가 되었던 분야는 안과학이었다.[23]

이후의 경력을 어떻게 이어가야 했던가? 그의 '거주권Heimatrecht'은 빈의 큰 병원에서 경력을 쌓기에는 치명적이었다. 빈의 병원들에서는, 시스라이타니아Cisleithanien* 출신 그 누구도, 그러니까 빈을 고향이라고 밝힌 그 어떤 헝가리 시민도, 일반 의사로 받아들이지 않았다. "일반 병원들의 중요한 서류들이 완전히 보존되어 있다. 이런 서류들 가운데 알프레드 아들러라는 이름은 등장하지 않는다. 그는 빈의 일반병원에서 레지던트로 주임의사의 회진 때 수행했을 수도 있고, 조수의 일을 도왔을 가능성도 있다."[24] 당시 많은 유대인 의사들과 마찬가지로, 자신의 병원을 개업하는 것—당시에는 집안의 방 하나를 진료실로 사용했다—외에 달리 무슨 방도가 있었겠는가? 게다가 아들러는 곧이어 자신만을 걱정하는 단계를 넘어서야 했다. 왜냐하면 그 사이 한 명의 여자가 그의 삶으로 들어왔기 때문이다.

* 오스트리아-헝가리 제국의 영토 중에서 비공식적으로 오스트리아 영토를 가리키던 용어

4. 라이사 엡슈타인, 그리고 아들러의 직업적 활동의 개시

"아들러는 평범한 배우자를 찾은 게 아니었다.

그는 특별히 강하고 독립적인 여자,

전혀 다른 전통과 삶에 대한 직관을 가진

다른 나라 출신의 여자를 찾았다."

필리스 바텀 (Phyllis Bottome)[1]

라이사 엡슈타인Raissa Epstein은 1872년 11월 9일 모스크바에서 안나Anna와 티모페이 엡슈타인Timofej Epstein의 둘째딸로 태어났다. 엡슈타인 가족은 적응을 잘 하고 매우 유복한 러시아 유대인들로서, 자신들의 두 딸에게도 교육을 시켰다. 라이사의 언니는 훗날 도서관 서기가 되었다.[2] 라이사의 유년기와 청소년기에 대해서는 알려진 바가 거의 없다. 그녀의 어머니는 일찍 세상을 떠났고, 새어머니와의 사이는 그다지 좋지 않았다. 아버지 친척들 가운데 스몰렌스크Smolensk에 살고 있는 부유한 사람들이 있었는데, 이들은 대규모 농장과 숲을 소유하고 있었고, 철도 건설에 대한 욕망이 멈추지 않았던 러시아의 숲에서 자라는 나무들을 팔아서 많은 이익을 보았다. 러시아는 모스크바와 북서부 항구도시인 상트페테르부르크St.Peterburg를 연결하기 위해 1841년부터 1852년까지 652킬로미터에 달하는 철길을 놓고 184개의 다리를 건설했던 것이다. 라이사는 스몰렌스크에 살고 있는 친조부의 대농장에서 많은 시간을 보냈다.

파란 눈동자에 밝은 금발이었던 라이사 엡슈타인은, 대략 150센티미터의 작은키로, 똑똑하고 에너지가 넘쳤으며 의지가 강하고 원기 왕성하여 언제라도 폭발할 수 있는 성격이었다. 1895년 5월 17일 그녀는 취리히 대학의 생물학과에 수강 신청을 했다. 제정 러시아에서 여성들은 고등교육을 받는 게 금지되어 있었다. 그래서 러시아의 부유한 가정 출신의 유대인 여성들은 외국으로 유학을 떠났는데, 특히 스위스가 인기 있었다.[3] 1904/05년 겨울학기에 베른에 있는 의학과에 수강신청을 한 학생들이 총 594명이었고, 이들 가운데 407명이 여성이었다. 이 407명 가운데 399명이 러시아 여성이었고, 나머지 두 명만 스위스 여성이었다.[4]

라이사는 현미경 사용과 동물학에 관해 3학기 동안 강의를 들었다. 그때 이미 그녀는 사회주의자가 되어 있었을 것이다. 이는 외국에서 대학공부를 하는 러시아 대학생들에게서 전형적으로 볼 수 있는 경우에 속했다. 그리하여 의학을 공부했던 이 여성은 혁명 강독을 들으러 갔다가 러시아 귀족의 딸이자 1872년부터 취리히에 살았던 베라 피그너Wera Figner를 발견했다. "나는 라살Ferdinand Lasalle의 이론과 활동에 대해서도 배웠고, 프랑스 사회주의자들의 이론들, 노동자운동, 국제 노동자 동맹과 서유럽 국가들의 혁명의 역사도 배웠다. 지금까지 내가 전혀 모르고 있었던 이 모든 것들은 내 정신의 지평을 넓혀주었고 완전히 사로잡고 말았다. 그렇게 하여 나는 사회주의자이자 혁명주의자가 되었다."[5] 훗날 피그너는 러시아 제국의 형무소에 수감된 정치범들 가운데 가장 유명한 사람들 중 한 명이 되었다.

무슨 이유인지 알려지지 않았으나 라이사 엡슈타인은 1896년 말 빈 대학으로 옮겼다. 1897년 3월 또는 4월에 그녀는 아들러를 처음 만났다. 아들러는 막 박사학위를 받은 시기였는데, 당시 사진을 보면 땅딸막한 외모였다. 사회주의 대학생 모임이나, 망명 온 러시아인들이 모여드는 살롱에서는 찾아보기 힘든 모습이었다.[6] 두 사람 사이에는 그야말로 단시간에 열정적인 관계가 만들어졌다. 이들 사이에서 교환된 편지들 가운데 아들러의 편지만 남아 있다. 라이사는 자신이 죽기 얼마 전에 편지들을 모두 폐기해버렸다. 그녀가 부자였다는 사실은, 대학을 무상으로 다니지 않았다는 것 외에도 아이젠가세Eisengasse에서 세 들어 살았던 집에서도 나타난다. 원룸이 아니라 더 넓은 집이었다. 아들러도 라이사가 부잣집 딸이라는 사실을 한 번은 농담조로 쓰기도 했다. 그러니까 자신이 방금 땅에서 엄청난 보물을 캐냈기 때문에, 농산물 거래 주식시장이 한껏 달아오를 것이라고 말이다.[7]

라이사는 아들러의 첫사랑이었을 것으로 추정된다. 그녀는 지극히 강렬했고, 열광적이었다. 그리하여 뜨거운 장문의 편지를 쓰는 계기를 주었을 것이다. 물론 인습적이고 고통스러운 당시의 편지 형식에서 완전히 자유롭지 않았겠지만 말이다. 아들러는 7월 28일, 단 둘이서만 오후 5시에 만났던 순간을 상기하면서 들뜬 상태로 다음과 같이 고백했다. "당신의 입맞춤이 아직 내 입술을 불태우고 있답니다, 멋진 당신이여, 내가 지상의 행복으로부터 바랄 수 있는 것보다 더 많은 것을 나에게 주었어요. 당신이 어딘지 모르는 곳으로 사라지는 모습을 보았을 때, 둔탁한 비애가 내 사지를 묶어버렸답니다. (……) '약간 앞으로 나아가기, 그래야 당신이 나를 더 오래 볼 수 있으니'—(……) 이 말이 항상 나를 인도해주는 별이 되었습니다."[8]

며칠 후 라이사 엡슈타인은 모스크바로 돌아갔다. 아들러는 국제 의사회의라는 기회를 이용해 그녀가 있는 곳으로 여행을 계획했는데, 이는 그의 재정 상태를 고려하지 않는 결정이었다. 8월 13일 그는 "존경하는 아가씨"로 시작하는 편지를 썼다. "야호! 또 한번 더 야호! 나는 여행 준비를 하는 데만 정신이 팔려 있고, 가끔씩 큰 소리로 야호! 라고 소리 지릅니다. 허공에 대고 말이지요. 흥분과 기쁨이 밀려오고, 지나가면서 거울을 보노라면 나의 두 뺨은 잔뜩 상기되어 있지요. (……) 당신을 모스크바에서 볼 수 있기를 바랍니다. 롬브로소Lombroso의 강연이 당신에게 매력적이지 않던가요? 만일 롬브로소가 죽으면, 당신은 기회를 놓치고 만 것이라는 점을 잘 생각하시길. 나의 팔로 러시아를 붙잡고 싶군요!"[9] 나흘 후 아들러는 모스크바에 갔고, 그녀에게 즉시 기차여행에 관한 묘사와 유머가 포함된 인종 관련 이야기를 꿈꾸듯, 사랑에 빠진 그리움으로 엮어서 편지를 보냈다.

존경하는 아가씨,

기차 안은 부산합니다. 고함과 광란, 소음들로 떠들썩하지요. 나는 잠을 제대로 이루지 못해 눈은 충혈되었고, 입은 연신 하품하느라 바쁩니다. 늙고 약삭빠른 의사들, 더듬거리는 자연과학자들, 볼링 놀이하는 아이들 때문이지요. 기차는 3등칸 좌석을 구입할 수 있었어요. 1등과 2등 칸의 좌석은 뜻밖에도 구할 수 없었습니다. 이제 곧 모스크바에서는 모든 것이 나의 것이 되겠지요!
칸막이 객실에 프랑스인과 이탈리아인이 앉아 있습니다. 프랑스 사람은 진지하고 위엄이 있으며, 위대한 조국의 명성에 걸맞게, 그리고 의사들 회의에 참석하는 사람답게 처신합니다. 카첼마허(우리 빈 사람들은 이탈리아인들을 이렇게 부르지요)*은 계속 불안해합니다. 자신의 짐을 긴 의자 밑에 두었다가 또 다시 위로 올리고, 원숭이 같은 민첩함으로 짐을 가지고 난리법석을 떨었습니다. 나는 운이 좋았어요. 빈에서 나와 함께 어떤 아가씨가 기차에 탔고, 지금까지 여행을 함께 하기에 좋은 동반자가 되어주는군요. 우리는 서로 떨어지지 않고 늘 기분이 좋아요. 우리는 이렇게 가능한 한 삶을 즐겁게 보내려 한답니다.(……)
그런데 지금, 내가 편지를 쓰는 이 순간, 호기심 강한 이 아가씨가 어깨 너머로 나를 쳐다보면서, 멍청하다느니 하는 말을 늘어놓으니 이제 그만 써야 할 것 같습니다.
나는 유감스럽지만 그녀의 말을 따라야 해요. 다만 당신에게 이 편지로, 모스크바에 아가씨가 살고 있다는 소식을 전하고 싶을 따름입니다. 당신은 그 아가씨를 알고 있는가요?[10]

* 카첼마허(Katzelmacher)는 '나무로 만든 식기를 파는 행상인'을 가리키는데, 당시에는 이탈리아 노동자들을 이렇게 낮춰 불렀다.

이어서 두 사람 사이에 편지가 자주 오갔고, 이런저런 오해도 없지 않았다. 그녀에게 편지를 쓸 때면 "알프Alf"라고 서명했던 아들러는 9월에는 달콤한 구애의 표현으로 "내 사랑하는 아이여!"라고 불렀고, 소리를 들으면 연상할 수 있게 "사랑하는 틴디Tindi"라고 쓰기도 했다. "방금 너의 편지를 받았어. 그런데, 그런데 놀랍게도, 당신을 너라고 했어. 그렇다고 나를 비난해야 할까? 비난했어야만 했을까? 애매한 비난이지! 나의 작은 새여, 무엇을 꿈꾸는지? 나를 된통 꾸짖을 것인지? 편지 따위는 악마나 가져가버리길. 한 번의 입맞춤이 수백 통의 편지보다 더 많은 것을 얘기해주고 더 분명하게 얘기해주니까. 하지만 안 쓸 수는 없지. 그래서 나는 오늘 4시간 동안 너에게 세 번째 편지를 쓰고 있어."[11]

하염없이 답장을 기다릴 때도 많았다. 오로지 답장이 오기만을 기다려야만 했다. "오늘은 서둘러 집으로 왔어. 가능하면 우편배달부의 손에서 너의 편지를 즉시 받으려고."[12] 그리고 답장을 독촉했다. 함께 미래를 설계하겠다는 의도가 점점 더 진지해지고 깊어졌다. "나의 사랑하는 틴디! 넌 정말 나빠, 너로부터 소식을 듣지 못한 지 벌써 9일째잖아. 잠시 기다려, 내가 소식을 우편배달부에게 건네줄 거야. (……) 사랑하는 아이! 언제 나를 구원해줄 편지가 도착할까? 키스, 뜨거운 키스는? 가만히, 제발 가만히!!!"[13]

라이사 엡슈타인은 가만히 있을 수만은 없었다. 가족과 멀리 떨어진 채, 전혀 다른 언어를 사용하고, 전혀 다른 환경에서 사는 삶이 문제가 안 될 수 없었다. 구애를 한 의사는 신사다운 애인이었지만, 아직 좋은 자리에 있지도 않았고 돈을 잘 벌지도 못했다. 게다가 아들러의 가족이 외국인인 자신을 어떻게 받아들일지도 고민이었다. 아들러는 그녀의 두려움을 들어주려고 부모와 형제들을 우스꽝스럽게 소개하려고 노력했다. "나의 아버지는 단순하고 소박한 사람으로, 나의 친척들에 의하면, 자신의 사업에 대해서도 잘 모르시고 세상에 대해서도 잘 모르시는 분이야. 그의 심성이 어떠했는지는 나도 잘 몰라. 나는 다만, 아버지는 청소년 시기에 가족을 위해서는 모든 것을 할 정도로 헌신적이었고, 결혼을 하자 이런 사랑이 자신의 가족에게 향했다고만 들었거든. 아버지는 본성적으로 너무나 선량한 사람이며, 조용하면서도 천천히, 한 단계씩 발전하는 것을 선호한 분이지. 새로운 것을 싫어하시는데, 아마 두려워서 그러시겠지. 사람들이 오래 된 것을 비웃을 때에만 새로운 것에 적응하려고 하기 때문이야."[14] 그리고 형제들을 이렇게 소개했다. "나의 형 지그문트는 스물아홉 살이고, 튼튼하고 건강하며, 92킬로그램이나 나가지. 정열적이고, 약간 허풍쟁이 기질이 있어. 선량하고, 사냥은 못하고 허풍만 떠는 사냥꾼이야. 예의를 차리지만, 몰래 와인을 마시는 걸 좋아해. 경제적 능력으로 보면 머지않아 아버지를 능가해서, 어머니와 함께 세상을 다스리겠지. (……)"[15]

1897년 12월 말에 라이사 엡슈타인과 알프레드 아들러는 스몰렌스크에서 결혼했다. 신부는 아직 대학을 졸업하지 않았다. 1898년 8월 5일 첫 딸 발렌티네 디나Valentine Dina가 태어났다. 이제 시급한 과제가 생겼다. 이 젊은 가족은 무엇으로 먹고 살 것인가? 신랑신부의 친척들이 이 젊은 가족을 지원해주었다. 그때까지 아들러는 츠베르크가세Zwerggasse에서 부모가 살고 있던 집에 작은 방 하나를 임시 진찰실로 사용했다. 그러다 그들은 9구역의 아이젠가세 20번지에 있는 자신들의 아파트로 이사를 갔다. 몇 집 떨어진 곳에 라이사가 그 전까지 머물렀던 거처가 있었다. 이 구역은 특히 의사들이 좋아했던 곳인데, 빈 종합병원 근처였기 때문이다. 의사로서의 직업을 시작하는 사람들 사이에 경쟁이 심했다. 그것도 아주 심했다. 이듬 해 아들러 가족은 살던 집을 포기했고, 사회적으로 취약했던 레오폴트슈타트에 있는 체르닌가세Czerningasse로 이사를 했다.[16] 이곳은 도나우 강 건너편, 그러니까 중산층이 거주하는 지역의 건너편이었는데, 이곳을 주소로 사용하는 것은 사회적인 몰락을 의미했다. 실용성으로 보면 거기에는 거대한 임대 건물이 있고, 이 건물의 날개 부분으로 도로와 통하는 집이 있는데, 이 안에 진료실이 딸려 있는 집, 그리고 차별화되고 좀더 고상하면서 화려한 거리 프라터가 42번지에서 이 집으로 들어가는 입구도 있었다. 42번지는 바로 칼 극장Carltheater의 맞은편에 위치하고 있었다. 아들러는 공식적인 편지에서는 두 가지 주소를 모두 사용했다.[17] 프라터 가 42번지라는 주소는 사회주의자였던 의사에게조차 명성을 안겨다주었다.

그의 이념상의 확신은 곧 집필로 이어졌다. 1898년 아들러의 최초의 연구서 《재단사 업종 종사자들을 위한 건강서》가 출간되었다. 그는 베를린에 있는 의사로부터 이와 같은 연구를 해달라는 부탁을 받았다. 프로이센에 살던 이 동료는 제빵사, 인광물질을 다루거나 직물업에 종사하는 노동자들, 그리고 광부들에 대하여 비슷한 연구를 발표했다. 이런 일련의 연구들은 다음과 같은 슬로건 하에 진행되었다. "위험의 인지는 위험 방지의 첫걸음이다!"[18] 대상은 바로 이에 해당하는 임금 노동자들을 목표로 했다. 그것은 사회적 문제를 다룬, 말 그대로 사회의학적 문헌이었다.[19] 재단사들은 세기 전환기에 건강을 가장 많이 해칠 수 있는 직업에 속했다. 아들러와 그와 연결되어 있는 라이사의 관심사는, "경제적 상태와 직업병 사이의 연관성을 서술하는 데 있었으며, 낮은 생계비로 생활하는 국민들의 건강으로 인해 늘어나는 위험성을 보여주는 데" 있었다. 그의 사회적, 그리고 사회주의적-마르크스주의적 참여의식은 30쪽짜리 얇은 연구에서도 빠질 수 없었다. "의사라면 인간을 개인으로서가 아니라 사회의 결과로 연구하는 그와 같은 관찰을 더이상 거부해서는 안 된다."[20]

대략 50여 년 전 루돌프 피르호Rudolf Virchow의 최초의 간행물이 나오면서부터, 의학은 사회적 학문으로 파악되었다. 1821년에 태어났고 베를린 자선병원에서 병리학교수였던 피르호는 1848/49년 전염병에 대한 연구 결과를 발표하면서, 의사는 정치가여야 하고 이미 시기를 놓친 위생의 개혁을 강력하게 추진해야 한다고 요구했다.[21] "합리적인 국가의 헌법은 의심할 바 없이 개인의 권리를 건강한 존재에 두어야 한다"는 피르호의 말에 아들러는 동의했을 것이다. 물론 제정 러시아에서 훨씬 열악한 조건들을 알고 있었던 젊은 아내는 두말 할 필요도 없었다.[22] 피르호가 1879년 자신의 논문에서 "나는 자연을 연구하는 사람으로서 오로지 공화주의자가 될 수 있다. 자연법이 요구하며, 인간의 본성에서 나오는 요구는 오로지 공화주의 국가형태에서만 실현 가능하기 때문이다"라고 썼을 때, 그보다 쉰살이 적은 아들러가 의사로서 레오폴트슈타트에서 사회주의자가 된 것은 불가피했다.[23] 그렇듯 아들러는 그의 저서 《건강서》의 결론에 가서 사회정책적인 요구를 했다. 소규모 작업장에까지 사고보험 연장, 보편적인 연금보험과 실직보험의 의무화, 그리고 주말 노동시간의 제한 등이었다.[24]

라이사는 정치적으로 남편보다 더 극단적이었다. 세 개 언어(러시아어, 프랑스어, 독일어)를 구사할 줄 알았던 이 젊은 여성은 평생 사회주의자였다. 1899년 그녀는 자신이 잘 알고 있던 주제에 대한 글을 하나 썼다. 여성들이 대학에서 하는 공부(의학)에 대해서 다룬 《공동 연구와 교수들》이었다. 그녀는 이를 찬성했는데, 빈에서는 1900년에 처음으로 여자들이 의학 공부를 할 수 있게 허락했다.[25] 이 내용은 주도적이고 적당히 진보적인 빈의 여성잡지 《여성 문서》에 실렸다.

1898년 무렵 라이사 아들러는 빈에 있는 러시아인 서클에 가입했을 것으로 짐작된다. 그리하여 1900년에 도나우 강의 대도시에서 풍부하고도 다양한 문화적 삶 속으로 들어갔을 것으로 보인다.

5. 빈에 사는 러시아인들

"빈에 사는 이민자들 중에는 러시아 제국에서 온 사람들이
가장 많았다. 빈 경찰이 1911년 11월 8일 빈의
황실 및 왕실의 총독에게 보고한 바에 따르면,
이 시기에 빈에 체류했던 러시아 인들은 총 523명이었다."

파울 쿠토스 (Paul Kutos)1

세계대전이 발발하기 직전 시기의 빈은 혁명을 찬성하는 이민자들과 정치적인 활동가들이 각국에서 몰려드는 장소였다. 이 도시는 "역사의 기차역"이 되었다. 체포 우려가 있는 사람들은 빈으로 갔고, 빈에서 잠시 쉬다가, 미친 듯이 연설을 했고, 빈을 떠났고, 그리고 경력을 쌓았다.[2]

1898년 경에 라이사와 알프레드 아들러는 빈에 사는 러시아 망명가들과 연결된 것으로 보인다. 이들이 모이는 곳은 벨베데레 궁에서 멀지 않은 벨베데레가세Belvederegasse 3번지의 세묜 클리야치코Semjon Kljatschko의 살롱이었다. 러시아 사회민주주의자였던 세묜은 자신의 가족과 함께 1892년부터 이곳에서 살고 있었다. 그는 1851년 빌니우스Wilna에서 태어났고, 혁명 활동으로 러시아에서 쫓기다가 1874년 외국으로 도주했다. 그는 1881년 빈으로 왔고, 5년 후 오

스트리아 국민이 되었다. 1901년부터 그가 죽던 1914년 4월까지 빈 시내 거리인 베커슈트라세Bäckerstraße에 있던 특허변호사무실에서 업무 대리인을 맡았다.[3]

클리야치코에게는 자식이 셋 있었다. 막내딸 엘라Ella는 1890년에 태어났고, 결혼 후 파리로 갔으며, 엘라보다 1년 전에 태어났던 알렉산더Alexander는 맨체스터로 갔다. 맏딸인 알리네Aline는 빈에 머물면서 대학에서 프랑스어와 독일어를 공부했고, 1918년 이후 빈의 지방정치에 성공적으로 참여하다가 사회민주주의자로서 시의원으로 선출되었다.[4] 1883년에 태어났던 알리네와 그녀의 약혼자 카를 푸르트뮐러Carl Furtmüller와의 만남은 아들러 부부에게 매우 중요한 만남이었음에 분명하다. 카를은 당시 알리네보다 세 살 더 많았고, 새로운 심리학 경향에 관심이 많은 교육학과 학생이었다. 이들의 우정 및 협업 관계는 알리네가 죽던 1941년까지 지속되었다. 그녀를 통해 아들러 부부는 1907년 또다른 여성 망명가와 남편을 알게 되었는데, 바로 나탈리아Natalja와 레오 트로츠키Leo Trotzki였다.

세묜 클리야치코는 특별히 친하게 지냈던 트로츠키에게 사람을 연결해주는 고리 역할을 충실히 했다. 클리야치코는 오스트리아 사회민주주의의 대표자들과도 관계가 좋았다.[5] 트로츠키가 빈에 머물렀던 해를 거쳐 서둘러 빈을 떠났던 1914년까지에 대하여 비교적 장문의 기고문이 1925년 3월 빈 신문에 실렸다. 여기에는 트로츠키 또는 다른 별칭으로 브론슈타인Bronstein으로 불렸던 남자처럼 빈에 체류하게 되었던 많은 러시아 이민자들에 관한 황실 및 왕실 소속 관료들의 입장이 서술되었다. 카를 크라우스Karl Kraus는 이러한 관료주의Bürokratie를 '관료백치증Bürokretinismus'*이라고 조롱했다.[6] "당시 오스트리아에서는 정치적 '범죄자'를 러시아로 송환하지 않는 습관이 지배적이었다. 하지만 외국에서 대학에 다녔던 러시아 지성인들은 거의 예외 없이 정치적인 범죄자에 속해 있었기 때문에, 조용히 망명자 보호권을 충분히 활용해야 했다." 실제로 오스트리아 행정부는 러시아 황제의 적으로 외국으로 도주했던 러시아 국민들을 전반적으로 성가시게 하지 않았다. 물론 그들을 방치하지는 않았지만 말이다. 그렇듯 트로츠키는 빈에서 1908년부터 러시아어로 된 신문을 발행했고, 이 신문이 로마노프Romanow 치하의 러시아로 밀반입되었다. '진리'라는 뜻을 가진 《프라우다Prawda》의 발행처를 보면 "빈 9, 마리안넨가세Mariannengasse 17"[7]로 되어 있었다. 빈의 경찰국에는 트로츠키의 《프라우다》가 부수적인 사건으로 보였고, 그렇게 받아들여졌다. 그런데 트로츠키는 1912년부터 상트페테르부르크에서 동일한 이름으로 간행되었던, 레닌을 중심으로 한 볼셰비키의 언론기구와 격렬하게 싸우고 있었다. 1924년 빈 시장에게 이를 요약한 보고서가 올라갔다. "《프라우다》는 1909년 1월부터 8월까지 렘베르크Lemberg에서 주기적으로 발행되었고, 그때부터 1912년까지 빈에서 발행되었으며, 당시 빈 9, 라자레트가세 8번지에 살고 있던 오스트리아 국적의 네호메 슈트라서Nehome Strasser가 발행함. 이 신문의 원래 편집자는 레오 브론슈타인Leo Bronstein이었

* 카를 크라우스는 당시 오스트리아의 유명한 격언 저자이자 작가였다. 여기서는 Büro+kratie(관료주의)를 Büro+kretinismus(크레틴병, 불구가 되는 백치증)으로 언어유희한 것이다.

음. 처음에는 월 2회, 나중에는 월 1회 발행되었으며, 정치적·경제적·문화적 그리고 문학적 영역에서 러시아의 현대사적인 사건들을 다루었음. 최근 'Morjah'라고 하는 부록을 끼워넣고 있는데, 흑해에서 러시아 선원들로 일하는 자들의 직업적 관심을 대변하는 내용임. 인쇄 부수는 대략 5천 부에서 8천 부이며, 현재 파악되기로는 전량 러시아로 보내짐."[8]

트로츠키 자신도 클리야치코의 고향이었던 터키로 1929년 세 번째 망명을 떠났던 기억을 했다. 그는 《나의 삶Mein Leben》에서 이렇게 말했다. "빈에서 살았던 내 삶의 대부분은 완전하지 않았을 것이다. 만일 내가 빈에서 오래된 이민자였던 클리야치코를 우리의 가장 가까운 친구들에 속했다는 언급을 하지 않는다면 말이다. 내 두 번째 망명도 이 가족과 밀접하게 관련이 있었으며, 이들 가족은 진정한 의미에서 폭넓은 정치적 관심과 지적인 관심을 가지고 있었다. 그의 집에서는 음악도 연주되었고, 유럽의 네 가지 언어도 몰래 사용했으며, 연결고리였던 유럽 사람들과 소통했다."[9]

늦어도 1909년 아들러 부부와 트로츠키 사이의 연대가 긴밀해졌다. 1882년생 나탈리아 이바노브나Natalja Iwanowna를 트로츠키는 파리에서 알게 되었고, 그녀는 소르본느 대학에서 예술사를 공부하고 있었다. 1년 후 그들은 결혼했다. 아들 레오Leo와 세르게이가 1906년과 1908년에 각각 태어났다. 빈에서는 "세로샤Serjoscha"라 불렸다. 무신론자 유대인이었고, 확신에 찬 마르크스주의자이자 나탈리아보다 1년 어렸던 아돌프 조페Adolf Joffe는 트로츠키와 가장 가까운 사이이자 중요한 조력자였다.[10] "신경질적이고" 그리고 "쇠약한 체질"이었던 조페는 "신경과민성 질환"으로 고생하고 있었다. 이러한 배후에는 중독 문제가 있었다.[11] 프로이트를 읽었던 그를 통해서 트로츠키는 정신분석에 주의를 기울였으나, 전반적으로 유물론자로서 의심하는 입장이었다.[12] 트로츠키와 조페는 아들러 부부를 꾸준하게 방문했던 사람들에 속했다.[13] 《프라우다》의 영향권에 속해 있던 적지 않은 러시아인들이 아들러에게 치료를 받으러 갔으며, 1912년부터 1914년까지 빈에 살았던 니콜라이 부하린Nikolaj Bucharin*도 그곳에 보내졌다고 추정되었다.[14] 트로츠키의 두 아들이 아들러에게서 의료상의 조언을 구했으며, 그것도 1914년까지 그러했다는 것은 확실하다. 여자들은 함께 산책을 했으며, 가끔 트로츠키도 같이 갔다.[15] 두 남자의 관계는 좋지만은 않았다. 트로츠키는 훗날 신문의 부록에 읽을거리를 썼는데, 12월 31일 저녁에 빈의 시내에 있는 커피숍에서 쓴 글이었다. 이곳 커피숍에서 친구들과—물론 아내들 없이—함께 러시아 예술에 대해 토론한 정신요법 의사에 대한 내용이었으며, 의사가 이 분야에 아는 게 전혀 없었다는 글이었다.[16]

트로츠키는 열악한 환경이나 심지어 매우 비참한 환경에서 살았다. 가족은 여러 차례 이사를 했고, 싼 집에서 싼 집으로 옮겨 다녔다.[17] 잘 흥분하고, 말을 유창하게 하는 혁명가이자 거침없이 말을 쏟아내는 지성인에게도 커피숍은 거실을 대신해주는 곳이었다. 트로츠키는 헤렌가세Herrengasse에 있던 '카페 센트럴cafe Central'의 단골손님이었고, 슈테판플라츠Stephanplatz에 있던 '카페 드 유럽Cafe de l'Europ'과 마가레텐귀르텔Margaretengürtel에 있던 '카페 아이젠바너하임Cafe

* 1888~1938, 소련의 정치가, 혁명가

Eisenbahnerheim'도 자주 찾는 손님이기도 했다. 이 이주민 가족은 1914년 1차 세계대전이 발발했던 초기에 오스트리아 수도에서 러시아를 반대하는 분위기를 감지했다. 빈에 사는 모든 러시아인들이 의심받았던 것이다. 오래 전부터 이곳에서 살았던 러시아인들도 체포되었고, 형무소에 보내지거나, 소수의 경우에는 이동의 자유에 제한을 받게 되었다.[18]

3년 후, 1917/18년 한때 빈에서 살았던 이주민들이 세계 무대에서 혁명적인 세계정치를 펼쳤다.[19] 1917년 2월 혁명 이후 아돌프 조페는 페테로그라드Petrograd에서 볼셰비키에 합류했다. 그로부터 8개월 후인 10월, 레닌의 무리가 쿠데타를 통해서 성공적으로 권력을 장악한 후, 조페는 혁명군사위원회 위원이 되었다. 곧 외국 담당 인민위원으로 지정받았고, 그리하여 브레스트Brest에서 이루어졌던 평화협정에 파견된 대표단의 최초 단장을 맡았다. 1918년 4월부터 조페는 혁명을 통해 이뤄낸 거대한 국가의 최초 독일 외교관이 되었다. 나중에 그는 영국·중국과 일본에서 소련을 대표했다. 그가 맡았던 마지막 외교 임무는 1914년 12월부터 1925년 6월까지 오스트리아에서 맡은 대사직이었다. 조페는 트로츠키와 함께 정치적인 몰락으로 내몰렸다. 트로츠키가 당에서 축출된 이후, 조페는 1927년 말 자살했다. 그의 묘비에는 스탈린에 반대하는 내용이 새겨져 있었다.[20] 라이사 아들러는 트로츠키와 계속 편지를 주고받았고, 1933년 9월 트로츠키의 손자가 알리네 푸르트뮐러의 집에 체류하기도 했다.[21]

또한 러시아는 라이사 아들러의 삶에서도 문학적으로 표현되었다. 1921년 빈에 있는 노동자서점이 운영하는 출판사에서 막심 고리키Maxim Gorki의 《아이들—두 가지 이야기》을 번역한 책이 출간되었고, 2년 후 표도르 도스토옙스키Fjodor Dostojewski의 단편 세 권이 베를린 출판협회에 의해서 출간되었다. 서문은 아나톨리 루나차르스키Anatoli Lunatscharski가 썼는데, 그는 1917년부터 소련의 교육부 인민위원을 맡고 있었고, 1894년부터 1896년까지 라이사와 같은 시기에 취리히에서 대학을 다녔다.

6. 세기말의 빈과 레오폴트슈타트

"[1900년 경 빈에 살았던] 사람들은 우선 특정 신분이나 또는 특정 수입에 의해서 신경이 예민한 상태에서 앞으로 나아가고자 했다."

마네 슈페르버 (Manes Sperber)1

루나차르스키가 몇 주 전부터 취리히 대학의 벤치에 앉아 있었을 때, 1894년 6월 스무 살 청년이 빈의 폴크스가르텐Volksgarten 공원에 앉아 있었다. 부드러운 인상에 중산모[2]를 좋아하는 이 젊은 청년은 풍부한 어휘로 이렇게 읊고 있었다. "시커먼 나무 꼭대기 위에는 불타오르는 저녁노을을 배경으로 환상적인 바위산의 꼭대기, 4두 마차, 대리석 같은 신들과 금으로 도금된 왕관의 놀라운 선들의 윤곽이 나타나고, 저 멀리 황혼은 금색과 녹색으로 번쩍이며 탑의 둥근 지붕과 꼭대기는 구릿빛으로 빛나는구나."[3] 법학을 공부하는 대학생이자, 빈 3구역 살레지아너가세Salesianergasse에서 태어났고, 베토벤 광장에 위치해 있는 유명한 인문계 고등학교를 우수한 성적으로 졸업했던 후고 폰 호프만슈탈Hugo von Hofmannsthal*은 19세기에서 20세

* 1874~1929. 오스트리아의 시인이자 극작가. 독일의 세기말과 빈 현대주의(Wien Moderne)를 대표하는 작가로 간주된다.

기로 넘어가기 6년 전 어느 여름 저녁에 빈의 순환도로를 멀리서 바라보며 그렇게 앉아 있었다.

현대인이었던 호프만슈탈은 이미 몇 년 전부터 명성을 얻고 있었다. "현대적"이라는 표현은 당시 중요한 어휘 중 하나였다. 이것은 끊임없는 진보, "움직이는 경향"과 동일한 의미였고, 이와 반대로 현대적이지 않은 모든 것은 변하지 않으려 하고 "고집하는 경향"을 의미했다.[4] 열일곱 살 청년은 "로리스Loris"라는 필명으로 등단했으며, 단번에 빈의 저자들 그룹에서 유명해졌다. 왜냐하면 그의 시들은 탁월한 시적인 재능을 바탕으로 놀라울 정도로 성숙했고, 놀라울 정도로 완벽했기 때문이다. 이 미성년자는 작가들, 언론인들과 연극비평가들로 이루어져 있던 그룹에 합류했는데, 이들은 미하엘플라츠Michaelerplatz에 있는 카페 그린슈타이들Cafe Griensteidl에서 만났고, 또한 그야말로 현대적으로 파리에서 일상을 보내듯 보냈다.[5]

호프만슈탈은 1893년 이탈리아 작가 가브리엘레 단눈치오Gabriele d'Annunzio*에 대한 수필을 썼다. 열아홉 살이었던 그는 이 작품에서 자신을 "늦게 태어난 자"로 보았다. 그러니까 부서지기 쉬운 사슬의 마지막으로 느꼈던 것이다. "하지만 우리에게는 오한이 들게 하는 삶, 진부하고도 황량한 현실, 날개가 마비되어 포기밖에 남아 있지 않다. 우리는 감상적인 기억, 마비된 의지와 스스로를 강화하는 무서운 재능 밖에 없다. 우리는 우리의 삶을 주시한다. 우리는 금속

* 1863~1938. 이탈리아아의 시인, 소설가, 극작가. 19세기말과 20세기초 이탈리아 문단을 이끈, 데카당스 문학의 대표자로 꼽힌다.

잔을 너무 일찍 마셔버리고 그리하여 끝없이 목이 마를 뿐. (……) 그렇게 우리는 상실을 느끼고 항상 시기를 놓쳐버린 것을 체험한다. 동시에 우리는 삶에 뿌리가 없으며, 환하게 볼 수 있으나 낮에는 깜깜한 그늘 속에서, 삶이라는 어린아이 사이를 배회할 따름이다."[6] 열아홉 살 청년은 자신이 살고 있던 시대를 그렇게 총평했다. 시대를 살아가는 자세를 강조해서 이렇게 말했다. "실망, 피로, 신경질환, 데카당스."[7] 위대한 과거를 칭송하는 이런 내용을 어떤 조문弔文에서 언급했는데, 1890년 한 에세이에서 호프만슈탈은 바로 이 조문을 소개했다. 헤르만 바르Hermann Bahr의 이와 같은 에세이를 호프만슈탈도 분명 알고 있었을 것이다. 두 사람은 서로 친했으니 말이다.[8]

그로부터 13년이 지난 1906년 5월, 열일곱 살 청년이 빈에 있는 서부역에 도착했다. 그는 린츠Linz에서 6시간 걸려 자신을 빈으로 데려다줄 기차를 탔다. 빈 방문은 이번이 처음이었다. 그의 어머니는 공무원이었던 남편을 잃은 과부였으며, 수줍음이 많고 가냘프고 창백하며 진지하고 리하르트 바그너Richard Wagner의 오페라를 지극히 좋아하게 된 아들을 위해 기차표를 사주었다. 어머니는 아들이 장래에 되고자 하는 직업을 지원해주었으나, 그 직업은 실현될 수 있다기보다 오히려 꿈에 가까웠다. 바로 예술가가 되는 것이었다! 젊은이는 빈에서 대규모 미술관을 구경하려 했는데, 대도시에 완전히 주눅이 들고 말았다. 왜냐하면 빈은 너무 시끄러운 까닭이었다. 빈에서는 사람들이 정신없이 바쁘게 움직였다. 빈은 젊은이가 모르고 있었던 위험도 도사리고 있었다. 바로 자동차였다. 교통은 정말 혼잡했다. 1907년 빈의 거리를 달리던 자동차는 1458대나 되었고, 합스부르크가가 허락해주었던 자동차들 가운데 절반 이상이었다. 자동차들은 일 년에 354건의 사고를 일으켰다. 거기에 일 년에 982회 사고를 일으키는 영업용 마차가 대략 1천대, 한 마리의 말이 끄는 마차가 1800대, 그리고 영업용 마차를 운전하는 마부들이 1100여 명, 전차도 있었다.[9]

또한 빈은 밝았다. 최초의 10개 구역은 전기 시설이 완벽하게 되어 있었다. 젊은이는 서부역 플랫폼에 서 있었을 때 전기 불을 발견했다. 이와 반대로 린츠에서는 1905년 시내에 여섯 개의 전기 아크등이 있었고 하나는 린츠에서 우어파르Urfahr로 이어주는 다리에 있었다. 그 나머지는 가스나 석유를 사용했다. 빈은 너무 멀리 있었다. 1908년 관청으로 사용되지 않은 집에는 176개의 아크등이 있었고 백열등은 657,625개가 있었다.[10] 젊은이는 압도당했다. 그로부터 15년이 더 지난 뒤—이때 그는 예술가가 되겠다는 생각에서 벗어나 있었는데—이렇게 회고했다. "나는 아침 일찍부터 늦은 밤까지 구경거리를 찾아다녔다. 나를 사로잡은 건축물들이 대부분이었다. 나는 몇 시간 동안 오페라 건물 앞에 서 있을 수 있었고, 몇 시간이든 국회 건물을 감탄할 수 있었다. 빈의 순환도로 전체가 나에게는 마치 천일야화에 나오는 마법처럼 보였다."[11]이 글을 쓴 지 12년이 지난 후 그가 빈 순환도로를 쭉 따라가면서 수만 명의 사람들이 자신을 보고 황홀경에 사로잡혀서 박수갈채를 보낼 것이라고, 당시의 아돌프 히틀러Adolf Hitler는 생각조차 못했을 것이다.

1890년과 1910년 사이 빈에서는 12음 음악, 현대 건축, 법실증주의, 추상화가 나왔다. 쇼펜하우어Schopenhauer와 케에르케고르Kierkegaard는 이곳에서 재발견되었다. 그리고 그 사이, 그 외에, 몇 개의 거리, 또는 두어 개의 주택가 떨어진 곳에서 정신분석이 세상에 등장했다.[12] 특히 1890년대는 지극히 불안하고 불확실한 단계였다. 적어도 호황기가 될 때까지 하층에 속해 있는 시민들은 그렇게 파악했다.[13] 너무나 불평등한 것들이 동시에 터져나왔기에—이 모든 것들은 늙은 지배자의 뚜렷한 그림자에서, 19세기 중반에 나왔던 원칙들의 뚜렷한 그림자에서 구체화되었는데—이 시기를 가느다란 능선처럼 보이게 했다. 산등성이 위에서 꼭대기로 인도하는 좁은 오솔길처럼 보이게 했는데, 사람들이 꼭대기에 도착하면, 능선은 잘 알지 못했던 광경을 볼 수 있는 기회를 제공한다.[14] 건축역사 전문가인 레슬리 톱Leslie Topp은, 세기말의 빈을 분석한다는 것은 마치 성경을 공부하는 것과 같다고 말했다. 그러니까 오랫동안 들여다보고 있노라면, 모든 의견에 대한 근거를 발견할 수 있다고 말이다.[15]

신경쇠약이 대유행을 했다. 스스로 버텨야 하고 시간 압박을 받으며 일해야 하는 모든 직업군들은 자신들이야말로 신경쇠약을 앓고 있다고 호소했다. 언론인들이나 기관사들뿐 아니라, 교수들, 출장을 다녀야 하는 상인들과 소방대원들도 마찬가지였다. 이미 1885년 한 의사는 《빈 의학 주간지Wiener Medizinischen Wochenschrift》에서, 현대인들은 매일 점점 늘어나는 요구사항들과 지속적으로 증가하는 긴장으로 인해 신경을 과도하게 혹사해야 한다는 논쟁을 펼쳤다.[16] 베를린의 사회학자 게오르크 짐멜Georg Simmel은 1908년 《오스트리아 동향Österreichischen Rundschau》 신문에, 개인은 더이상 자신을 둘러싼 세계의 속도를 따라갈 수 없으며 그리하여 심리적으로 조각나고 분열된다고 썼다.[17] 같은 시기에 학계에서는 전문화와 분화의 절차가 진행되었다. 그리하여 “미학과 치료학 사이의 생생한 교환”[18]도 일어났다. 개별적 학과와 지금까지 어떤 학과에 부속되기만 했던 분야에 맹렬한 발전이 일어났으며, 특히 자연과학에서 그러했다. 자연과학과 철학은 서로 자극을 주는 관계가 되었다. 그것은 “자연과학적인 철학의 시대였고 철학적인 자연과학의 시대였다.”[19]

현대라는 경향이 꽃을 피우자 위기도 닥쳤으나, 반대로 낙관주의도 피어났다. 옛것이 무너지고 뭔가 새로운 것이 부상했으나, 이 새로운 것이 자신을 지탱하고, 주장하고, 뭔가가 될 수 있는 힘이 충분히 있는지는 불분명했다. 호프만슈탈은 몇 년 후 《찬도스Chandos—서한집》라는 에세이를 통해서 언어에 의미를 부여하지 않고 으깨어 가루로 만들고자 했다. 아르투어 슈니츨러Arthur Schnitzler는 종속, 사랑 놀음과 규범이 될 수 있는 허상의 가치들에 대해서 썼다. 여기에서 규범이 될 수 있는 허상의 가치들이 지닌 자기 기만적 딜레마는 오로지 둔탁한 절망이나 자살을 통해서만 빠져나올 수 있다고 했다. 회화에서는 무엇보다 미술대학에서는 보수적인 역사주의가 주를 이루었고 비유적인 역사 회화가 유행했다. 그 사이 구스타프 클림트Gustav Klimt는 중산층 시민들의 여성을 주인공으로 삼아 황금으로 빛나는 초상화를 그렸고, 모델들에게 관능적인 포즈를 취하게 했고 프레스코 벽화를 통해서 스캔들을 불러일으켰다. 에곤 쉴레Egon Schiele는 남자와 여자의 육체를 추방하고, “독특하게 왜곡되고 일그러진, 추위에 경직된 얼굴들”[20]을 그렸다.

리하르트 게르스틀Richard Gerstl은 화산이 폭발하듯 활활 타오르는 인간 군상들을 창조했고, 그와 비슷하게 아르놀트 쇤베르크Arnold Schönberg 역시 그림을 그리는 작곡가였다. 그리고 우악스러운 화가

가 있었는데, 그는 모든 관습을 던져버리고 "1908년 빈 전시회"에서 세간의 주목을 받았던 오스카 코코슈카Oskar Kokoschka였다.[21] 음악 부문에서 볼 때 빈은 구스타프 말러Gustav Mahler가 지휘를 했던 기간에 등대와 자석 같은 도시가 되었다. 10년 후 1907년 그의 시대는 막을 내렸다. 모략과 그를 공격하는 반유대주의가 너무 막강했던 것이다. 말러는 오페라하우스를 어떤 타협도 없이 음악의 사원으로 바꿔버렸고, 그리하여 "음악 때문이 아니라 교제 때문에 오페라 하우스를 찾았던 사람들의 분노"[22]를 사고 말았다.

빈은 오페라 공연이 끝난 뒤 한밤의 유흥은 제공하지 않았다. 23시 이후면 시내에 있는 거리는 쥐죽은 듯 조용했고 아무도 없었다. 몇 시간을 돌아다녀도, 순찰을 돌고 있는 "파수꾼"을 제외하고 누구도 만나지 못했다. 밤 10시면 집안으로 들어오는 유일한 열쇠를 쥐고 있는 문지기가 문을 잠갔다. 그 이후에 집안으로 들어가고자 하는 사람은, 10~20 크로이처에 달하는 돈을 쥐어줘야 했는데, 이는 결코 적은 돈이 아니었다. 따라서 사람들은 늦은 저녁이면 밖에서 즐기는 것을 포기했다.[23]

대도시의 언론들도 예술계에서 불었던 모더니즘 운동을 지원했다. 《신자유언론Neue Freie Presse》은 세계주의적이고, 세계에 대한 마음도 열려 있었고, 지적이고 자유주의적인 신문으로 알려져 있었다. 비록 작가들이 문학적 위기 상태를 표현하여 독자들을 사로잡았고 모든 것들이 그들에게 병적이고, 부서지기 쉽고, 타락한 것으로 보였을지라도, 철학자들, 경제학자들 그리고 사회이론가들, 무엇보다 언론인들은 혹독한 정치적 갈등 속에서도 자신들이 자유주의의 상속인임을 보여주었다.[24] 여기에 유토피아적인 출발을 외치는 경향도 있었는데, 새롭고 다른 세계, 순수 예술로서의 세계로 출발하자는 외침이었다. 이는 부족한 위생상태, 간과할 수 없는 가난, 혼잡과 증오심로 말미암은 외침이었고, 고상한 "빈 공방"과 같은 세계로 가자는 외침이었다. 1901년 헤르만 바르는 이렇게 외쳤다. "우리가 도시를 건설해야 한다, 그것도 도시 전체를! (……) 정부는 우리에게, 히칭Hiezing이든 아니면 호헨 바르테Hohen Warte에든 평야를 줘야 한다. 그곳에 우리는 하나의 세계를 창조하고자 한다. (……) 모든 것이 동일한 정신에 의해 지배되고, 거리와 정원과 궁전과 오두막과 식탁과 안락의자와 전등과 숟가락도 동일한 느낌에서 나온 표현이다. 하지만 중앙에는, 사원처럼 신성하고도 작은 숲이 있고, 노동의 집도 있을 것이다."[25]

건축가 오토 바그너Otto Wagner는 5년 전에 자신이 생각한 이상적인 도시를 소개한 바 있었다. 빈의 리징Liesing 구역에 건설하고자 했던 그의 플랜 "미래에 세워질 빈의 22번째 구역"은 진보적이었다. 대규모 블록으로 건설할 생각은 아직 더 기다려야만 했다. 하지만 빈의 남부에 속해있는 전체 지역을 거미줄마냥 뻗어나가게 해야 할까? 큰 가로수길, 그리고 집중화된 순환도로와 방사상도로와 구간제거리라는 시스템, 이런 길들은 모두 거대한 시내, 분수가 있는 "루프트센트룸Luftzentrum", 기다랗게 늘어서 있는 나무들과 산책할 수 있는 길로 통해 있었다. 교회, 극장과 절반은 공개되어 있는 건축물들, 이런 것들을 시민들이 이용할 수 있다고? 여기에 공원들과 널찍한 광장들, 기념비와 경치 좋은 몇몇 장소와 잔디밭도 추가되는데, 간략히 말하면, 좁아터진 주거상태와는 정반대였다.[26] 바르의 미래상이 소개된 지 3년 후 요제프 호프만Josef Hoffmann은 기업가 빅토어 추커칸들Victor Zuckerkandl의 주문을 받아서 빈의 외곽에 분리파 양식Secessions Stil의 아이콘이라 할 수 있는 건축물을 세웠다. 바로 푸르커스도르프Purkersdorf 요양원이었다. 이와 같은 "요양 정원이 딸려 있는 물로 치료하는 시설"은 치료라는 것에 대해 엔지니어가 보여준 비유였다. 그리고 시각적 비유와 현대적인 여러 사항들을 적극적으로 투입함으로써 무의식적 충동이라는 이념을 현대적 건축으로 변환시킨 것이었다.[27] 호프만은 겉으로는 두드러지지 않고 세속적인 요소들에게 동적인 느낌과 가벼움을 부여했다. 기업가 추커칸들이 유대인이라는 사실이 묻혀서는 안 되었다. 예술에서 출발, 몰락, 반란의 기운이 일어나면 이와 동시에 유대인의 삶에도 반영되었는데, 빈에서는 대부분 도나우 저편, "마체 섬Mazzeninsel"*에서 그러했다.

마체 섬이라는 표현은 도나우 수로와 도나우 강 사이에 있는 도시 지역을 조롱하는 명칭이다. 이곳에 레오폴트의 할아버지였던 황제 페르디난트 2세가 1625년에 유대인들이 거주할 수 있는 허가를 내려주었다. 유대인들이 최고로 많은 전쟁비용을 지불한 뒤였다. 그곳은 도시의 성벽 밖에 위치하고 있는 영역이었다. 당시 이 지역은 빈의 밑에 위치해 있는 섬이라는 의미로 "운터러 베르트Unterer Werd"라 불렸고, 이 요새 도시에서 붉은탑 성문Rotenturmtor을 통과해서 마우트 다리Mautbrücke에 도착할 수 있었다.

* 마체(Mazze)는 출애굽을 기념하는 유대인 명절인 유월절 성찬에 먹는 빵으로, 유대인을 일컬어 그렇게 불렀다. 따라서 '마체 섬'은 유대인들이 사는 지역이라는 의미이다.

페르디난트 황제의 손자 레오폴트 1세는 경건한 스페인 여자와 결혼했으며, 1670년 유대인들을 다시금 추방했다. 그리하여 운터러 베르트는 "레오폴트슈타트"라는 이름으로 바뀌었다. 유대교당은 철거되었고, 대신 통치자의 이름을 딴 레오폴트교회Leopodskirche가 세워졌다.[28] 또한 레오폴트의 전쟁기금을 위해 유대인들의 기부금은 포기할 수 없었다.[29] 빈으로 몰려왔던 유대인 이민자들은 19세기 초 이곳에 주로 은신처를 마련했다. 화려했던 프라터슈트라세와 타보아슈트라세Taborstraße 사이에 있었던 옛날 유대인들 주거지역은 어느 정도 부를 이뤄냈던 사람들에게는 그야말로 비참한 구역이었다. 1870년대 초까지 이민자들은 대부분 헝가리, 부다페스트나 프레스부르크의 게토Getto 출신이었다.[30] 북쪽에 철도가 새로 놓이게 되자 수천 명의 유대인들이 빈으로 왔다. 철도는 살로몬 마이어 프라이헤어 폰 로트쉴트Salomon Mayer Freiherr von Rothschild가 건설했다. 그의 대리석 입상이 프라터슈테른 광장에서 멀지 않은 곳에 있는 당시 가장 큰 빈의 역 실내에 세워졌다.[31]

"마체 섬"에서는 1864년 정통파 유대교당이 쉬프가세Schiffgasse에 세워졌으며, "쉬프슐Schiffschul"이라고 불렸다. 동유럽에 살았던 유대인들은 바로 이곳에서 자신들의 의식을 행할 수 있는 고향을 발견했으며, 현지인들에게 동화된 유대인들의 방해를 받지 않았다. 동화된 유대인들은 예복을 입고 원통 모자를 쓴 채 마치 주식 시장에 가듯 시내에 있는 유대교당에 다녔지만 말이다.[32] 이와 관련해서 수많은 일화가 전해진다. 예를 들어, 동부 유럽 출신의 유대인이 빈으로 여행을 갔다가 집으로 돌아왔을 때, 그곳에서 무엇을 봤는지 말해달라는 질문을 수없이 받았다. 그러자 그는 이렇게 대답했다.

"북부 역을 봤고 프라터슈테른 광장, 그리고 쉬프가세와 칼 극장을 봤습니다."—"호프부르크와 부르크 극장은요?"—"아니요, 외부에 있는 구역으로는 가보질 못했어요."[33]

1880년 레오폴트슈타트의 의원이자 상인이었던 지그문트 마이어Sigmund Mayer는 섬유거래, 물건들과 알코올의 거래와 중간 거래에 대한 성격을 이렇게 묘사했다. "그곳—섬유거래 구역—에는 일련의 길들이 있고, 동일하게 생긴 가게에 물건들이 빼곡하게 들어서 있었다. 모든 가게에는 아름다운 물건들이 쌓여 있었는데, 손님이 오면 각각의 물건들을 보여주고 흥정을 했다. 제품을 파는 가게에는, 가게의 크기와 중요도에 따라서 크고 작은 사무실이 있었고, 이런 사무실에는 어느 정도 고정적으로 일하는 회계 담당자가 있었다. (……) 도나우 강에 인접한 소박하고 눈에 띄지 않는 커피숍에는, 아침부터 저녁까지 수백 명의 사람들이 움직였고, 끊임없이 서로 사업을 끝내거나, 시작했다. 기록하는 메모장 외에 다른 장치도 없고 다른 도구도 없었다. 오로지 여기저기에서 견본이 들어 있는 포대를 구경하고 검사했다. 마지막에 말을 하고, 협상 메모장에 표시를 하면 충분했다. 이들 옆에 그리고 이들 사이에는 포대자루를 대여하는 자—당시 사업이 확장되면서 생겨난 업종이다—와 중개인들, 위탁판매인들, 운송업자들이 있었다."[34] 제품들은? 빈에 제품들은 없었다. 제품들은 빈과 페스트 사이에 있는 역으로 이동 중이거나 슬로바키아 또는 모르비아나 바치카Bacska에 있었다. 1870년에 거의 10만 명에 달하는 사람들이, 모든 빈 사람들 가운데 1/3이 직업에 종사했으며, 섬유공장과 의상가게에서 일을 했다. 이처럼 빈에서 사업이 왕성하게 이루어졌던 빈 광장Wiener Platz의 중심은 호허

마르크트Hoher Markt 광장과 도나우 수로 사이에 있는 구역이었다.[35]

1860년까지 요한 네스트로이Johann Nestroy가 단장을 맡았던 칼 극장은 유대인이 아닌 빈 사람들을 "마체 섬"으로 유혹했던 유일한 장소는 아니었다. 디아나 홀도 있었는데, 이곳은 여름에는 수영장으로, 겨울에는 무도회를 여는 장소였다. 1867년 이곳 카니발 무도장에서 빈 남성 합창단이 공연을 했을 때 요한 슈트라우스Johann Strauß가 처음으로 자신의 도나우 왈츠를 지휘했다. 에른스트 렌츠Ernst Renz는 레오폴트슈타트에서 3,500석의 좌석이 배치된 무대에서 서커스 공연을 했으며, 심지어 프란츠 요제프 황제도 이 공연을 감탄해마지 않았다.[36]

레오폴트슈트라세에서 성장한 유대인 빈 사람 페터 헤르츠Peter Herz가 기억하는 바에 따르면, 프라터슈트라세 거리는 관객을 빨아들이는 자석을 가지고 있었으며, "거대하면서, 빛나는 예술의 중심이었다. 즉, 레오폴트슈테터, 훗날 칼 극장이라 불리는 곳이었다. 이 무대는 마법의 힘으로 연기자들, 저자들, 작곡가들을 이 구역으로 끌어당겼다. (……) 이미 언급했던 사람들[네스트로이 등]은 유대인이 아니었지만, 오펜바흐Offenbach를 통해 프라터슈트라세에서는 희가극들을 잘 알게 되었고, 많은 유대인들을 이곳으로 오게 했고 세기말이 지나자 그들의 두 번째 전성기를 경험하게 되었다. 이로 말미암아 칼 극장 주변에 있던 수많은 커피숍과 술집들—'모저Moser', '티폭시로스Tiphoxilos', '그륀네 예거Grüne Jäger', '티거Tiger', '베를린Berlin', 나중에 '퓌르스텐호프Fürstenhof'—에서 새로운 유대인 오페라 왕들, 오스카 슈트라우스Oscar Straus, 레오 팔Leo Fall, 에드문트 아이슬러Edmund Eysler, 레오 아셔Leo Ascher 그리고 무대가 사랑했던 많은 사람들,

그 가운데 루이스 트로이만Louis Trunmann, 아르투어 구트만Arthur Gutmann, 프리츠 베르너Fritz Werner(헤르츨Herzl)와 또 다른 예술가들이 만났던 것이다. (……) 하지만 이와 같은 '거친' 거리에는 유흥을 즐기는 장소들, 콘서트를 여는 커피숍 등 다른 업종들도 많았는데, 이런 곳에서는 피아노를 서툴게 치거나, 집시들이 바이올린을 켠다거나, 탐부리차*의 연주 소리를 들을 수 있었다."[37]

아직 남아 있는 1904년과 1907년의 진찰 기록부를 살펴보면 아들러의 환자들이 어떤 사람들인지 알 수 있다. 이 진찰 기록부는 빈에 있는 구스타프 그루버Gustav Gruber 인쇄소에서 의사들을 위해 특수 제작으로 인쇄되었고, 책의 귀퉁이는 빨간색 아마포로 되어 있으며, 서문과 결론의 문장에는 대리석 문양이 찍혀 있다. 그리고 실용적이게도 축약어가 많이 사용되어 있었다(O = 처방Ordination, V = 외래Visite, Ij = 피하주사subkutane Injektion, ! = 치유, Ra = 치료비 청구처Rechnung verlangt am). 1904년 진찰했던 환자들은 459명이었다. 1907년에는 500명이었다. 1904년 최초로 진찰한 환자들은 빈의 1구역, 2구역 그리고 3구역에서 왔다. 환자의 직업도 기록되어 있었다. 즉, 마부, 여자 재봉사, 카페 주인, 연금 생활자, 상인을 남편으로 두었던 과부, 우유상의 딸, 여자 요리사, 하녀, 재단사. 또한 열한 살 학생도 방문했다(병력: "심각한 아이"). 또한 시내에 살던 동료 의사가 심장 근육의 질환으로 아들러에게 왔다. 그밖에 당뇨병, 현기증, 관절염, 유행성 감기, 대장카타르, 위통 등의 병명도 기록되어 있다. "치료

* Tamburitza. 유고슬라비아의 기타 모양의 현악기

된 불안 노이로제"도 있었다. 무질 에들러 폰 볼렌브뤽Musil Edler von Wollenbrück의 경우 아들러는 "불안 노이로제"라고 확신했고, 차키Czaky 백작부인에게는 심리 치료를 받으라고 충고했다. 수많은 유대인 이름들이 기록되어 있는데, 폴락Pollak에서부터 그륀Grün을 거쳐 히르쉬Hirsch, 콘Kohn, 도이취Deutsch와 로젠베르크Rosenberg도 있다. 많은 환자들이 이웃에서, 프라터 가, 체르닌 가, 치르쿠스 가, 그리고 클라인 슈페를가세에서 방문했다. 상류층 지역인 되블링Döbling에서는 에밀 라이히Emil Reich 교수가 방문했다. 아들러는 또《노동자신문Arbeiter-Zeitung》의 브라운Braun 박사에게 예방접종을 해주었는데, 이는 아들러가 사회민주주의 성향의 대표적 언론을 매우 신뢰한다는 뜻이었다.《알라딘》보다 더 신뢰했다는 사실을 보여준다. 그는《알라딘》에 불규칙하게 읽을 기사와 글을 보내기는 했다. 그리고 편집실(지금은 오스트리아 저항에 관한 문서실이 있는)에 놀러가서 카페 도브너Cafe Dobner에서 타로크 카드 게임에 어울리고는 했다. 그리고 아들러는 음악비평가 다비드 바흐David Bach와 같은 지인들도 치료했다.[38] 그는 또한 여전히 시사평론에도 참여했지만, 자신의 직업과 관련된 분야에서 그러했다.

7. 교육자로서의 의사

"어린 시절의 역사는 하나의 악몽인바,

우리는 그 악몽에서 얼마 전부터 비로소 깨어나기 시작하고 있다."

로이드 드마우스 (Llyod deMause)1

주목을 끌었던 것은 에세이 형식으로 평가한 내용이었다. "교육의 문제는, 부모와 교사들이 발견하듯이, 가장 어려운 문제들 가운데 하나이다." 1904년 당시 서른네 살이었던 알프레드 아들러는 이어서 말하기를, 인류는 세대를 이어가며, 그러니까 "수천 년 간의 인간 문화"를 거쳐, 적절하고도 단일한 해결책을 발견하고자 했다는 것이다. "교육의 대상"이었던 개인은 적합한 행동과 반응을 체험했다, 라고 사람들은 생각할지도 모른다고 말이다. 이렇게 그동안 교육이 거두었던 성과를 축소시키는 이유는 두 번째 문장이자 더 중요한 핵심적 내용이 나온다는 것을 알려준다. 왜냐하면 "강박을 의식하지 못하는 모두가" 자신의 상像과 본보기에 따라 아이를 교육하고자 하는 강박에 굴복하기 때문이다.[2]

이 말은 뒤집어서 이렇게 결론을 내릴 수 있다. 즉, 모든 사람이 교육자로서 적합하지 않다고 말이다. 모든 아이는 개인적이기 때문에, 감시를 할 수 있는 날카로운 눈이 필요하다. 교육시켜야 할 아이를 잘 알고, 이들의 상태, 재능과 결점, "약간 덜 성장"한 사실들도 알기 위해서뿐 아니라, 교육을 담당하는 자신들의 상태, 재능과 부족함도 알기 위해서 예리하게 관찰해야 한다는 것이다. 교육자는 후원자가 될 수 있는 공감능력을 개발할 수 있는 능력이 있어야 한다. 동일한 것이 의사에게도 해당된다고 한다. 병력病歷은 "증상으로부터 병원지"까지 단계적으로 단정지을 수 있어야 한다. 이렇게 할 수 있는 전제조건과 기초는 교육자의 경우처럼 자발적-심리적으로 투명한 시각이다. "강렬한 자기기만"으로부터 자유로운 이런 시각은 환자에게서 치료할 수 있는 힘을 밝혀내고, 일깨워주고 후원해줄 수 있다. 이는 상이한 두 가지 의미가 있다. 즉, 우선 자신이 치료자라는 의사들의 상을 교정하는데, 그리하여 오만하게 모든 것을 다 알고 있는 게 아니라 배려하는 자세를 취할 수 있게 해준다. 두 번째로 환자들의 참여이다. 자신과 타인, 타인에게서, 상대방에게서 소질을 추적한다. 감정이입, 깊이 몰두하기, 인격발전과 같은 발전 가능성을 인지하는 것과 같은데, 이 모든 것은 이상적인 교육학의 징후이기도 하다.

이와 같은 이념의 보급을 위해서는 의사들이 주로 읽는 《의사 신문Ärztliche Standeszeitung》보다 더 나은 매체는 없었을 것이다. 이 신문은 1902년에 창간되었다. 월2회 1만 부를 찍어서 오스트리아에 있는 모든 의사들에게 무료로 발송되었다.[3] 알프레드의 글 〈교육자로서의 의사〉는 1904년 13, 14 그리고 15호지에 연재되었다.

이 논문은 많은 주목을 받았다. 그것은 교육학적-심리적으로 복잡한 문제에 대한 그의 생각이 최초로 발표된 것이다.[4] 이 주제는 시대정신에 부합했다. 이로써 아들러는 논쟁의 한 복판에 서게 되었다. 미학과 철학의 위기에 이은, 치료학의 호경기와 같은 분위기가 지배적이었다. "초월적인 의사"와 같은 역할을 맡았던 시인詩人은 산업사회로 변하게 된 서구사회에서 이제 더이상 작동하지 않았다. 이제 진짜 의사가 시인을 대체했고 건강의 수호자가 되었다.[5]

1년 후인 1905년, 《교육자로서의 의사》를 제목으로 한 의학 잡지가 출간되었다. 신경과 전문의와 소아과 전문의들이 주요 독자였다. 1908년 브레스라우Breslau에서 소아치료학을 가르쳤던 오스트리아의 아달베르트 체르니Adalbert Czerny 교수는 비너 프란츠 도이티케Wiener Franz Deuticke 출판사에서 자신의 학술 저서 《어린이 교육자로서의 의사》를 출간했다. 동일한 이 출판사에서 9년 전 프로이트의 《꿈의 해석》이 출간된 바 있었다. 체르니의 이 저서는 1911년 3쇄를 찍었고, 1942년에는 9쇄를 찍었다. 이제 예방 치료가 세간의 주목을 받게 되었다. 예방은 세기말의 진단에 비해서 효과적으로 간주되었던 것이다.

아들러는 변화시키는 데 성공했다. 몇 세대 전부터 의학적 활동이 알코올 중독, 전염병, 매독과 그밖에 다른 성병관련 질병들, 결핵과 어린이 사망률을 줄이려는 노력에서 추구했던 성공이었다.[6]

《의사 신문》에서 흔히 볼 수 있듯 아들러 역시 의사들의 영웅적인 작용에 찬사를 보내기도 했다. 무엇보다 아들러는 새로운 영역으로 봤던 "학교위생"을 자신이 예전에 썼던 사회 복지 관련 의학적 논문과 연계했고, 의사들만을 위한 잡지 《슈탄데스차이퉁Standeszeitung》의 편집자 하인리히 그륀Heinrich Grün이 속해 있던 사회민주주의적 환경과도 연계시켰다.

아들러는 왜 발전은 원하는 만큼 멀리 퍼져나가지 않는가라고 질문을 던진 뒤, "계몽 서비스와 국민의 물질적 복지"가 의사들을 통해서 의무적으로 안내받지 못했기 때문이라고 답한다. 이어서 그는 영양섭취, 노동의 분배와 휴식을 포괄하는 육체적 교육을 거론했고, 이보다 더 중요한 것, 그러니까 놀이와 연습 그리고 스포츠를 언급했다.[7] 또한 정신 교육에서 의사의 영향력을 더욱 강화시키는 것이 매우 중요하다고 강조했다. 그는 여러 교육 단체를 지목했는데, 1882년에 결성된 단체 하나, 1904년에 결성된 단체 하나, 그리고 가장 최근에 출간된 카를 그로스Karl Groos의 《아이들의 정신생활에 대해서》를 언급했다. 이 책이 프로이트의 《꿈의 해석》보다 더 통찰력이 뛰어나다고 하면서 말이다(이렇게 말하는 것을 보면, 아들러는 분명 이 책을 읽었을 것이다).

그런 뒤에 아들러는 실용적인 아동 교육에 관해 구체적인 질문들을 설명한다. 이때 아들러는 당시의 추세에 따라 움직인다. 그는 결혼에 대한 충고로 시작했는데, 위계질서가 있는 가부장적 특징을 언급했다. 오로지 건강한 사람들만이 자식을 낳아야 한다는 얘기였다. 환자거나, 당시의 표현대로 하면 "퇴화된 사람들"에게는, 이 지점에서 아들러는 당시 우생학을 주장하던 사람들보다는 소극적으로 표현했으나, "후세에 끼칠 수 있는 해로운 결과에 대해서" 알려줘야만 한다는 것이었다. 아들러는, 임신한 여성의 육체적·정신적 안정이 태어나게 될 아이에게 매우 중요하다고 주장한다. 시민들이 최우선시하는 덕목들, 정확성과 청결함은 "문화에 대하여 가장 강력한 지렛대"의 역할을 하며, 신생아에게는 "가장 중요"하다고 한다. 나중에는 신체 단련이 더 중요해지고 말이다. 만일 신체와 정신의 협력이 사라지면, 그에 상응하는 대가를 치러야 하는데, 이것은 훗날 아들러에게 핵심적인 개념이 된다. 바로 "자신의 힘에 대한 신뢰"를 상실하는 대가를 치러야 하는 것이다. 너무 버릇없게 자라고, 지나치게 보호받고 두려움 없이 자란 아이들은 "질병에 유사한 상태"로 도망치거나 과장하는 증상을 보여줄 수 있다고 한다. 그런데 스포츠 활동은 아이들에게 "자신감"을 주게 된다고 하며, 훗날 아들러의 전문용어와도 관계되는 표현이 된다. "교육의 가장 중요한 수단은 사랑이다. 교육이란 사랑의 보조를 받고 아이의 호의를 얻어야만 진행된다." 이와 같은 애정은 어머니와 아버지 양쪽에서 받아야 하고, 부모 중 한 사람으로부터만 받는 것은 해롭다.[8] 역시 거꾸로, 만일 두 명 또는 그보다 더 많은 아이들이 있다면, 이들 가운데 한 명을 더 선호해서는 안 된다. 이런 경우에도 하나의 문제가 분명하게 드러나는데, 바로 남매 서열화와 이로 인한 특정 자식에 대한 선호 현상과 회피성 태도이다. 이 점은 나중에 아들러에게도 아주 중요한 주제가 된다. 놀라운 점은, 가족이 아닌 사람들, 가령 유모, 남자 가정교사, 여자 가정교사 또는 기숙사와 같은 기관에서 아이들을 돌봐주는 사람들과의 관계를 아들러는 반대한다는 사실이다. 이렇게 되면 아이들은 감정이 부족해지고, 멸시를 당하고, 주눅이 들고, 아이들의 성격을 구성하는 요소들끼리 잘 연결되지 않게 된다고 한다. 체벌은 해서는 안 되며, 배우는 효과가 있을 경우에는 벌을 주는 것은 가능하다. 쇠막대기로 때리던 벌과 비교한다면, 아들러가 제안하는 벌은 지극히 해롭지 않은데, 권리를 빼기, 부모님의 책상에 앉히기, 경고하기, 벌을 주려는 의도에서 아이를 바라보는 시선이다. 마지막으로 아이가 좋아하는 음식을 주지 않는 방법이 있다. 방에 가두는 것은 "야만적"이며, 아이를 때리는 것 역시 마찬가지이다. 이 두 가지 방법은 비생산적이라고 한다. 욕설을 통해서 비난하고 조롱하는 것은 아이의 성격 발달에 좋지 않다. 과도하게 칭찬하는 것도 근시안적 행동인데, 장기적으로 비판을 견디지 못하게 할 수 있기 때문이다. 부모들은, 아들러의 중간 결론을 말하자면, "항상 정당하게 숙고해서 판단을 내리는 사람이 되어야 하지만, 동시에 항상 사랑이 풍부한 보호자"가 되어야 한다. 교육의 기술이 교육하는 예술이 되어야만 한다.[9]

여기에서 눈에 띄는 점은, 아들러의 표현이 가진 부드러움과 유연함이다. 그는 "친절한 경고"라고 쓰고 있다. 그는 "매우 조심스럽게"라는 표현을 사용한다. 어린 아이들이 하는 "환상적인 거짓말"들을 비극적으로 받아들일 필요가 없기 때문이란다. 이와 반대로 우리 삶 전체와 성인들의 세계는 "거짓으로 오염되어" 있다는 것이다. 만일 거짓말하는 습관이 나이가 들어도 계속 이어지면, 그러면 확실하게 행동하라고 한다. 다른 사람들 앞에서 비밀도 없고, 그 어떤 거짓말도 하지 않고, 혼란스럽게 하지 않는, 이른바 주변에서 좋은 본보기가 될 수 있는 사람을 보여주라는 것이다.

이것이 성공하면, 부모에 대한 아이의 "복종"은 자연스럽게 자리를 잡게 되는데, "교육의 당연한 효과"로서 말이다. 바로 여기에서 형용사 "당연한"은 가장 중요하다. 영혼 없는 훈련이 아니라는 말이다. 아이들이 앞으로 살게 될 정신적인 삶을 위해 전권을 주고 활력을 주며 무장시켜주고, 방향을 제시하는 것이다. 위협은 그야말로 파괴적이며, 반-사회적인 효과가 있다. 아이는 고립되고, 모든 것과 모든 사람에 대해서 공포에 휩싸이며, 특정 기관을 대표하는 사람들, 예를 들어 교사와 의사들 앞에서 특히 그렇게 된다. 아이는 겁이 많아지고, 제약이 많은 삶을 살게 된다. 자기 비난, 자기 학대와 정신적 마비를 막을 수 있는 것은, 대화, 맥락에 대한 설명, 원인과 결과에 대한 제시이다.[10]

아들러의 결론은 부정否定에서 나온다. 즉, 벌을 가하는 어두운 교육학에 반대하는 것이다. 블랙 교육학의 대표적인 예를 들자면, 칼레H.F. Kahle는 《기독교적 국민교육 개요》에서 군대 상사들이 행하는 원칙을 교육현장에서 적용하라고 대학 강사들과 교사들에게 충고했다("군대로부터 배우자!"). 이 책은 1890년 한 해에만 8쇄를 찍을 정도로 많이 팔렸다. 그는 여섯 살부터 열두 살까지 아이들을 다룰 때 군대의 지휘권으로 구분했는데, 질서를 지시하는 지휘관에서부터 출정하기 전의 지휘관까지, 그야말로 양측에게 혹독한 훈련과 별반 다르지 않았다. "지휘관은 명령을 내리는 연습을 해야 한다. 교사들은 명령을 내리고, 학생들은 정확하게 그 명령을 따르는 것이 두 번째 본성이 될 수 있도록 해야 한다."[11]

아들러는 반 세대가 지난 후에 정반대 유형을 이렇게 묘사했다. 즉, 끔찍한 벌을 주겠노라 겁박하면 나약함으로 도주하는 아이를 만들게 된다. 오로지 자신을 믿는 아이들만이 자기 삶을 힘차게 밀고나갈 용기 있는 아이가 될 수 있다. 지식에 대한 호기심을 후원하고 자르지 않으면 발전하는 단계가 보인다. 많은 질문들은 "성가신 일"이 아니며, 1922년 판에서는 이 부분을 "고역"이라고 고쳤는데, 오히려 아이에게 결국 이런 질문을 품게 한다. "나는 어디에서 왔을까?"[12] 아주 어린 나이에 성적으로 조숙한 성향이 이미 존재하지만 —여기에서 아들러는 프로이트의 충실한 제자였다[13]—그것을 모르거나 혹은 경솔한 태도를 통해서 사악하게 부추기는 것은 노이로제를 유발할 수 있다고 한다. 사춘기 국면을 조심스럽게 잘 견뎌내면, 사람들은 이렇듯 의심하고 권위가 무너지는 시기에 "충고자"가 될 수 있다고 한다.

아들러가 펼치고 있는 생각들은 결코 독자적인 것은 아니었다. 자신만의 심리학적 이론은 아직까지 존재하지 않았다. 하지만 이와 같은 초기 논문은 상징적이었다. 무엇보다 긍정적이며, 이 시기에 그야말로 이례적으로 아이들의 발전과 교육학적 어려움과 관련해서 자신만의 고집을 존중하며, 이러한 자신만의 고집을 후원하고 능통하게 되는 것이, 아직 개발되지 않았던 개인의 고집과 자기의지라는 이론이었다. 간략하게 말하면, 훗날 아들러가 "남성적 항변"[14]이라고 불렀던 바의 콤플렉스였다. 1914년 아들러는 이 논문을 카를 푸르트뮐러와 함께 자신이 편집했던 《치료와 교육》에 실었다.[15] 1922년 이 텍스트는 수정본에서 다시 게재되었고, 몇 가지 전문용어들이 수정되었다.

"주변에 있는 좋은 본보기"라는 표현을 알프레드 아들러 역시 아이들을 교육할 때 명심했다. 그렇듯 그는 큰 딸 발렌티네의 열한 번째 생일이었던 1908년 8월 5일 이렇게 썼다.[16]

> 나의 귀엽고 착하고 작은 발리Vali(발레를Walerl)에게,
> 너도 네가 성장했다는 것을 잘 알고 있겠지. 너는 삶이 어떠한지에 대해서 상당히 좋은 생각들을 가지고 있을 거야. 어쩌면 네가 알지 못하는 한 가지가 있어. 아니, 좀 더 분명하게 표현한다면, 네가 더 이상 깊이 생각하지 않은 것이 있다는 거지. 다른 많은 사람들 역시, 자신들이 이미 알고 있는 것에

대해서는 깊게 생각하지 않아! 나도 예전에 그러했고, 어쩌면 나는 너무 늦게 이런 것을 깨닫게 되었을지 모른단다.

정말 간단하게 이해할 수 있어. 삶이란 끊임없이 등장하는 어려움의 연속이란다. 그래서 우리는, 오로지 한 가지 시각에서 우리의 존재를 바라보며, 계속해서 어려움과 장애물들과 싸워야 한다고 생각하지. 다른 시각에서 보면 삶은 또 달라 보여. 마치 어떤 사람은 늘 행복하고 또 다른 사람은 늘 불행한 것처럼 말이야. 이러한 행복은 대부분 우리 자신이 가지고 있는 시각에 달려있고, 항상 우리가 설정하는 목표에 달려 있단다. 만일 이 목표가 너무 높게 정해졌거나 전혀 달성할 수 없다면, 그러면 당연히 늘 타격을 입고 실망을 안게 되겠지. 이런 사람들의 불행은, 너무 높게 정해둔 목표의 존재를 한 번도 알아차리지 못하기 때문일 경우가 많단다. 그런 사람들을 관찰해보면, 끝없이 만족하지 못하고 유머도 없다는 사실을 쉽게 짐작할 수 있지.

만일 그런 사람들이 맥락을 이해하고 행복하고 즐겁게 되려면 오로지 한 가지가 빠져 있다는 사실을 인정하기만 하면 돼. 물론 그들은 훨씬 쉽게 견뎌낼 수 있어. 바로, 오래 된 목표를 진지하게 받아들이는 것을 그만두면 되는 거야. 남은 생에서 맞이하게 될 어려움들은 가치 있고, 그와 같은 어려움을 극복할 수 있는 우리의 의연함을 보여줄 수 있단다. 혹시나 극복하지 못하더라도, 그런 어려움을 견디는 법을 배울 수 있는 거지. (……)

우리 모두는, 남자든 여자든, 실수를 범하면 다른 사람이나 불리한 조건을 탓하고는 하지. 그러니까 바꿀 수 없는 사실들 말이야. 우리 모두가 걱정과 어려움으로 괴로워하며 오로지 한 가지 해결책만 있다는 사실을 우리는 기억하는 것을 그다지 좋아하지 않아. 바로, 우리가 문제를 극복하고, 문제들이 바꿀 수 없다손 치더라도 문제를 두려워하지 않음으로써, 우리는 자신을 보다 강하게 만드는 게 유일한 해결 방법이란다.

나는 삶을 이런 방식으로 관찰하는 것을 배웠다. 어쩌면 너도 똑같은 입장을 갖게 되기를! 만일 그렇지 않다면, 이처럼 장점이 많은 전망대에 서서 너의 삶을 한 번 바라봤으면 좋겠구나. 나는 이와 같은 분별과 통찰력이야말로 내가 가지고 있는 최고의 통찰력이라고 믿는단다. 그래서 네 생일에 내가 줄 수 있는 최고의 선물이 바로 이런 통찰력이야, 내 사랑하는 귀여운 발리.

몇 년 전에 내가 너에게 한번(유감스럽게도 너의 생일에 축하 편지를 잘 쓰지 않았구나), 너는 나에게 기쁨만 가져다주었고 항상 내 마음 속에 있다고 썼어. 만일 이 말이 너를 기쁘게 한다면, 과거처럼 오늘도 이 말을 너에게 반복하게 해주렴. 나는 오늘도 너와 함께 있으며 너의 행복 속에 살고 있단다.

너를 사랑하는 나이든 아버지가 인사와 입맞춤을 보내며

8. 수요회

"무의식적 정신의 본질을 알 수 있는 열쇠는 무의식의 영역에 있다."

카를 구스타프 카루스 (Carl Gustav Carus)1

6년 전인 1902년. "참으로 놀랍게도 나는 어느 날, 의사들이 아니라 문외한의 해석이자, 절반은 미신에 가까운 꿈의 해석이 진실과 가깝다는 사실을 발견했다. (……) 나는 꿈에 대한 새로운 열쇠를 발견하기에 이르렀다. '정신분석'이라는 이른바 연구자들의 학회에서 수용하게 된 새로운 방법을 사용하면서 말이다."[2] 학회라고? 그것은 현실이라기보다 오히려 소망하는 바의 꿈에 더 가까웠다. 지그문트 프로이트는 시급한 반향이 필요했다. 자신의 주장에 반응해줄 토대 말이다.[3] 달리 표현하자면, 그는 자신을 따르는 추종자들이 필요했던 것이다. 같은 해 그는 정식 교수가 되었고, 이로써 명예를 얻게 되었다. 강사 과정은 이미 거쳤다.

1902년 10월 프로이트는 잘 아는 빌헬름 슈테켈과 의사들을 주말마다 열리는 모임에 초대했다. 의사 막스 카하네Max Kahane는 프로이트의 죽마고우였다. 연구소에서 물리치료 방법을 가르쳤고, 전기치료법을 도입했다. 그리고 의사 루돌프 라이틀러Rudolf Reitler는 "열로 치료하는 시설"을 운영하고 있었다. 수요일 저녁에 초대를 했기에 "수요회"라는 이름이 고정되었다. 프로이트는 지난 몇 년 동안 중요한 저서를 많이 출간했다. 즉, 1893년에 《히스테리 현상의 정신적 메커니즘에 관하여. 미리 전달하는 보고》, 1895년에 《히스테리에 관한 연구》, 1898년에 《신경증 환자들의 병인에서의 성적 취향》, 1899년에 《꿈의 해석》, 1901년에 《일상에서의 정신 병리학에 관하여》, 그리고 1905년에 《성 이론에 관한 세 가지 논문》을 출간했다. 슈테켈은 스스로 정신분석을 받고 이 치료법을 자신들의 환자에게 이용했던 최초의 의사였으며, 1903년 처음으로 적용했다. 프로이트는 그에게 환자 한 명을 넘겨주었고 거의 감독관의 역할을 했다.[4]

슈테켈, 카하네와 라이틀러 외에 네 번째로 초대받았던 의사가 알프레드 아들러였다. 아들러가 프로이트와 문서상 처음으로 접촉했던 것은 1899년 2월 마지막 날 우편으로 체르닌가세로 보냈던 짤막한 소식이었다. 환자 한 명을 진찰해달라고 부탁하는 내용이었다. 아들러는 1902년 《꿈의 해석》을 읽었고, 상당히 감명을 받았다는 표현을 했다.[5]

1904년 12월 12일. 프로이트는 빈의 의학박사 모임에서 "신경치료에 관하여"라는 제목으로 강연을 했다. 이때 그는 이렇게 말했다. "정신분석 치료법은 지속적으로 존재하는 능력이 부족한 환자들을 대상으로 하고 그들을 위해 만들어졌다. 이들의 승리는, 이들 가운데 만족할 만한 수의 환자들이 다시 존재할 능력을 갖게 되는 것이다."[6] 여기에서 수요회 회원들이 아주 중요했다. 가설과 이론을 공론화하고 증명하는 사람들로서 말이다.

1906년에 프로이트는 50세였고, 5권의 저서를 출간했으며 대략

70편의 논문[7]을 발표했다. 흰 수염이 나 있었고, 이미 약간 허리가 굽었고, 옷차림은 단정했으며, 빈에서는 새로운 이론이 발전하자 이를 주시했던 무리들에게는 유명했다. 그와 동시대를 살았던 사람에 따르면, 프로이트의 인기는 젊은 사람들에게서 막강했다고 한다. 비록 그는 젊은 사람들과 밀접한 관계를 맺는 것을 허용하지 않았음에도 불구하고 말이다.[8] 그가 1897년 보수를 받지 못한 채 정원 외 교수로 일했지만, 5년 동안이나 지체되기는 했으나 어쨌든 정식 교수로 인정받았다. 프로이트는 정신과 병원에 소속되지 않은 대학생들에게는 특별 허가증을 통해서 청강할 수 있게 허락했고, 사명감을 강조했다. 오로지 흥미가 있는 학생들과 전공하는 사람들에게만 강의하고자 했던 그의 의지에 따라서.

1906년 시립병원의 정신과 임상강의에 참석한 젊은 의학도 프리츠 비텔스Fritz Wittels는 이러한 체험을 훗날 이렇게 묘사했다. 청중들은 드물게 있었다고 한다. 강의실에서 맨 앞의 세 줄이 가득 차 있을 경우는 한 번도 없었다고 한다. 프로이트는 노트 없이 한 시간 정도 말을 했고 소수의 사람들을 완전히 자신에게 매료되게 했다. 그런 뒤 짤막하게 쉬는 시간이 있었고 이어서 또 한 시간을 강의했다. 비텔스에 따르면, 프로이트는 50세보다 더 젊어 보였다. “머리숱은 좀 빠졌지만 검은 색이었고, 흰머리는 전혀 보이지 않았다. 그는 왼쪽 가르마를 탔고 짤막하고 뾰족한 프랑스 스타일의 턱수염을 기르고 있었다.”[9] 그의 암갈색의, 반짝이는 눈동자는 누군가 질문을 하면 대답하기 전에 뚫어지게 질문자를 쳐다보고는 했다. 강의는 관습적인 심리학의 단점들에 관한 내용이었다. 프로이트가 라이프치히 대학에서 가르치는 영향력 있는 민족 심리학자였던 빌헬름 분트Wilhelm Wundt에 관해서 언급했을 때, 그는 루도비코 아리오스토Ludovico Ariosto*의 주요 작품이었던 《성난 오를란도Der rasende Roland》를 인용했다. 이 책에서 거인은 전투를 벌이다가 목이 잘려나갔는데, 이를 인지하고자 노력하면서도 계속 싸웠다. 프로이트에 따르면, 분트는 바로 그와 같은 전사와 비슷하다는 것이다. "지금까지의 심리학은 나의 꿈 학설을 통해서 살해되었을 수 있다. 하지만 이를 아직도 알아차리지 못하고 계속 가르치고 있다." 강의가 끝나고 프로이트를 숭배하는 무리들은 강의실에서 길가까지 그를 동행했다고 한다. "강의실에서 정문이 있는 곳까지는 짧은 거리였는데, 우리는 할 수 있는 한 우리 자신을 드러나게 하려 했다. 프로이트는 보통 매우 기분이 좋았다."[10]

1908년 수요회에 소속된 회원들은 서른 명이 채 안 되었다. 이들 가운데 대체로 절반이 모임에 참석했다.[11] 청중들은 보통 지식인들 층이었다. 이들 가운데 의사들—아들러는 1903년에 의사협의회에 가입했고, 이는 같은 직종에 종사하는 자들이 전통적으로 결성했던 단체였다— 교육자들과 작가들이 있었다. 처음에 이들 참석자들은 호기심과, 프로이트의 이론을 습득해서 이 이론을 세분화시키고자 하는 의지를 가진 것 외에, 딱 한 가지 이유가 더 있었다. 바로 정신 의학, 교육학과 인간의 정신을 다루는 그와 비슷한 분야의 상태에 만족하지 못했기 때문이다. 아들러는 이렇게 말했다. "의사로서 나는 임상에서 만족하지 못했고, 점점 정신의학으로 선회旋回하

* 1474~1533, 이탈리아의 시인

게 되었다."[12]

처음에 이렇게 모인 그룹은 사뭇 조화로운 분위기였다. 물론 세계관은 서로 달랐지만 말이다. 아들러의 사회주의는 다른 참석자들에게, 몇몇 사회민주주의자들에게까지 자유주의적으로 또는 시민적으로 혹은 정치적으로 무관심한 것으로 알려졌다. 그때까지 아들러를 몰랐던 사람들에게는, 좌파 성향인 《노동자 신문》과 같은 언론매체에 그가 기고한 기사들을 보고 알게 되었다. 이 수요 모임은 완전히 토론에 집중했는데, 병원에서의 문제든, 어떤 작가에 관한 것이든, 범죄자든, 새로운 학문적 연구 저서든, 화가의 삶과 작품에 관해서든 상관없이 매우 집중적으로 토론했다. 다양한 주제가 토론에 등장했는데, 동물심리학과 사회학, 종교와 생물학, 교육, 범죄학과 신화 연구였다. 심지어 전기로 사람의 심리를 검사하는 실험처럼 이와 유사한 시도도 논쟁의 주제로 삼아서 담판을 지었다.[13]

"프로이트의 토론회에 속해 있는 회원들은, 각자가 자신의 지휘봉을 가지고 있는 경향이 있었다."[14] 개인은 자신의 머리를 유지하고자 했고, 자신만의 생각을 유지하고자 했다. 무엇보다 프로이트의 신속함과 기민함에 의해 지적인 도전을 받는다는 점을 고려하면 충분히 일리가 있었다.[15] 1906년부터 이 모임에서 토론의 내용을 열심히 기록했던 랑크Rank는 친절하게 행동하려고 노력했으나, 화를 벌컥 내거나 과장할 때도 드물지 않았다. 비텔스는 솔직하고 완고했다. 페데른은 다른 사람들의 말을 잘 따르고 유순한 편이었다. 슈테켈은 논쟁이 될 만한 주제를 잘 제시했는데, 주로 전문잡지와 신문에 실린 기사일 경우가 많았고, 그와 같은 주제를 두고 논쟁을 펼치며 분별력을 잃곤 했다. "이와 같은 행동의 특징은 당연히 정신분석의 이론에 재료가 되었다."[16] 그리고 정신분석을 하게 만드는 원료가 되었던 것이다. 물론 이러한 원료는 거추장스럽고 심지어 방해가 되기도 했다고 한다. 왜냐하면, 정신분석을 대표하는 자들이 모여 있는 환경에서 무의식적 과정의 주요 현상이 갈등으로 드러났을 때, 개인의 허영심이 개입된 상태에서 표준을 정하는 것은 조직에게는 골칫거리였기 때문이다.[17]

토론하는 내용을 적기도 했고 그에 덧붙여서 기록하는 경우도 보통 있는 일이었다. 마침내, 그런 방식으로 영원히는 아닐지라도, 다음 시대의 학문을 위한 내용이 기록되었으며 이론화되었다. 이와 같이 기록하는 일은 추가적으로, 개인이 전방에 나서서 생각하는 데 기여했다. 항상 전체를 관망하는 이 원탁 모임은 자신들을 진보라는 창의 칼끝으로 느꼈다. 그들은 시대를 앞서 가는 아방가르드였다. 이제 결정해야 할 것은, 누가 프로이트 뒤에서 군기를 높이 들고 있을 것이며, 누가 기수旗手이고 누가 부관이 되어야 하며, 누가 대담하게 측면 대 공격을 해야 하는가라는 문제였다. 그리하여 과도한 야심에 사로잡혀 독자적인 표현들이 등장했다. 완전히 오리지널하면서 놀라게 하는 개념들이 화제로 떠올랐다. 사변적인 논쟁은 극단적인 말 전쟁이 될 경우도 많았다. 저명한 스위스 정신의학자 오이겐 블로일러Eugen Bleuler—이번에는 아들러가 최초로 그를 인정을 했다—의 연구에 관해 언급했는데, 이 새로운 연구를 통해서 그 어떤 정신병 환자도 해명될 수 없을 것이라 했다. 이로써 아들러는 이른 나이에 대머리가 되었고, 콧수염을 기른 내과의이자 강연자였던 에두아르드 히치만Eduard Hitschmann을 비난하고자 했다.

그는 수요회 시절 내내 과도하게 신랄한 방식을 고집했고 프로이트로부터 몇 번 사냥개라면서 쫓겨나가기도 했다. 프로이트는 이날 모임에서 블로일러의 연구는 매우 약점이 많다는 아들러의 생각에 동의했다. 하지만 서두에서 발표한 사람의 의견에 단 한 가지 부분을 반대해야만 했다. 뭔가 정말 새로운 것이 있다면서 말이다. 프로이트는, 랑크가 기록한 바에 따르면, 이렇게 지적했다. "질병을 욕정이라는 계기에 환원하는 것. 사람들이 편집증에 관한 전문 서적을 모두 뒤져도 결코 발견할 수 없는 바."[18]

프로이트의 눈에는, 오이디푸스 콤플렉스의 아버지인 그의 눈에는, 아들 사이에 적지 않은 경쟁이 있었다. 처음으로 수요 모임에 초대된 외국 손님이었던 취리히 출신의 막스 아이팅곤Max Eitingon은 1907년 1월에 방문했다. 그는 노이로제의 원인, 치료법의 본질과 히스테리 이후의 전염에 대해서 질문했고 대답을 원했다.[19]

수요회는 프로이트 추종자들의 핵심 회원들을 보다 견고히 다졌고 확장하는 데 기여했다. 정신분석을 하는 그룹의 밀접한 유대감에 대한 증거는, 취리히에서 베를린으로 옮겨갔고 그곳에서 프로이트를 위해 열정적인 활동을 시작했던[20] 카를 아브라함Karl Abraham이 1908년 설립했던 베를린 정신분석 학회가 정신분석학자들의 공식적 양성을 위한 기초가 되었다는 데 있다.[21]

1908년 이 수요회 모임은 공식적인 조직으로 변모했다. 이 그룹은 잘츠부르크에서 제1회 국제정신분석학회를 개최했던 것이다. 오스트리아와 스위스, 그리고 미국, 영국, 독일과 헝가리 출신의 정신분석학자들 42명이 참석했다.[22] 수요 모임은 첫 번째 단계로 빈 정신분석학회로 이름이 바뀌었고, 이로써 두 번째 단계인 전문화가 이루어질 수 있었다. 이로써 여러 국가 출신의 전문가 조직으로 확고한 지위를 다지고 의학계의 기득권자들로부터 불어오는 적지 않은 반대의견에 대항해서 뭉칠 수 있었던 것이다. 비판의 목소리는 쉬 가라앉지 않았다. 그리하여 이런 비난이 쏟아졌다. 할머니들이나 하는 정신 치료법, 마녀의 광기와 정신에 대한 자위행위, 편집증적인 수다와 탈무드적인 궤변이라고. 정신분석학자들은 "정신병원에 가도 충분할 만큼"[23] "편협한 광신자"라는 것이었다. 프로이트의 책에 대한 전문비평가들은 소수에 불과했고—대부분의 중요한 심리학 전문잡지들은 프로이트를 무시했다—모두들 폄하하거나 팽개치는 수준이었다. 프로이트의 이론들은 틀렸으며, 증명되지도 않았고 실증과는 거리가 멀다는 것이었다. 간략하게 말해서, 받아들일 수 없다는 얘기였다. 분트의 견해를 추종했던 많은 심리학자들은 프로이트의 정신분석을 고대시대의 꿈에 대한 신비설이라고 경고했다.[24]

1910년 국제정신분석학회가 설립되자 이들 그룹은 규모가 더 커졌다. 여기에서 시사하는 바는 이러했다. 즉, 정신분석은 "국내에 조직을 만들기 전에, 이미 국제적인 토대를 가지고 있는 유일한 전문직으로, 이를 통해 프로이트 추종자들은, 지역적이고 국제적인 관습, 독특함과 법칙을 무시할 수 있었다."[25] 회원들은 1년에 두 번 회의 때 만났고 서로 편지 왕래를 했으며, 활발한 편지 교환에서는 도를 넘는 과장은 어떤 것이든 멸시했다.

9. 철학과 가정假定

"역사철학은 세상을 다양하게 변화만 시켰다.
그러나 중요한 것은 세상을 아름답게 만드는 일이다."

오도 마르크바르트 (Odo Marquard)1

"어떤 일들은 때로 과장된 것 같은 느낌을 준다. 가령 18세기 형사사건 판례집인 《피타발Pitaval*》[18세기 형사사건 모음집]에서처럼 말이다." 1914년 5월 5일자 《노동자 신문》 1면 하단 문예란에 실린 〈사라진 기록〉의 첫 문장이다. 같은 날, 화요일, 체르노비츠에서 간행되는 《부코비나어 포스트Bukovinaer Post》의 1면에서는 한 기자가 "존재하지 않기 때문에, 사람들이 보지 못하기 때문에, 사람들의 눈에 띄지 않는 사물"에 대해 궤변을 늘어놓았다.[2] 그리고 빈의 《신자유언론》은 빈에 있는 황제 프란츠 요제프 정부의 기념일을 위한 다리를 새로이 건축하는 사건에 대해서 추가로 광고했다. 이 다리는 —오늘날 성스러운 도시의 다리라는 의미로 하일리겐슈테터Heiligen-

* 프랑수아 가요트 데 피타발, 1673~1743, 1734~1743년 사이에 형사사건을 모아서 20권으로 펴낸, 프랑스 출신의 판사이자 저자이다.

städter 다리라 불리는데—1년 전에 교통 문제로 부분적으로 폐쇄되었다. 신문의 8면에서야 비로소 최초의 광고가 등장했다. 크라인Krain에 있는 일광치료 휴양시설, 피부에 문제가 생길 때 효과가 좋은 액체 비누, 바트 할Bad Hall에 있는 요드와 브롬이 함유된 온천과 바트 토폴시츠Bad Topolschitz에 있는 요양원, 스위스에서 생산되는 그리슨 초콜릿Grison Chokoladen에 관한 광고였다. 그리고 정신적·육체적 긴장으로 인해 생긴 치질을 낫게 하려면 자연에서 얻은 '프란츠 요제프' 광천수—존경의 의미로 광천수에 황제의 이름을 붙였겠으나 경박한 느낌이 든다—한 컵을 따뜻하게 해서 마시라고 권장했다.[3] 오스트리아 제국에서 가장 명망이 있는 설교자들이라 할 수 있는 편집자들, 관청과 인쇄소들은 빈의 시립공원 근처에 있는 작은 길 피히테가세Fichtegasse 11번지에 있었다. 길 이름에 피히테가 붙은 이유는 독일의 관념론 철학자였던 요한 게오르그 피히테Johann Georg Fichte의 이름을 땄기 때문이다. 이렇듯 역사적으로 막강했던 건물이었지만 오늘날에는 빈 노동청이 들어서 있다. 알프레드 아들러 역시 철학이니 노동감독이니 하는 내용을 1914년 5월 5일 언급했다. 편지의 수신인이 누군지 완전히 밝히지는 않았으나, 추측컨대 미국에서 심리학 교수를 맡고 있던 스탠리 홀Stanley Hall에게 썼던 것 같다. "실제로 나는 당신에게 동의한다고 믿습니다. 즉, 우리의 개인심리학은 원래 주의를 기울이는(관심사에 대한) 철학이자 심리학으로, 우리에게는 개인의 자세(견해, 태도)와 움직임이 더 중요한 것이지요. 개인에 대한 이해라는 기초보다는 말입니다."[4] 정신치료와 심리학은, 아들러가 대서양 너머와 편지를 주고받을 때, 보편적으로 학문의 역사상 서로 연결되어 있다고 간주했던 것 이상으로 밀접하게 연관되어 있었다.

라이프치히 대학에서는 1811년 "정신치료"를 가르치는 교수직이 최초로 마련되었다. 이는 이 학과를 대학에서 학문으로 인정해주었다는 것을 의미했다. 1859년에 태어난 피에르 자네Pierre Janet는 트라우마 치료와 트라우마 심리학의 초기 형태를 만든 사람이었다. 서른 살에 이 프랑스 정신 의학자는 《심리의 자율성L'automatisme psychologique》을 출간했고, 트라우마라는 심리적 인식을 누구보다 먼저 다루었다.[5] 생물학적-정신치료법상의 그리고 신경학의 전환기로 인해 19세기 중반부터, 자연과학적-물리적인 방법이 엄격하게 실행되었으나 그래도 철학적인 질문은 뒤로 밀려나거나 또는 케케묵은 고물이 되지는 않았다. 그렇듯 의지의 자유, 행동의 인과성, 바람, 지휘하는 것과 지휘자에 대한 토론은 오늘날까지 심리학에서 지리멸렬하지 않고 있다.

이처럼 "매혹적이지만, 들어맞지 않는 바의 신화"[6]인 정신적인 사건들의 인과성을 극복했던 최초의 철학자는 에드문트 후설Edmund Husserl이었다. 그는 의식이라는 지향성을 다음과 같이 이해했다. 의식은 의식을 둘러싸고 있는 현실을 받아들이지 않고, 현실을 향해 있다고 말이다. 즉, 세계에 대한 관계가 없으면 세계도 없다는 말이다. 하지만 아들러에게는 임마누엘 칸트Immanuel Kant와 목적론에 대한 그의 학설이 더 중요했고, 빌헬름 딜타이Wilhelm Dilthey*와 한스 파

* 1833~1911. 독일의 신학자이자 철학자. 당시 인문과학에 널리 퍼진 자연과학의 영향을 거부하고 인간을 역사적 우연성과 가변성에 따라 이해하는 생철학을

이잉거Hans Vaihinger*가 더 중요했다.[7]

후설보다 반 세대나 이전인 빌헬름 딜타이에게도 이미 심리학은 삶의 주제였다. 베를린 철학교수였던 딜타이는 "심리학"이라는 단어에 인류학을 추가했고, 실용적인 인문학에 철학적 인류학과 비교심리학을 포함시켰다. 그것은 학문 이론의 결과였다.[8] 마지막 분야는 생물학적 요소와 범주를 고려해서 인간 존재의 다양성에 대한 경험을 의미한다.[9] 딜타이는 미래를 고려하는 시각과 목적론을 강조했다. 중세 전성기 토마스 아퀴나스Thomas von Aquin와 같은 스콜라 철학자들로부터 나왔던 이 목적론은, 18세기에 칸트에 의해서, 100년 후 빈에서는 프란츠 브렌타노Franz Brentano에 의해서 재발견되었다. 토마스 아퀴나스 학파가 신학적인 열정으로 목적론을 추종하고 신을 향해 갔다면, 독일 낭만주의자이자 1874년과 1895년 사이 빈에서 철학교수를 했던 프란츠 브렌타노의 조카 클레멘스 브렌타노Clemens Brentano와 베티네 브렌타노Bettine Brentano는 지향성이라는 용어를 심리의 고유성으로 파악했다.

딜타이는 프리드리히 니체Friedrich Nietsche와 함께 묶여 19세기 후반의 이른바 생生의 철학자로 분류된다. 하지만 이것은 부당한 처사이다. 왜냐하면 딜타이는 생을 신비로운 것에 의해 둘러싸여 있다고 보지 않았기 때문이다. 이럴 경우 인간은 신비함을 연구할 수 없으

* 1852~1933. 독일의 철학자. 쇼펜하우어와 랑게의 영향을 받아 '허구(fiction)' 이론을 자신의 '알스 오프als ob(마치 ~인 것처럼)' 철학으로 정립했다. 이는 불합리한 세계에서 살아가기 위해서는 현상에 대한 허구적 설명을 구성해야 하고 이러한 허구적 설명이 실재를 반영한다고 믿을 만한 근거가 '마치 존재하는 것처럼' 생각해야 한다는 설명이다.

므로 놀라거나 신경이 예민하거나 완전히 감격한 시선으로 바라볼 뿐이기에 말이다.[10] "생의 총체"가 딜타이에게는 "경험철학의 진정한 출발이자 바로 이와 같은 입장에 있는 심리학"이었다.[11] 딜타이는 부분을 이해하기 위해서, 그리고 부분으로부터 다시금 전체를 이해할 수 있기 위해서, 항상 현상학적으로 전체로부터 출발하는 사고를 대표했다. 이렇듯 순환하는 해석학적 원리는 텍스트를 이해할 때만 적용되지 않았다.[12] "칸트가 심리학과 인식론을 서로 분리했다면, 딜타이의 미학과 역사에 관련된 작업은, 질문을 새로이 설정하는 데 있었다. 그러니까, 어떠한 심리적 서술에서 인식론과 연관이 되는가를 물었다."[13]

딜타이는 수년 간 심리학에 대한 강의를 했지만, 1894년에야 비로소 자신의 저서 《서술적 해체적 심리학》을 소개했다. 딜타이는 생을 자아와 세계 사이의 해체할 수 없는 상호작용으로 이해했고 "자신의 상태에 대한 체험과 외부세계의 객관적인 정신에 대한 이해"에 관해서 말했다.[14] 1880년대부터 딜타이에게서 총체성이라는 동기가 생각과 현실이해라는 통일체, 느낌과 가치부여의 통일체, 그리고 바람과 목표설정의 통일체, 자극과 반응의 구도를 분리해 버렸다. 이제 총체라는 원칙이 딜타이 사고의 핵심이 되었고, 그의 심리학에서도 주요 개념이 되었다.[15] 딜타이는 총체라는 개념으로부터 생명체로 나아갔다. 즉, "근원 현상이자 사고모델"[16]로서. 이와 같은 구조이론과 생의 객관화와 연관된 이해 이론은 표현하는 개념에 녹아 있다. 이러한 개념은 심리적 구조가 일으키는 효과의 맥락에 의해서 얻어진다. 이는 결국 생의 맥락이라는 철학으로 흘러들어갔다. 개별적인 체험들은 장기간에 걸쳐서 생의 맥락을 형성한다.[17] 이미 1699년 영국의 섀프츠베리Shaftesbury 백작은 "마음의 총체적 구조와 조직"에 대해서 말했다.[18] "의미론"이라는 단편에서 딜타이는 이렇게 강조했다. "기억에서 체험은 단일하게 통합되고 생의 전체에서 다른 체험과 연관 지을 수 있게 된다. 이것이 곧 의미이다."[19] 이와 같은 점에서 의미란 "내적인 맥락이며, 맥락에 속해있는 목차들로부터 자유롭게, 그리고 장소, 시간과 인과성이라는 실제의 맥락과는 무관하게 찾아내게 된다."[20] 생에 관한 기능적 표현은 다음과 같은 맥락에 있게 된다. "생각이 맥락을 생산해내지 않고, 맥락이 효과를 낼 수 있다고 도처에 전달하는"[21] 바의 그런 맥락에서 말이다. 딜타이의 말을 들어보자. "생이 흘러가는 가운데 개별적인 모든 체험은 전체와 연관을 맺는다. 이와 같은 생의 맥락은 연속으로 이어지는 순간들을 모아놓은 합合이나 총체가 아니라, 모든 부분이 맺고 있는 관계를 통해 생겨난 단일체이다."[22] 딜타이에 따르면, 서술하고 기술記述하는 심리학은 인문과학에게 세계의 기본적인 요소에 대해서 가설이 아닌 구상(컨셉)을 제공할 수 있다. 이와 반대로 자연과학은 세계를 파괴한다. 그 결과로 나오는 것이 가설에 의한 조각이나 입자이다. "자연과학은 작고, 자발적인 존재로 살아갈 능력이 없으며, 오로지 분자의 구성성분으로서만 생각할 수 있는 소립자를 구축한다. 그러나 역사와 사회를 놀라울 정도로 삼켜버린 전체 안에서 서로서로 영향을 주는 단일체는 각각의 개인들로, 정신적-육체적 전체이며, 각자는 다른 각자와 구분이 되고, 각자가 바로 하나의 세계이다."[23]

1894년 딜타이는 《기술적·분석적 심리학에 관한 이념들》[24]을 썼다. 이것은 자신의 서술적 심리학에 대한 성숙한 구상이었다. 이 저서는 분명하게 다음과 같은 것을 다루었다. "구조의 법칙에 대해서인데 (……), 인지능력, 충동과 감정 그리고 의지가 이런 법칙을 통해서 심리적 삶에 속해 있는 전체와 연결되어 있다."[25] 딜타이의 인류학에서 핵심적인 부분은 "발전"과 "획득한 맥락", 심리의 영역 안으로 우뚝 솟아난 유기체의 사실들이다.[26]

1911년 자신의 마지막 논문이자 단편인 《종교의 문제》에서 딜타이는 인류학으로 회귀했다. 심리학으로부터 "기술적이며 분석적인"이라는 형용사를 이어받은 인류학으로 말이다.[27] 이 철학자는 자아관찰이라는 현상을 분리해서 연구했으며 개인을 소외된 정신물리학적 분자로 간주했던 전통적인 심리학을 극복하는 것을 목표로 삼았다. 그 대신에 그는 사회적·역사적 생의 기초가 되는 통일성을 보유하고자 했다.[28] 사회라는 것도 단지 개별적인 것들이 축적된 상태가 아니라는 것이다. 오히려 개인은 탁월한 사회의 요소라는 것이다. 개인의 의식이란 바로 사회를 구현한 것, 사회를 구체화한 것이라는 말이다. 딜타이에게 사회는 보다 큰 전체를 지시하는, 자신을 포함하는 하나의 전체였다. 딜타이는 정신생활의 구조라는 개념을 도입했다. 이처럼 19세기 말 독일에서는 드물게 사용했던 '정신생활'이라는 단어를 통해서 딜타이는 20세기의 중요한 슬로건을 내걸었던 것이다.[29] 빌헬름 딜타이는 이렇게 말했다. "자연은 우리에게 이질적이다. 왜냐하면 자연은 단지 외부의 것이며, 결코 내부의 것이 아니기 때문이다. 사회가 우리의 세계이다. 우리는 사회에서 상호작용하는 놀이를 체험하며, 우리 존재가 가진 모든 힘을 다해서 체험한다. 왜냐하면 우리는 내면에서 지극히 강렬한 불안을 느끼면서도, 그런 상태들과 힘을 보존하기 때문이다. 사회 시스템은 그와 같은 상태와 힘으로 구축되어 있으므로."[30]

아들러는 철학자였던가? 이는 좀 이단적이지만, 충분히 주의를 기울일 만한, 정당한 질문이다. 생의 철학 없이는 아들러의 신경증 이론은 상상할 수 없기 때문이다.[31] 알프레드 아들러는 철학적인 글을 읽었고, 이로써 인문학적 배경을 갖게 되었으며 폭넓은 안목을 가지고 있었다. 특히 그가 1912년 출간했던 저서 《신경증적인 성격에 대하여》에서 그렇다. 초기 저서에서는 무엇보다 데모스테네스 Demosthenes, 다윈Darwin, 헤겔Hegel, 칸트Kant, 라바터Lavater, 쉴러Schiller, 쇼펜하우어Schopenhauer, 소크라테스Sokrates, 빌헬름 분트Wilhelm Wundt, 피타고라스Pythagoras와 아리스토텔레스Aristoteles, 그리고 프란츠 폰 바더Franz von Baader를 인용하거나 내용을 언급했다.[32] 개념이나 구상을 발견하려 할 때 그는 바로 그와 같은 철학자들에게서 자신의 것을 찾아낼 수 있었다. 대학에서 공부할 때 아들러는 마르크스주의 사회주의 동아리에서 활동했던 대학생 프리드리히 알베르트 랑에 Friedrich Albert Lange의 《유물론의 역사》를 읽었다. 초기 오스트리아 마르크스주의는 칸트로부터 많은 영향을 받았다. 빈 대학에서 아들러는 유명한 철학자 에른스트 마흐Ernst Mach의 강의를 들었을 수도 있었다. 아마도 열심히 신문을 구독했던 아들러는 마흐가 뿜어댔던 힘을 분명 뿌리칠 수 없었을 것이다.[33] 게다가 아들러는 프리드리히 니체의 글에 열광함으로써 가장 많은 영향을 받았다. 심지어 사회민주적 성향을 띤 간행물은 "니체파의 사회주의"를 부르짖었으며, 아들러가 1905년 출간했던 《새로운 사회》에서도 그런 목소리를 냈다.[34]

1902년 아들러는 의사들이 읽는 전문지인 《의학 동향》에 기고를 했는데, 빈 대학에 사회복지 관련 의학을 담당할 교수직을 신설하라고 제안했다(1909년 이런 자리가 마련되었고 과거 직업병 전문 의사를 이 자리에 앉혔다).[35] 이로부터 20여년이 지난 후 아들러는 치료교육학과를 신설할 것도 제안했는데, 오늘날의 전문용어로 표현하자면 특수교육학이었다. 이와 같은 대학 교수의 자리는 예방과 치료가 혼합되어 있었다. 아들러는 이때 우선적으로 아이들과 청소년들을 고려했는데, 등한시되고 방임한 채 내버려둬서 죄를 범하게 되는 아이들이었다. 이러한 것들은 아들러의 확신에서 나온 제안이었다. 바로 교육이야말로 사람들이 품고 있는 모든 열등감을 보상할 수 있다는 확신이다. 지식과 통찰력은, 삶에 대한 두려움과 자기경멸을 중화시키고 안전을 구축할 수 있는 근본이다. 고칠 수 있는 약제는 바로 사회화 연습이다. 이런 연습을 통해서 개인은 문화와 삶의 공동체 안에서 순응할 수 있다. 그렇듯 개인 심리학적으로 보면 교육은 하나의 성격 문제이며 인격 문제가 된다.[36] 이러한 텍스트들은 역시 사회철학적인 저서들에서 영감을 받았는데, 특히 루돌프 피르호의 사회의학적 및 세포병리학적 단자론에서 영향을 받았다. 이 단자론은 카를 마르크스의 개인이라는 이념을 사회적 관계의 전체(앙상블)로서 결합한다. 아들러는 이 두 사람으로부터 인류의 사회적 그리고 생물적인 기본 작용이라 할 수 있는 사회성을 물려받았다. 이러한 사회성이 없다면 사람은 사람으로 존재하지 못하고, 공동체는 물론 사회라는 것도 존재할 수 없다. 이와 반대로 프로이트는 인간은 원래부터 반反사회적이라는 입장을 취했다. 이 부분에서 프로이트와 아들러는 확연히 다른 입장이었다.[37]

피르호는 유기체 부분들의 공동체에 대하여 다윈 이전의 사고를 하고 있었다. 그와 동시대인이었으며, 생물학자이자 해부학자였으며 1895년부터 할레에서 가르쳤던 빌헬름 루Wilhelm Roux는 생명이라는 것을 "소모의 과잉 보상"으로 정의했으며, 매우 영향력 있는 책의 제목《조직체에서 부분의 싸움》[38]에서 그와 같은 생각을 보여주었다. 루에 따르면, 생명체는 필요한 것보다 더 많은 에너지를 자기 것으로 만드는데, 이를 통해서 보상에너지가 발생한다. 이러한 보상에너지는 "생존을 위한 싸움을 위해 비축한 에너지"[39]라는 것이다. 과잉 보상에서 진화론과 열역학의 균형이 맞춰질 수도 있겠다. 생명체가 보상과 과잉 보상을 할 능력을 보여준다는 점은, 자체적으로 조절할 수 있음을 말해준다.

아들러는 이런 점에 관심을 갖고 심리와 연관시켰다. 막강한 과잉 보상이라는 루의 아이디어는, 진화과정에서 열역학을 역동적으로 자극하게 되며, 또한 니체도 고려했다. 니체의 경우 권력에의 의지는 약자들이 "초인"이 되기 위해서, 심리적으로 권력을 추구하고 보다 우월해지고자 노력하는 구상이 되었다. 니체 이전에는 이와 같은 구도를 뇌 생리학이 연구했으며, 이는 아들러의 기관열등성Organminderwertigkeit*이라는 견해로 흘러들어갔다.[40]

아들러는 자신의 학설을 "응용심리학"으로 이해했다. 이것은 단순히 개인이 지니고 있는 눈에 띄는 특징들을 모두 더한 합이 아니라 사용하는 것으로, **소유**가 아니라 **응용**이다. 성격이 형성된다는

* 우리 신체의 장기들 가운데 어떤 것이 결함이 있으면 다른 기능이 더 향상됨으로써 보완되는 것을 말한다.

것은 특정 능력을 연습하고 소홀히 하는 결과로 나타난다. 사용하고 사용하지 않는 것은 내가 결정하며 일정한 목표를 가지고 사용할 수도 있고 하지 않을 수도 있다. 진화에 의한 결과는 후손에게 계속 전달되며 상속되는데, 이는 학문 역사적으로 보면 신新라마르크주의Neolamrdkismus에 상응하는 것이다.[41]

아들러는 당시 학문적인 담론에서 움직였는데, 여기에서 한 가지가 실현되었다. 즉, 총체적인 사고를 통해서 인과적·자연과학적 사고를 분리시키는 일이었다. 의미를 이해하는 사회학이 부상함에 따라 아들러는 자연과학과 인문과학 사이의 차이와 심오한 불일치를 지각하게 되었다.[42] 게다가 그는 확연하게, "자연과학적 인식을 인간의 심리적 삶에 적용하는 것"을 그만두었고, 마침내 "심리적인 삶에서 엄격하게 적용했던 목적론을 거부했다."[43]

무엇보다 아들러에게 깊은 인상을 심어주었던 저서는 한스 파이잉거의 《가정假定의 철학. 관념론적 실증주의를 바탕으로 한 이론적, 실증적 그리고 종교적 허구의 체계. 칸트와 니체에 관한 부록과 함께》였다. 848쪽이나 되는 이 저서는 1852년에 씌어졌다. 할레 대학에서 가르쳤던 철학교수이자 신칸트학파인 파이잉거가 1876년부터 1878년까지 집필했는데, 1911년에야 비로소 출간되었다. "가정"의 철학은, "자유"란 현실로부터 동떨어져 있으나 실생활에서는 필요한 "허구"[44]라는 상상에서 출발한다. 파이잉거의 허구주의라는 구상은, 현실로부터 벗어난 의미임을 알고 의식적으로 선택해서 수용한 것이다. 그러나 사람들은, 칸트적인 의미에서 사물 그 자체라는 것이 마치 있기라도 한 듯 행동해야 한다. 이제 이와 같은 전제 아래에서만 현실은 상상할 수 있다.[45] 진실은 실제로는 허구이다.[46]

파이잉거는 객관적 인식에 대한 믿음을 파괴했다. 그는 칸트의 생각을 시대에 적합한 차원으로 옮겨놓았다. 사람들은 틀을 통해서 목적에 대하여 지각하고, 목적에 따라 질서가 잡혀 있는 자연이라는 환상에서 출발한다. 오로지 이와 같은 허구를 통해서만이 사람은 자연적 무질서라는 상상을 할 수 있는 것이다. 우리가—허구를 만든 장본인으로서—자연에게 부여했던(또는 덮어씌운) 질서가 있는지의 여부는, 물론 인간의 통찰력 내에서 해결할 수 있는 문제가 아니다.[47] 인간은 세계라는 설계도를 만들어냈고, 이 설계도에서 범주들Kategorien은 세계를 터득하는 기초가 된다.[48] 파이잉거에 따르면 특정 현상들은 항상 반복한다고 한다. 이와 같은 관찰을 바탕으로 하여 법칙이라는 것이 발견된다. 파이잉거는 이로부터 다음과 같은 결론을 내렸다. 즉, 의식은 순수하게 물리학적 법칙에 따라 광선을 반사하는 바의 수동적 거울이 아니며, 외적인 자극이라고 하더라도 자신의 기준에 따라서 구체화한다고 말이다. 따라서 심리란 형성하고 구체화하는 힘인데, 받아들인 것을 자신의 목적에 맞게 바꾸고, 자신이 새로운 것에 적응할 수 있게끔 낯선 것을 적응시키는 힘인 것이다. 정신은 단순하게 받아들이지만 않으며, 획득하고 또 가공도 한다. 정신은 성장하는 과정에서 적응하는 구조 덕분에, 외부에서 자극이 오면 자신의 장기들을 외부적인 조건에 적응시킨다.[49]

알프레드 아들러에 따르면 인간은 자신의 의식적 자아에게만 책임이 있는 게 아니라, 자신의 무의식에게도 책임이 있다. 삶의 법칙과 활발한 충동이 이 두 가지를 침투한다. 개인은 행동하는 자이고 사회적 행동을 할 능력이 있으며, 결코 희생자가 아니다. 비록 충동을 통해서 희생자인 것처럼 대부분 행동하지만 말이다. 성격을 자기기만으로 해명(투시)해야만 비로소 인간 전체가 나오게 된다.[50]

아들러는 파이잉거로부터 초기 어린 시절의 결정적인 삶에 대한 자신의 이론을 이끌어낼 수 있었다. 모방, 동일시와 정체성은 허구에 기인한다.[51] 모방, 동일시와 정체성이라는 상상들은 영감으로서, 자극으로서, 생활양식lifestyle의 행위로서 의식적으로나 무의식적으로 일어나지 않는다. 생활양식에는 오히려 "가정"에 의한 행동이 더 적합하다. "개인은 자신의 판단이 유일하게 가능한 것이고 절대적으로 올바른 것처럼 행동해야 한다. 만일 우리가 그것을 확신하지 못하면, 더이상 우리의 판단에 따라 행동할 수 없을 것이다."[52] 살면서 잘못 획득한 견해의 경우, 개인적인 논리의 경우, 그러한 경우의 결과는 신경증으로부터 시작하여 정신병을 거쳐 성도착증에 이르는 질병을 갖고 사는 잘못된 삶이다.[53]

파이잉거의 이론을 재수용함으로써 아들러는 신경증을 무의식적 억압으로 해석하지 않았고, 해결할 수 없는 과제를 벗어던지기 위한 기교라고 해석했다. 프로이트는 어떤 질병의 1차적 이득, 그러니까 신경증으로부터 얻을 수 있는 장점과, 당사자가 만성적 신경증을 이용함으로써 추구하는 바의 2차적 이득을 구분했다. 프로이트에게 수요회 회원들 가운데 가장 촉망받는 의사—물론 의견이 일치하지 않았던 경향까지 포함해서—로 간주되었던 아들러에 따르면, 2차적 이득에 집중하는 게 더 중요했다. 심리치료사들은 환자에게 용기를 주고 도움을 제공하는 방식으로 적극적으로 개입하는 것이 좋다고 충고했다. 신경증 환자들의 경우에는 진실을 받아들이는 방식이 검거나 흰 것 둘 중 하나이지, 결코 회색은 없다. 신경증 환자는 어떤 단계에서 다른 단계로 경과하는 과도기 같은 것을 결코 허락하지 않는다. 오히려 가혹할 정도로 경계를 확고하게 구분하고자 한다. 이는 세상을 극복하는 원시적인 방법인 것이다. 모든 것이거나 아니면 아무 것도 아닌 것이라는 기본 법칙은 비이성적이라는 점을 반영하고 있다. 이런 법칙은 "상식"과는 정반대로 사적이고 "개인적인 지성"일 뿐이다.[54]

아들러는 허구적이고 개인적인 논리의 내적인 결단성을 강조했으며, 그 안에 웅크리고 있는 모순들을 지속적으로 사라지게 했다. 왜냐하면 "가정"은 그에게 지극히 이상적인 전송수단으로 보였기 때문이다. 즉, 충동의 경제로부터 사고의 경제와 이성적인 해석경향의 경제로 말이다. 그는 파이잉거와 함께 한 부분에서 의견 일치를 보여준다. 추상성을 기반으로 하는 반대명제antithesis는 오로지 사고의 과정에서만 사용할 수 있는데, 왜냐하면 현실 세계는 바꿀 수 없고 되돌릴 수 없는 대립으로 이루어지지 않았기 때문이다.[55]

추상성, 범주들, 반대명제, 이 모든 것들은 파이잉거의 허구 개념 속에 포함되어 있다. 이 모든 것들은 세계를 극복하는 데 매우 도움이 되는 도구들이다. 인간은 지속적으로 결정을 내려야 하고 그런 결정에 의한 결과도 마주해야 한다. 이는, 인간은 다양한 가능성으로부터 선택해야 함을 전제로 한다. 선택을 조금 더 쉽게 하려면—허구의—반대의 것을 만드는 일을 거의 포기할 수 없다.[56] 따라서 인식론의 과제는 현실의 모사에 있는 게 아니다. 오히려 실용적인 필요성에 인식론의 유용성이 있다.[57] 그러므로 인식론은 현실에서 보다 쉽게 방향을 정할 수 있는데 도움이 되는 도구가 되어야 한다. 이와 관련해서 예를 하나 든다면, 위도와 경도에 따라서 지구본을 분류하는 것인데, 사실 위도니 경도니 이런 것은 실제로 존재하지는 않지만, 유용하다.[58] 아들러는 파이잉거의 숙고를 심리학에 적용했다. 다시 말해, 아들러는 "불쾌와 불만족이라는 느낌"이 달라붙어 있는 열등감을, "허구적 최종 목표에 다가가기 위한" 출발점이자 내적인 충동으로 봄으로써 말이다.[59]

열정은 의견과 허구에 바탕을 둔다. 이것들은 절대적으로 보며 일시적으로 보지는 않는다. 사람들은 허구에 익숙해져 있고, 허구와 함께 살며, 허구를 살아간다. 사람들은 올바른 시기에 허구를 버리는 일을 게을리 한다. 아들러에게 결정적인 표현 양식은 바로 행동이 되었다. 환자가 무엇을 어떻게 표현했는지가 아니라, 어떤 목적으로 환자가 무엇을 했는지가 중요했다. 회의적인 실용주의라는 파이잉거의 자세로부터 아들러는 자신을 위해 이성적인 도구를 끌어냈다. 올바른 행동을 분석하기 위해, 그리고 사적인 논리와 고의적인 시각을 비춰보기 위해서 말이다. 그리하여 이것은 아들러에게 인생의 설계를 연구하는 것이 되었다.[60]

개인심리학의 핵심적인 동인으로서의 허구주의는 또다른 것을 암시하고 있다. 결함에 집중하는 인간상은 프로이트와 융에게서도 찾아볼 수 있다. 하지만 아들러의 경우 불충분은 아들러 학설의 핵심을 차지하고 있으며, "어떤 부족함으로 인해 고통 받는 공허함"[61]과 같은 느낌처럼 시급하고 치료받고 싶은 요구로 자리를 잡고 있다. "따라서 학문이론상으로 볼 때 개인심리학은 온건한 본질주의—예를 들어 의식하지 못한 열등감과 이와 연결된 자존심을 인류학적 사실로 보는—와 구성주의의 중간에 자리를 잡고 있다. 전자는 정신역동론적psychodynamisch 이론들에서 찾아볼 수 있고, 후자는 시스템 이론적 숙고와 현대의 구성주의konstrultivismus 숙고들에서 볼 수 있는데, 후자는 현재 문화와 인문학에서 상당히 유행하고 있다."[62] 이런 맥락에서 아들러는 "오늘날 '포스트모던 의식'으로 표현되는 경향의 선구자"[63]이다.

10. "기관열등성"

"인간은 복잡한 정신을 가진 생물학적 존재이다."

오뉘르 귄튀르킨 (Onür Güntürkin)1

1904년 10월 17일 뮌헨 대학의 탁월한 수학교수였던 아르투어 코른Arthur Korn은 1,800킬로미터 떨어진 곳에 사진 한 장을 전신으로 보내는 데 성공했다. 이론상으로 그는 이미 2년 전에《전기에 의한 사진 전송술과 비슷한 것》에서 원칙을 설명했다. 이미 저서의 첫 페이지에서 코른은 이 사진 전송술이 "언젠가—그 시기는 아직 그렇게 가까운 미래는 아니겠지만—텔레비전이 될 것"이라고 썼다.[2]

같은 날 저녁 수요회의 회의록에 따르면, 알프레드 아들러는 머지않아 "신경증 이론의 특징"에 관한 강연을 하게 될 예정이라고 알렸다. 또한 그는 정치가의 심리에 대해서 연구하고자 한다고 언급했다. 아들러는, 세계에 대한 이념은 개인의 동기에 뿌리를 두고 있으며, 가족의 존립을 반대했던 사회주의 정치가들은 "근친상간적인 관계에 대한 어두운 예감"을 지니고 있을 것이라는 점을 증명하고자 했다(이러한 연구는 아들러의 저서에 한 줄도 없다). 수요회 회의록에서 더 인용해보겠다. "마침내 아들러는, 자신이 좋아하던 생각을 더이상 따르지 못하고 근친상간 충동이 기관에 뿌리를 두고 있음을 증명하지 못한 것에 대해서 유감을 표했다. 그는 다만, 작가들을 의학적으로 검사했을 때 매번 비정상적인 조숙함을 확인할 수 있는 바, 그 원인은 충분히 이해할 수 있다고 말했다." 이 기록에 달려 있는 각주를 읽어보면 이러하다. "위의 문장에서 우리는 훗날 자신의 개인심리학에서 큰 역할을 하게 될, 기관열등성 이론의 최초 조짐을 발견할 수 있다."[3]

3년 후 아들러는 기관열등성이라는 주제에 관한 92쪽짜리 책을 출간했다. 녹색 종이표지로 되어 있었고, 우르반&슈바르첸베르크 Urban&Schwarzenberg 출판사에서 나왔다. 이 출판사는 명망 있는 의학서적 전문 출판사로, 베를린과 빈에 있었다. 제목은《기관의 열등성에 대한 연구》였다.

아들러는 기형이나 불구와 같은 형태상의 열등성과 기능상의 열등성을 구분했다. 이로써 아들러는 생물학자로 등장했다. 핵심은 기관의 기질이었다. "프로이트는 모든 신경증에 대한 딱 한 가지 원인을 찾으려고 노력했다. 아들러도 그와 동일하게 하고자 원했다. 아들러는, **모든** 신경증의 근원을 기관열등성으로 인해 발생하는, 잘못 보상된 감정과 행동에서 찾는 시대를 믿었고, 이는 아들러의 생각의 방향이 완전히 전환된 것이다."[4] 아들러는 피르호의 이론을 바탕으로 자신의 결손 가설과 극복 가설을 세웠고 의학적으로는 전통적인 노선을 따랐다. 이러한 전통적인 노선은 영향력 있는 의대 교수이자 교과서의 저자였던 빌헬름 분트에게까지 거슬러올라간다. 1873/74년에 최초로 출간되었던《생리학적 심리학의 특징》이 인쇄를 거듭할수록 분트는 책의 내용을 보완해나갔다. "생명체의 물질적 과정과 정신적 과정을 분리하는 것은 학문적 과제를 해결하기 위해서 유용하며 심지어 반드시 필요하다. 하지만 장기가 있는 존재라는 생명체는 그 자체로는 많은 과정들이 통일된 하나의 관계이다."[5] 분트가 심리학의 특징을 이렇게 지움으로써, "정신적 현상을 설명할 때 인간이라는 생물학적 특징과 연관 지을 필요가 없다"고 하는 의견이 관철되기 시작했다.[6] 그리하여 이 둘은 경쟁 관계에 있지 않았고, 적수로 자리를 잡게 되었던 것이다. 그러나 통합적 견해를 가진 생물심리학Biopsychologie은 신경-생리학적 과정에서 근본적이라 할 수 있다. 뇌의 유연성에서든 아니면 새로운 사물을 배우려는 동기를 가지고 신경세포들이 활성화될 때든 말이다. 생물학적 요소와 심리학적 요소를 서로 분리하는 것은 항상 어렵다. 인간의 사고라는 문화적 형상과 생물학적 형상에서는 동일한 동전의 양면을 다루고 있으니 말이다.

아들러는 언어, 예술, 철학과 같은 고도의 정신적 활동을 기관열등성의 현존과 정신적 잉여 노동으로 돌렸다. 건강해진 환자들이 출발을 잘 해서 성공적인 보상을 받을 때이다. 환자는 과잉 보상의 결과 어쩌면 모든 것을 달성할 수도 있고, 심지어 천재가 할 수 있는 것보다 더 많은 것을 달성할 수도 있다. 정반대로 육체적·정신적 질병증상들이 계속 존재할 수도 있다.[7] 아들러는 정신적 현상의 생리학적 특징을, 프로이트는 이것을 두고 강박관념이라고 명명했는데, 확인할 수 있다고 믿었다. 프로이트는 아들러 책의 가치를 인정해주고 "충동 과정의 생물학적 특징"에 대해 중요한 기여를 할 것이라 평가했다.[8] 하지만 사회복지 의학으로부터 급격한 과도기로 넘어가는 표시였던 이 저서의 주요 명제들은 아들러의 전체 저서에서 오히려 생물학적 오락거리에 더 가까웠다.

1908년 내내 아들러는 "공격충동"을 소개하고 설명했다. 프로이트를 추종하는 정통파로부터 전향轉向한 것이다. 공격이란 좌절한 리비도Libido의 결과로 설명할 수 없으니까. 공격이란 독자적인 힘이라고 한다. 삶에서 이러한 충동은 리비도와 마찬가지로 매우 큰 역할을 한다. 프로이트 모임에서 소개할 준비를 하고서, 아들러는 이 작업을 두 개의 논문으로 나눠서 설명했다. 하나는 《삶과 노이로제에 있어서 공격충동》였고, 다른 하나는 《아이의 애정 욕구》였다. 수요 모임의 발표에서 아들러는 "사디즘Sadismus"을 일차적 충동이라고 말했는데, 책이 인쇄되었을 때는 이 개념이 "공격충동"으로 대체되어 있었다. 사디즘과 마조히즘은 직접적으로 신경성 질환을 가져올 수 있는 요소들이라고 말이다. 아들러는 과거의 의견들을 수정했다. 이제 기관열등성은 등급이 조정되어서 초기 단계로 내려갔다.[9]

다른 것이 아들러에게는 더 중요해졌는데, 그가 앞으로 30년간 구축하고 보급해야만 하는 이념이었다. 성공적인 삶이나 약간 성공한 삶 내지 성공하지 못한 삶을 결정짓는 것은, 아이나 어른이 과제를 어떻게 다루고 극복하느냐라는 것이다. 아들러는 인류학적으로 공격충동이 존재한다는 것에서 출발한 최초의 심리학자였다.[10] 수요회 모임에서 아들러는, 비록 그는 자신의 저서로 프로이트의 생각을 계속 발전시킨 것이라 생각했음에도 불구하고, 반박과 비판을 당했다. 모임에 참석했던 다른 사람들은 성적인 것을 중립화시킨 것을 모욕으로 받아들였다. 아들러는 또한, 충동이 "그렇듯 단순하게" 퍼져나가지는 않는다는 것을 잘 알고 있었다. 아들러의 명제에 따르면, 다른 충동들과 "문화"가 제한적이기는 하지만 조절자로서 효과를 발휘한다는 것이었다. 하지만 이보다 일찍 두 사람 사이의 차이는 드러났다. 1908년 초 아들러는 수요회에서 빠지고 싶다는 내용의 편지를 프로이트에게 보냈다. 하지만 프로이트는 아들러에게 남아달라고 설득할 수 있었다.[11]

1908년 《월간 교육학과 학교정책》 지에 발표했던 〈아이의 애정욕구〉에서 아들러는 처음으로 여러 가지 전문용어들을 사용했다. 이 용어들은 그 뒤로도 중요하게 되었다. 그는 사회적 감정Sozial Gefühle 및 사회감정들Sozialgefühle과 "공동체감정들Gemeinschaftsgefühl"에 대해 썼다. 이 논문을 아들러는 나중에 네 번이나 수정했고 마지막 개념을 복수가 아닌 단수로 바꾸었다. 여기에서 아들러는 또다른 충동, 그러니까 공격충동 외에 능동적이며 리비도의 변신이라 할 수 있는 충동을 주장했다. 바로 애정과 사랑을 원하는 아이들의 욕구를 주장했던 것이다. 이와 같은 애정욕구는 교육을 하는 데서 기본이 된다고 한다. "아이는 부모로부터 원하는 충족과 같은 방식으로 교사로부터도 충족을 원하고, 나중에는 사회로부터 충족감을 지극히 원하게 된다."[12] 그것은 자립성, 자발성과 극기를 키우고, 후원하고 "문화적 유용성"으로 만족시켜주기 위한 수단이다.[13] 아들러는 독자적인 방식으로—그리고 프로이트의 고상한 견해로부터 자신을 한참 낮추어서— 젊은 사람들이 어떻게 하면 긍정적으로 "문화 안으로", 사회로 그리고 노동세계로 유입될 수 있는지를 보여주고자 했다. 이것을 성공하지 못하고 실패할 경우 그 결과가 바로 신경증이라는 것이다. 사랑을 갈구하는 그리움이 채워지지 않거나 무너지면, 그 결과로 나르시시즘과 공격적인 태도가 나타날 수 있다. 아들러에게 있어서 공격성은 파괴적이지도 않고, 어둡고 악마적인 것이지도 않다. 아들러는 공격성aggression이라는 단어의 근원을 잘 알고 있었다. 그러니까 다가가다, 군사작전이 아닌 행동으로서 뭔가를 잡는다는 의미이다. 따라서 이 단어에는 활동성, 자신을 인도하고 통제하는 능력도 포함되어 있다.[14] 공격충동은 아들러에게 메타충동Meta-Trieb이었는데, 이는 모든 부분적 충동들의 맥락과 방향이 성취, 극복과 충족에 귀속될 수 있게 하는 바의 충동이었다. 공격충동은 곧 점점 더 "심리학적"이 되었고, 그리하여 개인의 우월함을 추구하려고 노력하는 모습을 갖추게 될 때까지 그러했다.[15] 이리하여 아들러는 유사심리학적 장치로서의 프로이트의 리비도라는 물리학적-기계적 상상으로부터 벗어나게 되었다.[16]

1909년 발표했던 논문 《기관열등성에 대한 연구》가 나온 지 2년 후 출간했던 《신경증의 배치에 관하여》에서 아들러는 자신의 행동의 폭을 확장했다. 기관열등이 정신적인 삶을 공격해서 영향을 주는 것은 그에게 분명했다. 그는 한 권의 책에서 《신경과민 성격에 대하여》를 새롭게 들여다볼 있는 설명을 상세하게 구상했으며, 그 책은 1912년에 나왔다. 그것은 나를 중심으로 하는 이른바 자아-심리학으로 가는 길이었다. 여기에서 자아는 스킬라Skylla, 양심, 카리브디스Charybdis*, 문화 사이에서 이리저리 내던져지는 요소가 아니었고, 충동에 노출된 존재였다. 아들러에게 있어서 자아는 행동할 능력이 있으며 행동하기를 원하는, 그러니까 행위자인 것이다. 아

* 그리스 신화에 나오는 괴물. 스킬라는 배에 타고 있는 병사들을 잡아먹고, 카리브디스는 바닷물을 먹었다가 뱉는다고 한다. 여기에서는 뭔가 극복할 수 없는 난처한 상황을 의미한다.

들러의 심리학에서는 안전과 인정, 사회적 지위, 남성성과 자기주장이 중요했다. 간략하게 말하면, 하나의 세계 안에서의 행동, 그리고 세계에 대한 행동이 중요했다. 쌍방향의 관계가 중요하며, 프로이트에서처럼 억압당하고 심지어 차단하고 퇴행적이지 않다. 성적인 충족도 중요하지 않다. 아들러의 자아에게는, 너무 보잘 것 없지는 않을까 하는 두려움이 중요하다. 아들러의 시스템에서 결정적으로 중요한 것은 인간의 내면적 체험, 그리고 보상하는 능력, 자신이 원하는 것을 직접 형성하는 능력이며, 어린 시절의 트라우마에 머물러 있는 게 아니다.

궁극적인 목표가 있는 시각이 아들러에게 핵심이다. 즉, 어떤 목적을 정하며 원하는지, 그리고 그 목표를 위해 지금 여기에서 삶을 어떻게 조직해야 하는지가 중요하다. 개인은 전체이며 감독하는 성격이 있는 다양하고도 통제하는 삶으로 와해되지 않는다. 개인은 우월하고자 노력하며, 아들러는 이것을 한동안 권력 혹은 권력에의 노력이라고 명명했다. 그 다음 단계에서 신경증 심리학은 윤리 심리학이 된다. 다른 사람에게 권력을 행사하고자 하는 것은 아들러에 따르면 비윤리적이다. 신경증은 윤리적인 실패가 된다. 아들러가 1910년까지 구축했던 자신의 이론적 발전이 강조했던 것이 있다. 즉, 심리학은 엄격하게 병의 원인을 규명하려는 노력에서 방향을 바꾸어 개인의 입장을 고려해서 자신에게로 가는 길, 삶으로 가는 길, 세계로 가는 길을 심층심리학적으로 해명하는 것이라고 말이다.[17] 이런 내용을 그는 《정신적 암수동체》에서 설명했는데, 이 내용은 수요 모임에서 서로 반대가 되는 그룹에 대해 언급하며 강연을 했다. 위와 아래, 권력과 무력함, 강점과 약점, 남성적인 것과 여성적인 것, 이런 것들이 "신경과민"을 양산한다는 것이었다. 확고부동하게 대립되는 개념으로 생각하면 신경과민의 삶을 살게 된다. 이는 치명적으로 왜곡되고 일그러지게 한다. 실제로 그렇지 않지만 마치 그런 것 같은 "가정" 모드로 세상을 보는 시각은 건강한 사람에게는 놀이이지만, 신경과민의 사람에게는 결코 아니다. 전자는 이런 놀이가 부적절한 것으로 드러나면 끝낼 수 있다. 하지만 후자에게 이 놀이는 반드시 필요하며 필연적이다. 주변사람들을 배려하는 생각과 행동은 이기적-신경과민적인 목표를 감추기 위함인데, 그러니까 "은폐"[18]용으로 이용된다. 또한 공동체감정이라는 것도 허구이다. 이런 감정이 적게 만들어질수록 신경증에 걸리는 빈도는 더 높다. 이와 함께 남성적인 것은 좋은 것이고, 여성적인 것은 거의 모든 나쁜 것, 열등함, 병적인 것, 자동적으로 방어해야 하는 것이라는 방식의 심리적 투영이 일어날 수 있다.[19]

여성 혐오증, 여성에 대한 적대감은 시대의 증상이었다. 철학자 오토 바이닝거Otto Weininger는 1903년 《성性과 성격》을 출간했는데, 오랫동안 베스트셀러가 되었다. 이미 쇼펜하우어와 니체도 여자에 대한 경멸감을 다듬어서 표현했다. 두 사람의 작품은 1900년에 철학적-예술적 담론에 속했다. 반反페미니즘은 충동적이라는 것에 대한 무시와 여성들이 잘 걸렸던 히스테리를 심리화함으로써 존립했다. 이 두 가지는 "문화의 여성화"를 거부하고자 하는 방향으로 튀어나왔다. 아들러는 특별히 남성적으로 보이려는 부자연스러운 태도를 일컬어 "남성적 항의"라고 불렀다. 그는 이런 남자들의 부자연스러운 태도는, 여성적인 것이 가치가 적다라는 문화적·사회적으로 잘못된 이론을 바탕으로 해서 자기들이 타당하다는 것을 바라는 욕구라고 정의 내렸다. 나중에 가서 아들러는 이렇듯 섬세함이 부족한 개념을 "우월감" 또는 "우월하게 되고자 하는 욕구"로 대체했다. 그는 평가, 자기평가와 규범화와 노동이라는 맥락을, 개인이 이로부터 무엇을 하고자 하는지, 그러니까 미래의 구상, 나아갈 방향이 어떠한지를 고려해서 강조했다. 목적성, 목표 지향성, 이런 것들이 점점 더 아들러 이론의 핵심으로 밀고들어왔다. 행동이라는 활력이 존재라는 환상을 분리해버렸다.

1910년 아들러는 "공격충동"을 "남성적 항의"로 대체했다. 이렇게 바꾼 이유에 대해서 설명하기를, 그는 더이상 생물학적 특징으로 표현하고 싶지 않으며, 오로지 "심리학적 전문용어 또는 문화심리학적 전문용어로"만 표현하고자 했기 때문이라고 했다.[20] 이를 통해 "충동"이라는 개념은 기계적이고, 응용한 힘이라는 것이다.[21] 이와 반대로 "항의"는 사회에 파묻혀 있는 자아로부터 나왔는데, 그러니까 주변에서 자신의 위치를 갖고자 하고, 찬성하거나 반대를 하며, 호감을 갖거나 반감을 갖고, 방어하거나 반항을 하는 '나'로부터 나왔다. 항의란 다양성과 어느 정도의 이탈을 허용하는 의견이다. 이와 동시에 항의라는 표현은 제3의 것을 지시하는데, 동적인 종합dynamische Synthese을 지시하며, 심리학적으로 표현하면, 과정을 지시한다.[22]

얼마 후 아들러는 뭔가 불행하게 들리는 개념인 "남성적 항의"를 버렸다. 물론 변증법적인 기본구조는 그대로 유지했다.[23] 즉, "남성적 항의"란 여성적이고 나약하며 부족하다고 느끼는 상황에서 빠져나오려고 고투를 벌이는 것이라고 설명했다.[24] 그런데 보호(조치)는 안정시켜주고 정박시켜주는 것을 의미한다. 보호는 서투른 생각과 무비판적 전통이라는 형태에서 등장하는 경향이 있다. 이렇듯 보호를 원하는 경향으로 인해 생기는 결과로, 사회, 노동과 사랑에 제대로 통합하지 못하게 된다. 이처럼 통합할 수 있는 사람들의 감소는 사회에 긍정적인 기여를 할 수 없다. 한 사람이 열등한지 아닌지는 더 이상 필요하지 않으며, 한 사람이 스스로를 열등한 등급으로 매기고 그로써 자신의 가치를 삭감하는 것이 문제이다.[25]

아들러는 심리의 심층적 갈등과 이에 대한 연구에서 벗어나서 자아를 연구하는 심리학인 자아심리학Ich-Psychologie으로 이동했다.[26] 프로이트에게 인간은 비합리적이었고, 사고와 행동에서는 냉정한 이성을 찾아보기 드물었다. 아들러에게 있어서 모든 사고와 느낌, 노력과 행동은 우월해지려는 노력이라는 거대한 강 속에 깊이 파묻혀 있었다. 정신적인 것은 이성적으로 보이고, 이성적이기 때문에 분석적으로 쉽게 분리하고 간파할 수 있을 것으로 보인다. 프로이트에게 인간은 결정된 주체였으며, 무의식에 예속되어 있었다. 아들러에게 인간은 권력을 지향하는 노력으로 충만하여 활기 찬 행동가였다.

보상은 더이상 외부적 권위에서 나오는 개입이 아니었다. 보상은 이제 기관열등이나, 또는 성공할 수 있거나 정신적 질환을 가져올 수 있는 열등감과 같은 열등함을 개인적으로 가공하는 일이었다. 행동과 반응, 어떤 상태에 머물러 있으려는 고집과 행동은 변화와 개선이라는 형태에서 볼 때 변증법적 관계에 있다. 여기에서 충동적인 삶은 아들러에게 결과이지 활력적이고 거대한 힘이 아닌 것으로 간주되었다. 이제 프로이트와 그의 이론적인 뼈대를 허물어버리고 직접적으로 의문시하는 입장이 되었다.

정신적 기능 장애에서 가장 중요한 보상조치들 가운데 하나가 바로 보호조치이다. 아들러는 이를 열등 콤플렉스를 막는 안전장치라고 보았다. 신경증환자는 항상 주관적으로 받아들였던 또는 객관적으로 주어졌던 불확실한 위치와 열등한 위치에서 행동한다. 이 사람의 목표는, "완전한 남자"[27]가 되는 것이다. 하지만 모든 사람은 열등감을 지니고 있다.[28]

아들러의 재치 있는 일격一擊은, 1차 세계대전이 일어나기 2년 전에 세계-속에-사는-존재에서 개인의 존재를 "권력에의 의지"로 해석했다는 것이다. 프리드리히 니체가 사용했던 이 전문용어가 세간으로부터 얻고 있는 평판에서, 사람들이 간과하는 게 있다. 즉, 철학자 니체는 우선적으로 권력에 대해서 말하고자 했던 게 아니라, 막강하게 되고자 하는, 이른바 권력의 특징에 대해서 말하고자 했다는 사실이다.[29] "권력에의 의지"는 "능력이 있고자 하는 필수적인 바람"이다.[30] 이러한 의지는, 만일 "권력"이 위협을 받으면, 능력에 대한 바람을 투입해야 한다는 충고를 들으면, 등장하는 것이다. 성공하면 권력에의 의지는 주제로 등장하지 않게 된다.[31]

아들러는 1929년 이와 같은 변증법적 원동력을 설명했다. "미래는 우리의 노력과 목표와 연결되어 있는 반면에, 과거는 우리가 극복하고자 노력했던 열등이나 부족함과 연계되어 있다. 따라서 (……) 우리는, 만일 우리가 열등 콤플렉스를 보게 되는 경우에 어느 정도 숨어있는 우월 콤플렉스를 발견하게 되더라도 놀라서는 안 된다. 다른 한 편으로, 만일 우리가 우월 콤플렉스를 조사하면, (……) 항상 어느 정도의 숨어있는 열등 콤플렉스를 발견할 수 있다. (……) 우월해지고자 하는 노력은 결코 끝나지 않는다. 이것이야말로 개인의 정신과 심리를 명시해준다."[32]

11. 지그문트 프로이트와 카를 구스타프 융

"우리 모두는 이와 같은 콤플렉스를 가지고 있고,

모두가 신경증 환자라 불리지 않도록 경계해야 한다."

지그문트 프로이트1

에르난 코르테스 데 몬로이 이 피사로 알타미라노Hernan Cortes de Monroy i Pizarro Altamirano*가 부활했던 것일까? 1823년 행방불명되었던 그의 유골이 75년 지나 나타나고 조립되어 마치 프라하의 골렘**처럼 생명을 되찾은 것일까? 사람들이 44세의 지그문트 프로이트가 1900년 2월에 쓴 소견을 말 그대로 받아들인다면, 거의 그렇다고 믿게 된다. 프로이트는 당시 친하게 지냈던 베를린의 의사 빌헬름 플리스Wilhelm Fließ에게 이렇게 썼다. "나는 학문을 하는 남자가 아니고, 관찰자도 아니고, 실험을 하는 사람도 아니고, 사상가도 아니

* 1485-1547. 에스파냐의 정복자로, 16세기 초 오늘날의 멕시코 지역인 아스텍 제국을 정복했다. 사망한 뒤 유골이 여덟 번이나 이장되었고, 마지막에 멕시코에 묻혔으나, 1823년 멕시코가 독립되면서 유골이 사라졌다.

** 유대인 문학과 신화에 나오는 인물. 16세기 랍비이자 철학자인 뢰브Löw가 프라하의 유대인 구역이었던 요셉슈타트에서 찰흙으로 골렘을 빚었다고도 한다.

지. 나는 정복자의 기질을 가진 자이고, 탐험가야. 만일 네가 더 쉽게 설명하기를 원한다면, 그런 사람들이 지니고 있는 호기심, 대담성, 강인함을 가졌지. 사람들은 탐험가나 정복자가 정말 뭔가를 발견하는 데 성공했을 경우에만, 이들을 인정해주고는 하지."[2]

프로이트의 업적은, 생물학적인 충동이론을 인간의 충동이라는 개념으로 바꾸고, 매우 분화된 자신의 표현 형태들을 계속 연구해서 인간의 주관성이라는 역사에서 그에 상응하는 위치를 얻게 된 데 있다.[3] 이때 그는 수많은 길을 돌고 돌다가 성찰을 통해 자신에게 단 하나의 길이 있다는 것을 알게 되었다. 그러니까 초기에 주변으로부터 받아야만 했던 무의식에 대한 편파적 시선과, 의견을 전달하고 상대로부터 전달받는 가운데 복잡하고도 혼란스러운 분규에서 자신이 빠져나올 수 있는 유일한 방법 말이다.[4] 조금 더 다르게 그리고 예리하게 표현하면 이러하다. "정신분석이란, 제도적 부당함이라는 빈의 분위기로부터 지적인 정당함이라는 원칙을 지킬 수 있는 또 다른 수단이었다. 인간의 동인動因을 고려할 때 자유주의적 이데올로기는 하나의 환상이라는 인식을 얻음으로써, 프로이트는 개인들에게 스스로를 직접 통제할 수 있는 능력을 되돌려주고자 시도했다."[5]

1906년 4월, 1875년에 목사의 아들로 태어났으며 이름이 카를 구스타프 융이라고 하는 사람으로부터 스위스에서 프로이트에게 연락이 왔다. 융은 아버지가 믿던 칼뱅파와는 멀찌감치 거리를 유지하고 있었다. 몇 년 전부터 빈의 대학가에서는 충돌을 빚었던 프로이트에게 편지를 쓴 융은, 당시 유럽에서 가장 특권을 누릴 수 있는 교육과 치료의 전당이며, 취리히 부르크횔츨리Burghölzli에 있는 "정신병원"에서 근무하고 있었다. 이 병원은 1870년에 문을 열었다. 1902년 초자연적인 현상에 관한 논문으로 박사 학위를 받았던 융은 이 병원에서 1900년부터 일했다. 융은 의학계에서 정통파에 속하지 않는 학자들이 무슨 생각을 하고 어떤 책을 출간하는 것에 대해서 관심이 많았고, 그러는 가운데 프로이트를 알게 되었다. 그는 직장에서 일한 지 얼마 되지 않아 동료들 앞에서 그야말로 새로운 책에 대해서 발표를 했는데, 바로 《꿈의 해석》이었다. 나아가 융은 여러 권의 저서를 통해서 프로이트에 대한 존경심을 표현하기도 했다. 1905년 융은 자신의 지도 교수였으며, 조현병 영역을 연구했던 전문가 오이겐 블로일러Eugen Bleuler에게서 대학 교수 자격시험을 봤다. 논문은 진단상의 연상에 관해서였다. 1906년 말 융은 프로이트의 히스테리라는 개념에 관해서 논문을 썼다.

1903년 상당히 유복한 아내와 결혼했고, 그 사이 부르크휠츨리 정신병원의 병원장이자 취리히 대학 심리학과의 탁월한 교수였던 융을 통해서 프로이트가 경험했던 사회적 인정은 기대했던 것 이상이었다. 융이 보낸 첫 번째 장문의 편지에서부터 프로이트는 빈의 대학 분위기에서 결코 듣지 못했던 감탄의 말들을 읽게 되었다. 1907년 3월 초 융은 훗날 여성 심리치료사가 되는 아내, 그리고 조수이자 박사논문을 준비 중이었던 루드비히 빈스방어Ludwig Binswanger와 함께[6] 빈으로 갔다. 융은 3일, 일요일에 프로이트의 집을 방문했다. 두 사람은 13시간 동안 대화를 나누었다. 처음 세 시간 동안 융은 쉬지 않고 말을 했다. 사흘 후 융은 수요회 모임에 참가했고, 여기서 아들러를 알게 되었다. 물론 이 전에도 간간히 서신을 교환하기는 했다. 이날 저녁 아들러는 발표를 했다. 강박신경증 증상을 가지

고 있는 러시아계 유대인 대학생이 말을 더듬는 경우에 대해서였다.[7]

1908년 4월 27일 잘츠부르크에서 정신분석학회가 개최되었다. 이 학회는 하루 종일 지속되었고 정보를 제공하는 성격이 많았다. 융은 취리히에서 만날 계획을 세웠다. 그와 함께 스위스에서 여행을 떠날 사람은 블로일러, 아이팅곤과 그밖에 다른 두 명의 의사들이었다. 빈에서는 프로이트, 삶과 신경증 상태에서 보여주는 공격충동에 대해서 발표한 아들러, 그리고 그밖에 13명이 참석했다.[8] 빈 사람들은 품위 있고 자의식이 강하며 어깨가 넓은 융을 가볍게 조롱했다. 융은 키가 188센티미터로, 프로이트 옆에 서 있는 그의 모습은 마치 지그프리트*와 같은 거인이나 영웅 같았다.[9] 경제적 자립도에서도 빈의 의사들은 융과 경쟁이 되지 않았는데, 빈의 의사들 가운데 적지 않은 사람들이 프로이트로부터 환자들을 넘겨받는 경우이기에, 어느 정도 의존적이 될 수밖에 없었다.[10] 이와 반대로 융은 1909년 부르크휠츨리 병원을 떠났으나 경제적으로 아무런 문제가 없었다. 빈 사람들은 융에게서 한 사람의 경쟁자 이상을 보았다. 마치 연적戀敵 비슷한 위치였다. 프로이트가 대놓고 좋아했기 때문이다. 결코 악의에 찬 적이 없었던 프로이트는 냉소적인 상태가 되면 빈 사람들의 평범함에 대해서 조롱을 했다. 그런데 융은 프로이트에게 국제화가 될 수 있는 가능성을 주었고, 대학에서 평판을 얻게 해주었으며 자신이 유대인이었으나 유대인을 증오했던 그가

* 독일 니벨룽겐 전설에 등장하는 영웅

"유대인" 분파로부터 뛰어넘게 해주었던 것이다. 게다가 50대 초반 이었던 프로이트에게 젊은 융은 일종에 초심리학적으로 청춘의 샘 이기도 했다.[11]

빈 사람들이 시기했던 것은 분명했다. 프로이트에게서도 감지할 수 있었다. 그토록 광범위하게 편지를 교환했던 프로이트는 융을 반대하는 감정을 투쟁적으로 중화시키고자 노력했다. 그는 카를 아브라함Karl Abraham*에게 보내는 편지에 이렇게 썼다. "관용을 보이세요. 그리고 당신이 융보다 내 생각을 더 쉽게 따라온다는 점을 잊지 마십시오. 왜냐하면 우선 당신은 완전히 독립적이며, 그리고 인종적인 관점에서 나의 지적인 구조에 더 가깝습니다. 하지만 그는 기독교인이며 목사의 아들로서 엄청난 내적인 반대를 무릅쓰고 나에게 오는 길을 발견했기 때문입니다. 그래서 그의 연대는 더욱 소중합니다. 하마터면 나는, 그가 등장함으로써 정신분석이 유대인들의 업무가 될 뻔 했던 위험에서 벗어났다고 말할 뻔했습니다." 프로이트는 아브라함과 다른 사람들에게 "추적 콤플렉스"[12]라는 증명서를 교부했다. 프로이트는 교육을 할 때 자신을 마치 모세라고 봤는데, 정신 의학이라는 약속된 땅을 멀리서만 바라보는 사람으로 간주했던 것이다. 이와 반대로 융은 여호수아로 결정했는데, 바로 정신의 삶이라는 새로운 영토의 약도를 그릴 사람으로 말이다.[13] 이에 대하여 융은 재치 있는 태도를 취했다. 두 사람은 서로 칭찬을 해주었다. 프로이트에 비해서 거의 스무 살이 어린 융은 이렇게 말

* 독일의 유대인 신경학자, 심리학자

했다. "당신의 특징이라 할 수 있는 상당한 수준의 확실성과 여유가 아직 저에게는 없답니다."

하지만 융의 측에서 도전이 들어왔다. 신화, 원형archetypes과 상징에 대한 융의 관심이 분명하게 드러났던 것이다. 양측에서 공허감이 마찰을 빚기 시작했고, 이어서 불화가 생겼고, 마침내 충돌하고 말았다. 점차 상대를 신랄하게 비판하는 견해가 나왔고, 서서히 적대감도 생겨났다. 두 사람이 교환했던 편지에서도 애매하지만 분명하게 나타났다. 1909년 융이 프로이트에게 쓴 편지. "당신은 마치 옛날의 헤라클레스처럼 인간의 영웅이자 지고한 신神입니다, 때문에 당신의 독재는 불편하게도 영원이라는 가치를 가져오는 것이겠지요." 불편하게도! 그리고 즉시 융은 원래 느꼈던 감정을 공개했다. "당신의 뒤를 따라가는 모든 나약한 자들은, 부득이하게 당신이 마련해둔 체계에 합류해야만 하겠지요."[14]

1912년 사건이 터지고 말았다. 즉, 두 사람이 뮌헨에서 만났을 때 지그문트 프로이트는 자신의 감정을 더이상 통제할 수 없어서 그만 기절하고 말았다. 그는 자신이 기절한 것을 두고 과로, 편두통, 그리고 4년 전인지 6년 전인지 정확하지는 않지만 이자르Isar 강의 도시인 뮌헨에서 똑같은 술집에 들렀다가 기절했던 그 기억으로 인한, 이를테면 심신상관성 기억 때문에 일어난 공포성 기절이라고 진단했다.[15] 프로이트는 정통파를 주장했는데, 그러니까 자신의 학설을 고수해야 함을 주장했다. 1913년에 이렇게 말했다. "보편적으로 통찰력을 갖게 될 날이 멀지 않았습니다. 만일 사람들이 정신분석이라는 기술을 사용하지 않겠다는 입장을 취하면, 어떤 형태의 신경성 장애조차도 이해하지도 치료할 수도 없다는 인식을 하게 되는 날 말입니다."[16] 1914년이 되자 두 사람의 관계는 최종적으로 결별하고 말았다. 1914년 여름에 출간된 편파적인 자신의 저서 《정신분석학 운동의 역사》에서 프로이트는 아들러와 융을 공격했다. 두 사람의 작업은 학문적으로 중요하지 않으며, 뭔가 밝혀주는 게 하나도 없고, 오히려 퇴보하게 만들어서 더이상 정신분석에 속할 수도 없을 정도라는 것이었다. 융의 최근 이론들을 조명하는 일은 어려우며, "너무 불분명하고, 꿰뚫어보기도 힘들고 혼란해서, 제대로 된 입지를 얻기에도 쉽지 않을" 것이라고 말이다.[17] 이처럼 무뚝뚝한 혹평은 깨끗하게 청산하고자 하는 성격이 있으며, 자신이 고집스럽게 통제했던 바의 순수한 이론으로의 통합으로 다시 돌아가서 스위스의 신비주의자로부터 벗어나려는 목표가 있었다. 그러자 융은 이어서 자신이 하는 작업은 "분석 심리학"이라고 퍼뜨렸다.

훗날 카를 구스타프 융에게 아들러의 보상 개념이 특별히 중요하게 되었는데, 이미 《기관열등성 연구》에서 그러했고, 그런 뒤 우월을 향한 노력에 대한 학설이 갖는 핵심적 의미가 중요해졌다. 융은 이 전문용어들을 받아들여서 확장했다. 그는 또한 무의식에 보상하는 과제도 배분해주었다. 융에 따르면, 극단적인 행동을 보상을 통해 조절함으로써 무의식은 스스로를 조절한다고 한다. 아들러의 보상이론을 그야말로 독자적으로 해석한 버전이다.[18]

1930년 융은 친하게 지냈던 심리학자 볼프강 M.크라네펠트Wolfgang M. Kranefeldt의 저서 《치료하는 심리학. 정신분석을 통한 심리학의 길》의 서문을 써주었다. 여기에서 융은 개인심리학에 관해서도 언급했다. 그의 문장들은 독일 소설가 토마스 만이 글을 다듬은 것을 떠올리게 해주는, 이른바 외교적으로 무관심하게 칭찬하는 말이었다. 융은 “아들러 학파”를 정신분석과 거의 상관이 없는 사회적 교육시스템으로 칭찬했다. “이 학파는 심리학적 시스템과는 무관한 성격을 가지고 있으며, 또 다른 기질과 또 다른 세계관을 고백한다. ‘정신분석’에 관심을 가지고 있으며 현대 의학적 심리학의 전반에 대하여 어느 정도 충분히 관망하기를 원하는 사람이면, 아들러의 저서들을 공부하는 것을 지체해서는 안 된다. 이로부터 가장 소중한 자극을 받을 수 있을 테니까 말이다.”[19]

거꾸로 아들러는 상대적으로 스위스 취리히에 사는 이 스위스 심리학자에게 주의를 그다지 기울이지 않았다. 아들러는 융을 조망하는 수준에서만 인용했고, 인용을 하더라도 거부하는 입장은 아니었지만 오히려 비판적이었다.[20] 다만 융의 인격을 초월하는 학설에 대해서 관심을 가졌다. 아들러가 이렇게 한 이유는, 융이 심리학계에 기여한 바를 폄하했기 때문이었다. 그리하여 융의 연상 실험들은 과도한 것이며, 마법, 텔레파시와 심령론, “정신의 신비스러운 분야”에 열중하는 것도 비생산적이라는 것이다. 만일 삶의 요구들 앞에서 확실하게 자신을 잘 방어할 수 있다는 믿음을 환자에게 심어주려면 말이다.[21]

12. 결별과 새로운 시작

"인간이란 다양한 의견을 가지려는 경향이 있는 생명체이다."

오도 마르크바르트[1]

여기에서 서술할 이야기는 일종의 결투를 대상으로 삼고 있다.[2]

1907년에 《기관열등성에 대한 연구》가 출간되었다. 이듬해 차이들이 분명하게 드러났다. 성적 취향과 리비도와는 상관없이 다양한 충동들의 상호관계라고 하는 아들러의 공격 개념은 프로이트의 견해와 충돌할 수밖에 없었다. 가부장의 대답은 표현기법에 있을 뿐이라는 것이었다. "아들러가 공격충동이라 부르는 것은, 우리가 말하는 리비도다."[3] 아들러가 소개하는 것은, 아들러 자신이 새로이 명명한 개념들을 다루었을 뿐이라는 말이다. 차이는 신경증이라는 성적인 병인病因과 충동 결정론에 있었다. 아들러에게는 개인의 안전감, 자존감과 공동체 감각이 심리를 발전시키는 동적인 요소들이었다.[4]

정치도 여기에 관여했다. 프로이트는 학문을 정치적 투기장으로부터 떼어놓고자 주의를 기울였다. 그를 따랐던 초기의 세대들 가운데 적지 않은 사람들이 "민주화의 잠재력"을 가지고 있었음에도 불구하고 정신분석에 끌렸다.[5] 슈테켈과 아들러는, 심리학의 통찰력과 인식을 사회정책적인 부분에 옮겨놓으려는 생각이 많았다. 그들은 수요회 회원들 가운데 사회적으로 급진적인 생각을 했던 유일한 사람들은 아니었다. 이들과 같은 그룹으로, 서점을 운영하고 프로이트의 저서를 출간해주었던 출판업자인 휴고 헬러Hugo Heller, 인문계 학교의 교사였던 다비드 에른스트 오펜하임David Ernst Oppenheim과 여의사 마르가레테 힐퍼딩Margarete Hilferding도 같은 부류에 속해 있었다.

한 번은 비텔스와 아들러 사이에 격한 논쟁이 오갔다. 비텔스가 장황하고도 난해하게 여성들의 월경의 무의식적 의미에 대해서 발표를 한 적이 있었다. 그는 여성들의 법적·사회적인 평등권을 위해서 일하는 부류들, 자신을 페미니스트라고 부르기도 하는 이들은 근본적으로 남자로 태어나는 것 이상의 것을 바라지 않는다는 말로 결론을 내렸다. 이에 대하여 아들러는 (오스트리아)마르크스주의적 전문용어로 대항했다. 여자들의 운명은 자본주의가 강요한 부권적-가부장적 관계로 인해 생겨난 것이며, 여자들이 자신들의 삶을 바꿀 수 있는 재산권에 그 책임이 있다는 것이었다. 그러자 비텔스는 프로이트학파이면서 동시에 사회주의자가 되려는 생각을 버려야 한다며 아들러를 공격했다.[6]

1909년 3월 10일 아들러는 수요회에서 "마르크스주의의 심리학"에 대해서 발표를 했다. 프로이트가 제일 먼저 이에 대해 반응했다. "그런 발표에 반대하여, 우리 사고의 지평에서 그런 견해를 확장하고자 하는 것에 대하여 지극히 민감하게 행동할 수밖에 없다."[7] "반대"라는 말이 중요했다. 모임에서 토론할 주제를 선택할 때 프로이트는 퍽 자유로운 편이었다. 출간된 책의 소개에서부터 전설과 어떤 개별적인 경우에 대한 것에 이르기까지 많은 것을 허용했다. 그런 프로이트가 사고의 지평이 확장되는 것을 반대하며 아들러의 흠을 잡았다. 그런 뒤 그는 마르크스주의 전문용어를 도외시했는데, 랑크가 아주 짤막하게 요약한 전문용어에서 아들러의 마르크스는 프로이트의 직접적인 선구자처럼 등장했던 것이다(아들러는 트로츠키를 많이 읽었고, 오스트리아 마르크스주의의 지도적 이론가였던 막스 아들러Max Adler의 책은 더 많이 읽었다). 그런데 이 트리어Trier 사람 마르크스는 이미 충동적 삶의 우위성에 대해서 알고 있었던 것이다. 하지만 마르크스는 경제적 맥락을 의식과 진보로까지 확장하는 일을 도외시했다. 프로이트는 조롱하고자 하는 마음을 억제할 수 없었고, 아들러는 "심리적 하부구조를 마르크스적인 사상을 구축하는 데 내어줄 시도"를 하는 사람이라고 꼬집었다. 상부구조는 여전히 프로이트가 담당했다. 만일 아들러가 자신의 생각을 글로만 쓴다면 바랄 게 없다고 했으나, 이런 표현도 미사여구에 불과했다. 아들러는 이미 먼저 그렇게 하겠다는 통고를 했으니까 말이다. 그런 뒤 아들러는 글을 다듬었다. 그러고는 아들러는, 마르크스의 경우에 이념을 의미했던 단어인 격정상태를 반응형태와 교환하자는 제안을 했다. 반응이 만들어지는 이와 같은 반응형태로부터 진정으로 격정 또는 흥분하는 상태가 분명하게 나타난다고 하면서 말이다. 또 한 가지가 있다. "그[아들러]는 예민함을 권력으로 도입하고자 하지 않는다. 이렇듯 오히려 철학에 더 가까운 철학적 용어 속에서 통합할 수 있는 모든 것은 격정의 상태이며, 이것은 바로 반응을 만들어냄으로써 시작한다."[8] 따라서 아들러는 비유를 정확하게 배치하는 일을 게을리 했던 것 같다. "개인적인 성벽처럼 멀리 떼어낼 수 없고 이해할 수 없는 영역에서" 아들러는 더 풍부하게 연구해야 했으며, 특히 성적 취향에 있어서 그러했다. 수치심, 구토, 근친상간! 여기에서 에로틱을 무시하는 사람은, 모든 것을 무시하는 사람이라는 것이다. 프로이트로부터 들어야 했던 비판이었다. 이보다 더 신랄한 비판을 받을 수는 없을 듯하다.[9]

다른 사람들은 모임의 초반에 내놓았던 의견을 따랐는데, 즉 유물론에서 말하는 물질은 자신들에게 너무 낯설고, 심리와 경쟁자가 될 수 있는 것을 발견하기가 너무 어렵다는 입장이었다. 프로이트는 모든 것을 요약하고자 원했고 그리하여 직접 하나의 부록을 끼워넣자는 제안도 과감하게 했다. 그는 미식가적 과잉보상과 배설물을 먹는 이른바 '분변기호증'으로 방향을 꺾었다. 아들러는 결론을 말하며 프로이트의 제안을 막아냈다. 아들러는 프로이트의 수정을 거절했고 '분변기호증'의 경향도 거절했다. 그는 사회주의란 결코 신경증이 아니라고 강조했다. 그렇게 간주해준다면 자신에게는 영광일 것이라고 하면서 말이다. 계급이라는 개념은 사디즘의 효과 덕분이며, "아들러의 말에 따르면", 공격하고자 하는 충동인 공격충동 때문이라는 것이었다. 신경증 환자들의 경우 계급의식을 통해서 해방과 자유를 완성한다는 것이었다. 마르크스는 이 모든 것들을 억압과 착취라 명명했다고 한다. "마지막에 이르러 강조하기를, 마르크스의 전반적인 작업은, 의식적으로 역사를 만들라는 그의 요구에서 정점을 찍는다고 말이다."[10] 참으로 박력 있는 행동이 아닌가! 왜냐하면 모임에 참여한 사람들이 아니라면, 누가 의식적으로 역사를 만들기를 원했겠는가? 여기에서 민감한 차이가 사라졌다고도 할 수 있는데, 의식적으로 역사를 만들기 전에 나타나는 차이이다. 바로 이런 차이에서 마르크스의 전반적인 작업이 정점을 찍게 된다. 여기에서 역사를 만드는 주인공은 여러 명이 아니라 단 한 명이라는 차이 말이다. 그것도 마르크스주의자들에 의한 게 아니라 한 남자에 의해 이루어진다는 얘기이다. 아들러는 자신을 염두에 두고 이렇게 표현했을까?[11]

1909년 6월 2일 아들러는 오래 전부터 통지했듯이 신경증의 통일성에 대하여 발표했다. 아들러가 보기에 전형적인 신경증으로 볼 수 있는 다섯 가지 특징이 있었다. 즉, 기관열등감, 공격충동, 여기에서부터 나오게 되는 환자의 과민성, 앞의 세 가지 특징의 공통점이자 반항부터 탐욕에 이르는 수준이 될 수 있는 바의 항문기적 특징, 그리고 부모와의 관계이다. 아들러는 신경증에 걸린 환자의 등급은 그와 같은 특징들이 어떻게 교차되는지, 그리고 충동 사이의 충돌로 이해했다. 프로이트는 논쟁점이 분명한 것을 칭찬했고, 이론적인 구조를 거부했으며 근본적인 차이를 기록했다.[12] 그는 융에게 다음과 같이 고백했다. 아들러는 "이론가"이며, "예리하고 독창적이지만 심리학자로는 적합하지 않으며, 심리학자를 넘어 생물학자를 지향한다."[13]

그 해 가을에 새로운 회원들이 수요회 모임에 참석했는데, 그들 중 아들러와 친하게 지냈던 카를 푸르트뮐러도 있었다. 1910년 3월 뉘렌베르크에서 제2차 정신분석학회가 개최되었다. 이 학회는 두 가지 이유로 중요했다. "국제정신분석학회"가 설립되었던 것이다. 이 학회는 명성을 얻게 되었다.

프로이트가 좋아했던 헝가리 부다페스트에서 온 산도르 페렌치 Sandor Ferenczi는 국제적인 분석학회를 세우자는 제안을 내놓았다. 그리고 많은 국가에 지부와 비슷한 단체도 세워져야 한다는 것이었다. 페렌치는 초대 회장으로 융을 추천했다. 이는 헝가리 정신분석학자가 독자적으로 내놓은 제안이 아니었다. 프로이트가 그와 같은 것을 고안해냈으며, 매우 밀접하게 일하기 위해 계획적으로 회장으로 임용하게 했다. 스위스와 융이 사는 취리히는 정신분석의 진원지가 될 것이라고 말이다. 페렌치는 장차 모든 논문과 강연은 미래의 정신분석학회 회장을 거쳐야 하고 출간도 그의 허가가 필요하다고 알렸다. 이는 페렌치가 빈 심리학자들에게 지적인 부족함이 있다고 걱정하는 프로이트를 배려해서 취한 조치였다. 그러자 과거 그 어느 때보다 불같은 논쟁이 벌어졌다. 아들러는, 쓸데없이 열정적으로 흥분했지만, 결코 옆길로 빠질 생각을 하지 않고, 페렌치의 제안을 받아들이고, 검열을 받겠다고 했다는 것이다.[14]

이것은 정신분석이라는 궁전에서 일어난 봉기였다. 빈 학자들은 바리케이드를 쳐야겠다는 생각을 했다. 이와 같은 목적으로 그들은 슈테켈의 호텔 방에 모였다. 그러자 예상치 않게 독보적으로 프로이트가 등장했다. 그는 페렌치의 제안을 거부하는 항의자들을 공격하기 시작했던 것이다. 프로이트는 불타는 듯한 강렬한 말로 그들 모두를 둘러싸고 있는 많은 적들에 대해 언급했다. 영국인 어네스트 존스Ernest Jones는 이 장면을 마치 연극에서 볼 수 있는 분위기로 묘사했다. 프로이트는, 셰익스피어의 샤일록이나 되듯, "극적으로 자신의 외투를 던져버리고서는" 이렇게 고함을 질렀다. "나의 적들은, 내가 굶어죽는 모습을 보면 기뻐할 것이오. 그들이 가장 원하는 것은, 내 몸에서 외투를 빼앗아가는 것이오!"[15]

수요회의 다음 번 회의에서는 학회의 과정에 대한 작업이 있었다. 프로이트는 빈 그룹의 "지도자"는 아들러에게 맡긴다고 알렸으며, 아들러는 이를 받아들여서 그룹회의를 열 것이라는 언급을 했다. 프로이트는 투표에 의해 회장이 되었고, 아들러는 빈 지역의 책임자가 되었다.[16] 이로써 만족하게 되자 이제 정신분석에 대한 후원과 과제의 확장이 주제로 부상했다. 제도화하는 여러 단계에서 하나는, 정신분석에 관한 새로운 잡지를 발행하는 일이었다. 잡지명은 정신분석 관련 중앙 잡지라는 의미를 띤《심리분석 중앙신문 Zentralblatt für Psychoanalyse》이었다. 잡지의 이름은 이 학회가 차지하는 높은 위치를 보여주었다. 잡지의 편집자로는 슈테켈과 아들러가 선임되었다. 프로이트는 발행인이어야 했다. 프로이트는 빈 협회의 회장은 단념했고, "학문적 관리자"로 남았다. 이 협회는 상당한 자율권을 획득하게 되었으며, 아들러는 새로운 회장으로 선출되었고, 슈테켈은 그의 대리인이 되었다. 그렇다고 해도 변하는 것은 별로 없었다. 여전히 논쟁은 지속되었으며, 무엇보다 자아, 무의식, 리비도, 신경증에 관한 의견이 다양해서 이때는 불꽃 튀는 논쟁을 벌이고는 했다.

균열은 더이상 봉합할 수 없었다. 성격이 너무나 차이가 났던 것이다. 프로이트는 자유주의적·보수적 시민이었고, 내향적인 성향이 더 강했으며, 나이가 들면서 점차 비관적이 되었다. 인류학적인 재산에 대해서 극단적으로 무시했고, 완강했으며, 19세기와 연계되어 있는 의식 있는 저자였다. 반면, 커피숍에 드나드는 것을 좋아했던 아들러는 친절한 온후함과 외향적인 사교성의 배후에 자신의 지성과 커다란 야망을 숨기고 있었으며, 그야말로 20세기의 자식이라 할 만했다. 사회민주주의자이고, 짜증나게 할 정도의 낙관주의자이며, 훗날 자동차를 구입해서 스스로 운전을 했던 최초의 빈 의사들 가운데 한 명이었고, 또한 영화광이기도 했다.[17] 프로이트는 날씬했고, 공허하지 않는 체계를 만드는 사람이고, 흠 하나 없는 완벽한 복장을 높이 평가했다. 반면 아들러는 의상에 대해서는 전혀 가치를 두지 않았다. 프로이트는 세심하게 숙고했으며, 많은 경우 의도적으로 천천히 말했다. 하지만 아들러는 빈의 독일어를 구사했다. 프로이트는 문학 애호가였고, 음악은 거의 듣지 않았다. 그러나 훌륭한 목소리를 낼 줄 알았던 아들러는 음악을 사랑했고, 특히 프란츠 슈베르트의 가곡들을 좋아했다. 심리학의 역사에서 이것은 하나의 결투였다. 즉, 먼저 태어난 자(프로이트)와 둘째로 태어난 자(아들러) 사이의 경쟁이 되었고, 적이 되었던 대결이었던 것이다. 직접 구축했던 이론에 대한 음모도 있었다. 프로이트는 이를 감시했던 게 분명했다. 그는 편지에서 빈스방어에게 이렇게 썼다. "아들러의 작업은 주의 깊게 다루어야 하오. 그가 똑똑하면 할수록, 그만큼 그와 관련된 위험은 더 커질 것이오."[18]

두 사람 사이에는 차이점만 있는 것은 아니었다. 프로이트와 아들러는, 겉에서 보이는 것보다 훨씬 더 비슷했다. 두 사람 모두 완고하고, 확신이 있으며, 명예욕이 강한 정복자 스타일이었다. 불화의 원인은 양쪽의 독선에 있었다. 정신분석의 객관성, 심리에 대한 중립적인 설명이 이제 주관적이 되어버린 것이다. 딜레마가 되어버린 것이다.[19] 그것은 두 가지 감각적인 느낌의 두드러진 차이였다. "프로이트는 사람들에게서 말하고, 자신에 대해 표현하는 짐승을 발견했고, 아들러는 독특하게 움직이고, 움직임에서 몸짓으로 표현하는 동물을 발견했다. 따라서 정신분석은 해석학적 입장에 더 가깝고, 개인심리학은 미적이며 게슈탈트 심리에 오히려 더 가까운 입장이다."[20]

2월 23일 아들러는 수요회 모임에서《삶과 신경증에서의 정신적 암수동체》에 대하여 발표했다. 이 원고는 4월에 책으로 간행되었다. 아들러에 따르면 노이로제 환자들은 자주 "암수동체의 특징"을 보여주는데, 이런 특징은 특히 강조해서 "열등이라는 주관적 감정"으로 인도할 수 있다고 한다.[21] 열등감은 소망이나 바람을 측정할 수 없는 수준으로 상승시키고, 그러면 이것이 바로 실패의 씨앗이 된다는 것이다. 그렇다면 치료의 과제란 무엇일까? 이와 같이 다이내믹한 과정을 발견해서 의식하게 만드는 데 있다. 분열이 보다 더 구체적으로 서술되어 있는 것은 논문《저항설에 대한 기고》(1910/11)였는데, 이 논문에서는 아들러가 여자 환자에게 자신이 얻게 된 통찰에 대해서 설명을 하고 난 뒤에 환자가 강하게 저항하는 경우에 대해서 다루었다. 아들러의 설명을 들은 여자 환자는, 아들러가 지식에 있어서는 우위에 있다고 이해했던 것이다. 그녀가 성적인 꿈에 대해서, 그러니까 의사에 대해서 느낀 "사랑의 전이轉移"는 사실 환자가 그렇게 되지 않으려고 자신을 지키기 위한, 신경성 과장이라고 아들러는 설명했다. 이러한 사랑의 전이는 진짜가 아니며 따라서 이로부터 리비도라고 결론내릴 수도 없다고 말이다. 아들러는 당시의 정신분석학이라는 입장에서 보면 그야말로 선을 확실하게 무너뜨린 셈이 된다.

프로이트가 아들러를 공공연하게 몰아세우기까지는 그로부터 몇 달이 걸렸다. 1910년 10월 중순 아들러는 정신분석학회에서 강연을 하나 했는데, 제목을 "히스테리성 거짓말에 관한 소고"라고 붙였다. 심리치료를 진행하는 도중에 발생하는 모든 거짓말의 배후에는, 바로 이것이 핵심적인 주제였는데, 의사를 굴복시키고자 하는 의도가 숨어 있다는 내용이었다.[22] 환자들은 열등감으로 괴로워한다는 것이다. 그들이 거짓말하게 만드는 것은, "남성적 저항"이라고 한다. 이런 술책을 씀으로써 환자는 자신이 의사보다 더 우월하게 될 수 있다. 이때 프로이트가 개입했다. 그는 아들러의 설명은 권위적인 인물에 대항하는 이른바 "아버지 콤플렉스"라는 자신의 가설을 입증해주는 것으로 본다고 말이다. 남자들의 경우 권위적 인물은 아버지이고, 여자들의 경우에 어머니다. 이로써 프로이트는 아들러의 발표가 선을 넘지 않게 했고, 발표 내용에서 새로운 것은 아무 것도 없다는 사실이 분명해지도록 만들었다. 이로부터 4주 후 아들러는, 환자는 자신이 옳았다는 것을 요구한다고 주장했다. 이와 같은 요구는 "모든 정신분석의 결정적으로 중요한 라스트스퍼트"에서 지배적이라는 것이었다. 이런 주장에 프로이트는 반대했다. 즉, 그것은 "순전히 기술의 문제인데, 항의가 마지막에(아들러의 주장) 나타나든 아니면 시작할 때나 치료의 중간에 나올 수 있다."[23] 이런 말은 가볍게 넘길 수도 있었으나, 결국 아들러의 기술은 다르다는 것을 보여준다.

1910년 11월 프로이트는 융에게 분명한 신호를 보냈다. 프로이트는 편지로 아들러와 슈테켈의 무례함과 불친절에 대해서 격앙했다. 전혀 이해할 수가 없다고도 했다. 프로이트가 느끼는 좌절감은 끝이 없다고도 했다. 그리고 그들과 아무 것도 할 수 없지만, 자신이 "그들과 함께 계속해서 죽도록 일해야 하는"[24] 상황이 만들어져 있다고 말이다. 이와 같은 급보를 부침으로써 프로이트는 반대세력을 모았고 자신을 따르는 무리들 가운데, 정신분석에 해를 끼치고자 하는 자들로 인해서 위협을 받고 있다는 느낌을 조성하고자 했다. 이미 1년 내내 프로이트는, 빈 그룹은 자신에게 더이상 적합하지 않다는 푸념을 해댔다. 그는 아버지에 대한, 자신에 대한, 그러니까 정신분석의 창립자인 자신에 대한 살인을 상상했다. 이는 이미 수요회의 기본구조에 깔려 있었고, 다만 이 모임은 프로이트가 오이디푸스 상황을 글로 분석했던 것을 구체적으로 반영했을 따름이다.[25]

긴장감과 빈 그룹에 대한 혐오감은 시간이 지날수록 사그라들지 않고 오히려 더 심해지기만 했다. 아들러와 슈테켈은 빌헬름 부쉬Wilhelm Busch의 작품 《막스와 모리츠Max und Moritz》*의 주인공으로 불렸는데, 이는 놀리는 의미가 다분히 담겨 있었다. 아들러를 작은 플리스라고 불렀던 것 역시 그러했는데, 프로이트는 오랜 친구였던 플리스와 몇 년 전에 아들러를 비통하게 비난하며 그렇게 불렀다.[26]

그런 뒤에 프로이트는 알프레드 아들러를 1911년 1월 4일과 2월 1일 두 번의 강연에 초청했는데, 강연을 통해서 아들러가 어디에서 차이를 발견하고 있는지를 설명해 달라고 했다. 프로이트는 이를 통해, 프로이트 이론과 전이轉移와 같은 핵심내용으로부터 아들러가 어느 정도로 일탈했는지를 유도할 생각이었던 게 분명했다.

"심리적 자웅동체"에 있는 환자들을 통찰하기. 이를 통해 환자들

* 부쉬는 유머 작가이며, 이 어린이 책에 등장하는 주인공 막스와 모리츠는 악동이자 장난꾸러기이다.

측에서 나오는 격정을 통제함. 독특하게도 세 번째로 전이轉移 원칙이 등장하는데, 이것은—프로이트의 귀에는 세간을 떠들썩하게 할 제안으로 들렸는데—전혀 순수함을 가지고 있지 않았다. 환자는 의사에게 지속적으로 전투를 하듯 반항한다는 것이었다.[27] 하지만 이 전투는 이미 결정되어 있었는데, 바로 프로이트와의 전투였다. 이에 대한 반격이 아들러가 2부를 발표한 이후 곧장 가해졌고 또한 3주가 지난 2월 22일에 일어났다. 그날 있었던 논쟁을 회의록에 기록한 것을 보기로 하자. "프로이트 교수는 아들러의 학설이 틀렸으며 정신분석의 발전에도 위험하다고 간주한다. 하지만 이는 틀린 방법론(사회적 그리고 생물학적 입장을 끌어들임으로써)으로 말미암아 가져올 수 있는 학문적인 오류이다."[28]

그것은 하나의 법정과 다름없었다. 모임에 참석한 몇몇 사람들에게는 그렇게 보였던 것이다.[29] 심지어 명예를 훼손하기에 이르렀다. 프로이트는 아들러의 전문용어에 굴욕을 안겨주었고, 전문용어들 가운데 진부하지 않은 것은, 원서에 대한 언급, 즉 프로이트 자신에 대한 지시를 하지 않고 행한 표절행위("불편한 분석적 사실들에 대한 재해석과 왜곡")[30]라는 결론을 내렸다. 막스 그라프Max Graf는 이 모임에 참석하여 직접 보고 들었던 광경을 교회에서 사용하는 어휘로, '파문'이라고 표현했다. "프로이트는 교회의 수장으로서 아들러를 추방했다. 공식적인 교회에서 아들러를 쫓아내버린 것이다."[31]

아들러는 모임 중에 반응을 했고 학회의 회장직을 사퇴했으며, 슈테켈은 프로이트와 아들러의 생각 사이에는 그 어떤 대립도 찾아볼 수 없다고 항의했음에도 불구하고, 이어서 물러나야 했다. 추문을 일으킬 정도로 슈테켈과 완전히 결별하게 된 것은, 프로이트가 그에게 《중앙신문》의 공동편집자가 되라고 강요했을 때였다. 슈테켈은 처음에는 완강하게 거부했고, 그러다가 그 어떤 대화도 거절해버렸다. 프로이트는 잡지 발행인을 압박해서 이 정기 간행물에 영향을 주는 모두를 해고하라고 했고, 이로써 슈테켈도 포함되었던 것이다. 《중앙신문》은 간행을 중단했고, 대신 《국제잡지Internationale Zeitschrift》가 새로이 창간되었다. 1912년 11월 6일 슈테켈은 학회를 탈퇴했다. 하지만 그는 계속해서 분리와 아들러의 견해에 대한 의심이라는 악몽 같은 고통 사이에서 흔들리고 있었다. 프로이트는 친하게 지냈던 신경학자 카를 아브라함—융에게서 교육을 받았고 베를린 그뤼네발트Berlin_Grunewald라는 좋은 환경에서 살고 있는—에게 가벼워진 마음에 대해서 알렸다. "나는 그 점[슈테켈이 이제 자신의 길을 간 것]에 대해서 너무나 기쁘오. 그들은 내가 전 세계를 대상으로 그를 방어하느라 얼마나 고통스러워했는지 모를 것입니다. 그는 참을 수 없는 인간이었어요."[32] 스위스 출신의 목사 오토 피스터Otto Pfister에게는 그것보다 더 신랄했다. 그가 아들러에게서 성취하고자 했던 것은, 모욕당한 여신 리비도를 위해 복수를 가하는 일이었다고 한다.[33] 자신의 조력자였던 어네스트 존스와 빈스방어에게는, 아들러에게 중요한 것은 편집증적으로 생각하는 신경증 환자라고 밝혔다.[34] 프로이트는 아들러를 병적인 사람이라며 명예를 훼손하려 했다. 낙인을 찍는 일은 자신을 따르는 무리들에게는 관습적이었다. 그리하여 산도르 페렌치는 1910년 말 부다페스트에서 이렇게 썼다. "이제 나는 아들러의 증오 이론을 이해합니다. 그는 사랑하고자 원치 않으며, 때문에 증오해야 하고 미움을 당한다고 믿는 것이지요. 그는 이런 모든 것을 이론에 투사하고 있는 것입니다."[35]

아들러의 지인들, 친구들과 지지자들은 6월 말 프로이트에게 격분해서 편지 한 통을 보냈다. "아래에 서명한 사람들은, 《중앙신문》의 지도부에 변화가 있다는 사실을 알게 되었을 때, 아들러 박사에게 보다 더 자세한 소식을 요청했습니다." 서명자는 카를 푸르트뮐러, 파울 클렘퍼러, 프란츠와 구스타프 그뤼너, 데이비드 에른스트 오펜하임, 마르가레테 힐퍼딩과 프리트융 등이었다. "우리의 생각에 의하면 정신분석학회와 잡지 《중앙신문》은 정신분석을 반대하는 자들에게는 권력적인 요소이지만, 정신분석학자들에게는 자유로운 토론장이어야 한다고 봅니다. 그런데 정신분석 내부에서도 권력적인 위치를 만들어서 상대방을 고려하지 않고 권력투쟁을 벌이고 있습니다. 그와 같은 과정을 우리는 거절합니다. 우리는, 그렇게 행동하면 내적인 발전은 물론 정신분석의 외적인 명성에도 해가 되리라 확신합니다."[36]

아들러는 프로이트와의 대화도 줄어들었고 서신을 교환하더라도 냉랭한 형식에 사무적으로만 이루어졌다. 7월 중순이 되어 그는 차분하게 프로이트에게 다음과 같은 소식을 전했다. "당신은 베르크만 씨에게 나를 탈퇴시키라고 요구했더군요. 베르크만 씨는 당신이 대안으로 제안했던 것도 전해주었는데, 슈테켈 박사를 대체하라고 하셨더군요. 나는 나의 친구, 법학 박사 E. 프란초스를 통해 베르크만 씨에게 나의 결정을 전달하게 했습니다./ 이로써 나는 빈 정신분석학회를 탈퇴할 것을 밝힙니다./ 학회는, 수년에 걸쳐 당신이 개인적으로 나에게 결투를 벌이는 것을 멈추게 하는 일이 도덕적으로 중요하다는 생각을 하지 않은 것 같습니다. 나는 한때 나의 스승이었던 분과 개인적인 결투를 벌일 의도가 전혀 없기에, 이처럼 할 수밖에 없으며 그리하여 학회의 대표 자리를 여기에서 그만두고자 합니다."[37]

이 사건은 취리히에 있던 융에게도 전해졌다. 융은 빈에 있는 의사들과 왕래가 많아서 정보를 얻게 되었고, 자신이 없는 가운데 아들러에게 일어난 일에 매우 놀랐다고 전했다. 융 자신은, "프로이트와의 논쟁"이 처음에는 오직 학문적인 논쟁이었다고 생각했으나, 개인적인 문제로 심화되자 당황스러웠다고 전했다. 그는 또한 외부에서 "빈 그룹의 내적인 사안에까지" 개입할 생각은 한 번도 해본 적이 없다고 했다. 융은 아들러의 이론 모두를 따를 수는 없지만, 그러나 이것이 바로 학회의 자유롭고 근본적인 생각이라고 본다고 말했다. 그런 뒤 융은 프로이트의 외교적 수완을 칭찬했는데, 그런 수완 덕분에 취리히에서 불복종을 막을 수 있었다면서 말이다. 이 결투에서 스위스 사람 융이 누구 편에 서 있는지는 이로써 분명해졌다.[38]

아들러는 자체적으로 학회를 설립했다. 이 학회의 이름을 "자유정신분석연구회"라고 지었다. 감정적으로 압박을 받았던 시기에도 결코 무례하지 않았고 자신의 지도하에 있는 정신분석은 자유롭지 않다는 비방을 받아도 상처받지 않았던 프로이트는, 독자적인 학회 설립 소식을 듣고 짜증을 냈고, 아들러는 자신의 그룹을 "미적 감각이 있는" 학회라고 불렀다.[39]

1911년 4월은 아들러에게 이중으로 새로운 시작이었다. 그 이전해에 이미 빈에서 거주권을 취득한 뒤였다. 두 가지 새로운 시작 가운데 하나는 지리적인 성격이었다. 그 사이 성공을 거두었고, 요청을 많이 받는 의사가 된 아들러는 도나우 강을 넘어가게 되었다. 그는 레오폴트슈타트에서 시내로 이사를 갔고, 도미니카너바스타이 Dominikanerbastei 10번지에 위치한 널찍한 집을 빌렸다. 거리 이름은 아이러니하게도 "프로이트로제 가세freudlose Gasse"*였다. 아파트 문에 15라고 씌어 있었고, 이 건물 3층에 "내과 및 신경질환 진찰실"도 함께 갖추고 있었으며, 유명한 건축가 오토 바그너Otto Wagner가 지은 현대적인 우편국과도 가까웠다. 아들러의 단골 고객들도 이사 오기 전의 진찰실에서 10분 정도 걸어오면 되는 곳이었다. 유복한 중산층들이 사는 이 구역은 신분을 상징하는 주소가 되기도 했다. 알프레드 아들러는 41세였고, 네 명의 자식들이 있었다. 1898년에 태어난 발렌티네, 1901년에 태어난, 알리라 불렸던 알렉산드라, 1905년에 태어난 쿠르트, 그리고 1909년에 태어난, 넬리라 불렸던 코르넬리아였다. 이제 두 번째 단계는 "자유 정신분석학회"의 정관을 지방장관에게 제출하는 일이었다. 학회의 설립을 인정받은 것은 1912년 10월이었다. 학회의 회장은 1912년 10월, 행정부가 관료상의 과정을 거치라고 종용한 뒤에 비로소 선출되었다.[40]

1911년 5월, 아들러는 공식적으로는 여전히 빈 정신분석학회의 회원이었으나, 프로이트는 학술지 《중앙신문》의 책임자 지위에서 물러나라고 요구했다. 이 연장자는 곧 마니교도처럼 압박을 가했

* 글자 그대로는 '기쁨이 없는 골목길'이지만, '프로이트 없는 골목길'이라는 의미로도 해석이 된다.

다. 즉, 아들러 혹은 자신을 선택하라는 것. 자신이 이끄는 정신분석학회의 회원이든가 그렇지 않으면 배신자들이 되거나. 이 둘 다 성사되지 않았다. 압박의 결과 6명이 탈퇴했다. 하지만 이들은 곧장 아들러와 슈테켈에 합류하지 않았다. 이들에게 프로이트의 방식은 너무 혹독했다. 프로이트는 분석과정을 지극히 간접적으로만 알고 있는 외국의 학생들과 서신교환을 통해 입증을 했고, 아들러는 사랑이 없는 세계라는 체계로, 공격성을 근시안적으로 단축시킴으로써 이론적인 혼란을 가져왔다고 비난했다. 심지어 프로이트는 변절자들에게서 정신질환이 있다고 진단을 내리는 착각을 범하기도 했다. "그의 추상성의 배후에는 수많은 혼란이 숨어 있고, 그는 아주 광범위한 모순을 감추고 있으며 그야말로 편집증적 특징을 보여준다." 모두가 탈퇴하고 나자 프로이트는 마음이 가벼워졌다고 했다. 이제 정신분석이 유익한 일을 한다는 느낌을 줄 수 있는 결과가 나오기를 바랐다. "아들러 무리들 전체"가 사라지고 나니 일하기가 정말 수월해졌다는 내심을 전하기도 했다.[41] 이러한 탈퇴는 정신분석 학설과 치료를 통제할 수 있다는 것을 의미했다.[42] 그런데 이러한 일은 앞으로 10년 이상 지속적으로 일어나고야 말았다. 그러니까, 회원들을 솎아내는 일과 전방을 강화하는 일 말이다.

이러한 분열은 사생활에도 영향을 주었다. 불화는 우정에까지 영향을 주어 깨어지게 했다. 그들의 아내들도 사회적인 교류를 하지 않았다. 프로이트는 탈퇴자를 결코 용서하지 않았다고 한다. 한번은 아들러에게 합류하지 않았지만 프로이트의 엄격함으로 인해 아들러와 함께 일하지도 못했던 파울 클렘퍼러가 프로이트를 길에서 만났다. 그러자 프로이트는 그를 무시하고 지나갔다고 한다.[43]

한스 작스Hanns Sachs가 확언하기를, 이전의 친구들과 불화가 생기면 프로이트는 항상 그것으로 끝이었고 관계가 다시는 회복되지 않는다는 것이다.[44] 그렇듯 프로이트는, 1913년 4년간 공을 들였던 사례연구 《강박신경증 사례에 관한 기고》를 다시 인쇄하게 했을 때, 주석 하나를 추가했다. 처음 이 소고를 인쇄했을 때는, "나의 동료인 알프레드 아들러 박사"라는 표현으로 시작하는 문장 하나를 읽을 수 있었다. 이로부터 4년 뒤 이 부분에 대해서 악의 있는 주석을 덧붙였던 것이다. "과거에 분석가였던 알프레드 아들러 박사"[45]라고.

슈테켈은 대가로부터 전향해서 프로이트의 방법론에 관한 비평을 책 형태로 출간했다. 《꿈의 언어》를 가지고, 그러니까 상징적인 꿈의 해석에 대한 주제로 돌아와서 슈테켈은 프로이트 이론의 핵심을 겨냥했다. 그는 꿈의 보편적인 "양극성"에 대해서 썼다. 그는 양극성이란 모든 사람들에게 우선적으로 볼 수 있는 양성애적 소질에 기초하고 있다고 봤다. 프로이트는 이를 자의적이고 심지어 억지로 끌어들인 것으로 보고서 거리를 두었다. 하지만 그는 슈테켈의 전제에 대해서 완전히 불쾌해하지 않았는데, 슈테켈의 의견은 자신의 《꿈의 해석》으로 광범위하지만 다가오려고 접근했다고 봤기 때문이다.[46]

같은 시기에 그리고 프로이트와 결별했던 시점에 아들러는 1912년 자신의 주저서가 될 책을 출간했다. 바로 《신경과민 성격에 대하여》였다. 부제로 "비교 개인-심리와 심리치료의 기본특징"이라고 붙어 있었다. 바로 미래에 자신의 심리치료 방향을 알려주는 게 아니었던가! 이 책은 아들러 생전에 세 번, 즉 1919년, 1922년과 1928년에 중쇄되었다. 1917년 뉴욕에서 영어 번역판이 나왔다. 새로이 인쇄될 때마다 아들러는 보다 새로운 통찰력을 보충했고 수정도 했다.

1910년부터 1912년까지 이 책을 쓰고 출간하는 것은 전문적으로나 지적으로 그리고 개인적으로도 매우 힘들었다. 그와 그의 그룹은 프로이트에 대항해서 경계를 지을 수 있는 주장이 필요했다. 일종에 자기들만의 측정기술을 갖추고 학계에서 자리매김을 할 수 있기 위해서 말이다. 그밖에도 아들러는, 강의를 할 수 있기 위해 이 간행물을 교수자격 시험자료로 제출하고자 하는 의도도 있었다.

그가 제출한 것은, 지난 몇 년 동안 자신의 이론적 노력이 흘러들어가 있는 하나의 비교심리학 윤곽이었다. 그는 성격에 관한 학설을 수립하고자 노력했으며, 여기에서 "성격"은 그에 의해 틀이나 정해진 절차로서 마련되었고 목표지향적인 통일성의 결과로 드러났다. 그것은, 세계와 관계 맺는 총체적 능력과 무능력 속에서 개인을 그려내고자 시도했던, 철저하게 연구한 정신병리학적 성과였다.[47] 눈에 띄는 점은, 보상 개념을 수정했다는 것이다. 여기에서 상세하게 수립한 보상 학설은 보상을 더이상 실제 기관의 결함으로 인해 활발해지는 게 아니라, 심리 내부에서 그렇다는 것이다. 허구적인 자아와 인격을 부풀림으로써, 권력을 지향함으로써 열등감은 보상받는 것이다.[48] 신과 비슷하다는 전문용어로는 심리학자 하인츠 코후트Heinz Kohut의 "과대 자아Größen_Selbst"를 선취했는데, 코후트는 1970년대에 가서야 비로소 이 개념을 다루었다. 애정을 갈구하는 자기애적인 요구이자 이상화시킨 부모의 이미지와 융합하고자 하는 욕구로서 말이다. 아들러에서처럼 코후트의 자아에서도 과도한

우월감과 열등감이라는 생각은 서로 밀접하게 결부되어 있고 완벽함과 권력이 자아로 흘러들어간다.[49]

《신경과민 성격에 대하여》에서 아들러는 전공 분야를 확대하여 문학과 예술, 철학, 인류학과 인식론도 언급했다. 그는 특정 명제를 부분적으로 이용했고, 하나의 이름만을 관련시키기도 했다. "실습 부분"과 "이론적인 부분"이 있었음에도 불구하고, 책을 읽으면 실제 사례에서도 이론적인 설명을 만날 수 있고 반대로 이론에서는 실제 사례를 읽을 수 있었다. 자신의 생각에 대한 설명도 그렇게 엄격하지 않았다. 반복해서 언급하기도 하고, 몇 가지 보충적인 얘기를 하면서 핵심 이론을 벗어나기도 했다. 이런 점을 결점으로 볼 수도 있으나, 기본노선과 허구, 주요도로와 갓길, 조정과 공격이라는 이른바 꼬불꼬불한 구조에 상응하는 것이었다.[50] 아들러의 저서 가운데 가장 포괄적인 이 책에는, "기관 방언Organdialekt"이라는 개념을 발견할 수 있는데, 심신상관성 질환에서 어떤 신체기관에 질병의 증상이 생겼는지를 이해할 수 있는 중요한 모델이다.[51] 기관방언이라는 것을 아들러는 하나의 기관 언어로 이해했다. 이때 아들러는 1905년에 나온 이론인 루드비히 클라게스Ludwig Klages의 《필적 감정학의 원칙》에 연관시켰다. 여기에서 독일의 필적 감정학의 창시자이자 표현 심리학자였던 클라게스는 언어를 도입해서, 특정 신체의 실행이나 기관에 따라 내면에서 일어나는 과정을 어떻게 명명하는지를 설명했다. 예를 들어, 달변이다nicht auf den Mund gefallen, 화석이 되다verknöchert, 왼손잡이linkisch sein 등이 있다. 아들러에게 그와 같은 표현은 그림처럼 "기관 은어"로 들렸다. 이것이 기관 열등감을 가리킨다는 것이다. 클라게스를 통해서 아들러는 태곳적부터 내려왔던 흉내Mimik, 인상학Physiognomik과 무언극술Pantomimik이라는 지식을 활성화시켰다.[52]

1912년 아들러는 한 논문에서 다시 한번 기관 방언을 다루었고 카를 푸르트뮐러와 함께 편집한 《치료하기와 교육하기》에 집어넣었다. 이러한 기관언어에서는 하나의 충동은 어떤 그림을 활성화시키는데, 예를 들어 충동을 강화하기 위해 성적인 자극과 같은 권력의지의 그림을 활성화시킨다. 이러한 개념은 신체언어를 지시하며, 언어와는 다른 체험을 지시한다. "기관 방언은 드라마틱하게 겪은 과거의 심리적 사건에 대한 신체언어상의 표현이다. 그러니까 어떤 객체를 향해서 획득하고자 했던 애정욕구, 이를 거부당한 뒤의 좌절감, 공격성과 공포의 교차, 죄책감과 수치심, 그리고 우리에게서 일어나는 남성적 충동과 여성적 충동의 투쟁이라는 심리적인 사건 말이다."[53]

이러한 관점에서 볼 때 기관 방언이란 신체의 방어기제에 관한 것이다. 생물학에 바탕을 둔 심리학과 심신상관의 개척자라 할 수 있는 아들러는 틀리지 않았다. 심신상관성 질환의 생성발전은 만성적이고 무의식적인 감정에 집중되어 있는데, 이 감정은 밀접하게 상호영향을 주는 애매한 관계에 있다. 정신질환과 심신상관성 질환은 인과율에 따라 거의 설명할 수 없으며, 특정 삶의 과제를 해결할 수 없다고 판단하고 자기 스스로에게 침잠하는 개인(환자)의 입장이 되어보면 특히 그렇다. 이는 흔히 불쾌하고, 고통스럽거나 또는 의식이 감당할 수 없는 아픈 성향을 해결하기 위해 자동적으로 취하는 무의식적 과정일 때가 많다.[54] 이미 니체도 질병이란 매번 다음과 같은 경우에 대한 대답이라고 적었다. 즉, 만일 우리가 정당하게도 우리 자신의 과제에 대해서 의심을 갖게 되면, "만일 우리가, 어떻게 해서라도 보다 쉽게 하고자 시작하면."[55] 이와 같은 위기에 대한 답은, 그 사람 전반에 대해서 이해할 수 있는 재건이 이루어진다. 에르빈 링겔Erwin Ringel은 이렇게 말했다. "만성적이고 무의식적 감정이 그토록 강렬하게 심신상관성 장애를 앓게 하는 것인지, 또는 왜 그렇게 하는 것인지를 신경생리학이나 심리학에서 증명하고 설명한다면, 이로써 심신상관 의학에 대한 신경학의 핵심적 의미가 드러난 것이다. 왜냐하면 어린 시절부터 갖고 있는 만성적이고 무의식적인 감정은 신경증의 특징이기 때문이다."[56] 포스트모던 이후 반응하고 반향을 보낸다는 의미에서, 세계와의 관계에 대한 철학적 사회학이라는 의미에서, 사회학자 하르트무트 로자Hartmut Rosa는 이를, 육체가 없으면 세상도 없고, 세상이 없으면 육체도 없다라고 정식화했다.[57]

"자유 그룹"의 초기 모임에 참석했던 사람들은 라이사 아들러, 알리네와 카를 푸르트뮐러, 마르가레테 힐퍼딩과 그밖에 소수의 다른 사람들이었다. 1912년 9월과 1913년 1월 사이 몇 번의 모임을 거치면서 라이사 아들러는 모스크바의 잡지 《심리치료Psichotherapija》에 보낼 짤막한 보고서를 완성했다. 그녀는 스위스에서 했던 아들러의 강연, 자유 정신분석학회의 발표와 토론에 대해서 정보를 제공했다.[58] 1912년 12월부터 "아들러파"는 목요일 저녁에 만났다. 새로운 사람들도 추가로 들어왔는데, 알렉산더 노이어Alexander Neuer와 부다페스트에서 온 슈테판 마데이Stefan Maday, 화학자이며 1925년부터 음악과 음악학에 헌신했던 레오나르트 도이취Leonhard Deutsch와 그의 아내 다니카Danica, 레오나르트 도이취의 여동생 릴리Lilly와 결혼했던 에르빈 벡스베르크Erwin Wexberg였다.[59] 모임에서는 심리학, 문학 또는 철학에 대해서 토론을 했다. 그밖에도 사례들을 소개했고 외부의 학자들을 초대해서 강연을 듣기도 했다. 이 그룹은 아들러의 집에서 모임을 갖기에는 어려울 정도로 회원들이 빠르게 늘어났다. 학회를 설립할 때는 집주소 외의 장소로 대학 역사 연구소의 주소로 등록했으나, 회원들은 앞으로 만날 모임장소를 커피숍으로 정했다.

그와 같은 곳을 모임장소로 정하는 것은 빈에서 흔히 볼 수 있었다. 그리고 프로이트에게서는 결코 일어날 수 없는 일이었다. 프로이트는 커피숍을 경멸했으나 반대로 아들러는 커피숍에 가는 것을 매우 좋아했다. 대학생 때는 미하엘플라츠에 있던 카페 그리엔슈타이들Cafe Griensteidl에 가는 것을 좋아했다. 대학을 졸업한 뒤에는 슈테판플라츠에 있는 카페 돔Cafe Dom엘 갔다. 1914년 이후에는 카페 센트럴에는 더이상 가지 않았다. 전쟁이 끝난 뒤 아들러는 카페 타박스파이페Cafe Tabakspfeife를 모임의 장소로 삼았는데, 이곳은 커피숍이라기보다 소박한 술집의 분위기였다. 1923년부터는 카페 질러Cafe Siller를 이용했다. 이곳은 오늘날의 슈베덴카이 3번지이며, 아들러의 집에서 쾌적하게 걸어갈 수 있었다. 커피숍과 호텔을 운영했던 요제프 질러Josef Siller는 아들러의 고마운 환자였다. 호텔에 딸려있던 카페 질레는 중앙난방도 되고, 방에는 물이 있고 전화도 있다고 광고를 했다. 개인심리학회의 모임장소도 되었고 말이다.[60] 아들러는 홀가분하고도 그야말로 편안하게 나타나고는 했다. "그렇게 많은 일을 함에도 불구하고 아들러는 바쁜 남자라는 인상을 주지 않았다. 반대로, 아들러를 카페 질러에서 처음으로 본 사람이라면, 편안한 빈 남자 정도의 인상을 받았다. 하루 중 많은 시간을 커피숍에서 커피를 마시는 빈 사람들 말이다. (……) 사람들은 특별한 방을 요구하지 않았고, 넓은 커피숍의 공간에 모였다. 아들러가 여러 명과 함께 있는 것을 좋아했기 때문에, 대리석 식탁을 기다랗게 이어놓았다./ 여기 아들러의 식탁모임에서 사람들은 개인심리학의 진정한 정신을 알게 되었다. 전반적으로 명랑하고, 따뜻하며, 진실한 분위기였다. 농담도 오고갔다. 아들러는 늘 시가를 입에 물고서 재미있는 일화를 얘기해줄 때가 많았다. 이렇듯 기분 좋게 앉아 있는 아들러를 옆 테이블에서 스케치를 하고는 했는데, 이곳에서 아들러를 조용히 스케치를 할 수 있었기 때문이다. 뚱뚱한 그를 제대로 스케치하기란 어려웠다. 게다가 그의 깊게 파인 턱은 앞으로 두드러지게 튀어나왔지만, 코는 어려웠다. 앞에서 보면 퍼져있으나, 전체적인 윤곽은 가느다란 코였고, 스케치 하는 사람이 어느 위치에 있는지에 따라서 아들러의 얼굴은 전혀 다른 인상이 되었다. 그의 아랫입술은 두툼했으나, 윗입술은 어둡고 작은 콧수염에 덮여서 긴 꼬리가 달려있는 것 같았다. 잘 생긴 귀, 넓은 이마, 나이에 비해서 머리카락은 풍성했다. 가장 어려운 작업은 눈을 잘 그려내는 일이었다. 거의 모든 그림은 길게 굽어 있는 눈썹이 제대로 표현되어 있지만, 늘 변하는 눈은 그렇지 않다. 바로 눈이 그의 성격을 잘 말해준다고 보면 된다. 깊고 진지하든, 기분이 좋든, 생각을 하거나 연구를 하든, 그의 시선은 항상 따뜻하고, 서로 연결되어 있다는 느낌을 담고 있으며, 사람들은 항상 이 시선을 통해서 함께 있는 이 사람을 알아볼 수 있게 되었다. (……) 빈을 방문하는 모든 개인 심리학자들은 빈의 느낌을 알기 위해 맨 먼저 이 식탁모임을 찾았다.

다른 그룹의 경우에는 진지하게 오래 앉아서 얘기하는 주제들도 빈의 이 식탁 모임에서는 전혀 어렵지 않았다. 동료들과 추종자들만 아들러의 무리에 속하지 않았고, 흔히 아들러는 친구들과 외국 손님도 데리고 왔다. 그리하여 아들러는 오페라를 보고 난 뒤 미국 손님들 몇몇을 데리고 식탁 모임에 나타날 때도 있었다./ 늘 왔다가 가는 분위기였다. 누구든 이곳에 오면 진심으로 환영을 받았다. 아들러는 떠나기 전에, 좋아하는 당구를 치고 갈 때가 많았다. 식탁 모임의 회원들 몇몇이 아들러를 집으로 데려다준 적도 자주 있었는데, 아들러는 기분 좋은 상태에서 다른 사람들이 모여 있는 자리에 가려 했기 때문이다."[61]

1912년 가을에 매력적인 루 안드레아스 살로메Lou Andreas_Salome가 빈을 방문했다. 그녀는 독일인으로 러시아 황제를 모셨던 장군의 딸이었으며, 괴팅겐대학 동양학과 교수와 결혼했고, 릴케와 니체의 여자 친구로 유명하다.[62] 그녀는 1911년 바이마르에서 개최되었던 정신분석 학회에 참석했다. 훗날 줄리엣 미첼Juliet Mitchell과 같은 페미니스트들은 살로메를 무시했다. "그녀는 인격상으로는 가부장제가 아닌 문화를 추구했으나, 이로부터 나왔던 것은, 어느 정도 패러디에 가까운 남성적 여성상이었다."[63] 하지만 안드레아스 살로메는 탁월한 사람이었고, 빈에서는 프로이트와 아들러 둘 모두와 연락을 하고 지냈다. 이미 그 전에 그녀는 두 사람과 서신을 교환했다. 아들러는 그녀에게 8월에 이런 편지를 보냈다. "당신의 편지와, 10월에 빈에서 당신과 말할 수 있게 될 전망은, 내 생각에 의하면 내가 당신에게서 감사한다는 사실과 연결되어 있습니다. (……) 학문적으로 뛰어난 프로이트에 대한 당신의 평가를 나는 그 지점까지 동의합니다. 내가 점점 그로부터 벗어나는 지점 말이지요. 그의 발견을 돕는 도식은 분명 중요하고 필요한 틀이자 형식인데, 왜냐하면 심리적 체계의 모든 선들이 그 안에서 역시 반영되기 때문입니다. 하지만 프로이트 학파는 사물의 존재를 위해 성적인 미사여구를 채택했다는 것이지요. 인간 프로이트가 나를 비판적인 입장으로 모는 계기가 되었을 수도 있습니다. 그래도 나는 후회하지 않습니다."[64]

10월 28일 살로메가 알프레드 아들러를 처음으로 방문했다.[65]

알프레드 아들러를 처음으로 방문함. 밤늦게까지.
그는 사랑스럽고 분별 있는 사람이다. 다만 나를 방해한 것은 두 가지: 그는 너무 사적인 방식으로 기존의 논쟁에 대해서 말했다. 그러고, 그는 마치 단추처럼 보인다. 마치 그는 어디에선가 자신 안에 앉아 있는 것 같은.
나는, 정신분석 때문에 그를 찾아온 게 아니라, 종교심리학과 관련된 작업 때문에 찾아왔다고 말했다. 그의 저서 《신경과민 성격에 대하여》에서 종교심리학에 대한 풍부한 증거와 허구를 만드는 것과 관련해서 유사한 생각들을 읽어볼 수 있기 때문이다. (……) 그가 '위'와 '밑'이라는 전문용어와 '남성적 저항'이라는 전문용어를 고집하기 위해, '여성적인 것'을 항상 부정적으로 평가하고, 이와 반대로 자아의 수동성(성적으로 또는 작용하는 것으로서)을 긍정적으로 구축하는 것을 나는 비생산적이라고 간주했다. 그에게 있어서 모든 체념이란 간단하게 발생하는데, 즉 그가 체념을 '남

> 성적인 목적'을 위한 '여성적 수단'이라 명명함으로써 체념의 수동성과 현실에 대해서만 서술했던 것이다. 이렇게 하면서 신경증 이론에 대해 즉시 복수를 하였고, 그 결과 보상 개념은 더 이상 나타나지 않게 된다.
> (……) 아들러는 또한, 자신의 '부차적' 안전장치(열등감의 과잉보상과 완전히 반대의 것을 포함하고 있는)를 통해서 억압된 충동적인 삶을 또다시 교묘하게 깨부수고, 그리하여 심리라는 인위적 개념만 관찰하는 것처럼 보인다. (……)
> 많은 것을 두루 섞어서 작업하고자 하는 그의 활발함이 나에게는 가장 마음에 들었다. 다만 그런 작업은 피상적이고 신뢰할 수 없으며, 더 먼 곳으로 나아가는 대신에 분주하게 옮겨다닐 뿐이라는 점.
> 아들러는 목요일 열리는 자신들의 모임에 참석해달라고 요구했고, 이 제안에 대해서 나는 프로이트에게도 얘기하고자 한다. 나는 기꺼이 참석하고 싶다고 말했다.

살로메는 3월까지 규칙적이지는 않지만 아들러 학파의 모임에 참석했다. 수요일 저녁에는 프로이트의 모임이 있었기에, 연달아 두 모임에 참석하는 일은 힘들었다. 프로이트는 살로메에게 학문적으로 더 많은 감명을 주었고, 또한 모인 사람들을 가부장적으로 지휘하는 모습을 통해 남성적인 매력도 발산했다. 살로메는, 프로이트가 정신적인 삶의 곤궁을 어떻게 학문으로 승화시킬 수 있었는지를 깊이 생각한 끝에, 다음과 같은 발언을 했다. "이처럼 콜럼버스의 달걀을 식탁에 세우는 일을 한 명의 의사가 할 수밖에 없었던 것은 결코 우연이 아니다. 달걀의 끝 부분을 깨트리고 식탁에 세울 수 있음을 그는 발견했다."[66]

아들러 학파의 모임은 살로메에게 항상 형식이 없는 것 같았고, 프로이트와의 차이점을 알리려고 노력했다. 그녀에게 프로이트의 개념들은 지극히 분명했는데 말이다. 살로메의 다음과 같은 의견은 주관적이 아니어서 기준으로 삼아도 될 만하다. "실제로 프로이트와 아들러는 심리치료 방법에서 마치 칼과 연고와 같은 차이가 있다."[67] 아들러의 전문용어는 그녀를 편안하게 해주지 않았다. 게다가 그녀에게 거슬리는 유물론도 가세했다.[68] 아들러는 그녀에게 친절하고도 단호한 목소리로 대답했다. 아들러는 빈에서도 차이가 있다는 것을 언급했고 다른 사람에 대해서 방어적인 자세를 취했다. "프로이트의 '발견'과 '묻어두기'에 관해 한 마디 한다면, 제 환자들은 모두 비슷한 것을 발견을 합니다. 그것은 결코 평가절하가 아니지요. 그것은 다만 '인위적 개입'을 의미합니다. 프로이트는 자신의 인위적 개념들을 실재인 것처럼 받아들였어요. 이는 결정적으로 중요합니다. 이제 그는 자신의 결함을 메우기 위해서 어쩔 수 없이 또 다른 인위적 개념들을 만들어야 하는 상황이지요. 이런 질문을 하나 해봅시다. 만일 우리가 잡지를 발행한다고 하면, 우리 회원 중 한 사람이 묵살전략이나 동일시화라는 인위적 개념들을 만들어서 활용할 것이라고 당신은 생각하시나요? 내 생각에는 그런 것은 틀렸어요!"[69] 살로메가 프로이트에게 아들러가 자신에게 보낸 편지들을 읽게 내어주었다는 사실을 아들러는 알았는지 분명하지 않다. 프로이트의 반응은 당연히 유독한 것이었다. "당신이 나에게 허락해서 읽어봤던 아들러와의 편지들에서는, 당신을 그가 매우 신뢰하고 있다는 것을 알 수 있습니다. 편지는 매우 독특한 독기를 보여주고 있는데, 그의 성격이 원래 그러하지요. 나는, 마음대로 지어낸 나의 자아상에 의해 내 거짓말을 벌하고 있다고 믿지 않습니다. 독일식으로 말하면, 그는 정말 넌더리나는ekelhaft 인간이오."[70]

1912년부터 뮌헨에 있는 에른스트 라인하르트 출판사에서 그룹의 독자적인 잡지가 간행되었다. 단권으로 된 소책자는 불규칙적으로 나왔다. 1호 《정신분석과 윤리》는 48페이지로 되어 있었고, 판매 가격은 1마르크였으며, 카를 푸르트뮐러가 서문을 썼다. 여기에서 그는 어떻게 그리고 왜 새로운 학회를 설립해야 했는지를 설명했다.[71]

1913년 가을에 아들러는 중요한 결론을 내렸다. 그는 10월에 이 그룹의 이름을 "개인 심리학회"라 명명했다. 그의 학파 전체는 이제 개인심리학자로 활동했다. 이 이름은 오늘날까지 지속되고 있는데, 왜냐하면 이름이 애매했기 때문이었다. 여기에서 아들러는 개인을 목표로 삼았고, 포괄적인 전체를 지향했다. 개인은 분할하고 나눌 수 없는 것이다. 이 역시 반反프로이트적이었다. 프로이트는 《정신분석 치료법으로 가는 길》(1918)에서 왜 정신분석이 정신분석이라고 불리는지를 분명하게 설명했다. "왜 '분석'이란, 분해를 의미하고 화학자가 재료를 가지고 행하는 작업과 비슷할까? 왜냐하면 중요한 점에서 이런 유사함이 있기 때문이다. 환자의 증상과 질병의 외상은 그의 심리적인 모든 활동과 마찬가지로 지극히 종합적인 본성을 지닌다. 이와 같은 종합적인 것을 구성하는 요소들이 결국 동기나 충동을 자극하게 된다. 그러나 환자는 이와 같은 기본적인 동기들에 대해서 전혀 모르고 있거나 지극히 불충분하게만 알고 있다./ 우리는 이처럼 매우 복잡한 심리적인 형상들의 종합에 대해서 환자가 이해할 수 있게 가르쳐주고, 증상을 환자에게 그런 충동을 하게끔 자극한 것에 소급시키고, 지금까지 환자가 몰랐던 충동자극을 증상에서 증명해주는 것이다. 마치 화학자가 소금이 만들어지는 화학적 기본 재료를 설명하듯."[72]

1914년 프로이트는 《정신분석 운동의 역사에 대하여》에서 아들러를 무의식이라는 물질을 평가하는 재능이 매우 적은 사람이라고 감정했다. 분석적인 무능을 숨길 수 없을 정도의 표현을 하고 있다고도 했다. 무엇보다 다음과 같이 주장했다. 즉, 아들러의 이론은 정신분석과는 전혀 상관이 없으며, 분석의 기본을 부정한다고 말이다.[73] 이런 식으로 사람을 단순화하는 것은 무능하다고 비판하는 것 이상이다. 나와 다른 것은, 자신의 것이 승리를 거두기 전에, 신용을 떨어뜨리고 파괴해야만 했다. 프로이트의 비판은, 과거 자신을 따랐던 사람이 소위 선험적인 "체계"를 구축하고 있다는 비난에 불을 붙였다. 그밖에도 아들러가 "정상적인" 심리학에 몰두한다는 사실이 프로이트를 더 화나게 했다. 죽을죄에 해당하는 유죄의 근거로는 오만함, 자만과 전체성의 부족이라고 프로이트는 명확하게 제시했다.[74] 프로이트가 뿌린 독은 어네스트 존스가 수십 년 동안 계속 이어갔다. 1954~1957년 사이에 영어로 출간되었으며 1962년부터 독일어로도 출간되었던 그의 기념비적인 프로이트 전기에서, 이 영국 사람은 알프레드 아들러를 천한 사람들과 어울리는 사람으로 묘사했다. 그가 아들러를 일컬어 "적잖은 재능을 가진 남자"라고 불렀을 때, 이는 조롱이 담긴 칭찬이었다. 그런데 전체를 보면 이러했다. 아들러는 "피상적인 방식으로 정신분석적 관찰을 하는 것과 관련해서 적잖은 재능을 가진 남자였다. 그는 심층으로 들어가는 힘은 없었다."[75] 또다른 곳에서 존스는 프로이트의 조롱하는 격언을 퍼뜨렸을 때, 아들러를 추악한 모습으로 그려냈다. "아들러의 이론은 무엇보다 자아의 심리학이었다. 하지만 이것이 무의식적 과정에 의해서 어떻게 작업되고 영향을 받는지에 대해서는 거의 주의를 기울이지 않고 완전히 무시하기까지 했다. 프로이트는 자아를 자주 어릿광대와 비교를 했다. 그러니까 서커스에 등장하는 모든 어려운 기술들은 자신이 완성했다고 주장하는 어릿광대 말이다."[76]

1913년에서 1914년으로 바뀔 무렵에 개인심리학회의 회원은 68명이었다.[77] 상당히 많이 늘어난 수였다. 대화를 나누는 너라는 원칙, 개인심리학의 핵심으로 여겼던 공동체와 함께 라는 원칙이 추구했던 바는, 끊임없이 외연을 확장하는 데 있었다. 다시 말해, 아들러는 환자를 돌보는 일 외에 늘 뭔가를 해결하고 성취했다는 말이다. 그는 대부분 집에 없었으며, 특히 진료시간이 지난 저녁에 없었다. 라이사 아들러는 초기에 학회에서 함께 활동한 뒤, 자신만의 길을 갔다. 맏딸 발렌티네가 인문계 고등학교에 들어갔고, 알리는 초등학교 졸업을 했으며, 쿠르트는 등교했고, 막내 넬리는 어머니와 가정부의 보살핌을 받았다. 조화로운 부부생활을 영위하기에 아들러의 활동이 너무 많았다. 의사로서의 일에서부터 강연을 하고 논문과 저서를 집필해야만 했으니까. 다른 한 편으로 아내인 라이사 아들러의 적극적인 성격을 고려해보면 그녀도 마찬가지였다.

1914년 4월, 에른스트 라인하르트 출판사에서 잡지 1호가 출간되었다. 바로 《개인심리학 잡지, 심리치료, 심리학과 교육학 영역에서의 연구》였다. 발행인은 아들러와 카를 푸르트뮐러, 그리고 1884년에 태어났으며 취리히 출신의 정신의학자인 카를로트 슈트라서였다. 그의 아버지는 베른에서 의대교수였으며, 역시 의학을 공부했고 1911/12년 부르크휠츨리 병원에서 블로일러의 조수로 일했다. 1913년부터 그가 죽던 1950년까지 슈트라서는 취리히에서 정신의학자로 환자를 돌봤다. 그와 베라 에펠바움Vera Eppelbaum은 1913년 결혼했다. 그녀는 러시아 출신에다가 유대인 가문에 남편과 마찬가지로 사회주의자였고, 스위스에서 의학을 공부하고 블로일러에게서 논문을 지도받고 박사학위를 받았다. 1910년 이 부부는 빈에 있던 아들러를 방문했다. 라이사와 베라는 러시아가 고향이었기에 두 부부는 더 가까워졌다. 쿠르트 아들러는 1911년과 1912년에도 슈트라서 부부가 방문했다고 기억했다. 학회의 간행물 5호로 베라 에펠바움의 논문《알코올 중독의 심리학에 관하여》이 출간되었다. 이 간행물의 마지막 페이지에는 이보다 조금 전에 최초로 출간되었던《개인심리학 잡지》가 광고로 소개되었다.[78] 1914년 8월부터, 전쟁이 발발하면서부터, 간행물을 계속 출간하기 위해서 슈트라서와의 연결이 중요해졌다. 그리하여 잡지 6~9호까지는 1916년 취리히에서 출간되었다.

13. 전쟁 중인 빈, 전쟁 중인 아들러

"우리가 체험한 것은 유럽을 묻어버리는 산사태와 비슷합니다.
하지만 이 사건은 멀리서 바라보면
정신문화사에서 자신만의 위치를 갖게 될 것입니다."

휴고 폰 호프만슈탈,

1915년, 스톡홀름의 일간지 스벤스카 다그블라데트Svenska Dagbladet에 보내는 공개편지에서[1]

"1914년의 여름은, 그 여름이 유럽에 가져왔던 재앙이 없었더라도, 우리에게는 잊을 수 없었을 것이다. 왜냐하면 그토록 풍성하고, 아름다웠던 여름을 체험한 적이 드물었기 때문이다. 나는 거의 일상적인 여름보다 더 여름다웠다고 말하고 싶다. 비단 같이 파란 하늘은 며칠이고 계속되었고, 공기는 부드러우면서도 후덥지근하지는 않았고, 초원은 향기롭고 따스했으며, 젊은 녹색으로 가득한 숲은 짙고도 풍족했다. 오늘날에도 내가 여름이라는 단어를 말하면, 그렇게 빛나던 7월의 날들을 기억하게 된다."[2] 이때 슈테판 츠바이크Stefan Zweig는 빈에 있는 온천에 머물고 있었다. 그 뒤 전쟁이 일어났다.

제국은 썩어서 죽어가고 있는 것으로 간주되었다. 1914년 통치권은 독재정치를 펼치다가 굳어져서 국가 내에 있던 종교적, 윤리적 혹은 사회적 경쟁 세력들을 이성적이고 현실적으로 다룰 능력이 없었다.[3] 그렇게 할 전망도 어두웠다. 어디를 쳐다보더라도, 당시 외무부장관 렉사 폰 에렌탈Lexa von Aehrenthal의 말을 빌리자면, 도처에서 "해체"되고 있었다. 오스발트 폰 툰-살름Oswad von Thun_Salm 백작은 비관적으로 한숨을 내쉬며 이렇게 말했다. "우리 주변에서는 낙관주의자도 자살해야 할 것이다!"[4]

1914년 8월에 사람들이 빈으로 몰려왔다. 이 도시에서 "낯선 외국인"으로 축출되었던 러시아의 한 지식인에게 마지막 인상들이 잊히지 않았다. 레오 트로츠키는 붕괴하는 순간을 감지했다. 그는 대중의 히스테리에 대해서 쓰기를, "특히 예기치 않게도 오스트리아-헝가리 제국에 대중들의 애국주의가 높이 솟구쳤다. 무엇이 빈의 구두장이 기능공들, 절반은 독일인이며 절반은 체코인들인 포스피실인들Pospischil, 채소 파는 행상인과 합승마차를 끄는 마부를 국방부 앞으로 가도록 떠밀었던가? 국가라는 생각이? 어떤? 오스트리아-헝가리는 국가적 이념을 거부했다."[5] 공산주의 세계혁명의 이론가는 이러한 사건과 강령을 연결시켰다. "다른 시기에 짐꾼, 세탁부 여자들, 구두장이, 조수들과 외곽에 사는 미성년자들이 빈의 순환 도로에서 자신이 주인이라고 느낄 수 있었을까? 전쟁이 모두를 엄습했고, 그리하여 부자들과 권력자들로 인해 속고 억압받는다고 느꼈던 자들이 동일한 것을 느끼고 있다."[6] 엄청난 대립이 세계를 바꿔야만 한다는 것이었다. 유럽의 강대국들이 전쟁을 선포하기 전이었던 7월의 마지막 며칠과 8월의 초반 며칠 동안 나타났으며 이후에 발생했던 일들이, "명목상으로는 유럽의 바로 이 땅에서만"[7] 펼쳐지고 있었다.

라이사 아들러와 네 명의 아이들은 6월 러시아로 갔다. 이들은 과거에도 그랬듯이 라이사의 외할아버지의 땅이 있던 로스라블Ro-slawl에서 여름을 보낼 예정이었다. 아들러는 빈에 머물렀다.[8] 전쟁이 발발하자 아들러는 당장 집으로 돌아오라는 전보를 쳤다. 라이사는 국경이 이미 차단되었다는 소문 때문에 머뭇거렸는데, 그로 인해 원래 계획처럼 기차를 타고 빈까지 갈 수 있는 가능성을 놓치고 말았다. 1914년에 13세였던 알렉산드라는 그로부터 60년 뒤에 이렇게 썼다. 적대적인 외국인들이 자신들을 시베리아로 보내버릴 것이라 위협했을 때, 그녀와 형제들은 그곳에 가면 많은 눈을 볼 수 있을 것이라 여기며 오히려 기뻐했다고.[9] 러시아 관청에서의 개입과 적십자의 활약으로 인해 다섯 명의 아들러 가족들은 1월에 북쪽 경로를 통해서, 그러니까 핀란드, 스웨덴과 독일을 경유하여 오스트리아로 무사히 돌아올 수 있었다.[10] 라이사와 네 명의 아이들은 전쟁 내내 후텐Hutten에 위치한 아들러의 외갓집 친척 베어Beer의 집에서 머물렀다. 후텐은 알프스 산맥의 일부였던 비너발트Wienerwald의 북쪽에 인접해 있는 아이히그라벤Eichgraben의 한 지역이었다. 장크트푈텐St. Pölten에서 동쪽으로 30킬로미터 이상 떨어져 있는 이 마을은 서부 궤도에 속해 있었고, 빈에서부터 한 시간 조금 더 가면 도착할 수 있었다.

아들러는 전쟁 발발 후 며칠 만에 자발적으로 군대에 지원을 했고, 9월 1일부터 빈에 있는 스티프츠Stifts 병영의 예비군 병원 I에서 근무하기 시작했다.[11] 전쟁의 발발로 행복감에 빠졌던 심리학자는 아들러만이 아니었다. 지그문트 프로이트 역시 전쟁이 터지자 희열감에 빠졌다고 전해진다. 스위스 정신의학과 교수 오토 빈스방어는 그 사이 예나에서 학생들을 가르치고 있었는데, 전쟁이 터진 지 얼마 되지 않아서 소고《전쟁이 심리에 미치는 영향》을 출간했다. 여기에서 빈스방어는 자신이 일하는 대학병원에 입원해 있으며 전쟁으로 인해 생겨난 정신질환을 앓고 있는 젊은 환자들에 관해서 보고했다.[12]

개인심리학회의 활동은 거의 정지된 상태였다. 비교적 젊은 나이의 회원들은 즉각 입대했다. 몇 명은 죽었는데, 법학자 프란츠 그뤼너Franz Grüner가 그러했고, 알렉산더 노이너Alexander Neuner와 같은 회원들은 부상을 당했다. 그런가 하면 의료봉사나 봉사대원으로 참여하는 회원들도 있었다.

전쟁병원이 빈의 국회로 들어갔다. 빈 분리파 전시관과 옆의 건물은, 칼스플라츠에 위치하고 있으며 도금된 청동 잎사귀들로 장식되어 있고, 도금된 둥근 지붕이 있는 전시관은 예술품을 소장하는 장소에서 이제 적십자 소속의 위생시설이 되어버렸다. 오타크링Ottakring 노동청은 노동청 예비병동으로 이용되었다. 학교들도 병원으로 이용되었고, 전선에서 점점 많은 부상자들의 행렬이 돌아왔다.[13] 수천 명의 전쟁포로들도 기차를 통해 내륙 안으로 이송되었다.《노동자 신문》은 1915년 2월 16일 하루에만 1만 2천 명의 러시아 포로병들이 빈에 도착했으며, 곧바로 "프라이슈타트Freistadt에 있는 러시아인 수용소로" 이송될 것이라고 전했다. 이들 전쟁포로들에게도 식사는 제공되어야 했다. "빈 쉼터연합과 복지시설" 6곳이 도나우 강 주변에서 돌아다니는 갈리시아Galizien 및 부코비나Bukowina 출신의 노숙자들에게 수프와 빵을 제공했다. 밤이 되면 이런 시설에서는 사람들이 앉아서 잠을 청했고, 어깨가 옆 사람의 어깨에 닿았지만 이렇게라도 베풀어주는 것에 감사해했다. 공급할 식량이 부족하였기에 분위기는 점점 나빠졌다. 여러 명의 식구가 딸린 가난한 가족은 절망에 빠지기도 했다. "나의 아이들을 어떻게 부양하면 좋을까요?"세 명의 어린 자식이 있는 한 어머니는 《육아여성Kinderfrau》에 이렇게 편지를 썼다.[14] 사람들은 대체식량을 이용해야 했다. 1915년 1월부터 대체재료를 넣어서 빵을 구웠으며, 처음에는 옥수수가루, 나중에는 옥수수 이삭과 나무껍질을 넣었다. 감자 대신에 사람들은 스웨덴 순무를 이용했고, 잼은 사탕무로 만들었다. 무의 뿌리가루에서 커피를 만들었고, 사카린이 설탕을 대체했다. 섬유는 쐐기풀과 종이재료로 완성했다.[15]

이 시기에 알프레드 아들러는 대학에 봉사하고 더 높은 명예를 얻고자 하는 노력이 수포로 돌아갔다. 왜냐하면 의학-대학병원 주변에서 정신분석을 반대하는 분위기가 심각한 수준이었기 때문이다. 그리하여 1910년에 베를린에서 열렸던 신경생리학 학회에서 베를린의 헤르만 오펜하임 교수는, 프로이트의 해석만은 예외적으로 참아주었던 모든 요양소들을 공동으로 배척하자는 제안을 했다. 오펜하임 교수는 당시 영향력 있는 《신경질환 교과서》의 저자이며 자연과학을 기반으로 하는 신경학자들을 대표하는 사람이었다.[16] 학회에 참석했던 카를 아브라함은 이 사실을 프로이트에게 보고했다. 여기에 참석했던 요양소 소유주들은 자리에서 일어나, 어떤 정신분석도 요양소에서 행해지지 않을 것이라고 설명했다는 것이다.[17] 빈의 정신병원에서 보조의사를 담당했던 에밀 라이만Emil Raimann은 여기에 한 가지를 덧붙였다. 그는 설명하길, 프로이트의 이론을 거부하는 것으로 충분하지 않다는 것이었다. 라이만은, 정신분석이 성공하지 못했던 모든 사례들을 공개하자고 요구했던 것이다. 또한 사생활의 영역에서 라이만은 자신의 의견을 퍼뜨렸다. 즉, "오로지 성적인 삶에 관심을 갖는 모든 사람은 어느 정도 성도착임에 틀림없다. 프로이트가 이런 사실을 세심하고도 존경스러울 정도로 정면에 드러내지 않고 숨긴다는 것은 의심할 여지가 없다."[18]

1911/12년 겨울학기에 벌써 알프레드 아들러는 빈 대학 의과대학에 서류를 보냈다. 의과대학에서 강의를 할 수 있는 권한을 얻기 위해서였다. 프로이트의 경우에는 이렇게 해서 성공을 거두었다. 그런데 아들러는 왜 아닐까? 이 서류는 자신의 연구 "신경과민 성격에 대하여"에서 나온 내용이었으며, 31가지 부록을 첨가해서 단행본으로 출간한 연구로 이루어져 있었다. 채용 개시는 1912년 7월 17일로 기록되어 있었다.[19] 하지만 그로부터 2년이 지났지만 아무런 연락이 없었다. 1914년 4월에야 비로소 제출한 서류를 검토했고 이 서류를 검토해줄 감정가 한 사람에게 전달했다. 그는 아들러가 지원했던 신경학과의 정교수로, 바로 율리우스 폰 바그너-야우렉Julius von Wagner_Jauregg이었다.[20] 1915년 1월 13일 그가 12페이지에 달해 쓴 평가서는 아들러의 지원을 그야말로 초토화하는 내용이었다.

이미 첫 페이지의 세 번째 단락에서 그는, "아들러의 경우"는 비슷한 지원자들과 비교할 때 "근본적인 점"에서 차이가 난다고 강조했다. 대학교수 자격을 얻고자 하는 다른 지원자들의 경우에는 엄격하게 병원의 프로젝트에 대해서 다루고 있지만, 아들러가 제출한 서류들은 거의 "질병과 질병의 증상에 대한 설명"으로만 이루어져 있다는 것이었다. 그리고 이렇듯 설명하는 방식에 있어서도 신뢰할 수 없고, "사변적"이라고 지적했다. 프로이트 정신분석학파로부터 탈퇴한 아들러를 폰 바그너-야우렉 교수는 아들러가 프로이트 정신분석학파에 충실하지 않았으나, 방법론에서는 충실하다고 설명했다. 신랄한 냉소주의로 유명했던 폰 바그너 교수는 그런 다음 이렇게 비판의 칼을 휘둘렀다. "이 학파 출신의 젊은이가 이렇듯 대학 강사직에 응시한 것은 처음 있는 일이다. 그리하여 교수협의회는, 이 학파를 대표하는 자가 가르치는 것을 빈 의과대학에서 가르쳐도 되는가 하는 문제를 집중적으로 다룰 필요가 있다." 이어서 교수는 아들러의 기관열등설에 대해 분석했다. 그는 무시하는 어조로 전체를 보고했고, 논쟁의 방식이 시대에 뒤떨어지고 비과학적이라고 평가했다. 그가 점점 깊이 들어가면 갈수록 평가는 끔찍해졌다. 자료를 절반 정도 읽고 나서 바그너-야우렉 교수는, 아들러는 거침없는 일반화를 통해서 자신의 이성적인 사고마저도 부조리에 빠지게 만드는 데 성공했다고 말했다.

그런 뒤 폰 바그너 교수는 아들러의 연구 "신경과민 성격에 대하여"를 다루었다. 다음과 같은 질문을 위해 교수는 자신의 신경증 개념을 이용했다. 증거는 어디 있으며, 구체적인 관찰은 어디 있는가? 아들러는 2부에서 환자들의 이야기를 서술하고 있는데, 여기에서 궤변적인 방식을 취하고 있다는 것이다. 사실들이 아니라 사실에 대한 설명이 이론을 뒷받침한다는 것이다. 마지막에 이르러 폰 바그너 교수의 평가서는 적대적인 표현으로 끝을 맺는다. "성적인 것은 아들러의 해석과 설명에서도 프로이트처럼 중요한 역할을 하고 있다. 비록 프로이트가 신경증 이론에서 성적인 요소에 부여하고자 하는 주장에 대해 아들러는 강하게 반대하면서 자신과 큰 차이를 두고 있음에도 불구하고 말이다./ 모든 것에 성적인 배경을 부여하기 위해 아들러는 훨씬 광범위한 상징들을 이용하고 있다. 프로이트의 그로테스크한 성적 상징에도 결코 뒤지지 않는 바의 상징적 의미들을 말이다."

바그너-야우렉이 내린 결론은, 사람들이 "아들러의 글이 과연 자연과학의 영역에 속하는지"에 대해 질문을 던져야 한다는 것이다. "아들러가 연구를 할 때 사용하는 방법상의 도구는 직관으로, 이는 소위 말하는 개인심리학에서 희망에 가득 찬 위대한 역할을 하고 있다. 아들러에게 하나의 사실, 하나의 맥락은 그런 식으로 정당화되고, 독자에게 이와 같은 저자의 확신은 저자의 결론이 옳다는 것을 말해주는 유일한 증거가 될 수 있다고 강요한다." 교수는 이 알프레드 박사라고 하는 분의 논문을 어느 정도는 인정해줄 수 있다는 말이었다. 하지만 비과학적이고 "환상의 결과물"을 대학에서 가르치는 것을 거절한다는 것이었다. 1915년 2월 17일 25명이 참석하는 교수협의회가 열렸고, 만장일치로 아들러의 지원을 단호하게 거절했다. 지원서류는 2주 후에 모두 반송되었다.[21] 판정가의 신랄한 비평이 포함된 거절은 아들러에게 깊은 상처를 안겨주었다. 그는 수년 동안 의료계의 기득권자들에 대하여 원한을 품게 되었다.

1915년 가을에 빈에는 137,000명의 전쟁 포로들이 있었고, 그 중에 77,090명은 전쟁이 벌어지고 있던 지역인 갈리시아 출신의 오갈 데 없는 유대인들이었다.[22] 도시에 사는 사람들의 수는 대략 220만 명 이상으로 늘어났다. 식료품과 난방재료들이 점점 부족해졌다. 오스트리아 황제군의 참모부는 1914년까지 전쟁을 치를 수 없을 것이라고 계산했다. 물론 군부의 전략팀은 갈등이 오래 지속되리라 예견하지 않았다. 그리하여 사람들은 원료와 식량을 비축해두지 않았던 것이다. 합스부르크 왕가는 확고부동하게 자급자족해야 한다고 느꼈다. 그리하여 국가에서 삶에 중요한 제품들을 관리하지 못했던 것이다. 또한 절약해야 한다고 외치지도 않았다. 군대에 대대적으로 동원됨으로써 거의 모든 공장에는 20~35세 사이의 남자들이 부족했다. 그리하여 생산도 줄어들 수밖에 없었다. 민간인들이 사용할 제품을 기차로 운송하는 것도 군 제품을 공급하는 일의 뒤로 밀렸다. 국내정치적으로도 갈등이 터져 나왔다. 헝가리는 곡물 관세를 낮춘 조치에 거부를 했다. 1915년 오스트리아 땅에서는 수확이 역시 적었던 1914년에 비해서도 50%밖에 수확을 하지 못했다. 1916년 헝가리 사람들은 예년에 비해 70% 정도였다. 제품을 배급하려고 하는 정부의 노력은 더디게 투입되었다. 1915년 4월에 빵과 밀가루 카드의 배급이 시작되었다. 1915년 12월 27일부터 오후에 커피숍에서 커피에 우유를 태워먹는 게 금지되었다. 생크림을 건져내고 우유에 물을 타는 식료품과 우유를 파는 여자들은 가혹한 처벌을 받았다.[23] 작은 정원운동처럼 소비자협회와 공동체 부엌과 같은 조직의 설립이 많은 후원을 받았음에도 불구하고,[24] 오르는 가격의 균형을 잡거나 밀매와 투기를 막는 데 성공하지 못했다.

아들러는 전쟁의 결과와 점점 위험해지고 있는 상황들을 보았다. 즉, 고아가 된 아이들과 많은 경우 어머니 혼자서 담당해야 하는 교육 문제였다. 빈의 "폴크스하임Volksheim"—이곳은 오늘날 루도-하르트만-플라츠Ludo_Hartmann_Platz에 있는 오스트리아 최대 규모의 초등학교가 되었다—에서 아들러는 1015/16년 겨울학기를 보냈고, 반 년 뒤 "실용적인 교육현안"에 관해 세미나를 열었다. "교육학으로부터 실용적인 연습"[25]이라는 강좌도 제공했다. 11월에 그는 빈의 제3구역에 있는 루돌프 병원으로 발령받았다. 1915/16년 아들러는 부차적으로 빈 짐머링Wien-Simmering에 있는 제6 전쟁병원에서 일을 할 수 있었다. 장비들이 훌륭하고, 4,500명의 환자들이 입원해 있는 병원이었다. 오늘날에는 하젠라이텐가세Hasenleitengasse와 동부역Ostbahn, 그리고 암 카날Am Kanal이라는 삼각형으로 둘러싸인 위치에 있다.

1914년 하나의 논문이 1915년 다시 출간된 후에, 아들러는 1916년 잡지 《여성학과 우생학에 관한 기록》에 새로운 글을 발표했다. 사회의 불균형과 자신의 관찰, 그러니까 교육자로서의 여성이라는 관찰도 들어 있는 내용이었다. 생생한 교육문제를 분석한 것이었다. "거의 모든 유럽에서의" 어린이 교육은 전쟁 발발 2년 째 오로지 어머니의 손에 달리게 되었다. 남자들은 전쟁터에 나갔으니 집에 없었다. 어머니들은 교육과 관련해서는 무능한데, 이는 여자들의 본성에서 그 원인을 찾아볼 수 있다고 하지만, 아들러는 이런 판단이 잘못되었다는 것이다. 그것은 가부장적인 체계, 다시 말해 "현재의 문화에서 남성에게 과도한 비중을 두는" 체계 때문이라는 것이다. 아버지가 없음에도 불구하고 존재하고, 그의 영향력은 어디에서든 있다는 것이다. 아이들은 아버지로부터 관심과 칭찬을 받기 위해서 애쓴다. 이로 인해, "여성을 통한 교육의 가치와 무가치"를 논하는 것은 해롭다는 것이었다. 여성들은 그에 상응하게 키워졌다. 그러니까 원인이 여성들에게 있는 게 아니라는 말이었다. 여자들이 전통적으로 내려온 편견이라는 구조를 이어받게 한 것은 체계, 즉 시스템 때문이라는 것이었다. 이런 체계는 적응이 된 과도한 요구를 받아들이는 자세와 타인에게 의지하는 종속성에서부터 엄격함과 가혹함을 통한 과잉보상에까지 이른다. 이 모든 것들이 나쁜 교육 때문이다. 하나는 반항심을 낳게 되고, 다른 하나는 비겁함, 소심함, 사기 저하를 가져온다. 이런 것들 가운데 그 어떤 것도 아들러가 교육의 결과로 얘기한 것을 가져오지 못한다. "교육을 한다는 것은, 사회에서 함께 사는 삶에 유용해질 수 있게 만드는 것이다." 마지막 문장에 양성의 평등에 대해서 서술한 것도 눈에 띈다. "남자든 여자든, 스스로 유용하게 되는 사람이 바로 대가Meister이다."[26] 여기에서 교육자가 아이들의 상황보다 더 예리하게 관찰했던 것은, 교육자의 교육이었다. 이로써 아들러는, 이미 전쟁이 나기 전부터 관심을 가졌던 주제를 다루었던 것이다.

1916년 11월에 프란츠 요제프 황제가 서거했다. 그의 재위 기간은 68년 동안이었다. 마네 슈페르버Manes Sperber는 자신의 회고록에서, 당시 열 살이었는데, 아버지가 우는 모습을 들었다고 기록했다. "그는 이미 팔에 기도용 띠를 두르고 있었지만 계속해서 기도를 중단했다." 소년은 놀랐다. 그의 아버지는 이렇게 설명했던 것이다. "이제 오스트리아는 끝났단다. 그는 우리에게도 훌륭한 황제였지. 이제 모든 것이 불확실하게 될 거다. 우리 같은 유대인들에게 이것은 참으로 큰 불행이지."[27] 1916년 12월 말 부다페스트에 있던 그의 후계자 카를Karl이 마티아스 교회에서 헝가리의 카롤리 4세Karoly IV로 즉위했다.[28] 자신의 왕국이 갖고 있는 중심적인 역할을 잘 알고 있었던 젊은 왕위계승자는 새로운 발안을 퍼뜨리고자 했다. 그는 즉위식을 필름으로 찍게 했다. 하지만 영화 필름으로 사로잡으려던 계획은 오히려 제국의 문제를 부각시켰다. 카메라들과 그밖에 수많은 조명등을 사용하려면 많은 전기가 필요했고, 그리하여 부다페스트 발전소는 이날 힘겹게 전기를 공급할 수 있었기 때문이다. 하지만 헝가리 국립극장 소장이 제단 위에 가져다둔 유리판이 전등의 불빛을 지속적으로 받게 되자 너무 가열되어 깨지고 말았다. 두꺼운 유리조각들이 마치 단두대처럼 제단 위로 떨어져내렸다.[29]

1916/17년 겨울은 눈이 많이 내렸고 추위가 극심했다. 노인들은 그처럼 혹독한 겨울을 처음 겪는다고 말했다. 보행자들은 어른 키보다 더 높게 쌓인 눈 사이를 통과해서 지나가야 했다. 전차들도 운행할 수 없었다. 세 들어 사는 많은 건물들에는 추위로 말미암아 수도관들이 터졌다. 일요일이면 가난한 사람들만이 난방용 나무를 줍기 위해 비너발트 숲으로 가지 않았다. 도시는 특이할 정도로 조용했다. 종소리 하나 들리지 않았다. 대부분의 종들은 목사들이 군대에 넘겨주었는데, 이것들을 녹여서 대포를 만들기 위해서였다. 길거리에서는 딸그락거리는 소리가 들렸다. 구두창으로 가죽 대신에 나무를 사용했던 것이다. 심지어 시내에서도, 궁전의 주변, 대규모 은행건물과 부처의 청사 건물들을 바라보면 얼마나 갈색으로 변색되었는지 금세 알아볼 수 있었다. 시리아에서 수입해왔던 갈탄에서 나온 그을음들이 건물의 장식 부분에 들러붙어버렸던 것이다.[30]

카를 황제는 군사 지휘자를 교체했다. 검열이 사라졌고, 일반 사면을 가결했고, 의회가 다시 소집되었고, 헝가리의 선거권을 개혁할 계획이었다. 이로써 부담을 경감시켜줄 의도였으나, 그 결과는 정반대로 나타났다. 해체되는 움직임은 더이상 막을 수 없을 정도로 강렬했다. 양도하고 용인하고 나면 더 새로운 것을 요구했다. 화해를 하고자 하는 의지는 희미해지고 말았다. 굽히지 않는 완고함은 기아처럼 늘어났다. 영토를 쪼개려는 공격적인 발안들은 국가에 덮친 곤궁만큼 증가했다. 독립을 외치는 유고슬라비아 클럽이 결성되었다. 또한 체코와 슬로바키아의 자주권을 선전하는 체코 연합도 생겨났다.

의학계에서 전쟁은 완전히 다른 종류의 원동력을 불러일으켰으니, "전쟁의 의학화"라고 부를 수 있겠다. 이는 이미 2세대 이전에 시작되었으며, 19세기 중반 즈음 크림전쟁과 미국의 남북전쟁으로 인해서였다.[31] 그로부터 몇 년 뒤 독일의 군부대 정신의학이 생겼다. 1870/71년 발발했던 독일과 프랑스 전쟁의 결과로, 군인의 징집, 징병 검사, 위생 및 건강예방, 그리고 징벌을 주는 장치를 객관성을 잃지 않도록 정신의학자들에게 맡기고자 했다. 건강과 다시 건강을 되찾게 하는 일은 군대의 자원이 되었고, 정신의학을 "군사적 전투력의 완성"으로 끌어들였다.[32] 반대로 군대는 의학자들이 실험을 할 수 있는 가능성을 제공했다. 모든 군사적인 평판은 정신의학으로 번져나갔고, 정신의학의 명성을 올려주었다. 정신의학은 "주도적 학문"이 될 수밖에 없었다. 비슷한 일이 법학적인 논쟁에서도 실현되었는데, 특히 형벌권과 범죄인류학에서 그러했다. 도처에서 정신의학 전문가들에 대한 수요가 많아졌다. 보험업도 역시 정신적인 감정을 이용했다. 그렇듯 전문화는 사회적인 뿌리와 맞물려서 만들어지게 되었다. 의학은 핵심적인 학문이 되었고, 감독기관과 기관에 늘 등장했다.[33]

제1차 세계대전과 대대적인 동원은 유럽에서 새로운 전투 유형이 생기게 했는데, 바로 몇 주, 몇 달, 몇 년이나 지속되는 진지전이었다. 전쟁도구들을 포함해서 파괴적인 힘은 예전에 볼 수 없었던 수준이었으며, 유탄포, 기관총, 화염 방사기, 가시철조망과 독가스도 동원되었다. 나무덧신을 소유하거나 마차를 타고 학교에 갔던 세대는, 파괴적인 물결과 폭발이 난무하는 전쟁터에 있게 되었다.[34] 거대하고 치명적인 차량, 탱크들이 자신들을 향해 밀고들어왔다. 신경과의사 로베르트 가우프Robert Gaupp가 1915년에 그렇게 명명했듯이, "격렬한 경악"은 "신체의 손상을 입히지는 않았다. 흔히 죽은 동료들을 보는 것만으로도 심리적인 충격을 받기에 충분한 그런 경악이었다."[35] 신체들이 갈기갈기 찢어졌다. 만일 병사들이 살아남았더라도, 이들은 적지 않게 부상을 입은 상태였다. 최초로 참혹함에 일그러져 버린 젊은이들이 대량으로 나왔다. 새로운 전쟁은 기술로 치른 전쟁이자, 산업화된 전쟁이었으며 과거에 비해서 수동적인 전쟁이었다. 하지만 서부전선에서 싸웠던 군인들은 완전히 새로운 기술을 익히는 동시에 자신의 심리도 통제해야만 했다.[36] 군인들은 기능이 뛰어난 자동기계로 돌연변이를 해야 했고 그러기 위해 건강한 신경계가 필요했다.[37] 의사들은 새로운 신경생리학적 병인病因들을 다루어야 했다. 즉, 신체마비, 경련과 틱 증상, 멈출 수 없는 떨림, 헛소리와 의식이 몽롱한 상태, 히스테리성 신경붕괴, 침묵으로 도주하기 또는 정신 작용에 따른 실명失明이었다. 전쟁 신경

증, 전쟁 히스테리, 신경쇼크라는 새로운 전문용어들도 사용되었다.[38]

1916년 9월 말, 프랑스 솜Somme 강에서는 지옥과 같은 전투의 막바지로 50개의 사단이 치열하게 싸우고 있었는데, 전선과는 멀리 떨어진 뮌헨에서 전쟁심리에 관련된 전문가학회가 개최되었다. 전쟁 신경증에 관한 판단은 이러했다. 즉, 소망과 연관된 증상이자 최소한 점차적으로 무의식적인(다른 모든 군인들은 명령 거부와 탈영을 했다고 한다) 질병으로 도주했다는 것이다. 정치, 인종차별주의와 우생학도 이와 같은 병력病歷에 관여했다. 이러한 질병을 유발한 인자로 원천적인 부담감, 전쟁에 봉사하는 데 대한 내적인 거부와 불안정한 신경이 언급되었다. 무의식은 오래 전부터 의미가 없었고, 온화한 치료법도 마찬가지였다. 영국에서는 히스테리를, 전쟁재판소에 설 수 있는 이유로 간주했다.[39] 요약하면, "열등감"과 조국을 위해 싸우고, 고향을 위해 몸과 목숨을 내놓을 의지의 부족이 결합되어 있다는 것이다.[40] 주류 의학계에서 전쟁 신경증 환자와 꾀병쟁이는 동료애가 없으며 사악한 것으로 간주되었다.[41] "의지력"을 다시 얻고, 정신병에 걸리는 체질과 잘못 유도된 의지를 회복시키기 위해, 전방에 투입되더라도 전혀 해롭지 않아 보이는 치료방식을 도입했다. 그것은 전기충격과 언어연상에 의한 치료였으며, 이로써 의지를 다시 순조롭게 만든다는 것이었다. 아들러는 이것을 한 논문에서 "자기 의지를 굽히게 만드는 행위"[42]라고 불렀다. 이 논문은 1918년 1월에 전문잡지에 실렸다. 전쟁으로 인해 발생한 정신질환자들에게는 격리 감금과 가짜 수술sham surgery을 실시했고, 지속적인 목욕과 전기충격요법들이 있었다. 특히 무크 방식의 후두치료라고 해서, 병사들의 후두에 쇠로 된 구슬을 박아넣기도 했다. 이처럼 소위 말하는 치료법들은 고문을 뛰어넘을 정도로 끔찍한 수준이었다.[43] 전쟁이 오래 지속되면 될수록, 치료법이 성공할 확률은 더욱더 줄어들었다. 1918년 이런 환자들을 치료해서 전방에 투입했던 확률은 매우 적었다고 한다.[44]

전쟁이라는 긴급 상황을 담당했던 정권은 질병의 관리에 영향을 주었으나, 건강하고 싸울 능력이 있으며 의지가 있는 군인들은 전쟁이 진행 되면서 점차 줄어들게 되었다. "군사적 이익에 봉사하는 사회적 훈육" 덕분에 윤리적인 요소는 배경으로 밀려났다.[45] 전쟁 수행이라는 목적을 위해 심리학을 조달함으로써 심리학이 수용되었다. 정신분석도 마찬가지였다. 하지만 전쟁이 끝날 무렵 이 전쟁 심리학은 심리학 공급시장에서 독점적인 위치를 차지하게 되었다. 1918년 9월에 부다페스트에서 열린 학회에서 프로이트의 제자였던 카를 아브라함과 산도르 페렌치가 강연을 했고—두 사람은 전쟁에 의한 노이로제 환자를 다루었다— 여기에 장교들을 초대했던 것은 결코 우연이 아니었다.[46] 전쟁-노이로제 치료에는 최면법과 연상법이 도입되었고, 이는 프로이트 학설의 설득력을 강화하는 것이었다. 하지만 이는 프로이트가 자신의 이론을 만들 때 사용했던 방법론이기도 했다. 정신분석은 이와 같은 시작단계에서 초석이 무엇인지 지시했고 군대 정신의학으로 구미를 확 당겼다.[47]

1916년 11월에 아들러는 크라쿠프Krakau에 있는 제15 주둔군병원으로 전출되었는데, 이는 상당히 이례적인 일이었다. 추측컨대 어떤 장교가 개입했던 것 같았다. 계급도 없는 의사 한 명이 전쟁 지역에 전출되는 경우는 드물었다. 구체적으로는 아들러가 수년 동안 여자 환자와 연락을 하고 지냈는데, 이 여자 환자의 사위가 바로 아들러를 초빙하게 한 장교로 추정된다.[48] 크라쿠프에서 아들러는 위생부장과 요새 사령관이 참석해 있는 가운데 군위관들 모임에서 신경증 치료에 관한 강연을 했다. "강력한 전기 치료"를 포함한 치료법인데, 이 치료법은 루돌프 병원에서 실시했던 바 있었다.[49] 1916/17년으로 넘어가는 시기에 전기 사용, 외부조명과 술집과 가게의 영업시간을 엄격하게 제한했는데, 이때의 겨울은 너무 추워서, 학교와 극장 등은 강제로 문을 닫아야만 했다. 이때 아들러는 육군병원이 있는 브륀Brünn으로 투입되었다. 1917년 2월과 3월에 그는 다시 크라쿠프로 돌아왔다. 이 시기에 찍은 사진을 보면 신경학 병동의 의사였던 아들러는 참모부에 근무했던 장교들과 함께 있는 모습을 볼 수 있다.[50]

알프레드 아들러는 1917년에 브륀 육군병원에서 빈으로 돌아갔고, 전쟁 병원 시설인 그린칭Grinzing에서 근무하게 되었다. 이 시설은 수많은 야전 병원들로 이루어져 있었고 머리에 부상을 당한 사람들의 재활시설이었다. 아들러는 이곳에 신경학자로 투입되었는데, "나의 날들은 대부분 신경손상을 입은 자들을 검사하는 일로 다 지나간다"고 1915년 여름에 기록했다. 그는 강연을 했다.[51] 그밖에도 사람들은 그에게, 환자가 군인으로 유용한지 아닌지를 판단하는 업무도 배당했다. 그는 자신의 과제를 "매우 만족스러운 상태에서"[52] 해나갔다. 이제 그는 시내에서 사람을 만날 수도 있었고 외국에 갈 수도 있었다. 시인이자 언론인이며 작가이기도 했던 알베르트 에렌슈타인Albert Ehrenstein은 베를린을 거쳐 취리히에 오기 전에 한 동안 빈 전쟁언론본부에서 활동을 했는데, 아들러와 수년 전부터 알고 지냈다. 그는 1911년 초 아들러에게 치료를 받았으며, 1914년 내내 아들러는 그를 "개인심리학 협회"의 서기관이라는 역할을 맡겼다. 이제 에렌슈타인은 자신이 망명해왔던 장소인 취리히에서 최초의 발걸음을 내디뎠다.[53]

1917년 초 요양도시인 바덴에서 《슈탐불의 장미Die Rose von Stambul》가 성공리에 공연되었다. 듀엣으로 불린 〈가서, 나를 슈누키라고 말해Geh, sage doch Schnucki zu mir〉는 특별히 대중들의 사랑을 받았다. 하지만 전쟁을 반대하는 사람으로서 막 자신의 엄청난 저서 《인류의 마지막 날들Die letzten Tage der Menschheit》을 썼던 카를 크라우스Karl Kraus에게는 그렇지 않았다. 그는 자신의 잡지 《횃불Die Fackel》에 슈누키의 듀엣을 악의에 차서 혹평을 퍼부었다. "그래, 그날 저녁에 오십 명은 눈이 멀고 백 명은 마비되었지. 하지만 어떤 남자가, 그녀가 그에게 슈누키라고 말하기를 원한다면, 분명 그는 기다리는 것을 혐오하지 말아달라고 여자에게 분명히 요구하겠지. 그렇게 하려고 3년 동안 세계전쟁을 치러야 한다고?"[54] 멍청한 오페레타는 어떤 사람들에게는 눈을 멀게 하는 마취제였다.[55]

11월 9일 빈에서는 처음으로 러시아 공산당인 볼셰비키들이 페트로그라드와 모스크바에서 권력을 쥐게 되었다는 소식이 처음으로 퍼졌다. 하지만 오스트리아 시민들이 접하는 언론에서는 2주 전에 이미 시작했던 대대적인 공격, 그러니까 열두 번째 이존초Isonzo 전투에 대한 소식을 더 많이 보도했다. 14군 1군단 소속의 오스트리아-독일 연합군대가 방어벽을 절대 무너뜨릴 수 없다고 여겼던 적군을 어떻게 무너뜨리고 피아베Piave 강을 목표로 삼았는지를, 그야말로 도취된 듯 황홀하게 전달했다. 하지만 "성聖 금요일의 기적"은 "기적" 때문이 아니라, 이존초 전투 이전에는 한 번도 투입하지 않았던 기적의 무기 때문이었다. 그것은 바로 독가스였다. 이 무기를 투입한 첫 날 대략 4만 명의 사상자가 발생했다.[56]

1918년 1월부터 군주국에서는 불만족을 정치화하려는 움직임을 더이상 간과할 수 없었다.[57] 사람들은 동맹파업에 들어갔다. 이스트라 반도에 있는 오스트리아-헝가리의 해군 주요기지인 풀라Pula에서 선원들이 폭동을 일으켰다. 노동위원회가 설립되었기에, 볼셰비키 전복이라는 유령은 피하게 되었다. 하지만 비판은 무엇보다 노동자들에게 제공하는 물품들의 공급이 너무 열악하다는 것이었다. 배급도 줄어들었다. 돈은 점점 더 가치가 떨어졌다. 1916년에 노동자 한 사람이 받는 임금은 1914년과 비교할 때 38% 줄어들었고, 1914년과 1918년 초 사이에 생활비는 1400% 올랐다.[58] 1월 15일 정부는 또 다시 매일 지급하는 밀가루 배급을 줄였다. 국가의 핵심 산업 중 하나였으며 빈의 노이슈타트Neustadt에 있던 다임러Daimler 공장에서 이와 같은 일이 발생했을 때, 1만 명의 노동자들이 파업을 벌였다. 시위 가담자들은 기아를 불러오는 훈령을 취소하라고 요구했고, 노동 위원회를 설립할 수 있게 허락해달라고 요구했다. 무엇보다 위원회 설립 요구는 경찰을 두려움에 떨게 했는데, 시위하는 사람들 가운데 볼셰비키에 전염된 전쟁포로들이 있을 수 있었기 때문이었다.[59] 1918년 4월에 프라하에서는 빵 배급이 절반으로 줄었고, 6월에는 빵을 전혀 배급하지 않았다. 더이상 빵이 없었던 것이다. 파리에서는 전쟁 내내 설탕만 배급했다.[60]

1월 8일 미국의 우드로 윌슨Woodrow Wilson 대통령은 협상의 여지를 14가지로 제출했는데, 외교적인 형식이라는 점에서 다양한 해석의 여지가 있었다. 영국과 프랑스는 오스트리아-헝가리를 중부유럽 및 중동유럽에서의 안정장치라는 생각을 포기했다. 파리는 4월에 분리평화라는 빈의 청원을 거절했다.[61]

1년 전, 그러니까 1917년 3월에, 아들러는 스위스로 여행을 갔다. 알베르트 에렌슈타인이 다른 오스트리아 사람들 외에도 그를 호팅거Hottinger 독서클럽에 발표자로 연결해주었던 것이다. 호팅거 독서클럽은 1882년에 만들어졌고 대략 1918년까지 취리히에서 문학의 밤이라는 중요한 행사를 열었으며, 이전에도 유명 인사들을 초청하고는 했다. 루이지 피란델로Luigi Pirandello, 폴 발레리Paul Valery, 토마스 만Thomas Mann, 휴고 폰 호프만슈탈과 같은 작가들이었다. 아들러는 러시아의 소설가 표도르 도스토옙스키에 관해서 강연을 했는데, 그는 물론 아내 라이사도 좋아하는 작가였다. 아들러는 스위스에서 오래된 친구들을 다시 만났는데, 이들은 평화주의적인 입장을 취하고 있었다.

자국의 전방이 점차 붕괴되는 동안에, 사람들은 합스부르크 왕국에 대한 신뢰를 잃어버렸다. 이 군주국가는 무너지고 있었고, 신용도 잃었다. 점점 더 많은 국민들은 국가가 제대로 돌아가지 않는다고 비난했다.[62] 왕국은 국민들을 부양하지 못하는 무능한 국가로 증명되었다. 그러니 이런 왕국을 위해서 희생하는 일은 의미가 없어 보였다. 국내의 연대감은 침식되었고, 국가의 이성은 시들어버렸다. 1918년 6월 13일 오스트리아-헝가리 군은 그들의 최후 공격을 감행했다. 돌로미티 산맥과 아드리아 해 사이에 있는 곳을 공격했다. 이 군대는 이틀 후 파견되었다. 2주 후 오스트리아-헝가리는 연합군의 적군으로서 중요하지 않게 되었다.

취리히에서 발행되었던 《인터내셔널 론트샤우》 7월 호에는 "전쟁정신병"에 대한 일종에 대차대조표를 실었다. 필자는 약자로 "A. A"로 표기되어 있었는데, 바로 알프레드 아들러였다. 그는 지난 세월을 세밀하게 분석했다. "그들은 퇴장해도 된다. 가장 깊숙하게 숨겨둔 세계대전의 비밀. 거의 대부분의 군인들은 확신과 열정으로 참전했다지만, 다른 한편으로 보면 군대의 근무규정으로 인해 어쩔 수 없었을 뿐이다. 그들은 기절할 것 같은 느낌에 압도당하지 않기 위해서, 신에 대한 믿음을 간직했다. 그리하여 그들이 받았던 벌은, 그들은 결코 새로운 소식을 전할 수 없었고, 군대의 규정에서 말하는 것만 항상 얘기해야만 했다. 따라서 그들은 퇴장할 수 있다."[63] 아들러는 전쟁을 혐오했고 그 사이 전쟁 반대자가 되어 있었다. 그리고 평화주의자였다. 이와 같은 확신은 인간성과 함께 살고 있는 인류에 대한 믿음이 되었다.

1918년 9월 14일 카를 황제는 일방적인 평화 제안을 퍼뜨렸다. 그러자 연합군은, 우선 독일 제국이 항복해야 하고, 그런 뒤에 오스트리아-헝가리와 얘기를 할 것이라는 대답을 했다. 10월 중반에 황제는 "국민성명"을 발표했다. 오스트리아-헝가리는 계속해서 자유국가의 연대를 유지할 것이라는 내용이었다. 하지만 이런 발표는 시기상 너무 늦었다. 이 성명서를 읽어보면, 합스부르크 국민들은 자신들의 길을 갈 것이라고 했다. 9월 중순에 발칸의 전방이 무너졌다. 탈주병들의 수가 늘어났다. 10월 24일 이탈리아, 영국과 프랑스의 공격을 합스부르크는 막아내지 못했다. 전방에 구멍이 뚫렸고, 와해되었다. 가능한 휴전을 협상할 파견단을 남티롤Südtirol로 보냈다. 9월 1일 밤에 파두아Padua에 있던 연합군 최고 전쟁위원회의 요구사항이 전달되었다. 휴전을 위한 조건? 그런 건 없었다. 무조건 항복이었다. 10월 6일 73명의 남 슬라브의 국회의원들이 자그레브에서 슬로베니아, 크로아티아와 세르비아 출신의 국민 의회를 설립했다. 10월 11일 크라쿠프에서 폴란드 국민 의회가 만들어졌다. 10월 16일 토마스 마자리크Tomas Masaryk는 워싱턴에서 체코슬로바키아 공화국을 선포했고, 프랑스는 즉각 이를 인정해주었다.[64]

1주일 전 빈에서는 "독일오스트리아를 위한 임시 국민회의"가 소집되었다. 이 회의는 20명으로 이루어진 집행위원회를 결정했고, 이 위원회에 운영을 맡겼다. "비록 카를 황제는 퇴위하지 않았지만—공식적으로 그의 퇴위는 없었다— 이는 실제로 과거의 정권이 끝났음을 의미했다."[65] 이와 같은 상황을 고려해서 국방부는 10월 28일 군대와 국민회의 사이에 협력을 승낙했는데, "안정과 질서를 유지할 목적이자 군대를 온전하게 유지할 목적"[66] 때문이었다. 10월 30일 시내에 시위자들이 모였다. 오스트리아와 헝가리의 실제 연합이 서로 흩어지게 되었을 때, 왕국에는 "기억을 제외하고는 더이상 남아있는 게 아무것도 없었다."[67] 11월 2일이 밝아오기 전, 카를 황제의 이름으로 한 명의 장군이 모든 조건을 수용하고 휴전 협정을 받아들였다. 다음 날 15시에 휴전 협정 서류에 서명했다. 24시간 후 전쟁은 종식되었다.

14. 1918/19년 빈과 오스트리아에서 일어난 혁명

"모든 혁명적인 요소, 인류를 분노하게 하는 모든 것들,

다른 곳에서는 대대적으로 일어나겠지만,

우리는 바로 이곳에서 작은 규모로 가지고 있다.

우리는 절대 군주제도 있고, 책임을 지지 않는 내각도 있으며,

관료들과 검열기관도 있고,

(......) 따라서 우리는 혁명도 있고, 헌법도 있고

마지막으로 자유를 위해 싸우는 자도 있다."

요한 네스트로이 (Johann Nestroy)1

빈의 시내에 있는 니더외스트라이히Niederöstreich 회관은 인상적인 건물이었다. 카페 센트럴의 대각선 방향에 있는 이곳에, 오스트리아 의회의 독일 의원들이 1918년 10월 21일 나라의 미래를 논의하기 위해 모였다. 두 가지 구상이 제기되었는데, 하나는 느슨하게 국가의 연대를 유지하는 방안이었고, 다른 하나는 독일에 속해 버리는 방안이었다. 두 번째 구상은 체코, 헝가리, 루마니아, 폴란드와 남부 슬라브에게 잠재적인 위험 그 이상이었다. 이들의 만남은 임시 국민회의라는 제목이 붙어 있었다. 사람들은 오스트리아 의회의 서기장이었던 카를 렌너Karl Renner를 임시 수상으로 지명했다. 9

일 후 그는 새로운 헌법을 발표했고, 이 헌법은 통과되었다. 그런데 실상 중요한 현안들에 대해서는 답을 내놓지 않은 상태였다. 새로운 국가는 어떤 형태여야 하는가? 민주주의 국가인가, 아니면 전제 군주국인가? 독립적이고 독자적인 국가인가, 아니면 아직 설계중인 어떤 전체에 속하는 속국인가?

이와 비슷한 시점인 11월 1일 링슈트라세로부터 멀지 않은 곳에 "붉은근위대Roten Garde"가 창설되었다. 이 조직은 전역 군인들로 이루어진 무장한 보호군이었다. 이 군대의 지휘관으로 과거 육군 중위였으며 전시에 언론부처에서 일을 했던 언론인 에곤 에르빈 키쉬Egon Erwin Kisch가 임명되었다. "붉은근위대"는 전략적으로 유리한 숙소라 할 수 있는 병영을 시내에 가지고 있었다. 이 사회주의 군대는 붉은색 깃발을 들고, 마르세예즈Marseillaise를 부르며 행진했다.[2] 하지만 이러한 열정은 불과 며칠 만에 식고 말았다. 그 달 12일에 키쉬는 대략 700명의 근위대원을 거느리고 있었지만, 그 숫자는 금세 반으로 줄어들었다.[3] 11월 1일 빈-란트슈트라세에 빈 군인위원회가 조직되었다. 거대한 숙박업소의 홀에 제복을 입은 2천 명이 모였고, 밖에도 천 명이 모여 있었다. 이들은 국방부를 지나 로사우어Rossauer 병영까지 시위행진을 벌였다. 이곳에서 긴 칼로 무장하고 말을 탄 위풍당당한 경찰들과 시위대 사이에 싸움이 벌어졌다.[4]

합스부르크 왕국은 청산되었고, 빈 대학에서 1889년부터 교수를 역임했던 보수적인 헌법 학자이자 국제법 전문가인 하인리히 라마쉬Heinrich Lammasch가 신임 총리로 임명되었다. 이 공증인의 아들은 13개월 동안 왕국이 어떻게 무너지는지를 체험해야만 했다. 오스트리아-헝가리를 유럽의 완충국으로 내세우려고 했던 이 평화주의자의 장례식이 치러지던 1920년 1월, 여섯 명의 조문객이 잘츠부르크에 왔는데, 이 가운데 슈테판 츠바이크도 있었다.

"새로운 국가 오스트리아의 초기에 오류가 있었다."[5] 1918년 10월 21일 미래의 국가가 절대 작아지지는 않을 것이라는 생각이 오류였다. 오스트리아-헝가리 제국이 해체된 후 이 지역에서 독일어를 사용하는 곳에서 형성되었던 정부는 독일어를 사용하는 지역들, 즉 뵈멘Böhmen, 남부 뵈멘Südböhmen, 남부 모라비아Südmähren, 주데텐란트Sudetenland와 브륀Brünn, 올뮈츠Olmütz와 이글라우Iglau를 요구했다. 전체 지역은 서로 관련되어 있지 않았으나, 엄청난 규모의 영토에 해당되었다. 망한 왕국에 속해 있었던 다른 민족들은 경제적인 이유로 말미암아 협력에 응할 수 없었다. 10월 30일 시위자들은 시내에서 시위를 벌였다. 다음 날 저녁에 2천 명의 시위자들이 외쳤다. "정치 포로들에게 자유를!" "프리드리히 아들러에게 자유를!" 2천여 명의 공산주의자들은 밤에 요새와 같은 로사우어 병영 앞으로 행진해가서, 이 막강한 병영을 무너뜨리려고 시도했다. 하지만 헛수고였다.[6] 다음 날 빈 경찰청장의 오른팔이었던 프란츠 브란들Franz Brandl 경찰청 고문은 자신의 일기장에 그날 무너지는 과정을 기록해두었다.[7] 카를 황제는 막강한 도구를 사용하지도 않고 자리를 지키고자 싸웠다. 1916년 수상 슈튀르크Stürgkh 백작을 총살한 프리드리히 아들러를 11월 6일—오스트리아 공산당이 창당된 지 사흘째인 날[8]— 사면함으로써 극단주의자들의 마음을 가라앉히기는 했으나, 결정적인 효과는 없었다. 이 역시 오류였다. 카를 황제는 망설였다. 11월 11일 그는, 미래에는 더이상 영향력을 행사하지 않을 것이라고 발표했다. 황제는 라마쉬 내각을 해산하고 몰래 빈에서 동쪽에 위치한 에카르트자우Eckartsau 성으로 물러났다. 거기에서 그는 11월 13일 헝가리 포기 각서에 서명했다.

하루 전날인 11월 12일은 화요일이었다. 비가 내렸다. 사람들이 줄을 지어 링슈트라세로 향했다. 어마어마한 사람들의 행렬은, 공화국의 탄생을 알리는 장면을 함께 체험하기 위해 국회로 가고자 했다. 추밀원들의 주문으로 영화를 찍는 담당자들은 카메라 팀을 그곳으로 보냈다. 카메라 렌즈가 제복을 입은 사람들과 모자를 쓴 여자들, 노동자들과 회사원들, 의회 건물의 경사진 곳에서 환호를 지르는 사람들을 거쳐, "사회주의 공화국이여, 영원하라!"는 슬로건이 적힌 플래카드를 지나, 그리고 어깨에 무기를 메고 행진하는 홍위병들을 지나서 마침내 한 남자를 집중적으로 비추었다. 군인이 입는 외투에 모피 모자를 쓴 이 남자는 의회 건물의 비스듬한 곳이 끝나는 지점에 높이 솟아 있는 기념비, 그러니까 요제프 락스Josef Lax가 조각했던 청동 조형물 〈말 조련사〉에 기어올라가더니 자신만만한 포즈를 취했다. 그는 왼팔로 말의 머리를 짚었고 충격 받은 대중들을 내려다보았다. 이 조각품은 어쩌면 전쟁 이후에 최초의 아이콘과 같은 상징물로, 말 조련사들의 그룹은 열정을 제어하고 길들이며, 거칠고 야생인 자연을 지배하는 인간의 힘을 대표적으로 보여주고 있었다.[9] 직접 눈으로 보고 귀로 들었던 프란츠 브란들의 기록에 따르면, 이날의 공포는 실패했다. 거창하게 시작했으나 대중들이 경악하는 가운데 끝이 나버렸던 것이다. 의회 건물에서 무거운 블라인드가 쳐지자 사람들은 이 소리를 총기가 발사된 것으로 잘못 해석을 했고, 그리하여 그에 상응하여 발사를 했다. 군중들은 흩어지다가 몇몇이 부상을 입게 되었고, 내각에서 홍보를 담당했던 사회민주주의 소속의 관장은 한쪽 눈을 잃었다.[10] 아르투어 슈니츨러Arthur Schnitzler는 자신의 일기장에 이렇게 썼다. "세계사에 기록될 하루가 지나갔다. 가까이에서 보면 그리 대단하지 않아 보이지만 말이다."[11]

공화국이 공포되자 "붉은근위대"는 《신자유언론》의 편집을 장악했다. 키쉬는 사흘에 걸쳐 특별판을 제작했다.[12] 사회민주당 지도부는 내전을 더이상 두려워하지 않았다. 사회민주주의노동자당SDAP 지도부는 정치적으로 감당할 수 있는 미래 전략을 꼼꼼하게 잘 마련했다. 키쉬는 권력을 획득하고 이 권력을 확보하는 대작전을 실행하고자 했다.[13]

그런 날들의 이면은 휴고 폰 호프만슈탈이 여자친구였던 오토니 그래핀 데겐펠트Ottonie Gräfin Degenfeld에게 보낸 11월 26일자 편지에 묘사되어 있다. "부인은 한 달 전 오늘, 10월 26일에 나에게 편지를 보냈지요. 편지가 도착했을 때, 빈에서는 매주 2800명이 [스페인] 독감으로 죽었고, 우리는 7명 중 4명만 남았습니다. 게다가 주변에서는 끊임없이 약탈을 알리는 경고음과 총소리가 들립니다. 한 번은 브룬에서, 또 다른 한 번은 리징에서, 수천 명의 굶주린 전쟁포로들이 떠돌아다니고, 작은 마을에서는 수백 명의 범죄자들이 돌아다닙니다. (……) 이 모든 것들은 굶주리고, 추위에 떨고, 위협을 받고, 놀랍게도 매우 기분들이 좋은데, 그렇지 않다면 이런 일은 저 멀리에서나 일어나겠지요. (……) 미래는 그야말로 불확실하고, 살아남은 자는, 다시 먹을거리를 받은 사람은, 어둡고 얼어붙은 집안을 뚜벅뚜벅 걸어다니지 않을 것이고, 그러면 그 모든 것에도 불구하고 천국처럼 여기질 것입니다. 그리고 뭔가 더 현명해졌을 것이고요."[14]

"친애하는 히츠-바이Hitz-Bay 부인!" 아들러는 하루 전에 스위스 쿠어Chur에 살고 있는 의사부인이자 유명 여류화가에게 편지를 썼다. "정치적인 상황으로 인해 저의 강연과 여행을 미루어야겠습니다. 개인심리학이 관심을 받고, 그리하여 강력한 말을 해야 한다는 것을 잘 알고 있지만 말입니다. 하지만 저는 새로운 말은 제일 먼저 빈에서 하고자 합니다."[15]

빈의 거리에서 일어났던 혁명에 대한 간접적인 아들러의 대답은 《볼셰비즘과 영혼치료Bolschewismus und Seelenkunde》라는 그의 논문에 잘 나타나 있다. 아들러는 이 논문을 두 번 발표했다. 한 번은 빈에서 평화주의적 주간잡지인 《평화Der Friede》의 12월호였는데, 이 잡지의 문학파트는 알프레드 폴가르Alfred Polgar가 편집을 맡고 있었다. 이 논문을 약간 줄여서 취리히의 《국제전망》 15/16호(12월 31일자)에 실었다. 논문은 현재 일어나고 있는 생생한 사건에 대한 많은 의견이 나와 있다. 호소, 소책자, 험담, 짤막한 성명서, 시대를 넘어선 혹은 시대가 막을 내릴 것이라는 미래상들이 대대적으로 펴져 있었다. "혁명"이라는 단어는 전쟁이 끝난 첫 주에 사람들의 전반적인 감정을 담고 있었고, 패배의 문화와 세계는 보다 더 향상될 것이라는 보고 사이에서 움직이고 있었다.[16]

아들러가 선택했던 출간 단체는 감각적으로 선택한 것이었다. 《평화》는 문화적 생각을 지속해야 한다는 의견을 알렸고, 《국제전망》은 당파를 초월한 초당적 성향, 이해와 민족들 사이의 화해를 모토로 삼았다. 스위스에서 아들러는 에렌슈타인을 통해 두 명의 유명한 반전주의자들과 접촉할 수 있었다. 프랑스 출신의 소설가

앙리 바르뷔스Henri Barbusse와 로맹 롤랑Romain Rolland이었다.[17]

논문의 내용은 마치 악단에서 트럼펫을 불면서 시작하는 것과 같았다. "우리는 다른 민족을 지배하는 것을 단념했고, 체코인, 남부 슬라브인, 헝가리인, 폴란드인, 루마니아인들이 자신들의 국가를 어떻게 강력하게 하고 그리하여 새롭고 자발적인 삶을 일구어 나가는지를 시기심과 불쾌감 없이 보고 있다." 하지만 이처럼 겉으로 보는 것이 전부가 아님을 아들러는 이어진 문장에서 언급한다. "동맹을 맺은 동지들에 대하여 과거 인위적으로 심어주었던 증오심은" 사라져버렸다는 말은 의심스럽다는 얘기였다. 아들러에게 새로운 시대는 돌파해나가야 하는 것으로 보였다. "우리는 오랜 세월 우매한 사람들이었고 이제 현명해졌다." 그 다음에 이어서 아들러는 반전을 보여주었는데, 강조체로 이렇게 썼다. **"우리는 결코 최고의 권력을 누렸을 때보다 더 비참한 적은 없었다! 지배를 하고자 하는 노력은 헛된 신기루일 뿐이며, 인간이 함께 살아가는 공동체에 독이 될 뿐이다! 공동체를 원하는 사람은 권력을 얻고자 하는 노력을 버려야 한다."**[18] 아들러는 서로 반대되는 개념으로 이 글을 썼다. 여기에는 권력, 저기에는 공동체를 두고서 말이다. 그의 생각에 따르면 이 둘은 하나가 될 수 없다. 모든 사회적 법률행위들은 지배를 하고자 하는 병적 욕망에 희생되며, 공동생활의 진실과 필연성은 문화와 수천 년에 걸쳐 이어져온 다양한 조직들을 통해서 항상 자연스럽지 못한 병적 지배욕망에 의해서 희석되었다. "권력문화"란 공동체라는 감정을 치명적으로 악용하는 것이었다.

1918년에서 19년으로 넘어가던 겨울은 선거전이 치열했다. 그리고 부족한 시기였다. 난방을 할 석탄이 더이상 없었다. 2월 6일 린츠에 동요가 일어났다. 규칙이 없는 무정부주의, 독일처럼 피바다가 되는 내전, 이런 생각은 그야말로 악몽과 다름없었다. 사회민주당 간부들이 처음에는 옳았다. 황제국가에서 일을 했던 관료들과 관청들은 새로운 국가에서도 아무런 마찰 없이 일을 했고, 부서를 옮기는 일도 드물지 않았다.[19] 다른 일도 해야만 했는데, 무기를 버리고 군인들을 고향으로 귀향시켜야만 했다.[20] "붉은근위대"는 곧 사민당의 전투조직이었던 민방위대에 흡수되고 중립성을 띠게 되었다.[21]

1919년 라이사 아들러는, 1918년 11월 3일 두 명의 러시아 특사가 포함된 소수에 의해 빈에 창당되었던 독일오스트리아 공산당KPDÖ, Kommunistischen Partei Deutschöstereich에 가입했다. 이 당은 유럽에 세워진 최초의 공산당들 가운데 하나였다. 하지만 그녀는 노동자계층 태생이 아니었다.[22] 1919년 2월에 이 공산당에는 이미 3천 명의 회원이 가입해 있었다. 3월에 1만 명이 되었다. 1919년 3월 중반까지 모스크바에서 개최되었던 국제 공산당회의를 기념하여 트로츠키는 이렇게 썼다. 모두가, "노동자들과 일부 농민들이 돌진하여 가까운 미래에 부르주아들을 무너뜨리게 되는 날을"[23] 바라고 있다고 말이다. 이는 오스트리아에 있던 공산주의자들의 희망이기도 했다. 1919년 3월에 전후 유럽에서 혁명적인 댐이 무너지는 현상이 최고조에 달했다. 헝가리에서는 공산주의자들의 쿠데타가 성공을 거둔 뒤, 소비에트 인민공화국을 부르짖었다. 뮌헨도 이를 따랐다. 이곳에서는 지성인들과 평화주의자들이 수뇌부를 차지하고 있었으나, 직업이 혁명가인 자들도 있었다. 이자르 강변에 위치한 뮌헨에서는 5월에 인민공화국이 출범했다. 부다페스트에서는 소비에트 공화국이 7월 30일에 끝이 났고, 이 나라는 겨울까지 피바다였다.[24] 그리하여 오스트리아는 연초에 위협적인 상황을 맞이했다. 사회민주 성향의 수뇌부들은, 노동자와 군인위원회가 권력을 가져가지 못하도록 심혈을 기울였다. 그들의 주장에 따르면, 프롤레타리아의 독재는 빈과 산업이 발달한 북오스트리아에서만 가능하다는 것이었다. 두 번째, 동맹들은 시스템 붕괴를 고려해서 즉각 봉쇄조치를 시행할 것이라고 했다. 어쩌면 전쟁과 비슷한 침투나 전투가 벌어질 수도 있었다. 게다가 독일-오스트리아는 경제적으로 완전히 외국에 의존해 있는 상태였다. 독일이나 동맹 국가들에서 혁명적인 노동자계급이 차르 황제가 물러난 러시아에서처럼 승리를 거두어야 비로소 이곳에서 혁명이 가능하다는 말이었다. 그러나 실제적인 동기는 다른 곳에 있었다. 즉, 사회민주당 소속 지도층들은 혁명을 기본적으로 의심했던 것이다. 경제적으로 유리한 조건에 있었더라도 이들 지도부들은 전복의 기운을 진화라고 돌려서 말했을지 모른다.[25] 특히 노동자 위원회와 군인 위원회들이 그들의 증오심을 불러일으켰다. 이들 조직들은 권력을 두고 사회민주당과 서로 경쟁하는 위치에 있었던 것이다.[26]

라이사 아들러는 트로츠키 추종자였다. 그녀는 수년 동안 당내 계파 싸움이 지속되고 선거 때에는 1% 이상의 표도 얻지 못했던 KPDÖ에 계속 머물렀다. 당에서 주도했던 시위 행사들 가운데 하나였던 1919년 1월 31일의 항거는 경찰과 충돌하는 일이 벌어졌다.[22] 4월에 공산주의 폭동을 일으키려는 최초의 시도가 있었으나 무산되었고, 6월에 두 번째 "공산주의자들 폭동"이 일어났다. 그 해 후반기에 공산주의자들의 매력은 점점 식어갔는데, 비록 대대적인 연립정부가 세워지면서 사회주의적 법들이 통과되었음에도 불구하고 말이다. 혁명과 혁명적 노력을 환영했던 알프레드 아들러는 이 해 초반에 보궐선거를 통해 시내지부의 노동위원회에 들어가게 되었다. 아들러가 단기간만 활동했던 이 조직에서 아주 젊은 의대생 한 명을 알게 되었다. 1897년에 태어난 루돌프 드라이쿠르스Rudolf Dreikurs는 사회주의 대학생 운동을 매우 적극적으로 펼쳤던 회원이었으며, 대학생들이 노동자 위원회에서도 대표를 해야 한다는 입장이었다.[28]

1919년 3월 12일 헌법을 제정하는 독일오스트리아 국민회의는 독일 공화국의 일부임을 선언했다. 2월 6일 SPD의 프리드리히 에베르트Friedrich Ebert 독일 대통령은 바이마르에서 열렸던 국민회의의 연설에서 오스트리아의 합류를 촉구했다.[29] 독일의 역사학자들은 "위대한 독일"이라는 이념에 열광했다.[30] 3월 24일 카를 황제와 치타Zita 황후는 7명의 자식들을 데리고 망명했다. 처음에는 스위스로 갔다가 나중에 마데이라Madeira 섬으로 갔다. 그곳에서 마지막 오스트리아-헝가리 황제는 1922년 4월 1일 사망했다. 35세도 채 되지 않는 나이였다. 치타는 남편보다 67년이나 더 오래 살았지만, 오스트리아 땅은 결코 밟지 못했다.[31]

경제계 인사들에게는 낙관주의가 지배적이었다. 비록 주저하는 분위기는 있었음에도 불구하고 말이다. 왜냐하면 돈은 충분히 있었기 때문이었다. 오스트리아-헝가리는 파산하지 않았다. 은행들은 빈에 집중되어 있었다. 새로운 국가는 탁월한 능력이 있는 산업계, 철도와 목재 그리고 수력발전소를 관리하게 될 것이었다. 전쟁용 생산을 평화시에 사용하는 제품으로 전환하자 현대화라는 과정도 덩달아 일어났다. 산업분야에서 강력했던 체코의 보헤미아 지방과의 관계가 너무 강력하다는 말도 있었다.[32] 하지만 모든 것이 오류였다.

1918년 10월 말에 벌써 마지막 황제의 내각에서 식량과 영양공급을 담당했던 장관은, 중기적으로 그리고 장기적으로 나라에 공급할 식량이 없다고 언급했다. 연합군들은 자신들의 봉쇄를 확고하게 유지했다. 외국으로부터의 수입은 점점 줄어들었는데, 유럽 이웃국가들에서도 굶주림이 지배적이었기 때문이다. 독일에 합병할 수 있다는 가설도 무너졌다. 독일어를 사용하는 오스트리아 외부영역에 대한 요구권이 거절되었기 때문에, 국가의 이름도 정하지 못하는 대기상태였다. 게다가 유럽의 중심에 위치하고 중립적인 완충 지대[33]가 될 수 있겠다는 생각도 있었다. 파리 부근의 생제르맹에서 오스트리아와 평화협정을 맺을 계획도 있었다.

1919년 4월 아들러는 자신이 살던 시대에 대하여 두 번째로 의견을 밝혔다. 《다른 측면. 민족의 죄에 관한 군중 심리학적 연구》라는 제목의 16쪽짜리 소책자였다. 이 수필은 이질적이고 다층적인 얘기를 했다. 왕궁으로 행진하자는 말도 있고, 음악에 관한 내용도 있었다. 즉, 이미 사라진 왕궁에 아침이라도 뜨는 것처럼, 젊은이와 남자들을 "전쟁이라는 살인"으로 몰고가는 노래들이 있다고. 그리고 "하인 근성"과 "노예처럼 복종"하라고 설교했던 성직자들에 관해서도 얘기했다. 마지막에 정치에 관해서 언급했는데, 종속, 자리를 두고 경쟁하기, 인맥과 기회주의를 종식시키자는 얘기였다. 이 모든 것을 종합하면, 윤리적으로 추악하다는 결론이었다. "수십 년 동안 국민들을 이렇듯 연약하게 길을 들였고 자신에 대한 확신을 가지지도 못해서 상부에 복종할 줄만 아는 인간으로 교육했다."[34] 전쟁을 치르는 기간 동안에는 국민들의 "머리에 불투명한 수건을" 덮어씌웠다고 했다. 음악을 가지고서는 국민을 선동했고, "절반은 바보 같은 문필가들"이 사람들의 귀에 거짓말을 불어넣게 했다는 것이다. 검열은 협박, 위협과 보복조치를 통해서 쓸데없는 짓을 저질렀다. 자유로운 말이 환대를 받아야 한다고 했다. 국가는 그야말로 이기주의에 빠져 있고, 각자는 자신의 편견에 따라 흔들렸다. 아들러는 자신의 직업도 예외로 두지 않았다. 의사들은 군대에 자발적으로 봉사를 했다고 말이다. 많은 의사들은 애국주의와 전쟁에 대한 열광이라 간주했던 바의 광기에 사로잡힌 나머지, 자신들의 환자들에게 비인간적인 고문을 자행했다고도 했다. 무엇보다 아들러는 자발적인 의료인 협력자들을 향해 강력하게 공격했는데, 개별 군인들을 다시금 전쟁터로 돌려보낸 의사들 말이다.

그것은 참으로 혹독한 비난이었다. 대략 1916년부터 "선동당하고, 노예처럼 살았으며, 치욕적인 방식으로 악용 당했던 국민에게" 수동적인 저항 외에 무엇이 더 남아 있단 말인가? 그렇듯 여러 민족으로 이루어져 있던 왕국은 공동체감정이 부족해서 무너졌고, 태만과 구태의연과 무관심으로 인해 붕괴되었다. 혁명? 4년 반 동안 노예생활을 한 뒤 겨우 숨을 쉬고, 자유를 얻었다. 정말인가? 아들러는 논쟁을 능숙하게 이어갔다. 일련의 부류들, 그러니까 막노동꾼, 괴롭히는 것을 전문으로 하는 인간들, 전쟁에 이겼다고 좋아하는 인간들, 전쟁을 노래하는 시인과 전쟁을 부추기는 성직자들, 사디즘 성향의 판사, 의사, 군인과 같은 일련의 부류들은 전말을 해명해야 한다는 것이다. 전말에 대한 해명, 손상에 대한 보상, 윤리, 시민성, 그리고 번영의 재건, 이것이야말로 시대가 요구하는 바라고 말이다. 그렇게 했어야만 했다는 얘기였다. 왜냐하면 그 사이 연합국과 동맹을 맺은 정부는 새롭게 굴욕적인 형태로 지배하겠다고 경고를 하고 있기 때문이라는 것이다. 대부분의 군인들은 "**잘못된 수치심으로 인한 희생자**가 되었을 뿐"이었다. 이렇게 강조체를 쓴 것이 눈에 띄는데, 전체 글 가운데 유일하게 강조한 부분이었다. 아들러의 병력病歷과 영웅주의와 투쟁의지에 대한 그의 평가는, 곤궁 속에서 덕목을 얻어내고, 우울증으로부터 자기보존 욕구와 생존 욕구를 이끌어냈다는 것을 보여주고 있다. 이와 같이 자신에게 전권을 부여함으로써 개인은 힘을 얻었고, 자기암시를 통해서 명예롭게 살고자 했고 조국을 위해 방어하겠다고 맹세하게 만들었다는 것이다. 심오한 인간적 굴종에서부터 오류라 할 수 있는 자주성과 자아의 강력한 힘이 등장했다. 이런 점을 아들러는 이미 1917년 초에 발견했는데, 《국제전망》에 기고한 글에서 아들러는 "참모부의 신"에게 그만 두라고 요구한 적이 있었다. 잘못 인도되었고, 대량으로 학살되었으며, 배경에서 굶주리기만 했던 국민은 죄가 없었다. 왜냐하면 국민의 의식은 아직 미성년의 수준이었고, 어떤 방향으로 갈지 몰랐으며, 우두머리가 없었기 때문이다. 수치심으로 인해 국민들은 항상 입을 다물고 있기만 했다. 사람들은 지옥과 같은 생각을 해낸 인간들의 책임을 물어야 할 것이고, 그밖에 다른 모든 사람들은 소중히 여기고 다만 이들은 국민에게만 사과하게 해야 한다는 말이었다.[35]

이처럼 지극히 신랄한 문장들은 화해에 기여하고자 했다. 계급투쟁이 아니었다. 레닌의 러시아처럼 테러와 피비린내 나게 억압하는 형태의 소비에트 공화국을 추구하지 않았다.[36] 흑백 논리에 따라 아들러는 논쟁을 했는데, 1918년 12월에 처음으로 이런 논쟁을 담은 글을 공개했다. 《자유로운 군인. 사회민주 군인신문》에 최초로 전쟁으로 인해 신경증 환자가 된 군인들에게 전기충격 치료법을 실시했고, 이들을 꾀병환자로 간주하고 고무벽 방에 가두었다는 보고를 했을 때, 바그너-야우렉이 책임을 져야만 했다. 이 정신의학과 교수는 법정에 서게 되었고, 재판은 1920년 10월에 무죄로 끝났다. 감정을 위임받았던 전문가들 가운데 한 사람이 바로 지그문트 프로이트였다.

1919년 5월 4일에 빈 시의회 의원들이 새로이 선출되었다. 선거권이 있는 사람들이 예전보다 더 많아졌다. 공화국은 보통, 평등, 비밀, 그리고 직접 선거할 권리를 21세부터 남녀 모두에게 부여했던 것이다. 그것은 비례대표제 선거였다. 하지만 선거권자들 가운데 선거를 하러 간 사람들은 대략 60%가 조금 넘었다. 사회민주 노동당은 기독교사회당에 비해서 2배나 더 많은 표를 받아서 150명의 의원들 가운데 100명을 차지할 수 있었다.[37] 5월 22일에 야콥 로이만Jakob Reumann은 최초로 빈의 사민당 시장이 되었다.

1919년 5월 중순에 오스트리아의 협상단이 파리로 떠났다. 정작 파리에서는 이들 협상단은 협상 파트너가 아니라는 말이 돌았고, 이는 최초의 파열음이었다. 6월 2일에 렌너 수상은 협약의 초안을 건네받았다. 이 문서는 충격을 불러일으켰는데, 물론 많은 조항들이 사전에 조율했음에도 불구하고 말이다. 오스트리아 영토는 조각조각 나야만 했다. 독일에 합병하자는 안건은 부결되었다. 전쟁 배상금도 지불해야만 했고, 전쟁의 책임을 온전히 오스트리아-헝가리에게 물었다. 남부 티롤은 이탈리아에게 양도해야 하고, 군대는 축소되었으며, 참모부와 공군은 폐지해야 했다. 케른텐(=오스트리아 남부)과 부르겐란트 지역의 일부에 사는 주민들은 오스트리아에 남을지 아니면 유고슬라비아나 헝가리 땅으로 들어갈지를 투표로 결정해야만 했다. 9월 초 협약에 속하는 총 381개의 조항이 전달되었다. 렌너는 48시간 동안 이 협약을 읽어보고 국민회의에서 의견을 들어야만 했다. 1919년 9월 10일에 그는 평화협약서에 서명을 했다. 여기에도 연합국들은 오스트리아가 독일에 합병되는 것을 반대한다는 의견이 들어 있었다.[38]

과거 5천 2백만 인구에서 이제 고작 650만 인구로 줄어든 국민들—이 가운데 15만 5천 명은 상이군인들이었다—로 이루어진 나라를 거절하는 분위기가 만들어졌다. 굶주림, 곤궁과 스페인 독감, 유행성 전염병으로 엉망진창이 된 이 난쟁이 국가는 생존할 능력도 없으며, 무엇보다 외국에 종속되어 있었다. "오스트리아라는 국가의식"이 존재하지 않았다.[39]

하지만 빈은 빈이었다. 사람들은 "세계적인 도시에 속한다는 정신적인 욕구를 결코 포기하지 않았다. 사람들은 세상에 있는 모든 것에 관심을 가졌고, 마치 어떻게 생각하는지가 세상에 의미라도 있는 것인양 말이다. 아주 오래 전부터 교육받았듯이, 사람들은 빈의 특별한 성향을 유지했는데, 바로 음악이었다."[40] 1902년 태어났던 철학자 칼 포퍼Karl Popper는 이렇게 회상했다. "이 해[1919]를 돌아보면, 나는 그토록 짧은 기간 동안에 나의 지적인 발전이 그렇게 많이 일어날 수 있었다는 사실에 대해서 놀라고는 한다. 왜냐하면 이 시기에 나는 아인슈타인에 관해서 들었다. 그리고 아인슈타인과 같은 혁명적인 사건이 수년 동안 내 사고에 가장 중요한 영향을 미쳤다. 1919년 5월에 두 개의 영국 탐험대가 아인슈타인의 일식 예언을 성공적으로 검사했다. 이로써 갑자기 새로운 중력 이론이 중요해지게 되었고, 새로운 우주론이 중요해졌다. 단순한 가능성으로서가 아니라 뉴턴의 이론을 진정으로 개선한 이론으로서, 진리에 보다 더 가깝게 다가갈 수 있는 것으로서."[41]

진리에 보다 더 가깝게 다가간 것으로서 볼 수 있는 또다른 것은 아들러가 신생 출판사에 참여한 일이었다. 이 출판사의 이름은 '조합출판사Genossenschaftsverlag'였다. 이와 같은 출판회사에 잡지 《다이몬》의 저자들이 합류했다. 여기에는 소극적으로 활동했던 아들러 외에, 알베르트 에렌슈타인, 그리고 무엇보다 심리학자이자 시인이었던 휴고 존넨샤인Hugo Sonnenschein과 프란츠 베르펠이 있었다. 출판사의 사무실은 빈 16구역, 오타크링거 거리 114번지에 있었다.[42] 이 출판사는 경제위기로 씨름하고 있는 다른 출판인들을 격려할 목적으로 만들어졌다. 에렌슈타인은 1920년부터 1921년까지 알프레드 되블린의 《동반자》의 편집을 맡았고, 자신의 숙적이었던 카를 크라우스에 대한 비방문도 간행했다.

15. "붉은 빈"
1920년 이후 빈에서의 심리학, 학교개혁과 교육학

"때는 (……) 1919년, 도시는 빈이다.
땅은—돈키호테 땅이라고 하자.
시대는 착각과 환상, 꿈으로 가득 차 있다."

멜레히 라비치 (Melech Rawitsch)1

종전 후 빈에서의 삶은 참혹했다. 이런 소식이 드물지 않았다. "슈테판플라츠Stefanplatz에서 동사자 발생. 어제 새벽 슈테판 교회 뒤의 공중전화 부스에서 한 노파가 의식이 없는 채로 발견되었다. 구조대는 사망을 확인했다. 노파는 밤을 보낼 피신처로 공중전화 부스를 선택했다가 그곳에서 동사한 것으로 추정된다. 그녀는 자수업자인 요세피네 슈트라서Josefine Straßser로 알려졌으며, 노숙자 생활을 해왔다고 한다."[2]

2년 반 동안 군 복무를 마치고 돌아온 루돌프 슈테르바Rudolf Sterba는 같은 해 빈에서 의학 공부를 시작했다. 그는 훗날 그해 끔찍하게 추운 겨울에 난방도 되지 않았던 강의실을 생생하게 기억했다. 병리학 연구소의 해부실에서는 시체가 얼면 안 되었다. 실내 온도는 0도였다. 해부학 교수가 진행한 실습은 매끄럽지 않았는데, 왜냐하면 그의 손에는 추위로 인해 종기가 생겼기 때문이다. 훗날 정신분석가가 되었던 슈테르바는 이렇게 농담을 했다. "내 생각에, 프로이트 교수의 긴 소파 머리에 있던 따뜻한 담요는, 사진에서 자주 볼 수 있고 나 역시 그곳에서 항상 봤지만, 전쟁이 막 끝나고 난 뒤의 잔여물이었을 것이다."[3]

슈테르바보다 네 살이 적은 칼 포퍼Karl Popper는 1919/20년 겨울에 부모님 집에서 나와서 그린칭Grinzing의 북쪽 가장자리에 있는, 겉으로 보면 그야말로 원시적인 막사로 갔다. 이 막사는 전시 병원의 일부였다.[4] "1차 세계대전이 끝난 뒤 참으로 힘들었던 몇 년은 나의 친구들과 나에게 지극히 흥미롭고 그리고 자극적인 시기였다. 그렇다고 우리가 행복했다는 말은 아니다. 우리들 대부분은 전망이 전혀 없었고 미래를 위한 계획도 없었다. 우리는 매우 가난한 나라에 살고 있었고, 내전의 위험이 상존했다. 우리는 억눌린 채, 용기도 잃은 상태였고, 버려진 기분을 느낄 때도 많았다. 하지만 우리는 정신적으로는 활발했고, 우리는 배웠으며, 발전도 했다. 우리가 읽었던 것을 모두 탐욕스럽게 삼켰다. 우리는 그것에 관해서 토론을 했고, 우리의 생각을 교환했으며, 공부를 하고, 밀에서 왕겨를 골라내려고 노력했다."[5] 포퍼는 이어서 이렇게 썼다. "한 동안 나는, 물론 무보수로, 알프레드 아들러의 교육 상담소에서 일을 했고, 온갖 일들을 도맡아서 했다."[6] 젊은 포퍼는 아들러 가족을 알게 되었다. 쿠르트 아들러Kurt Adler는 1920년 3월에 아동회복 프로그램을 네덜란드로 전해주기 위해 파견되었는데, 이때 로테르담에서 어머니에게 이렇게 물었다. "카를리 포퍼Karli Popper의 소식을 전혀 듣지 못했어요. 그는 어떻게 지내나요?"[7] 60년 뒤 알리 아들러Ali Adler는, "카를

리"와 함께 산행을 감행했던 것을 기억해냈다.[8]

"독일오스트리아"는 마비되었다. 새로운 국가의 영토는 1914년 합스부르크 왕국의 13%에 불과했다. 오스트리아 공화국에는 6백만 명의 사람들이 살았고, 이 가운데 1/3이 빈에서 살았다. 국가라는 존재는 잘못 태어난 괴물처럼 보였다.[9] 농사를 지었던 헝가리 지역을 잃어버렸고, 뵈멘에서 캔 석탄의 도입도 중단되었다. 난방 연료가 부족해서 산업과 교통도 마비되었다. 빈이 가장 큰 피해를 입어야만 했다. 실업률은 상승했고, 인플레이션도 마찬가지였다. 개인에게 배급했던 석탄의 양은 충분하지 않았으며, 결핵이 유행했고, 아이들은 영양실조에 걸려 있었다. 1918년 말에 빈에서 취학 의무가 있는 모든 아이들을 병원에서 검사를 했다. 그 결과, 186,000명의 미성년자들 가운데 9만 6천 명이 심각한 영양실조 상태에 있었고, 6만 3천 명은 영양실조, 그리고 1만 9천 명은 약간 영양실조였다. 오로지 6,732명의 아이들만이, 그러니까 전체 취학 의무가 있는 아이들 가운데 3.5%만이 건강한 것으로 간주되었다. 영양 공급은 오로지 "후버Hoover 원조" 같은 외국 원조단체의 지원에 의존했다. 오스트리아는 "자체적으로 제공할 식량이 더이상 없었"[10]기 때문이다. 허버트 후버Herbert Hoover는 1919년 초부터 오스트리아로 식량을 발송했던, "미국 식량청"의 청장이었다.[11]

빈은 어둡고, 저녁이 되면 음울했으며, 외곽의 거리에는 인적도 드문 도시였다. 1918년 12월 초에 언론은, 이미 저녁 8시가 되면 건물 안으로 들어가는 입구 문이 잠겼고, 집안에서는 불빛이 밖으로 흘러나오지 않았다. 누구도 석유 램프에 넣을 등유를 구입할 돈이 없었기 때문이라고 보도했다.[12] 1918년 11월 중순에 지역 경찰 위원회는 이렇게 보고했다. "오스트리아에서 일어났던 엄청난 혁명은 여기에서는 지나가버렸다. 사람들은 당연히 그것에 대해서 얘기는 한다. 우리는 과거에 아직 전제국가였으나, 오늘날에는 공화국이다. 그것뿐이다. 만일 우리가 먹을 게 있다면, 그것이야말로 중요하다."[13]

1919년 2월 16일에 국회의원들이 새로이 선출되었다. 사회민주당 출신은 72석, 기독교사회당은 69석을 얻었고, 독일민족 그룹이 26석, 그리고 소수당이 3석을 얻었다. 카를 렌너Karl Renner가 수상이 되었다. 그는 대규모 연립정부를 만들었다.[14] 화폐 가치는 점점 떨어졌다. 6월에 미국이 오스트리아 내각에 생필품을 위한 돈을 내밀었을 때, 오스트리아는 증거물로 금과 외환 보유고를 이탈리아로 송금했다.

거리의 모습은 끔찍하기 그지없었다. 대부분의 남자들은 회색 제복을 입고 돌아다녔는데, 물론 계급장은 떼고 다녔다.[15] 전쟁 전에는 고상한 물건들을 팔았던 거리에는 이제 세 명 중 한 명, 또는 네 명 중 한 명은 거지거나 전쟁에서 부상을 입은 자들이 돌아다녔다. 이들은 다리가 없거나, 팔이 없거나, 절뚝거리며, 목발을 짚고 다녔다. 환상도로인 링슈트라세 부근의 고급스러운 호텔에는 외국인들만이 투숙할 수 있는 능력이 되었고, 매춘이 횡행했다. 골동품, 예술품, 모든 성城들은 우스운 가격에 팔려서 주인이 바뀌었다. 오늘날에도 여전히 빈에서는 당시의 끔찍한 익살을 들을 수 있다.[16]

1919년 4월에 빈에서는 13만 1천 명이 실업자였다.[17] 4월부터 1인당 밀가루 배당이 두 배로 늘었고, 지방의 배당도 마찬가지였는데, 이는 다만 12월부터 1917/18년 1월까지의 배당량과 같아졌다는 의미였다.[18] 버터, 우유와 계란은 늘릴 수 없었다. 외국인 운전자들—자동차를 구입할 수 있는 능력이 있는 오스트리아 사람은 없었으니까—은 정말 느린 속도로 운전해달라는 요구를 받았다. 왜냐하면 오스트리아 사람들은 너무 약해서, 자동차를 마주치더라도 재빨리 피할 수 없는 수준이었기 때문이다.[19] 공공의 삶은 거의 정지 상태였다. 전차의 차량은 너무 낡았고, 어디에서든 멈추었다. 호이링겐 지역 외부로 가는 마지막 전차는 22시 30분에 운행했다.[20] 전화선은 만일 연결이 된다고 하더라도 제대로 잘 들리지 않았다. 체력이 되는 사람이라면, 불법적으로 나무를 모으거나 등에 짊어지고 오기 위해 비너발트 숲에 갔다. 점점 더 많은 사람들이 삶의 무게에 눌려 죽은 채로 발견되고는 했다.[21] 신생아 사망률은 25%에 달했다. 결핵으로 인한 사망자는 모든 사망자들의 1/4이 넘었다. 1918년부터 1921년까지 여러 차례 유행했던 전염병인 스페인 독감은 수많은 희생자를 요구했다. 빈에서는 28세의 화가 에곤 쉴레가 이 전염병으로 죽고 말았다. 지그프리트 로젠펠트Siegfried Rosenfeld는 1920년 도시의 국민건강부로부터 의뢰를 받아서 전쟁이 빈 시민들의 사망률에 미친 영향을 조사했다. 1912년 1월부터 12월 사이에 15,355명의 여자들이 사망했는데, 1919년에는 거의 40%가 증가한 21,200명이나 되었다.[21]

공화국은 전쟁 책임뿐만 아니라 배상 책임도 물려받았으며, "사회적 현안"을 해결해야 하는 짐도 엄청났다. 이러한 현안에 대한 초기의 대답은 이러했다. 여성의 법적인 동등권, 8시간 노동시간제 도입, 보통 선거권의 도입이었다.[23] 이 시기에 노동 위원회는 엄격한 조치를 시행했고 대량의 땔나무를 징발했다. 빈 경찰의 보고에 따르면, 1919년 8월에만 하더라도 151,000 킬로그램의 땔나무를 조달했고 가스발전소와 전기발전소를 공급해서 40헬러에 1킬로를 판매하게 되었다. 지역노동위원회는 전쟁고리대금방지청*에, 전쟁으로 이득을 챙긴 자들은 병원을 위해서 소유권을 박탈해야 한다고 요구했다. 그리고 그들의 소유물로 추측되는 별장과 사치스러운 집에 쌓아둔 석탄의 목록을 제시했다. 4주 후에 벌써 전쟁고리대금방지청 소속의 구역 및 중앙 관리들에 의해서 엄청난 가치의 재산이 압류되었는데, 그 가운데 10,200킬로그램 밀가루, 대략 16,000킬로그램 감자, 3,000킬로그램 육류와 소시지, 230,000개비의 담배, 6,070개 궐련, 그밖에도 계란, 치즈, 비누, 석탄, 나무, 벤진과 직물도 포함되어 있었다.[24]

빈은 세계에서 최초로 백만 인구가 사는 도시였고, 이곳에서 사회 민주적인 경향에서부터 강력한 사회주의적 경향을 지향하는 시청행정이 기본적인 임무를 실천할 수 있었다.[25] 전쟁 때는 건설업이 거의 정지된 상태였다.[26] 전후의 인플레이션은 빈의 주거건물을 완전히 붕괴해버렸다. 1919년 늦가을에 사회민주주의자들은 "주거지원법"을 통과시켰다. 별장과 부당하게 이용되었던 주거시설과 공간을 사람들이 들어가 살 수 있도록 하고, 사용하지 않는 주거 공간, 호텔, 비어 있는 가건물, 병영이나 학교를 피난민과 노숙자들을 위한 임시 거주지로 조달하기 위해서였다.[27] 주거지 부족을 고려해서 다소 거친 이주운동을 펼쳤다. 건물이 없는 토지 위에 판자촌

* 전쟁 때 사람들의 궁핍을 이용한 고리대금을 방지할 목적으로 세워졌다.

shanty towns을 조성했다. 이주조합도 결성되었고, 이주 및 이주민들이 공동으로 사용할 작은 정원을 위한 오스트리아 협회도 결성되었다. 시청에는 이주를 담당하는 부서도 만들었다.

1920년 10월에 2차 의회 선거에서 기독교사회당이 가장 강력한 교섭단체가 되었고, 사회민주노동당은 야당이 되었다. 대독일 국민당(GDVP)은 정부의 연립정당의 파트너가 되었다. 국민경제는 위기상황이었고, 이 가운데 가장 큰 피해를 본 곳은 빈이었다. 자동차 공장 다섯 곳 가운데 네 곳이 빈에 있었으나, 누구도 자동차를 구입하려 하지 않았다. 은행들 역시 상당한 피해를 본 상태였다. 안정될 것이라는 믿음은 국내에서는 물론 국외에서도 흔들렸다. 1921년 마지막 전쟁포로들이 이탈리아와 소비에트연방에서 돌아왔다.[28] 이 해 말에 국가에서 지급하는 생필품 지원금이 끊겼다. 또 다시 폭력적으로 막을 내린 시위대가 시위를 벌였다.[29]

빈 시장의 지방정책 프로그램에서는 주거시설 건설이 우선적인 사업이었다. 1920년 말에 니더외스터라이히Niederösterreich가 자체적인 주로 분리됨으로써, 빈은 1922년 1월 1일에 자체적인 주라는 지위를 갖게 되어 보다 더 자유로운 정책을 실행할 수 있게 되었다.[30] 재정권과 세금을 거두는 관청도 이제 빈에 있게 되었다. 1921년 10월 29일에 주거건축에 대한 구상이 제출되었다. 도시재정의원 휴고 브라이트너Hugo Breitner는 1923년 2월 1일에 진보적인 주택건축세를 효과적으로 도입했다. 1923년까지 2256채의 주택이 완성되었다. 여건과 토지가 마련된다면, 요새나 성의 분위기가 나는 저택과 기념비적인 공동주택단지도 계획했다. 최초로 세운 것이 1924년 메츠라인슈탈러 호프Metzleinstaler Hof로, 오늘날에는 "카를 마르크스

호프Karl_Marx_Hof"로 알려져 있다. 최초의 주택건설프로그램은 5년 안에 2만 5천 채의 주택을 건설할 계획이었다. 이와 같은 목표는 이미 1926년에 달성되었다. 그 사이 중간 프로그램도 나왔는데, 1년 후에 또 다른 프로그램이 나왔다. 빈 구역의 건설능력 덕분에 1919년부터 1934년까지 22만 명을 위해 총 63,736채의 주택이 보급되었고, 여기에 더해서 가게가 2,100군데 들어섰다.[31] 집세가 당시 노동자 가족의 평균 수입의 5~8%에 불과했기에, 주택건설은 사회적인 프로그램이었다. 이런 주택건설을 할 때 브라이트너의 관세시스템을 통해 인해 재정지원을 받았는데, 사치품 세금, 토지 세금과 임차세금은 물론 영업세와 교통세를 모두 합한 세금을 올리는 것이었다.[32] 전제군주가 다스렸을 때 6%라는 최고의 세금에 익숙해있었던 그의 반대파들은 극장을 방문하거나 발레 공연을 감상하는 것처럼 사치품에 대해서 부가하는 세금을 "브라이트너 세금"이라고 불렀다. 1932년 그의 직무기간이 끝날 때까지 재정의원은 "세금의 흡혈귀"라는 오명을 달고 살았다.

빈에서는 건축 부문에서만 새로운 길을 간 게 아니었고, 계획에서도 그러했다. 한 구획의 토지 당 건축물이 건설되는 비율이 줄어들었는데, 이는 모두를 위해 빛과 녹색이 제공되었다는 의미였다. 즉, 부엌에는 낮에 빛이 들어왔고, 안뜰은 넓었으며 푸릇푸릇했다. 집에는 최소한 방이 두 개는 있었다. 수도시설과 화장실은 집 안에 있었고, 더이상 계단이나 더 높은 곳에 있지는 않았다. 여기에서 비교를 한 번 해보겠다. 1919/20년 오스트리아 마르크스주의자 브루노 프라이Bruno Frei는 빈에 사는 유대인들의 주택 222곳을 방문했는데, 특히 2구역과 20구역이었다. 《빈에 사는 유대인들의 궁핍》에서 그는 다음과 같이 지적했다. 즉, 91곳의 집이 방 하나, 별실 하나와 작은 부엌으로 이루어져 있었고, 75곳은 오로지 방 한 칸과 정말 작은 부엌으로 이루어져 있었다는 것이다. 프라이는 작은 집에서 평균 6명의 식구들을 만났다. 집의 40%에서는 하루에 몇 시간만 잠을 자기 위해 돈을 지불해야 하는 "숙박자"도 발견했다.[33] "공동주택"을 사회민주주의와 연관시켰던 것은 자체로 이해가 되었다. 빈 사람 세 명 가운데 한 명이 곧 사회주의 정당에 가입했으니 말이다.[34]

주택건설 프로그램은 현대적 사회정책의 일부였다. 넓은 주거지역에는 공동체가 사용할 시설들인 "주택에 이은 시설들"[35]도 마련했다. 즉, 중앙 세탁 및 부엌, 수영장, 도서관과 회의실, 체육관 및 체조실, 어머니 모임장소와 세입자회의실, 병원, 약국, 그리고 예술가를 위한 아틀리에, 작업실과 어린이를 위한 얕은 풀장도 있었다.[36] 이런 것들은 공공의 복지 사업이 어떤 것인지를 반영해준다. 건강에 대한 배려와 건강보호는 특히 한 사람에 의해서 상당히 중요하게 취급되었는데, 바로 율리우스 탄들러Julius Tandler였다.

1919년 5월 9일에, 50세 생일이 대략 석 달이 지난 뒤였는데, 탄들러는 보건당국의 장이자 국민건강 관련 차관보로 임명되었고 병원의 재정을 개혁했다. 그는 가난하고 아이들이 많은 유대인 가족의 자식으로, 모라비아에 있는 이글라우 출신이었고 1910년부터 빈 대학의 해부학 제1교수를 역임했다. 병원법으로 인해 이제는 자치 단체와 지방이 공공 병원의 비용을 담당하게 되었다. 1920년 11월 10일의 효력으로 탄들러는 복지국과 보건국의 시의원이 되었다. 그는 폭넓은 사회 사업상의 프로그램을 실행하려고 추진했다. "빈 사람들의 질병"이라 불렸던 결핵과 성병을 퇴치하고, 신생아 및 아동 사망률, 그리고 구루병을 줄이고 영양실조와 굶주림을 완화하기 위해 조치들을 발표했다.[37] 사망률은 계급 사이에 다양했는데, 그러니까 어디에서 어떻게 사느냐에 따라서 차이가 났다. 오타크링처럼 빈의 노동자들이 사는 구역에서 천연두, 홍역, 백일해를 앓게 될 확률은 유복한 구역에서 사는 사람들과 비교할 때 엄청났다. 결핵은 1,150%, 천연두는 4,060% 그리고 홍역은 1,260%나 되었던 것이다.[38]

탄들러는 강하게 의견을 냈다. 그리하여 당시까지만 하더라도 지불능력이 있는 정신질환 환자들에게 먼저 제공되었던 "암 슈타인호프Am Steinhof" 요양소가 모두가 들어갈 수 있고 폐를 치료하는 요양소인 "바움가르트너 회에Baumgartner Höhe"로 탈바꿈했다. 탄들러는 아이들과 청소년들을 돌보는 일은 그야말로 기본이라고 간주했다. 그리하여 1925년 한 해에만 16,000명의 미혼모 자녀들과 13,000명의 양자들을 빈의 청소년청에서 보호해야만 했다. 탄들러는 1926년에 "신생아 속옷꾸러미"라는 것을 무료로 전달하게 했는데, 이런 슬로건으로 알렸다. "빈의 어떤 아이도 신문지 위에서 태어나서는 안 된다."[39] 1928년까지 빈에는 시에서 운영하는 어머니 상담소가 35군데 있었고, 이곳은 임신기간 중 그리고 그 이후에 상담을 해주었다. 이곳은 엄청난 성공을 거두었다. 빈에서의 신생아 사망률은 1913년과 1930년 사이에 절반으로 줄어들었다.[40]

빈의 미국 적십자 대표였던 조지 W. 베이크맨George W. Bakeman은 1921년, 무엇보다 아이들이 너무나 큰 고통을 받고 있다는 사실을 알게 되었다. 그리하여 그는 한 보고서에서 무엇보다 한 가지를 강조했다. "아이들은 구출되어야 합니다."[41] 1922년 탄들러는 시의 재정으로 학교에서 아이들에게 급식을 제공하게 했고 "방학 파견"의 형태로 아이들이 휴식할 수 있게 보살피는 행사도 도입했다. 아동 복지 시설과 청소년 복지 시설이 마련되었고, 탁아소, 학교 내 치과, 결혼상담소의 연결망이 만들어졌으며, 학교에는 보건조치들을 구비시켰고 시립 아동병원도 운영했다. 이 모든 것들은 당시에 그야말로 전 세계적으로 유일무이했다.[42] 탄들러는 자신의 사회프로그램의 목표를 공식적으로 표명했다. "우리는 우리 스스로 필요하다고 생각하는 것을 위해 행동한다!"[43]

1922년 보수적인 가톨릭 성직자 이그나츠 자이펠Ignaz Seipel이 오스트리아 수상이 되었다. 그는 이 해의 여름에 하이퍼인플레이션을 억제할 수 없었고, 약간의 경기호황도 무너지고, 국가는 그야말로 붕괴 직전에 있었다. 가을에 영국, 프랑스, 이탈리아와 체코슬로바키아가 오스트리아 공화국에 6억 5천만 금화나 되는 차관을 20년이라는 기간 동안 허락했다. 국제 연맹은 절약조치를 요구했고, 그리하여 1만 명의 오스트리아 공무원들이 해고되었다. 1923년 자이펠은 국민 의회에서 절대 다수를 차지하는 데 실패했고 그리하여—비록 그는 1924년 11월에 사임했음에도 불구하고—1925년 1월 1일에 새로운 통화를 도입했으니, 바로 "실링Schilling"이었다.[44] 그 사이 빈에서는 사회민주노동당이 성공을 거두었다. 사회민주노동당은 1919년 54.2%의 지지를 얻었고, 1927년에 대략 65%, 그리고 1932년 4월에도 여전히 59%의 지지를 얻었다.[45] 빈에서 사회당의 당원 수가 증가한 것은 더 놀라울 정도였다. 즉, 42,800(1913)명에서 1928년에는 417,347명이 되었고, 1932년에는 400,500명 정도였다. 1932년에 그러했으며, 당은 전국적으로는 653,605명의 당원을 가지고 있었다. 즉, 당원들 세 명 가운데 두 명은 빈에 살고 있다는 뜻이었다. 그리고 당원들 가운데 57%는 40세 이하였다.[46]

노동자운동, 여성운동 그리고 청소년운동 내에서는 19세기 후반부터 교육개혁적인 구상들이 퍼져 있었다.[47] 오토 글뢰켈Otto Glöckel의 이상을 소급해볼 수 있다. 빈 외곽지역에서 교사였던 그는 1907년 의회의 사회당 소속 의원으로 선출되었고 1918년까지 당의 교육정책에 관한 대변인의 역할을 했다. 그런 뒤 그는 교육부의 차관보의 직을 맡게 되었는데, 오늘날 이 보직은 교육부장관에 상응한다. 장관으로서의 시간은 1920년 10월 연립정부가 끝이 남으로서 막을 내렸다. 1922년 글뢰켈은 빈의 교육위원회의 의장이 되었다. 그는 1934년 2월까지 이 일을 했고, 자신의 개혁을 세 가지로 크게 분류했다. 즉, 노동수업, 전체수업, 그리고 지역의 특성을 살리는 것이었다. 시대에 맞게 현대화된 학습 자료는 학생들이 적극적으로 배워야만 했다. 그밖에 가르칠 자료에 대해서 의견이 너무 분열되어서는 안 되었다. 세 번째로, 지식은 직접적으로 우리 삶의 주변에 있는 것에서 가져와야 했다.[48] 가톨릭교회와 보수주의자들이 글뢰켈에게 이의를 제기한 것은, 종교수업과 종교적인 연습에 학생들을 의무적으로 참여하게 하자는 부분이었다. 글뢰켈이 주 내각에서 빈의 교육위원으로 바뀜으로서 오스트리아 내부에 학교에 관련하여 이원론이 생겨났다. 관리자의 위치에서 글뢰켈은 이론과 실습에서 증명된 교육자로 자리를 잡았다. 가장 중요한 세 명의 교육자들은 공교롭게도 성이 모두 F로 시작했는데, 빅토어 파드루스Viktor Fadrus(1884~1968), 한스 피슬Hans Fischl(1884-1965) 그리고 카를 푸르트뮐러Karl Furtmüller(1880-1951)[49]였다. 아들러의 지인이었던 푸

르트뮐러를 통해서 학교개혁과 교육적 개인심리학이 서로 연결되었다.[50]

아들러는 정규적으로 교육의 쇄신을 위한 세계적 학회에 참석을 했고, 이 학회는 1923년부터 모였고 회원은 2천 명 이상이었다. 아들러의 권위가 쌓였고, 그리하여 그는 연구회도 이끌었다.[51] 사람들은 교육, 연수, 재교육을 폭넓게 실시함으로서, 금지와 처벌 대신에 무엇보다 자율권과 자율권의 강화를 강조했는데, 학생들에게서 뿐 아니라 교사들에게서도 그러했다. 교사의 교육을 강조하기 위해, 1923년 1월에 빈에 교육 연구소가 설립되었고, 이 연구소는 국립대학과 연계되어 있지는 않았다. 실험 교육학 교수로 1922년 빈으로 초빙 받았던 칼 뷜러Karl Bühler 그리고 우아하고 지극히 지적인 그의 아내 샬로테 뷜러Charlotte Bühler, 막스 아들러Max Adler와 법학자 한스 켈젠Hans Kelsen이 교육 연구소에서 가르쳤다. 이처럼 뛰어난 수업이 진행되자 교육 연구소는 금세 유명해졌다.[52] 푸르트뮐러가 제안해서 아들러도 강사로 활동하게 되었다. 1923/24년 겨울학기에 아들러는 평생 처음으로 1주일에 한 번 교육하기 힘든 아이들에 관하여 2시간짜리 강의를 하게 되었다. 1924년 그는 교육 연구소의 치료 교육학 분야의 교수로 초빙되었다.[53] 1925년 가을에 4학기 대학과 비슷한 과정이 신설되었다.[54] 강의는 1926년 여름학기까지 지속되었고, 그런 뒤 아들러는 몇 달에 걸쳐 미국으로 여행을 떠났고, 1930년에 교육연구소의 교수로 불렸다.[55] 그밖에도 아들러는 지역 학교회의에서도 많은 영향을 주게 되었고, 그리하여 학교 내의 문제들에 대한 토론도 진행하게 되었다. 1927년에 토론한 주제는 "학급, 노동공동체와 삶의 공동체"였다.[56] 그리고 아들러의 구상은 빈에서 학교 개혁을 불러일으킬 수 있는 기본적인 자극을 주었다. 1931년 가을 학기가 시작할 때 개인심리학을 지향하는 하우프트슐레Hauptschule가 문을 열었다. 이 학교는 1927년부터 오스트리아에서 개인심리학 협회의 회장을 맡았던 페르디난트 비른바움Ferdinand Birnbaum,[57] 오스카 슈필Oskar Spiel과 프란츠 샤르머Franz Scharmer가 적극적으로 밀어주었다. 그 어떤 아이도 재능이 없거나 지원할 수 없는 아이로 간주되지 않았고, 정반대였다. 신체상의 체벌이나 위협만 포기하는 데 그치지 않았고, 아이들에게 경고도 하지 못했다. 그리고 표현하는 시간과 교사와의 면담시간도 도입했다. 학급이라는 공동체에게 교육의 기능과 자습하는 기능과 과제들이 옮겨간 것이다.[58]

이와 같은 일련의 변화로 말미암아 교육상담소가 만들어질 수 있었다.

16. 교육상담소

"모든 교육은 동료로부터의 고립과 비생산적 격리를 막는 예방법이다."

울리히 블라이디크 (Ulrich Bleidick)1

폴크스하임 오타크링Volksheim Ottakring 구역에서 아들러에게 최초로 "교육자문위원"을 맡아달라고 요청했다. 오늘날 이 건물은 다른 건물들 사이에 끼어 있는 것처럼 보인다. 입구 앞에는 두 개의 녹색 표지판이 있는데, 하나는 콘크리트 건물로 이루어진 쇼핑몰을 가리키고 있고, 다른 하나는 시청을 가리키고 있다. 수십 년 전에만 하더라도 막강하고 우아하며 크림색인 이 건물은 오늘날처럼 사무실 건물들로 둘러싸여 있지는 않았다. 높이 솟아 있는 입구 위에 녹색으로 글자를 쓴 나무판을 여전히 볼 수 있는데, 거기에는 "오타크링 시민대학"이라고 씌어 있다. 건물 내부에 들어가면 널찍한 강의실이 인상적이다. 아들러가 이곳에서 1차 세계대전 동안 최초로 강의를 했을 때, 의자들은 해부학 극장에서 볼 수 있듯이 한 칸씩 높이 올라가는 형태였고, 서로 연결되어 있었다. 오늘날에는 벌꿀처럼 노란색이며, 서로 떨어져 앉는 좌석으로 되어 있다. 벌집 형태의 천장은 1945년 이후에 설치되었다.

이 당당한 건물이 1900년 이후 가난한 노동자들이 사는 구역에 세워지게 된 것은, 상징성이 있는 정치의 일환이었다. 오스트리아 마르크스주의 사회민주주의의 시민대학이라는 시스템은 사회변화의 중심으로 이해되었고, 전체로서의 사회를 보다 더 쾌적하고 정의롭게 만들어보고자 했던 정치 운동 내부에서 모자이크를 완성하는 하나의 돌에 해당되었다. 문화와 교육, 지식의 전달, 능력과 지식이 그와 같은 길을 준비했다. 삶에 대한 새로운 느낌은 앞에서 선보였을 뿐 아니라, 그렇게 탄생했다. 이와 같은 방식으로 정당의 삶은 건조한 일상과 관료적인 그룹 활동 그 이상으로 돋보이게 되었다.[2]

아들러의 강좌 "실용적인 교육"은 1915년 많이들 들었고 강좌에 대한 수요도 있었다. 전쟁이 끝난 뒤, 정치적 상황과 경제적 상황만 끔찍한 게 아니라, 사회적 상황과 특히 가족과 연관된 교육 상황이 새로운 모델을 필요로 하게 되었던 나라에서, 아들러의 교육 이론은 실용적으로 시대에 유용했다. 그리고 최고로 유행한 시기이기도 했다. 따라서 그의 이론을 실용화하고, 설명하고 선보일 수 있는 장소가 필요했다. 이곳이 바로 교육상담소였다.

이 조직은 교사들, 개인심리학 교육을 받았고 받고 있는 의사들과 교육자들을 지원해주었고, 특히 처음부터 효과를 발휘할 수 있도록 시의 교육 위원회를 지원했다. 여기에 학부모협회도 가세했다.

교육상담소는 1920년대에 점점 늘어났고, 20년대 말에는 그렇듯 자문을 제공하는 장소가 빈에만 28군데가 있었다.[3] 이곳은 가족, 학교, 공공의 청소년지원시설과 입원해 있는 청소년들 원조단체로 이루어진 네트워크의 핵심이었다.[4] 대체로 이 교육상담소는 학교

건물 내부에 있었고, 유치원 안에 있을 경우는 드물었으며, 노동자 운동의 장치일 경우도 많았다. 이들은 반 공식적인 성격을 찬성했고 가르치는 사람과 직접 관계를 맺는 것을 좋아했다. 이 교육상담소는 "개인심리학 실습의 주요영역"으로 간주되었고 동시에 아들러의 아동 및 청소년 교육학과 관련된 이론적인 지식을 적용하는 장소이기도 했다. 즉, 후원, 강화와 자신에 대한 격려였다. 프로이트는 자신의 정신분석에서 이와 같은 영역에 관심도 없었을 뿐 아니라 아예 무시했다. 지그프리트 베른펠트Siegfried Bernfeld, 그 뒤에 안나 프로이트Anna Freud와 빈 정신분석학자 아우구스트 아이히호른August Aichhorn에 와서야 아이들에게 관심을 가졌다.[5]

전후 교육에 관한 담론 중에서 가장 많이 등장한 슬로건은 방치였다. 궁핍과 가족의 비참함은 아이들과 청소년들에게서 정신적인 어려움을 불러일으켰다. 이들은 "힘든 아이들"이 되었다. 따라서 스파르타 방식 대신에 대화, 충고와 자문을 할 수 있는 곳이 제공되었다. 아이들과 부모들에게 말이다. 이때 사용했던 기본적인 도구는 공감, 진단과 심리치료, 그리고 마지막으로 인간이해로 이루어져 있었다. 상담은 공개적으로 실시되었다. 공개적이라는 말은, 각자가 방법상의 절차를 자신의 눈으로 볼 수 있으며, 이를 다른 이들에게 전달할 수 있다는 의미였다.[6] 이런 점에 대한 논쟁이 불이 붙었고, 아들러는 반격을 가했다. 아들러에 따르면, 공개적으로 상의함으로써 아이에게 긍정적인 영향을 줄 수 있다는 얘기였다. 이를 통해 아이는, 자신 혼자만이 존재하는 게 아니라 다른 사람들과 연계되어 있다는 사실을 경험할 수 있다는 것이다.[7] 루돌프 드라이쿠르스Rudolf Dreikurs는 설명하기를, "그룹은 의미심장한 용기를 보여주는데, 왜냐하면 각각의 부부가 겪는 어려움을 참석한 부모들 모두가 나누고 있다는 것을 보여주기 때문이다. 그리고 많은 어머니들은, 다른 어머니들과 함께 토론하는 것을 보고 있노라면, 스스로 충고를 들으려고 갔을 때보다 더 많이 배운다."[8] 처음에 교육상담소는 교사자문위원회였다.[9] 청중들은 대부분 교사들이었고, 여기에 의사들 몇몇, 대학생, 사회 복지 시설에서 일하는 사람들이 소수 있었다. 개인심리학의 기본 개념들과 도구들을 만나게 됨으로써, 이런 위원회 시스템은 개인심리학을 대중화시키고 널리 알리며 새로운 추종자들을 확보할 가능성을 제공했다. 학교개혁은 혁명적으로 완성되어야 했고, 내부에서 해야 하고 학교체계를 완전히 해체해서는 안 되었다.[10] 그처럼 오스트리아 사회민주주의자들의 학교 개혁은 이어서 진행될 모든 개혁과 변화를 위한 중심점이 되어야 했다. 이로부터 "치료자문위원회"가 생겨나게 되었다.[11]

아들러가 1919/20년 겨울학기부터 일주일에 한 번 했던 심리교육학 세미나—어린 아이들의 심리학에 관해서였는데, 이어진 두 번의 겨울학기 동안 아들러는 그 다음 번 아이들, 그러니까 학교에 들어갈 아이들과 사춘기 아이들을 위한 강의를 준비했다—를 듣기 위해 학부모들은 자식들을 데려왔다. 청중들 가운데는 아버지보다 어머니가 더 많았다.

최초의 공식적인 교육상담소는 1921년 학교에 그리고 사회복지 성격을 띤 조직 "어린이들 친구"라는 학습건물에 설치되었다. 1923년 빈에는 네 곳이 생겼다. 폴크스하임 오타크링은 아들러가 맡았으나, 나중에는 에르빈 벡스베르크Erwin Wexberg가 맡게 되었다. 시내에서는 "준비Die Bereitschaft"라는 단체가 자신들의 강의실을 사용할 수 있게 제공했고, 에벤도르퍼Ebendorfer 가에 있던 노동청은 월요일과 금요일 17시부터 19시까지 사용할 수 있는 방을 제공했다.[12] 제2구역에서는 "어린이 친구"가 자문위원회를 담당했다. 20구역에서는 번갈아 가면서 학교 두 곳에서 만났던 교사 작업공동체가 있었다. 이것 역시 아들러가 지도했다. 1925년 3월부터 이 구역에는 "어린이들 친구"에 의해 설립된 새로운 위원회가 생겼다. 1926년 여름에는 시에 이미 교육상담소가 17군데가 있었고, 종합하면 1주당 26시간을 개방했다. 이 해의 2분기에 또 네 군데에서 위원회가 마련되었다. 1929년이 되자 정점에 달했는데, 당시 빈의 제1구역에는 세 군데, 제2구역에는 네 군데, 제3구역에는 세 군데, 제4구역, 5구역, 6구역, 7구역, 10구역, 14구역, 15구역, 16구역, 17구역, 18구역과 21구역에는 각각 한 곳이 있었고, 19구역과 20구역에는 세 군데, 13구역에는 두 곳이 있었다. 이들의 활동은 명예직이었다. 최고 윗자리에는 한 명의 의사와 존경받는 교육자이자 교사가 한 명 있었으며, 이 교사는 2주마다 한 번 열리는 아들러의 세미나에 참가했다. 교육 상담소는 대체로 저녁 시간에 문을 열었고, 몇몇 곳은 며칠 동안 연달아 저녁에 문을 열었으며, 자신들의 활동에 맞추어 14일마다 또는 한 달에 한 번만 문을 열기도 했다.[13] 이곳에서 관심을 가진 사람들은 개인심리학이 얼마나 유용한지를 체험할 수 있었다.[14]

이러는 가운데 아이와 부모를 다루는 의식 같은 것이 고정적으로 정해졌다. 부모가 동의하면, 아이와의 상담은 공개적으로coram publico 이루어졌다. 이 과정은 의사와 치료 또는 교육에 종사하는 교사의 협력에 의해서 진행되었다. 이 때 특이한 점은, 준비를 할 필요가 없다는 것이었다. 매번 사전에 과거 자료나 문서들을 참고하지 않고 분석했으며, 해결책도 즉석에서 제안했다. 직감, 공감능력, 그리고 환자와 치료사의 협력이 중요했다. 강좌와 강의와는 반대로 이러한 상담은 무료였다.

상담위원회의 활동이 늘어나면 늘어날수록, 재능이 서로 다르지만 치료에 임하는 사람들의 수가 더 늘어나면 날수록, 준비와 치료의 수준을 확보할 수 있는 표준을 마련할 필요성이 더욱 높아졌다. 이미 상담했던 경우의 병력病歷을 포함해서 말이다. 교육을 받아야 할 영역은 다양하게 차등화되어 있었다. 의사들은 아들러가 일했던 마리아힐퍼 외래 진료소의 진료실에서 배울 수 있었고, 종합병원이나 또는 신경병원에서도 배울 수 있었다. 치료교육학자, 교사와 사회 복지 종사들을 위해서는 일반적이고 특수한 과정이 있었다. 개별 상담위원회에서는 금방 시작한 전문가나 교육을 받은 전문가들이 청강을 했다.

이들 교육상담소들은, 사적인 개별상담소도 포함해서 1924년과 1934년 사이에 빈에는 백 군데 이상 있었는데, 교육활동을 위한 중요하고도 진보적인 자극이 나왔다.[15] 소피 라자스펠드Sofie Lazarsfeld는 다양한 교육상담소에서의 경험과 자신이 직접 행한 실습을 모아서 1927년 《거짓말쟁이 아이》를 썼다. 이렇듯 소책자로 요약했던 그녀는 2년 후 더 정교하게 정리해서 "현대 교육의 기본개념"이라는 소고를 자신이 발행했던 책 《교육의 기술》에 실었다. 여기에서 핵심이 되는 생각은, 어른들은 오로지 아이에게, 아이가 충족시킬 수 있고 달성할 수 있는 것만 요구해야 한다는 것이었다. 이 말은, 교육을 담당하는 사람은 할 수 있다, 라고 하는 문장을 이용해서 아이에게 아이 스스로 행동할 수 있는 여지를 열어줘야 한다는 의미였다. 아이들이 진실함과 공동체를 목표로 삼을 수 있도록. 라자스펠드에 따르면, 거짓말 하는 교육자들은 이와 같은 요구에 상응할 수 없는데, 그런 교육자들은 "주변 사람들에 대한 신뢰"를 파괴해버리기 때문이다. 교육자들이 얻어낼 수 있는 결정적인 성과는, 자신이 앞장을 서고 아이에게 "용기를 주어서 (……) 공동체로 나아갈 수 있는 길"을 매끄럽게 닦아주고 아이를 자체적인 인격으로 존중하는 데 있었다.[16] 영향력 있는 개인 심리학자 부부인 알리스 륄레-게르스텔Alice Rühle_Gerstel과 오토 륄레Otto Rühle도 일련의 논문들을 발간했는데, 제목은 〈교육하기 어려운 아이들. 일련의 글들〉이었다. 라자스펠드는《올바르게 삶을 영위하기. 개인심리학의 기본 원칙에 따라 사람들의 교육에 관한 서민적인 논문》라는 글을 출간했다.

네트워크로 이루어져서 진행되었던 교육상담소라는 시스템은 본질적이며 효과적인 기구라고 해서 다른 국가에도 도입했다. 세계경제 위기의 여파로 그리고 정치적인 상황도 매우 암담해지자 빈에서도 이 교육 상담소의 수가 줄어들었다. 1932년에는 27곳이었는데, 1933년에는 10곳, 이후에는 5~9곳이었다.

17. 마네 슈페르버

"인간은 타인이 없다면 나라고 할 만한 것도 없는 존재다."

마네 슈페르버 (Manes Sperber)1

그것은 거리 한복판에서 생긴 일이다. 극장들이 줄지어 서 있고, 오락을 즐기는 술집들이 늘어선 거리였다. "요즘도 여전히 나는 칼 극장 근처에 있는 그 장소를 지명할 수 있을 것 같다. 바로 그곳에서 그날 저녁 문득, 환상이라는 잔해에서 살아가는 법을 배우지 못했기 때문에, 내가 매일 프라터 공원으로 달려간다는 생각이 들었다. 나는 알고 싶었다. 왜 환상을 갖고 살든 환상 없이 살든 똑같이 사는 게 힘든지. 그때부터 나는 이것을 알고자 하는 생각을 멈춘 적이 없다. (……) 나는 5년이 더 필요했다. 대답을 들을 가능성과 대답의 난해함을 파악할 때까지 말이다. 열여섯 살이 되기 전인 1921년 가을, 나는 시민대학의 한 강좌에서 알프레드 아들러 박사를 만났다. 박사는 당시에 쉰한 살이었으니 삶의 절반 이상을 이미 살았던 분이다. 강좌가 끝나면 대부분 세미나가 열렸고, 항상 저녁에만, 월요일 저녁에만 열렸으며, 치르쿠스가세Zirkusgasse의 소피엔 인문계고등학교의 한 학급에서 진행되었던 것으로 알고 있다."[2]

매끈한 얼굴과 가냘픈 몸매로 열다섯 살보다 더 어리게 보였던 이 소년이 바로 마네 슈페르버였다. 독서광이었고, 5년 전에 빈으로 왔다.[3] 1916년 여름에 그는 형제 밀로와 부모와 함께 동쪽에 있던 갈리시아에서 오스트리아의 수도로 옮겨왔다. "1916년 7월 27일, 우리가 빈에 있는 프란츠요제프 역에 내렸을 때 나는 열 살에서 7개월 더 지나 있었다. 나는 내가 다시는 돌아가지 못할 것이라는 생각도 하지 못했고, 예상도 못했으며, 물어보지도 않았다. 왜냐하면 나는 우리 앞에 정말 거대한 문이 열리고, 그 문을 통과해 들어가면 더 넓고 미래를 예측할 수 있는 세계로 들어선다는 확신으로 가득 차 있었기 때문이다. 모든 것이 우리 앞에 놓여 있었다."[4]

오스트리아-러시아의 전방은 슈페르버와 가족이 살았던 사볼로티브Sabolotiw까지 밀고 들어갔다. 게다가 소수민족을 박해하는 공격도 가해졌다. 이 지역에 살던 1만 명이 대부분 유대인이었는데, 슈페르버 가족도 빈으로 피난했고 레오폴트슈타트에 있는 작고도 벌레가 득실대는 집에서 살게 되었다. 살아남기 위해 슈페르버 부모는 담배를 말아 푼돈을 벌어야 했다.[5]

1917년 마네는 유대인 청소년운동 "젊은 파수꾼Hashomer Hatzair"이라는 그룹에 들어갈 수 있었다. 이 단체는 시온주의자이고 사회주의자이며 "무정부주의인 소외자 그룹인 젊은 이주자들로 구성되어 있었는데, 이들은 한 편으로 지적이고 탈무드식 교육에 연계했고, 다른 한 편으로 영국의 보이스카우트를 지향했다."[6] "젊은 파수꾼"은 신입회원이 더 나은 삶에 대한 꿈을 위협받고,[7] 그리고 배척, 제외, 반유대주의라는 벽에 부딪히자, 그에게 공동체와 목표를 제공했다. 슈페르버는 이 단체에서, 학교가 자신에게는 거부했던 것을 발견했는데, 바로 교육과 성공할 기회였다. 그는 열네 살에, 풀이하자면 '형제들'이라는 뜻을 가진 작은 모임의 대장이 되었다. 이로부터 1년 후 그는 지도부에 들어갔다. 그는 조직을 만들고 대화를 하는 데 있어서 재능이 있는 사람으로 인정받았다. 하지만 슈페르버는 위계조직에서 펼치는 훈육에 강력하게 반대했다.

그런 뒤에 소피엔 김나지움에서 월요일 저녁에 열렸던 강좌에 참가했다. 강연자였던 알프레드 아들러라는 사람은 튼튼하고 살도 쪘고, 작은 콧수염도 있었고, 동그랗고 테가 없는 안경에, 유쾌함을 발산하고, 예리한 시선과 사로잡는 말솜씨 그리고 교육학에 대한 열정이 가득했다. 슈페르버는 왜 여기에 참석했을까? "배우기 위해서였다. 하지만 다른 이유도 있었는데, 논쟁하고, 의심을 표현하고, 파악하기 위해서였다. 왜냐하면 나는 너무 먼 곳에서 왔기 때문이다."[8] 아들러의 특이함이 그의 눈에 띄었다. 즉, "그는 자신이 반대하는 사람에게 용기 있게 들어갈 수도 있었고, 강연을 하는 자신에게 한 번이라도 자신의 편이 되어주기를 바라는 소망도 동시에 갖고 있는 듯했다."[9] 8주도 되지 않아 과도하게 명예욕에 사로잡혀 있던 슈페르버는 직접 발표를 했는데, 하나는 대중심리에 관해서이고 다른 하나는 혁명가의 심리에 대해서였다. 이 두 가지 주제는 분위기가 있었고 자서전적인 이야기를 바탕으로 하고 있었다. 열여섯 살 소년은 열광적으로 인민주의 서적들을 빨아들였고, 그러니까 집단 농장과 생산 협동조합의 형태를 선전하던 낭만주의적인 무정부주의적 농촌 민주주의자들의 글들을 미친 듯이 읽었다.[10]

아들러는 이 십대 소년을 개인 심리학자들의 모임에 초대를 했는데, 당시에는 어두컴컴한 술집 타박스파이페Tabakspfeife에서 만났다. 슈페르버는 가장 어린 참가자였고, 아들러는 자신의 이론에 대하여 비판하는 소년과 논쟁을 펼쳤다.[11] 1년 뒤 슈페르버는 《신경과민 성격에 대하여》를 읽었고, 의학적인 설명 대부분은 제대로 이해할 수 없었음에도 불구하고, 깊은 인상을 받았다. 어쩌면 그 사이, 슈페르버에게서 대단한 재능과 엄청난 지적인 연구욕구를 발견했던 아들러의 인격에 감동했을 수도 있다. 슈페르버는 아들러가 오리엔테이션 강좌를 맡길 정도로 단기간 개인심리학에 관한 지식을 습득했다. 슈페르버는 초기 치료 과정들을 시도해도 될 수준에 이르렀다. 여기에서 아들러는 슈페르버의 끓어넘치는 에너지에 꼭 맞게 대응했다. 젊은이는 새롭게 자존감을 얻게 되었고 발전도 했는데, 이때 아들러는 아버지를 대신해주는 사람이었다. 슈페르버는 엄청난 열정으로 개인심리학 교육단계를 통과했고, 1926년 여름에는 디플롬 졸업장(성적은 "A")을 땄고 이때부터 치료 교육자로 일할 수 있는 자격을 얻게 되었다.[12] 이때 그는 이미 작은 커피숍의 뒷방에서 만났던 개인심리학 노동조합의 회장을 한 동안 맡은 뒤였다. 너무나 열성적이고 집요하게 일을 했기에, 개인심리학은 아들러와 슈페르버와 같은 새들이 모여 있는 거대한 새장이라는 농담도 할 정도였다.

그 외에 슈페르버는 신문에 보낼 기사도 쓰기 시작했다.[13] 이와 동시에 그는 1924년 빈에 정착하게 되었던 소설도 썼다. 아들러는 이런 모습을 좋아하지 않았다. 그래서 지금 작가가 되고자 하면 결코 좋은 심리학자가 될 수 없을 것이라고 말했다고 한다.[14] 실제로 슈페르버가 썼던 《사기꾼과 그의 시대》 원고는 80년 동안 인쇄되지 않았고, 2005년에야 출간되었다. 그것은 놀라울 정도로 재능을 실험한 것이다.[15] 슈페르버는 그밖에도 노동자발표자로 그리고 서민들의 교육을 담당하는 강연을 했고, 저녁강좌와 폴크스하임에 있는 재교육도 맡아서 했고, 문학, 정치와 심리학에 관해서 연설도 했다.

단체가 적극적으로 다뤘던 주제로 노동세계와 노동자세계로부터 발생한 문제들을 개인심리학으로 상담한 경우가 규칙적으로 등장했다. 그렇듯 슈페르버는 1927년, 사회주의라고 고백하는 것이 반드시 사회적인 참여를 동반하지는 않는다는 증거를 보여주었다.[16] 슈페르버는 이전 해부터 마르크스와 엥겔스의 책에 완전히 심취해 있었다. 마르크스는 부르주아의 고결한 언어에 대한 비판을 통해서, 그러니까 《루이 나폴레옹의 브뤼메르 18일》[17]로 슈페르버를 사로잡고 말았다. 슈페르버는 역사적 유물론과 계급 없는 사회라는 이념을 무조건적으로 신봉했다.[18] 그는 1926년에 《알프레드 아들러. 인간과 그의 이론》이라는 에세이를 출간했다. 40페이지를 통해서 그는 아들러를 인간적으로 감탄하고 있다는 내용을 기록했다.[19] 반대로 아들러를 비판한 자들에 대해서 강력하게 비판을 했고, 개인심리학적 학설에 대해서는 빈틈없이 서술했다. 이 저서가 위인전과 같은 작품이었다는 사실은 모든 것을 여기에 초점을 둔 것 같은 마지막 문장에서 나타났다. "알프레드 아들러는 우리 시대의 사회적 천재이다."[20] 그것은 아는 척하는 스물한 살 청년이 이뤄낸 매우 인상적인 성과였다. 아들러로부터 은혜를 입고 보호받는다는 것은 확실했고, 다른 편으로부터 비판과 시기와 도전을 받았다.

아들러는 한 동안 슈페르버를 자신의 조직원이라는 역할을 주어 베를린으로 보내는 게 어떨지에 대해서 깊이 고민했다.[21] 슈페르버는 독일의 수도를 잘 몰랐지만, 그를 그곳으로 이끌었다. "아들러의 소망 외에도 그러고 싶은 몇 가지 이유가 있었고, 정치적인 이유도 있었다. 그리고 이런 정치적 이유는 7월 15일 이후[빈의 법정에서 화재가 일어났고 이어서 노동자와 경찰 사이에 싸움이 일어남] 결정적으로 중요해졌다."[22] 슈페르버는 베를린으로 가기로 결정했다. 오로지 거기에 가야만 혁명가가 될 수 있고 혁명을 위해 작용을 할 수 있다고 그는 믿었다.[23] 아들러의 베를린 계획은 당시에는 개인심리학 협회 내에서 왼쪽 날개가 될 수 있을 것으로 보였으나, 결국 불행한 징조로 드러나고 말았다.

18. "공동체"와 "생활양식"

"그렇지만 원자는 혼자잖아요. 저는 장미가 되고 싶습니다.
장미는 보기에도 아름답고, 사람들에게 기쁨을 주며,
수풀에서 다른 장미들과 함께 자라니까요."

알프레드 아들러[1]

아들러가 1차 세계대전의 마지막 해에 취리히에서 표도르 도스토옙스키에 관한 강연을 했을 때, 그 장소는 연주회장이었다. 이 웅장한 건물은 1895년 10월 19일 요하네스 브람스에 의해 낙성식을 가졌는데, 이 작곡가는 〈승리의 노래〉 작품번호 55를 이곳에서 지휘했다. 아들러는 빈에서 대학생이었을 때 이 작곡가를 보고 싶어 했다. 그밖에도 이 연주회장은 합스부르크 왕가에서 독보적으로 빈의 극장을 건축했던 페르디난트 펠너Ferdinand Fellner와 헤르만 헬머Hermann Helmer의 건축사무소에서 설계했다. 드물게 문학에 관해 진행한 아들러의 강연을 위해서는 그야말로 으리으리한 무대였고, 여기에서 그는 과감하게 시작했다. "땅속 깊숙한 곳에, 시베리아의 광석 동굴에서, 드미트리 카라마조프는 영원한 조화에 대한 자신의 노래가 불리기를 원했습니다. 죄를 짓고도 죄책감이 없는 아버지는 십자가를 짊어지고 조화를 이루며 구원을 발견했지요."[2]

1881년에 사망한 소설가의 산문들이 1906년부터 점차 독일어로 번역되었다. 아들러가 취리히에서 강연한 지 1년 뒤에 E. K. 라신 Rahsin에 의한 번역으로 모든 작품들을 볼 수 있었다. 아들러는 《카라마조프가의 형제들》, 《백치》, 《죄와 벌》 그리고 《미성년》에서 인용을 했다. 일체성, 진리를 향한 노력, 거짓을 통해 진리에 이르는 길, 이것이 바로 아들러의 주제였다. 그런데 이것은 정반대였다. 왜냐하면 반자유주의적이고 범슬라브주의자였던 도스토옙스키는 서구에서 정반대의 원칙, 즉 진리를 통해 거짓에 이르는 것을 보았기 때문이다. 아들러는 도스토옙스키의 "나폴레옹 작품들"에서 상반되는 구도를 발견했다. 여기에 나오는 주인공들은 파멸하는 지점에 가서, 이기주의와 권력이라는 패턴, 지배하려는 노력과 이런 경향을 극복하고자 시도했던 것이다. 도스토옙스키는 언어로 대단한 성공을 거두기 위한 도약판이었다. "그[도스토옙스키]는 명예욕, 허영심과 자기애라는 가시로 가장 바깥 국면에까지 튀어오를 언어를 구사했고, 그런 다음 복수의 여신의 합창소리가 목에서 나오게 하며, 한계선까지 몰아서 사냥을 한다. 그곳에서 조화롭게 노래 부를 수 있도록 인간의 본성을 통해 주어진 한계까지."[3]

그런 뒤에 아들러의 강연에서는 그에게 핵심이 되는 하나의 개념이 등장하는데, 바로 "공동체의식"[4]이다. 아들러는 작가의 발전과정을 추적해갔다. 소외, 오만과 자기애에서부터 다른 사람을 위해 도움을 제공하는 자세와 민족에게 헌신하려는 자세까지. 아들러에 따르면, 우리가 전혀 모르지만 예측할 수 있는 유일한 실재란 공동체감정이다. 그 점에서 이 러시아 작가는 사실주의자였으며, 동시에 윤리학적 심리학자이기도 했다. 아들러의 설명에 따르면 생계,

권력에 대한 추구, 우월감, 우울증의 발생, 폭정을 하려는 경향, 꿈에 대한 설명, 이 모든 것들을 도스토옙스키에게서 발견할 수 있다. 달리 표현한다면, "하나의 **목적**, 하나의 종착점을 눈앞에 세우지 않고서는, 어느 누구도 행동하거나 사고할 수 없다."[5]

아들러에 관한 저서를 쓴 저자들을 보면, "공동체감정"은 1918년 그의 글에 직접 등장했다는 의견이 오랫동안 지배적이었다. 이 개념을 낭만적인 구상에, 헤겔의 색채가 입혀진 사회주의라는 관념론과 연계한 것일까? 최근의 경향은 이와 같은 생각을 수정했다. 최초의 싹은 1908년으로 거슬러 올라가는데, 간접적인 형태로 1900년 이전에 출간했던 사회의학적 논문에 등장한다. 구체적으로는 자유 개인심리학회의 12가지 기본원칙에서 사회와 공동체와 관련된 생각들에서 언급되었다. 이 원칙들은 1913년에 기록하기만 했고, 1920년에야 비로소 출간되었다.[6] 열한 번째 원칙에는, 모든 신경증 증세는 "공동체감정이 발전할 수 있는 것을 자동적으로 방해하는" 방향으로 향한다고 나와 있다. 이와 같은 자동조절 운동은 신경질적인 형태를 띠고 **상식**commen sense, 공동의 의미, **공통된 판단력**sensus communis을 위태롭게 만든다는 것이다.

이로써 신경증이 있다는 말은, 임나누엘 칸트의 의미에서 개인적인 판단력sensus privatus이며, 혼란스럽게 된 상태이다.[7] 중요한 것은 "길거리에서 외치는 지혜"*이며, 아들러는 바로 그것을 목표로 삼았다. 상실을 보완하고 보상하는 것, 그것은 개인심리학에 부여된 가

* 잠언 1:20

장 탁월한 과제였다.[8]

실용적인 처세술로서의 상식—이는 결단력, 눈으로 대충 감을 잡는 능력과 합리성을 지향하는 목표와 연계한 아주 미세한 느낌[9]인데—은 17세기와 18세기의 이념과 교육에 대한 생각을 구성하고 있었다. 섀프츠베리Shaftesbury에서부터 칸트에 이르기까지 말이다. 호모사피엔스는 오류를 범하고 혼란을 일으킨다는 점을 고려할 때 인간에 대한 지식도 필요했다. "인간은 극장을 만들고, 자신들의 허구 속에서 연기한다."[10] 아들러의 의미에서 심리치료란, 개인을 상식과 분리시켜서 자신의 개인적인 논리로 자꾸만 환원시키는, 이른바 자기를 감금시키는 것을 보여주는 것이다. 그리고 자신은 어떤 오류를 범하는지 잘 통찰한 뒤에 개인의 내면에 있는 공동체감정을 구축해주고 이러한 윤리적 감정을 강화하는 데 있다.[11] 이때 인간의 뇌는 이성을 인도하고, 조정하고 그리고 협력하게 함으로써 본질적으로 중요한 역할을 한다. 핵심적인 기관으로서 뇌는 하나의 기관이 지닌 나약함을 기록하여 그것을 보상하고, 되돌릴 수 없는 결함일 경우에 기능을 분산시키도록 한다. 이것이 한 사람에게서 상식과 보상의 형태로 나타나는 것이다. 상식이란 "현실 감각"이라 할 수 있다. 공동체의식은 자기에게 집중되어 있는 신경증과 허구화의 정반대이다. 이 의식은 감각적이고 의식하지 못하거나 약간만 의식하지만, 상당히 성찰을 많이 한다. 아들러는 프로이트의 의식이라는 카테고리에서 잘못되고 불행한 의식에 대한 재앙을 보았다. 이를 수정하려고 개입하는 것은 오만하거나 빈둥거리거나 틀렸다. 그리하여 아들러는 의식이라는 것 안에 정주하고 있는, 감독기관이라 할 수 있는 상식을 목표로 삼았다.[12] 아들러에게 상식은 일종의 육감이었고, "직감적으로 적절한 것을 행하라고 충고할 수 있는 마법적인 능력인데, 즉 '너무 많이' 보상하지 않게 한다. 올바르게 충고해야 한다는 압박은 개인심리학의 시각에서 보면 아주 어린 시절부터 시작한다."[13]

이와 같은 마법의 능력은 공정함과 사심없음에서 나온다.[14] 사심이 없는 사람은 올바르고 균형 있는 상태가 될 수 있다. 이는 목표에 맞게 보상을 실행할 수 있게 해준다. "인간은 자기가 이해하는 것보다 더 많이 알고 있다"라고 아들러는 말한다. 상식에 반하는 것, 상식과 충돌하고 방해하는 것은 모두 합리적인 이해로부터 벗어나서 현실에 맞지 않는 것들이다. 이것이 "의식"과 "무의식" 사이의 분리를 지워버린다. 아들러가 볼 때, 이성을 통해 파악할 수 없는 것은 무의식에 남아 있다.[15]

실제로 아들러가 사용했던 "공동체감정"이라는 개념은, 1914년 늦봄에 《개인심리학 잡지》에 발표되었던 논문에서 찾아볼 수 있다. 제목은 〈삶과 신경증 상태에서의 생활거짓말과 책임감〉이었다.[16] 이 논문은 우울증에 관한 연구였다. 이와 같은 감정 상태는 자신을 더 작게 만들고, 실제보다 더 작게 만드는 수단으로, 속여서 믿게 하고 거짓말 하는 상태이다. 제한적 사고와 말할 때 주저하는 태도, 거기에 단정치 못한 자세, 이 모든 것이 공동체감정이 부족하다는 신호이다.[17] 1914년 3월에 열린 개인심리학회 모임에서 아들러는 "공동체감각의 이상"에 대해서 말했는데, "이와 같은 이상 위에 우리의 삶이 구축되어"[18] 있다고 한 말이 전해진다. 이는 공동체감정이라는 전문용어—또는 1912년 카를 푸르트뮐러가 쓴 글에 나와 있듯이 "일종의 연대감, 사회적인 본능"[19]—가 개인심리학 담론에서 핵심임을 지시해준다. 프로이트가 사랑에서 성적인 요소를 우선적으로 보았다면, 아들러는 사랑에서 공동체감정을 보았다. 한 사람은 에로스Eros를 강조했고, 다른 한 사람은 필리아Philia, 우정, 양측을 서로 인정해주는 것을 바탕으로 하는 사랑을 강조했다. 지금까지 필리아는 고대 소크라테스 이전의 그리스 철학자들이 생각했던 사랑이었다. 아리스토텔레스에게 필리아는 사랑 가운데 가장 고상한 형태의 사랑이었다.[20] 잘 훈련된 마르크스 독자와 (덜 훈련된) 다윈 독자가 다른 혁명이론가인 표트르 크로포트킨Pjotr Kropotkin*을 읽고서, 이 이론가가 말하는 상호부조扶助가 아들러에게는 공동체감정이라고 추측하더라도 전혀 이상하지 않다. 이처럼 인간을 넘어서서 보호하고자 하는 경향을 아들러는 종합했고, 정치에서 갖는 의미와 도구화를 점점 더 강력하게 도외시했다.[21]

전후 아들러의 두 번째 이론적 단초는 다음과 같은 질문들이었다. 즉, 정신의 건강은 장애를 교정만 하더라도 (정신적 기능을 발전시키고 적응시키며 인격에게 새로운 질서를 부여함으로써) 건강하게 되지 않을까? "정신적 질병"은 결함으로 생기는 것일까? 다시 말해, 환자에게 부족한 무엇인가로 인해서 생기는 것일까? 신경증은 과연 무엇인가가 부족해서 생기는 병일까?[22]

공동체의식은 근본적인 범주로 연계하여 투입되어 있고, 항상 동적인 가치를 가진다. 이것은 결코 돌이킬 수 없는 것이 아니다. 공동체감정이 포함되지 않는 부분적인 노력은 실패로 드러났다. 이

* 1902년 자연과학저서 '동물세계와 인간세계에서의 상호간 도움'을 출간했다.

상적인 공동체가 최후의 목표가 되었다. 아들러는 1922년《신경과민 성격에 대하여》의 3쇄 인쇄의 서문에서 이렇게 썼다. "우리 개인심리학의 시각은 권력에 대한 추구를 조건 없이 해체시키고 공동체감정을 발전시킬 것을 요구한다."[23]

대략 1922년에 "공동체감정"은 개인심리학 이론의 핵심적인 개념으로 발전하게 되었다.[24] 다른 모든 전문용어들은 쇳조각이 자석에 이끌려가듯 이 마법과 같은 개념을 향해 간다. 아들러는 공동체 개념에 윤리적인 문제에 영향을 줄 수 있는 세팅능력도 부여했다. "우리가 좋은 성격이니 나쁜 성격이라고 명명하는 것은, 공동체의 입장에서만 판단할 수 있다."[25] 구체적인 공동체감정은 "허구적인 규범이 되었고, 노이로제와 정상, 질병과 건강을 판단하는 규범이 되었다."[26]

공동체감정은 다양하게 형성할 수 있는 개념이었고 지금도 그러하다. 이 개념은, 복잡하고 아들러 스스로도 꼼꼼하게 전체를 정의내리지 않았기 때문에, 철학적인 해석이 필요하다. 아들러의 공동체감정이라는 이념이 개인심리학자 카를 하인츠 비테Karl Heinz Witte가 제안했듯이, 초월성의 반대 개념인 "현실성Ciszendenz"*일까? 아들러의 개념은, 공동체감정이 시각을 바꾼다는 점에서만 본다면, 하나의 개정이나 수정의 의미일까? 아들러에 따르면 개인은 오로지 외부 세계와 타인들과의 교환과 상호작용을 통해서만 이해될 수 있다.[27] 아들러는 일찌감치 정당을 수용해야 한다는 것을 알았다.

* cis는 라틴어에서 나왔고, '이 세상의'라는 의미이므로, '현실성' 쯤으로 보면 될 것 같다.

사회주의의 보호를 받든 아니면 기독교의 보호를 받든 상관없이 말이다. 이 개념이 단편적이라는 비판을 막기 위해, 아들러는 구체화를 시도했다. 다른 한편으로 공동체감정은 이상적으로 바라보고 동경하는 상태로 머물러 있어서는 안 되었다. 그렇듯 이 개념은 행동을 결정하고, 경험하고 이용할 수 있는 것으로 묘사되어야 했다. 그 결과는? 건강하고 훌륭한 삶이다.[28] 나와 너의 관계 속에서, 함께하는 충만한 느낌으로부터, 더 나은 삶에 대한 예감을 경험할 수 있다. 자아를 자율적으로, 외부와 무관하게 교육하는 것은 하나의 환상인데, 그런 모습은 하나의 원과 같아지기 때문이다. 자아가 진정으로 훌륭하게 발전하기 위해서는 보다 큰 규모의 공동체감정이 필요하다. 이것이야말로 전체와 함께 라는 감정을 가지고 온다. 이런 관계가 구축될 때라야 비로소 심리적으로 가장 적절하게 균형을 유지할 수 있다. 공동체감정은 태어나기 전에 이미 형성되어 있는 것이며, 별도로 계발해야 하거나 또는 자신의 의지로 계발하지 않고서도 존재하고 있다. 이 감정은 호감과 사랑 같은 감정처럼 "기준이자 조정수단"[29]이다.

아들러는 공동체를 선전만 한 것이 아니라, 실제로 그렇게 살았다. 이런 일화가 전해내려오는데, 아들러가 있는 자리에서 영혼이 다시 태어나는 이야기를 하고 있었다고 한다. 비록 아들러는 이를 믿지는 않았지만, 이 주제에 귀를 기울였고, 다시 태어나면 어떻게 태어나고 싶은지 물어보았다. 한 명이 말하기를, 그는 원자로 태어나서 주변의 힘을 시험해보고 싶다고 했다. 그러자 아들러는 이렇게 말했다고 하다. "그렇지만 원자는 혼자잖아요. 저는 기꺼이 장미가 되고 싶습니다. 장미는 보기에도 아름답고, 사람들에게 기쁨을 주며, 수풀에서 다른 장미들과 함께 자라니까요!"[30]

아들러는 공식화하지는 않았지만 사회성을 우선으로 두는 입장이었다. 공동체감정은 그의 감정을 지상에서 현실적인 것을 지향하도록 만들었다. 그는 사회로 향하는 삶의 형태를 제안했는데, 이런 형태는 인간의 삶 전반적인 것을 결정하고 관통했다. 공동체감정은 한 인간의 능력과 무능력을 가늠하고, 사회적으로 성공할 수 있게 또는 성공을 못하게 상호작용 하는지를 판단하는 기준이었다. 공동체감정 더하기 휴머니티야말로 아들러에게 있어서 성공한 삶의 중요한 기준이었다.[31]

1920년대 중반까지 공동체감정은 통계적으로만 이해되었다. 모든 사람들은 그런 감정을 가지고 있다는 방식으로 말이다. 그리고 모두들 그런 감정을 가지고 태어난다. 교육은 그와 같은 감정을 지속적으로 후원해주고 이를 통해서 권력을 추구하는 노력을 막는데 있었다. 그런 뒤 아들러는 내용을 확장했다. 이와 동시에 그는 신경증과 열등감의 원인을 비관적인 강박본성에서 찾았던 것을 조금 느슨하게 설정했다. 노이로제 증상이 있는 사람에 대한 발언의 수위가 변했다. 아들러는 무시하듯 증상의 등급을 나누었던 입장과는 거리를 두었다. 인정을 받으려는 노력을 포함한 보상과 열등감이라는 기본원칙을 임상에서 확인을 할 수 있었기에 자신들에게 향한 비난도 그다지 의미가 없었다. 당시 개인심리학은 삶 전반을 치료하고자 하는 운동이었다. 이는 에르빈 벡스베르크Erwin Wexberg의 《개인심리학 안내서》가 출간됨으로써 더 강조되었다. 이 저서는 개인심리학의 기본적인 저작물로, 아들러는 서문에서 자신의 이론이 광범위하게 성공을 거두었다고 썼다.

아들러는 훗날 공동체의식이라는 개념을 사회적 관심Sozialinteresse과 동일한 의미로 이용했다. 이는 social interest를 번역한 말이었다. 상식commen sense이라는 개념은 건강의 기준으로 도입했다. 하지만 공동체감각이 어느 정도로 건전한 인간 이성인지, 그리고 만일 정상이 건강함과 동일하다면 공동체에 적응한다는 것이 무엇인지에 대해서는 불분명했다. 실제 공동체에 적응하라는, 그러니까 대세에 순응하는 추종주의를 말하는지? 아니면 "유일한 절대적 진리"로서 미래의 이상적인 공동체를 지향하라는 말인지?[32] 여기에서 다음과 같은 점이 눈에 띈다. 이 개념은 갈등 모델을 해석할 때는 부족했다. 만일 올바른 길에 대한 생각들이 다르다면 어떻게 되는가? 만일 내향적인 사람들의 출신, 경험과 관심이 너무 달라서 서로 충돌하게 되면 어떻게 되는가?

당시에 아들러의 공동체의식이라는 개념에 가해진 비판은 매우 신랄했다. 개인심리학자 오토귈레는 아들러의 공동체 개념을 "비셸-바셸Wischel_Waschel*"[33]이라고 불렀다. 이렇듯 조야한 표현을 통해서 그는 공동체라는 개념은 유토피아적인 차원이라 실현하기 힘들다는 것을 보여주었고, 반反권위주의적 마르크스주의자들의 눈에는 유물론적인 특징이 너무 부족했다. 마네 슈페르버는 1931/32년에도 여전히 마르크스주의자였는데, 공동체감정을 "연기처럼 실체가 없는 윤리ethischen Dunst"라고 매도했다.[34] 1926년에 그는 아들러를 "서양의 공자孔子"(최근의 연구에서 보이듯이, 아들러의 학설은 도교뿐

* 우리말의 "수리수리 마수리"처럼 마술을 부릴 때 사용하는 표현이다.

아니라 불교와도 놀라울 정도의 유사함이 발견된다)이자 "우리 시대의 사회성 천재"라고 예찬하기도 했다. 영국의 아들러주의자인 필립 마이레트Philip Mairet는 그런 점들을 영국과 미국에 전했다.[35] 그와 같은 비교는 완전히 부인할 수는 없다. 유교의 핵심개념들 중 하나인 인仁은 다른 사람들에 대한 호의라고 해석할 수 있으며, 어원을 살펴보면 인간과 숫자 2를 합한 것이다. 그러니까 사회적인 기본 구상이 그러하다는 얘기이며, 사회에서 다른 사람들과 함께 하며 이와 같은 요소를 획득하는 것이 자아의 권한임을 말해준다. 유교의 이 개념도 다른 사람들과의 관계를 통한 교육Er-ziehen durch Be-ziehen에 대해 말하고 있다.[36]

벡스베르크는 공동체감정이라는 다층적인 개념을 다음과 같이 서술했다. 즉, 자기보다 대의大義를 앞세우는 것, 공동체를 위해 뭔가를 하고자 하는 것, 삶과 우주 및 예술과 연계되고자 하는 것, 자신에 대한 책임을 떠안는 것. 그러나 이와 같은 개념의 전환—전후戰後의 개인심리학을 바꾸어놓은—에 따라 자기보다 대의를 앞세우기란 모두에게 쉬운 일은 아니었다. 이미 1918/19년에도 아들러의 추종세력들 안에서 공동체감정이라는 개념은 논쟁거리가 되었다.[37] 몇몇은 떠났다. 이들은 공동체감정이라는 개념을 따라 과학적 심리학이라는 기반을 떠나려 하지 않았던 것이다. 윤리적 측면이 의심스럽거나 심지어 애매하다고 하는 사람들도 있었다. 또 어떤 이들은 의사로 머물러 있지, 철학하는 교육자가 되지 않으려고 했다.[38]

"공동체"는 1920년대에 정치적인 슬로건이 되었다. 선동의 목적에 투입되었고 시민사회에서 과격하게 되었다. 또한 학문적으로는 이 공동체 개념은 진단하는 시각으로 빠졌다. 헬무트 플레스너Helmuth Plessner는 사회철학적인 시각에서 이를 분석했는데, 서른두 살의 이 대학 강사는 1924년에 쾰른 대학에 근무하고 있었다. 그는 공동체의 한계에 주의를 기울이고 자신의 책의 부제, "사회적 급진주의에 대한 비판"을 발견했다.

그는 샹포르Chamfort와 보브나르그Vauvenargues와 같은 18세기의 잠언 저자들에게서 볼 수 있는 소박함으로 이해하기 쉽게 글을 썼다. 그는 초반부터 목표 지향적으로 말하고자 하는 것을 제시했다. "이 시대의 우상은 공동체이다. 우리 삶의 냉혹함과 무미건조함을 조화시키려는 듯, 이 이념은 단맛이 나는 모든 것을 달콤함으로, 모든 다정함을 무기력으로, 모든 양보를 품위가 없어질 때까지 농축했다."[39] 여기에서 급진주의라는 요소가 중요한 역할을 했는데, 이것은 부제로 붙어 있고, 독일 바이마르 공화국의 정치적 사건들의 특징을 보여주는 요소이기도 했다. "급진주의는 정신의 한 당파로, 이 정신이 가진 이념은 무한으로 향하며 어떤 상황에서도 미래의 양심에 경고를 한다. 급진주의는 제한되어 있는 것, 한계가 있는 것, 작은 물건과 발전을 경멸하며, 자제, 침묵, 무의식을 경멸하고, 오로지 위대한 것만 기뻐하고, 폭력적인 것에만 주의를 기울이고, 정화를 좋아하고 그리하여 위선적이며, 원칙적인데 그리하여 강박적이며, 광적인데 그리하여 파괴적이다."[40] 플레스너는 이로부터 몇 가지 의문을 제시했다. 즉, 사람들이 이상적으로 함께 살아가는 환경에서는 폭력이 중화되거나 제외할 수 있을까? 사람들의 육체적인 영역으로 파고드는 공격성과 무폭력 사이의 관계는 어떻게 보이는가? 사람들 사이에서 정직성은 어떻게 행동하나? 사소한 거짓

말은 사회적 그리고 감정적인 연결수단이 되지 못할까?[41]

그는 만능열쇠라고 할 수 있는 자본주의 사회 내에서 하나의 낙관적이자 대립되는 모습을 그렸다고 볼 수 있다. 자동화가 인간을 말살하려고 위협하고 합리화 과정이 진행되고 있는 자본주의 사회에서 말이다.[42] 플레스너는 반론을 허용하지 않은 채, 공동체에 대한 요구는 유토피아적이라고 말했다. 이와 같은 이상적인 유형은 현실에서 가령 소수의 사람들부터, 가족, 교회를 거쳐 노동조합에까지 영감을 줄 수는 있을 것이라고 했다.[43]

이 철학자는 딱 한 가지에 대해서는 기만하려 하지 않았다. 그것은, 모든 형태의 공동의 삶은 "서로 지나쳐서 살아가는 싹도 내포하고" 있다는 사실이었다. 모든 존재의 완전한 일치와 조화로운 화합이란 것은 상상할 수도 없고 가능하지도 않다는 것이다. 인간의 존재는 정신적인 삶에 자극, 분위기, 빛, 삶의 가치를 부여하는, 이른바 잴 수 없을 만큼 수많은 측면까지 포함하고 있다고 한다. 이 사회학자의 글들을 읽어보면, 마치 그는 아들러의 글과 강연을 수용하는 것처럼 들린다. 그는 이렇게 썼다. 품위란 "항상 인격의 전반에 해당되며, 내면과 외면의 조화에 해당한다. 그리고 인간이 추구하지만 소수에게만 부여되는 바의 이상적인 상태를 가리킨다." 사람이 더 높은 곳을 향하면 할수록, 이러한 이상을 달성하기는 더더욱 힘들어진다. 왜냐하면 너무 위대한 주제에만 집중하게 되면 사람은 자신과 자신의 명예욕 사이에 벌어진 틈이 갈라지기 때문이다.[44] 이보다 더 분명하게 서술한 내용이 나중에 등장한다. "개인의 형태와 의미가 얼마나 중요한 위치를 차지하는지는 다른 사람들에게 미치는 영향으로부터 인정받게 되는데, 이들 타인들은 또한 자기 나름대로 형태와 의미를 가지려고 한다. 누군가는 오로지 타인을 통해서 가능하게 되는 인정 안에서만 존재한다."[45]

이와 같은 화법을 고려하건대, 킬 대학의 사회학 교수이자 사회학의 고전이라 할 수 있는 《공동체와 사회》의 저자인 페르디난트 퇴니스Ferdinand Tönnies가 다음과 같이 말한 것도 놀랄 일이 아니다. 즉, "총명한 이 얇은 책"은 사회학보다 윤리학에 더 가깝고 교육학적으로 유용한 내용을 얻을 수 있다고 말이다.[46] 이와 같이 지적한 퇴니스는 옳았다. 플레스너는 새롭게 당연시 되고 있었던 독일에 대한 논쟁에 영향을 미치고 싶었다.[47] 그는 독일 정신사와 철학사라는 무기고에서 총포를 장전했는데, 관념론의 시대, 쉴러, 쉘링과 헤겔, 거기에 게오르크 짐멜, 칸트와 막스 베버의 시대라는 무기고에서 말이다.[48] 그의 논쟁의 핵심은 표현과 표현의 불가능 사이의 건널 수 없는 긴장이었다. 여기에서 플레스너는 육체-정신이라는 인간의 전체를 놓치려 하지 않았다. 그는 이성적이며 감각적인 전체를 강조했던 것이다.[49] 공공과 사적인 것의 차이, 제도의 필요성과 부인할 수 없는 소외의 차이를 방어했다.[50] 플레스너에게 공동체는 존재하지 않은 것에 관해 가장 입체적으로 묘사를 했는데, 사회의 반대편의 전망대에서 묘사했다. 이런 모습은 다음과 같은 형태로 나타났다. 즉, 공공성, 놀이, 외교, 간격, 주저, 하지만 또한 폭력의 형태도 있다. 공동체라는 것을 그는 다음과 같이 분류했다. 즉, 친밀, 직접성, 망설임 없는 행동, 정직, 무폭력, 진실. 하지만 그에게 있어서 실제의 공동연대와 공동체를 유토피아적으로 해석한 것이 명확하게 구분되지 않고 혼란스럽게 섞여 있다.[51] 거의 80년이 지난 후 사회학자인 카를 오토 혼드리히Karl Otto Hondrich는 이렇게 물었다.

"만일 사회의 삶이 정신적인 삶이라면, 어떻게 한계니 한계를 넘어가는 게 있을 수 있는가? 우리는 '공동체의 한계'를 어떻게 이해해야만 하나? 위반할 수 없는 자연적인 것으로서? 아니면 위반해서는 안 되는 규범적인 것으로?" 단 한 가지는 이론의 여지가 없으며 아들러의 공동체-삶의 멜로디에 포함된다. 즉, 현대 사회에 있어서 공동체는 모든 경우에 있어서 항상 서로 일치하지 않는 반주음악을 조화롭게 맞추고자 하는 행동이다. 제거할 수도 없고, 미리 작곡할 수도 없다.[52]

자아 심리학에서 두 번째로 중요한 국면으로 아들러는 "생활양식Lebensstil"이라는 개념을 제시했다. 아들러는 이 개념을 1926년 《개인심리학의 안내서》의 서문에 처음으로 사용했다. 이로써 그는 본보기, 기본노선, 삶의 계획, 사적인 논리 등의 다른 용어들을 대체했다.[53]

생활양식은 행동하는 논리이다. 음악애호가였던 아들러는 이것을 "삶의 멜로디"라고 명명했다. 이런 멜로디 속에는 '어디에서부터'와 '왜'뿐만 아니라, '어디로'와 '무엇 때문에'도 포함되어 있다. 생활양식이라는 어휘로 아들러는 권력에 대한 의지(=보상)와 공동체감정[54]이라는 파괴적 대립과 상호관계의 균형을 잡으면서 개인이 지향하는 바의 목표라고 설명했다. 한 사람이 자신의 삶을 어떻게 살았으며, 어떻게 자신의 삶을 구축하고 형성했는지, 요구와 충돌을 어떻게 해결했는지, 어떻게 실패를 했고, 무엇을 성공했으며, 어떤 인간관계를 관리했는지, 이런 것들이 바로 한 사람의 성격에 포함되는 요소들이다.[55] 이때 평가, 개인 더하기 체험 더하기 심리-신체-사회적 환경은 "참여와 고의적인 구축"과 하나의 공식으로 연결된다. 그 결과는, 우월함이라는 개인의 이상이다.[56] 목적을 설정하고 그것에 빛을 비추는 것이 무엇보다 중요한 일이다. 루돌프 드라이쿠르스Rudolf Dreikurs는 말하기를, 그 누구도 왜 그녀 또는 그가 그렇게 행동하는지 정확하게 알지는 못한다고 한다. 만일 목표들이 분명하다면, 그러면 더 나은 다른 길을 가기 위한, 개인이 공동체와 사회에 통합되기 위한 도구들도 분명해질 것이다. "환자에게 자신이 어떤 사람이지 무엇을 소유하고 있는지, 능력이나 약점, 특징이나 콤플렉스가 무엇이지 말하지 않는 것이 지극히 중요하다."[57]

이때 생활양식은 일종의 풀pool 개념이다. 이는 다섯 살까지 형성되는 특징들이다. 아들러는 이를 "아이의 예술적 작품"[58]이라고 불렀다. 종합해보면 이런 특징들은 충만한 삶으로 인도하거나 또는 우월, 통제와 권력을 욕망하는 자기중심적 성격을 만들어낸다.[59] 이때 생활양식은 경직되고 융통성이 없는 게 아니다. 말하자면 지속적으로 변증법적으로 발전한다고 볼 수 있다. 아들러에 따르면, 결함이 있는 삶이란 정지된 상태에 있고, 위험을 피하는 삶이라고 한다.[60] 아들러가 볼 때, 한 사람을 이해한다는 것은 바로 그 사람의 생활양식을 파악하는 것이다. 이로부터 동기와 정열, 기억과 행동이 설명될 수 있다. 성격이란 트레이닝의 결과물, 즉 생활양식을 실현하고자 노력하는 훈련의 결과이다.[61] 성격의 특징들은 방향을 정하는 기본노선을 결정한다. 그리고 융통성 있고 동적이다. "개인심리학이 생활양식에 대해서, 주관적인 상태와 극복이라는 관계에 대해서, 신경증 환자의 참여에 대한 진술에서 포괄하고 있는 것은, 또다른 전문용어에서는 일상을 극복하는 기술로 부를 수 있고, 이것은 환자의 주관적인 체험과 사회교육적인 개입을 통한 객관적 삶의 실제 사이의 조화를 요구한다는 것을 가리킨다."[62]

아들러는 개인의 생활양식을 하나의 구조를 바탕으로 하는 단일체로 보았다. 파괴되지 않는 단일체로 봤는데, 이것의 구조적 결합도 알 수 있으며 재구성할 수도 있다. 생활양식은 우리의 정신이 직접 조직한 것이다. 그것은 자율적이고, 자신만의 "운동법칙"[63]도 가지고 있다. 운동이니 행동이니 하는 단어들은 아들러가 좋아했던 낱말들이었는데, 왜냐하면 그런 단어들은 긍정적이었기 때문이다. 이런 단어들과 반대되는 것은 정지와 감소, 정신 신경증적 요지부동, "자기 봉쇄"와 "좁아진 행진보폭"(아들러는 가끔 군대 용어를 비유로 들고는 했다)[64]이었다. 그것은 통제와 통제의 문제에 관한 것으로, 이로부터 고대 그리스 철학자의 후계자와 식이요법과 훌륭한 삶의 방식이라는 구상이 나온다.[65] 또한 20세기의 게임이론과 놀라울 정도의 공통점도 발견된다. 생활양식이나 게임이나 "그(게임을 하는 사람 또는 인간)가 자신에게 허용된 정보를 가지고서 어떤 선택을 내릴 것인가에 대한 계획이다."[66]

생활양식에서 개인심리학은 최후의 행동이론이 되었다. 삶이란 "삶의 계획"을 실행하는 기도 혹은 도전인 것이다. 잘못된 생활양식은 일찌감치 현실과 충돌하는데, 무엇보다 공동체와 부딪힌다. 이러한 충돌로 인해 안전욕구를 내포한 생활양식은 위기로 나아가고, 위기로서 터져나오고 이와 같은 위기로부터 통찰력을 얻고 변화를 꾀하게 된다. 만일 그와 같이 전환하지 않으면, 이 사람은 자신의 신경증에 압도당하고 말 것이다. 어떠한 경우에도 삶은 실수를 보상한다. 우주에서는 결국 조화로운 질서가 만들어진다. "실수는 공동체가 서로서로 수정할 수 있다. 모두에게는 언제라도 재생할 능력이 충분히 있고, 그러니까 정신을 전반적으로 재생시키는 상식이라는 것이 주어져 있어서, 인간은 심리적인 대참사를 겪고 나면, 통찰력을 얻고 다른 사람이 자신을 도울 수 있게 하는 법을 배운다. 이 모든 것이 '삶의 의미'를 포괄하고 있다."[67]

아들러는 생활양식이라는 이상으로 프로이트의 정신분석과 대조적인 형상을 구상했다. 프로이트의 경우 인간은 항상 희생자이다. 인간은 자신이 책임질 수 없는 상황들로 인해 자신의 행동에 대해서 사과를 해야 한다. 이와 반대로 개인심리학에서 개인은 스스로 책임을 지며 행동하는 자로 나타나고, 개인의 행동은 매우 중요하게 된다. 아들러는 이를 심리치료사로서 곧이곧대로 받아들였고, 환자들이 누워 있던 안락의자를 제공하지 않는다고 사과를 하고, 환자들의 맞은편에 앉았다. 그리하여 맞은편에 앉은 사람이 신체적으로 어떻게 행동하는지를 볼 수 있었다. 게다가 치료사와 환자 사이의 심리치료라는 일도 눈높이에서 이루어졌는데, 이는 용기를 주고 부담을 덜어주는 최초의 행동이었다.[68] 협력 부족과 공동체감정의 부족으로 인해 생겨나는 과도한 부담을 덜어준다.[69] 과도한 부담을 갖게 되면 그 결과는 자제력을 잃고, 수줍어하며, 용기를 잃은 사람이 되는데, 이런 사람은 더이상 사회성을 느끼지도 소유하지도 못하고, 이와 같은 열등한 위치를 보상을 통해서 우월한 위치로 탈바꿈하지도 못한다.[70]

아들러의 "생활양식"은 임상 심리학이 수십 년 후에야 비로소 받아들였던 하나의 인격이론이다. 그렇듯 "생활양식"은 《임상 심리학에서의 트렌드》("정신적-신체적 적응과 임상-심리학적 개입, '생활양식'로서") 시리즈의 세 번째 권에서 소개되었다.[71] 이후의 심리학자들은 동일한 내용을 담고 있는 비슷한 개념들을 제시하기도 했다.

미국의 해리 스택 설리번Harry Stack Sullivan은 "자아시스템"에 관해서 말했다. 이반 페트로프 파블로프Iwan P. Pawlow의 "삶의 방식"은 동적인 도식을 보여주었고, 행동주의 심리학자 스키너B. F. Skinner의 "규칙을 통제하는 행동"은 아들러의 "생활양식"이라는 의미와 그리 무관하지 않았다.[72]

한 세대가 지난 후 프랑스의 한 사회학자가 생활양식에 관심을 가졌다. 피에르 부르디외Pierre Bourdieu는 이를 "하비투스Habitus"라고 명명했다. 하비투스는 그에게 사회의 이론이자 사회적 평가를 하는 이론이었다. 아들러에게 있어서 "평가"란 뭔가 주관적인 것, "경향성을 띈 통각統覺"을 의미했다. 평가하는 행위는 그 자체로 자유롭지 못하며, 기본적인 조건, "내적인 인과성"의 결과이고, 제한적이며 결코 객관적이지 않다고 했다. 개별적인 기본적 조건이란 상태, 체질, 성별, 신체적 조건을 포함한다. 이로부터 자아상이 만들어지는 것이다. 체험은 세계와 교육적 환경 및 사회적 환경, 가족, 가족의 분위기, 가족의 구성과 형제남매 등에 좌우된다. 감각적 경험들은 지식창고로 들어간다. 이와 같은 지식의 저장고에서 필요한 것을 끄집어내 사용하게 된다. 평가는 개인의 의견에 따라서 나오게 된다. 개인의 의견이 도식(기본 틀, 규범)을 만들고, 이 도식을 가지고 세상을 파악하고 관찰하게 된다. 철학자 게오르크 빌헬름 라이프니츠가 제시했던 개념인 통각의 어원은 근대 라틴어의 동사인 adpercipere에서 나왔으며, "종합적으로 지각하다"라는 뜻이다. 오스트리아에서는 이 단어를 사용할 때가 매우 드물지만, 소설가 하이미토 폰 도더러Heimito von Doderer의 일기장과 편지에서는 이 단어와 반대 개념 통각거부라는 말이 대략 100번 정도 등장하는데, 아들러에 대한 지시는 전혀 찾아볼 수 없다(도더러가 서신을 교환했던 화가이자 작가인 알베르트 파리스 귀터스로는, 이 단어의 출처는 반 공화주의자이며 독일 헌법학자 카를 슈미트라고 봤다).[73]

부르디외는 라이프 스타일을 분석하면서 두 가지 범주를 제안했는데, 하나는 행동의 결과opus operatum였고, 또하나는 행동의 방식modus operandi이었다. 전자는 하비투스의 "구조화된 구조"이며 사회적 상태의 기본적인 삶의 조건들을 통해서 결정된다. 그러니까 언어, 옷, 영양섭취와 다이어트, 주거와 스포츠와 다른 것을 통해서 결정되는 삶의 기본적인 조건들 말이다. 이런 것들은 외부로, 세상에 보일 수 있다. 문화적 욕구의 성격은 사회화라는 조건에 의한 것이다.[74] 그렇듯 어떤 그룹이나 어떤 사회의 계급에 속해있는지 분명해진다. 생활양식은 지위와 사회적 위치에 상응하며, 아들러가 목표로 했던 것의 부분영역에 상응한다. 행동의 방식은 부르디외에 따르면 "구조화되고 있는 구조"이고 "사회활동을 하는 사람의 실제형태와 행동전략을 위한 생성적 교육원칙"[75]이다. 평가와 목표는 아들러의 개념에 보다 더 근접함을 보여준다. 부르디외는, 사회적 주체들은 생성적 구조의 시스템을 가지고 있고, 이것의 도움으로 끝없는 발언을 생산해낸다는 논쟁을 펼쳤다. 그리고 이렇듯 끝없는 발언으로 이들은 생각할 수 있는 삶의 모든 상황에 대응할 수 있다.

부르디외의 사고에서 차별화되는 결정적 특징은 바로 취향이라는 것이다. 이것은 계급의 상징적 표현이다.[76] 하비투스는 운명애amor fati를 생산해낸다. 즉 사람들은 가지고 있는 것을 좋아하고, 좋아하는 것을 가지게 된다는 말이다. 성별 관계에 있어서는 "상징적 폭력"이 존재한다. 즉, "아주 미묘하고, 보이지 않으며, 피사체의 윤곽을 부드럽게 해주는 렌즈 같은 것으로 미화된 방식으로 지배를 연습한다."[77] 사회적 영역은 하비투스 없이는 작동되지 않는다. 거꾸로 하비투스는 다양한 사회적 영역의 관계가 상호작용함으로써 나온 결과인 것이다.[78] 아들러가 개인을 관찰했던 반면에, 부르디외는 사회를 관찰했다. 아들러는 개인으로부터 전체를 결론지었지만, 부르디외는 반대의 방법을 택했다. 두 사람은, 생활양식은 어린 시절에 형성된다고 밝혔다. 부르디외는 억압적인 위계질서를 균등화하고 완화시키려고 했다. 아들러에게 있어서 밑에서 위로 향하는 운동은 하나의 기본법칙이었고, 실제의 관계를 긍정적이고 훨씬 향상된 것으로 바꾸는 작용을 했다. 공동체감정에서 결국은 정신적 건강과 윤리적 행동이 하나가 되었다.

리투아니아 출신의 프랑스 유대인 철학자였던 에마뉴엘 레비나스Emmaneul Levinas도 "운동"에 관심을 가졌다. "'완전한 타인'의 무한으로 이해했던 시간의 '운동'은 하나의 직선으로 초래되지 않으며, 고의적인 빛의 직선과도 같지 않다. 죽음의 비밀을 통해서 특징이 나타나는 운동이 의미하는 것은, 우회로를 통해서 알 수 있다. 타인에 대한 관계라는 윤리적 모험을 감행함으로써 말이다."[79] 개인심리학의 심리치료법에서는 운동은 항상 변화이다. 발전으로 이해하는 이것은 항상 생활양식을 분석하는 것과 연관되어 있다. 생활양식의 분석은 환자와 치료사의 관계에 내재해 있는 것이다.[80] 둘은 정교하게 짜인 규정일람표에 엮여 있다.

1937년에 간행된《개인심리학 국제잡지》1월호에 아들러의 마지막 글들 가운데 하나인〈인류의 진보는 가능한가? 진정으로? 불가능? 확실한가?〉가 실렸다. 아들러는 이 글에서 인류의 발전과 복지를 중요하게 생각했고, 이것은 바로 공동체의식의 정도와 방식을 옮겨놓은 내용이라 볼 수 있었다. "모든 인간은, 대부분 소수이기는 하지만 공동체 감정을 갖고 있기 때문에, 물론 바보들은 예외에 속하고 동물들에게서도 찾아볼 수 있지만, 다음과 같이 받아들여도 된다. 즉, 삶에서 증명된 공동체감정은 생식세포에 가능성으로 뿌리를 내리고 있으며, 통일된 생활양식을 살고 있는지에 따라서 발전하게 된다. 이와 같은 생활양식은 어린아이의 창의적인 힘으로 성장하는데, 다시 말해 아이가 세상을 어떻고 보고 그에게 무엇이 성공으로 보이는가 하는 것으로부터 자라난다."[81]

아들러는 순전히 이미 존재하는 것에 시선을 두지 않았고, 구조적인 합성물에도 시선을 두지 않았다. 그는 삶의 운동에서 그리고 목표를 지향할 때 이용하고, 투입하는 것을 중요하게 생각했고, 발전하고 개발하는 것을 중요하게 간주했다. 성장은—생물학에 근접해 있다는 것을 간과할 수 없는데—주로 어린 시절에 이루어진다. 열등감과 우월감의 변증법적 관계를 극복하고 이를 넘어서 공동체 감정을 가지고 살아가는 삶과 공동체 감정으로부터 벗어나서 살아가는 삶은 종교를 바꾸는 것과 어느 정도 비슷하다. 자신의 삶을 잘못 파악하는 통찰력은 변화를 표시한다고 한다. 이는 참으로 특이하다. 왜냐하면 다른 경우에는 대부분 심리치료란 사소하게 조금씩 진행되며, 비약적인 발전을 이뤄낼 수 없기 때문이다. 심리치료 작업의 막바지에 가면 잘못된 것과 오류들과 근본적으로 수정해야 하는 것을 심오하게 인지하게 될 수도 있다. 아들러는 이를 주체의 총체적 구조의 변화라고 설명하는데, 이러한 총체적인 탈바꿈은

아들러의 후기 저서에서 거의 근대적 자기집중과 주체집중을 혁명적으로 극복한 형태를 띠고 있다.[82]

19. 개인심리학과 사회주의적 성향의 "어린이들 친구"

"아이들에게 궁전을 세워주는 사람은 교도소 담을 무너뜨리는 사람이다."

율리우스 탄들러 (Julius Tandler)1

"오늘날 가족이 붕괴되어가고 있다는 사실은 부인할 수 없다. 가족을 교육시키지 못하면 못할수록, 국가는 더 많이 개입해야만 한다. 이와 관련해서 국가는 의무가 있는데, 가족이 무너지면 가장 심각한 사회문제가 야기되기 때문이다." 이는 주 정부의 각료였던 프란츠 휘버Franz Hueber 박사가 1911년 발표한 연구의 내용이었다.[2] 빈의 아동 보호와 청소년 돌봄 중앙센터의 의뢰로 그는 아이들을 위한 돌봄 시설을 평가했다. 그러자 산업화, 농촌 이탈, 빈민지역, 성공가능성이 없는 노동자들, 핵가족화, 그리고 육체적 폭력과 성폭력을 포함한 결과들이 눈에 들어왔다. "엄마 없는 가계의 황폐함"이라든가 "윤리의 퇴폐"와 같은 슬로건들은 방임과 완전히 반대로 전 세대를 구하고자 하는 의도를 목표로 삼았다.

일용 근로자, 궁핍한 사람들, 착취당한 사람들과 권리를 빼앗긴 사람들의 말이 없던 세계가 목소리를 갖게 되었는데, 이는 《노동자 신문》의 편집자였던 막스 빈터Max Winter와 같은 기자들이 얻어낸 결과였다. 이들은, "나머지 절반은 어떻게 사는가"를 밝혀내기 시작했다. 노숙자 숙소, 관할 경찰서, 얼음 창고나 구조 차량을 타고 빈터는 특파원의 신분으로 갔는데, 다른 사람들은 가지 않는 곳이었고, 다양한 분위기에 어울리는 변장도 했다. 빈터는 수도 빈의 어두운 면에 대해서 기사를 썼다. 플로리드스도르프Floridsdorf와 브리기테나우Brigittenau와 같은 외곽에서 굶주리고 있는 사람들의 황폐함을 묘사했던 것이다.[3] 만일 그가 "빈의 황금의 심장"에 대해서 글을 쓰면, 그것은 신랄한 의미를 담고 있었다. 국가의 구제 사업은 산산조각이 나 있었다. 빈민 사업은 부담스러운 과제로 간주되어 개인들의 자발적인 행동에 맡겨졌고, 모금을 위해 연회를 열고 복권을 만들었다. 1차 세계대전 이후 빈 어린이에 대한 지원과 급식은 이제 미국의 퀘이커 교도들에게 맡겨졌다.

이미 1914년 이전에도 복지 시설들이 있었지만, 후견인이 되거나 억압적인 형태였는데, 그런 시설들은 아동보호시설, 소년취업시설이었고 또는 귀족들이 자신들의 땅을 사용할 수 있게 내어줘서 마련된 "어린이들을 위한 방학용 집단주거나 지원 단체" 등이었다.

그라츠Graz의 사회민주주의자 안톤 아프리취Anton Afritsch는 1908/1909년 구체적인 생각으로 지도를 했다. 즉, 자조를 위한 도움, 자기강화를 목적으로 하는 지원, 시민계층의 자선을 베푸는 행위로부터 해방되는 것이었다. "노동자 부모들이 교육하는 의무를 돕는 것"이 바로 아프리취가 건립했던 "알프스 지역의 노동자협회 어린이들 친구"가 내세운 표어였다.[4] 1915년 "어린이들 친구"는 1천 미터 높은 곳에서 방학을 보내는 통나무집으로 변신을 했다. 서른 명의 아이들은 이곳에서 생애 처음으로 휴가를 보낼 수 있었고, 건강한 음식을 만들어 먹을 수 있었다.[5] 한 위생협회가 아프리취에게 그라츠에 있는 농지를 기부했던 것이다. 이것은 낮에 머무는 숙소가 되었다. 1918년 3월 4일에 10주년을 맞이해서 큰 잔치를 열었다.[6] 아프리취의 조직이 그토록 큰 성공을 거두었던 것을 빈에 있는 사람들은 매우 흥미롭게 지켜보고 있었다. 빈의 외곽에 있는 플로리드스도르프에 1910년 최초로 "어린이들 친구"가 생겼다. 1년 뒤 협회의 본부가 오타크링으로 옮겨졌다. 다른 지역에서도 신속하게 지부들이 생겨났다. "어린이들 친구"는 교육적인 노력과 개혁에 대한 제안을 목표로 설정했고 지방정치는 물론 보다 더 대규모의 정치와도 접촉할 것을 목표로 삼았다. 아프리취의 조직은 빠르게 뿌리를 내렸다. 이들이 주었던 영향력은 하나의 예에서 볼 수 있다. 상인이 되는 교육을 받았던 소년은 가난한 유대인 가정에서 태어났고, 부모가 이혼한 뒤에 가톨릭으로 개종했으며, 그리하여 "어린이들 친구"의 지부가 있는 알저그룬트Alsergrund에 오게 되었다. 바로 오토 펠릭스 카니츠Otto Felix Kanitz라는 소년이었다. 처음에는 교회에서 운영하는 고아원에서 자랐고, 가족도 멀리 있고 망하는 것을 체험했다. "저는 오토이지만 펠릭스는 아닙니다.*" 훗날 카니츠는 그렇게 말했다.[7] 그는 1918년 가을에 독학으로 고등학교 졸업자격을 땄고, 대학에서 철학과 교육학을 공부했으며 1922년 박사학위를 취득했다. 그의 교육에 대한 열정은 대단했다. 1916년부터 이미 그는 "어린이들 친구"에서 교사로 일했다. 전쟁이 끝나고 난 뒤 카니츠는 더욱 활발한 활동을 펼쳤다.[8]

* felix는 라틴어로 '행복한'이라는 의미다.

빈에서 활동했던 그룹이 지향했던 방향은 아프리취의 의도와는 달랐다. 1917년 7월 1일에 도시 복지청과 청소년청이 만들어졌다. 이는 청소년을 돌보는 업무를 가난한 사람들을 돌보는 업무와 분리하겠다는 신호였다. 1918년 5월에 "사회 행정을 위한 도시 아카데미"가 조직되었다. 이와 나란히 아이들과 청소년들에 대한 관리를 하고 음식을 제공하던 시설의 상태는 열악해졌다. 유치원 두 곳에서는 네 살에서 일곱 살까지의 아이들에게 전쟁 과자를 나누어 주었다. 전쟁을 치르는 가운데 닥친 겨울에 학교는 "아이들의 온기를 데워주는 곳"[9]으로 변했다.

당시 빈의 "어린이들 친구"에는 혁명적이고, 사회주의적인 격정이 몰려왔다. 말, 글과 행동에서. 이제 새로운 미래에 대해서 얘기했고, 새로운 사람, 노동자계급의 구원이 입에 오르내렸다.[10] 1916년 말에 사람들은 협회의 잡지 《어린이 나라Kinderland》를 읽었다. "노동자 계급으로 이루어진 그 어떤 조직도, 무엇보다 노동자 계급의 힘으로 태어나고 만들어진 자조적 조직 외에 다른 어떤 것도 되어서는 안 된다."[11] 1923년과 1934년 사이에 200명의 자발적인 회원들로 이루어진 사회주의 교육자들의 노동 공동체는 "자유학교 어린이들 친구" 협회 내에서 영향력을 행사했다. 1915년 니더외스터라이히 지부는 사회주의적인 의미에서 교육이론을 요구했는데, 유명한 스웨덴 출신의 교육학자였던 엘렌 케이Ellen Key가 제일 먼저 충격을 준 뒤였다. 제1차 세계대전 이전에 이미 또다른 영향도 있었는데, 바로 청소년 운동, 학교 개혁에 대한 주장, 인류의 자유에 대해서 고통스럽게 노래했던 표현주의 문학, 그리고 1917년 러시아 혁명이었다.[12]

1918년 11월 말 카를 황제의 퇴위 이후, 웅장한 쇤브룬 성은 텅 비어 있었다. "어린이들 친구"는 12월, 궁전 오른쪽 측랑側廊의 한 방으로 입주했다. 카니츠는 이곳에 교육가 학교를 마련했고, 1919년 11월 12일, 공화국 탄생 1주년 기념일에 맞춰 개장했다. 교장은 카니츠 본인이 직접 맡았다. "새로운 사람들"은 이곳에서 교육을 받아야 하고, 정의롭고 사회주의적인 사회질서의 소중한 회원으로서, 미래의 투사가 되어야 했다. 《미래의 투사》는 카니츠가 쓴 책들 가운데 하나의 제목이기도 했다.[13]

카니츠는 세계역사, 사회적 교육, 그리고 리듬에 따르는 연습도 교육시켰다. 그는 왈츠음악에 맞춰 자신의 의사를 표현하는 춤을 추게 했다.[14] 모든 교과 영역은, 도서학에서부터 식물학에 이르기까지, 속기술에서 스웨덴 체조에 이르기까지, 심신치료적인 운동의 선구자로 이루어져 있다고 볼 수 있었다.[15] 아이들을 데리고 산책을 갔고, 박물관과 도서관에 견학을 가기도 했다. 학생들 가운데 가장 나이가 많은 여학생들은 여가 시간이면 근처에 있는 아동 보호소에서 자신보다 어린 학생들의 과제를 봐주었다.[16]

1922/23년 학기에 카니츠의 교육학교는 세 명의 아들러가 가르치고 있었다. 즉, 막스 아들러 교수는 "마르크스 주의 입문"(사회학)을 가르쳤고—그와 알프레드 아들러는 이미 수년 전부터 알고 지냈는데, 두 사람 모두 "사회주의 대학생 연합"에서 활발하게 활동한 바 있다[17]—, 제니 아들러 박사는 건강학 분야를 가르쳤다. 알프레드 아들러는 "심리학"을 담당했다. 1923년에 이 시설에서 처음으로 졸업생들이 배출되었다. 22명의 젊은 졸업자들은 교육자의 신분을 얻어 지구당으로 파견되었다.[18]

1922년 아들러는 잘츠부르크 부근에 있는 클레스하임Kleßheim 성에서 열린 "사회주의 청소년교육 국제회의"에 참석했고, 나중에 세계청소년 모임에도 참석했다. 아들러가 개인심리학의 기본 원칙을 가르치고 토론했던 젊은 교사들은 중개자의 역할을 했다. 개인심리학을 바탕으로 하는 교육적 견해는 사회적 교육이론과 청소년이론으로 흘러들어갔다.

거의 동시에 알프레드 아들러는 국경한계와 언어경계에 대한 민족의 이해를 돕는 데도 적극적으로 나섰고, "밝음clarté"라는 이름의 빈 지구당을 함께 설립하는 회원이기도 했다. 이 단체는 사회주의적 기본을 가진 국제적 평화조직이었다. 작업위원으로는 그 외에도 아내 라이사, 빈의 여류작가 엘제 펠트만Else Feldmann, 언론인이자 영화비평가 벨라 발라즈Bela Balazs와 오스트리아 마르크스주의자이자 국민경제학자 오토 노이라트Otto Neurath, 그리고 거주 및 작은 정원을 위한 오스트리아 협회의 서기관도 초대되었다. 그밖에도 개인심리학은 평화주의자들에게 매력적으로 작용했다. 그리하여 이듬해부터 개인심리학 모임이 열리면 평화 운동가들이 자주 참석하고는 했다.[19] 1928년에 아들러는 "폭력과 무폭력에 대한 권력의 심리학"이라는 논문을 《능동적 평화주의 안내서》에 게재했고, 로맹 롤랑, 슈테판 츠바이크, 마하트마 간디와 버트런드 러셀도 여기에 글을 실었다.

자금이 없어서 1923년 초여름에 기숙학교 문을 닫은 뒤 카니츠는 사회주의 노동자 청소년이라는 조직에 참여했다.[20] 자신의 교육시설에서 졸업한 사람들은 이제 도시에 있는 모든 교육개혁과 학교실험의 기본이 되었다. 이런 부류들은 빈 정신분석 협회의 교습연구소에서 교육 세미나를 했던 젊은 지그프리트 베른펠트Siegfried Bernfeld 주변에 모여 있거나, 몬테소리 학교와 아이들과 청소년들을 위한 여름학교에서 일을 했다.

20. 독일과 유럽에서의 개인심리학

"타인이 우리에게 실제로 존재할 경우에만,

우리도 우리 자신에게 실제로 존재할 수 있다."

마틴 부버 (Martin Buber)[1]

도약대는 잘츠부르크였다. 이곳에서 "어린이들 친구"와 전후의 사회주의를 통해 용수철 효과가 만들어졌다. 잘츠부르크가 잘차흐Salzach 강을 품고 있는 것도 한 이유가 되었다. 왜냐하면 1918/19년 외국으로의 여행은 거의 불가능했기 때문이다. 알프레드 아들러가 1920년 여름에 취리히에 있는 지인에게 보낸 편지에서처럼, 외국 여행은 그야말로 "임시적으로 폐지된"[2] 상태였다.

이미 1919년에 아들러는 "국제적 모임"에 대해서 깊이 생각했고 이와 관련하여 브루크횔츨리Burghözli 병원에 있던 오이겐 블로일러Eugen Bleuler와 서신을 교환했다. 미국에 대한 촉각을 잔뜩 세웠던 것이다. 메사추세츠 주의 주도인 우스터Worcester에 있는 클라크 대학의 심리학 교수 스탠리 홀Stanley Hall과 연계할 생각이었다. 홀 교수는 1909년 프로이트를 초대했는데, 그 뒤 정통적인 정신분석보다는 개인심리학에 더 관심을 가졌다. 홀은 1914년 아들러를 객원교수로 등록했으나 실제로 이루어지지는 않았다고 한다.[3] 1914년 이

전에 이미 아들러의 저서 몇몇이 소개되었다. 1차 세계대전이 한창 진행되고 있었던 1917년에 《신경과민 성격에 대하여》가 뉴욕에서 출간되었고, 4년 후에는 런던에서도 출간되었다. 뉴욕에 있던 신경 및 정신질환 출판 회사는 같은 해 《열등 콤플렉스와 심리적 보상》을 출간했다. 그런데 문제는 전쟁 때문에 인세가 들어오지 않았다. 아들러는 그 때문에 블로일러와 접촉을 했는데, 그의 국적이었던 스위스는 중립국이었기에 인세가 그의 구좌에 입금될 수 있었기 때문이다.[4]

"어린이들 친구"와 사회주의 운동과 연계한 덕분에 아들러는 영향력을 넓힐 수 있었다. 그가 1922년 클레스하임 성에서 열린 국제 모임에서 강연자로 등장했을 때, 남부 독일의 개인 심리학자들은 기꺼이 그곳에 참석하기 위해 여행을 할 만했다.

전쟁이 끝난 뒤 독일 바이에른 주의 주도인 뮌헨에 작업그룹이 결성되었다. 이자르 강에 접한 이 독일 도시는 1914년 전에 정신분석학이 결코 정복할 수 없는 영역이었다. 최초의 개인심리학 지역 단체가 1920년 레오나르트 자이프Leonhard Seif에 의해 생겼다. 자이프는 슈바빙 지역 영국 정원에 인접해서 살았으며, 원래는 프로이트 뮌헨 그룹을 공동으로 설립했고 그 뒤에 융으로 넘어갔다가 마침내 아들러로 바뀌었던 것이다. 1919년 여름에—뮌헨은 여전히 소비에트 공화국과 이들의 의용병 부대를 통한 피비린내 나는 파괴에 의한 영향을 받고 있었는데—자이프를 중심으로 해서 "응용심리학을 위한 사회"라는 단체가 결성되었고, 정신분석학자들은 신속하게 이 단체를 떠났다. 이곳에서 독일 최초로 교육상담소가 생겼고, 1923년에는 아말리엔술레에 생겼다. 1923년에는 두 곳이 더 생졌는데, 역시 슈바빙 지역이었다. 나중에는 알고이Allgäu에 교육시설이 생겼고, 방학과정과 여름학교도 생겼다. 이런 시설을 받아들이는 사람들이 증가했다. 1922년에는 상담을 신청한 사람이 4명이었으나, 1926년에는 39명으로 늘어났다. 이러한 교육상담소에는 두 개의 작업 그룹이 있었다. 소년법원 돌봄 시설과 교육 개혁을 추진하려는 부류들은 서로 가까워졌다.[5]

1866년에 태어났고, 창백하고 대머리였던 자이프는 조직력은 물론 교육적 재능도 타고났다. 알리스 륄레-게르스텔Alice Rühle-Gerstel과 마티아스 H. 괴링Matthias H. Göring, 프리츠 퀸켈Fritz Künkel 등에게서도 배웠다. 1922년 12월에 뮌헨에서 제1차 개인심리학 국제 학회가 개최되었는데, 대략 150명에서 200명이 참가했다.[6] 이 학회가 끝나고 나자 1924년에 뉘렌베르크, 드레스덴, 프랑크푸르트 암마인에 작업 그룹들이 결성되었고, 이어서 하이델베르크, 함부르크과 하노버에도 생겼다. 1927년에는 독일에 있는 지부들이 9군데였으나, 계속 늘어나서 1932년까지 36곳이 되었다. 독일에서 가장 강력한 지부이자 1950년대 초반까지 활동했던 지부는 바로 뮌헨이었다. 자이프는 정치적으로 전혀 진보적이 아니었기 때문에, 개인심리학의 결과를 보여주기 위해서 빈에서처럼 사회주의적인 만능열쇠가 결코 필요하지 않았다. 오히려 각각의 시스템에 순응할 수 있었다. 그리하여 이러한 전제에 대하여 얼마 후에 이의가 제기되는가 하면, 다른 한편으로 반대와 분리를 낳을 수밖에 없었다.

1923년에 《개인심리학 국제 잡지》가 복간되었다. 2호였다. 오랫동안 경제적인 이유로 휴간한 뒤에 이제 소생할 시기가 되었던 것이다. 이 간행물은, 지역 그룹들 사이를 연결해주고, 의사소통을 지원하고 행동과 주제를 미리 제시하기 위해서 필요했다. 어떻게 재원을 마련했는지는 분명하지 않다. 잡지 1호는 7년 전 혹은 달리 표현해서 9년 전으로 거슬러올라갔다. 이제 잡지는 개인심리학 출판사에서 출간되었으며, 서적 판매도 하는 잘 알려진 빈의 출판사 모리츠 펄레스Moris Perles였다. 외국에서의 판매는 런던의 케건 폴Kegan Paul 출판사가 맡았다. 이렇게 하여 영국의 과학책 전문 출판사와 연결이 되었고, 이듬해부터 이 출판사는 아들러의 책을 번역해서 출판했다.[7] 학술간행물에 국제라는 이름이 붙어 있듯이 논문은 3개 국어–영어, 프랑스어 및 독일어–로 실렸으며, 각 기고문에는 제2의 언어로 간략하게 요약해놓기도 했다. 아들러는 발행인이었다. 이와 동시에 그는 재정적으로도 공동 소유자였다. 아들러가 더이상 오스트리아와 유럽에 없게 되었을 때, 이 잡지는 라이프치히의 히르첼Hirzel 출판사의 출간 프로그램으로 변했는데, 이 출판사는 이후에도 적지 않은 개인심리학 책들을 출간했다.[8]

아들러의 책 《개인심리학의 실습과 이론》은 출간되었던 해인 1923년에 영어로 번역되었다. 클레스하임 성에서 여름 모임이 있었을 때 아들러는 “교육하기 힘든 아이들의 이해와 치료를 위한 개인심리학 설문지 초안”을 소개했다. 반응은 긍정적이었다. “초안”을 조금 더 쉽게 요약한 버전을 오스트리아와 독일의 학교가 받아들였다. 1945년 이후에도 당시에는 오스트리아가 네 곳으로 분할되어 있었지만, 학교에서는 여전히 이 설문지로 작업을 하고 있었다.[9] 바로 얼마 전에, 1923년 7월에, 아들러는 영국으로 갔다. 그는 제7회 국제 심리학회에 초대를 받아서 옥스퍼드로 여행을 갔던 것이다. 이곳은 그야말로 심리학이 발을 붙이지 못하는 곳으로 간주되었는데 말이다. 이곳에서는 실험심리학 연구소가 1936년에서야 비로소 세워졌다고 한다. 회의 상에서 사용되었던 언어는 영어, 프랑스어 그리고 독일어였다. 5일 동안 지속되었던 회의 기간에 매일 오전에는 학술회의가 있었고 오후에는 발표자들이 연달아 가면서 발표를 했다. 아들러는 참석자 239명 가운데 독일어를 사용하는 소수의 사람들 중 한 명이었는데, 참석자들 대부분(60%)이 영국에서 왔거나 미국(12%)에서 왔고, 프랑스, 네덜란드 그리고 독일은 각각 3%를 차지했다(오스트리아는 독일에 포함해서 계산되었다).[10]

빈 협회는 젊은 독일 지부들의 표본으로 추천하게 되었다. 새로운 회원들은 협회에 가입함과 동시에 잡지를 받아봐야 하는 게 의무였는데, 가입 신청자들과 회원들의 수를 높이기 위해서였다.

알프레드 아들러는 이제 일년 내내 강연을 위해 여행을 떠나야 했고, 여행 도중에도 수많은 학회에 참석했다. 빈에서 뮌헨을 거쳐 베를린으로, 또 베를린에서 제네바로 갔고 파리를 거쳐 암스테르담으로 갔다. 그는 강연자였고, 개인심리학을 대표하는 간판이었으며, 최고의 조직자기도 했다. 대체로 신생 그룹에는 빈에서 경험이 많은 개인 심리학자들을 파견했는데, 고문의 역할을 맡기 위해서였다. 곧 16개 국가에 33개의 개인심리학 단체가 생겨났다.

레오나르트 자이프, 여류 작가 기나 카우스Gina Kaus와 알프레드 아들러는 1926년에 《개인과 공동체》라는 시리즈의 공동발행인이 되었다. 역시 이 해에 알리스 륄레-게르스텔과 오토 륄레의 《교육하기 힘든 아이들》이 출간되었다. 이 해에는 국제 개인심리학회가 독일의 뒤셀도르프에서 개최되었다.

"국제 개인심리학회"가 법적으로 빈에 설립된 것은 바로 이해부터였다. 1931년에 "국제"라는 단어가 무색할 정도로 회원이 줄어들었는데, 오늘날까지 그 원인은 설명되지 않고 있다. 회원들 목록은 빈틈없이 기록한 것은 결코 아니었다. 적어도 빈과 뮌헨의 목록은 보존되어 있다. 빈에서는 1925년에 75명의 회원이 기록되어 있고, 뮌헨의 경우 이듬해 회원의 수는 73명이었다. 비공식적인 회원들은 아마도 두 배는 되었으리라 추정된다.[11]

제2차 개인심리학 학회는 1925년 9월의 첫 주말에 베를린에서 열렸다. 이전에 5월 말에 클레스하임 성에서 사전 논의가 있었다. 개인심리학이 인정을 받고, 폭넓게 확장을 하고 반응을 얻기를 원한다면, 다음과 같은 점을 잊어서는 안 된다는 요지였다. 즉, 무리를 얻어야 하고, 따라서 베를린을 "정복"하는 일이 매우 중요하다고 말이다. 베를린에서는 정신분석학이 1908년부터 카를 아브라함Karl Abraham을 통해서 그룹이 하나 결성되어 있으며 1920년 정신분석 연구소를 제국의 수도에 설립함으로써 빈 외의 주요지역으로까지 발전했기에, 개인심리학의 존재를 베를린에 알리는 것이 무엇보다 중요하고도 시급한 과제였다. 그리하여 늘 베를린을 주시하게 되었고, 아들러는 이 도시를 자주 방문했다. 무엇보다 이곳에 그의 큰딸이 살고 있었다. 베를린에서 두 차례 국제 학회가 개최되었고, 첫 번째는 1925년, 그리고 두 번째는 1930년이었다.[12]

잘츠부르크에서 5월 모임의 결과로 국제적인 요구를 조금 더 엄격하게 하고 모든 당파성으로부터 탈피하자는 요구가 나왔다. 개인심리학은 비정치적이고 신앙의 종파와도 무관해야만 한다는 것이었다. 세 번째 사안도 매우 중요했는데, 전문적이고 훌륭한 교육이 필요하고, 이런 교육을 성공적으로 마치면 졸업장을 줄 필요성이 시급하다는 내용이었다.[13] 이념과 관련된 담론을 금지하자 중기적으로 정반대의 효과가 나타났는데, 논쟁, 참호전이 펼쳐졌고, 몇 년 후에는 마침내 분열이 생겼고, 상대에 대한 논쟁이 치열하게 벌어졌다.

그리하여 개인심리학 내부에 마르크스 분파가 생겼다. 드레스덴에 1924년 알리스 륄레-게르스텔과 그레테 판틀Grete Fantl이 주도하는 지부가 설립되었던 것이다. 판틀은 일요일 문학모임을 운영했고 유대인 복지를 위해 적극적으로 참여했다.[14] 1926년 말에 륄레-게르스텔, 작센 주의 내무부에서 복지부 지부장을 맡고 있던 휴고 프로인트Hugo Freund, 파울 플로트케는 드레스덴에 최초의 교육상담소를 설립했다. 1927년 륄레-게르스텔과 판틀은 개인심리학회로부터 제명되었고, 마르크스 작업 그룹과 노동자계급의 교육공동체를 조직했다. 그들에게 마르크스주의와 개인심리학은 하나였다. “마르크스주의와 개인심리학은 인류역사에서 일관성 있는 경과를 본다. 마르크스의 경우에는 이러한 경과가 사회주의 경제에서 끝나는 것이고, 아들러의 경우에는 심리적인 것에서 끝이 난다.”[15] 1927년 휴고 프로인트를 통해 드레스덴 지부가 새로이 생겨났다.

3년 전, 1924년에 알프레드 아들러는 처음으로 강연자이자 강사로 네덜란드에 초대를 받았다. 그는 이어서 10년 동안 규칙적으로 방문했다고 한다.[16] 이곳에서 두 명의 중요한 인물과 접촉을 했다. 우선 한 사람은, 1894년 독일 아헨에서 태어났고, 상인과 결혼했으며 두 명의 아이를 둔 주부였던 파울라 알마이어Paula Allmayer였다. 아들러의 강연을 몇 차례 듣고 여러 권의 책을 읽은 뒤 그녀는 1925

년에 암스테르담에 자체적으로 컨설팅 센터를 열었고 개인심리학에 관한 강연을 하는 사람으로 등장했다.[17] 두 번째 인물은 은행가의 부인이었던 로젤 프로크네흐트Rosel Frohknecht였다. 그녀는 1924년에 처음으로 아들러의 강연을 들었는데, 바로 이 해에 암스테르담 컨티넨탈 상업은행 장이었던 남편이 사망했다. 그는 아내와 마찬가지로 원래 독일 출신이었다. 그녀는 "아들러의 개념에 너무 감동을 받아서, 문제아를 치료해달라며 그에게 데려갔다. 그녀는 그가 치료에 성공하자 그의 이론이 진리임을 확신하게 되었다. 프로크네히트 가족 전체가 아들러 가족과 친하게 되었고, 아들러가 죽을 때까지 이 관계는 지속되었다."[18] 두 명의 여성들은 활동적이었고 사회적으로도 연결망을 잘 갖추고 있었다. 암스테르담, 헤이그와 우트레히트에서 곧 의사 피터 헤르마누스 론지Pieter Hermanus Ronge가 탁월한 역할을 맡게 되었고, 개인심리학 그룹을 조직했다.[19]

1926년 말에 아들러는 다시 영국으로 갔다. 이렇게 방문한 결과는 좋았다. 그는 런던에서 의학 단체 앞에서 여러 번 강연을 했다. 강연을 처음으로 방문했던 사람들 중 한 명인 릴리언 슬레이더Lillian Slade는 아들러에게서 너무 깊은 인상을 받은 나머지, 자신이 존경했던 철학자 디미트리히 미트리노비치Dimitrjie Mitrinovic에게 아들러의 다음 번 강연에 동반해달라고 설득하는 데 성공했다. 미트리노비치는 1887년 당시에는 합스부르크 왕가의 땅이었던 헤르체고비나에서 태어났고, 우회로를 통해서 아들러와 접촉하는 방법을 알게 되었다. 제1차 세계대전 이전에 미트리노비치는 사라예보에서 문학잡지를 발행했으며, 그 뒤에 뮌헨 대학에서 예술사를 공부했고 1914년에 영국으로 갔다. 그는 아방가르드 예술에 몸을 담았고, 인도의 서사시를 번역했으며 베르길리우스를 세르비아 언어로 번역했다. 그는 카리스마 넘치는 구루Guru였고, 새로운 유토피아를 꿈꾸었다. 많은 것들이, 그러니까 비교秘教적인 것, 유별난 것, 오래된 유럽적인 것, 철학적인 것들이 새로운 유토피아에 다 녹아들어가 있었다. 그는 현대적인 것을 신비로운 것과 융합시켰고 극단성과 범세계적 교육으로 양념을 쳤다. 동시대인들 가운데 적지 않은 사람들이 그러했듯이 그 역시 병든 사람으로 간주되었던 시민들을 치료할 새로운 매트릭스를 만들고자 했다. 그는 새로운 시대를 추구했고, "뉴에이지"이자 민간 사회이자 반 권위적인 시대를 만들려고 노력했다. 1933년 히틀러가 권력을 장악한 후에 그는 히틀러에게 분노의 편지를 보내서 그의 권력에 대한 탐욕과 잔인성을 비난했다고 한다.[20]

아들러와 그는 서로 잘 이해를 했고 그리하여 길고도 진지한 대화를 나누었다.[21] 아들러는 항상 새로운 만남에 마음을 열었고 미트리노비치는 주변에 항상 사람들을 모으는 카리스마 넘치는 인물이었다. 그밖에도 그들의 관심사는 비폭력, 평화주의와 인류의 개선에서 마주쳤다. 1927년 가워스트리트Gower Strret에 개인심리학 가워스트리트 클럽이 조직되었다.[22] 미트리노비치는 이제 대영제국과 북아일랜드 개인심리학의 수뇌가 되었다.

그를 둘러싸고 있는 부류 가운데 1886년에 태어났으며 연극배우였던 필립 마이레트Philip Mairet가 있었는데, 그는 훗날 이렇게 기억했다. "전성기에 아들러 단체에는 수많은 탁월한 사람들이 방문하는 멋진 쇼와 같았다. 존 스트레이치John Strachey[1901~1963, 영국 노동당 소속 정치가, 작가, 마르크스주의 이론가]는 자주 드나들었고, 그의 누이 클러프 윌리엄스-엘리스Clough Williams_Ellis도 오랫동안 아들러에 열광하는 추종자였다. '탈공산화' 이후에, 원래는 사실 아무도 공산주의자가 아니었고, 파시스트들, 마르크스주의자들과 또 다른 그룹들(일종에 유럽 전체에 사회주의를 구축하고자 노력했던 강력한 사회주의자들)이 아들러로부터 분리된 이후에, 크룩스행크Francis Graham Crookshank 박사[1873~1933, 영국의 의사이자 심층심리학에 관한 저서를 출간함]가 또 다른 아들러 단체를 토링턴 광장에 설립했다. 하지만 그의 개인적 비극[그는 자살을 했다]이 이 단체에 매우 큰 타격을 주었고 (……) 아들러의 개인심리학을 런던에서 일종에 하나의 '운동'으로 만들 수 있었던 것은 미트리노비치의 달변, 매력과 엄청난 지적인 노련미 덕분이라 할 수 있었다. 그렇지 않았더라면 아들러의 영향력은 조직화되지 않은 상태에서 몇몇 의사들에게 제한적으로 미쳤을 것이고, 가끔씩 교육자들에게 편지를 보내거나 혹은 가끔 만나는 것으로 끝났을지도 모른다."[23] 1928년에 필립 마이레트는 《아들러 심리학의 ABC》를 출간했다. 1930년대에 《주간 뉴잉글리시New English Weekly》의 발행인이었던 그는 이로써 영어권에서 아들러의 서적을 출간해준 최초의 협력자들 가운데 한 사람이 되었고, 아들러가 저자였던 원고들을 중개 없이 발행했다.

1927년에 개인심리학은 빈에서 전성기를 누렸다. 대중적이 되었고, 언론, 법정, 수많은 강연을 통해 개인심리학은 확장되고 유행하게 되었던 것이다. 그때 빈의 의사회는 고소를 함으로써 보복을 가했다. 무엇보다 그들에게는 졸업장Diplom이 눈엣가시였는데, 이런 졸업장이 의대에서 교육을 받은 것 같은 착각을 주기 때문이었다. 개인심리학 협회는 돌팔이 의사가 되어버렸고, 믿을 수 없고 허용되지 않은 시험을 실시하는 게 문제였다. 이것은 대중을 기만하는 행위라는 것이었다. 이 재판은 1928년 10월 말에 시험을 중단하겠다는 발언으로 끝났다. 아들러는 목록을 만들어서 증거를 제출했고 법정에서 구두로 발언을 했다. 즉, 오로지 의학을 공부한 의사들만이 디플롬을 딸 수 있으며, 의학 공부를 하지 않은 사람은 또 다른 자격증을 받게 된다고 말이다.[24]

아들러를 추종하는 사람들의 저서가 점점 더 늘어나게 되었다. 그리하여 에르빈 벡스베르크는 1926년 《개인심리학 안내서》를 발행했다. 이와 같은 방대한 편람을 통해서 그는 아들러 학설의 자랑스러운 총체를 내놓았던 것이다. 이와 동시에 지식의 수준도 성문화했다.

보살핌을 받지 못하는 현상과 범죄 현상에 대한 개인심리학 논문과 작업도 법학자들로부터 받아들여졌다. 이는 베를린에서 열렸던 제4차 개인 심리학회에서 확연하게 드러났다. 학회의 중심에는 정신병과 범죄가 차지했다. 강연을 했던 사람들 가운데는 빈, 뮌헨, 베를린과 소문이 흉흉했던 대규모 감옥이 있던 작센 지방의 발트하임에서 온 법학자들이었다. 작센 지방에서 온 어떤 형법 학자는 사회복지 행위와 형이 집행되고 있는 상태에서 사회복지 사업 종사자들의 고백에 대해서 얘기했다.[25] 베를린에서 열렸던 제5차 학회에서는 또 다시 대대적인 사건이 일어났는데, 제국의 내무부와 노동부 대표자가, 개인심리학이 청소년 법원에서 얼마나 수용할 만 한지에 대해서 강조했던 것이다. 어떤 변호사는, 교화원 대신에 용기를 주는 시설을 마련하자고 주장하기도 했다.[26]

제 2 부

아들러의 시대

21. 미국 I

"1930년대에 나는 엄청난 이념을 배웠다.

그것은 사람들에게 힘의 감각을 제공하는 것이었다.

단지 가난한 사람들에게가 아니다.

가난한 사람들에게 특별히 고상함이라는 것은 없다.

모든 사람들에 제공하는 것이었다.

당시는 우리가 가장 창의적이었던 시기였을지 모른다.

열정으로 몰두했던 시기였다.

지금은 차가운 세계다. 그때는 뜨거운 세계였다."

솔 앨린스키 (Saul Alinsky)1

알프레드 아들러가 개인심리학으로 미합중국을 정복하려고 했던 것은 그야말로 고무적인 행동이었다. 그 어떤 나라도 북아메리카 공화국처럼 정신분석학에 대해서 개방적이지 않았기에 말이다. "프로이트가 처음으로 미국 땅에 발을 내디뎠을 때[1909년], 심리치료는 이미 미국 문화와 의학에 완전히 포함되어 있었다."[2] 1909년 매사추세츠 주 우스터에 있는 클라크 대학에서 강연을 했을 때, 이 강연을 들은 사람들은 문화적 엘리트에 속해 있었다. 대학을 통해서 프로이트의 이론들은 "품질 인증과 학문적인 정당성"[3]을 획득하게 되었다. 신경학, 정신 의학과 철학과 소속의 교수들은 그의 학설을 지원했다. 프로이트의 간행물들은 다양한 의미가 있었기에, 프로이트를 받아들였던 사람이면 누구든 이로부터 실속을 차릴 수 있었다. 그리하여 명예로운 하버드 대학 같은 시설도 사회주의 과격파와 마찬가지로 프로이트에게서 동일한 것을 획득할 수 있었다.[4] 무정부주의자 엠마 골드만Emma Goldman은 예를 들어 빈의 심리학적 논쟁을 엄격한 청교도의 위선을 반대하는 도구로 사용했다.[5]

1910년에 뉴욕의 정신과 의사들은 프로이트의 도구를 처음으로 전문적으로 응용했다. 뉴욕에는 1911년부터 정신분석 소사이어티가 있었고, 보스턴에는 1914년부터 있었다. 1911년에 미국정신분석협회APA, American Psychoanalytical Association가 조직되었다. 빈에 있는 프로이트의 고객들은 주로 부르주아나 돈이 많은 시민들이었던 반면, 북아메리카에서는 중산층들이 대부분을 차지했다. 그 외에 대학졸업을 한 젊은 독자를 대상으로 하는 전문잡지가 좋은 지원자가 되었다. APA는 전문화를 고집했는데, 그렇게 할 수밖에 없는 이유가 있었다. 미국은 백 년 전부터 무면허 의사, 기적을 일으킨다는 약 판매자와 영혼을 치료해준다는 식의 치료법이 난무했기 때문이었다.[6] 미국의 프로이트 학파는 정신의학의 한 부류로 자리 잡았다. 오로지 의사라야만 받아주었다. 뉴욕 사람들은 회의를 하면 우선 사례연구부터 하고는 했다. 1917년 볼티모어의 한 정신분석가는 동료를 안락의자에 눕혔는데, 그 전까지는 앉아서 치료가 진행되었다.[7]

전쟁 이후에 정치적인 비난과 사회적 변화로 인해 자신의 정체성이 문제로 등장했다. 프로이트의 문서들은 "사적인 삶"[8]의 이론으로 간주되었다. 의사 애브라함 A. 브릴Abraham A. Brill은 정신분석을 배운 뒤에, 특별히 적극적으로 응용했다. 그는 1909년 우스터에서 프로이트의 강연을 들었고, 1911년에 자신의 집에서 정신분석 모임을 설립했다.[9] 브릴은 매우 활동적이고, 강연을 다녔으며, 프로이트의 저서를 영어로 번역도 했다. 1915년 잡지 《굿 하우스키핑Good Housekeeping》은 프로이트에 관해 최초의 기사를 실었다.[10] 역시 중요한 인물로는 윌리엄 A. 화이트William A. White가 있는데, 그는 1903년부터 1937년까지 워싱턴에 있는 세인트 엘리자베스 병원의 병원장이었고, 이 병원은 수천 명에 달하는 환자가 입원해 있는 전국에서 가장 규모가 큰 정신병원이었다. 화이트는 1911년 정신분석에 관해서 최초의 미국 교과서를 편찬했고 2년 후 《정신분석 리뷰Psychoanalytic Review》의 공동설립자가 되었다.[11] 1931년 정신분석 연구소가 설립되었다. 같은 해 시카고에 정신분석 소사이어티가 생겼다.[12]

알프레드 아들러는 1922년 최초로 외국의 강연 요청을 받았는데, 바로 영국의 캠브리지 대학에서였다. 그가 이곳에 남긴 인상은, 영어에 미숙했던 탓인지 기묘하다는 인상을 남겼다. 그는 자신이 강연할 내용을 영어로 연습했다. 강연의 주최자가 강연이 시작되기 전에, "적대적인 외국 사람"이 이 강연에 초대받았기 때문에, 이 강의실에 폭탄을 터뜨리겠다는 위협이 있었다고 알렸다. 그러자 잠시 관중들이 웅성거리며 흥분했지만, 곧 가라앉았다. 아들러가 이제 강연을 했다. 모든 관중들은, 그가 너무나 차분해서 감동을 받았다. 그는 강연 내내 입가에 미소를 머금었던 것이다. 그런데 알고 보니, 아들러는 영어를 한 마디도 알아듣지 못했던 것이다.[13] 1년 전인 1921년 영국 과학서적 출판사로 유명했던 케건 폴 출판사가

《신경증적 체질The Neurotic Constitution》을 출간했다. 1917년 미국에서 영어로 번역해서 출간했던 바로 그대로였다. 1924년 캐건 폴 출판사는《개인심리학의 이론과 실제The Practice and Theory of Individual Psychology》을 출간했다.

이제 1926년 미국이다. 알프레드가 갔던 나라는 출발하는 나라, 의식과 자신에 대한 이념을 찾던 나라였다. 이 땅은 스스로를 이해하고 동시에 변해버린 세계를 설명하고자 하는 나라였다.[14] 1923년 백악관에서 워런 G. 하딩Warren G. Harding에 이어 대통령이 되었던 캘빈 쿨리지Calvin Coolidge는 전통적인 보수주의자였음에도 불구하고,[15] 1924년 자신의 재선 캠페인에서 현대적인 소통전략을 이용했다. 바로 광고, 유명 인사를 통한 지원유세와 그를 가사에 담은 노래나 라디오 담화였다. 1927년 역사학자이자 뉴욕 콜롬비아 대학 교수였던 찰스 비어드Charles Beard와 그의 아내 매리 리터 비어드Mary Ritter Beard는《미국 문명의 발흥The Rise of American Civilization》을 출간했다. 이 책은 1,652페이지에 달하는 두꺼운 책이었는데도 베스트셀러가 되었다. 이는 새롭게 만들어진 대중적 인기매체인 '이달의 책 클럽' 덕분이었다. 같은 해 포드사는 오랫동안 성공을 거두었던 T모델의 생산을 중단했다. 이 모델은 오로지 한 가지 색깔로 출시되었는데, 진한 검정색이었다. 스파르타 방식으로 운영되었던 포드는 이제 T모델을 A모델로 대체했다. 새로운 모델은 여러 가지 색깔로 출시되었으며, 고객의 취향에 맞출 수 있었다. 미국의 국민경제는 공급경제의 길을 걷고 있었고, 이로 인해 결국 소비사회가 되었다.[16]

기계시대가 도래했다. 이로써 변혁, 새로운 삶의 양식, 새로운 문화가 생겨났다. 1927년부터 "현대적"이라는 단어와 "유선형"이라는 단어는 더이상 사물의 형태에만 사용하지 않게 되었다. 사람들은 이제 삶을 영위하는 방식을 "라이프스타일"이라고 명명했다. 기계문화의 표현들이 문화와 일상으로 옮겨갔다. 자동화와 "완전기계화"가 사생활에 파고들었고 그것을 변화시켰다. 1929년에 뉴욕에 설립되었던 현대미술관Museum of Modern Art에는 활동적이고 젊은 알프레드 바Alfred H. Barr가 관장을 맡고 있었으며, 1934년 초에 기계예술Machine Art를 주제로 대규모 전시회를 열었다. 알프레드 바는 전시회의 카탈로그 서문에서 기계예술의 아름다움은 추상예술에 속하며, 기계예술의 고상함은 바로 기하학, 선의 움직임과 연속성에 있다는 글을 썼다.[17] 전시물로는, 구술 녹음기와 토스터기, 청소기와 자유롭게 움직이는 의자, 자동 금전 등록기와 타자기, 프로펠러와 실험실 도구들, 취사용 화덕과 유리그릇 등이 있었다.[18] 20년 전 대형 통신판매 전문점의 카탈로그에서 볼 수 있는 물건들이었다. 1912년에는 토스터기와 다리미, 1917년에는 전기 청소기, 1930년에는 전기 레인지, 그리고 1932년에 전기냉장고. 자동화된 기계는 포드주의가 구체적으로 나타난 경향이었고, 계획화와 합리화, 표준화가 시대의 흐름임을 말해주었다. 사람보다 기계를 통해 제품을 관리함으로써 모순적인 상황이 심어지게 되었다. 그러니까 사생활이 대중사회의 현상이 되어버렸던 것이다. 개인적인 취향은 제품생산의 발전기가 되었다. 이처럼 2차 산업혁명의 대중사회는 대량제품 사회였고,[19] 이는 개인적인 라이프스타일에 대한 새로운 열정을 만들어냈다. 포드주의는 물질적일 뿐 아니라 효용성을 최적으로 갖추었다고 소개되었는데, 여기에는 자유라는 미래상이 스며들어 있었다. "궁극적으로 포드주의는 사회를 공장으로 만들려는 시도였으나, 이는 오로지 인위적으로 개입해야만 성공할 수 있었다. 사람들의 정체성을 더이상 노동세계에서 찾지 않게 만들어야만 했다."[20]

국가의 집단 심리에서는 점점 더 다음과 같은 질문이 나왔다. 많은 변화로부터 어떤 종류의 문화가 나올 수 있으며 나와야만 하는가. 그런 문화는 어떻게 만들 수 있으며, 어떤 것에 바탕을 두고 구축해야 하는가. 물질적·정신적·영적 그리고 심리적으로? 1920년대 후반에 이런 질문에 골몰했던 미국인들은 지식인들뿐 아니라 중산층이었다. 생활수준이 외적으로 향상됨으로써 이는 내면에 어떤 결과를 가져왔으며, 그것은 삶을 발전시키는 데 어떤 의미를 갖는가, 그리고 삶의 의미는 무엇인가? 역사학자인 루이스 멈포드Lewis Mumford는 기술시대 속에서 인간적인 삶을 영위하는 것이 무엇인지를 물었다. 1920년대 중반에 진행되었던 문화에 대한 추구는 의미 있는 삶을 위한 안내와 의미의 패턴을 찾는 것이었다.[21] 대략 1930년부터 국가적으로 당연한 것의 기초들에 대해 공공연한 논쟁이 시작되었다. 켄터키 출신의 시인이었던 앨런 테이트Allen Tate는 기독교적인 보수적 입장을 취했다. 남부 주에 있던 다른 지식인들과 함께 그는 농업 미국을 찬성하고 산업화와 양키자본주의에 반대하는 성명서를 발표했다.[22] 이것은 위기에 나타나는 증상이었다. 1929년 10월에 주식시장 붕괴의 결과와 이로 인해 경제 전반에 영향을 미친 쓰나미는 이후 몇 년 동안 정점에 달했다. 논쟁은 위기에 관한 것이었고, 가치상실, 변환과 전통에 관해서였다.[23]

"도시의 이름은 미들타운. 3만 명의 주민이 사는 소도시이다." 사회학자 부부 로버트 린드Rober Lynd와 헬렌 메릴 린드Helen Merrill Lynd는 장기간 사회문제를 연구한 뒤 그렇게 시작했다. 1929년에 나온 이들의 책에는 "미국 현대문화 연구A Study in Modern American Culture"라는 부제가 달려 있었다.[24] 문화적 변화, 오랜 전통의 점차적 퇴색, 새로운 것의 태동을 미국 인디애나 주에 있는 먼시Muncie라는 평범한 도시의 경우를 예로 들어서 설명했던 것이다. 이로부터 8년 뒤인 1937년에 출간된 《전환기의 미들타운. 문화 갈등의 한 연구Middletown in Transition. A Study in Cultural Conflicts》 역시 변화와 갈등과 경제 불황의 충격을 이야기하고 있다. 1926년부터 북미의 중산층은 뭔가 정상이 아니라는 느낌을 갖게 되었다. 린드 부부의 책에서는 어떤 남자가 던진 질문을 인용했다. "사람들은 뭔가에 대해 두려워합니다, 그런데 무엇에 대해서일까요?"

위기는 어떻게 이용되었을까? 뭔가를 위해 이용할 수 있기나 했던가?[25] 민주주의자 프랭클린 루스벨트Franklin D. Roossevelt는 1932년, 두려움을 핵심적인 요소로 만들고 이것을 직접적으로 표현함으로써, 미국의 대통령이 되었다. 그는 위기에 대해 뉴딜New Deal 정책으로, 그러니까 국가의 취업 및 복지프로그램을 통해서 반응을 했다.

알프레드 아들러는 1926년 11월 말에 미국으로 갔다. 그는 사우스햄턴에서 화이트스타라인White Starl line*의 선박 가운데 가장 큰 여객선인 RMS 마제스틱을 이용했다. 이미 그는 오스트리아 대통령이 후원하는 "미국-오스트리아 소사이어티"의 회원이었다.[26] 1923

* 1845년에 설립된 영국의 해운기업이다. RMS타이타닉 등을 소유했다. 1934년에 큐나드라인에 인수되었다.

년 옥스퍼드 학회에 참석한 뒤 아들러는 영어 공부를 강도 높게 했다. 흠잡을 데 없이 영어를 구사한 것은 아니었고, 오스트리아 식의 악센트가 항상 남아 있었다. 뉴욕에서 그는 뉴욕 커뮤니티 교회, 뉴욕 사회조사 학교, 그리고 컬럼비아 대학과 하버드 대학에서도 강의했다.[27] 그 이후 아들러는 여행을 하면서 쾌적하고 고급스러운 호텔에 묵었다. 그는 모든 종류의 우아함을 제공하는 그래머시 파크 호텔 스위트룸에 머물렀다.[28] 몇 주 후에 그는 기자들과 인터뷰를 했고, 한 번은 무솔리니에 관해서 인터뷰를 하면서 소련의 공산주의와는 거리를 두었다.[29] 1월 11일에 새로 지은 뉴욕 의학대학에서 강연을 했고, 이어서 강연을 위한 여행이 이어졌다. 필라델피아와 보스턴에서부터 시카고와 디트로이트에 갔고, 북동부와 중서부에 있는 소도시에도 갔다. 어디에서든 그가 강연을 하면 사람들로 가득 찼다. 때는 바야흐로 그를 위한 시대였다고 할 수 있다. 교육, 지원과 요구, 여성해방과 자기개발, 좀 더 향상되고 공동체를 지향하는 자아를 위한 자기 발전과 작업에 대한 그의 통찰력이 힘을 발휘하는 시기였다. 이 모든 것들이 미국 중산층의 개방성과 관심을 자극했다. 게다가 아들러는 다양한 청중들 앞에서 강연을 하는 것에 대해서 전혀 수줍어하지 않았다. 이 분야에 관해 이미 교육받은 사람은 물론 심리학 개념 몇 가지 정도만 알고 있는 호기심 많은 신참자 앞에서도 강연하는 것을 두려워하지 않았다. 아들러는 대도시의 청중 앞에서, 소시민이나 "미국 혁명의 딸들"과 같은 단체의 회원들, 혹은 애국적인 여성단체 앞에서도 강연을 했다. 교회나 학교의 강의실은 물론, 작고 사적인 환경에서도 거리낌 없이 강연했다. 하루 일정은 가득 차 있었는데, 오전과 오후에 강연, 저녁에는 대화, 상담과 리셉션 등이 이어졌다. 새로이 알게 된 사람들, 그러니까 자신을 초대한 사람이나 청중들을 그는 친절하고 명랑하면서도 따뜻하게 받아들였다. 165센티미터 키의 심리학자가 어떠했는지 당시 사람들의 보고에 따르면, 그는 고통을 전달하지 않았고, 과장된 몸짓도 없었으며, 그의 목소리는 자신이 말한 것에 대한 확신으로 차 있었다. 그의 목소리는 따뜻하고 듣기 좋았다.[30]

그는 1927년 4월 초까지 미국에 머물렀다. 그의 생각은 빈에 있는 가족에게 향했고, 무엇보다 그곳에서 소식을 잘 듣지 못했기 때문이다. "나의 사랑하는 알렉스, 내가 왜 너희들 소식을 듣지 못하는지, 나는 설명할 수 없구나. (……) 잠깐! 방금 편지 두 통을 받았단다. 협회 내에서의 싸움에 대해서는 들은 게 없고 - 내 강의를 해야 하고, 영어로 작업도 해도 한다. (……) 부부 사이에서는 흔히 말로는 표현할 수 없는 게 있지."

다른 것도 무시되지 않기를 원했다. "랑크가 프로이트를 떠났다는데, 알고 있니?(……)" 한때 수요회 모임의 회의록을 작성했던 오토 랑크가 최근에 프로이트 학파에서 탈퇴했던 것이다.[31] 가족을 대표해서 딸 알렉산드라에게 편지를 썼는데, 아들러는 이런 소식도 전했다. "사랑하는 알리, 나는 유럽의 공기가 그립구나. 너에게 예쁜 드레스와 양말을 가져가마. 뉴욕 매디슨 가에 있는 '트러스트 컴퍼니' 은행에 나는 아직 1,300달러가 있단다. 아직 나는 강연을 8번 더 해야 한다. 그러면 500달러가 더 생기겠구나. 전보로 1,500달러쯤 송금하마. 거기에 7,400달러를 더하면 9,000달러쯤 되는구나[이를 2019년으로 환산하면 대략 129,000달러에 해당한다]. 우리 돈으로 6만 3,000실링쯤 된다. 얼마나 더 보내게 될지는 나중에 다시 편지로 알려주마. 전에는 은행에 900달러밖에 없었는데, 머잖아 1만 달러가 될 거야. 1,500달러는 너희가 이미 송금 받았을지도 모르겠다. 나는 잘 지내고 있어. 어디를 가든 성공적이야."[32]

2월 말에 뉴욕의 캠브리지 호텔로 돌아온 아들러는 소아과의사 이라 와일드Ira S. Wilde를 새로이 소개받았다. 그는 1919년부터 뉴욕의 마운트 시나이Mount Sinai 병원에서 근무했고, 그곳에 아동컨설팅 종합병원을 세웠다. "이곳에서도 개인심리학은 놀라운 반응을 얻고 있습니다." 몇 주 후인 4월에, 레오나르트 자이프가 미국에 도착했다. 그는 강연 투어를 해달라고 초대를 받았는데, 이 강연은 7월까지 지속되었고 《개인심리학 국제 잡지》를 자랑스럽게 광고했다.[33] 아들러는 적극적으로 오래된 친구들과 새로운 친구들과 연결을 해나갔다. 그 전에 아들러는 빈에서 이민 온 학생들과 이미 접촉을 하고 있었고, 이들 학생들이 강연을 전달하고 개인심리학의 방법을 설명하는 일을 도왔다.[34] 그 결과는 《개인심리학 국제잡지》에서도 찾아볼 수 있었다. "미국에서는 그 무엇보다 명예를 (……) 얻고자 하는 경쟁이 치열한데—이는 스포츠에서만이 아니다—, 인정을 받고자 하는 노력은 덕목으로 여겨지고 있다. 1등이 되는 것이 모든 사람들의 목표이다."[35]

1927년 4월 17일 빈에 도착한 뒤—그는 초호화선 레비아탄S.S.Leviathan을 타고 귀국했다[36]—, 1904년 유대교로부터 개종했던 그는 며칠 후에 신교에서 탈퇴했다. 그리고 병원 문을 닫았다. 그 전까지만 해도 아들러는 매우 규칙적인 하루를 보냈다. 오전에 시작해서 대략 11시까지 자신의 진료실을 찾은 환자를 상담했다. 그런 다음 자신의 책상 앞에 앉아서 동료들, 친구들, 대학생들과 함께 지난 24시간 동안 일어난 일들—교육학에서부터 정치에 이르기까지—에 대해서 토론했다. 점심식사 후 다시 환자를 받았는데, 이들 가운데 진료비를 후하게 지불하는 외국인들이 점점 늘어났다. 저녁이 되면 카페 질러에서 열리는 공동체 모임에 참석해서 오랫동안 토론을 했다.

결정은 내려졌다. 즉, 아들러는 지금부터 개인심리학이라는 주제로 계속 여행을 하는 것이었다. 유럽에서, 그리고 특히 미국에서 말이다. 그러면서도 환자를 치료할 가능성을 결코 잃지 않았다. 자신과 자신의 학설을 알릴 수 있는 저작활동도 무시하지 않았다. 그리하여 그는 《월간 하퍼스Harper's Monthly》 6월호에 성격과 재능에 관한 글을 실었다.[37] 미래는 미국이었다. 이곳은 오스트리아에서 일어났던 정치적인 과정과는 다른 상황이 제공되었으며, 일할 수 있는 가능성이 많았다. 그 외에도 그해 초부터 먼 거리를 여행하는 것을 좋아하지 않았던 프로이트의 건강이 악화되었다. 또한 프로이트는 미국을 지극히 싫어하는 사람이기도 했다. 그는 1909년 미국에 있었을 때 겪었던 소화불량에 대해서 빈정거렸고, 실력이 형편없는 이발사에 대해서도 불평을 터뜨렸다. 프로이트 가족들은 "진짜 미국적인 것"을 피상적이고도 취향이 없다고 생각했다.[38] 야만의 신세계이자 결코 높은 차원이 아닌 인간들인 "달러 아저씨"들이라는 프로이트의 표현이 등장하는데, 프로이트는 그처럼 비꼬는 화법으로 1924년 오토 랑크에게 편지를 보낸 바 있다. 당시 오토 랑크는 미국에 체류할 준비를 하고 있었는데 말이다. "미국인들을 분석하는 일은 까마귀에게 흰색 셔츠를 입히는 것 같다는 인상을 받을 때가 많다네." 이 내용에는 뭔가 시기심이 포함되어 있을 수 있었다. 프로이트는 융이 스위스에서 일련의 부자 미국인들을 후원자이자 환자로 획득하는 데 성공했다는 사실을 잘 알고 있었던 것이다.[39]

아들러는 빈에서 공개적으로 정반대로 이야기했다. 미국에서는 사회복지 체계가 훨씬 더 규모가 크다는 소개를 했고—빈에서는 사적인 시민들에게 의지하던 것과는 기본적으로 다르다는 점이 아들러의 눈에 띄었다—다양한 대학들의 학과들은 교육학과 관련된 새로운 혁신에 대하여 개방적이라고 묘사했다.[40] 몇 달 동안 병원의 문을 잠근 뒤 아들러는 쉴 새 없이 오스트리아와 유럽을 여행했다. 그 어느 때보다 큰 성공을 거두었다. 다른 한편으로 사적인 알력이기는 했으나 불화도 있었고, 개인심리학계 내부에서 근본적인 이념적 차이로 말미암아 최초로 극복할 수 없는 분열이 생겼고, 이로 인해 아들러는 두통을 앓기 시작했다.

9월 17일부터 제4회 개인심리학회가 며칠 동안 빈에서 열렸다. 1928년 2월에 아들러는 다시 뉴욕에 갔고, 캠브리지 호텔에 다시 묵었다. 그 사이 베스트셀러 작가가 된 아들러는 자신의 호텔 스위트룸에서 최초로 인터뷰를 했다. 석 달 전에 《인간 본성의 이해Understanding Human Nature》가 출간되었고, 지인이었던 월터 베란 울퍼Walter Beran Wolfe(정신의학자이자 아들러 저서의 번역을 한 것 외에도 사고로 죽던 1935년까지 35년간 《인간임에도 행복지는 법》이나 《당신의 신경을 고요히》와 같은 책을 썼다)[41]가 영어로 번역했다. 1924년부터 존속해왔고 아주 짧은 기간 내에 상당한 소득을 올렸던 그린버그 출판사도 아들러의 책을 출간했다. 《인간 본성의 이해》는 1928년에 영국에서도 출판되었다. 이 책은 영미 언어권에서 최초로 대중적인 인기를 끈 저서였다. 출간된 지 6개월 만에 이 책은 세 차례 더 중쇄했고, 백만 권 이상 판매를 기록하면서 롱셀러가 되었다. 이 책은 학교에서는 세계적인 윤리 교과서로서 사용되었다고 한다.[42] 이와 대조적인 경우는 바로 프로이트의 저서 《꿈의 해석》이다. 이 책은 1920년부터 1932년 사이에 1만 1천부가 판매되었으며, 1910년부터 1919년 사이에는 겨우 5,250부 팔렸다.[43] 그린버그는 이러한 성공을 기반으로 아들러의 다른 저서를 출간함으로써 더욱 많은 수익을 올리고자 했다. 2월 중순에 아들러는 새로운 책 두 권에 대한 계약서에 서명을 했는데, 이 저서는 폭넓은 독자를 겨냥한 것이었고, 2년 만에 원고를 보냈다.[44]

빈 출신의 이 남자는 뉴욕의 "사회조사를 위한 뉴 스쿨"에 강연제의를 받았다. 비록 한 학기에 한정된 것이었으나, 최초로 미국 대학에서 강의를 요청받았던 것이다. 아들러의 사례에 관한 강연은 특히나 수요가 많았다. 그의 강좌는 화요일과 목요일에 열렸고 각각 90분 동안 진행했다.[45] 이때 아들러는—빈의 개인심리학 교육상담소에서는 관습적으로 열렸던 것인데—특별히 준비하지도 않고서 공개적으로 하루에도 여러 차례 교육상담을 해주었다. 그는 공감하는 자세로 아이와 부모와 대화를 통해서 문제의 핵심이 무엇인지 끄집어내었고, 이때 잘못의 원인이나 또는 성적인 문제를 지적하지 않고서 그렇게 했다.[46]

그는 또한 컬럼비아 대학에서 연속적으로 강의를 해달라는 요청을 받았다. 그리하여 다시금 강연을 위한 여행이 시작되었는데, 클리블랜드, 신시내티와 스프링필드를 거쳐, 그에게 명예박사학위를 수여했던 오하이오에도 갔다. 이 모든 것은 성공적으로 책을 출간한 덕분이었다.[47] 그는 또한 처음으로 캘리포니아에 갔다. 2월 초부터 아들러는 로스앤젤레스에 있는 캘리포니아 대학과 버클리 캠퍼스에서도 강의를 했다. 그가 이렇듯 성공을 할 수 있었던 것은 개인심리학이 쉽게 접근할 수 있는 학설이었고, 이해하기 쉬운 설명방식과 강연할 때의 카리스마 덕분이라 할 수 있다. 어느 캠퍼스 신문에서 그렇게 묘사했듯이, 그는 편견에서 자유로우며, 구체적인 예를 들고, 교육학적으로 매우 흥미진진했다.[48]

재정적으로는 모든 것이 그렇게 화려하지는 않았는데—로스앤젤레스에서는 로스앤젤레스 빌트오어 호텔에 투숙했는데, 이곳은 시카고 서쪽에서 가장 크고 화려한 호텔이었다—, 딸 알리에게 이렇게 썼다. "재정 상황은 늘 같구나. 내 생각에 (……) 이번 한 달 동안 대략 2,500달러를 벌었지만, 쓰기도 많이 썼단다. 14일 전에 700달러를 빈 은행으로 송금했으니 그것으로 일단 충분하기를."[49]

프로이트는 그 사이 자신의 정신분석을 세분화시켰고, 그의 심리치료는 더 길어졌으며, 복잡하고 잘 모르는 일반 사람들에게는 힘든 조건에서 진행되었다. 그 외에도 그는 퇴색한 유럽인의 이미지를 갖게 되었다. 하지만 아들러는 전혀 달랐다. 그의 강연은 20대 중반도 들었는데, 대표적으로 뉴욕에서 신학공부를 중단하고 교육학으로 바꾼 카를 로저스Carl Rogers가 있었다. 그는 1927/28년 겨울에 아들러의 강좌에서 깊은 인상을 받았다. 훗날 로저스는 시카고 대학의 심리학과 교수가 되었으며 1947년에는 "미국 심리학회American Psychological Association"의 회장으로 뽑혔고, 소위 말하는 인본주의 심리학의 대표자들 가운데 한 사람이 되었다. 행동심리학과 심층심리학 사이의 "제3의 길"쯤 되는 이 심리학은, 개인의 유일함을 강조하고 최적화시키며, 인간이 지닌 선에 대해서 기본적으로 확신을 하는데, 이렇듯 로저스 이론의 모든 핵심들은 아들러의 이론과 공통점이 많았다. 그렇기에 로저스는 자신의 중요한 저서 가운데 하나의 제목을 《사람 대 사람Person to Person》(1967, 독일어로는 1984년에 출간)[50]으로 지었을 것이다.

그러나 북미의 전문가들 그룹에서는 여전히 어느 정도 저항세력이 있었고, 정신분석을 더 선호했다. 정신분석에 대한 긍정적인 예우를 무시할 수 없었다.[51] 이는 프로이트의 이론은 대학에서 좀더 오랜 기간 동안 더 깊게 뿌리를 두었고, 수준이 더 높았기 때문이었다고 볼 수 있다. 사람들이 개인심리학에 대해서 어떻게 생각했는지는, 영향력이 있었던 심리학자이자 컬럼비아 대학의 다니엘 하우스Daniel House가 이렇게 표현했다. "아들러의 철학은 니체의 지혜에 물들어 있고 이와 동시에 휴머니티의 기초 위에 있다. 경쟁논리보다 협력의 원칙을 더 존중한다는 표현으로 나타난다. (……) 지역공동체, 아이들에 대한 사랑스러운 입장, 이들과 소박하면서 정당한 친교, 아이들 내면의 삶에 대한 존중은 인상적인 명제로, 인간의 본성을 이해하기 위한 아들러의 토대를 형성하고 있다."[52]

1928년 늦여름에 알프레드 아들러는 다시 오스트리아로 돌아왔다. 그는 이런 식으로 몇 년을 계속해야만 했다. 즉, 6~7개월은 미국에서 보내다가, 나머지 달에는 빈이나 유럽에서 생활하는 사이클이었다. 그는 빈에서 1904년에 설립되었던 "미국 비엔나 의학협회"에서 1928년부터 강의를 했다. 1921년부터 1938년까지 이곳을 방문했던 미국의 의사들은 1만 1,800명에 달했다.[53] 아들러는 보수가 잘 나오는 개인심리학 실습과 강의를 3년 동안 제공했고, 많은 참가자들은 4주에서 6주 동안 매일 참석했으며, 대학생들은 교육상담소와 개인심리학 외래진료소에 데려갔다.

1929년 미국에서 다시 돌아온 뒤 아들러는 이민을 위해 최초로 결정적으로 중요한 처리를 했다. 유럽에서는 개인심리학이 정점을 찍었다. 이와 동시에 균열이 드러나고 있었다. 빈에서는 협회에서 이미 불화가 생겨났다. 독일에서는 얼마 전부터 마르크스를 추종하는 개인심리학자들이 점점 더 세를 불려나갔고, 베를린은 곤경에 빠진 그 이상이었다. 뉴욕에서 아들러는 중요한 후원자를 알게 되었는데, 1865년에 태어난 퀘이커 교도 찰스 헨리 데이비스Charles Henry Davis였다. 건설업자이자 사업가이며 수백만 달러를 가진 재산가였다. 그는 자신의 로비조직이었던 내셔널 하이웨이 협회를 통해서 장거리 및 고속도로 건설을 했다. 비록 도로건설 회사들과의 사업관계가 특이하게도 매우 협소하다는 평판이 자자했음에도 불구하고 말이다. 데이비스는 파크 애비뉴의 구석에 있는 31번지의 빌라에서 살고 있었다. 1927년 미국에는 대략 1만 5천 명의 백만장자가 살고 있었고, 이들 가운데 3천 명 이상이 뉴욕에 거주하고 있었다. 그리고 이들 3천 명 가운데 절반이 파크 애비뉴에 살았다.[54] 이 사업가의 여섯 명 딸 가운데 장녀가 심각한 우울증에 시달리고 있었기에 아들러에게 치료를 맡겼다. 아들러는 이 환자를 치료하는 데 성공했다. 그녀는 개인심리학의 결정적인 옹호자들 가운데 한 사람이 되었고, 그녀의 아버지는 아들러의 가장 중요한 재정 지원가가 되었다. 아들러 학설의 효력이 증명되자 그녀는 아들러에게 강사 자리를 만들어주고 대학에 개인심리학을 신설해야 한다는 계획을 아버지에게 건의했다. 데이비스는 자신의 대학이었던 뉴욕의 컬럼비아 대학과 협상을 했다.[55] 1929년 아들러는 미국에서 40회의 강연과 40회의 대학병원 강좌를 할 수 있게 되었다.[56] 또한 그는 컬럼비아 대학 의대에서 내과 및 외과에서 객원교수로 초빙을 받게 되었다. 월요일부터 토요일까지 아들러는 강좌를 열었으며, 매일 오후 16시부터 18시까지 강의실A에서는 대학병원에서 자신이 했던 일에 대해 얘기를 했는데, 빈자리가 하나도 없을 때가 많았다. 졸업생들을 위해서는 심리학에 관해 30회의 강의를 했다. 여기에 오전에 7개의 강의와 오후에는 맥밀린McMillin 극장에서 14회의 강연이 있었다. 1988년 보수를 거친 뒤에는 밀러 극장이 되었고, 이 맥밀린 극장은 컬럼비아 대학의 모닝사이드 헤이츠 캠퍼스에 있었으며—특히 이 강의는, 미국 땅에서 모든 아들러 행동을 가장 충실하게 알고 있었던 데이비스에 따르면, 청중들로 넘쳐났다고 한다—여기에서 한 강의는 보다 많은 대중을 위한 것으로 범죄, 사랑과 결혼이 주제였다.[57] 그리고 이런 활동으로 충분하지 않은 듯, 아들러는 저녁이면 커뮤니티 교회에 모인 청중들과 유대인 개혁 공동체 앞에서도 강연을 했다.

1930년은 거의 일년 내내 미시건 주에서 활동했다. 활동비는 "2천만 미시건 아동을 위한 기금"에서 부담했다. 아들러는 매일 다양한 청중들 앞에서 너댓 차례 강의를 했고, 병원에 가서 상담도 했으며, 그밖에도 개인 환자를 진료할 시간도 있었다. 관심은 컸고, 반응도 긍정적이었다. 이로부터 8년 후 아들러에게서 교육을 받았던 한 개인 심리학자는, 아들러의 이론이 디트로이트에서 특별히 잘 실행에 옮겨졌다고 한다.[58]

아들러가 미시건 주에서 강의를 하는 동안, 컬럼비아 대학의 신경학 및 신경해부학과 교수였던 프레드릭 틸니Frederick Tilney가 아들러에게 교수직을 주자는 제안서를 냈다. 그러나 이 제안은 거절되고 말았다. 같은 과에 있던 정신분석학자들의 원한이 개입되었는지, 뭔가 음모가 있었는지의 여부는 분명하지 않다.[59] 아들러는 집으로 돌아온 뒤에 거절당했다는 소식을 접했다. 그는 그 자리에서 강사활동을 접었다. 그리고 메디컬 스쿨을 끌어들여 설립했던 "개인심리학 상담위원회"도 문을 닫았다.[60] 이 상담위원회는 월터 베란 울퍼가 운영자였고, 교회 커뮤니티와 연계되어 있었다. 이와 같은 거절은 아들러에게 큰 충격을 주었고, 빈 대학에서 바그너 야우렉 교수를 통해 거절당한 사건으로 받았던 충격이 재현되었다.[61] 하지만 아들러가 대학에서 자리를 얻지 못하게 된 데에는 또 다른 원인이 있을 수 있다. 에르빈 벡스베르크의 추정에 의하면, 아들러가 "보편적으로 과학계에서 인정된 바의 방법을 사용하는 것을 혐오하는 성향이 있었기 때문이다. 예를 들어 통계라든지 사례에 대한 상세한 보고 같은 말이다. 그리하여 아들러의 비판가들은, 그가 발견한 것을 무시하기가 참으로 쉬웠다."[62] 북미의 대다수 심리학자들은 병원에서 일을 했으며, 경험적이고, 실험을 선호했다. 그들은 심리학이 엄격하게 과학적 학과로 자리를 잡기를 원했다. 따라서 직관, 개인의 경험, 주관적 감정은 비생산적일 수 있었다. 이 단체 가입조건으로 자신에 대한 분석은 단호하게 거부되었다.[63]

아들러가 미국에서 폭넓은 대중으로부터 사랑을 받게 된 것은 과도하게 간행되었던 저작물들의 영향도 있었다. 그야말로 몇 년 만에 그의 책들이 영어로 연달아 출간되었던 것이다. 1928년 케건 폴 출판사의 필립 마이레트Philip Mairet가 《아들러 심리학의 ABC》를 출판했고, 1929년에 《미스 R의 사례. 라이프 스토리의 해석》이 런던에 있는 앨런 & 언윈Allen & Unwin 출판사에서 간행되었다. 같은 해 케건 폴 출판사에서는 필립 마이레트가 편집을 맡았던 《노이로제 문제, 사례-이야기의 책》이 나왔다. 1930년에는 3개월 동안 다음과 같은 책이 출간되었다. 《삶의 패턴. 미국 어린이들의 사례-이야기》가 케건 폴 출판사에서 출간되었고, 《삶의 과학, 필립 마이레트의 서문》. 《아이들 지도. 개인심리학의 원칙에 대하여. 알프레드 아들러와 협회 그리고 어린이 교육 저자》. 이 세 권 모두 그린버그와 앨런 & 언윈 출판사에서 동시에 나왔고, 거기에 덧붙여 모음집 《1930년의 심리학. 알프레드 아들러와 그 외 저자》가 나왔고, 1931년에는 런던에 있는 C. W. 다니엘 출판사에서 《미세스 A의 사례. 라이프 스타일 진단》이 나왔다. 그리고 보스톤의 리틀 출판사와 브라운 & Co.에서 앨런 포터 편집으로 《당신에게 삶은 어떤 의미여야 합니까》가 출간되었다. 이 책은 1년 후 런던에서도 출판되었다. 1938년 대형 영국 출판사인 파버 & 파버 출판사에서 《삶의 의미》의 영어 번역판인 《Social Interest. A Challenge to Mankind》가 나왔다.

아들러의 이 책들은 특정한 형태로 탄생했다. 매우 바쁘고, 가끔씩 영화구경도 했기에(그는 찰리 채플린과 막스 형제의 코미디를 특히 좋아했다) 거의 쉴 시간이 없었던 아들러는, 세심하게 언어를 손봐줄 사람도 없었기에, 추가로 작업을 해주는 사람이나 외부의 발행인과 볼페처럼 교정을 해주는 번역자를 이용하고는 했다.[64] 아들러가 이들에게 건네주었던 것은, 강의노트, 대략적인 스케치나 일련의 표어들이었고, 그러면 이들은 이것을 받아서 읽을 만하고 이해할 수 있는 형태로 만들어야 했다. 이렇게 하는 과정에서 깊이와 복잡성이 사라져버렸다. 수요를 빠른 속도로 충족시키기 위해서 출판사들이 지원한 결정이었으나, 이로 인해 그야말로 치명적인 결과가 나오기도 했다. 몇몇 책들은 서로 내용이 상반되기도 했으며 다른 책에 대한 관심을 줄어들게 했다. 전반적으로 보면 마이너스가 되는 결과였던 것이다. 즉, 심지어 좋게 생각했던 비평가들의 눈에도 띌 정도로 점점 깊이가 없이 반복되는 내용에, 아무래도 소홀하게 취급한 문체와 분석의 결함이었다.[65]

이렇듯 경쟁적으로 책을 출간하게 된 원인은 무엇이었을까? 재정적인 이유는 그렇게 설득력이 없다. 《인간 이해》 이후에 출간되었던 모든 책들은 판매가 나쁘지는 않았지만, 그렇다고 잘 팔린 것은 아니었다. 아들러는 저자로서 인정받기에는 부족했고 강연이나 개인적인 의견교환과 비교하면 뒤처졌다. 따라서 과도한 대중화와 일반 독자들에게 대한 아첨을 반대했던 필리스 바텀의 언급을 참고해볼만 하다. "나는 나의 심리학을 간단하고 이해하기 쉽게 만들기 위해서 40년이 걸렸다."[66] 만일 그가 북미 그룹들과 이들의 낙관주의적 의견에 영향력을 발휘하기를 원했다면, 그는 자신의 명제를 단순화하고, 이해하기 쉽게 만들어야만 했다.

이제 자신의 학설의 중점을 바꿔야만 했다. 아들러는 성장, 공동체능력을 위한 노력 그리고 완성을 강조했다. 그리하여 그는 피상적인 실용주의 덕분에 과학적인 신중함을 줄여버렸다. 프로이트가 1939년 사망한 뒤에 미국에서 정신분석이 겪었던 과정도 거의 비슷했다. 그렇듯 아들러에게 가해진 비난은 적중했다. 그러니까, 공동체사고를 명료하게 역설함으로써 개인심리학은 사회적으로 동일한 형태를 띠고 보수적이 되었으며 윤리에 호소한다는 비판은 그야말로 적중했던 것이다. 하지만 화살이 과녁의 핵심을 향해 날아갔던 것은 어쩌면 아들러가 원했던 것일 수 있었다.[67]

그밖에도 아들러는, 거의 모든 것들이 자신에게 달려 있음을 깨달았을 것이다. 독일에서는 치명적인 논쟁으로 분열이 생겼다. 오스트리아에서도 역시 더이상 정당한 정통파가 없었다. 영국에서는 미트리노비치와 기분을 상하게 하는 시도가 있었다. 미트리노비치는 범민족주의라는 것을 추구했는데, 이것은 유럽의 대연합과 구르지예프George Gurdijeff의 밀교적이고 신비주의적인 "제4의 길" 사이에서 왔다갔다 했다. 미트리노비치는 유럽어족인 아리아족, 기독교와 사회주의의 삼위일체를 설교했고, 중세시대의 길드조직과 당시의 노동자위원회를 종합한 통치체계를 주장했다. 분명하게 드러난 것은 세계 공모이론을 포함한 반유대주의였다. 벨기에와 네덜란드에서는 개인심리학이 대다수의 비전문가들에 의해서 전달되었다.

곧 아들러는 범죄학과 형을 마친 범죄자들의 사회 복귀에 관한 강연을 했다. 이런 주제에서는 아들러와 데이비스의 관심이 중첩되었는데, 데이비스는 수년 전부터 형법개혁에 적극 참여하고 있었다. 이제 아들러는, 개인심리학을 《더 폴리스 저널》과 같은 영향력 있는 언론매체에 알려서 자신의 이론의 핵심을 확대하려는 목표를 세웠다.[68] 같은 시기에 이 주제들은 새로운 직업군의 관심을 끌었다. 그리하여 새로운 유형이 생겨났는데, 인간관계 전문가들, 사회복지 종사자들과 사회 교육자들, 부부 상담사와 성적인 관계를 상담해주는 전문가, 청소년법정과 심리치료사들을 상담해주는 상담사였다.[69]

22. 1920년대 빈에서의 아들러 가족

"당신은 모두에게 말하지요, 베를린은 빈처럼 상황이 나쁘지 않다고.

하지만 우리는, 무슨 일을 해야 하는지 보게 될 것입니다."

쿠르트 투콜스키 (Kurt Tucholsky, 1920)1

온화한 날들이었다. 여름이었다. 왈츠 음악이 있었다. 그러다가 갑자기 귀에 거슬리는 불협화음이 들려왔다. 상당한 문제들이 발생했다. 링슈트라세의 부르크가르텐 공원을 분리하고 소음방지를 위해 설치해두었던 울타리를 넘어서 일련의 소음들이 들려왔다.

여름이 되면 부르크가르텐Burggarten에서는 음악회가 열렸다. 1925년 7월 마지막 토요일 저녁에 "사랑스러운 요한 슈트라우스의 음악"이 울려퍼졌다. 적어도 기독사회당 성향의 일간지 《라이히스포스트Reichspost》의 독자란에 그렇게 올라왔다. 하지만 그렇게 평화롭게만 지속되었으면 좋았을 텐데! 사람들이 슈트라우스의 음악에 경건하게 귀를 기울이고 있는 동안, 한 무리가 떼를 지어 링슈트라세를 지나가면서 큰 소리로 뭔가를 읊어대었다. 이 무리들은 사회주의 노선의 "자연의 친구"들이었고, 이들은 창립 25주년을 기념하며 히틀러를 반대하는 노래를 불렀다. 《라이히스포스트》의 독자는 며칠 뒤 격분해서 쓰기를, 이 소음으로 말미암아 마에스트로 슈피르는 들고 있던 지휘봉을 "체념한 듯" 내려놓았다고 말했다. "[히틀러를 반대하는] 이 노래를 부르며 '자연의 친구' 소속 청소년들은 비너발트 숲의 역사를 울부짖었고 그리고 이 역사를 침묵하게 했다."[2]

보수 신문의 독자가 경쾌한 음악을 경청하며 받게 되었던 방해에 대하여 항의하는 가운데 서서히 놓쳤던 것은 국내정치의 긴장이었고, 정치적 상황이 지극히 경색되고 있는 상황이었다. 시민과 노동자, 도시와 농촌, 진보주의와 가톨릭교회 성직자들-보수주의자들 사이의 반대가 점점 더 눈에 띄고 강력해졌다. 이 준군사적 조직에 인파가 모여들었다. 국가의 차원에서 보면 이는 지극히 지원할 만한 일이었다. 매우 작았던 부르겐란트를 제외하고 정부는 자위대를 구축하고 있었다. 1922년 알프스 산맥에 인접한 주들의 자위대이자 향토 방위대는 11만 명이었고, 사회민주주의 공화국 수비대도 그 정도 수준이었다.[3]

전후에 일어난 높은 인플레이션과 숨이 턱턱 막힐 정도의 화폐가치 하락—1922년 크로네의 가치는 전쟁이 일어나기 전 가치에 비해서 1만 5천 배 가량 떨어졌다—은 경제력을 가루로 만들어버렸다. 수공업, 제조업, 프리랜스, 그리고 실직을 했던 적지 않은 공무원들도 저축했던 돈의 가치를 잃어야 했고, 가난에 빠졌다.[4] 1924년 예산안의 대폭 조정, 그리고 전세계적인 경제호황은 국민경제의 전환을 유도했다. 1926년 이그나츠 자이펠이 신임 수상이 되었다. 국민경제가 좋아졌다. 4.8% 경제성장률을 기록한 오스트리아는 유럽의 다른 국가들에 비해서 높은 성장률을 달성했다. 하지만 이 나라는 "잠재적 내전"이 언제라도 일어날 수 있는 상황이었다.[5] 자이펠의 기독교사회당은 선거 전략적인 이유로 과격한 반유대주의자

레오폴트 쿤샤크와 같은 우파들을 받아들여야만 했다. 국회의원 선거에서 자이펠의 당은 대독일당과 통합함으로써 사회민주당의 세력을 제압하고자 했다. 그런데 정반대의 결과가 나왔다. 기독교 사회당은 9개의 의석을 상실했고, 따라서 세 개의 정당이 연합해야만 연립정부를 구성할 수 있었다. 가장 큰 위기가 다가오는 시기는 오래 걸리는 법이 없었다. 《라이히스포스트》에 독자가 항의 편지를 보낸 지 2년 후 제1공화국에 가장 격렬한 충돌이 발생했는데, 이후에 정치적으로 더욱 분열하게 만들었던 정치적·사회적 단면이었다. 그것은 다름이 아니라 법원건물이 불에 타버렸던 것이다.

"노동자 살해자가 무죄판결을 받았다. 샤텐도르프Schattendorf의 피비린내 나는 그 날에 대한 속죄도 없이". 이것은 7월 15일에 《노동자 신문》의 머릿기사였다. 이 소식 외에 편집장의 비평도 실려 있었다. "시민 세계는 여전히 내전을 경고하고 있다. 하지만 노동자를 죽인 사람을 이렇듯 무죄로 석방하는 것은, 이미 내전이 아닌가? 우리는 당신들 모두에게 경고한다. 어제 일어난 판결과 같이, 부당한 짓이 뿌린 하나의 씨앗은 엄청난 재앙을 몰고올 것이다."[6] 오전 6시에 신문 판매원은 거리에 나가서 신문을 팔기 위해 내놓았다. "노동자 살해자"라고 외치는 고함소리는 그 자체로 신경을 곤두서게 했다. 오전 8시가 되자 도시에 있는 몇몇 구역에서 노동자들이 일을 중지했다. 한 시간 후 전차가 더이상 다니지 않았고, 전화선과 전기선도 끊겼다.

모든 것이 시작되었던 것은 6개월 전이었던 1월 30일이었다. 장소는 바로 작은 부르겐란트 주의 샤텐도르프라는 곳이었다. 술집 안에 있던 민족주의자 전투요원이 창문을 통해서 수비대 결사대원들이 행진하는 대열을 향해 총을 쏘았다. 이로 인해 두 명이 치명상을 입었는데, 상이군인 한 명, 그리고 명중하지 못하고 비스듬하게 날아간 총알에 맞은 희생자는 행진에 참여하지도 않았던 여덟 살 소년이었다.[7] 부검 결과 보고서에 따르면, 두 구의 시체에는 수많은 산탄을 발견할 수 있었는데, 상이군인의 경우에는 뒷머리에서 발견되었다. 시민 언론에서 설명하기를, 수비대들이 잘못을 했는데, 이들은 향토방위군을 자극했기 때문이라고 했다. 빈 법정의 배심재판에서 수비대에 대한 재판이 중재되었다. 국가사회주의자였던 변호인은 우선 "근시안적으로 자극"을 하게 된 것을 사과했다. 7월 14일 피고인들은 풀려났는데, 배심원들의 2/3가 그렇게 판결했기 때문이었다. 배심원들은 정당방위 위반의 정황에 대해서조차 의견을 일치시킬 수 없었다.[8]

7월 15일 오전 8시부터 수천 명이 행렬을 지어 시내로 행진해갔다. 이들이 향하는 목적지는 바로 법정이었다. 사회민주당의 간부들은 수비대가 적극적으로 질서유지 업무를 펼치던 것을 중지했다. "대학의 경사진 곳에서 가스 노동자들이 대학생들과 함께 소규모 전투를 벌이기 시작하는 동안, 9시 반이 조금 지나자 라이히스라츠Reichsrats 거리와 슈멜링 광장의 구석에서 한 집단의 사람들이 그곳에 설치한 바리케이드의 일부를 무너뜨렸다. 이 바리케이드는 기마병들을 보호하기 위해 설치해둔 것이었다." 일간지 《아침Der Morgen》이 보도한 내용이다.[9] 10시가 되자 법원 건물 앞에 한 무리의 경호원들이 밀어닥쳤다. 경찰청은 재판을 다음으로 미루게 했다. 이제 슈멜링 광장이 인파로 가득 찼고, 대중들은 이렇게 고함을 질렀다. "노동자 살해자를 물리치자!" "나치스 당원의 성이 되어버린 이곳을 무너뜨리자!"[10] 이날 아침 《라이히스포스트》를 읽었던 엘리아스 카네티Elias Canetti는, 이제 법정은 계급법정으로 변해버렸다고 썼다.[11] 법원의 경사진 곳에 서있던 열 명의 공무원들에 돌이 하나 둘씩, 그리고 점점 더 많이 날아갔다. 그러자 총이 발사되었다. 기마경찰대가 등장했고, 소란을 피우는 사람들을 흩어지게 하려고 시도했다. 시위자들은 몽둥이나 주변에서 무기로 쓸 만한 것을 주웠다. 다른 곳에서는 바리케이드가 세워졌다. 경찰청은 지극히 흥분했다. 오전 11시. "보초병들의 바리케이드에 불을 지르다가 처음에는 공격을 당하는 사람들이 점점 강력해지고 거칠어졌다."《일루스트리어테 크로넨 차이퉁Illustrierte Kronen Zeitung》은 그렇게 보도했다. "보초병들은 뒤로 물러났고, 군대식으로 무장하기 위해서 소환되었다. 이와 동시에 근처에 있던 보초실이 시위대의 습격을 받아서 불길이 일었다. 가장 야만적인 장면이 되어버렸던 법원처럼 되었다."[12] 시위에 참여했던 사람들은 건물 안으로 밀고들어갔다. 의자, 책상, 상자들이 창밖으로 날아갔다. 이어서 서류더미, 책들, 거울, 타자기도 날아갔다. 사다리를 가져와서 2층 창문에 놓았다. 화재용 횃불을 실내에 던져넣었다. 최초의 불꽃이 창문을 깨트렸다.[13] 시의 소방서가 법원 건물에 화재가 났다는 소식을 접했다. 소방용 차량들은 장애물로 인해 쉽게 움직일 수 없었다. 소화전에 연결된 호스는 칼로 싹둑 잘렸다. 이제 가느다란 물줄기만이 불을 끄고 있었다. 14시. 이제 덤덤탄Dum-Dum-Geschosse*을 장착하고 중무장을 한 경

* 소총탄의 일종. 일반 탄약보다 더 큰 상처를 입힌다.

찰관들이 다시 돌아왔다. 일제사격이 시작됐다. 경악의 고함소리가 터져나왔다. 총에 맞은 사람들이 길바닥에 쓰러졌다. 그 위로 말을 탄 채 뛰어넘는 자들도 있었다. 체포되지 않으려고 발버둥치는 사람들도 있었다. 이 모든 일이 17시까지 지속되었다. 그 사이 불길은 법원을 삼켜버렸다. 18시에 지붕은 불바다로 변했다. 큰 소리와 함께 불길이 둥근 탑을 뚫고 위로 솟더니 이어서 둥근 탑이 무너졌다. 화재는 다음 날 오전에야 진화되었다. 7월 15일 밤에 89명의 사망자가 발생했는데, 이 중 84명은 시위자들이었고, 5명은 경찰이었다. 몇몇 시체들은 잘려나가는 등 훼손당했다. 부상자들은 1천명 이상이었고, 체포된 사람들은 1,300명 이상이었다. 많은 상점들이 초토화되었다. 경찰서의 보초실과, 나중에 영웅처럼 용기 있는 경찰들의 긴급 방어에 대해서 보도를 했던 《라이히스포스트》와 같은 신문사 편집실도 마찬가지였다. 부수상은 이 사건을 하찮게 여기는 듯 "토끼 사냥"[14]을 했다고 얘기했다. 50년이 지난 뒤 카네티Canetti가 쓰기를, 그것은 "다음에는 혁명으로, 내가 직접 체험했다. 그 때부터 나는, 바스티유에서 일어났던 폭동이 어떠했는지에 관해서 한 줄도 읽을 수 없었다."[15] 사회의 분열은 더욱 심각하게 되었다. 정치적 영역이나 또는 거리에서는 더 이상 경쟁자가 없었고, 전투원들과 적들만이 있었다.[16] 이후에는 이탈리아 파시즘에 공감을 했던 오스트리아 수상 자이펠Seipel이 말했듯이 "상처 입은 공화국"에서 오스트리아 정치는, 쓰디쓴 참호전의 양상을 띠게 되었다.[17] 사회민주당은, 1918년 11월 때처럼, 의회에 자신의 당 출신 의원들을 더 보충하는 길을 갈 결정을 내렸다. 이로써 이 당은 수세에 몰리게 되었다. 공산주의를 지향했던 "붉은 빈"의 권력적 바탕은 과대평가

되어 있었던 것이다.[18]

1929년 10월 7일에 빈의 일반 오스트리아 지방-신용기관이 붕괴했다. 해결책으로 정부는 지불능력이 있는 상공업 신용기관을 파산한 은행과 함께 운영하도록 강요했다. 그 뒤에 정부는 독일 제국과 관세동맹을 맺기 위한 발의를 했다. 이는 국제적 무대에서 패배를 맛보았다. 헤이그에 있는 국제재판소가 그와 같은 관세동맹을 1922년에 맺은 제네바 협정의 위반이라고 낙인을 찍었던 것이다. 바로 이 제네바 협정을 바탕으로 국제연맹은 돈을 내어주었다. 프랑스는 오스트리아에 단기간 투자했던 자본을 빼냈다. 은행 붕괴라는 눈사태의 첫 번째 희생자는 1931년 신용기관 로트실트Rothschild*였다. 국민경제는 기울어갔고, 통화는 압박을 받는 상태였다. 영국 은행은 오스트리아 국민은행에 1억 5천만 실링을 빌려주었다.[19] 정부는 지출 절감과 디플레이션 정책을 통해서 국가 부도를 막으려고 애를 썼다. 이를 통해 경제위기가 더 격심해졌다. 1932/33년 겨울에 오스트리아 인 40만 명이 실직을 했다.[20] 그 전에 많은 주에서 주 의회 의원과 시 의원 선거에서 그때까지 소수에 불과했던 국가사회주의자Nationalsozialisten들이 대거 승리를 거두었다. 1930년 향토방위군 지도자들의 노력이 국내에서 성공을 거두었다. 코르노이부르크Korneuburg에서 사람들은 공통의 원칙들을 합의했는데, 소위 말하는 코르노이부르거 선서였다. 이 선서에는 국회 시스

* 독일-유대계 혈통의 국제적 금융재정 가문. 영어로는 로스차일드, 프랑스어로는 로쉴드로 발음된다.

템을 무너뜨리고 권위적인 국가의 존재를 요구하는 내용이 담겨 있었다. 그 사이 이들은 세력이 막강해져서, 자신들에게 적대적으로 행동했던 쇼버 수상의 몰락을 꾸밀 정도가 되었다. 후계자로는 반反마르크스파였던 카를 보광Carl Vaugoin이 되었는데, 그는 에른스트 뤼디거 슈타르헴베르크Ernst Rüdiger Starhemgerg와 제휴를 했다. 하필이면 향토방위군의 최고위급 대표자이자 자신을 "제국의 리더"라고 불렀던 슈타르헴베르크와 말이다.[21] 의회에서는 다수석을 차지하는 당이 없었다. 그리하여 선거를 다시 치르게 되었지만 결과도 마찬가지였다. 해결책은 깨어지기 쉽지만 그래도 타협을 하는 수밖에 없었다. 경제가 성장하던 세월은 지나갔고, 호황기도 사라져 버렸다. 수출 수지도 절반으로 줄었다. 오스트리아는 위기에 처했다. 다른 한편으로 사람들은 과거의 향수에 젖고는 했는데, 1932년 카를 크라우스Karl Kraus는 이런 현상에 대해서 격앙하면서 이렇게 묘사했다. "왕가의 마지막 10년이 오염되고 더럽혀지고 오스트리아 제국의 모습이 황제의 수염과 가극 각본 작가의 시를 연관시키며 보여주었다면, 이 모든 것들이 전혀 변하지 않고 오히려 수천 배 더 강화된 것이 바로 공화국Republik이라고 불리는 그것이다."[22]

라이사 아들러는 1920년대에 극단적인 좌파 정치에 적극적으로 참여했다. 1921년에 그녀는 율리우스 탄들러Julius Tandler와 개인심리학자였던 마가레테 힐퍼딩Margarete Hilferding 외에 "국제 노동자 원조"의 오스트리아 지부의 설립 감독관에 속했다. 나중에 그녀는 정치적 박해자들을 보호하는 단체인 "붉은 원조Roten Hilfe"의 회원이었다.[23] 마지막으로 그녀는 공산당에 가입했고 이와 거의 동시에 빈에 있던 이스라엘 문화공동체에서 탈퇴했다.[24] 그녀의 딸인 발렌티네는 이미 공산당 당원이었다. 그녀의 오래된 지인 아돌프 조페Adolf Joffe는 다시 빈으로 돌아왔는데, 이번에는 소비에트의 외교관 신분이었다. 비록 그가 빈에서 상당히 사치스러운 개인 병원을 운영함으로써 재임기간은 매우 짧았지만 말이다.[25]

1920년대 중반에 아들러의 네 명의 자식들이 자신들의 길을 갔을 때, 라이사는 헤렌가세에 있는 750㎡에 달하는 대규모 커피숍 헤렌호프Herrenhof에서 열리는 정례모임Jour fixe의 회장을 맡았다. 이곳에서 두 집 건너에 카페 센트럴이 있었지만, 그런 곳은 여자들이 그다지 좋아하지 않았다. 꼭 그런 이유 때문만은 아니었지만 어쨌든 젊은 세대에 속하는 작가들, 기자들과 지성인들은 1918년에 생긴 카페 헤렌호프를 찾았다. 안톤 쿠Anton Kuh는 두 커피숍의 차이를 이렇게 묘사했다. "사람들은 이제 철학자인 바이닝어Weininger가 아니라 프로이트 박사를 찾았다. 알텐베르크Altenberg는 키에르케고르에게 길을 비켜주었다. 사람들은 신문 대신 잡지를 읽었고, 심리학 대신 정신분석에 관심을 가졌다. 빈의 에스프리 미풍微風 대신 프라하의 폭풍이 불어닥쳤다."[26]

카페는 널찍했다. "급한 발걸음을 누그러뜨리듯 천천히 돌아가는 회전문을 열고 들어가면, 우선 기다랗게 트인 공간을 발견할 수 있었다. 창문이 달려 있는 칸막이 좌석에서 밖을 내다보면 황제가 살았던 화려한 궁전 주변으로 고위관료들의 거처들이 보였다. 덮개가 씌워진 편안한 안락의자, 나무로 되어 있는 실내의 벽, 식탁과 샹들리에는 모두 비싼 재료들이었고, 그리하여 고상하고도 견고하다는 인상을 주었다."[27] 실내의 중앙에는 의자가 딸려 있는 식탁들이 많이 있었고, 대여섯 명씩 앉을 수 있는 칸막이 좌석들이 벽을 따라 늘어서 있었다. 각 좌석마다 저널리스트였던 밀란 두브로비치Milan Dubrovic 같은 사람들이 좌장 역할을 했다. 공식 직함은 오스트리아 랜더뱅크 지배인이었으나 문학적인 재능도 출중했던 에른스트 폴락Ernst Polak이 좌장을 맡은 좌석도 있었다. 폴락의 좌석에는 안톤 쿠와 프란츠 베르펠, 한때 프로이트의 수요회에서 전향하여 아들러에게로 왔던 사람들 가운데 한 사람인 구스타프 그뤼너Gustav Grüner, 아들러와 친했던 시인 알베르트 에렌슈타인 등이 참석했다. 불규칙적으로 참석한 사람으로는 프란츠 블라이Franz Blei, 로베르트 무질과 헤르만 브로흐Hermann Broch(그의 아이들을 아들러가 치료한 적이 있었다) 등이 있었다. 또다른 좌석에서는 소설가이며 대학에서 보험 계리학을 공부했던 레오 페루츠Leo Perutz가 좌장이었는데, 여기에 참석한 사람은 기자 발터 로데Walther Rode와 여행작가 아르놀트 횔리겔Arnold Hölligel, 그리고 빈에 체류할 때마다 참석했던 요제프 로트Joseph Roth, 알프레드 폴가르Alfred Polgar 등이었다.[28] 이런 칸막이 좌석 중에 "아들러 자리"도 있었다. 이 좌석에 매일 라이사 아들러가 살았다고 해도 과언이 아니었다. 그녀는 좌파이자 마르크스주의 개인심리학자들을 휘하에 거둬들였다. 알프레드 아들러가 빈에 머물면서 카페 질러에 머물러 있을 경우, 두 사람과 얘기하고 싶은 많은 사람들은 흔히 두 커피숍을 왕래해야만 했다. 마네 슈베르버도 하루 저녁에만 수차례 왕래했다고 전해진다.[29]

라이사 아들러는 오스트리아 공산당KPÖ 내에서도 비밀스러운 "당내 그룹" 소속이었다. 1920년대에 이 당은 어머니당인 소비에트 연방 공산당과 구조 및 강령이 매우 유사했다. 당은 엄격하게 노선을 따르지 않았는데, 공산당원들 사이에 오갔던 은어로 표현하자면, 정당하고 유화적이고 트로츠키를 추종하는 흐름을 따랐던 것이다. 여성혁명가 이자 슈트라서Isa Strasser는 《붉은 깃발》의 편집부 소속이었기에 트로츠키주의에 연대한다고 밝혔기 때문에 공산당 신문 편집부에서 쫓겨날 위협을 받게 되었다. 그리고 1929년 6월에 오스트리아 공산당에서도 제외되었다.[30] 슈트라서는 트로츠키와 서신 왕래를 했고 당의 상태와 태도에 대해서 그와 상의를 했다. 그녀의 눈에는 "희망이 보이지 않는 지부"[31]였다. 라이사 아들러 역시 추방당한 세계의 혁명가와 서신을 교환했다. 그녀 역시 사상경찰로부터 온전하게 살아남지는 못했다. 1929년 8월 1일은 반전反戰의 날이었는데, 오스트리아 공산당은 "파업과 강력한 대중시위"를 요구했다. 트로츠키를 추종했던 반대파는 공개적인 편지로 이에 대답을 했다. "힘으로 밀어붙이는 비극적이고도 코미디 같은 정치를 중단하라!" 그러자 오스트리아 공산당의 최고위층들은, "변절자인 트로츠키 추종자들"을 반대하는 캠페인을 지속적으로 해야 한다고 외쳤고, 이 반대당은 "경찰로부터 보조금을 받는다"[32]는 주장을 제기함으로써 위협을 가했다. 파문의 볼링공 속으로 라이사 아들러도 들어가고 말았다. 1930년 1월 말에 유포되는 모든 절반의 진실과 거짓말들로부터 자신을 보호하고자 했다. 그녀는 자신의 기질이 얼마나 뜨겁게 타오를 수 있는지를 보여주었다. 오스트리아 공산당 중앙위원회 정치부 앞으로 그녀는 다음과 같은 편지를 썼다. "(……) 나에게 보낸 편지는 혁명적인 지도부의 편지가 아니라 소심하고 생각이 없는 관료가 보낸 것입니다. (……)/ 오스트리아에서는 혁명적인 상황이 펼쳐져 있고, 소비에트의 건설이 매일 전해집니다. 그리고 이를 반대하는 사람은 누구든 기회주의자라고 욕을 먹고 있습니다. (……) 도대체 누가 기회주의자이며, 제10차 총회의 결론은 무엇인가요? 소비에트를 찬성합니까, 반대합니까?/ (……) 나는 오히려, 트로츠키 장군의 글에서, 특히 '오스트리아의 위기'에 대한 그의 소책자에서 당과 중앙위원회는 많은 것을 배울 수 있다고 믿고 있습니다. (……) 중앙위원회야말로 소비에트 연방이니 사회주의 파시즘이라는 말들로 너무 멀리 간 게 아닙니까? 더 진지한 문제에 접근하는 것이 훨씬 더 중요하지 않을까요? 예를 들어, 오스트리아 공산당은 왜 더 성장하지 않는가? (……) 그렇지요, 동지들, 나는 기회주의적이고 관료적인 요소를 갖고 있으니 당의 숙청 대상이겠지요. 하지만 나는 여기에서 확실하게 고백하는데, 좌파입니다. 왜냐하면 이 노선만이 기회주의라는 썩은 늪지로부터 빠져나와 프롤레타리아 혁명을 위해 위대하고도 역사적인 투쟁의 길을 나아갈 수 있기 때문입니다."[33]

1931년 그녀는 소비에트연방의 아동 교육에 대해서 했던 강연 내용을 출간했는데, 이 안에는 전혀 비판적인 내용이 들어 있지 않았고 급하게 기록한 부분도 있었다. 이 내용을 통해서, 라이사가 단체의 일원으로 소비에트연방에 여행을 갔을 수 있다는 사실을 추론해볼 수도 있다. 독일에서는 빌리 뮌첸베르크Willi Münzenberg와 같은 인물이 그런 시도를 했는데, 그는 "붉은 원조"에서 적극적으로 활동했으며 언론계 대기업가이자 공산주의자이기도 했다.[34]

이 기간 동안 아들러 가족 혹은 가족 구성원이 개별적으로 보냈던 휴가지는 무엇보다 잘츠카머구트Salzkammergut, 스위스와 발트 해와 이탈리아였다. 딱 한번 라이사와 알프레드 아들러 부부만 갔던 여행이 있었는데, 1930년 2월 아들러는 60세 생일을 기념하여 아내와 함께 유럽 여행을 갔다. 물론 여행 도중에 강연 계획이 잡혀 있었다. 하지만 두 사람 사이의 불화는 결코 다시 봉합할 수 없는 지경이었다. 훗날 아들러는, 이때 그들이 함께 여행하면서 보여주었던 아내의 태도는 자신을 우울하게 했다기보다 불편하게 했다고 털어놓았다.[35] 이는 아마도 남한테 상처를 잘 주는 라이사의 성격과 관련이 있을 것이다. 이 부부는 이념적으로는 싸울 필요가 전혀 없었다. 남편의 학설에 대하여 라이사는 거리를 두고 평가를 자제하고는 했다. 다른 한 편으로 그녀는 몇 년 전에 《개인심리학 잡지》에 몇 가지 서평을 쓰기는 했다. 그렇듯 라이사는 1926년 체벌에 대한 헬무트 브라켄Helmut von Bracken의 책에 대해서 이렇게 썼다. "체벌에 대해서는 자주 많은 글들을 쓰고는 했다. 하지만 이 책에서는 최초로 이 질문을 교육학적으로가 아니라, 사회적으로 조명했다." 잠시 후 체벌은 "지배 계급이 자신들의 권력을 유지하기 위해 사용한 도구"[36]라며 이념적인 정리를 했다. 비평의 결과는 브라켄이 체벌을 없애자는 데 변호한 것을 지지했다. "연대의식이 죽었으며, 공동체 감각은 질식당했다." 칭찬으로 끝나는 맺음말은 결국 아들러의 개인심리학을 인정했다.[37] 1930년에 라이사는 젊은 소설가 프리드리히 토르베르크Friedrich Torberg의 소설 《학생 게르버의 졸업》[38]에 대해 비평을 쓰기도 했다.

라이사 아들러의 네 명의 자식들은 각기 서로 다른 길을 택했다.

"나는 1898년 빈에서 태어났고 거기에서 초등학교, 인문계 중고등학교와 대학을 다녔다. 1921년에 나는 국가학을 전공하여 빈 대학을 졸업했다." 아들러의 큰딸이자 어릴 때 "발리"라 불렸던 발렌티네는 1934년 4월에 이렇게 기록했다. "김나지움에 다닐 때부터 이미 나는 사회주의 운동에 관심을 갖기 시작했고, 사회민주주의 노동자 청소년의 저녁모임에도 참석했다. 1917/18년에 나는 사회민주주의 노동자 청소년부에서 일을 했고, 거기에서 교육 동아리를 주최했다. 대학생이 된 뒤 나는 1918년 '사회주의 대학생 자유연합'에 들어갔다. 오스트리아 공산당의 설립자들 일부도 바로 그 단체 출신이었다. 대학 시절 동안 나는 이 대학생 연합에 적극적으로 참여했고 위원회의 회원이기도 했다.

1918년에 나는 공식적으로 사회민주당의 청소년부에 가입했고, 이를 통해 오스트리아 사회당 회원이 되었다./ 하지만 나는 곧 여기를 탈퇴했고 1919년 오스트리아 공산당 회원이 되었다. 당시에 나는 주로 청소년부에서 일을 했고, 수많은 강좌를 열었으며, 당시의 청소년 잡지 발행에도 공동으로 일을 했고, 발표도 했고 공산주의 대학생운동에도 적극적으로 활동했다." 그녀는 1921년에 대학을 졸업했다. 졸업을 축하해줄 이 시기에 마침 아들러는 빈에 없었다. 그리하여 그는 먼 곳에서 축하 인사를 전했다. "네가 보낸 전보가 어제 저녁에 호텔에 도착했단다. 너의 곁에서, 너와 함께 웃으며, 노래하고 네가 여름과 더 먼 미래를 위해 아름다운 계획을 세울 때 도움이 되기를 그토록 바랐건만. 하지만 우리, 나중에 꼭 그렇게 하도록 하자꾸나. 언젠가 어떻게든!/ 이제 너는 완전히 자유로워졌고, 네 생각에 따라서 너의 삶을 구축해나가야 한단다. 이제 너를 제한하는 규칙도 규정도 더이상 없을 것이고, 네가 가야 할 가치가 충분히 있는 많은 길들만 있을 것이다./ 너도 알다시피, 네가 어떤 활동을 더 좋아하는지가 중요한 게 아니라, 네가 선택한 것을 어떻게 실행하고 어떤 수준으로 달성하고자 하는지가 더 중요하지. 여태껏 너는 네가 걱정할 필요가 전혀 없는 일상의 어려움과 요구들만 해결하면 되었다. 물론 편견과 미신으로 주저할 때도 있었겠지만 말이다. 이제 너는 네 자신의 이념이 요구하는 것이 무엇인지 잘 정리해야만 한다. 현실을 회피하기 위해 사과나 변명 따위를 전혀 할 필요가 없는, 너 자신의 이념 말이다./ 만일 네가, 너 자신 가운데 어떤 부분에 대해서 자부심을 가질 수 있는지에 대해서 알고 싶다면, 네가 오늘날까지 살아왔던 삶을 회상하면서, 너는 결코 누구에게도 고통을 주지 않았다고 말할 수 있으면 된다. 우리의 사랑스러운 알리와 동생들과 정말 잘 지내도록 해라. 너는 할 수 있어./ 너의 행복하고도 행복한 아버지가 너에게 수천 번의 인사와 키스를 보내며."[39]

마지막 단락은 발렌티네와 세 살 어린 알렉산드라, 여섯 살 어린 남동생이자 관찰자이며 친절한 부류에 속했던 아들, 그리고 어머니 사이의 경쟁, 질투와 갈등이 있다는 사실을 암시했다. 발렌티네는 어머니와 감정적인 불화는 있었으나 정치적인 성향으로 극복했던 것 같다. 하지만 빈과 공산당은 너무 소규모였고 파벌주의의 길을 가고 있었다. 발렌티네 아들러는 오스트리아를 떠났다. "대학을 졸업한 뒤(1921년) 나는 베를린으로 갔고 공산당원이 되었다. 나는 국제 여성 사무국에서 정치적인 발표자로 일을 했는데, 당시에 이 사무국은 클라라 체트킨Klara Zetkin의 지도하에 있었다. 나는 국제 여성운동에 관련된 자료들, 간행물들, 논문들을 수집하고 평가하는 일을 했다. 이와 동시에 독일 여성 사무국의 동업자로서도 일을 했다. 당시에 나의 당원 이름은 디나 슈라이버Dina Schreiber였다./ 내가 원해서 당의 출판사(비바Viva)에서 프란츠 메링Franz Mehring의 저서를 출간하는 일도 했다. 이 일이 끝나고 나서 나는 당 기록보관소의 도서관 관장이 되었고, 당시에는 '사회학 기록 보관소'라는 이름으로 위장해서 베를린에 있었다. 이 기록 보관소는 1924년에 경찰에 의해서 해체되었다./ 1924/25년에 나는 프리랜서 작가로 베를린에 살았고, 주로 경제적인 내용의 글을 독일어와 러시아어로 된 다양한 공산당 신문에 실었다. 1926년에 나는 소비에트연방의 통상대리업무 팀에 들어가 경제 도서의 관장이 되었고, 1930년에는 이 단체의 경제부 담당이 되었다."[40] 1925년에 그녀는 헝가리 인이며 완벽하게 독일어를 구사할 수 있는 기자 귤라 자스Gyula Sas(원래는 율리우스 슈피츠Julius Spitz였다. 헝가리 왕국의 민족주의 정책의 일환으로 인해 그는 자신을 "자스Sas"라고 불렀다. 이는 독일어로는 '독수리'Adler라는 뜻이다)와 결혼했다. 그는 공산주의자이자 혁명가였다. 발렌티네는 초혼이었으나, 그는 두 번째 결혼이었다. 이들은 베를린가 5번지의 노이-템펠호프Neu-Tempelhof에서 살았는데, 오늘날 템펠호프 공항에 인접한 곳이다. 아들러는 결혼을 축하하는 편지를 썼는데, 사랑하는 아버지의 걱정과 배려가 담겨 있었다.[41]

사랑하는 딸 발리와 사위 귤라에게

너희들에게 사랑한다는 인사를 전하고, 너희를 안고서

진심으로 축하를 한단다!

내 생각은 항상 너희와 함께 할 것이다.

바라건대 결혼이란 너희 둘이 힘들게 일을 해야만 하는

과제가 아니라, 기쁨이라는 사실을

절대 잊지 말기를. 일부일처제는 성 문화에서
가장 아름다운 꽃을 대표하고 있다는 점도
기억하도록 해라. 너희들 자신보다는 다른 사람들을
더 많이 생각하기를 바라고,
항상 너희들이 다른 사람들의 삶을 보다 수월하고 아름답게
만들어주는 삶을 살도록
노력하기를 바란다.
한 사람이 다른 사람에게 종속되는 일이 없도록 하렴.
그 누구도 그런 상황을 견딜 수가 없단다.
그리고 그 누구도 너희 결혼생활에
영향력을 행사하도록 허락해서는 안 된다.
너희 두 사람을 제대로 좋아하는 이들하고만
친하게 지내도록 해라.(……)
발리야, 더 많은 돈이 필요할 거야.
얼마가 필요한지 나에게 편지로 알리고,
그리고 어디로 송금해야 할지도 알려다오.
그곳에서 시민권을 취득하도록 해라, 만일
비자 문제가 어렵지 않다면.
만일 네가 상업은행과 산업은행(이전에 랜더뱅크,
프라하)의 이용에 대한 나의 위임장을
가지고 있다면, 그것을 이용하고 돈을 직접 너에게
송금하도록 해라. 그렇지 않은 경우에,
즉각 나에게 편지를 쓰도록 해라.
너희들이 그문덴Gmunden에 오지 않는다는 최근의

편지를 받았다, 그러면 우리는 베를린에서 다시 보기로 하자. 어쩌면 네가 엄마와 넬리를 발트 해로 초대할 수도 있겠구나.

키 155cm의 알렉산드라 아들러는, 어릴 적 알리라 불렸는데, 1구역에서 초등학교와 뷔르거 학교를 다녔고, 이어서 여학생들만 다니는 사립 고등학교에 진학했고 졸업한 뒤 빈에서 의대에 다녔다.[42] "내가 네 살이었을 때, 나는 의사가 되기로 결정했다. 그리고 누가 나에게 앞으로 무엇이 되고 싶으냐고 누군가 질문하면 그렇게 대답했다. 누군가가 또 그 이유를 물으면, 나는 이렇게 답했다. '아버지가 의사니까요.'"[43]

1926년에 박사학위를 받은 뒤 알렉산드라는 신경학과 정신의학을 전공했다. 1년 동안 그녀는 파리에 가서 14구區에 있는 정신병원 성녀 안나Saint-Anne 병원에서 근무했다. 빈으로 돌아온 뒤, 그녀는 정신의학 및 신경질환자를 위한 대학병원에서 여성 환자들을 치료하는 과에서 근무했다. 그런 뒤에 하필이면 신경학과의 바그너 야우렉Wagner-Jauregg 교수가 알렉산드라를 자신의 조수로 초빙했다. 그녀가 가족의 일을 고려하고 야우렉 교수가 정신분석과 개인심리학을 반대하는 입장임을 고려했을 때 그와 같은 제안을 전혀 받아들일 수 없다고 거절하자, 교수는 "운이 나빴나보군tant pis"이라고 회신을 보냈다고 한다.[44]

1928년 그녀는 신경정신과학 영역에 관한 학문적인 연구를 최초로 발표했다. 이어진 3년 동안 보다 중요한 논문들을 발표했는데, 그 가운데 1931년에는 25페이지에 달하는 논문 〈산업 사고가 반복되는 조건〉을 발표했고, 이것은 바로 사회문제를 연구한 논문이었다. 바그너-야우렉 교수는 승진 심사를 할 때 그녀를 무시했다. 마침내 알렉산드라가 자신을 조금 더 아껴주는 교수에게 배치되었을 때, 하마터면 직업적으로 궁지에 몰릴 뻔했던 그녀는 겨우 위기에서 빠져나오게 되었다. 1927년에 빈에서는 개인심리학 의사들의 작업 공동체가 형성되어 있었다. 이 그룹은 신경증과 정신병의 치료를 이론과 실습에서 다루었다. 1930년대 초반에 정신의학자 루돌프 드라이쿠르스가 아들러로부터 회장 자리를 이어받았다. 1929년 알렉산드라 아들러는 교육자문을 할 때 기법에 대한 논문을《개인심리학 국제 잡지》에 발표했다. 1931년과 1933년 사이에 9구역의 라자레트가세Lazarettgasse 14번지에 살고 있던 알렉산드라 아들러는 작업 공동체에서 네 번 발표했다.[45]

쿠르트 아들러는 고등학교를 졸업한 뒤 이론 물리학을 공부하기로 결정했다. 마른 체질에 안경을 낀 이 아들은 집안에 두 명의 의학박사가 빈에 있는 것으로 충분함으로 다른 학과를 선택했다고 했다. 그는 일찌감치 청소년 시절에 좋아했던 르네 릴리 엘트보겐Renee Lili Eltbogen과 결혼했다. 이 결혼은 1930년 이후에 금이 갔고, 두 사람은 1934년에 이혼했다. 쿠르트의 대학 공부는 길어졌는데, 그가 친구이자 동료 한 명과 오랫동안 발명에 몰두했기 때문이었다. 이들이 마침내 빈 특허청에 특허권 제출을 했을 때, 얼마 후 특허청에서 다음과 같은 연락이 왔다. 즉, 이 발명품은 이미 미국에서 특허권을 보호받고 있다고 말이다. 쿠르트는 1935년 박사학위를 받았다.

넬리 아들러는 일찍부터 대학가는 것을 싫어했다. 그녀는 배우가 되고 싶어했다. 아버지는 주변 지인들 가운데 상의할 대상을 찾아주었고, 오스트리아 출신의 여배우 엘리자베트 베르크너Elisabeth Bergner에게 의논하게 되었다. 베르크너는 1923년부터 베를린에서 큰 인기를 얻고 있었고 그 전에 알베르트 에렌슈타인과 친밀한 관계이기도 했다.[46] 1928년 3월에 가냘프고 연약했던 넬리는 빈에 있는 도이치 국민극장에서 최초의 역할을 받게 되었는데, 프란크 베데킨트Frank Wedekind의 〈봄의 깨어남〉이라는 작품에서 일제Ilse 역할이었다. 이어서 베를린과 빈의 더 큰 무대에서 조연의 역할들이 들어왔다. 하지만 단역 배우 이상의 역할을 할 수 없었다. 아들러는 장황한 편지를 써서 딸을 위로하기도 했다. 그녀는 법대 학생이었던 하인츠 슈테른베르크Heinz Sternberg를 알게 되었고 사랑에 빠지게 되었다.[47] 이 남학생의 아버지는 시내에서 대규모 합동 변호사 사무소를 운영하고 있었다. 두 사람은 결혼했다.

아들러가 국제적으로 성공을 거두자 돈이 들어왔다. 오스트리아와 유럽의 통화와 경제는 안정을 찾았다. 아들러는 잘만스도르프Salmansdorf에 빌라를 한 채 구입했으며, 이곳은 1892년 빈 구역으로 통합되었다. 아들러 가족은 널찍한 공간을 사용할 수 있었다. 모든 딸들은 피아노를 쳤고, 아들러가 슈베르트 노래를 부르면 같이 불렀다.[48] 빌라 뒤편에는 나무와 장미덤불, 채소밭 그리고 온실이 딸려 있는 널따란 정원이 있었다. "잘만스도르프는 아들러의 꿈이었지만, 많은 꿈들이 그렇듯 이 집은 일상생활에는 실용적이지 않았다. 집은 빈 외곽에서도 너무 멀리 떨어져 있었고, 너무 크고 주변에는 집도 없었다. 그러다가 방문객들의 수가 늘어나게 되자, 더이상 외롭지는 않았다. 소피Sophie[아들러 가족과 약 30년 동안 함께 했던 가사도우미는 말하기를, '박사님, 이 집은 일하는 사람들이 사는 도시에서 너무 떨어져 있습니다. 저도 일하는 사람들 속에 속하구요. 이 집은 관광객을 위해서만 아름다운 곳이라고요!' 그러자 아들러는 이렇게 대답했다. '이 세상에서 우리 모두는 다들 관광객이 아닌가요?'/ (……) 방문객들 행렬이 끝없이 찾아왔고, 정원에 앉거나 커다란 음악실에서 놀고 노래도 했으며, 근처에 있는 산으로 산행을 가기도 했다. 라이사 역시 잘만스도르프를 좋아했는데, 넓은 하늘 아래의 러시아 밀밭을 꿈꾸었던 그녀에게 꿈에서 그리던 장면과 매우 닮았기 때문이었다. 아마도 그녀는, 이곳에서 남편과 아이들과 함께 그야말로 제대로 된 집을 가꾸어볼 수 있으리라 희망했을 것이다. 소피가 힘든 집안일을 다 해주었으니까 말이다. 하지만 끝없이 일만 하는 남편이 라이사를 괴롭혔다. 자신의 남편을 빼앗아 가며, 고통으로 괴로워하는 인파는 어디를 가든 따라다녔다. 그녀는 이런 사람들로부터 벗어날 수도 없었고, 그들의 묵직한 문제들을 견딜 수 있을 만큼의 인내심도 없었다./ 아들러의 지인이었던 한 미국인 여성은 잘만스도르프를 방문하고는 영원히 자신의 기억에 남아 있을 것이라고 말했다. 아들러는 발꿈치를 들고 그녀를 햇빛이 들어오는 거실로 안내를 했고, 미국 여행에서 가져왔던 선인장들이 얹혀 있는 선반을 가리켰다고 한다. 그리고는 손가락을 자신의 입술에 대고는 이렇게 속삭였다는 것이다. '쉿! 선인장들이 텍사스에 있다고 생각할 수 있어요!'"[49]

아들러는 이 집에서 자신의 식물학자적인 본능을 살렸다. 외국 여행에서 돌아올 때면 그는 식물이나 그렇지 않으면 꽃의 씨앗을 가져오고는 했다. 잘만스도르프에서는 조건이 좋지 않아서 자라기 힘든 그런 외국종일 때도 많았다. 그는 식물들을 위해서 정원사 한 명을 고용했는데, 그는 오스트리아 감옥에서 출소한 뒤에 아들러에게서 일자리를 구했던 독일 남자였다. 두 남자는 외국에서 가져온 식물들의 의미와 무의미에 대해서 격렬하게 토론을 벌일 때가 자주 있었다. 여름에 명상을 할 수 있는 시간이 되면 아들러는 면바지와 소박한 셔츠 바람으로 보내고는 했다. 그런 모습을 사진에 담게 허락했는데, 이는 프로이트라면 결코 생각할 수도 없는 일이었다.[50]

1930년에 아들러는 대형 자동차를 구입했다. 알리는 1928년 10월에 면허증을 땄고, 아들러는 3년 후인 60세에 땄다.[51] 그는 매우 자랑스러워하면서, 최초로 자신의 차를 몰고 다니는 빈 의사들 가운데 자신도 한 명일 것이라고 주장했다. 아들러는 독일, 폴란드와 체코슬로바키아에서 강연이 있으면 직접 이 차를 운전해서 갔다. 하지만 1932년에 차를 다시 팔았다.

이 모든 것을 유지하려면 돈이 필요했다. 당연히 비용은 아들러가 벌었다. 아들러는 늘 유럽이나 미국으로 출장을 갔고, 쉬지 않고 일을 했으며, 글을 썼고 강연을 하고 또 환자들을 치료했던 것이다. 한 번은 아들러가, 자신은 17명을 먹여 살려야 한다는 푸념을 늘어놓았다고 한다. 자신의 가족은 물론 형제들, 가정부, 정원사, 운전사와 셰퍼드 개조차 가족으로 포함시켜서 계산했기 때문이다. 아들러는 동물을 진짜 좋아했다.

23. 인간 이해

> "감정? 당연하지. 계몽은 감정이 없다고,
> 어디에 그런 내용이 적혀 있지?
> 나에게는 오히려 정반대로 비치는데.
> 계몽은 열정을 가지고 임할 경우에 한해서,
> 자신의 과제를 정당하게 달성할 수 있지."
>
> 장 아메리 (Jean Amery)1

먼저 기술이 있었고, 나중에 그에 합당한 명칭이 생겼다. 17세기의 마지막 1/3 기간 동안 인간에 대한 지식이라는 개념이 유행했다. 프랑스 의사 마랭 퀴로 드 라 샹브르Marin Cureau de La Chambre는 1669년에 《인간을 아는 기술》이라는 책을 썼다. 1692년에는 초기 계몽주의자였던 크리스티안 토마시우스Christian Thomasius가 《다른 사람들의 기분에 대해서 아는 법을 배우는 학문》에 대한 글을 썼다. 토마시우스는 "지극히 필요한 학문의 새로운 발견"을 알렸던 것이다.[2]

이렇듯 해석학적인 접근이 처음으로 발전하기는 했으나 이 "학문"이 완전히 새로운 것은 아니었다. 이미 16세기 중반부터 인본주의 학자들의 저서에는 인간에 대한 지식, 인간학, 심리학과 심리의 측정이라는 단어를 대신하는 사이콜로기아psychologia라는 단어가 있었다. 근본적으로 이 개념은 거의 2천 년이나 된 단어라 할 수 있다. 이 개념은 기원전 5세기, 윤리를 설명했고 계몽과 카타르시스를 포함한 심리의 규명, 삶의 변화를 이끌어내고자 했던 철학자들에게로 거슬러올라간다.[3]

토마시우스 이후 한 세기가 지난 뒤 쾨니히스베르크 출신의 철학자 임마누엘 칸트Immanuel Kant가 감각의 종류와 성격에 대해서 고민했다. 그에게 인류학은 자명한 것이었다. "하나의 성격을 가진다는 것은 의지의 성향을 의미하며, 이것에 의해서 주체는 스스로 특정 원칙에 연관되고, 자신의 이성을 통해 바꿀 수 없는 특징이라 할 수 있다. 이와 같은 기본원칙이 오류가 있을지라도, 의지라는 공식은 특정 기본원칙에 따라 행동하고(모기떼처럼 이리저리 몰려다니는 게 아니라), 뭔가 소중하고 놀랄만한 것을 지니고 있다. 비록 드물기는 하더라도."[4]

1853년에 낭만적인 보편주의자이자, 드레스덴 출신의 의사이며, 두개골연구가이자 화가인 카를 구스타프 카루스Carl Gustav Carus가 《형상의 상징학. 인간에 대한 지식 편람》을 통해서 괴테와 심신상관학, 의학적 인상학과 생물학의 후계자로서 형태학의 종합이라고 할 수 있는 결과물을 내놓았다. 이 책은 오랫동안 영감을 주었다. 1925년에 철학자 테오도르 레싱Theodor Lessing은 신판이 나오게끔 격려했고, 같은 해에 그보다 20세가 젊은 헬무트 플레스너Helmut Plessner가 《공동체의 한계》에 대한 책을 썼다.

이 세기의 3/4분기에는 형상과 인간에 대한 지식이 관상학적 사고의 핵심적 개념이 되었다. 이로 인해 범죄인류학과 필적학, 그리고 인상에 관한 학과도 생겨날 정도였다. 거의 한계가 없는 듯했고, 이렇듯 인간에 대한 지식은 미학, 법의학 및 심리학과 같은 학문도 포괄했다.[5] 1910년 이후 오스발트 슈펭글러Oswald Spengler는 1918년 《서구의 몰락Der Untergang des Abendlandes》에서 형상, 인상학과 인간에 대한 지식을 다루었고, 1922년에 한스 귄터Hans F.K. Günter는 인종차별주의적인 저서 《독일 민족의 인종학Rassenkunde des deutschen Volkes》을 출간했다. 1925년에 철학자 에드문트 후설Edmund Husserl의 제자였던 루드비히 페르디난트 클라우스Ludwig Ferdinand Clauß는 《인종과 심리. 신체 형상의 의미에 대한 안내》를 통해 폭넓은 호응을 얻었다. 인간 이해를 지향할 방향으로 설정하고 어떤 것을 설명하기 위한 보물로 사용하는 것, 정치적인 도구로 사용하는 것이 바로 1918년 이후에 볼 수 있었던 새로운 현상이었다. 인간에 대한 지식은 인종에 대한 지식으로 형태가 바뀌었다. 그러니까 한편에는 아리아인들이 있었고, 다른 한 편에는 셈족에 속하는 "반대 유형"이 있었는데, 이 반대 유형은 사이비 학문에 따르면 극복해야만 하는 존재였다.[6]

이 시대에는 얼굴이 시대의 '기본 사상Idee fixe'였다. 관상학은 만능열쇠나 마찬가지였고, 사람들은 이것에 완전히 열광했다. 사진작가 아우구스트 잔더August Sander는 1929년에 〈시대의 얼굴〉 연작을 발표했다. 재야학자였던 브로더 크리스티안젠Broder Christiansen은 1930년에 《우리 시대의 얼굴》이라는 저서를 내놓았고, 같은 해 에른스트 윙어Ernst Jünger는 《세계전쟁의 얼굴》을, 같은 해 예술관련 저술가인 로타르 브리거Lothar Brieger는 《현대 여성의 얼굴》을, 그리고 에리히 레츠라프Erich Retzlaff는 《노인의 얼굴》을 각각 출간했다. 1932년에 에르나 렌드바이-디릭센Erna Lendvai_Dircksen의 《독일 민족의 얼굴》과 루돌프 카스너Rudolf Kassner의 《관상학》이 출간되었고, 1933년에는 빌리 헬파흐Willy Helpach의 《얼굴의 민족적 구조》가 나왔다.[7] 1세대가 지난 후 니겔 데니스Niegel Dennis는 알프레드 아들러의 말을 곰곰이 되씹었다. "그[알프레드 아들러]는 강의를 듣는 대학생들에게 자주 이렇게 말하고는 했다. '우리가 만일 한 사람을 이해하고자 하면, 귀를 닫아야만 한다. 우리는 오로지 바라보기만 해야 한다. 이와 같은 방식으로 우리는 무언극에서처럼 온전하게 형상을 인지할 수 있다.' 그는 관상을 고정된 형태가 되려고 달려가는 움직임이라 불렀다. 환자를 긴 소파에 눕히는 행위는 그에게 끔찍한 오류로 여겨졌는데, 그러면 환자의 '거짓 단어들'만이 치료사에게 전달될 것이기 때문이다."[8]

책의 표지는 소박했고 제목은 짧았다. 《인간 이해Menschenkenntnis》. 이 제목 아래에는 "저자 알프레드 아들러"라는 이름이 제목과 마찬가지로 대문자로 새겨져 있었다. 겉표지의 밑 부분에는 1927년이 새겨져 있고, 옆에는 "라이프치히 S. 히르첼Hirzel 출판사"라는 글자가 보였다. 아라비아 숫자로 236페이지에 로마자 숫자로 7페이지가 더해져 있었다.

1853년에 설립되었던 히르첼 출판사는 자연과학 도서의 출판으로 유명했는데, 그 사이 개인심리학 도서를 단골로 출판하고 있었다. 이 출판사에서 책을 내는 작가들 가운데 막스 플랑크Max Planck도 있었는데, 그는 당시에 아인슈타인을 제외하고 독일에서 가장 유명한 과학자였다. 이 출판사는 그 어떤 출판사보다 물리학 관련 저서들을 많이 출간했다. 하지만 《그림형제의 사전》 역시 이 출판사에서 나왔다. 초판이 1854년에 나왔고, 마지막 판은 1961년에 나왔

다.[9]

《인간 이해》는 개인심리학의 모든 것을 집대성한 저작이라고 할 수 있다. 아들러가 빈에서 했던 강연이 속기로 기록되었다가 이것을 교정한 내용이었다. 그는 자신의 이론을 인류학적인 바탕 위에 세우고자 했다. 그 결과는 사회철학이었다. 그는 차곡차곡 쌓여 있던 새로운 요소들을 공동체감정이라는 구상과 어울리게 만들었다. 아들러는 난해한 형이상학에 의지하지도 않았고, 상대를 무시하듯 윤리적인 설교를 늘어놓지도 않았다.[10] 인간 이해로 발전하기 위해 바탕이 되는 전제들 가운데 하나는, 바로 아이의 심리적 삶을 아는 것이다. 어린 시절의 인상들, 체험들, 예의습득은 훗날 아이의 발전과 밀접하게 연관되어 있다. 심리적인 삶이 획득한 개별적인 현상들 전체는 분리할 수 없는 전체로 형성되고, 하나의 행동노선으로, "삶의 틀Lebensschablone"로 형성된다. 그리고 이 틀은 살아가면서 거의 변하지 않거나, 변한다고 하더라도 눈에 띄지 않을 정도로 변하거나 또는 전혀 변하지 않는다는 목적을 갖게 된다.[11] 오류나 실수에 대한 반응은 대체로 매우 까다롭고, 아들러에 따르면, 방어적으로 행동하거나 공격적이 된다고 한다. 공손하고 단정할 것이며, 무엇보다 다른 사람을 혹평하는 것에 주의를 주고 있다.[12] 여기에서 아들러는 이전에 과격했던 의견과는 거리를 두었다. 그의 화법은 이제 예전보다 더 인도주의적이 되었다. 그는 일상에서 쉽게 만날 수 있는 개념들을 사용하고 있다. 그렇듯 아들러는 "신경질적인 사람들"이라는 표현을 오래 사용하지 않고, "길을 잃은 사람들"이라는 표현을 사용한다. 이런 사람들은 다만 자신에 대한 지식이 약간만 더 필요할 뿐이고, 변하기 위해서 공동체의식이라는 세계관이 필요할 뿐이었다.

책의 1장은 귀담아 들어달라는 언급으로 시작한다. 마음과 움직임은 직접적으로 같은 부류에 속하는데, 공격이나 도주 혹은 회피할 가능성―경직된 상황에 대한 적극적 반응―은 정신의 개입을 필요로 한다. 또한 정신도 움직이는 것이다. 정신은 주변 세계가 자신을 해치지 못하게 방어해주는 기관이라고 한다. 움직임은 하나의 목표를 내포하고 있다. 정신은 변할 수 있지만, 예외 없이 성격을 만들어내는 공장이라고 할 수 있다. 사람은 목표를 선택할 때 자유로우며, 자유 의지를 가지고 있다. 하지만 한 가지는 반드시 해야 하는데, 바로 목적을 추구하는 일이다.

정신생활은 사회생활이라고 하는 끊임없는 과제들로 인해 제한을 경험하게 된다. 정신생활은 게임규칙들을 습득한다고 하며, 아들러는 이것을 절대적 진리라고 불렀다. 이것은 경제적 조건이며 "이념적 상부구조"인데, 여기에서 이념적 상부구조란 국가조직과 법에서부터 문화적·종교적 규범을 거쳐 학문의 인식론에 이른다. 열등콤플렉스는 지속적으로 영향을 미치는 원동력이다. 불확실성을 극복하고 적응하기 위해, 태도는 수정되고 또 지속적으로 적응시켜야만 한다. 마지막으로 삶의 조건들과 상황들도 끊임없이 변한다. 정신이 수행하는 가장 중요한 세 가지 활동은 바로 적응, 준비와 안전이다. 정신적인 활동은 세상과 공동체와 충돌하고 거절당하고 수용되는 과정에서 반응을 한다. 개인의 가치는, 사람들이 공공에 기여한 정도와 유용성에 따라서 그의 가치를 판단하는 수준에 따라 정해진다.[13]

제3장은 사회에서 아이들이 맡게 되는 역할을 다룬다. 아주 어린

아이일 때부터 타고난 공동체의식의 징후가 보인다고 한다. "이 의식은 평생 유지되며, 살짝 변화가 생기기도 하고, 제한을 받거나 확장되며, 유리한 환경이 펼쳐지면 자신의 가족 구성원들에게뿐 아니라, 친척들, 민족, 그리고 전 인류에게 뻗어나가기도 한다. 심지어 이와 같은 경계도 넘어서서 동물, 식물 그리고 살아있지 않은 대상물에게 향하며, 우주로까지 뻗어가기도 한다."[14] 이처럼 모든 것을 뛰어넘는 의식은 더이상 인간적이지 않고, 오히려 우주적으로 보인다.

인류학적으로 기본이 되는 두 가지 느낌이 있는데, 바로 부족함과 적대적인 세계에 대한 감정이다. 그 결과 권력과 우월한 위치를 획득하려고 한다. 지각과 통각은 선별적이다. 그리하여 개인은 오로지 자신에게 유용한 것만을 받아들여서 작업하는 것이다. 개인은 자신의 목표를 달성하기 위해서 그렇게 한다. 삶에서 받는 인상은, 위대한 목표를 위해 미리 정해져 있는 방법을 이용해서 수용된다. "인간의 문화에서 이와 같은 목표는 바로 인정을 받는 것이다. 중립적인 목표에서는 인정에 대한 목표를 거의 찾을 수 없는데, 왜냐하면 사람들이 함께 사는 삶에서는 항상 자신을 평가하는 행동이 동반하기 때문이며, 이때 우월해지고자 하는 동경이 발생하고 경쟁에서 이기고자 하는 욕구가 생겨나기 때문이다. 그러므로 우리가 아이들의 상상력이나 판타지에서 발견하게 되는 예견의 형태가 권력에 대한 상상Machtvorstellungen이라는 것이 설명된다."[15]

세 개의 단락 뒤에 아들러는 이런 욕구를 공동체의식으로 확대시키는데, 이 의식은 아이들의 상상력에서도 역시 매우 중요한 역할을 하며, 예를 들어 아이들은 영웅이나 구원자와 자신을 동일시하는 상상을 한다. 공동체감정의 특징으로 "감정이입"이라는 것이 있다. 그러니까 다른 사람이 느끼는 것을 느끼는 능력이고, 공감하고 다양한 측면을 고려하는 능력이기도 하다. 또한 "우주의 느낌"이자, 개인을 능가하는 어떤 것이다.[16] 아들러는 개인에게 미래지향성이라는 것이 있다고 한다. 이러한 미래에, 적어도 미래의 마지막 순간에, 모든 바람과 그리움들이 충족될 것이라고 말이다.

제7장에서 아들러는 사람들의 공동생활의 논리에 대해서 깊이 생각했고, 남녀 간의 관계와 이들의 분업에 대해서도 깊이 고민했다. 이런 것은—여기에서 아들러는 패미니스트였다—불가피하고, 필요하며, 생산적이라 한다. 분업이라는 사슬 내에서 개인이 어디에 위치하느냐에 따라서 전체에 대한 개인의 가치가 측정되는 것이다. 분업 없이는 모든 것이 무너질지도 모른다. 아들러는 성별 사이의 "동료의식"을 강조했고 학교에서도 남녀 공학을 추천했다. "결국 행복과 전 인류가 삶에서 얻는 기쁨은 남녀평등에 달렸다"[17]는 것이다.

결론에 이르러 아들러는 사회적 요구와 개인적인 욕구 사이에서 개인이 지속적인 발전을 하며 겪게 되는 긴장을 묘사했다. 성격이란 개인의 우월목표가 초개인적인 공동체감정과 융합됨으로써 형성된다. 이론으로서가 아니라 진짜 사람들이 살아가는 세상에서 형성한 성격과 지혜는 상식common sense에서도 나타나고, 칸트의 스스로 완벽해지려는 인류학에서도 볼 수 있다.[18] 아들러는 이렇게 말했다. "우리는 이와 같은 연구를 통해서 인간을 이해하고자 하며, 다른 식으로는 배울 수 없는 학문이지만, 우리에게 가장 중요하고 모든 시민계층에게 반드시 알 필요가 있는 학문으로 보인다."[19]

《인간 이해》에서는 강조한 부분이 수정되었다. 개인을 신경증으로 인한 목표와 미래에 대한 시각으로 이루어진 전체로 이해하고자 했던 목적론이 변했다. 신경증이라는 표현이 등장하지 않았다. 아들러는 단지 두어 번 정도만 신경질환에 대해서 언급했을 뿐이다. 이제 그는 무의식을 정신의 가장 강력한 요소라고 강조했는데, 그 전까지 그다지 소중하게 평가하지 않았던 용어였다. 생물학적 및 생리학적 논쟁은 대략적으로 개요만 전하는 수준이었다. 타인의 복종으로 이해되는 바의 신경질적인 권력지향은 공동체감정의 반대 원칙이 되었다. 2년 후 아들러는 "극복하려는 노력"이라든가 "완전함을 위한 노력"이라는 단어를 더욱 강력하게 이용했다. 생활양식은 "성격의 결정체"[20]가 되었다. 아들러는 나아가 두 가지 위치를 구분했는데, 하나는 공격하는 위치와, 주저하고 지체하는 위치였다. 적극성과 소극성을 선택하면서, 아들러는 항상 행동을 얘기했다. 그는 과잉보상에 정의내릴 수 없는 의미를 부여했다. 보상이란 일반적으로 부족한 부분을 보완하고자 하는 노력이라면, 과잉보상이란 순수하게 보완하는 수준을 넘어서서, 지나치게 폭넓게 개입하는 것이라고 아들러는 강조했다. 과잉보상을 하게 되는 원인들은 압박감을 느낄 정도의 열등감으로, 이 열등감은 과도한 명예욕과 지배욕을 동반한다. 사실 이런 태도는 적대적이며, 공동체와는 상반되는 태도이다. 그리하여 아들러에게 보상은 반응 모드이며 결코 조절하고 통제하는 기제는 아니다. 논쟁의 와중에 공동체의식의 부재가 새로운 범주로 등장한다. 건전한 발전은 공동체에 헌신함으로써 비로소 완성되며, 심리적으로가 아니라 사회 심리적으로 말이다.[21] 권력에 대한 추구는 둥근 천장 같은 공동체 커뮤니티를 위태롭게 하지 않기 위해서 은폐해야 한다는 것이다.

아들러는 권력이라는 허구Machtfiktion에 대하여 반대 허구Gegenfiktion를 하나 제안했다. 이 반대 허구는 이성, 통찰력, 그리고 공동체라는 현실의 인정을 바탕으로 했다. 이 두 가지 허구의 기능이 조화를 이루고 서로 견딜 수 있으면 진정한 의미의 정신 건강을 이룰 수 있다고 한다. 이러한 정상적인 상태는, 과잉보상이 다시 등장하자마자 잃어버리게 된다는 것이다.

《인간 이해》는 잘 팔렸다. 1928년에 이미 2쇄를 찍었는데, 내용이 약간 수정되었고, 1929년에는 3쇄를 찍었으며, 2년 후 4쇄를 찍었다. 이 책은 신속하게 영어로 번역되었고 미국에서도 성공을 거둔 것처럼 보였다. 몇 년 만에 미국에서는 백만 부가 팔렸다고 하며, 학교에서는 이 책을 윤리와 도덕 시간의 교과서로 읽게 했다.[22] 이렇듯 바다 건너에서까지 이 책이 성공을 거두게 된 요소는 무엇이었을까?

이 시대에 가장 성공을 거둔 이념들은 세 가지 조건을 충족시켜야만 했다. 우선 "어떤 형태로든" 사회구조에 적합해야만 했다. 다시 말해, 사회구성원에게 예를 들어 경제적인 변혁, 인구통계상의 발전, 이민, 이동성 하락과 사회적 지위에 대한 공포를 이해할 수 있도록 해야 했다. 그리고 불확실하거나 갈등이 심한 영역에서, 가령 성 생활, 사랑 혹은 경제적 성공을 향한 노력에 관련된 사회적 태도에서 어떻게 행동해야 하는지 방향을 제시해야만 했다. 마지막으로, 사회적인 네트워크 안에 퍼져나가야만 했다.[23] 이 세 가지 조건들을 모두 《인간 이해》가 충족시켰던 것이다. 이 책은 시대를 탐색할 수 있는 도서들에 속하게 되었다. 방향을 제시했다. 오늘날의 심리학은 인간 이해에 대해서보다 오히려 대학 내에서는 개인 심리학을, 대학 밖에서는 감성지수에 대해서 더 많이 얘기하고 있다.

24. 슈페르버. 마르크스주의. 베를린. 분파

"사회주의는 사랑.
오늘날에는 말 한 마디, 하나의 희망, 하나의 발전 목표.
하지만 사회주의가 가져올 모든 기적들,
우리(친애하는 인간들)는 그것을 미리 체험했지."

알리스 륄레-게르스텔Alice Rühle-Gerstel이 오토 륄레Otto Rühle를 위해 바침

(출처, 《여성의 사회화》(1922))[1]

챙 없는 모자 베레모를 쓴 연약하고 젊은 남자가 기차에서 내리는 모습을 어떻게 간과할 수 있었겠는가?

1927년 11월에 마네 슈페르버는 베를린으로 가는 중이었다. 그는 알프레드 아들러의 소원대로, 거기에 가서 개인심리학 그룹을 개혁하고 확장하고자 했다. "베를린 개인심리학회"의 중추적 인물이었던 의사 프리츠 퀸켈Fritz Künkel은 가톨릭을 믿는 보수주의적인 사람이었으며, 이미 오랫동안 아들러에게는 눈엣가시 같은 존재이기도 했다.[2] 퀸켈이 발표한 이단적인 개인심리학 논문들 가운데 적지 않은 논문이 논쟁에 불을 붙이고는 했다.[3] 그밖에도 베를린에 교육 연구소가 구축되었다고들 했다. 슈페르버는 베를린으로 가는 도중에 드레스덴에 내려서 알리스 륄레-게르스텔과 오토 륄레를

방문했다. 이들은—비록 당의 공식라인에서는 변절자라고 부르지만—개인심리학 내에서 핵심 마르크스주의자들이었다. 슈페르버에 비해서 1세대 정도 더 나이를 먹은 륄레는 평생 그 어떤 위계질서도 용납하지 않았던 사람으로, 개인의 자주성을 거부하는 독일의 조직적인 공산당에 가입하지 말라며 슈페르버에게 진심으로 간절하게 설득했다.[4] 슈페르버가 베를린으로 갔던 것은 이 부부의 관심사에 속했기 때문이기도 했다.

2년 반 전, 드레스덴. "4월 17일과 18일 드레스덴-노이슈타트 역에서 북독, 중부독일과 서부독일, 체코슬로바키아와 오스트리아에서 마르크스주의자들이 모였다. 의사일정에는 단 하나의 주제만 있었다. 바로 마르크스주의와 개인심리학에 관한 발표였다."[5] 이때는 1925년이었고, 사람들은 아들러의 중립적인 세계관을 무력화시켰다. 개인심리학 내부에는 마르크스주의를 지향하는 그룹이 조직되었다. 우두머리에는 마네 슈페르버, 오토 카우스Otto Kaus와 알리스 륄레-게르스텔과 오토 륄레 부부였다. 그들에게 알프레드 아들러의 공동체의식은, 그러니까 1925년 평화주의적이고 정치를 넘어선 심리학을 추진했던 아들러의 공동체감정은 그야말로 정치적으로 보였다. 알리스 륄레-게르스텔은 이렇게 말했다. 개인심리학은 "개인에게 적용된 마르크스주의이며, 우리는 이것을 바로 그렇게 다루고 이해하고자 한다."[6]

륄레 부부에게 정치는 교육학이었고 교육학은 정치였으며, 계급투쟁의 정치이자 노동자계급의 해방이었다.[7] 륄레 부부는 그들의 잡지 《강 건너편Am andern Ufer》에서 표현하기를, "사회주의 공동체라는 말은, 인간에 대한 어떠한 지배나 권력도 절대적으로 종료시킴을 의미한다. 사회주의는 공동체 인간을 요구한다."[8]

교육자. 심리학자. 강연자. 역사학자. 문화이론가. 독일 제국 국회의원. 혁명이론가. 당 비판가. 소비에트 사회주의자. 출판업자. 이 모든 호칭이 오토 륄레에게 적합했다. 그의 저서는 나아가야 할 방향, 그리고 뭔가를 찾고 탐색하고 실험하던 시기를 성찰했다. 그것은 다양한 분야 사이에서 이론적인 교두보를 제공했는데, 그 가운데 개인심리학에서 그러했다.[9] 1874년 작센 지방에서 태어난 륄레는 낮은 직급의 공무원의 아들이었고, 어릴 때 병치레를 했고, 아버지의 광분의 발작과 구타를 피하기 위해서는 침대에 누워 있어야만 했다.[10] 그는 교사를 위한 세미나에 참여했고, 22세 때 독일 사민당SPD에 가입했으며, 강연을 하고 강좌를 개설했고, 마르크스 교육을 위한 청소년부를 개설했으며, 이 때문에 교사로서 해임을 당해 순회교사로 일해야 했다. 땅딸막한 체구에 대머리의 커다란 머리, 그리고 두드러진 광대뼈와 턱을 가졌던 그는[11] 주변에서 자주 강연요청을 받았고, 1907년부터 사민당의 선동가이자 선구자이며 괴짜이기도 했다. 그는 많은 것에 대해 글을 썼으며, 가장 오랫동안 쓴 주제는 교육학에 관해서였다. 《성 문제에 관한 아이들의 계몽》, 《질문하는 아이》, 《노는 아이》, 《직업에 종사하는 아이》 등이 얇은 소책자의 제목들이었고, 이런 소책자들은 15, 20, 30페니히면 살 수 있었다. 1911년에 《프롤레타리아의 아이》가 출간되었는데, 여기에서 그는 거의 개척되지 않은 영역을 개간한 셈이었다. 이 책으로 명성을 얻었고, 그는 "독일의 페스탈로치"로 칭송받게 되었다.[12] 1년 후 그는 제국의 의회 의원으로 선출되었으나, 그의 영향력은 미미했다. 그러다가 1914년 8월 3일 상황이 변했다. 전쟁을 치르기 위한 대부금을 두고 표결을 벌였는데, 그는 이를 반대했던 열네 명 중 한 사람으로, 카를 리프크네히트Karl Liebknecht도 여기에 속했다. 두 사람은 1915년에 제국의 예산에 대해서 반대를 했다. 1916년 1월에 독일 사민당은 리프크네히트를 교섭단체에서 축출했고, 륄레는 자신의 당원증을 반납했다. 1918년 10월에 륄레는 "사회주의적 혁명을 바탕으로 하는 공화국"을 요구했다. 전쟁이 끝났을 때, 그는 정당과 의회정치에 대한 모든 믿음을 잃고 말았다. 드레스덴에서 륄레는 노동자 및 군인협의회의 회장이 되었다. 얼마 후 그는 독일 공산당 회의의 대표자가 되었고, 세계대전 이후의 첫 선거에 참여하지 말자는 의견을 지지했다. "거리는 우리가 정복한 거대한 무대이다!"[13] 2차 전당대회에서 륄레와 반 의회주의자 당원들은 공산당에서 내몰렸다. 륄레가 레닌의 러시아를 "당 독재자"라고 공격했던 것이다. 1년 뒤 러시아를 다녀온 다음 그는 더욱 신랄하게 비판을 했으며, 볼셰비키 정권을 관료주의적이고 끔찍한 실망만 안겨주었다고 신랄하게 비판했다.[14] 1920년에 그의 부인이 사망했다. 같은 해 얼마가 지난 후 그는 알리스 게르스텔을 만났다.

륄레보다 스무 살이 어렸던 이 여성은 프라하에서 부유한 가구공장을 운영하던 아버지의 장녀로 태어났고, 독일에 있는 여자고등학교를 다녔으며 1912년에 음악 교사 국가시험을 마쳤다. 어머니는 지배적인 성격이었고, 부모님의 결혼생활은 형편없었고, 특권을 누렸던 이 가족의 사회적 지위는 정의감에 불타 있었던 알리스에게 반감을 불러일으켰다.[15] 그리하여 그녀는 문학으로 도피를 했다. 그녀는 프란츠 베르펠Franz Werfel, 에곤 에르빈 키쉬Egon Eewin Kisch

와 빌리 하스Willy Haas 같은 젊은 작가들을 알게 되었다. 제1차 세계대전이 시작되었을 때 간호사로 활동했으며, 1916년부터 프라하 대학에서 문학과 철학을 공부했고, 1918년 가을부터 뮌헨 대학에서 공부를 했다. 이때 그녀는 이미 확신에 찬 사회주의자였다. 1919/20년 그녀는 개인심리학에 관심을 갖게 되었다. 그녀는 레오나르트 자이프Leonhard Seif에게서 분석을 배웠고, 1927년에는 심리치료사로 일하기 위해 에르빈 벡스베르크Erwin Wexberg에게서 계속 훈련을 했다.[16] 1921년에 박사학위를 받았고, 결혼을 했으며, 마침내 증오했던 부모의 집에서 해방되었다. 그녀가 지속적으로 두 개의 성 륄레와 게르스텔을 사용했던 것은, 당시에는 특이한 일이었다.[17]

그들의 관계는 주고받는 관계였다. 그는 그녀를 카를 마르크스에게 인도했고, 그녀는 그를 아들러에게 인도했다. 이 덕분에 그는 사회주의 개혁에 부족했던 것을 최초로 해명할 수 있었다. 권위에 대한 복종과 믿음을 갖도록 훈련받은 노동자들의 부족한 자신감이 바로 자율적인 행동을 제대로 취하지 못하게 하는 핵심적 원인임을 알게 해주었던 것이다.[18] 이미 1차 세계대전 이전에 그는 개인과 사회의 이원론에 대해서 깊이 고민한 바 있었다.[19] 이제 그는 이것을 자신의 사회혁명적 및 교육학적 이론과 종합할 수 있었다. 마르크스주의와 심리학에 관한 륄레의 강좌를 들었던 헨리 야코비Henry Jacoby는 핵심적인 현안을 기억하고 이렇게 말했다. 대중들은 왜 실패를 하고 무엇 때문에 대중들의 우두머리는 불충분할까? 왜 노동자 운동 내에 세대갈등과 남녀갈등이 있을까? 사회적 투쟁에서 성격은 어떤 역할을 할까? "그 대답들은 알프레드 아들러가 개발한 심리학적 통찰에 들어 있었다."[20]

알리스 륄레-게르스텔은 문화에 대하여 매우 관심이 높았고, 7개의 언어를 구사할 줄 알았으며, 프랑스 소설가 조르주 뒤아멜Georges Duhamel과, 1928년 라살Lasalle*에 관한 책을 썼던 아르노 쉬로카우어Arno Schirokauer와 서신 왕래도 했다.[21] 그녀에게 있어서 자본주의는 인류 역사에 있어서, 인간의 삶을 경제적인 삶으로 전락시키고, 감정, 말, 개념들을 상품화시킨 단계를 의미했다.[22]

1924년 륄 출판사에서 나온 최초의 간행물은 알리스 륄레-게스스텔의 《프로이트와 아들러. 정신분석과 개인심리학의 기본적인 입문》이었는데, 이 책은 레오나르트 자이프에게 헌정되었다.[23] 이 책은 부부에게 적지 않은 수입을 안겨주었던 소득원이기도 했다. 이 책은 문외한 독자들을 위해서 집필되었다. 그녀에 따르면 프로이트는 인과율적이고 아들러는 목적론적이며, 프로이트는 목표점에, 아들러는 정신적인 현상의 출발점에 관심을 기울였다고 한다.[24] 프로이트는 "사례"에 집중했고 그리하여 사회적인 성분들의 역할이 적었다. 이와 반대로 아들러는 개인의 사례를 그를 둘러싸고 있는 전체와 연계해서 봤다고 한다. 개인심리학은 마지막에 가면 민주적인 효과를 발휘한다는 것이다. 민주주의는 그녀에게 사회주의와 동의어였다.[25] 아들러는 신경증을 상식commen sense에서 "개인의 논리"로 후퇴하는 것으로 이해했다고 한다. 만일 사유재산을 폐지하지 않는다면, 어떻게 신경증 환자를 그의 고집스러운 완고함에

* 페르디난트 라살(Ferdinand Lasalle). 독일의 작가. 사회주의 정치가. 초기 독일 노동자 운동의 대변자였다.

서 해방시켜줄 수 있을까? 이것이 바로, 마르크스주의자인 개인 심리학자들이 골몰했던 의문이며, 그렇듯 알리스 륄레-게르스텔은 저서 《우리로 가는 길Der Weg zum Wir》에서 마르크스주의와 개인심리학을 연결 짓고,[26] 발생의 배경에 대한 서술과 비난도 연결시키려는 시도를 했다.[27] 그녀의 논쟁은 결국 마르크스와 아들러의 종합에 이르렀다. 사회화된 인간은 종합적인 운동의 유일한 대상이 되었고, 공동체를 목표로 삼는 것이 바로 종합적인 운동이다.[28] 비록 마르크스주의와 개인심리학이 유사성을 보여주더라도, 목표를 지향하는 점과 인과론적 조건과 변증법적 사고구조의 평가라는 점에 있어서, 국가 전복을 꾀하는 경제적 사회철학과 노이로제를 강조하는 학문은 일치하는 점이 적다. 일치하는 점이 눈에 띄지만, 뭔가 강제적이기도 하다.[29] 마르크스가 노동세계에서 소외와 연결시킬 수 없었던 것이, 그가 죽은 지 80년도 더 지난 다음에 심리학의 주제로 등장했던 것이다. 즉, 개인이 노동과 성과로부터 자신의 가치를 매기면서, 이와 같은 "인공의 자아"를 잃어버리는 여가사회에서의 소외라는 주제로 말이다.[30]

여기에서 마네 슈페르버의 말을 들어보자. "아들러는 알리스를 매우 잘 알고 있었고, 인정해주었고, 자신의 학설을 전파하기 위해 기울이는 모든 노력을 환영했다. 《우리로 가는 길》은, 이 책의 부제가 말해주고 있듯이, '마르크스주의와 개인심리학의 연결 시도'를 다루고 있었다. 아들러는 알리스에게, 그와 같은 연결에 반대하지 않는다고 확언했고, 나에게도 말했다. 그는 우리들의 입장에 종속되지 않을 것이며 중립적일 것이고, 가톨릭이나 신교를 믿는 심리학자들에게도 마찬가지이며, 어떤 믿음과 자신의 학설을 연결하는 것에 대해서 중립적이라고. 이와 같은 입장에 대해서 우리 측에서도 반대할 게 없었다."[31] 슈페르버는 그녀를 1927년에 빈에서 열린 사회주의와 개인심리학을 위한 2차 학회에서 봤다. "그녀는 아름답지는 않았지만, 소녀 같은 분위기에 매우 복잡한 문제에 대해서 명료하게 분석할 때면, 아름답게 보인다."[32]

반년 전에 젊은 로버트 라자스펠드는, 소피 라자스펠드의 아들이었는데, 중학교 교사였고 뷜러의 심리학 연구소의 조수로 일했으며, 드레스덴에서 열린 독일 마르크스주의 개인심리학회에 참석하게 되었다. 이 모임에 자극을 받아서, 5월에는 "빈 사회주의 개인심리학 본부"가 창설되었다.[33] 그리하여 하나의 그룹이 만들어지기 시작한 것인데, 이들은 방법론적으로 개인심리학을 마르크스주의 "학문"으로 연장하려고 했고, 그것의 토대를 구축하고자 했다.[34] 빈에서 사람들은 카니츠, 벡스베르크와 휴고 루카스의 지도 아래 외래진료소에서 모임을 가졌는데, 빈 1구역에 속하는 이 외래진료소는 공공 아동질병연구소와 연결되어 있었다.

개인심리학자 동지들이 사회주의 정당 조직과 오스트리아 마르크스주의자들의 시설을 가득 채웠다. 이들은 라이사 아들러와 마르가레테 힐퍼딩의 후원을 받았다. 비록 호전적인 좌파가 곧 개인심리학 단체의 모임에 더이상 참석하지 않았음에도 불구하고, 변절자나 분파는 없었다.[35] 반대로 극단주의는 학설의 순수성에 영향을 주었다. 에르빈 벡스베르크와 알렉산더 노이어는 순수한 학설을 정립하고자 노력했는데, 이런 학설은 동시에 이단자를 알아볼 수 있는 실마리를 제공하기도 했다. 정치화는 거절했다. 그러자 1925년에 병원에서 일하는 의사들과 정신의학자들이 분리했는데,

가톨릭 신자였던 루돌프 알러스와 오스발트 슈바르츠도 있었고, 그리고 젊은 빅토어 프랑클도 있었다. 아들러는 이와 같은 유명한 동료들을 곁에 두고자 했다고 한다.[36] 아들러의 자유주의적 성향이 그들의 한계와 부딪혔던 것이다. 반대되고 충돌하는 세계관의 교두보가 더이상 가능하지 않게 되었다. 조건들이 지난 10년 동안 변했던 것이다. 바다 건너에서 온 새로운 자극들이 통합되면서 중부 유럽의 진영과 충돌했다.

알리스 륄레-게르스텔은 전혀 다른 질문을 던졌다. 즉, 여성은 우선적으로 여자일까, 아니면 인간일까? 그녀는 개인심리학이라는 도구를 가지고 여자들의 운명을 조명하고자 했고, 여성의 열등감을 설명하려는 것을 목표로 삼았다. 설문조사를 해보니 노동자계급에 속하는 여성들의 삶의 조건들이 그야말로 열악했다. 그녀는 《현재의 여성문제》에서 여성들에게 무리하게 강요했던 많은 역할들을 두고 논쟁을 펼쳤다. 이로부터 20년이 더 지난 뒤 시몬 드 보부아르Simone de Beauvoir는 《제2의 성性》을 통해서 간접적으로 이와 같은 주제를 이어갔다.[37]

개인심리학과 마르크스주의, 그리고 심리학과 사회정치를 종합하는 륄레 부부의 노력에서 중심에 서 있는 것은 바로 사회적 출생이다. 그들이 주제로 삼는 것은, 사회적으로 불이익을 당한 아이들이 열등감을 만나게 되는 조건들이며, 거기에 남녀의 위계질서가 존재하는 가족이었다. 나아가 많은 대도시에 있던 "마르크스주의와 개인심리학을 위한 작업공동체"에 관한 것이 주제였다. 여기에 소속된 회원들은 열등감과 공동체 적대감은 자본주의 권력구조와 가부장적 제도의 증후군이라고 생각했다.[38] 연대의식, 남녀 성별간의 민주주의와 생산수단의 공평한 분배가 이루어질 때에만, 생산적인 해결책이 나올 수 있다는 주장이었다.[39]

1925년 말에 오토 륄레는, 정치적 상황은 다음의 한 가지로 나아가게 될 것이라 확언했다. 즉, 사회주의와 미래 또는 야만과 몰락 사이에 결정을 하게 된다고 말이다.[40] 원인으로 그는 권위적인 인간 유형이 증가하고 있는 것을 지적했다. 이런 유형은 자본주의 시대의 어쩔 수 없는 산물이라는 것이다. 경쟁, 경쟁에 관련된 생각과 권력을 추구하는 노력은 결국 감정적인 관계에서만 무너뜨릴 수 있다고 말이다. 륄레는 이렇게 말했다. "권력은 돈, 직권, 지식, 우울감이다. 무력함은 가난, 노동, 하인으로서의 의무, 무지, 열등감이다."[41] 부르주아의 삶의 방식과 방향설정은 모든 삶의 영역에서 극복되어야만 한다고. 인간은 그의 '총체성'을 바꿔야만 하는데, 사회 민주적 시민대학에서가 아니라, 마르크스주의와 개인심리학을 통해서 바꿔야 한다는 것이다.[42] 오토 륄레는 자유사상가들, 노동운동가들, 단체들 그리고 "어린이들 친구" 앞에서 많은 강연을 했다. 이와 동시에 그와 아내인 알리스 륄레-게르스텔은 쉬지 않고 글을 썼다. 그가 1920년에 공산주의적인 학교 프로그램과 교육 프로그램을 선전하고 보급시켰다면, 이후에는 개인심리학을 채택했다. 그의 전제는 이러했다. 즉, 아이는 어른의 문화에서 억압을 당하고 있으며, 교육은 억압적인 도구인데, 특히 세상을 일반적으로 적대적으로 체험하게 되는 노동자계급의 아이들에게는 그러하다.[43] 교사—조련사이며, 권위에 미친 조직—기본적으로 훈련시키는 데 부정적이다. 이와 같은 륄레의 생각은 비교적 진보적인 기관이라 할 수 있는, 예를 들어 독일 제국 내무부 소속의 청소년 복지과에도 지나치게 극단적으로 들렸다.

1925년 알리스와 그는 교육 공동체 "프롤레타리아 아이"를 설립했다. 목표는 공동체 정신을 불러일으키고 지원하는 것이었으나, 중점을 다르게 두었다. 즉, 이를 통해 본보기가 될 사회주의 교육을 위한 정신적 조건을 마련하는 것이었다. 이 공동체의 이름과 동일한 잡지도 발간되었다.[44] 사회, 남녀 간의 관계와 개인들 사이의 관계를 변화시키기 위해, 그들은 교육을 가장 중요한 분야로 간주한다는 사실은, 알리스 륄레-게르스텔이 소책자 《방치된 아이》에서도 보여주었다. 제4차 국제 개인심리학회가 열렸을 때 그녀의 강연을 듣고자 하는 청중들이 물밀듯 밀려와서, 첫날에는 400여 명에 달했다. 너무 많은 인원이 몰려왔기에 강연장의 무대 앞에 있는 계단 위에 서서 듣는 사람들도 있었다.[45] 륄레-게르스텔은 《방치된 아이》에서 자신이 이해하고 있는 교육적 측면을 제시했다. 교육에서 중요하게 고려해야 할 것은, 어른들은 아이에게, 아이가 실제로 실현시킬 능력이 있는 것만을 요구해야한 한다고 주장했다. 개인 심리학회가 열린 빈에 참여했던 륄레-게르스텔은 이 기간 동안 자신의 여자 친구를 방문하는 데 이용하기도 했다. 알리네 푸르트뮐러는 지역 정치를 하고 있었다. 두 사람은 개인심리학에 대한 관심 외에 문학, 언어와 음악에 대해서도 열정을 가지고 있었다. 이 두 여성은 피아노도 잘 쳤고, 알리네는 콘서트에서 연주를 할 수 있을 정도로 교육도 받았다.[46] 둘은 사회적인 활동을 할 수 있었는데, 왜냐하면 장기간 집안일을 대신 해주는 가정부가 있었기 때문이었다. 알리네의 집에서 일하던 가정부는 아이를 키워주었고, 알리스의 집에서 일한 가정부는 셰퍼드 한 마리와 고양이 한 마리를 돌봐주

었다.[47]

릴레-게르스텔의 주장에 따라 의식적으로 과도한 요구를 하지 않고 압박하지 않는다는 것은, 아이에게 할 수 있다는 말을 통해 자발적으로 행동에 옮길 여지를 열어줘야 한다는 말이었다. 성실, 공동체와 공동체 생활을 할 수 있는 능력을 키워주기 위해서는. 교육을 담당하지만 거짓말을 하는 교육자들은 이와 반대로 행동한다고 한다.[48] 교육자들이 이뤄내야 할 성과는 아이를 강하게 해주고 용기를 주는 데 있다.[49]

1927년 릴레는 카를 마르크스 전기를 출간했는데, 이는 개인심리학적인 입장에서 나온 최초의 저서이기도 했다. 작센의 사민당이 그에게 의뢰했고, 그리하여 유럽의 혁명 역사에 관한 책은 3권으로 출간되었던 것이다. 3년 후 그의 《삽화로 보는 프롤레타리아의 문화 역사 및 관습의 역사》가 나왔다. 1931년에 릴레는 카를 슈토이어만Carl Steuermann이라는 필명으로 피셔 출판사에서 《세계의 위기—세계의 종말. 국가자본주의 강좌》를 출간했다. 그는 혁명이나 새로운 세계대전이 일어날 것이라 전망했다. 또 다시 카를 슈토이어만이라는 필명을 사용해서 1932년에 출간했던 《도주하는 인간》은 시대분석에 심리학을 더해서 서술한 책이었다. 여기에서 그는 논리와 이성의 분열과 충격적인 권력의 부상으로 인해 신경증에 걸린 현대인들에 대해 서술했다. "비이성적인 것이 우상이 되고 있다. 비논리적인 것은 계시가 되고. 어둠의 권력이 합법화되고 지배자로 등장하고 있다."[50] 그가 성격의 유형으로 지명했던 바의 인간들, 그러니까 지위에 연연하는 인간, 조직 인간과 전통 인간은 멈추지 않으므로, 프롤레타리아는 파시즘의 손아귀에 들어가고 말 것이라고 했다.[51] 이 책은 독일에서 출간된 그의 마지막 책으로, 1932년 10월에 륄레 부부는 프라하로 거주지를 옮겼다.

1927년 11월 첫 주에 슈페르버는 베를린 역에 도착했다. 비가 왔음에도 불구하고 역 앞의 아스카니쉐Askanische 광장은 평소처럼 붐비고 있었다. 인구 약 420만 명이었던 베를린은 여러 곳의 중심가를 가진, 빈과는 비교할 수 없을 만큼 큰 대도시였다. 9월 3일 놀렌도르프Nollendorf 광장에 피스카토르 무대Piscator-Bühne*가 개장했다. 이 해의 영화와 관련해서 하이라이트 작품은 1월 10일에 볼 수 있었는데, 바로 프리츠 랑Fritz Lang의 〈메트로폴리스〉였다. 9월에는 발터 루트만Walter Ruttmann의 몽타쥬 필름인 〈대도시의 교향곡〉을 소개했고, 이해 초에는 마르틴 하이데거Martin Heidegger의 《존재와 시간Sein und Zeit》의 초판이 출간되었다. 사진작가 알베르트 렝어-파치Albert Renger-Patzsch는 〈세상은 아름다워〉라는 자신의 사진앨범 제작에 몰두했고, 5월에는 "검은 금요일"에 베를린 주식시장의 평균주가가 204에서 139로 폭락했다. 11월 8일 《세계무대Weltbühne》라는 잡지를 발행했던 칼 폰 오시츠키Carl von Ossietzky는 잡지에서 이렇게 확언했다. "오늘날에는 어디를 가도 비슷한 분위기다. 1923/24년 겨울의 분위기. 또다시 시스템이 무디어 잘 돌아가지 않고, 새로운 것은 아직 도래하지 않고 있다. 그러니 도처에서 실망의 한숨소리가 들려올 수밖에. 성큼성큼 나아가기보다 점점 느려지고 있다. 한마디로,

* 에르빈 피스카토르Erwin Piscaror가 1927~1931년 베를린에서 운영했던 아방가르드 극장.

반동의 시기다."[52]

슈페르버는 자신이 그렇게 말한 바도 있기에 베를린에 도착하자 즉시 공산당에 가입했다. 그리고 "특히 문화적, 무엇보다 심리학적·교육학적 '노선'에서 작업하기"[53] 시작했다. 공산당 당원들은 감소하는 추세였고, 안정적인 경제는 사민당에게 유리하게 돌아갔다. 1924년 스탈린에게서 "최대의 적은 사회민주주의"이라는 메시지가 하달되었다. 1925년 이래 독일공산당 당수였던 에른스트 텔만Ernst Thälmann의 지도 아래 "급진 좌파로부터의 이탈자들"이 제거되었다. 1928년부터 사람들은 다시금 급진좌파로 나아갔고, 슈페르버는 이러한 노선을 추종했다. 모스크바로부터 통제되었고 모든 것을 명령하는 경우가 늘어났다. 대중의 정당이었던 독일 공산당이 이제는 논쟁도 거부하고 보조기능만 하는 장치로 변해버렸던 것이다. 그러자 이 당을 지지했던 유권자들은 냉담해졌다. 물론 근시안적 입장에서 봤을 때 투표함에서 나온 결과는 만족스러웠다. 1930년 선거에서 공산당은 27.3%의 지지를 얻어서 1924년 이래 처음으로 40%나 성장한 셈이었다. 하지만 다른 정당과 비교하면 좋은 결과가 아니었다. 1930년에 다른 정당의 지지자들은 8배나 늘어났기에 말이다. 국가사회주의 독일노동당NSDAP은 이제 12석이 아니라 107석의 의석을 차지하게 되었다.[54]

마네 슈페르버는 1928년 8월까지 정규적으로 오스트리아와 독일을 오갔다. 빈에 여자친구인 미리암 라이터Mirjam Reiter가 살고 있었다. 이들은 8월 1일 결혼했다. 그런 뒤에 그는 베를린으로 완전히 이사했다. 이 부부가 등록한 주소지 루터스트라세Lutherstraße 3번지는 비텐베르크Wittenberg 광장에서 멀지 않은 곳이었다. 아마 이 주소는 형식상의 주소로, 《개인심리학 교육학 및 정신위생을 위한 잡지》의 발행처 주소였을 것이다. 실제로 부부가 머물 거주지는 따로 구해야 했을 것이다. 아들러가 강연할 기회를 연결해주기는 했지만, 슈페르버의 수입은 불확실하고 부정기적이었다.

슈페르버가 1927년 11월 처음으로 베를린 역에 내렸을 때, 자신이 가지고 있는 물건들 가운데 가장 중요했던 것은 바로 아들러의 추천서였다. 이 추천서에는, 젊은 이 남자는 "개인심리학을 최고로 잘 해석하는 사람"이므로 "완전히 신뢰해도"[55] 되는 사람이라고 소개되어 있었다. 그보다 열여섯 살이 더 많았던 프리츠 퀸켈Fritz Künkel은 사교적인 사람이었고 기꺼이 슈페르버를 도와줄 준비가 되어 있었다. 그는 슈페르버를 뤼데스하이머Rüdesheimer 광장에 있던 자신의 병원에 자리를 내어주고 강좌를 진행하는 것을 권했다. 두 사람은 이듬해부터 단상 토론에 참가했고 세미나를 제공했다.[56] 두 사람의 정치적 입장이 서로 상반되었기에 동료의식으로부터 경쟁심이 생겨났다.

베를린에서 개인심리학 협회는 1924년에 설립되었다. 1921년부터 베를린에 살았던 아들러의 장녀 발렌티네는 사서의 역할을 떠맡았다. 협회의 본부는 샤로텐부르크Charlottenburg의 칸트스트라세Kantstraße에 있던 퀸켈의 집이었고, 이후에는 달렘Dahlem에 있었다.[57] 하지만 퀸켈이 개인심리학 가운데 변형된 형태를 대표하고 있다는 사실이 곧 드러났다. 그는 베를린에서 신경치료 및 심리치료 전문의로 일하고 있었다.[58] 처음에는 아들러의 이론을 충실히 따르는 추종자였으나, 1920년대 중반부터 멀어졌다. 1928년에 그는 자신의 이론의 이름처럼 《응용 성격학》이라는 책을 최초로 간행했다. 이어서 1931년과 1935년 사이에 다섯 권의 책이 더 출판되었다. 이것들은 퀸켈이 출간한 유일한 저서들이 아니었다. 1929년에 《활기찬 변증법》이 나왔고, 1932년에는 바이마르 공화국에서 비판적인 어조를 띈 《위기의 편지들. 경제위기 및 성격위기의 맥락에 대하여》가 출간되었다.

"정신질환자 상담"에서부터 음악 치료 및 운동을 통한 교육법 치료와 토론회에 이르기까지 수많은 그룹들이 있었다.[59] 그룹은 그야말로 많았겠지만, 그렇다고 해서 그룹에 속해 있는 회원들이 많았다는 것은 아니다. 빈이나 다른 곳에도 마찬가지로 개인심리학 분파들은 빈틈없는 조직이 아니며 몇몇 예외를 제외한다면 협회나 단체로 등록하지 않은 곳도 적지 않았다. 그렇듯 베를린 등록국에도 "베를린 개인심리학회"가 등록되어 있지 않았다. 물론 1928년 2월 8일에 통과시킨 정관에는 곧 등록할 예정인 것처럼 나와 있지만 말이다.[60] 베를린이 지닌 의미는 제2회 국제 개인심리학회가 개최됨으로써 매우 중요해졌다. 국제회의는 1925년 9월 초에 베를린에서 열렸던 것이다. 회의록 작성은 소아과 의사와 결혼했던 헤르타 오르글러Hertha Orgler와 남편이 베를린-크로이츠베르크Berlin_Kreuzberg의 시장이었던 엘제 헤르츠Else Herz가 맡았다. 아들러는 자신의 강연에서 프로이트와 그의 비관주의에 대한 답을 위해 이와 같은 기회를 잘 이용했다. 아들러-프로이트를 전방에 내세움으로써 아들러는 장-자크 루소Jean_Jacques Rousseau에게, 그리고 프로이트는 토마스 홉스Thomas Hobbes에 부합했다. 홉스가 인간은 자연 상태에 있을 때 잔인하고 폭력적이며 이기적이라고 했다면, 프랑스 사람 루소는 인류의 핵심적인 정체성은 선하고 협조적이며 다른 사람의 인정을 받고자 한다고 보았다.[61] 1926년 1월부터 아다 바일Ada Beil이 편집한 월간잡지 《공동체Die Gemeinschaft》가 출간되었다. 이 잡지는 강연, 프로젝트, 앞으로 하게 될 작업에 대한 정보를 담고 있었고, 그 사이 여덟 개로 나누어진 분파에 대한 정보도 제공했다.[62] 같은 해 치료 교육 목적을 가진 아동 복지 시설이 문을 열었는데, 이 시설은 아동과 청소년의 치료를 담당하는 곳으로 꽤나 좋은 명성을 얻었다.[63] 1927년 12월 말에 아들러는 슈페르버에게 편지를 썼고, 만일 슈페르버가 잡지 《공동체》를 떠맡으면, 잡지를 운영하고 조정하기에 훨씬 수월할 것이라고 적었다.[64] 1928년 1월에 그럴 때가 왔다. 슈페르버는 바일을 떼어냈다. 그녀는 쫓겨난 것이다. 아들러는 이와 같은 경질을 환영했다.[65] 딱 한 가지의 조치가 내려졌다. 잡지의 이름을 바꾸라는 것이었다. 《공동체》 대신에 《개인심리학적 교육학 및 정신위생을 위한 잡지》로 바꾸라는 것이었다. 2월 28일 아들러는 시카고에서 연락을 했고 전략적인 지시—피드백을 요청하기 위해, 모든 분파들을 연결할 것—를 내렸다. 전략적인 권유라고 해도 된다. 즉, 판매 파트너로 삼을 출판사 한 곳을 획득하라는 것이었다. 4월에 아들러는 1호로 출간되었던 잡지를 칭찬했고, 잡지는 보기에도 멋졌다.[66] 교육기관과 상담기관이 개인심리학 연구소로 통합되었고, 이 연구소는 세미나, 공개 상담, 그리고 전문가 그룹이 되려고 연습하는 개인심리학 교육자로 분류되어 있었다.[67]

이 시기에 슈페르버는 문학적·철학적 주제로 강연을 함으로써 돈을 벌기 위해 독일 전역을 돌아다녔다. 훗날 유명한 독문학자가 되는 한스 마이어Hans Mayer는 1928년 쾰른 예술협회에서 그를 보게 되었다. 그곳에서 슈페르버는 "비극의 극복. 도스토옙스키와 니체"에 대해서 강연했다. 이로부터 50년이 더 지난 후에 마이어는 이렇게 기억했다. 슈페르버는 강연의 주제 때문만이 아니라, 그의 낙관주의 때문만이 아니라, 스물세 살 먹은 빛나는 청년의 카리스마로 인해서 깊은 인상을 남겼다고 말이다.[68]

슈페르버가 등장한 지 6개월 동안에는 순조롭게 굴러갔다. 알리스 륄레-게르스텔의 《우리로 가는 길》에 헌정했던 독서클럽 하나를 마르크스주의 그룹으로 개조해버린 슈페르버는 엄청난 열정으로 작업에 돌입했다. 그보다 3개월 더 일찍 태어났던 하인츠 야코비Heinz Jacoby는 이렇게 말했다. "실제로 우리는 같은 나이임에도 불구하고, 우리는 그를 나이가 더 많은 사람으로 간주했다. 왜냐하면 그는 우리에게 약간 보호하는 듯한 자세를 취했기 때문이다. 이와 반대로 우리는, 그와 그의 주변인들이 일종에 지적으로 기득권자들에게 속해 있고, 그의 저서가 우리에게 유익했지만, 다른 차원에 있다고 느꼈다."[69] 다른 한 편으로 몇몇 사람들은 그의 어린 나이와 외모로 인해 그를 진지하게 여기지 않았다. 그가 오토 륄레에게, 자신은 공산당 당원임으로 공산당을 비판했던 륄레와 더이상 교류할 수 없다고 전달하자, 륄레는 마음껏 조롱했다. "위대한 권력이신 슈페르버가 나와의 관계를 끊어버렸다."[70]

잡지는 지적으로 매우 탁월했다. 그런데 얼마 후 파열음이 생기기 시작하더니 논쟁에 불이 붙었다. 의견의 차이는 항상 있어왔지만, 이제는 원심력이 더욱 강해져버렸던 것이다. 1928년 말에 잡지는 10호를 발간하고 발간을 멈추게 되었는데,[71] 이는 심각한 의견충돌이 일어나고 있다는 증거였다. 물론 처음에는 서로를 비난하는 수준까지는 가지 않았다. 그 대신에 퀸켈은 너무 친절했고, 슈페르버는 매력적이자 사교적이었다.[72] 심지어 아들러와 의견이 달라도 어떤 지점에서는 의견을 같이하는 연대도 있었다. 하지만 이듬해가 되자 협회는 분열했다. 보수적인 퀸켈과 그의 추종자들, 그리고 마르크스주의자 슈페르버와 그의 동지들 사이에 갈등은 더이상 봉합할 수 없는 상태였다. 아들러가 개인심리학을 위해 가장 중요한 독일의 도시인 베를린에서 개인심리학의 결사대를 굳건히 다지기 위해 자신의 오른팔을 베를린으로 보냈지만, 결과는 정반대로 분열이 생기고 말았다.[73] 퀸켈은 "신新 베를린 개인심리학회"를 설립했다. 두 개의 분파, 두 개의 협회, 두 개의 본부로 나뉘었다. 하나는 슈페르버를 중심으로 힌덴부르크 거리에 있었고, 다른 지부는 폼머션 거리에 있는 퀸켈의 집에 있었다.[74] 두 개의 그룹으로 갈라진 분열은 《개인심리학 국제 잡지》의 연대기 부분에 공지되었다.[75] 뉴욕에 있던 아들러는 1929년 4월에 짜증 섞인 어투로 편지를 보냈다.

친애하는 슈페르버,

당신은 나로부터 권위자의 명령을 기대하지 않으리라 희망합니다. 나는 당신의 선한 의지와, 당신의 손에 있는 개인심리학회를 잘 이끌어갈 것을 의심하지 않아요. 하지만 당신은 실수를 저지르고 말았습니다. 간략하게 말하고 싶군요. 당신은 당신의 그룹이 정치적으로 낙인 찍히는 것을 막지 않았습니다. 미리 예견했어야지요. 내가 만일 그곳에 있었더라면, 무슨 수단을 사용해서든 퀸켈을 선택했을 것입니

> 다. 보통 때는 재주가 부족하지만, 이번에 퀸켈은 훨씬 뛰어난 전략가였습니다. 이제 그는 전면으로 나갈 것입니다. 그를 방패로 삼아 당신의 영향력을 연습했더라면 더 좋았을 텐데,

그리고

> 두 번째 협회를 설립하고, 세 번째, 그리고 네 번째. 이렇게 생기는 것을 누가 방해할 수 있겠어요. 아직 국제 협회는 존재하지 않습니다, 그리고 서류상 대표자의 이름 따위도 누가 걱정이나 하겠나요.
> 나의 충고를 원합니까? 당신은 그룹과 함께, 협회에 평화를 도모하겠다는 의도로 전장으로 나갔습니다. 그런데 실패를 했어요. 당신의 의도가 실패했다고 설명하고, 경쟁자들을 제자리로 끌어당기고, 이와 같은 새로운 의도를 가지고 탈퇴자를 움직여 가입시키고, "협회의 평화, 정치적 입장 거절"을 내세워 새로운 선거를 개최하세요.[76]

편지는 매우 무뚝뚝한 어투였다. 이제 총애는 사라진 것 같고, 측근으로서 누렸던 신뢰도 바닥이 드러났다. 슈페르버는 전략적이고, 조직의 기술을 가지고서 처신하는 데 실패했던 것이다. 눈에 띄는 점은, 분열의 원인이었던 정치적 갈등과 근본적인 반감은 아들러에게 관심의 대상도 아니고 중요하지도 않은 것으로 보인다는 사실이다. 그는 슈페르버라는 인물에게 집중적으로 비난을 퍼부었

다. 슈페르버는 어마어마한 양의 작업을 했다. 1930년 그는 심리문제 이해가로서의 직무를 수행했고, 노동자 전문학교와 사회교육자 전문학교, 사회 복지 시설과 청소년 시설 그리고 교육 시설에서 강의를 했고, 매일 6시간 동안 심리치료를 했다. 규칙적으로 빈에 갔으며 그곳에서 세미나를 했다. 그는 외국에서도 개인심리학 분야의 전파자로서의 역할을 했고, 그리하여 1929년 초부터 자그레브Zagreb에 갔다. 얼마 후 그곳에 최초로 개인심리학 작업그룹이 생겼다. 1931년에 아들러도 자그레브에 가서 강의를 여덟 번이나 했다.

슈페르버는 오랫동안 세 들어 살다가 파울스보르너Paulsborner 가에 있는 집으로 이사를 갔고, 집이 넓은 덕분에 집에서 강좌와 세미나를 열 수 있었다. 여기에 헬무트 제임스 그라프 폰 몰트케Helmuth James Graf von Moltke도 관심이 있어서 참석했고 철학자 한나 아렌트Hannah Arendt, 그리고 공산주의자 게르하르트 아이슬러Gerhart Eisler와 이혼한 헤데 아이슬러Hede Eisler, 게르하르트 아이슬러의 남동생이자 작곡가였던 한스 아이슬러Hans Eisler도 참석했다. 아이슬러는 리하르트 조르게Richard Sorge를 이 강좌에 데려온 적이 있었다는데, 그는 공산주의자 이중간첩으로 유명한 사람이었다. 이와 같은 활동 외에도 슈페르버는 글을 쓸 시간이 있었다. 그는 많은 전문잡지와 논문들을 옮겨 적었고—그 사이 많이 연습했던 태도였는데, 그는 이런 내용들을 기록했다[77]—1930년 여름에 6주 만에 책 한 권을 집필했으며, 이 책은 80년이 지난 뒤에 출간되었다. 제목은 《문화는 수단이지 목적이 아니다》였다.[78]

1930년 9월의 마지막 주에 제5회 국제 개인심리학회가 열렸는데, 장소는 베를린이었다. 화해하고 재건할 가능성이 있었을까? 두 개의 협회가 다시 합치게 되었고 그 명칭은 "베를린 협회"였다. 1920년대 말에 아들러의 학설은 널리 퍼져나갔고, 사회 복지 근무자들로부터 상당한 인정을 받았다.[79] 신경증과 삶의 의미라는 중요 주제를 내걸었던 이 학회에는 국가와 시를 대표하는 사람들 외에도 사회복지업무를 대표하는 자들이 참석했다.[80] 9월 26일부터 28일까지, 금요일부터 일요일까지 열렸던 이 학회는 가장 넓고 또 대중적이었던 쇤베르크 시청에서 진행되었다. 여기에 참석한 사람들은 대략 2천 명에 달했다.[81] 아들러는 24일에 베를린에 도착하여 근처에 있는 대형 호텔에 방을 잡았다. 그 다음 날부터 아들러는 강연을 했는데, 한 번은 오전에, 또 한 번은 저녁에, 그리고 한 번은 독일어로, 다른 한 번은 영어로 했다. 주제는 바로 "삶의 의미The Meaning of Life"였다. 저녁에 했던 강연은 너무나 청중들이 많아서, 아들러는 돌연 두 번째 강연을 프로그램에 넣어야만 했다. 많은 청중들은 아들러를 처음 봤고, 그의 목소리도 처음 들었다. "유명한 사람에 대해서 들었던 많은 다른 사람들처럼, 나 역시 그의 외모에 대해서, 그의 소박한 말투에 대해서 놀랄 수밖에 없었다. 당시 60세였던 그는 키가 작았지만, 힘이 넘치는 모습이었고, 청중들 앞에 거침없고도 자연스럽게 등장했고, 그래서 버나드 쇼Bernard Shaw가 떠올랐다."[82] 아들러를 직접 봤던 파울 롬Paul Rom이 그렇게 말했다. 10년 전에 아들러는 《개인심리학의 실습과 이론》에서 이렇게 썼다. "사랑, 일, 인류에 대한 애정이 공동생활을 하는 사람들에게서 요구해야 할 사항이다. 이처럼 파괴할 수 없는 현실을 향해서 폭풍처럼 몰아치고 미친 듯이 구는 것이 있으니, 바로 사적인 권력에 대한 추구이거나 혹은 교활하게 그런 권력을 베일에 숨기는 행동이다. 하지만 이처럼 끊임없는 투쟁에서 공동체감정을 인정하는지 그렇지 않은지가 드러난다."[83] 아들러는 이와 같은 관점을 지그문트 프로이트가 최근에 출간했던 저서들을 고려해서 더욱 첨예화시켰다. 프로이트는 자신의 저서 《문화에서의 불쾌감Das Unbehagen in der Kultur》과 《착각하는 미래Die Zukunft einer Illusion》에서 인간을 혐오하는 사람 같았다. 인류에 대한 그의 실망은 냉소적인 멸망론으로 변했다. 아들러는 이 책들을 읽고 경악했다. 마지막 강연을 마친 뒤 드라마 작가인 한스 요세 레피쉬Hans Jose Rehfisch의 집에서 언론인 연회가 열렸다. 레피쉬의 드라마는 무대에 올려지는 작품이 많았다.[84] 아들러는 노벨상 수상자와도 알게 되었다. 알베르트 아인슈타인은 아들러를 카푸트Caputh에 있는 자신의 집으로 초대했다. 1926년 말에 아인슈타인은 정신분석에 몰두했기에 지그문트 프로이트를 베를린에서 알게 되었다.[85] 두 사람은 서로를 잘 이해했다고 한다. 비록 1936년에 약간의 오해가 있었다고 하지만, 아인슈타인은 프로이트 가족의 운명에 관여하게 되었다.[86]

건성으로 넘길 수 없는 추문이 들려왔다. 마네 슈페르버가 모여 있는 사람들에게 공산당에 가입하라고 불같이 고함을 질렀을 때, 아들러는 화가 치밀어 올랐기 때문이다. 이후에 아들러는 자신의 공산주의를 위해 추종자들을 모집하는 일을 중단하라고 슈페르버를 공공연하게 나무랐다고 한다.[87] 슈페르버는 이에 깜짝 놀랐다. 이미 그 전에 좌파 진영이 외부 행사의 개최를 나눠서 하자고 제안했으나 협회의 지도부에서 거부했다. 아들러는 친절하게 "친애하는 슈페르버"라는 말로 편지를 시작하고는 했으나, 이제 상대방과 거리를 두는 호칭을 사용해서 "존경하는 슈페르버 씨"라고 불렀다.

그럼에도 불구하고 아들러는 1931년 가을에 오래 전부터 품고 있었던 바람을 화제로 삼았다. 즉, 그가 14년 전부터 슈페르버에게 늘 제안했던 생각이었는데, 프로이트와 정신분석을 반대하는 글을 써보라는 제안이었다. 하지만 슈페르버는 거절했다. 베를린 켐핀스키Kempinski 호텔에서 아들러, 프리츠 퀸켈과 슈페르버는 최종적으로 화해를 할 수 있는 대화를 나누었으나 결국 실패로 돌아갔다.[88] 훗날 슈페르버는 이렇게 썼다. "사실입니다. 우리의 마지막 대화(……)는 정치적이었습니다. 아들러는 정치적으로 중립을 유지하라고 압박했습니다. 중립이란 있을 수 없다는 사실이 그가 살던 시기에도 당연했지만 말이지요. 나는 만일 나치가 승리를 거두면, 개인심리학도 한동안 그들의 지배하에 들어갈 것이라고 말했습니다(그리고 글로도 남겼지요). 내가 나치와의 투쟁을 외치면, 이로써 개인심리학을 결코 해치지 않는다고. 심지어 이러한 적을 고려해서도 하나의 중립성이라는 게 존재한다 치면, 이 중립성이 개인심리학을 구할 수는 없다고 말입니다. 이미 설립자가 아들러라는 상황이 이를 금지할 이유가 될 것이지요."[89]

하룻밤 사이에 관계가 소원해지지는 않는다. 그것은 신뢰가 시들어버렸던 것이다. 이미 1920년대 중반에 슈페르버를 신뢰했던 남자 환자의 치료를 계속 진행하면서 의견 차이가 불거졌다. 슈페르버가 보기에 아들러는 신경요법 의사로서 생리학적인 한계에 부딪힌 것으로 보였다. 이때부터 슈페르버는 자신에 대한 회의에서 결코 벗어날 수 없었다. 그밖에도 의사들로부터 슈페르버에 대한 비판이 등장했다. 또한 프로이트 프로젝트도 슈페르버는 처음부터 매우 불편하게 받아들였는데, 왜냐하면 자신은 허수아비로 적대감을 표하는 도구가 될 뿐이었기 때문이다.[90] 아들러도 프로이트가 한 때 그와 그렇게 되었듯 다른 사람들과 갈라지게 될 것이라는 슈페르버의 예감이 들어맞았다.[91] 분열은 개인심리학의 도시였던 베를린을 둘러싸고 조용하게 진행되었다. 아들러와 퀸켈도 서로 싸우고 나서 사이가 나빠졌다. 최종적으로 결별하게 된 것은 대대적인 학회가 끝난 뒤였다. 1930년대 초에 자주 베를린에 갔던 아들러는 1931년에 혼자서 네 번 갔었는데, 그 가운데 1월 말부터 3월 말까지 8주 머물렀고, 그런 뒤에 다시 1932년 2월과 3월에 베를린에 가서는 레싱 대학교에서 강의를 했고, 디스터벡Diesterweg 학교의 교사를 위해서, 그리고 크로이츠베르크Kreuzberg 보건소와 암 우어반Am Urban 보건소에서도 강연을 했다. 심지어 자신이 머물렀던 호화스러운 호텔이나 다른 호텔에서도 소그룹을 두고 강좌를 열었다.[92] 퀸켈은 이런 방식의 강좌를 두고서 "부적당한 표절자"이며, 부적절한 행동이라는 등급을 매겼다.[93]

결별하고 나자 슈페르버는 더이상 구속에 얽매이지 않았다. 그는 스탈린 어투로 글을 썼고, 개인심리학을 세밀하게 분석했다. 1932년 그가 공동으로 발행을 했던 변증법적 유물론적 심리학을 위한 사회주의 베를린 전문가 그룹의 모음집에서, 그는 개인심리학을 "사회의 파시스트"라고 비방했다. 스탈린을 추종하는 독일 공산당이 사회민주주의를 그렇게 비방했듯이 말이다.[94] 슈페르버는 이미 1931년 여름부터 공산당으로부터 2차 분리과정이 있으리라고 파악했다.[95]

25. 삶의 의미

"존재라는 낱말의 무의미는,
건강한 인간의 이성은 이것에 대해서 너무나 지당하게 조롱하고는 하는데,
몇몇 사람에게는 생각할 거리를 너무 적게 주는가 하면
또 어떤 사람에게는 너무 많은 무책임한 생각들로 부담을 주고는 한다."

테오도르 아도르노 (Theodor W. Adorno)[1]

한때 시대에 뒤떨어진 것으로 보였던 심리학은 생명을 얻게 되었는데, 심리학이 실현될 순간이 지체되었을 뿐이기 때문이다. 인간을 바꾸는 일이 실패한 뒤[2] 심리학은 정신을 해석하기만 한다는 판단은 이성이 보는 비관적 입장이다. 변화를 하는 것이 치료하는 길이다. 그런데 환자들은 치료 받으러 오지 않는데, 이유는 그들이 행복으로 충만하기 때문이다. 하지만 실제로는 오히려 정반대이다. 환자들은 괴로움을 느낀다. 심리 치료에서 행복에 대한 질문은 옆길로 빠진 게 아닐까? 심리학에서 의미에 대한 질문과 이를 넘어서 삶의 의미에 대한 질문은 어떤가? 이는 세속적인 의미를 넘어서는 것일까?[3]

의미에 대한 탐색은 고대시대부터 20세기와 21세기까지 이어진 철학적 사고의 발전기이다. 의미를 부여하는 바의 의미 탐색은 형

이상학이고, 모든 종교의 뛰는 심장이기도 하다. 불교와 개인심리학 사이에는 한 지점에서 만나게 되는 유사점이 있는데, 세계-시각과 세계를 보는 시각이라는 지점에서이다. "우리는 외부를 보고, 거기에서 우리는 문제를 봅니다. 부처님은 이와 같은 시선의 방향을 돌려서 내면으로 향하고, 우리의 마음 안에서 무슨 일이 일어나고 있는지 보라고 가르칩니다." 티벳의 승려 겐뒨 린포체Gendün Rinpoche의 말이다.[4] 알프레드 아들러는 이렇게 말했다. "개인심리학에서 (……) 우리는 마음 자체를 관찰하고, 있는 그대로의 정신을 관찰한다. 우리는 인간이 세계와 자신에게 부여한 의미, 자신의 목표들, 노력하는 방향과 삶의 현안에 대한 접근법을 시험한다."[5] 불교에서 정신은 완벽하게 닦은 거울이어야만 하는데, 그래야 이 거울에 모든 지식이 분명하게 비치기 때문이다. 또 정신은 비어 있고 넓어야 하는데, 그래야 명상하는 사람이 자신의 진정한 본성을 실현할 수 있기 때문이다.[6] 알프레드는 이렇게 말했다. "정신은 힘이 아니다. 정신이 힘들을 배열하는 것이다."[7] 그리고 유물론적인 결정론에 반대하는 말을 했다. "이와 같은 현상을 보다 예리하게 파악하는 사람은 이런 질문을 해야 한다. 누가 구하고, 누가 답을 하며, 누가 이러한 인상에 대한 작업을 하는가? 인간은 구술 녹음기인가? 하나의 기계? 뭔가 개입되어 있음에 틀림없다."[8]

기계와 인간, 구술기와 의미를 탐색하는 정신이라는 대립을 주제로 아들러는 1933년 책을 한 권 썼는데, 《삶의 의미Der Sinn des Lebens》라는 제목이었다. 이 책은 빈에 있는 롤프 파서Rolf Passer 박사 출판사에서 출간되었다. 출판사 이름만 보면 신생 출판사였다. 하지만 이 출판사는 1927년부터 있었다. 한스 엡슈타인Hans Epstein이 이 출판사를 만들었는데, 1932년 갑자기 그가 죽게 되자 출판사는 경영난에 빠졌다. 주주였던 롤프 파서가 출판사를 넘겨받아 점차 수익을 올릴 수 있었다. "파서 출판사"라고 변경한 출판사 이름을 빈 상업등록국에 기록된 것이 1933년 11월 17일이었기에, 아들러의 이 책은 그 이후에 배포되어야 했다.[9] 이 책은 출판사의 연혁과는 어울리지 않았는데, 보통 예술과 문화 관련 도서와 도시를 안내하는 책들을 출간했었기 때문이다. 거기에 1933/34년부터 새로운 출간 프로그램으로 작곡가에 관한 책들도 들어 있었다.

《삶의 의미》에 대한 책을 써야겠다는 생각을 아들러는 이미 1920년대 중반부터 했다. 그는 1925년에 〈삶의 의미에 대한 비판적인 숙고〉라는 논문을 썼고, 6년 뒤 《삶의 의미》가 출간되었다.[10] 같은 해 미국에서 《삶은 당신에게 어떤 의미여야 하는가What Life Should Mean to You》가 나왔다. 1930년 지그문트 프로이트는 《문화에서의 불쾌감》에서 다음과 같이 이 책에 대한 서평을 썼다. "인류의 운명에 대한 문제는 나에게 이렇게 보인다. 즉, 인간의 공격성과 자기파멸욕구로 인해 공동체의 삶이 방해를 받는 가운데, 문화가 이런 방해물을 어느 정도로 제압해서 주인이 되는지, 정말 주인이 될 수 있는지로 보인다. 이렇게 볼 때 어쩌면 현재라는 시대는 특별히 흥미롭다. (……) 그러나 누가 성공을 거둘 것이며 어디에 출구가 있을지 예견할 수 있다는 말인가?"[11] 이것은 프로이트와 아들러 사이에 근본적으로 다른 사고의 차이였다. 프로이트는 삶의 의미에 대한 탐색은 정신적인 혼란의 표현이라고 파악했다. 이와 반대로 아들러는 이를 인간의 존재론적 기본성향이라고 간주했다. 이 부분에서 교육자와 마찬가지로 심리학자들은 탁월하게 도움을 줘야 한다는

것이었다.[12]

"신비주의자의 말과, 심리분석을 하러 온 고객들의 입에서 공통으로 들을 수 있는 질문은 이러하다. 내 삶은 무엇을 충족시키는 것일까? 이로써 경험의 상황을 말한 것인데, 우리가 느끼고 원하지 않지만 행동하는 상황이거나, 또는 행복의 감정이 우리를 충만하게 해주는 상황이다. 즉, 이것이 바로 내가 진정으로 원하는 것이다."[13] 삶의 의미에 대해 아들러는, 진정하고 객관적인, 초개인적인 삶의 의미이며, 이는 인류 전체에 해당된다고 말했다. 열등감은 그에게 1933년 인류학적인 기본사실이었고, "끊임없이 작용하는 가시"[14]와 같은 것이었다. 그래서 아들러는 그 어느 때보다 더 격렬하게 공동체감정의 의미를 강조했다.[15] 그는 이 감정을 하나의 지점에까지, 즉 개인의 한계를 초월하는 지점까지 몰고 갔다. 이제 중심은 화해에 놓이게 되었는데, 교육이 저지른 가장 심각하고 큰 오류로서의 화해였다. 거의 대부분의 환자들은, 어린 시절에 응석받이로 자라서 상담을 받으러 온 사람들이다. 여기에서 아들러가 아이들의 실제의 악습 혹은 겉으로만 그렇게 보이는 악습을 얼마나 예리하게 공격하는지를 보면 놀랍기 그지없다.[16]

"이상적인 공동체"에 대해서 보다 분명하게 묘사하는 것은 아들러에게 쉽지 않았다. 그리하여 그는 이상적인 공동체가 아닌 상태를 오히려 얘기했다. 이때 등장한 의문은, 삶의 개인적인 의미와 객관적인 의미는 서로 양립할 수 있는지, 제멋대로 하는 개인은 자신보다 훨씬 규모가 큰 형이상학적인 맥락 안으로 분류될 수 있는지, 하는 의문이었다. 여기에서 아들러는 확신을 가졌다. 즉, 자신에게 통달한 사람만이 공동체에게 유용할 수 있다고 말이다.[17] 진화론적·우주적 시각이 지금까지보다 훨씬 더 강렬하게 강조되었다. 정신적으로 왜곡된 상태는 생활양식이 실패한 것이라고 한다. 개인을 벗어나서 공동체로 나아감으로써 이런 정신적 문제가 균형을 찾을 수 있다는 것이었다. 누구에게든 재생은 언제나 가능하다. 개인은 능동적일 수 있고, 정신적 딜레마로부터 적극적으로 배울 능력이 있으며, 적극적으로 통찰력을 얻고, 삶에서 허둥대던 사람도 개인심리학을 통해 완전히 다른 사람이 될 수 있는 능력이 있다는 것이다. 이는 개인을 넘어서 잘못된 삶을 산 그룹들에게도 해당되었다. 인간 진화의 과제를 무시하고 이상적인 공동체 형태로 나아가는 것을 주저했던 집단 말이다.[18] 아들러는 쉽사리 동요하지 않는 스토아 철학자처럼, 옳은지 아니면 틀린 것인지 논리적 결론을 내릴 수 있는 성격을 강조했다. 논리적 판단은 하나의 결정이다. 하나의 결정은 또한 삶의 의미에 대한 근본적인 의견이자, 자신과 세계에 대한 의견이다.[19]

인간은 신체와 정신으로 이루어진 전체로 행동하고 반응하며, 자신의 질병에 대해서도 마찬가지이다. 단일체로서의 인격은 결코 안정적인 구조물이 아니다. 전체는 부수적이고 수동적이다. 그것은 결과이며, 출발의 기초가 아니다. 노이로제 혹은 신경증이란 개인이 이뤄낸 창의적 성과라 할 수 있는데, 노이로제를 이용해서 개인적인 문제나 자아에게 과도하게 요구하는 상황에서 적어도 단기간은 벗어날 수 있는 까닭이다.[20] 이는 개인을 초월한 세계질서인 삶의 의미를 떠올리게 한다. 이러한 의미는 이미 형성된 것, 뭔가 폭발적이고 자아-세계를 초월하는 것이다. 하지만 무엇보다 의미는 정의이며, 감정적, 실용적이고 인지적 행동의 균형이다.[21] 그리하여 심리학은 이제 거대한 이론인 "슈퍼 이론"이 되었고, 이 이론 속으로 모든 방향, 경향과 방법론들이 흘러들어갔다.[22]

아들러는 《삶의 의미》라는 저술로 경험적 지식을 기반으로 하는 과학의 패러다임으로부터 멀어졌다.[23] 그의 구상은 자연과학적 진화과정이라는 사실을 인간의 역사로 번역한, 이른바 사변적인 생각으로부터 나왔던 것이다. 조금 더 높게 발전하고 완벽해지고자 하는 노력은 "우주의 법칙"[24]이 되어버렸다. 이와 같은 단계에서는 기존의 사회를 더이상 염두에 두지 않았고, 구체적인 개인도 고려하지 않았다. 모든 것은 영원이라는 지평선 아래에서 완성되는 것이다. 우주는 조화를 이루어내는 질서라는 역할을 떠맡고 있다. 아들러는 개인심리학을 "가치 심리학"[25]으로 변형시켜버렸던 것이다. 완성화의 과정 마지막에 조금 더 높은 차원의 인류 발전과 최적화된 자아가 있다고 한다. 만일 이와 같이 더 향상되려는 길에서 벗어나게 되면, 신경증이 등장한다는 것이다.[26]

그런데 다음과 같은 질문을 던져도 정당할 것 같다. 도대체 아들러는 어떻게 알 수 있으며, 나는 또한 어떻게 알 수 있을까? 그러니까 인간이 발전을 하는 최종목표가 이상적이고 낙원과 같은 사회에 있다고 말이다. 이런 사회에서 공동체감정은 인간에게 "호흡"과 마찬가지로 지극히 당연해진다. 아들러는 삶의 의미가 강력하게 발전한 공동체감정에 있다고 봤고, 이 공동체감정은 인간에게 보다 더 확실하게 안전을 제공하며 인류에게 앞으로도 계속 살아남을 수 있는 가능성을 보증한다. 마지막으로 개인, 그룹과 민족의 생존은, 자신들이 선택한 삶의 의미가 옳은 것인지 틀린 것인지를 결정한다는 것이다.[27]

진화라고 하는 구상은 아들러가 대략 1930년부터 지속적으로 생각해왔다. 핵심 개념이자 핵심적 목표는 전체론, 전체였다. 이와 같은 전체이론은 신체와 정신을 일체로 파악했다. 모든 기관의 기능은 목적과 의미에 맞으며 목표에 적합하다는 것이다. 모든 부분은 그것보다 더 큰 것을 위해 함께 작용을 하고, 이처럼 살아 있는 전체를 유지하기 위한 노력을 반영한다고 한다.[28]

1930년 아들러는 남아프리카 사람 얀 크리스티안 스뮈츠Jan Christiaan Smut의 《전체론과 진화Holism and Evolution》라는 저서를 읽고서는 완전히 매료되고 말았다. 1931년 초에 아들러는 스뮈츠에게 편지를 한 통 썼다. "당신의 책 《전체론과 진화》를 읽었을 때, 당신의 모든 설명에 나는 감동을 받았습니다. 우리의 학문의 열쇠가 무엇인지 나는 매우 분명하게 인지할 수 있었습니다. 당신의 기여가 매우 가치 있다는 점 외에도 다른 차원에서, 우리가 일체와 맥락이라고 부르는 것에 대한 당신의 시각도 나는 훌륭하다고 봅니다. 나는 당신의 책을 기꺼이, 개인심리학을 가장 잘 준비할 수 있는 책으로 대학생들과 추종자들에게 추천하고자 합니다."[29]

루돌프 드라이쿠르스는 이렇게 말했다. "우리가 어떤 사람인지는, 우리가 무엇을 하느냐에서 나타난다. 우리의 활동에서 우리는 자신을 충족시키거나 그 안에서 부족함을 느낀다. 사람들은 행동을 하면서 이와 동시에 관찰자가 될 수는 없다. 자신을 잊은 사람만이 자신을 발견할 수 있다. 우리의 과제는 삶에 기여를 하는 것이다. 여기에 관심이 있으며 자신의 무사함, 자신의 성공과 패배에 관심을 갖지 않는 사람은, 내면의 평화를 발견할 수 있고, 자신의 강점을 인지할 수 있다. 사람은 무엇을 할 수 있고 해야만 하는가라는 의문과 관련한 강점 말이다. 우리가 이해하는 바의 삶의 의미는 유용하게 되는 것인데, 우리가 가지고 있는 모든 힘을 인류의 복지를 위해 이용하는 데 있다. 그리고 이런 일을 할 수 있는 사람은, 일을 제대로 하려고 임했을 때 내면에서 솟구치는 자신의 힘에 당황할 수도 있다."[30]

26. 미국 II

"세상은 점점 더 엉망이 되어가고 있다.

그러나 훌륭한 유머의 중심인 빈은 이렇게 말해도 된다.

희망은 없지만 심각하지는 않다고.

나 역시 그렇다."

알프레드 아들러, 1932년 5월[1]

희망은 없다. 그러나 심각하진 않다. 이 말은 아이러니였을 것이다. 바로 직전이었던 4월 24일 오스트리아에서 치러졌던 국회의원 선거와 지방단체장 선거의 결과를 고려했을 때 말이다. 국가사회주의 독일노동당NSDAP이 빈의 의회선거와 자치단체 선거에서 17.4%로 늘어났다. 니더외스트라이히 주 의회선거에서는 NSDAP 의석 수가 0.5%에서 14.1%로 늘어났다. 잘츠부르크에서는 11.5%에서 20.8%로 늘어났다. 같은 날 독일 바이에른 주에서는 새로운 주 의회 의원을 선출했다. 기독교적이고 보수적인 바이에른 시민당Bayerische Volkspartei은 NSDAP에 비해서 겨우 0.03% 앞섰을 뿐이었다(32.55% 대 32.52%). 1928년 선거에서는 NSDAP가 겨우 6.1%를 차지했을 뿐이었는데 말이다.

오스트리아에서는 지난 5년 동안 보국단Heimwehren이 유일한 지역

조직으로 통합되었다. 이들은 거리를 지배하기 위해서 맨주먹과 몽둥이로 싸웠다. 이들은 무리를 지어 노동자들이 사는 도시인 린츠와 빈을 행진하며 도발적인 모습을 보여주기도 했다. 매년 무솔리니의 파시즘에 동조하는 움직임이 새로운 투쟁으로 번져나가고는 했다. 1930년 5월 19일 보국단은 파시즘적 프로그램을 내놓았다. 그 안에 이런 내용이 들어 있었다. "우리는 서구의 의회주의와 정당국가를 반대하는 투쟁을 한다. (……) 우리는 마르크스의 계급투쟁을 통해 우리 민족을 분열시키고 찢어놓는 것을 반대하는 투쟁을 펼친다."[2] 1931년 9월 13일이었다. 보국단이 아마추어 냄새가 날 정도로 어설프게 준비를 해서 쿠데타를 일으켰다가 실패를 했고, 쿠데타를 일으킨 자들과 행정 기관 사이에 타협이 이루어졌다. 심각한 경기 후퇴로 말미암아 실업률이 깜짝 놀랄 정도로 늘어나 17~24% 사이를 오갔다. 매일 평균 12명의 사람들이 자살을 택했다.[3] 1932년 5월, 아들러가 세상의 상태에 대해서 의견을 얘기했던 날, 이전 해 3월부터 농림부장관으로 재직했던 엥엘베르트 돌푸스 Engelbert Dofffuß가 새로운 정부를 구성하는 업무를 맡게 되었다. 그는 법학자이자 니더외스트라이히 주의 농림부 장관이자 오스트리아 철도국 회장이었으며, 반마르크스주의자이자 엄격한 가톨릭교 신자이며 키 151센티미터의 작은 남자였다. 그가 꾸렸던 내각은, 기독사회당, 보국단과 농촌 연맹의 연합으로 이루어졌는데, 야당보다 단 1석이 더 많았다. 돌푸스는 보국단을 꾀었다. 보국단의 빈 지도자가 내각으로 들어와서, 경찰과 지방 결찰의 권한을 쥐게 되었다. 1933년 3월부터 돌푸스는 국민의회를 폐쇄하고 권위적으로 다스리기 시작했다. 국민의회에서 가장 큰 야당의 반대를 물리치기 위해, 3월 31일에 공화수호동맹*이 금지되었다. 좌파의 전통적 행사였던 퍼레이드가 5월 1일 금지되었고, 4월 말에 적지 않은 사람들이 체포되었다. 4월 30일 라이사 아들러도 예외가 아니었는데, 그녀는 경찰관 한 명에게 연행되었고, 둘째딸 알렉산드라는 어느 구치소에 어머니가 갇혀 있는지를 알아내기 위해서 빈을 돌아다녀야 했다. 알프레드 아들러는 당시에 빈에 있었다. 아들러 가족은 이틀 후에 라이사가 풀려나오게 하는 데 성공했다. 그녀는 감방에서 자신의 손으로 눌러 죽인 빈대 두 마리를 두 장의 종이에 싸서 감방 감시인에게 작별선물로 전달하기도 했다. 이것을 받은 감시인은 뭔가를 중얼거렸다고 한다.[4]

오스트리아 시민들 대다수는, 독일에서 히틀러가 권력을 이양 받고 2월 말에 베를린 독일 제국의회에 화재가 일어난 뒤 민주주의적 권리가 극단적으로 해체되는 모습을 보고서는, 고향의 보국단을 작지만 불행을 가져다주는 악으로 간주했다. 아들 에른스트에게 보내는 편지에서 프로이트는 자신의 입장을 이렇게 표현했다. "미래는 불확실하고, 오스트리아 파시즘이 등장하거나 그렇지 않으면 나치스가 나오겠지. 후자의 경우에 우리는 여기를 떠나야 한다. 독재정치가 등장하면 그나마 다행인 게, 독일처럼 우리를 형편없이 취급하지는 않을 것이기 때문이지. 대단히 좋지는 않겠지만, 외국에서도 그렇게 아름답지는 않더구나. 그래서 굳이 내가 너희들에게도 좋을 것이라고는 말할 필요가 없을 것 같군. 미래에 오스트리

* 1923년 오스트리아 사회민주당이 조직한 준군사조직으로, 우익 성향의 보국단과 대립했다.

아의 정치가 취할 수 있는 두 가지 가능성에 대해 우리가 맺고 있는 관계는 《로미오와 줄리엣》에 나오는 머큐쇼의 외침이 될 것 같구나. '두 집안 다 염병에나 걸려라!'"[5]

5월 18일 기독사회당과 보국단으로부터 단일당인 '조국 전선'을 만들었던 돌푸스는 1933년 9월 11일에, 강연을 하는 가운데 자본주의·자유주의 경제 질서를 바로세우고 마르크스주의적 민중지도를 종식시키겠다고 선언했다. 그는 기독교적이고 권위주의적 국가를 선포했다. 공산당은 이미 5월 26일 강제 해산되었다.[6] 1934년 2월에 일어났던 폭동을 진압하는 과정에서 사람들이 다친 것은 두말할 필요도 없었다. 돌푸스는 이로부터 두 달 정도 무사할 수 있었다. 7월 25일 불법적인 나치스가 쿠데타를 일으켜 수상실을 점령했고, 다른 무리들은 라디오 방송국을 점령했다. 5일 동안 총성과 함께 전투가 벌어졌다. 결국 정부측 인원 가운데 107명이 사망했다. 그 가운데 돌푸스도 있었다. 쿠데타를 일으킨 무리들 가운데 153명이 사살되었거나 그 자리에서 처형되었다.[7] 그 결과 연설과 언론의 자유가 극단적으로 제한되었다. 가톨릭 교회가 다시금 학교에 직접적인 영향을 미치게 되었고, 합스부르크 왕가의 재건에 대한 소문도 돌았다. 지하세계에서는 공산주의의 재건을 위한 조직이 구축되었다. 독일 국민들은 나치즘을 점점 더 좋아하게 되었다.[8]

정치학자들과는 달리 미국의 한 역사학자는 이 시기를 루스벨트 대통령의 시대라기보다 월트 디즈니가 만든 만화 주인공 "미키 마우스의 시대"로 특징지었다. 캘리포니아 사람들의 우주는 처음에 부조리하고 경악스러운 장소였다. 생명이 없는 것이 살아 움직였다. 인간은 자동기계Automaten가 되었다. 물리학 법칙은 작동하지 않았다. 가정은 산산조각났다. 디즈니의 세계는 그간의 익숙했던 삶의 패턴이 작동하지 않는 세계였다. 그럼에도 불구하고 마지막에 가서 만화영화는 악몽으로 보이지 않았다. 코미디가 비극을 이겼다. 재미와 판타지가 지배를 했다. 마지막에 가면 모든 소원이 전통적인 가치를 강화시키는 끝맺음이었다. 디즈니는 끔찍한 악몽을 동화와 편안한 꿈으로 바꾸는 데 성공했다. 백인이며 남자이고 직업을 가진 미국인이라면 누구에게나 공포심과 굴욕감이 사라진 충만한 세계가 나타났다.[9] 라디오 코미디 쇼와, 할리우드가 이 시기에 제작했던 스크루볼 코미디*에서도 마찬가지였다. 프랭크 카프라Frank Capra 영화는 모두, 처음에는 허둥대고 용기도 부족했던 주인공이 결국에는 승리를 거두는 이야기였다. 자신이 전권을 쥐는 삶, 낙관주의, 삶의 행복에 대한 영화였다. 결국 과학자나 발명가에 관한 전기를 영화로 쓰는 것처럼 성공하는 내용이었다.[10] 대중들에게 얻었던 영향력은, 학문과 전문가들이 사생활과 감정생활에서 획득했던 것이었다. 아이들 교육이나 부부관계와 같은 그런 관계에서 말이다. 전문가들은 개인, 가족, 노동자로서의 노동자, 전체로서의 공동체를 구하고자 했던 미국식 삶의 방식을 사회 공학Social Engineering으로 뒷받침했다.[11] 1940년대 구체적인 형태로 나타났던 것은, 사회심리학자 쿠르트 레빈Kurt Lewin이 미국 정부로부터, 국가를 위해 최신 학문적 인식을 지향하는 섭생법을 마련해달라는 주문을 받았

* 등장인물들이 괴짜나 바보처럼 행동하는 영화

을 때였다.[12]

“만일 문화역사가에게 비유를 하나 허락한다면, 이 시대를 알프레드 아들러의 시대라고 생각하는 것이 도움이 될 수 있다.” 이념역사가였던 워런 서스먼Warren Susman은 그렇게 말했다.[13] 아들러의 기질, 그의 생동감과 생각의 방향은 이 시기 미국의 사회문화적 발전에 반영되었다. 그것들은 보다 큰 규모의 출판과 언론에서의 논쟁에 적합했다. 커뮤니케이션 트레이너이자 웅변가의 교사였던 데일 카네기Dale Carnegie는 1936년에 자기계발 도서 《데일 카네기 인간관계론How to win friends and influence people》를 출간해서 판매부수가 백만 부에 이르는 베스트셀러가 되었는데, 이 시기에 적합한 책이었던 것이다. 카네기는 더이상 성공을, 한 사람이 어느 정도의 부를 쌓았고 사회적으로 어떤 지위에 있는가라는 기준으로 측정하지 않았다. 새로운 기준은, 한 사람이 사회에 어떻게 순응하고 있으며, 어느 정도의 공감과 우정을 받고 있고, 어느 정도로 팀플레이를 할 수 있는가 하는 것이었다. 개인주의적 미국을 위한 반 개인주의적 수단이 아닐 수 없다.[14] “만일 우리가 이 시대를 아들러의 시대로 생각하면, 이러한 문맥 속에서 우리는 민족적 종교, 가족, 학교와 공동체와 같은 삶의 형태를 추구하는 많은 것을 이해할 수 있다. 루스벨트 대통령[소아마비로 인해 휠체어를 타기도 했던]조차도 아들러의 의미에서는 영웅이 되었다. 즉, 기관열등감을 가진 남자가 그 열등감을 ‘보상’[15]하는 데 성공한 사람으로서 말이다.” 신문들은 이미 루스벨트 대통령의 임기 초기에, 경제 프로그램 뉴딜 정책을 제안했을 때, 교육학과 연관시켜서 개인심리학을 “아이들을 위한 뉴딜”이라고 불렀다.[16]

미국이 1941년 12월에 2차 세계대전에 참여했을 때, "윤리"는 관행이 되어버렸다. "사회학과 사회계획은 미국에 있는 인간과 문화를 재설정하려던 아들러의 비전과 하나가 되었으나, 반면에 미국인들은 고유한 문화를 만들어내고 그 안에서 원하는 바의 역할을 하고자 시도했다."[17] 1942년에 플로렌스 빙햄Florence C. Bingham은 전국 학부모 및 교사 협의회를 위해 《민주주의에서의 커뮤니티 라이프》라는 책을 출간했다. 경제위기와 전쟁이 일어났던 시기의 마지막 10년은 이 책에서 많은 것을 약속해주는 시기로 드러났는데, 그러니까 미국에서 진정으로 집단적인 민주주의를 구축할 수 있는 시기로서 말이다. 사회학자 루이스 워스의 말을 인용해보자. "어쩌면 전쟁은, 집단적인 삶에 들이닥친 다른 위기들처럼, 공동체의 연대감, 상호간의 지지와 힘이 되어주는 원천으로 숙성될 수 있었을 것이다. 전쟁이 끝난 뒤 민주적 질서를 구축하기 위해 이용할 수 있는 힘이 되었을 수 있다. 우리가 미국의 개척자 시절[19세기 미국 서부의 개척을 말한다]에 경험했던 것보다 더 나은 원천일 수 있다."[18]

1931년 1월 전반에 알프레드 아들러는 열흘 동안 런던에 머물렀다.[19] 영국은 아동 교육학과 양호 교육학 분야에 있어서 허둥대고 있었다. 1929년에 런던 경제 스쿨은 영국에서 최초로 사회복지 관련 종사자들을 위한 심리학 강좌를 개설했다. 아들러는 왕립 대학 출신의 의사들 앞에서 개인심리학에 대한 강연을 했다. 오늘날까지도 의학 분야에서 선도적인 매체에 해당하는 《란셋The Lancet》*은

* 1823년 토마스 웰클리Thomas Wakley에 의해 창간된 영국의 의학 저널

1931년 1월에 아들러의 논문 세 편을 공개했고, 그 가운데 대학에서 했던 그의 강연도 포함되어 있었다.[20] 아들러는 고워Gower 가에 있던 개인심리학 클럽에서 최종적으로 자신의 지원을 뺐는데, 이 클럽이 지나치게 정치화되었기 때문이라고 말이다.[21] 이제 아들러는 1926년에 알게 되었던 의사 크룩스행크F. G. Crookshank를 신뢰했다. 크룩스행크는 품위가 있고 웅변 솜씨도 탁월했다. 아들러가 개인심리학을 전세계에 구축하고자 했던 계획에서 오랫동안 빈 칸이었던 런던은 건축물을 세울 자리가 없었다. 적어도 그렇게 보였다. 아들러는 이 지점에서 강연을 위한 여행을 감행했고, 그리하여 스칸디나비아, 네덜란드를 거쳐서 스위스에 도착할 계획이었다. "저는 항상 바쁘지요. 그래도 영화관에는 자주 갑니다."[22] 그는 짐을 잔뜩 꾸려서 떠나는 출장을 빈정대기도 했다. 코펜하겐에서 라이사에게 쓴 편지를 한 번 보자. "사랑하는 라이사,/ 오늘 아침 6시에 나는 코펜하겐에 도착했어요. 지금 10시인데 나는 이미 아침을 두 번 먹었고, 세 번 인터뷰를 했고, 한 번은 사진 촬영을 하고 또 한 번은 케리커처를 그리게 했어요./ 이제 나는 도시를 쳐다봅니다."[23] 덴마크 수도에 있던 대학에서 강연을 해야 했기에 아들러는 물리학자 닐스 보어Niels Bohr를 알게 되었는데, 이 만남을 그는 매우 자랑스러워했다. 이 분은, "내가 개인적으로 알게 된 노벨수상자 가운데 네 번째란다."[24]

1931/32년 겨울학기에 아들러는 다시 뉴욕에 갔다. 그래머시 파크 호텔의 스위트룸을 얻었고, 사회 조사를 위한 뉴 스쿨에서 연속적으로 강연을 했으며, 자신도 동참했던 강좌를 열었던 빈의 여성 개인심리학자를 지원해주었다. 1932년에 찰스 데이비스Charles Davis

는 성공적인 소식을 전할 수 있었다. 1932년 9월 1일, 아들러는 뉴욕 브루클린의 헨리 가 30번지에 있던 롱아일랜드 컬리지 의학부에서 데이비스가 재정을 지원하여 마련한 교직을 맡게 되었다. 또 이와 비슷한 시기에 아들러는 뉴욕에 심리치료실과 교육상담소를 열었다.[25] 5년 동안 아들러는 대학생들이 대학에서 공부하는 마지막 해에 개인심리학에 대한 교육을 시켰다.[26] 처음에는 조교라는 직책이었으나, 1936년부터 제2조교였다. 연봉은 8,500달러로 고정되어 있었는데, 이는 인플레이션을 고려하여 2018년 가치로 환산하면 약 16만 달러에 해당되는 액수였다. 1932년 10월 말에 그는 자신을 걱정하는 막내 딸 넬리에게 즐거운 기분으로 편지를 썼다. "생활하는 것이 예전에 비해 정말 싸구나. 내가 쓰고 있는 방 두 개 딸린 이 집은 예전에는 한 달에 300달러였지만, 지금은 110달러밖에 하지 않거든. 그리고 매일 쓰는 나의 생활비는 과거에는 8달러 정도가 들었지만, 이제는 거의 1달러까지 떨어졌다. 영화 구경 가는 비용까지 포함해서 말이야. 나는 너희들에게 필요한 것을 보내줘도 될 만큼 넉넉하단다."[27]

아들러에게 맡겨진 자리는 의학심리학과 교수직이었다. 이는 세계에서 처음으로 생긴 학과였다. 의대에 대학부속병원이 딸려 있던 이 대학은 1930년에 전후부터 점점 사정이 나빠진 롱아일랜드 칼리지 병원으로 쪼개졌다. 여기에 브루클린에 있는 병원도 속해 있었다.[28] 《타임 매거진Time Magazine》은 아들러의 초빙을 이렇게 해석했다. "계약은 5년이며, 롱아일랜드에 빅 원Big I을 모셨다." "롱아일랜드에 온 넘버원"이라는 기사는 아들러를 "에고의 과학자"로 묘사했다. "아들러 박사는 62세의 흰 머리가 희끗하지만 여전히 활기가 넘친다. 강의를 할 때면, 그는 무대를 오르락내리락 하고, 코를 찌푸려서 안경이 흔들리기도 한다. 그는 오스트리아 악센트가 묻어 있는 영어를 구사한다. 그의 얼굴은 아이 같은 측면도 있지만, 이런 점은 빛나는 그의 눈과 냉소적인 미소로 인해 순식간에 감춰진다."[29] 1932년 늦가을에 그는 킹스카운티Kings County 의학협회의 후원으로 의사들 대상의 일련의 강연을 진행했다. 겨울 동안에 아들러는 실습에 들어가기 전 대학생들 앞에서 책을 읽어주었다. 아들러가 규칙적으로 달려간 곳은 데이비스 가족이 살던 집이었다. 다른 사람들과의 대화를 나누다가도 만일 "데이비스"라는 이름이 등장하면, 아들러의 눈이 감사의 마음으로 빛났다고 한다.[30]

아들러에게 일종에 두 번째 보호자의 역할을 해주었던 사람은 에드워드 앨버트 파일린Edward Albert Filene이었다. 파이프를 피웠으며, 중간키에 날씬한 편에 콧수염을 길렀고 독일-유대인 이주자의 아들이었던 그는 아들러보다 열 살이 많았다. 어린 시절에 사고를 당해서 절뚝거리며 걸었고, 재치가 풍부하고 혁신적인 백화점 사업가로 보스턴에서 큰 재산을 모았다. 정치적으로 파일린은 진보적이었고, 소액의 신용대부를 내주었던 상업용 은행 신용시스템이었던 신용조합credit union의 로비 활동가이기도 했다. 루스벨트 대통령의 뉴딜 정책을 지원했던 소수의 억만장자들 가운데 한 사람이었던 그는 백악관에서 인정해주는 대화의 상대였고, 특히 그의 전문 분야였던 신용조합에 대한 감정鑑定이 1935년 법으로 제정되었다(2년 후 그는 죽었다). 아들러와의 우정으로 인해 그는 아들러의 교육학, 교육 및 이론에 대해서 관심을 갖기 시작했다.

1933년 초에 라이프치히에 있던 히르첼 출판사에서 루돌프 드라이쿠스의 《개인심리학의 기본개념》이 출간되었다. 아들러는 소략하나마 이 책의 서문을 써주었다. 1쇄가 완전히 팔리기도 전인 1933년 5월에 이 책은 국가사회주의를 추종하는 대학생들에 의해서 소각되는 희생을 당하고 말았다. 2년 후에 런던에 있던 '케건 폴, 트렌치, 트루브너 앤 컴퍼니' 출판사가 이 책의 영어 번역본 《개인심리학 입문An Introduction into Individual Psychology》을 출간했고, 1937년에는 체코어와 네덜란드어—여기에는 개인심리학자 피터 헤르마누스 론지Pieter Hermanus Ronge의 서문이 포함되어 있었다—그리고 그리스어 번역본이 거의 비슷한 시점에 출간되었다.[31] 드라이쿠르스가 교육자문가로 유명하게 된 이후에, 독일어로 약간 수정한 신판이 1969년에 독일에서 출간된 일도 이 책의 역사에 속한다.

1934년, 그러니까 아들러의 《인간 이해》가 출간된 지 6년 뒤, 그의 전문용어들이 미국을 꿰뚫고 들어왔다. 고등학생과 대학생들의 정신 건강을 위한 미국의 도서에서, 자신이 받은 교육 때문에 "열등콤플렉스"를 겪었다고 고백하는 여자 대학생에 관한 글을 사람들을 읽었다. 앨버트 에드워드 위검Albert Edward Wiggam은 독자들의 사랑을 받는 자기계발 분야 저자였는데, 자신의 독자들에게 아들러의 책을 진심으로 권장하기도 했다. 데일 카네기 역시 전세계에서 엄청나게 팔린 저서인 《인간관계론》과 1948년의 《자기관리론》에서 아들러를 직접 연관시켰다. 물론 아들러의 글을 틀리게 인용하고 또 줄여서 인용하기는 했지만 말이다.[32]

1934년 7월 1일부터 아들러는 롱아일랜드 칼리지의 신경학부에서 담당 심리학자였다, 1년 임기였다. 물론 매년마다 1년씩 연장되었다.[33] 찰스 데이비스는 그 사이 아들러의 출판 중개자의 역할을 맡았으나 성공을 거두지는 못했다. 대형 출판사들은 그들에게 보낸 영어판 원고와 독일 책들을 거절했다. 특히 완강하게 거부했던 출판사는 그때까지 단골로 아들러 책을 내놓았던 리틀, 브라운Little, Brown 출판사였다.[34]

1935년 최초로 《개인심리학 국제 저널》이 출간되었다. 1년에 4권이 시카고에 있는 출판업자에게서 나왔다. 아들러는 다른 두 가지 잡지를 맡고 있었음에도 이 잡지의 무보수 편집장을 맡았다. 독일과 스트리아에서 이전에 간행되었던 잡지와는 반대로 이번에는 탄탄하지 못했다. 이 일을 맡은 사람들도 매우 소수였고, 읽는 독자들도 마찬가지였다. 오래 된 글을 영어로 번역하기도 했고 웰스H. G. Wells나 벤자민 프랭클린Benjamin Franklin의 논문을 싣기도 했다. 결국 이 잡지는 2년 만에 중단되었다. 구조상의 문제가 있었는데, 이 잡지는 대학의 기관과 연결되지 않았던 것이다.

아들러는 여전히 비서를 고용하지 않았다. 그래서 각종 행정 서신이나 새로운 잡지의 편집부 일은 온전히 그의 몫이었다. 그리하여 아들러는 지나치게 서둘러서 편지에 답을 하거나 그렇지 않으면 너무 오랫동안 답을 보내지 않을 때가 많았다. 개인심리학 치료를 담당하는 공동체에 대한 그의 개입도 느슨해져서, 동일한 수준의 치료를 유지할 수 있을지 걱정을 해야만 했다.[35] 이와 동시에 아들러는 가족을 뉴욕으로 데려와야겠다는 확신을 갖고 있었다. 멀리 떨어져 있는 가족의 아버지로서 아들러는 1920년대 후반부터 이미, 적어도 편지로나마 가족들과 지속적으로 접촉을 하려고 시도했다. 하지만 항상 성공하는 것은 아니었다. 그리하여 그는 이미 1928년 초에 딸 알렉산드라에게, 비난 섞인 목소리로 이런 편지를 보냈다. "나는 너희에 대한 소식을 편지보다 오히려 신문을 통해서 더 많이 접한단다. 너희 모두를 합친 것보다 내가 보내는 편지가 적어도 네 배는 더 많을 거다." 가족 간에 점점 다툼이 생겼고, 이로 인해 서로 반목하기에 이르렀다. "다시 한번 말하는데, 어머니가 더 이상 소외되지 않도록 지켜보거라. 너희 어머니가 너희들의 계획에 참여하게끔 하고 그녀를 잘 대해주어라. 어머니는 너희에게 아무 짓도 하지 않았다. 발리와 한번 얘기해보렴. 딸이 어머니에게 상처를 주는 행동을 해서는 안 된다."[36] 1930년 초에 디트로이트에서 쉴 새 없이 강연 요청을 받았던 아들러는, 이제 가족 내에서 심리치료사의 역할을 해야만 했다. 그는 가족에게 다음과 같은 치료를 권장했다. "너의 편지로 알게 된 문제를 나는 진지한 의견을 제시하는 데 이용하고자 한다. 너희들 모두가 함께 앉아서 빈에서의 문제를 곰곰이 생각해보렴. 내가 떠난 뒤 5개월 동안 나를 기쁘게 해주기 위해 너희들이 무엇을 했는지 말이다. 그것보다, 너희들이 나에 대해 관심이라도 있는지 궁금하단다. 여기에서 어머니는 제외시켜야 한다. 그녀는 그것을 자신의 의무로 알고 있으니까. 나에게 집안 사정에 대해서 알려주는 것을 말이다. 신년축하용 전보도 나는 관심을 대신해주는 대용품으로 볼 수 없다. 너희가 내 생일에 카드를 보내더라도, 선물은 그만두고 말이지, 이것은 나에게 상처를 주지 않는단다. 그런데 너희들 사이에서는 물론 나에 대한 관심이 줄어들고 있다는 사실이 점점 더 확실해지는구나. 이런 말을 하는 게 정말 고통스럽고, 오랫동안 하지 않으려고 기다리며 참았지만, 내가 틀렸는지 모르겠다. 하지만 마지막 순간에, 이런 말을 할 필요가 있는 것처럼 보였다. 내가 너무 많은 것을 기대하기 때문이 아니란다. 나에게 화를 내지 않고서도, 어쩌면 너희들은 이러한 실수를 보고 있을지 모르겠다. 다른 사람들은 나처럼 이해하지 못하지만, 그들 역시 느끼기는 한단다." 그리고 이렇게 썼다. "이러한 맥락에서 나에 대해서 얘기를 하지 않을 수가 없구나. 나는 너희를 위해서 모든 희생을 치렀고, 앞으로도 그렇게 할 것이다. 의무감에서가 아니라, 내가 편안하고 탈없이 사는 것보다 너희들이 온전하게 지내는 것에 관심이 더 많기 때문이지. 내가 거둔 성공이나 전망들은 아무런 의미가 없단다. 나는 나의 일에서 내 삶의 작품을 보기 때문에 일할 뿐이다. 하지만 너희들에게 자꾸 죄책감이 느껴지는구나. 가족의 명예를 더 높이지도 못하고 너희들이 나를 좋게 기억할 여지를 남겨주지 않은 것 같아서 말이다. 나라는 사람을, 나만의 명예를 위해 사는 사람이라고 간주하는 것은 정말 안타까운 일이다. (……) 한 번쯤 깊이 생각해다오. 쿠르트, 넬리야, 내가 너희를 위해서 마련한 돈을 마음껏 잘 사용하기를. 너희 자신과 나에게 더 많은 관심을 갖게 된다면, 보게 될 것이다. 내가 왜 그것을 보냐고? 물론 여기에서도 어머니는 제외한다. 그녀는 자신에게 필요한 것을 누릴 만하다. 그녀가 일은 하지만 이를 통해서 충분히 벌 수 없단다. 그리고 너는 너에게 배당되는 지분을 아낄 수 있는 가장 좋은 길을 가고 있다. 넬리는 더 많이 주의를 하면, 난관에서 벗어날 수 있어. 쿠르트는 길을 잃은 것 같다. 나는, 그 녀석이 내가 구축한 많은 부분을 무너뜨리지 않을까 두려워. 하지만 거친 말로는 그만두지 않을 것이다. 너희들이 서로에 대해 더 많은 관심을 가지고 중요한 문제를 친절하게 설명함으로써 가능하다. 너희들이 나를 동지로 여길 때만이, 너희를 방해하는 사람이 아니라./ 너희들이 이 문제를 나에게 의논하지 않는다면, 나는 더이상 이 문제를 언급하지 않을 것이다. 그러나 너희들은 이해할 것이다. 나의 끊임없는 관심사는 너희이며, 너희들에게 가장 좋은 길을 항상 나는 찾을 것임을. 그렇게 하려면 내가 모든 수단으로 힘을 유지해야겠지. 너희들에게 제일 필요한 것은, 서로를 보다 더 많이 생각하고 서로에게 기쁨을 주는 것이라고 본단다. 제발 마음을 하나로 모으도록 해라."[37]

또다른 장문의 편지에서 아들러는 그 어느 때보다 결혼하지 않은 딸에게 신뢰를 보냈다. "신뢰를 담아서. 어머니는 떠난 것처럼 여겨지는구나. 나는 항상, 30년 전부터, 그렇게 될 것이라 알고 있었다. 하지만 그녀는 항상 이 관계에 눈이 멀어 있었지. 이제 어렴풋이 밝아지고 있는 것 같구나. 넬리와 함께 그 문제에 대해서 얘기해보아라. 쿠르트, 르네 그리고 너는 처신을 잘 하고 있다. (……)/ 내일 나는 우스터로 가는데, 이곳은 프로이트가 처음으로 미국에서 연설한[1909년] 곳이란다."[38]

1930년에 아들러는 자신의 60세 생일을 맞았다. 국제 개인심리학회는 1월 중순부터 4월 말까지 빈 대학의 역사관에서 대대적인 강연 프로그램을 통해서 이를 기념하고자 했다. 그밖에도 시에서 명예 시민권을 수여했다. 하지만 1932년 초가 되어서야 비로소 사람들은 아들러에게 시청의 시의원실에서 개인적으로 전달할 수 있었다. 축하 행사에서 빈의 시장 칼 자이츠Karl Seitz가 그를 두고 "프로이트의 제자로서의 자격이 있는 사람"이라고 말했을 때,[39] 아들러는 상처를 숨기기가 어려웠다. 이 사건은, 빈의 사회민주당 간부들이 얼마나 "붉은 빈"의 심리학과 거리를 두는지를 잘 보여주었다. 또한, 그처럼 악의 없는 언급조차도 아들러에게 심각한 상처를 줄 수 있다는 사실을 보여주었다.

1932년 여름에 빈에서 남쪽으로 기차를 타고 한 시간 떨어져 있는 젬머링Semmering의 남부역 호텔에서 최초로 개인심리학 여름학교가 개최되었다. 13개의 나라에서 총 53명이 참가했다. 7가지 강좌가 제공되었고, 몇몇 강좌는 영어로 진행되었다.[40] 사람들은 함께 산책을 했고, 분위기는 그야말로 편하고 자유로웠다. 아들러는 이해 여름에 빈 경찰에 퇴거 신고를 했는데, 뉴욕 덕분이었다. 이민을 뒤집을 수 없는 직인들이 찍혀 있었다. 1년 후 오스트리아 세무서에서 아들러에게 전달하기를, 모든 세금이 완납되어 있다는 것이었다. 이제 빈을 떠나기에 방해가 되는 행정적인 문제는 전혀 없었다. 1933년 10월 17일에 아들러는 뉴욕에 시민권을 신청했다. 4개월 후, 1934년 2월 말에 그는 넬리와 그녀의 남편인 하인츠에게 편지를 한 통 보냈다. 2주 전쯤에 빈에서는 내전 비슷한 사건으로 총성이 오가는 사건이 있었으나 끝이 났다. 아들러는 딸과 사위에게 제안을 하나 했다. "만일 너희 둘이 미국으로 와서 나랑 함께 산다면 정말 좋겠구나. 네가 얻게 될 수입에 더해서 내가 도와줄 수 있고 너희들이 필요한 모든 것을 마련해줄 수 있단다./ 필요할지 몰라 내가 보증서를 썼으니, 이것을 가지고 너희 둘이 이민 비자를 받을 수 있다면 좋겠다."[41] 답장은 곧장 오지 않았다. 이 부부가 미국으로 이민을 가야 할 시급한 동기는 그다지 없어 보였다. 오히려 정반대로, 머물러야 할 이유가 충분했다. 하인츠 슈테른베르크는 아버지가 일했던 내각으로 들어갔다. 쿠르트는 여전히 박사 논문을 쓰고 있었다. 알렉산드라는 좋은 직장에 다니고 있었고, 라이사 아들러는 정치적인 확신 외에도, 자본주의 국가인 미국을 찬성할 이유가 없었다. 하지만 아들러는 포기하지 않았다. 10월 중순에 그는 넬리에게 소식을 전했다. "나는 너희 어머니와 쿠르트를 기다리고 있고, 겨울에는 알리가 이곳에 오리라 기대한단다. 너희 어머니가 정치에 대한 무해한 관심을 포기한 이후로, 우리는 훨씬 더 행복하게 느끼고 있어."[42] 그 다음 달에 아들러는 사위 하인츠 슈테른베르크에게, 잘만스도르프에 있는 자신의 빌라를 팔아달라고 부탁했다.[43] 1935년 2월 초에 아들러는 알렉산드라에게 전하기를, "너를 위해 최고로 멋진 일자리를 찾으려고"[44] 지속적으로 애를 쓰고 있다고 했다. 다음 날 그는 딸에게 보스턴 시티 병원의 신경학부에서 인터뷰를 하지 않겠느냐고 초대했다.[45]

27. 종교와 개인심리학

"역사철학은 세상을 다양하게만 변화시켰다.
이런 세상을 소중히 여기는 것이 중요하다."

오도 마르크바르트 (Odo Marquard)1

사람들은 이 탑을 못 보고 지나칠 수 없다. 56미터나 되는 높이에 꼭대기에서 깔때기처럼 내려오는 둥근 지붕이 달려 있는 이 종탑은 베를린 신교 소속의 루카스 교회Lukaskirche의 건물로, 주변에 있는 그 어떤 건물보다 높게 우뚝 솟아 있다. 그 옆에는, 방어 시설을 잘 갖춘 목사관이 있다. 노련한 건축물 역사가라면 이 두 건물이 세워진 정확한 시기를 알지도 모른다. 신역사주의 양식의 이 건축 앙상블은 1914년과 1919년 사이에 지어졌다. 교회가 1919년 9월에 봉헌되었을 때, 교회의 동쪽과 서쪽에만 건물이 세워졌다. 북쪽과 남쪽에는 채소를 기르는 정원이 있었다. 1893년에 태어나서 1926년부터 이곳에서 활동했던 목사 에른스트 파울 얀Ernst Paul Jahn의 시선은 남쪽을 향했다. 베를린에 청소년 종교교육학 연구소에서 회원으로도 일했던 목사는 심리학에 관심이 있었고, 프로이트를 읽었으며, 《착각의 미래》를 읽고 깜짝 놀라서 1927년에 《정신분석의 존재와 한계》라는 책을 출간했다. 종교란 하나의 신경증이며, 잘해봐야 대양감大洋感*일 뿐이라는 프로이트의 주장은 목사에게 터무니없는 것이었다. 안은 또한 아들러의 책도 읽었으며 그런 뒤 1931년에 《권력에의 의지와 열등감》이라는 비판적인 분석을 내놓았다. 이 저서는 "의사와 사제"라는 제목이 붙어 있던 저자의 간행물 가운데 제9권이었다. 동일한 이름의 잡지를 프리츠 퀸켈이 1924년에 "세계관 현안을 옹호하는 중앙센터"의 설립자이자 센터장이었던 카를 슈바이처와 함께 발행했고, 또한 "의사와 사제"라는 작업공동체도 설립했다.[2]

1904년 10월 17일 알프레드 아들러는 유대교에서 신교로 바꾸었고 두 명의 어린 딸 발렌티네와 알렉산드라에게 세례를 받게 했다. 이 의식은 도로테어가세Dorotheergasse에 있는 신교 교회에서 진행되었다. 라이사는 이 행사에 참석하지 않았다. 아들러의 아버지 역시 개종을 했는데, 아내가 죽은 뒤에 실행했다. 반종교주의자이자 일원론자였던 아들러가 왜 종교를 바꾸었는지는 분명하지 않다. 그리고 23년 후, 1927년 4월에 아들러는 루터 교회에서 탈퇴했다. 1904년에 감행했던 아들러의 개종은 사회적인 이점 때문이었을까? 직업상의 이점 때문이라고 하는 논점은 설득력이 없다. 그가 레오폴트슈타트에 살았던 동안에는 공식적으로 기독교를 믿는 의사로서 대부분이 유대인이었던 환자들을 치료했으니 말이다. 세례는 자식들의 기회를 향상시키기 위해서였던가?(쿠르트와 코르넬리아

* 롤랑은 1927년 프로이트에게 쓴 편지에서, 프로이트의 《환상의 미래》를 읽은 느낌을 "대양감"으로 표현했다. 대양감은 롤랑이 영원한 것 또는 대양처럼 끝없는 무언가로 몸과 마음이 경외감으로 가득차는 은총의 순간을 표현하기 위해 사용한 말이다.

역시 나중에 세례를 받았다.) 그렇다고 하더라도 가족의 이름이 "유대인"이었기에 그런 의도에는 신빙성이 없다.

마네 슈페르버는 수십 년 후에 곰곰이 생각을 했고, 자신에게도 수수께끼 같았던 아들러의 개종에 대해서 만족할 만한 설명을 할 수 없었다. "우리 둘이서 나눈 대화는 나의 젊은 시절 기억들 가운데 가장 소중한데, 흔히 늦은 밤까지 이어지고는 했다. 우리가 적어도 논쟁을 펼쳤던 주제들 가운데 중요하지 않은 주제는 없었다. 나는 그 당시에, 아들러가 나를 완벽하게 신뢰했다고 생각했다. 밤을 샌 젊은이가 그렇게 믿는 것이 틀리지는 않다고 본다. 그럼에도 불구하고 단 하나의 주제는 우리 대화에서 건드리지 않았는데, 바로 유대인에 관해서이다. 나는 우연히 그의 세례에 대해서 들었고, 당시에는 이미 수십 년 전의 일이었다. 그것은 지극히 실망스러운 소식이었다. 나는 그 소식을 생각하고 싶지 않고 말로도 표현하지 않았다. 무엇보다, 아들러가 이처럼 상징적인 행보를 새로운 종교 때문에 행하지는 않았다는 것을 내가 알기 때문이다. 나 같은 종류의 유대인들이 다들 그렇듯, 나는 진심에 의해 행한 개종에 대해서 그 어떤 반대도 하지 않는다. 그러니까 믿음에 의해 요구받는 개종 말이다. 하지만 나는 기회주의로 인해 기독교인이 되었던 사람들을 경멸하는 경향이 있다./ 아들러는 기회주의자였던가? 나는 당시에나 지금도 그렇게 믿지 않는다. 그의 세례는 어떻게 설명할 수 있을까? 우선, 그가 유대교를 완전히 받아들이지 못해서, 심리적으로 극복할 수 없는 하나의 부담으로 여겼을 수 있다. 어쩌면 아들러는 유대인을 적대시하는 도시 빈에서 살았기 때문에 그렇게 느꼈을 수 있다. 두 번째, 그는 논리적으로 충분한 이유를 가지고 있었다. 즉,

그와 자신의 후손들이, 자신과 아무런 연관도 없고 율법을 전혀 따르지 않는 하나의 종교 때문에 고통을 당할 필요가 없다고 생각했을 것이다. 왜 목적도 없이 희생자가 되고 출생이라는 우연의 영향력으로부터 발을 빼지 않겠는가? 그리고 세 번째로, 마침내 그에게도 긍정적인 이유가 있었을 것이다. 우선 무엇이 되고 싶으냐는 질문에 대해서, 아들러는 어린 시절부터 정확하게 답을 할 수 있었다. 바로 빈 사람. 반드시 오스트리아 사람이나 유대인이 아니라, 빈 사람이 되고 싶었을 것이다."[3]

파울 롬Paul Rom은 이렇게 말했다. "1932년 초에 우리는 아들러가 드레스덴 부근에 있는 요양소에서 하나의 '사례'에 대해서 해석하는 것을 들었다. 내가 기억하기로는, 어떤 사람이 질문을 했는데, 개인심리학이 종교를 대신하고자 하는 것이 아니냐는 질문에 대해서, 아들러는 확신을 가지고 대답했다. 즉, '개인심리학은 아무것도 대신할 생각이 없습니다. 다만 자신의 방법으로 사람들을 돕고자 할 뿐이지요'라고. 아들러를 적대적으로 생각했던 한 여성 청중이 수년이 지난 뒤에도 이 말에 상당한 감동을 받았던 기억을 했다."[4]

반 년 뒤, 1932년 늦가을에 아들러는, "인간교육에 대한 원칙적인 논쟁"을 하게 될 기회를 갖게 되었다. 두 편의 수필과 하나의 결론으로 이루어진 《종교와 개인심리학》의 부제가 바로 그러했다. 아들러의 글은 인쇄된 책의 총 98페이지 가운데 35페이지를 차지했다. 이 책은 《삶의 의미》처럼 빈의 파서Passer 출판사에서 간행되었다. 역시 1933년 말이었다.[5] 이 책의 시작은 거의 50페이지에 달하는 얀의 수필에 대하여 반격하는 방식의 대답인데, 이 방식은 아들러에게 다른 것보다 더 중요하게 보였다. 얀은 정신분석과 개인심리학의 차이점을 논했고, 용기와 신뢰의 상호관계를 깊이 생각했으며, 심리치료를 탁월한 현대적 사제의 일로서 요약했다. 교육과 교육제도에 미친 이것들의 영향은 긍정적인 변화를 가져왔고, 권위 대신에 감정이입이 중요해졌으며, 거리를 유지하는 사랑의 중요성도 알렸다는 것이다. 심리치료사는 많은 부분에서 사제들을 대신했으며, 고해성사는 안락의자에 누워서 대화를 나누는 형태로 바뀌었다고 한다. 하지만 그래도 한 가지 차이는 있다는 것이다. 교회는 인간의 충동에 대하여 신적인 도덕과 계율을 내밀지만, 심리치료는 이성을 제시한다. 그러나 얀이 자의적으로 이성으로 해석한 "자체 구원Selbsterlösung"* 은 선善, 더 나은 것과 구원, 신과의 공동체로 인도할까? 운명은 은총이며, 기적이기도 하다. 목사의 말에 따르면, 이렇듯 갈등 상황과 의미를 탐구하는 심오한 원인은 신의 손에 달려 있다는 것이다. 개인심리학의 기본 원칙들 가운데 하나인 격려Ermutigung는 반드시 삶에 대하여 종교적인 자세를 취해야 한다는 전제조건이 필요하다. 내면의 곤궁과 딜레마의 치료는 지적인 통찰로 인해 나온 결과이며, 이것은 충동을 지적으로 억제한 것을 두고 과장해서 평가한 것은 아닌지 얀은 묻는다. 성직자에게는 결국 신에 대한 사랑이, 육체적이지 않은 신에 대한 사랑과 천국이라는 약속이 모든 것을 덮개처럼 보호해주는 데 반해서, 심리치료는

* 심리치료는 치료사가 환자를 치료하므로, 인간이 스스로를 구원한다는 의미로 사용한 표현인 것으로 보인다.

이런 일을 할 수 없다고 한다.

아들러는 화해하려는 어투를 사용했다. 그는 어떤 부분에서도 종교를 드러내놓고 공격하지 않았다. 이미 글의 초반에서 그는 신의 개념, 문명화라는 시기가 진행되는 동안 인류에게 의미하는 신의 개념은 "위대함과 완벽함에 대하여 인간이 인정해줄 수 있는 구체성과 해석으로서, 그리고 개인은 물론 인류 전체의 미래에 놓여 있으며, 현재 감정을 통해 고양시켜서 더 높은 자극을 줄 수 있는 목표와의 연결고리로서"[6] 인정받을 수 있다고 언급했다. 지그문트 프로이트라면 결코 이런 방식으로 표현하지 않았을 것이다. 개인의 유일무이성은 서로 보완해주는 범주 안에서 표현되는데, 생각·느낌·언어와 행동에서, 그리고 이런 것들이 다양한 버전으로 나타나고 섬세한 차이를 보여주고, 불완전하거나 단절된 형태로 말이다. 그런 뒤에 아들러는 보다 분명하게 표현했다. "가장 숭고한 영향을 주는 목표를 신이라고 명명하든, 사회주의라고 하든, 공동체의식이라는 순수한 이념으로 명명하든, 또는 공동체감정에 분명하게 의지해서 이상적 자아라고 부르든, 여기에는 항상 극복이라고 하는 목표, 다시 말해 권력을 가지고 있으며, 완벽을 약속하고, 은총을 베푸는 목표가 반영되어 있다."[7] 아들러는 개인심리학의 기본을 한 단계씩 한 단계씩 설명하는 법을 개발했다. 이때 그는 초당적이고 초종교적 자세에 대해서 강조했고, 경직된 규범, 제한과 사고금지에 맞서서 학문과 저항력을 강조했다. 순수한 학문으로 있는 것이 반드시 필요한 계명이라고 말이다.

2부에서 아들러는 구체적으로 얀의 논쟁을 다루었고, 그의 논점을 반박하기도 하고 수정도 했으며, 얀은 원서를 모두 읽은 것은 아니라는 사실을 지적하기도 했다. 이 말은, 얀은 퀸켈의 책을 대부분 읽었다는 의미였다. 아들러는 이러한 소고를 베를린 의사 퀸켈이, 그러니까 마지막 치료과정에서 환자를 참회로 몰고갔던 이 의사의 태도는 개인심리학으로부터 벗어난다는 것을 밝히는 기회로 이용했다.

아들러는 퀸켈이 신교와 밀접한 관계를 맺고 있다는 사실을 알고 있었다. 하지만 그는 자신이 치료를 중단시켰던 사건을 공공연하게 화제로 삼고자 했다. 또한 프로이트의 충동이론과 인간상에 대해서도 단호하게 깎아내렸다. 이 노인은, 언어적인 그리고 개념적인 표현을 너무나 사랑했기에, 개인심리학에서 훨씬 간단하고 알아듣기 쉬우며 언어적인 공격 없이도 명확하게 설명하는 맥락을 비추기 위해, "온갖 해석을" 동원해야만 했다는 것이다. 아들러는 얀에 대해서는 매우 분별 있게 행동했다. 어떤 부분에서는 필요한 만큼 전략적으로 글을 썼다. 아들러는 5년 이상 미국에서 강연을 하며 독일어로 결론을 내리는 훈련을 했기에, 이 글도 상당히 전략적으로 접근했던 것이다. 그리하여 개인심리학은 "활용 심리학"이지만, 다른 방향의 심리학은 "근본적으로 소유 심리학"[8]이라고 했다. 모든 것은 생활양식으로 환원되며, 생활양식으로부터 모든 것을 읽을 수 있다는 것이다. 변화가 생활양식에, 느낌이나 행동에 나타나면, 모든 것이 바뀐다는 것이다. 무엇보다 행동에 나타나면. 아들러의 출발점은 민주주의적이고 위계질서를 반대하는 입장으로 보였다. 사람들은 대학 교육이나 지극히 전문적인 교육도 필요하지 않았고, 환자가 자신보다 우월한 사람에 의해서 카타르시스를 느낄 수 있었던 바텀다운 방식Bottom-down-Methode을 벗어났다. 아들러는 참회가 이해를 촉진시키는 것은 아니라는 논쟁을 펼쳤다. 그런 방식은 오히려 프로이센 군인들의 전통에 더 상응한다고 했다.[9] 이와 반대로 개인심리학은 "완벽함을 추구하는 노력이며, 개인과 인류의 진화라는 의미에서 삶의 현안에 대한 해결책을 구하려는 노력으로, 이는 아이들의 약점을 통해서 진척이 될 수 있다. 늘 존재하는 아이들의 열등감이자, 인간 행동노선의 '정신적 원형'으로서."

이것은 이론의 핵심이었는데, 간략하게 요약되어 있다.[10] 아들러가, 용기는 신뢰가 있는 곳에만 존재한다는 얀의 가설을 반대로 뒤집음으로써—신뢰는 용기가 있는 곳에만 존재한다—, 개인심리학이라는 우주적인 구상으로 인도하고 있다. 개인심리학은 현실의 공동체를 향하고 있으며, 유토피아 같은 이상적인 공동체는 결코 도달할 수 없다는 것이다. 개인심리학은 종교를 해치지 않는다. 이 심리학은 인간과 땅의 관계에 해당한다. 마지막으로 아들러는, 개인심리학이 기독교가 사람을 잘못 지도했던 많은 부분을 재발견했다는 얀의 생각에 동의했다. 그의 이론은 그것을 넘어서고자 한다면서 말이다. 왜냐하면 "개인심리학은 인류의 행복을 목표로 했던 모든 위대한 인간운동의 상속자이기 때문이다."[11]

이러한 아들러의 논문에는 종교가 결코 대양감이 아니며, 오히려 개인심리학이 스스로 대양이 되어서, 다른 모든 것들이 이 안으로 흘러들어간다는 요지가 들어가 있다. 그러니까 다른 심리학적 경향과 학파들이 말이다. 모든 것이 개인심리학이라는 진보적 시스템의 보호 하에 위를 향하여, 그러니까 전체의 행복을 향해 지속적으로 발전하는 꼬불꼬불한 길을 가고 있다는 것이다.

얀이 맺음말을 썼으나 아들러는 책을 빨리 인쇄해야 한다는 압박을 받았기에 맺음말을 읽지 못했는데, 여기에서 얀이 말하고자 하는 바가 분명하게 드러났다. 목사는 아들러의 인간중심적인 입장을 비판했고, 인간의 죄는 오로지 신의 은총에 의해서만 용서받을 수 있다는 점을 반복해서 강조했다. "신의 아이들이 가지는 자유"(얀)는 그들이 포함되어야 할 공동체이며, 아들러도 동의하기는 하지만, 여기에서는 기독교적인 공동체를 의미한다는 것이다. 또한 얀은, 아들러에게 부족한 것이 무엇인지에 대해서도 지적했다. 어머니와 아이의 공동체와 모든 인간의 공동체 사이에는 빈 칸이 있는데, 중간에 있는 단계이자 이 빈칸은 바로 국민 공동체라고 한다. 여기에서 얀은 정치적인 투쟁 개념을 염두에 둔 것이 아니라, 많은 사람들이 읽었던 에리히 샤이러Erich Schairer의 이념을 의미했다. 샤이러는 독일 스튜트가르트에서 《일요신문》을 발행하는 언론인이었는데, 1932년에 출간했던 자신의 저서 《무신론》에서 기독교적 사회학이라는, 구원단체로서의 공동체에 대해서 다루었다. 죄를 사회적 현상으로, 용서를 공동체로 다시 받아주는 행동으로, 은총을 포옹으로, 그리고 사랑을 유용성으로 받아들이는 공동체 말이다. 그리하여 얀은 개인심리학을 기독교를 바탕으로 하는 신앙체계로 전환시켰던 것이다.[12]

25년 전에 1900년 이후 이례적인 독일 시인들 가운데 한 사람인 테오도르 도이블러Theodor Däubler는 자신의 운문 서사집 《북극광Das Nordlicht》에서 이렇게 썼다. "자력으로 별이 되어 불타는 곳에, 생명체 역시 타오른다./ 세상이 피조물로부터 나온 것이라면, 고뇌는 행복에서 나왔다는 것을 고뇌는 알 것이다."[13] 낙관주의적인 격정은 아들러의 긍정적이고, 이 세상에 관련된 학설에 상응하며, 이런 학설은 초월적이지 않고, 이 세상의 밖을 지향하지도 않는다. 오히려 세상 안과, 인간 사이의 일들, 형이상학적인 것을 근본적으로 거부하지 않은 채 이 세상을 향상시키고 발전시키고자 한다. 삶의 의미는 다른 것을 통해서, 즉 교육이나 자아를 안정되게 만드는 것에서 생겨난다. 완성되어야 할 운동은 방향을 전환하는 운동에 있다. 이처럼 삶의 변환은 나중에 멜라니 클라인Melanie Klein과 다른 사람들이 프로이트의 정신분석을 점검할 때도 발견된다.[14] 초월은 "저 세상으로 가는 비행기 티켓"[15]인 반면에, 이 학설은 바로 여기와 지금이라는 것을 강조한다. "아들러는 매우 현실적인 태도로 신에 대한 상상을 요약하고, 모든 종교철학의 핵심이란 개인의 심리적 평온과 목표를 이상적인 공동체의 형이상학적 혹은 초월적 바탕과 서로 일치시키고자 하는 것이라고 설명한다. 유신론적이고 종교적인 휴머니즘의 철학과 비슷한 점이 있음에도 불구하고, 특히 [윌리엄] 제임스의 건강한 마음의 종교와 유사하지만 말이다. 아들러는, 종교철학에서 신에 대하여 유일무이한 해석은 아니지만, 그래도 독특한 해석을 하고 있다."[16]

28. 끝

"나는 삶에서 오로지 하나의 위험만을 본다.
사람들이 주의하라고 너무 많은 조치를 내리는 것이야말로
진정한 의미에서 위험이다."

알프레드 아들러[1]

"'빈에 집을 가지고 있는 것이 나에게는 더이상 쓸모가 없다'라고 아들러 교수는 밝혔다. '왜냐하면 나뿐 아니라 우리 가족 전체가 이미 미국에 살기 때문이다.'" 1935년 7월 8일 빈의 《매일신문》이 그렇게 아들러의 말을 인용하는 기사를 실었다.[2]

하지만 아들러의 이 말은 완전히 맞는 말은 아니었다. 라이사와 쿠르트는 4주 후에 이사를 가기 위해 함께 짐을 꾸리고 있었다. 발렌티네는 1년 반 전부터 남편과 함께 모스크바에서 살고 있었다. 그리고 넬리와 하인츠 슈테른베르크는 가을이 지나서도 여전히 빈에 머물고 있었다. 이들은 1938년에서야 비로소 따로따로 미국으로 따라갔다. 아들러는 잘만스도르프에 있던 자신의 집을 팔아서 이중으로 들어가는 경제 부담을 덜 수 있기를 원했다. 삶은 쉽지 않다고 그는 1936년 11월에 고백했다. "나는 10년 전부터 이곳에 살고 있지만 여전히, 내가 내년에는 무엇을 하게 될지 모르고 있습니

다[경제적으로 더 나쁜 상황에 처해 있던 수신인 알베르트 에렌슈타인 Albert Ehrenstein을 위로하는 의미로 이렇게 쓴 것 같음]. 내 재산의 가장 큰 부분은 빈에 있는 집에 들어가 있는데, 예전에 당신을 이곳으로 초대한 적이 있지요. 이 집 때문에 매년 3천 실링이 들어가고 있으며, 아직까지 팔리지 않고 있답니다."[3] 1937년 초가 되어서야 비로소 집은 팔렸고, 8천 실링에 다른 주인에게 넘어갔다. 이 금액 중에서 아들러는 20%를 자신의 남동생 막스에게 주었다. 그밖에 슈테른베르크는 장인을 대신하여 앞으로 들어오게 될 수입, 인세 등에 대하여 법적으로 까다로운 절차를 밟아 공증을 받아야만 했다.[4]

1935년은 시작이 좋지 않았다. 초반에 아들러는 대학생 그룹과 함께 유럽으로 여행을 왔다. 그런 뒤에 병이 생겼는데, 65세였던 그는 완전히 공포에 사로잡힐 정도로 심각하게 아팠다. 그는 목덜미에 큰 종기가 생겼고, 수술을 해서 제거해야만 했다. 아들러는 거의 4주 동안 콜럼비아 대학병원에 입원해야 했다. 무엇보다 마취와 그것의 결과로 인해 신체는 물론 목숨도 위험한 순간이 가끔 있었다. 4월이 되어서야 그의 건강은 다시금 안정을 찾았고, 여행을 할 수도 있었다. 병원에 입원해 있는 동안에 움직일 수 없었기에, 그는 가족과 편지 왕래를 자주 했고, 점점 흥분을 해서는 마지막에는 미국으로 건너오라고 고집 세게 밀어붙였다. 거의 명령하는 어조였다. 그는 완강한 태도와 부딪혔고, 데이비스Davis나 파일린Filene 같은 백만장자와 알게 되는 것에 전혀 가치를 두지 않았던 라이사의 과묵한 위로를 받았다. 그녀는 이미 설명하기를, 몇 주 동안 알렉산드라Alexandra와 함께 바다 건너 왔다가, 늦어도 그와 함께 여름의 초반에는 다시 빈으로 돌아가겠다고 말했다. 그러나 그는 마지막에 자신의 고집을 관철시켰다. 8월에 라이사와 알프레드, 그리고 쿠르트 아들러는 최종적으로 오스트리아와 빈을 떠났다. 도시는 그때 이미 변해 있었다. "1935년 마법처럼 빛나는 이 도시는 이제 껍데기만 남은 것으로 보였다."[5] 필리스 바텀Phillis Bottome과 어난 포브스-데니스Ernan Forbes_Dennis는 마침 그때 빈에 있었고 아들러와 가족 전체와 알게 되었다. 알프레드는 이들을 이미 10년 전부터 알고 지냈다. 여름에 빈을 방문하면 아들러는 당연히 카페 질러를 방문했고, 두 번의 강좌를 했고, 미국과 영국 대학생들 앞에서는 영어로 강연을 했다. 그는 잘만스도르프에 있는 집과 작별을 했고, 기르던 개는 친하게 지냈던 가족에게 맡겼다.[6] 아들러가 3년 전에 빈에 머물 때면, 그는 처음에는 도미니카너 요새에 있는 집에 세 들어 산다고 경찰에 신고했지만, 나중에는 레기나 호텔에 머물렀다.[7]

아들러가 딸 넬리에게 긍정적인 장문의 편지를 보냈던 것과는 반대로, 뉴욕에서는 가족의 평화가 쉽사리 얻어지지 않았다. 무엇보다 라이사는 새로운 것에 익숙해져야 했다. 그녀는 영어는 몇 마디밖에 못했고 혼자서 노력해야만 했다. 남편은 쉴새없이 바빴고, 출장을 다니느라 늘 곁에 없었으며, 딸 알렉산드라는 보스턴에 있는 직장에서 일하느라 바빴다. 아들은 그 사이 물리학 박사가 되었지만, 일자리를 찾고 계획을 짜느라 정신없었다. 1935년 10월 중순이 넘어서 라이사는 막내딸에게 편지를 보냈다. "곧 너희들[넬리와 하인츠 슈테른베르크]로부터 편지를 받았으면 좋겠구나. 나는 너희들 편지를 기다리지 않고서 쓴단다./ 우리는 대체로 잘 지내고 있어. 단지 나만, 아버지가 나에 대해 썼던 모든 것에 대해서 아니라고 해야겠구나. 나는 뉴욕에 열광하지도 않으며, 어울릴 만한 사람도 없단다. 세 번째 주장이 옳지 않다는 것은 너희들이 직접 체험해야 하겠지[자신의 결혼생활에서처럼 정치적으로 생각이 같은 무리들과 어울리지 못한다는 뜻으로 보인다]. 물론 영어 솜씨는 좀 발전을 했어. 그래서 나도 기쁘단다. 전화 통화도 더 나아졌다./ 쿠르트는 영어를 매우 잘 하며 무엇보다 발음이 너무 좋단다. 진짜 미국사람처럼 말하는 것도 어렵지 않은 것 같아. 아버지는 그렇게 되지 못했는데, 그래서 유럽에 자주 가는지 모르지. 이번 주 토요일에 나는 알리를 방문할 것이고, 내일은 아버지와 함께 코네티컷으로 간단다. 저녁에 우리는 돌아오고, 그런 뒤에 아버지는 일주일 동안 캐나다로 가서./ 그런데, 너희는 어떠니? 여기 사람들은, 유럽에 전쟁이 곧 일어날 것이라고 믿지 않는단다. 나 역시 곧 전쟁이 일어날 것이라 믿지 않아."[8]

딸 알렉산드라와 함께 아들러는 이미 오래 전부터 그녀의 미래를 북미에서 보낼 계획을 짜고 있었다. 편지로 전략적으로 똑똑한 방법에 대해서, 좋은 시기와 나쁜 시기에 대해서 의논했다. 알렉산드라 아들러는 빈에서 정신신경학과에 좋은 자리를 차지하고 있었지만 말이다. 그녀에게 잘 해주는 상관이 있었음에도, 적절한 경력을 쌓을 수 있는 기회가 주어지지 않았다는 사실이 부녀에게 분명해졌다. 아들러의 인맥을 동원해서 그녀는 하버드 대학 의학부에 채용되기에 이르렀다.[9]

라이사, 쿠르트와 알프레드 아들러는 우선 그래머시 파크 호텔의 스위트룸에 머물렀다. 금요일 저녁이면 아들러는 이곳에서 세미나를 열었다. 그는 롱아일랜드 칼리지에서 일을 하고, 강연과 여행, 환자들, 잡지, 그리고 망명을 와 있는 개인 심리학자들끼리 뉴욕,

시카고와 뉴올리언스 사이에 편지 왕래를 하느라 바쁜 나날을 보냈다. 그는 대중적인 인기가 있는 잡지에 기사를 썼는데, 주요 내용은 심리학자로서 삶에 대한 도움이나 충고를 하거나, 교육 문제에 대해서 충고를 해주고는 했다. 쿠르트는 미국의 노동시장에서 물리학 전공자에게 기회가 별로 주어지지 않는다는 사실을 깨닫고, 다시금 대학에서 의대 공부를 시작했다.

1936년 4월 24일 아들러는 크룩스행크Crookshank의 자살 이후 개인심리학회에 신선한 기운을 불어넣기 위해서 영국으로 갔다. 이번에는 라이사가 동행했다. 테임즈 강가에서 체류하며 강연 여행을 시작했는데, 이는 어난 포브스-데니스가 조직하고 마련한 계획이었다.

포브스-데니스는 1884년에 태어났고, 스코틀랜드 귀족가문 태생이었다. 19세에 그는 아버지의 대규모 농장을 이어받기 위해 옥스퍼드 대학을 떠났다. 농장을 돌보는 일이 너무나 부담이 된 나머지, 그는 의사에게 상담을 받았고, 이 의사는 그를 세인트 모리츠로 휴양을 보냈다. 이곳에서 그는 1904년 필리스 바텀을 만났다. 두 사람은 그 다음 해에 약혼을 했다. 필리스 바텀은 포브스-데니스보다 두 살 위였고, 로체스터에서 미국-영국계 목사 가족의 네 명의 자식 중에서 셋째로 태어났다. 이미 17세에 그녀는 자신의 첫 번째 소설을 출판했다. 이어서 32권의 소설, 두 권의 단편, 세 권의 자서전과 몇몇 전기집도 출간되었다. 그녀의 책들은 매우 잘 팔렸고, 특히 1930년대에는 비평가들로부터 호평을 받았다. 1917년에 그들은 결혼을 했다. 1차 세계대전의 막바지에 포브스-데니스는 군대에 지원을 했으며 며칠 후 심각한 부상을 입었다. 1919년 그는 마르세이유에서 영국 군사-비밀업무를 맡았다. 공식적으로는 여권 교부처에서 일했다. 1년 후 빈으로 이동이 있었고, 포브스-데니스는 독일어를 유창하게 했다.[10] 1925년에 그는, 그 사이 대사관원이 되었는데, 필리스가 결핵에 걸리는 바람에 일을 그만두었다. 이 부부는 휴양을 위해 티롤에 갔다가 인스부르크 부근에 있는 뫼제른Mösern에 갔고, 이어서 키츠뷔엘Kitzbühel로 갔다. 이들의 계획은, 영국과 미국의 소년들을 위해 사립학교를 운영하는 일이었다. 이들은 빈에 머물던 시기에 아들러와 개인 심리학적 교육상담 센터에 대해서 많은 얘기를 들었고, 그리하여 아들러와 접촉했다. 그들은 아들러를 개인적으로 1927년에 알게 되었는데, 그가 빈에서 키츠뷔엘에 있는 로카르노에 가는 도중 중간에 머물렀던 때였다. 아들러의 추천으로 이들 부부는 1930/31년 겨울에 뮌헨의 레오나르트 자이프 그룹에 들어갔다. 1933년 5월까지 이들은 뮌헨에서 지냈다. 그런 뒤 런던으로 옮겼다. 바텀은 1963년에 사망했고, 1945년 이후 심리치료사라는 활동 덕분에 음악적인 재능을 포기했던 포브스-데니스는 1972년에 사망했다.[11] 필리스 바텀은 1934년 초에 자신의 소설 《사적인 세계》로 큰 성공을 거두었는데, 이 소설은 레오나르트 자이프와 뮌헨 개인심리학 그룹에 대하여 경의를 표했던 책이었다. 즉, 정신과 병원의 과장 의사(이름은 찰스 모네Charles Monet 박사)가 같은 의사인 여자 동료(제인 에버리스트Jane Everest 박사)와 바람을 피우는 내용이었다. 이 책은 할리우드 영화로도 만들어졌다.

아들러와 포브스-데니스는 서로를 탁월하게 이해했다. 그리하여 상류사회와 인맥이 좋았던 포브스-데니스가 앞으로 영국에서 개인심리학 대표가 되면 좋겠다는 제안을 했다.[12] 아들러는 1937년에 영국을 재점령하고 싶었고, 그리하여 개인적으로 의견을 교환할 수 있는 공간에서 연속적으로 열네 번의 강연을 하고자 했다.[13] 두 사람은 그처럼 연속적인 강연을 위한 계획을 짜기 시작했다. 1936년 영국에서 마지막 강연 장소는 리버풀이었다. 그 다음에 암스테르담으로 갔다. 늘 그랬듯이 로테르담에서 대서양을 건너갔다. 여기에 미국을 관통하는 강연 여행을 이어갔는데, 샌프란시스코에 있는 대학도시 버클리를 향했다. 이곳에 아들러는 여름학교를 세웠는데, 골든게이트 다리가 보이는 어마어마한 토지에 웅장하고 백설 공주처럼 하얗고 네모나며 신고전주의 건축물이 들어서 있는 윌리엄스 칼리지 옆이었다. 아들러는 빈과 베를린에서 온 지인들과 함께 캘리포니아에 도착했고, 산타모니카에 살았던 살카와 베르톨트 피어텔도 함께였다. 돌아온 뒤 아들러는 머물 집을 빌렸다. 10월부터 그의 주소는 뉴욕 웨스트 58, 100번지였다.[14] 겨울에 다시 강연 여행이 잡혀 있었다.

1937년 알프레드 아들러의 “다이어리”가 아직 보존되어 있다.[15] 여기에는 대학 밖에서의 일정들이 기록되어 있다. 아들러는 꼼꼼하게 자신의 상담료를 적어두었다. 아들러는 1월 2일 다섯 명의 환자를 받았다고 적고 있다(11시 15분, 15시, 15시 30분, 17시 15분, 18시). 경제적으로 힘든 사람들, 이민자들 같은 경우에는 특별한 비용으로 상담을 해주었는데, 5달러나 10달러를 받았다. 그 대신에 다른 환자들이 이 손해를 보상해주었는데, 한꺼번에 여러 번의 상담을 받는 환자들은 2백 달러 혹은 그 이상을 지불했다(1930년에 지그문트 프로이트는 상담 1건 당 환자로부터 25달러를 받았는데, 오늘날 가치로 환산하면 360달러에 해당한다.[16])

1937년 1월 14일에 아들러는 남쪽과 중서부로 향했다. 1월 15일 댈러스, 텍사스. 1월 18일 포트워스, 텍사스 주. 1월 19일 샌안토니오, 텍사스 주. 1월 23일 털사, 오클라호마 주, 교사들을 위한 강연. 1월 24일 오클라호마 시티. 1월 25일 오크파크, 일리노이 주, 19세기 여성 클럽에서 강연. 1월 27일 그랜드래피즈, 미시건 주. 돌아옴. 일요일 1월 31일, 오전에 뉴요커 리버사이드 교회에서 강연. 이 달 그가 기록해둔 수입은 총 1992.44달러였다. 이 금액을 2018년 액수로 환산하면 35,077달러, 또는 30,600유로에 해당한다. 여기에서 1,100달러 이상이 강연을 통한 수입이었고, 그의 통상적인 보수는 200달러였는데, 2018년으로 환산하면 3,075유로였다(출장비용과 대체로 값비싼 호텔에 머문 비용은 아들러 본인이 지불해야 했다). 이는 그의 강연활동이 재정적으로 중요했다는 뜻인데, 롱아일랜드 칼리지에서 받았던 연봉이 7,500달러, 다시 말해 매달 625달러를 받았다는 사실을 고려했을 때도 마찬가지이다. 월급 625달러는 사실 아들러가 주제에 해당하는 단어만 준비해서 강연 세 번을 하면 벌 수 있는 돈이었다.

2월에는 거의 매일 수입을 기록했는데, 대개 10에서 80달러였다. 한 번은 310달러, 또 한 번은 453달러도 있었고, 한 번은 3달러도 있었다. 일요일, 2월 7일 14시: 맨해튼 오페라 하우스. 더이상의 설명은 없었다. 아마 쿠르트 바일의 오라토리오 〈영원의 길〉을 보러 갔을 것으로 추정된다. 이 작품은 프란츠 베르펠이 영어로 번역한 가극 극본과 함께 공연되었으며, 연출은 막스 라인하르트가 맡았다. 2월 중순에 아들러는 다시 출장을 갔고, 세인트폴, 미네소타 주(저녁 19시 45분에 강연), 밀워키, 위스콘신 주(다음날 9시 30분 강연) 그리고 여성 역사 클럽에서 강연했던 제임스빌로 갔다. 2월의 수입은 1443.63달러였다.

다이어리는 1937년 2월에 끝난다. 3월에 알프레드와 라이사 아들러는 유럽으로 갔다. 많은 국가를 가로질러서 강연을 다녀야 하는 일정이 잡혀 있었던 것이다. 미국으로 다시 돌아온 뒤에도 버클리에서 여름학교 강좌를 해야 했다. 2월 중순 순회강연의 꽃이라 할 수 있는 영국에서 연달아 강연을 했는데, 포브스-데니스가 강연을 위한 최종 조건들을 중개했다. 바텀-포브스 부부는 스코틀랜드와 영국을 오가는 순회강연을 완벽하게 조직하기 위해서 열심히 작업했다. 그들은 영국 화폐로 450파운드의 보수를 보장했다(2018년으로 환산하면, 27,726파운드 = 31,765유로). 몇몇 세미나에는 알렉산드라 아들러도 동참했는데, 그녀에 대한 사례금과 여행비용도 전체 금액에 포함되어 있었다.[17]

아들러의 강연으로 꽉 차 있던 봄과 여름의 프로그램은 아마도 젊은 사람이었다고 하더라도 신체적으로 견디기 힘든 계획이었을 것이다. 4월에는 유럽에서 일정이 있었는데, 그는 4월 말까지 프랑스에서 56회의 강연을 했고, 벨기에에서는 브뤼셀 대학에서 했고, 이어서 네덜란드로 갔다. 라이덴Leiden 대학에서 강연을 했는데, 청중들이 너무 많아서 몇몇 사람들은 강의실 계단에 자리를 잡아야 할 정도였다. 아들러는 같은 날에 다른 두 개의 도시에서 강연을 할 때도 많았는데, 이럴 경우에는 기차를 이용하고는 했다. 네덜란드에서 그는 심장전문의를 찾아갔는데, 기절도 하고 심장박동 장애가 생겼기 때문이었다. 이 의사는 그에게 휴식을 권유했다. 아들러는 8월 말에, 그러니까 윌리엄스 칼리지에서 여름학교가 끝난 뒤에

쉴 계획이었다.[18] 그해 5월 16일과 17일, 성령강림절에 아들러는 다시 파리로 갔다.[19]

거기에서 아들러는 5월 21일 런던으로 갔다. 라이사는 파리에 머물렀다. 남편이 자신과 계속해서 여행하는 것을 추천하지 않았기 때문이다. 기차를 타야 하는 시간도 너무 길었고, 일을 하고 환영받고 강연을 하다보면 자유로운 시간이 너무 적었던 까닭이다. 그리고 아들러는 가능하면 다른 부분에 신경을 분산시키고 싶지 않았다. 테임즈 강의 도시인 런던에 도착하자마자, 그는 자신의 새로운 추종자이며 후원자인 공작부인 해밀턴이 있는 자리에서 기자회견을 가졌다. 아들러는 나중에 그러니까 여름에 공작부인의 땅이 있는 스코틀랜드의 둥가벨 성城을 방문할 계획도 짰다. 하루 뒤 아들러는 스코틀랜드 애버딘으로 가기 위해 오랫동안 기차를 타야만 했다.

애버딘에 도착한 뒤의 일정이 다음달까지 이미 빼곡하게 차 있었다. 즉, 5월 24, 25, 26, 27 그리고 28일, 애버딘에 머물렀다. 매일 17시에 애버딘 대학에서 심리학에 관한 강의가 있었다. 오후에는 그 지방에 있는 병원을 방문해서 상담을 했다.

5월 29일: 오후에 에든버러로 이동. 16시 10분에 도착, 20시 15분 에든버러의 댈키스 로드에 있는 세인트 트리니언스 스쿨에서 아들러 환영식.[20]

6월 1일: 요크에서 공개 강연. 병원, 교육시설.

6월 2일: 영국 교회 성직자들과 요크의 대주교가 있는 가운데 요크에서 강연. 병원, 교육시설.

6월 3일: 킹스턴어폰헐, 시립 트레이닝 칼리지에서 강의.

6월 4, 5, 6, 7, 8, 그리고 9일: 맨체스터. 다양한 청중들 앞에서 여러 가지 강의와 세미나. 그 가운데 교육자들과 함께 행사, 홀스워스 홀에서, 기술 대학의 대강당에서 그리고 도시에서 가장 큰 병원인 맨체스터 로열 병원에서.

6월 10, 11, 12, 13, 14, 15, 그리고 16일: 런던. 다양한 단체, 협회와 협의회를 위한 강의. 여기에 상담, 환영식, 인터뷰들.

6월 17일: 런던. 20시 15분에 퀸즈 홀에서 "사회적 관심: 인류에 대한 도전"에 관해 공개적으로 강연. 랭함 플레이스의 콘서트 장인 이 퀸즈 홀은, 2500명이 들어갈 수 있고 BBC 심포니 오케스트라와 런던 필하모니 오케스트라가 주로 이곳에서 연주했다.

6월 19일부터 7월 3일까지: 에든버러. 12번의 강연, 여기에 알렉산드라 아들러도 동참. 환영식, 대화와 만남, 무엇보다 둥가벨 성에 사는 해밀턴 공작부인과의 만남.

7월 6일부터 17일까지: 리버풀. 대학 강당에서 방학강좌. 아들러 부녀는 각각 14번의 강의를 계획했는데, 이 말은 매일 적어도 한 번의 강의와 세미나를 연다는 의미이다.[21]

7월 17일부터 7월 31일까지: 엑세터, 사우스-웨스트 칼리지 대학에서 여름 강좌. 매일 세미나.[22]

8월 2일: 런던, 공개 강연.

8월 4일: 퀸 메리 호를 타고 뉴욕으로 여행. 즉각 캘리포니아로 여행.

8월 15일: 버클리 윌리엄스 칼리지에서 2주간의 여름학교

시작.[23]

아들러는 처음 세 번의 강연을 애버딘에서 했다. 그는 유니온 테라스 가든스라는 공원에 인접한 중앙역에서 북쪽으로 걸어서 몇 분이면 도착하는 캘리도니언 호텔에 짐을 풀었다. 관객들은 몰려들었고, 관심도 많이 가졌으며, 강연이 끝나면 질문도 이어졌다. 이곳에 있는 모든 주최 측과 조직의 접촉 대상자였던 포브스-데니스는 아들러를 동행했다. 5월 27일 목요일, 아들러는 급하게 편지 두 통을 썼다. 모스크바에 있던 딸 발리가 걱정이 되었는데, 4개월 전부터 소식이 끊어졌기 때문이다. 마치 지진에 쓸려간 것처럼 딸에 대한 소식이 전혀 들려오지 않았다. 그리하여 가족은 공포에 빠졌다.

사랑하는 라이사, 데이비스의 편지도 동봉하오. 나는 그에게, 모든 비용, 러시아로 가는 여행비용도 내가 부담하겠다고 썼다오.
워싱턴에 있는 대사관에서도 아무 것도 알지 못하는 것 같구려.
에든버러는 런던에서 9시간 떨어져 있어요. 내가 그래서 추천하지 않는 바이오.
넬리는 빈에서 뭔가 필요하답니까? 언제 온다고 하나요?
정확하게 호텔 컴버랜드[마블 아치와 하이드 파크의 스피커스 코너에서 멀지 않은 곳에 있음]에 도착. 나에게 친절하게 대하고, 알리도 그렇게 요구하기도 하지요.

에블린에게도 안부전해 주시오. 전시회가 너희들 마음에 들기를.
어쩌면 우리는 해리먼[W. Averell Harriman, 1891-1986, 투자은행가, 상당한 자산을 소유한 사업가이자 소련과 탁월한 관계를 유지하고 있는 외교관]이 발리를 위해 나중에 필요할 수도 있으니, 그를 다시 초대해요.

같은 날 이렇게 덧붙였다:

사랑하는 라이사,
수표를 동봉하오.
다들 잘 지내기를.
당신이 급하게 돈이 필요하면, 야간 발송 전보를 쿠르트에게 보내고, 그러면 이 녀석이 당신에게 돈을 보내줄 것이오.
당신, 에블린과 모든 친구들에게 안부를 전하오.
알프레드[24]

5월 27일 저녁에 그는, 호텔에서 멀리 떨어져 있지 않은 벨몬트 극장을 방문하여 포브스-데니스와 함께 〈거대한 장벽〉이라는 역사물 영화를 봤다. 릴리 팔머가 출연하여 캐나다에 태평양의 철도가 건설되고 로키 산을 관통하는 터널이 건설되는 영화는 아들러의 마음에 들었다. 그런 뒤에 아들러는 포브스-데니스가 묵던 호텔 방에 가서 몇 시간 동안 편지 쓰는 것을 도왔고, 낮 동안 라이사에게 런던에 호텔이 부족하다는 소식과 호텔 예약에 관한 소식을 짤막하게 보냈다.

5월 28일, 평상시처럼 일찍 기상해서, 아침을 먹고 최근에 성생활에 관해서 했던 강연에 대하여 몇 가지 기록을 했으며, 라이사에게 짤막하게 전보를 쳤다. "사랑하는 라이사,/ 컴벌랜드 호텔에는 내가 묵을 방이 없다는 소식을 들었어요. 당신과 아이들을 위한 방은, 모르겠어요./ 때문에 나는 런던 사우스웨스트 1, 나이츠브리지, 한스 크리센트 호텔에 방을 하나 잡았어요. 그곳에 가서 컴블랜드 호텔이 당신에게 방을 준다고 하면 거절하리다./ 내일이 되면 더 많이 알 수 있을 거요. 큰 승리를 거두었어요."[25] 그리고는 아들러는 하루 종일 일하게 될 것이므로 미리 해두는 운동으로 습관처럼 산책을 했다. 그는 9시 15분이 막 지난 뒤에 산책을 시작했을 것이고, 서쪽에서 동쪽으로 지나가는 길고도 넓은 유니온 스트리트를 갔던 것 같다. 젊은 여자가 보고하기를, 그의 나이를 고려할 때—흰 머리를 간과할 수 없었을 것이다—매우 놀랐다는 것이다. 잠시 후 바라보았을 때, 그가 보도에서 비틀거리더니 넘어지는 것처럼 보였다고 한다. 전날 아들러의 강의를 들었고 우연히 맞은편 길을 걷다가 아들러를 알아보았던 신학대 남자 대학생이 서둘러 길을 건너갔다. 그는 응급처치를 시도했다. 구급차도 불렀고, 아들러는 구급차에 실려갔다. 하지만 그 어떤 도움도 너무 늦었다. 구급차가 출발한지 얼마 되지 않아 아들러의 숨은 멎고 말았다. 사망확인서에 기록된 사망시간은 9시 40분이었고, 사망 장소는 애버딘, 유니온 스트리트였다. 시의 검시관이 밝힌 사망원인은 심지방화心脂肪化, 격렬한 심근경색이었다.[26]

포브스-데니스는 충격을 받고서 그 자리에서 파리로 전보를 쳤다. 라이사와 넬리 아들러는 그날 런던으로 비행기를 타고 왔고, 그곳에서 밤기차를 타고 애버딘으로 향했다. 다음 날 오전, 아들러가 사망한 지 12시간이 조금 더 지난 후에, 모녀가 애버딘에 도착했다. 하인츠 슈테른베르크는 빈에서 출발하여 하루 뒤에 도착했다. 알렉산드라와 쿠르트에게도 소식이 전달되었다. 그들은 유럽으로 가는 배를 예약했고 6월 6일 사우스햄턴에 도착했다. 그들은 애버딘 대학 소속의 킹스칼리지 교회에서 6월 1일 14시에 진행되었던 장례식에 참석하지 못했다. 관은 제단 앞에 열린 채 안치되었다. 이 모습을 찍은 사진을 보면 아들러는 67세의 남자가 아니라, 이보다 열 살은 더 많은 남자처럼 보인다.

추도 예배는 딘 주교와 파인들레이 학장이 진행했다. 전체 학과가 참석했다. 시장도 참석했고, 그리고 아들러가 5월 28일 오전에 방문하고자 했던 소아병원의 대표자도 참석했다. 그밖에도 벨기에, 네덜란드와 런던에 있던 개인심리학자들, 포브스-데니스의 친척들과 아들러의 저서를 번역했던 번역자도 도착했다. 평소 아들러가 높이 평가했던 요한 세바스티안 바흐의 찬송가 〈예수여, 내 기쁨이자, 내 심장의 목장이여〉가 오르간 연주로 흘러나왔고, 조문객들은 〈신이시여, 제 곁에 있어주시길!〉을 합창했다.

남은 가족들은 화장을 원했다. 그리하여 6월 2일 아들러의 시신은 에든버러로 이송되었다. 화장터는 워리스톤 로드에 있었다. 소박한 교회에서 피터 론지가 독일어로 아들러에 관한 조사를 읽었다. 그는 네덜란드 우트레히트에서 개인심리학 그룹 대표를 맡고 있었고 1934년에 개인심리학 입문을 출간했다.[27] 오르간 연주자가 프란츠 슈베르트의 가곡 〈죽음과 소녀〉를 연주했는데, 이는 알프레드 아들러가 생전에 특별히 좋아했고 가족들과 함께 있을 때면 직접 노래를 부르기도 한 곡이었다.[28] 그가 좋아했던 작곡가 슈베르트는 마티아스 클라우디우스의 대화형 시를 가사로 해서 이 곡을 만들었다.

소녀
지나가! 아아, 지나가버려!
거친 뼈다귀 인간아, 가버려!
나는 아직 어리니까, 제발 가버려!
그리고 나를 만지지도 마.

죽음
너의 손을 주렴, 아름답고 부드러운 소녀야!
나는 친구고, 너를 벌하려고 온 게 아니란다.
용기를 가져! 나는 거칠지도 않아,
너는 나의 팔에 부드럽게 안겨 잠을 자야 해!

미국과 유럽 사이에서 많은 신문들이 길고도 훌륭하고 존경을 담은 추도문을 올렸다. 오로지 한 사람만이 수많은 세월이 흘렀음에도 불구하고 사적으로 상처를 받은 기억을 여전히 간직한 채 다르게 반응했다. 바로 지그문트 프로이트였다. 그는 편지를 주고받았던 소설가 아놀드 츠바이크의 감정이 담긴 소식에 반응했다. 츠바이크는 1934년부터 팔레스타인의 하이파에서 살고 있었는데, 아들러의 죽음이 자신에게 엄청난 고통을 안겨주었다는 편지를 프로이트에게 보내자, 프로이트는 증오가 담긴 답장을 했던 것이다. "하지만 아들러에 대한 당신의 동정심을 나는 이해할 수 없어요! 빈의 변두리 출신의 유대인이 스코틀랜드의 애버딘에서 죽었어요. 들어본 적도 없는 경력이고 바로 그런 증거이기도 하지요. 세상은 정신분석과 모순된 그의 공로에 대해서 참으로 후하게 보답한 것입니다."
29

아들러의 재가 담겨 있던 유골함은 애든버러에 남게 되었다. 그 이후 74년 동안 말이다. 2011년이 되어서야 비로소 유골함을 빈으로 옮겼는데, 스코틀랜드에 있던 오스트리아 총영사가 그 전에 4년 동안 이 유골함을 찾고자 노력한 뒤였다. 그런데 이 화장하고 남은 재가 에든버러에 있는 자신의 사무실에서 고작 몇백 미터 떨어져 있는 곳에 있다는 사실을 알고 적지 않게 놀랐다. 한 때 알렉산드라 아들러가 찾아다녔던 이 유골함은 여전히 워리스톤 로드에 있는 화장터의 조용하고, 나무로 연결해둔 복도에 있었던 것이다(이 유골함이 여전히 그곳에 보관되어 있다는 사실은 1992년부터 공공연한 비밀이었고, 이 해에 아들러에 관한 삽화 전기가 출간되었는데, 유골함이 찍혀 있는 사진이 포함되어 있었다).[30] 왜 가족들은 이 유골함을 스코틀랜드에 방치했을까? 왜 전쟁이 일어날 때까지 미국으로 가져가지 않았을까? 1945년 이후 가족들 사이에서, 유골함을 분명 잃어버렸을 것이라고 확신하게 된 것은 왜 그럴까?[31] 아마도 가족들의 감정, 희망과 생각은 다른 것에 집중되어 있었기 때문인데, 바로 딸이자 자매인 발렌티네의 운명이었다.

29. 발렌티네 아들러와 소비에트연방

"어제 저녁 새로운 스탈린 헌법이 채택되었다.
아침부터 시위가 있었고, 사람들은 기뻐했다.
다양하고 맛있는 먹거리들을 구비한 천막들이 설치되었고,
심지어 하얀색 식탁보와 온갖 음료를 싼 가격으로 파는 식탁도 등장했다."

갈리나 슈탄제 (Galina Stange)[1]

발렌티네 아들러는 신을 믿지 않는 나라에서 크리스마스 인사를 하지는 않았다. 그녀는 1936년 모스크바에서 크리스마스이브에 아버지에게 이렇게 썼다. "우리는 잘 지내요, 주거 문제는 곧 해결될 것처럼 보입니다. 우리는 이 집에서 오랫동안 살 수 있고, 우리와 함께 사는 남자는 치과의사인데, 아주 친절한 사람이고 그의 아내도 조용하지만, 그래도 우리끼리만 사는 집이라면 더 좋겠지요. 그 밖에는 아무런 문제가 없답니다. 어제 제가 일하는 곳에서 파티가 열렸어요. 처음에는 많은 직원들이 재주를 선보였는데, 노래, 춤, 바이올린도 있었어요. 나는 노래하는 여자 가수와 색소폰 연주자 한 사람과 함께 피아노를 쳤답니다.(……) 영국으로 갈 수는 없어요. 하지만 아버지가 나를 방문할 수는 없나요? 배가 곧장 레닌그라드까지 오고 이곳에서 하룻밤 정도 이동하면 모스크바에 도착할

수 있거든요.(……) 귤라는 건강하고, 일을 상당히 많이 하고 있고 얼마 있다가 모스크바 근처에 휴가를 갈 생각입니다. 여름에 차를 타고 휴가를 갈 예정이었지만 귤라가 아팠어요. 그래서 차표를 다시 취소해야만 했거든요. 그는 여름에 다시 가려고 합니다."[2]

그녀가 이 편지를 썼을 때, 거의 3년 동안 소비에트 연방의 수도에서 살고 있었다.

〈공산당 당원증을 위한 서식〉

질문 6. 최근에 어디에서 무슨 일을 했습니까?

베를린, 소련의 무역대표

질문 7. 활동한 정치조직과 시기는?

오스트리아 사민당 1918년, 오스트리아 공산당 1919년, 독일공산당 1921년

질문 11. 언제 빈에서 러시아로 오게 되었습니까? 그 이유는요?

1934년 1월, 남편을 따라옴

질문 13. 어떤 지부와 세포의 당원이었습니까?

베를린, 중소은행 세포 Kleinbankenzelle

질문 14. 언제부터 그곳에 당비를 납부했나요?

1933년 5월경(5월~12월 빈에서 병이 났고, 그곳에서 12월까지 회비를 납부함)

질문 17. 중앙당의 허락을 받고 러시아로 여행을 한 것입니까?

남편이 독일에서(1933년 5월) 추방당함

작성일 : 1934년 4월

발렌티네 아들러가 이 서류를 작성했을 때, 그녀는 몇 주 전부터 모스크바에 있었다. 그녀는 이곳에서, 책을 출간할 때 사용했던 이름이자 당명인 디나 슈라이버Dina Schreiber로 활동했다.[3] 4년 전 그녀는 가족 가운데 유일하게 빈을 떠나서, 자신이 쓴 이력서에 따르면, 베를린 주재 소비에트 연방의 무역대표부에서 "경제 전문가"로 일했다. "1930년에 나의 남편은 코민테른으로 파견되었고 나도 모스크바로 와서 무역 연구소의 2급 직원으로 일했다. 내가 신청한 대로 나는 당시에 소련공산당으로 옮겼다./ 1931년에 나의 남편은 독일로 파견되었고 그리하여 나 역시 베를린으로 갔다. 그곳에서 나는 데로프Derop의 경제전문가로 일하다가 내가 근무하던 부서가 해체되는 바람에 나는 다시 소비에트 연방 무역부로 옮겨서 그곳에서 회사 카드색인 업무를 담당했다." 데로프는 1929년에 설립된 '러시아 석유를 위한 독일 판매 회사'의 줄임말이다. 당시 이 회사는 소비에트로부터 나온 석유를 2천 탱크씩 유통하고는 했다. "독일로 돌아온 뒤 나는 다시 독일 당의 회원이 되었고, 베를린 지부에서 활동했다. 나는 처음에 샤로텐부르크Charlottenburg에 있는 철도세포 소속이었다가 내가 원해서 기업파트(은행)로 옮겼고 그곳에서 선전활동의 팀장으로 일했다. 내가 맡은 주요 업무는 공산당 기관지의 편집 일이었다./ 히틀러에게 정권이 넘어간 뒤 내 남편은 데로프를 수사하던 경찰에게 체포되었고, 나도 수배되었다. 내 남편이 추방된 후 나는 독일을 떠났고(1933년 5월), 임시로 빈에 머물렀다. 그곳에서 나는 병에 걸려서 6개월 동안 병원 치료를 받아야 했다. 이 시기 동안에 나는 오스트리아 당에 당비를 냈다./ 1934년 1월 나는 모스크바로 왔고 이제 '외국인 노동자 출판사'에서 편집장의 일을 하고 있다./ 이 기간 동안 나는 《국제Internationale》에 〈독일의 식민지개척 노력〉, 《붉은깃발Roten Fahne》에 〈석유정책에 대하여〉, 그리고 《소비에트 무역Sowjetskaja Torgowlja》에 〈구리 카르텔의 몰락〉과 같은 여러 기사를 썼다."[4] 1935년 가을부터 그녀는 1934년 2월 폭동 이후 추방되었던 오스트리아 방어동맹 여성들의 관리부에서 선전 요원으로 활동했다. 몇 주 전에, 1936년 여름에, 그녀는 4주 동안 스웨덴 스톡홀름에 체류했다. 소련 감시원의 기록에 따르면, 그곳에서 그녀는 부모를 만났다. 당시에 이들 중 그 누구도, 이 만남이 마지막이라는 사실을 예감하지 못했다.[5]

18개월 후 그녀가 크리스마스 때 쓴 장편의 편지에서 언급한 집은 작은 모스크바의 아파트 24호였다.[6] 1936년 12월 31일에 빈 도미니카너 요새 10에 있던 지구당에 그녀가 신고한 바에 따르면 이러했다. "율리우스 자스(자샤), 1893년 12월 18일 생, 야스베레니, 헝가리/ 베를린 주재 소비에트 연방의 대사관 직원."[7]

4주 전, 그러니까 11월 29일에 《트로츠키-지노비예프 일당. 파시즘의 직접적인 중개소》의 독일어 판이 모스크바에서 인쇄되었다.[8] 코민테른의 정치발표자였던 보리스 포노마르요프Boris Ponomarjow의 이 소책자는 소련에 있는 외국 노동자 출판동지회에서 출간되었다.[9] 그것은 선동 간행물로, 스탈린이 폭력을 통해서 자신의 지배력을 확고히 다졌던, 피비린내 나는 일련의 "숙청" 과정이었던 모스크바 재판을 선동하는 내용이었다. 우선 외국인들이 희생자가 되었는데, 중부유럽과 서부유럽의 공산주의자들이 희생자가 되었다. 확실하지도 않고 오로지 추정하는 바의 정치적 범죄로 인해 모스크바의 비밀경찰—처음에 체카Tscheka, 다음에 OGPU, 그 다음에

NKWD, 또 그 다음에 KGB라는 이름으로 바뀌었다—에 의해 유죄 판결을 받았던 시민들은 10만 명이 넘었다.[10] 1936년 중반부터 언론에는 점점 더 검찰의 소식과 근로자들의 모임으로부터 나온 결정에 관한 보도가 늘어났다. 이와 같은 간행물은 1932년부터 트로츠키, 지노비예프, 카메네프를 둘러싸고 있는 그룹들의 모반을 공격했다. 세르게이 키로프를 1934년에 암살한 책임이 있는 이들 초기 혁명가들이 게슈타포Gestapo의 대리인이라는 것이었다. "국민의 적"에 대한 판결은 다양하게 날조되었다. 트로츠키를 추종하는 사람이 되는 것만으로도 벌금을 내야 했고, 추방당하는 판결을 받았다. 증거는 필요하지도 않았다.[11]

발렌티너 아들러는 1937년 1월 중반 이후 체포되었다. 2주 후에 기록된 서류에는 다음과 같은 내용이 있었다(독일어로 기록됨):

> 디나 아들러
> 위 사람은 1937년 1월 말 소비에트 조직을 통해 체포됨.
> 그녀의 남편은 아퀼라(이탈리아 인)이고,
> 마지막으로 WKP/b의 ZK에서 일했고 지금은 체포된 상태임.
> 그녀의 남편은 카를 라덱Karl Radek과 함께 일했음.
> 트로츠키 추종자로 빈에 사는 어머니에 대해서는
> 자세한 기록이 존재하지 않음.
> 디나 아들러는 1935년 여름에 한 달 동안 스톡홀름에 머물렀고,
> 이어서 미국으로 간 양친과 함께 휴가지에 머물렀음.
> 이 시기에 대해서도 알려진 게 없음.
> 그녀와 교류했던 자들이 누구인지 확정지을 수 없음.

출판사 직원들 가운데 그 누구도 그녀와 관계를 맺고 있지 않으며, 어쨌거나 그런 관계를 확정지을 수도 없었음.[12]

당황스러운 체포가 있던 며칠 전에 그녀는, 시기보다 일찍, 생일 축하 인사를 뉴욕에 있는 아버지에게 보냈다. 아들러는 2월 2일에 답장을 했다. "나는 오늘 러시아 가게에서 네가 좋아할 만한 물건을 보낸다. 그리고 이곳에서 보낼 수 있는 물건의 목록을 동봉한다./ 너희들이 잘 지내기를 희망하고, 많은 키스를 보내며 아버지가./ 모든 아이들이 잘 있다. 네가 원하는 것이 있다면 무엇이든 말해라."[13]

공포와 테러가 대중들을 억압했다. 공개 재판은 증거 없이 추정에 따른 배신자, 스파이와 협력자들을 처분, 적발, 유죄 판결을 내리는 공개적인 수단이 되었다. 정권은 상응하는 지시를 내렸고, 소비에트 시민들이 외국의 대리인들에 대해서 감시하고 그들의 가면을 벗기고 싶도록 자극하는 기사들을 신문에 실었다. 편집증이 지속적으로 양산되었다. 소비에트 연방의 검찰총장이었던 안드레이 비신스키는 이렇게 알렸다. "만일 자본주의적 무리들이 있다면, 반드시 스파이, 훼방꾼, 해를 끼치는 사람과 테러리스트들이 있다. 이들은 어떤 방식으로든 우리의 배후 지역을 뚫고들어와서 우리의 적에 의해서 자리를 잡게 된다."[14] 평생을 혁명을 위해 희생했던 외국인들을 위해 소비에트 연방에서는 수많은 관료적 제한을 두었다. 이와 같은 제한은 통제하는 기제였다. 이동의 자유는 엄격하게 제한했다("영국으로 갈 수 없어요."). 스스로 결정하는 반응도 원하는 바가 아니었다. 기본적으로 독일어를 말하는 공산주의자들은

1933년 이후 스탈린의 소비에트에서 거의 권리도 없었고 권력도 없었다.[15] 이를 두고 "반혁명적 단체로부터 교육"을 받았다고 고발하는 경우가 드물지 않았다. 그와 같은 비난을 받게 되면 거의 모든 경우에 치명적인 결과로 이어졌다.[16] 1937년 2월 14일 "게슈타포의 명령에 따라 소비에트 연방의 영토에 독일 트로츠키 추종자들의 테러와 스파이 활동에 대한"[17] 내무인민위원회 국가안전 중앙관리본부의 보복 조치는 더 확장되고 더 강력해졌다. 반혁명주의자는 다른 말로 트로츠키 추종자들이었다. 트로츠키 주의는 바꿔 말하면 테러리즘이었다.[18] 발렌티네의 경우 트로츠키 추종자라고 심판받았던 원인은 부모들에 의한 연좌제로부터 나왔다.[19]

스탈린은, 1937년 5월 4일 《프라우다》에 게재되었던 기사에, 그러니까 외국의 비밀 업무를 행하던 대리인들의 가면을 벗겨야 한다는 기사를 다듬는 데 개인적으로 참여했다. 이 텍스트는 대규모 테러로 대학살을 직접 감행하는 길을 가는 데 있어서 중요한 퍼즐의 일부이며 소비에트 연방에 있던 독일인들의 운명에 영향을 미쳤다. 11주 후에 "독일 작전"의 일환으로 대대적인 체포를 실시했다. 이는 1938년 3월에야 비로소 끝이 났다. 독일 공산당 망명자들은 1938년 초에 스탈린과 그의 앞잡이들로 인해 해체되고 무력화되었다.[20]

"네가 원하는 것이 있다면 무엇이든 말해라." 아들러의 편지에서 마지막에 있던 이 말에 대한 답장은 없었다. 가족은 처음에는 걱정을 했고, 이어서 신경이 곤두섰으며, 그런 뒤에는 겁을 먹었고, 점점 더 많이 겁을 먹게 되었다. 너무나 걱정이 된 나머지 고통스러울 지경이었다. 걱정이 고통으로 변했던 것이다. 자기 암시 과정은 점점 더 짧아졌다. 라이사 아들러가 3월에 넬리와 하인츠에게 보낸 편지는 이러했다. "오늘 나는 너희들에게, V와 G[모스크바에 살았던 딸과 사위]가, 뭔가 명령을 받아서 어디론가 떠났고, 어떤 편지왕래도 해서는 안 될 수 있다는 생각이 들었다는 것을 쓰고자 한단다. (……) 이런 생각을 하고 나자, 마음이 훨씬 가벼워졌단다."[21] 라이사는 딸의 소식을 알아봐 달라며 소련에 살고 있던 친척들을 귀찮게 했다. 그리고 간간히 약간의 소식을 들었다. "나는 여동생으로부터 소식을 들었다. 발렌티네가 모스크바에 없다는구나. 그리고 지금과 같은 상황에서는 그게 더 좋지. 이제 어디에 있으며, 사람이 살 수 없는 지역에 있는지(나는 그렇게 믿지 않아), 이걸 알아내야 하겠지. 어쩌면 알아낼 수 있을지도 모르겠다."[22] 이와 동시에 그 사이 끊임없이 강연과 출장을 하다가 건강이 나빠졌던 아들러는 모스크바로 꾸준히 편지를 보냈다. 5월 11일에는 장문의 편지를 발렌티네에게 보냈는데, 이 딸은 그리움에 사무치는 자식이었다. 왜냐하면 현실에서는 볼 수 없었기에. "내가 힘이 많이 드는구나, 그래서 알리와 너의 도움이 필요하다고 느낄 때가 많단다./ 너와 알리와 함께 일을 하고 여름을 같이 보낼 수 있게 된다면, 나는 너무나도 기쁠 것 같다."[23] 그는 큰딸 발리를 찾기 위해, 자신이 활용할 수 있는 모든 외교적 채널과 사회적인 인맥을 동원했다. 포브스-데니스에게 그는 이렇게 고백했다. "이 아이는 태어날 때부터 나와 가장 가까운 자식이었지요."[24] 아들러는 영국 대사관과 폴란드 적십자에 편지를 썼다. 4월 24일, 알프레드 아들러는 이렇게 썼다. "발리에 관한 소식이 전혀 없습니다. 이것은 좋은 소식일까요?"[25] 1937년 5월 6일 그는 포브스-데니스에게, 전보를 하나 보내달라고 부탁했다.

"아버지는 네가 필요하단다. 올 수 있니?"[26] 알프레드 아들러는 1937년 봄 내내 딸에 대한 걱정을 하느라 보냈고, 라이사도 마찬가지였다. 5월 27일 그는 라이사에게 이렇게 썼다. "사랑하는 라이사, 데이비스의 편지도 동봉하오. 나는 그에게, 모든 비용, 러시아로 가는 여행비용도 내가 부담하겠다고 썼다오. 워싱턴에 있는 대사관에서도 아무것도 알지 못하는 것 같구려."[27]

1938년 2월에 소비에트 연방으로부터 정보를 받았는데, 발렌티네 아들러가 유죄 판결을 받았고 추방되었으며, 200실링을 모스크바로 송금해야 한다는 내용이었다.[28] 하지만 이 정보는 거짓이었다. 발렌티네는 나타나지 않았다.

아들러의 지인들은 유명한 지식인들이 발렌티네의 운명에 관심을 갖게 하려고 노력했다. 그리하여 알베르트 에렌슈타인은 1938년 4월에 헤르만 헤세에게 부탁을 했다. 에렌슈타인에 따르면 1937년 9월 자신이 죽기 전, 1935년까지 체코슬로바키아 대통령을 지냈던 토마스 마사리크에게 부탁을 해서 모스크바에 편지를 써달라고 했다는 것이다.[29] 발리의 운명은 뉴욕에 있던 모든 가족을 계속해서 불안하게 만들었다. 다른 사람들도 사라진 사람의 운명에 동참했다. 그렇듯 알베르트 아인슈타인은 역시 모스크바에 편지를 썼는데, 그는 1938년 초에 알리 아들러에게 이런 연락을 했다. "친애하는 아들러 양, 동료의 편지를 읽어보니, 당신의 언니가 나의 개입으로 사면을 받을 것이라고 주장을 합니다. 언니에 대한 소식은 들었는지요?" 하루 뒤 알리는 프린스턴에 있던 아인슈타인에게 이런 편지를 썼다.

4월 12일 당신의 편지와 언니의 운명을 걱정해주는 점에 대해 진심으로 감사를 드립니다.
지금까지 우리는 오로지, 언니에 대한 사면 소식이 사실이기를 희망하고 있을 따름이에요. 저는, 선생님에게 정보를 제공한 분이 우리의 정보원과 동일한 분인지 모르겠습니다. 즉, 빈에 사는 제 여동생이 대략 두 달 전에, 선생님이 언니에 대한 이야기를 쓴 편지를 러시아로 보낸 뒤, 몇 주 만에, 오스트리아에 있는 외무부로부터 들었다고 합니다. 그러니까 외무부는 러시아 관청으로부터, "발렌티네 아들러-사스가 러시아로부터 추방되었다"라는 소식을 받았다고 말입니다. 더 이상의 말은 없었다고 합니다. 추방이 몇 년 후에 이루어지는지 아니면 즉각 시행되는지에 대해서도 역시 아무 말도 없었고요. 어쨌든 이 소식은, 적어도 나의 언니가 아직 살아 있다고 말해주는 첫 번째 소식이랍니다. 이때부터 우리는 뭔가 이 소식이 정확하다고 알려줄 정보를 기다리고 또 기다리고 있을 뿐입니다. 러시아에서는 외국과 편지 왕래를 하는 것을 좋아하지 않음에도 불구하고, 만일 언니가 정말 자유로운 몸이라면, 의심할 바 없이 우리에게 어떤 형태로든 알려주었을 것입니다. 오스트리아 관청에서도 그 이후 아무런 소식을 듣지 못하고 있답니다. 우리가 도대체 어떤 태도로 살아야 할지 오스트리아 외무부에 질문을 하자, 이런 대답을 해주었습니다. "개인적인 노력을 지속할 것."[30]

4주 후 아인슈타인은 아들러 가족에게 또 다른 소식을 전했는데,

그가 에바 슈트리커Eva Stricker로부터 알게 되었던 소식이었다. 그녀는 빈에서 영국으로 도망갔던 경제역사학자이자 사회인류학자 칼 폴라니Karl Polani의 조카였다. 내용은 이러했다. "발리 아들러에 대한 우리의 정보는 파허Pacher 씨와 슈테른베르크Sternberg 박사로부터 들은 것입니다./ 하퍼 씨는 과거 모스크바에서 근무했던 오스트리아 공사였습니다. 그는 금요일, 3월 12일(1938) 빈에서 말해주었는데, 발리 아들러는 10년 형을 받았고, 판결과 동시에 추방으로 변경되었다고 합니다. 우리는, 이 소식이 공사에게 공식적으로 전달되었다고 이해했습니다./ 파허 씨는 우리에게 말하기를, 발리 아들러는 아인슈타인 박사와 로맹 롤랑의 개입으로 인해 추방되었다고 하더군요./ 발리 아들러의 추방에 대해서 얘기해준 사람은 또 있는데, 발리 아들러의 친척인 슈테른베르크 박사로, 빈에서 변호사로 일하는 분입니다."[31] 알렉산드라 아들러는 즉각 답장을 했고, 그때까지 가족들은 발리가 유죄 판결을 받았다는 것도, 추방되었다는 것도 모르고 있었으며, 유명한 평화주의자인 로맹 롤랑이 언니의 일에 개입했다는 사실도 처음 들었다고 고백했다.[32]

추측컨대 발렌티네 아들러는 실제로 1937년 9월에 군사재판소 최고 법정에서 유죄판결을 받았다. 그녀에게 가해진 형벌은 10년 형이었다. 그녀는 모스크바에 있는 부티르카 형무소에 수감되었고, 이곳에서 그녀는 1939년에도 있었다고 한다.[33] 아들러 가족은 전쟁이 발발했음에도 불구하고 발렌티네를 찾는 것을 포기하지 않았다. 그리하여 알리 아들러는 1941년 9월에, 모스크바에 있는 미국 대사에게 재정 보증서를 내겠다고 알렸고, 발렌티네의 남편 귤라 자스를 위해 두 번째 재정 보증서도 내겠다고 했다.[34] 하지만 아무런 반응이 없었다. 가족은 세계전쟁에도 불구하고 좌절하지 않았다. 1945년 10월에 라이사 아들러는 프랭클린 루스벨트 미국 대통령의 미망인이었던 일리노어 루스벨트Eleanor Roosevelt에게 편지를 썼다. 일리노어 루스벨트가 겨울이 지나고 소련연방으로 여행을 갈 것이라는 소식을 읽고서 도움을 요청했다. 11월 2일 보낸 일리노어 루스벨트의 답장은 친절했으나, 연락이 되지 않았다.[35] 1947년 3월에 마침내 라이사는 스웨덴 사람으로부터 연락을 받았는데, 그녀는 독일 여성 공산주의자였던 마르가레테 부버(-노이만)Margarete Buber(-Neumann)였고, 1935년 나치 독일에서 소련연방으로 넘겨졌다가 그곳에서 스탈린 테러의 속임수로 빠져버렸던 것이다. 48세였던 그녀는 다음과 같은 편지를 보냈다. "존경하는 라이사 아들러 부인, 어제 저는 2월 8일에 쓴 당신의 편지에 있는 주소를 받았습니다. 유감스럽게도 당신에게 발리에 대해서 말해줄 것이 별로 없고, 우리가 만난 것은 이미 7년 전의 일이기도 합니다. 발리는 당시에 잘로브키에서 왔고, 저는 시베리아에서 왔습니다. (……) 제가 제대로 기억한다면—저의 기억력은 5년 동안 강제 수용소에 갇혀 있느라 그렇게 뚜렷하지는 못합니다[마르가레테 부버-노이만은 1940년 소련 내무인민위원회에 의해 나치스의 친위대로 넘겨졌고, 나치 친위대에서 다시 나치의 비밀경찰에게 넘겨졌다가, 4개월 동안 베를린에 있는 비밀경찰 본부에서 심문을 당했고 그런 뒤 라벤스브뤼크 강제 수용소로 보내졌다. 그녀는 1945년 4월 말에 이곳에서 풀려나게 되었다]—당시의 발리는, 그러니까 1940년 1월이었는데, 아직 재판을 받지 않은 상태였습니다. 그녀는 나에게 힘든 심문을 여러 차례 받았다고 얘기해주었어요. 소련의 내무인민위원회는 발리에게 트로츠키 추종자들과 교류한 혐의를 두었다고 했습니다. 부모가 트로츠키와 만난 것이 주요 혐의였습니다."[36]

1942년의 어느 시점에 발렌티네 아들러는 사망했을 것 같고, 당시 소련연방의 노동 수용소의 참혹한 상황을 고려해보건대 그녀는 굶어서 죽었을 것이라 추정할 수 있다. 아들러 가족이 최종적인 소식을 받았던 것은 10년 후였다. 사망일은 6월 6일이었고, 사망 장소는 언급되어 있지 않았다. 카자흐스탄에 있는 수용소일 것이라고만 추정했다. 1956년 8월 11일에 최고 군법회의를 통해 소련은 공식적으로 그녀를 복권시켰다.[37] 당에서 사용했던 이름이 "귤리오 아킬라"였던 귤라 자스는 1920년대에 이탈리아 공산당에서 활동했고 나중에 이탈리아와 이탈리아 파시즘에 가담했는데, 소련 아무르 주에 있는 도시 스보보드니 근처의 수용소에서 1943년에 사망했다.

30. 1937년 이후 아들러 가족

"나는 너희들이 1937년보다 더 끔찍한 일은 더이상 일어날 수 없고,

더 나아지기만 할 것이라고 느꼈으면 한단다."

넬리와 하인츠 슈테른베르크에게 보낸 알리 아들러의 편지, 1938년 1월 1일[1]

1937년 8월 4일까지 알렉산드라 아들러는 런던에 있었다. 어쩔 수 없이 그녀는 미래를 고민해야 했는데, 자신의 미래와 가족들의 물질적인 상황뿐 아니라, 무엇보다 비물질적인 상속에 대해서 고민해야만 했다. 몇주 전에만 하더라도 이런 문제를 생각할 시간이 그녀에게 없었다.

소박해 보이는 2층짜리 건물에는 바람막이가 툭 튀어나와 있었고, 그래서 이상하게 앞으로 건물이 밀려나와 있는 것처럼 보였다. 이 건물에서 바라보면 1937년 여름에도 나무가 시야에 들어왔다. 이해 6월 28일 필리스 바텀은 런던 켄싱턴, 랙스햄 가든스 45번지에 있던 자신의 집 책상에 앉아서, 찰스 데이비스에게 보내는 편지를 쓰기 시작했다. 이 남자는 미국 매사추세츠 주의 케이프 코드에 살고 있었고, 국가 고속도로 이사이자 회장이었다. 아들러의 친구였던 여자가 비통함에 잠겨서 자신과 마찬가지로 비통해하는 아들러의 남자 친구에게 보낸 편지였다. "우리는 당신에게 사랑하는 알

리에 관해서 쓰고 싶고, 그야말로 가슴 아파 하면서도 일에 충실한 모습이 놀라울 정도입니다.

그녀가 했던 강의들은 정말 놀라울 정도였습니다. 영어는 알아듣기 쉬웠고 그녀의 꾸밈없는 소박함과 유머는 관객들의 마음을 열어버렸어요. (……)/ 그녀의 강연은 에든버러에 사는 머리가 굳은 청중들에게조차 매우 깊은 인상을 남겨놓았고, 어쩌면 세계에서 가장 교양 있는 청중들이 아닐까 합니다. 너무나 아름다운 여름 저녁임에도 불구하고 강의실은 매일 밤 300명에서 400명의 좌석표가 매진될 정도랍니다.

에든버러, 리버풀 그리고 치체스터, 이 세 곳에서 연이어 개최되었던 강좌는 의심할 바 없이, 영국에서 '개인심리학'을 전파하는 데 기여할 것이라 생각됩니다. 그래도 우리는 지금 런던의 퀸스 홀에서의 강연을 이야기할 엄두를 낼 수 없었어요[이것 대신에 그녀는 8월 2일 런던 시티 방학 강좌를 하게 되었다]이 강좌도 아버지에게 제공된 것이고요. 우리는 또 천 명의 성직자와 함께 요크의 대주교와 만나게 될 계획에 대해서도 말할 수 없었습니다. 하지만 우리가 할 수 있는 모든 것은 알리를 위해 시도할 것이고, 우리는 당신과 같이 느끼고 있답니다. 말하자면, 알리는 위대한 아버지의 뒤를 이을 수 있는 후계자이며, 그녀가 아버지의 학설을 전파하고 잘못된 경향으로 가는 인류를 해방시켜주리라고, 우리는 그런 희망을 품고 있음을 말입니다!"[2]

런던에서 며칠을 보낸 뒤 알리는 영국으로 도망간 베를린 출신의 여성 개인심리학자 헤르타 오르글러Herta Orgler와 함께 남서부 영국의 여름학교 강좌를 맡았다(캘리포니아의 버클리 여름학교 강좌는 루돌프 드라이쿠르스에게 요청했는데, 그는 이를 받아들였다. 몇 년 후 그는 전 세계적으로 여름학교를 발안해서 이끌어간 개인심리학자로 알려지게 되었다). 그런 뒤에 그녀는 다시 미국으로 돌아왔다. "아버지가 돌아가신 뒤 몇 달 만에 보스턴으로 돌아왔을 때, 개인심리학의 다양한 그룹 내에서 발전과 조직에 관한 문제들을 점점 더 많이 고민해야 한다는 게 분명해졌습니다. 나의 아버지가 지금껏 담당했던 문제들 말이지요. 나의 활동은 외양상 그렇게 바뀌지는 않았지만, 하지만 나는, 계속해서 보스턴과 하버드 의대에만 머물러 있을 수는 없다는 것을 알게 되었습니다. 마침내 나는 나의 아버지가 뉴욕에서 끝내지 못하고 남겨둔 작업의 일부를 떠맡아야 한다는 사실을 알게 되었습니다."[3]

아버지가 1920년부터 자신의 후계자로 알렸던 알렉산드라—지그문트 프로이트의 딸 안나 역시 아버지의 삶을 모범으로 삼고 살았다—는 이제, 아버지의 필생의 사업을 가능한 유지하고, 필요한 만큼 소생시켜야 할 과제를 안게 되었다. 1937년 늦여름에 보스턴과 하버드 대학에 돌아가서, 그녀는 1942년 말까지 오랜 기간 동안 보스턴 코코넛 그루버 나이트클럽에서 발생했던 대화재의 희생자들을 치료했다. 이때 그녀는 외상 후 증후군에 시달리는 노이로제 환자들에게서 나타났던 독특한 악몽을 눈여겨보았다.[4] 하지만 그녀는, 자신의 학문상의 경력이 발전하지 않았다는 것을 인정해야만 했다. 그리하여 그녀는 1944년 노스캐롤라이나 주 더럼에 있는 듀크 대학교의 부교수로 직장을 옮겼다. 이로부터 2년 뒤 그녀는 이곳도 역시 유리 천장이 있다는 사실을 분명하게 알게 되었다. 여자로서는 아무래도 위치가 낮고, 세례를 받은 유대인이면 이와 같은 유리천장을 깨부수는 것이 불가능했다. 그래서 알렉산드라는 1946년에 뉴욕으로 돌아갔다. 이 해에 뉴욕에 있는 여성 형무소가 정신과의사 자리를 그녀에게 제안했고, 그녀는 이 자리를 받아들였다. 알렉산드라는 이 일뿐 아니라 여러 병원에서도 일을 했고, 대학에 강의도 했으며 자신의 병원도 운영했다.

그 동안 필리스 바텀과 헤르타 오르글러는 누가 먼저 전기 집을 출간하는지 경쟁을 펼치고 있었다. 1939년에 바텀의 《알프레드 아들러. 자유의 사도》가 파버&파버Faber&Faber 출판사에서 출간되었다. 이 출판사는 영어권에서 가장 중요한 문학출판사들 가운데 하나였고, 이와 나란히 뉴욕에서는 헤르타 오르글러의 《알프레드 아들러. 인물과 그의 작품. 열등 콤플렉스를 이겨내고 거둔 승리》가 퍼트넘G.P. Putnam's Sons 출판사에서 발행되었다. 이 출판사는 C.W.다니엘이 이끌었던 사회주의적 평화주의, 채식주의 및 톨스토이주의를 지향하는 곳이었다.

알베르트 에렌슈타인 역시, 1937년 11월 2일자로 슈테판 츠바이크에게 보낸 편지에서 보여주듯이, 알프레드 아들러에 대한 전기를 쓰고 싶어 했는데, 바텀이 약간 더 앞섰다는 사실을 모르고 있었다. 바텀은 1937년 겨울에 빈으로 갔는데, 아들러의 지인들과 직원들을 인터뷰하고 서류들을 살펴보기 위해서였다. 1938년 3월 12일 나치가 침범하기 며칠 전에 다시 런던으로 돌아왔다. 그러자 에렌슈타인은, “먹고 살기 위해서 하는 일”로부터는 아무것도 안 된다고 푸념을 늘어놓았다고 한다. 경멸적인 그의 어투를 빌리자면, “비뇨생식 계통의 철학”과는 너무 거리가 멀었고, 살아 있던 아들러의 가족들과는 가깝게 지내지 않았다는 것이다. 하지만 아들러는 이미

1936년 가을에 미국에 있는 출판사를 통해서 산타모니카에 사는 베르톨트 피어텔[오스트리아 출신의 작가이자 영화감독]에게 연결될 수 있는 길을 에렌슈타인에게 열어주었으며, 그 전에는 오스트리아 잘멘스도르프에 있던 자신의 집에 머물러도 된다는 제안도 했다. 물론 이미 그곳에는 난방과 수도가 끊겼지만 말이다. 또한 아들러는 에렌슈타인에게, 미국에서 어떻게 성공할 수 있는지에 대해서 충고를 해주었다.[5] 하지만 아무 소용이 없었다. 에렌슈타인은 1941년 프랑스에서 미국으로 갔고, 가끔씩 신문에 기고를 해서 약간의 돈을 받거나 매우 불규칙적으로 기부를 받았으며, 화가 게오르게 그로스George Grosz와 같은 다른 이민자들로부터 받은 기부금으로 살았다. 1950년 4월에 그는 64세의 나이로 죽었다. 뉴욕에 있는 웰페어 아일랜드의 병원에서 사망했는데, 오늘날에는 이곳을 루스벨트 아일랜드라고 부른다.

당시에 뉴욕에서 또다른 것을 상실했는데, 사랑과 문서가 담겨 있던 궤였다. 넬리와 하인츠 슈테른베르크와의 결혼생활은 이미 미국으로 이민을 가기 전에 망가진 상태였다. 얼마 후 이들은 이혼을 했고, 넬리 아들러는 나중에 뉴욕 라디오 시티 홀에서 돈을 잘 벌었던 편집자와 재혼을 했다. 그녀의 언니 알렉산드라가 약간 무시하는 어투로 표현했듯이, 넬리는 죽던 해인 1983년까지 "전업" 가정주부였다. 아들러의 막내딸이었던 넬리는 1938년에 영국으로 갔다. 그곳에서 미국으로 가기 위해서였다. 영국에서는 포브스-데니스의 집에 머물렀다. 그녀는 가방에 궤를 하나 가지고 있는데, 그 안에는 아버지가 굳이 미국으로 가져갈 필요가 없다고 생각했던 문서들이 들어 있었다. 넬리는 아팠고, 얼마 후에 다시 기운을 차리고 미국으로 가는 배를 탔으나 궤는 없었다. 얼마 후 바텀과 포브스-데니스 부부 역시 뉴욕으로 가는 배를 탔고 이때 문서가 들어 있던 궤도 가져갔다. 이들은 파크 애버뉴 가에 인접해 있던 밴더빌트 호텔에 묵었다. 아들러 자식들은 하나 같이 좁은 집에 살고 있었기 때문에, 포브스-데니스는 커다란 궤를 호텔의 수하물 임시 보관소에 맡겨두고 쿠르트 아들러에게 수하물 수령증을 건네주었다. 그러고 1946년에 포브스-데니스 부부가 전쟁이 끝난 뒤 다시 뉴욕에 갔는데, 호텔의 수하물 보관소에서 궤를 가져가지 않았다는 소식을 듣게 되었다. 쿠르트 아들러는 수하물 영수증을 받은 기억을 할 수 없었다. 호텔의 정책에 따르면 모든 보관 물건들은 2년 동안만 맡게 된다는 것이었다. 따라서 궤는 그 안에 들어있던 내용물과 함께 1941년에 폐기되었을 것이라고, 포브스-데니스는 30년 후에 알렉산드라 아들러에게 편지로 알려주었다. 끔찍한 실망을 감추지 못한 채 말이다.[6]

가족 간에는 항상 그래서 새로운 것은 없었지만, 긴장감이 맴돌았다. 무엇보다 라이사와 알렉산드라 사이였다. 알렉산드라는 그 사이 여기 저기 흩어져 있던 개인심리학을 조직적으로 묶기 위해 많은 노력을 기울였다. 둘은 기질이 많이 달랐던 것이다. 그리하여 1940년 말에 그녀는 어머니에게 편지에서 이렇게 말했다. "엄마는 가족의 우두머리가 아니고, 쿠르트가 바로 가족의 우두머리야. 그런데 엄마는 이런 사실을 수정했어. 가족의 우두머리만이 그렇게 할 수 있는 권리가 있다고요. 유감스럽지만 나는 엄마 마음대로 행동하는 것을 어떤 형태로든 수습할 수 없어요. (……) 나는 엄마가 설명하는 방식에 절대 동의하지 않아. 엄마도 나도, 아버지가 돌아가신 뒤 빈에서 어떤 일이 진행되었는지 알지 못해. (……) 엄마가 마음대로 행동하는 건 우리 모두에게도 새로운 일은 아니지. 우리가 현재 할 수 있는 유일한 것은, 엄마가 마음대로 서명하고 설명하기 전에, 우리한테 물어봐주는 것이야. 엄마에게 그런 부탁을 하는 사람들을 멀리하는 것이고. 유감이지만 우리는 경험을 통해서 알고 있는데, 허튼 짓을 어느 정도의 수준에서만 막을 수 있다는 거지."[7] 큰 물결은 다시 한 번 쿠르트에게 와서 잔잔해졌는데, 그는 가족 사이를 연결해주는 외교관이었고 롱아일랜드 의대의 졸업반에서 공부하던 중이었다. 알리는 드라이쿠르스가 일했던 시카고에 편지를 썼다. "저는 이와 관련해서 당신의 의견에 완벽하게 동의합니다. 왕조에는 단 한 사람의 후계자가 있지요. 우리의 경우에는 모두가 후계자입니다."[8]

1951년 1월에 갑자기 카를 푸르트뮐러가 심장병으로 사망했다는 소식을 들어야 했던 라이사 아들러는 한동안 뉴욕 개인심리학회의 집행위원회 회장을 맡았고, 1954년 이사회의 명예회장으로 선출되었다.[9]

이 해 여름에 필리스 바텀은 오랫동안 못 보다가 다시 알렉산드라 아들러를 보았다. "알리는 일주일 동안 우리를 방문했는데, 우리는 1948년 이후에 그녀를 볼 수 없었다. 그녀는 정말 좋아 보였고, 물론 뭔가 힘든 일은 있어 보였다. 그녀에 대해서 서술하기란 매우 어렵다. 그러니까, 가끔 위대한 인물들에게서 보이는 번쩍이는 순간이 있지만, 그녀는 자기에게 집중해 있고 엄격해 보인다. 하지만 나는 그녀가 진짜 엄격하다고 믿을 수 없으며, 다른 사람들에 대하여, 그러니까 친절하지 않게 사람들과 접촉한다고 그녀를 힐책하는 인내심 없는 사람들에 대하여 그녀가 보여주는 신중함 정도라고 본다. (……) 그녀는 철학자의 눈썹을 가진 인상적인 머리에, 자신의 일은 탁월하게 잘 수행하고 있으며, 분명 미국에서 지도적인 정신의학자가 될 것이다. 취리히학회[1954년 취리히에서 열렸던 제1회 국제 개인 심리학회]의 회장으로서 그녀가 했던 강연은 대가다운 솜씨였고, 객관적이었으며, 중간 중간에 한 두 마디의 유머를 추가하면서, 어떠한 추천을 인용하지 않고도 공동체감정에 대하여 훌륭한 설명을 했다. (……) 가족 전체에 대한 소식은—소련에 있던 발리에 대한 죽음 혹은 살해를 제외하면—모두 잘 지내고 있었다. 라이사는 하나밖에 없는 손주를 봐서 지극히 행복해 한다고 한다. 쿠르트는 미국 코네티컷에 있는 호화로운 휴양피서지인 마서즈 비니어드Martha's Vineyard에 자신의 병원을 운영하고 있는데, 매우 잘 된다고 한다. 안정적인 생활을 유지하고 있는 것 같고, 외모는 아버지 아들러와 완전 판박이지만, 그밖에 아버지의 힘 같은 것은 전혀 물려받지 않은 것 같다. (……) 넬리는 뉴욕에 있는 집에서 매우 안락한 삶을 살고 있고, 영화산업에서 성공을 거둔 그녀의 남편은 돈을 매우 잘 번다고 한다."[10]

라이사 아들러는 자신의 정치적 입장을 평생 바꾸지 않았다. 이는 그녀가 1957년 빈에 보냈던 편지들에서 드러났다. 그녀는 과거 《노동자 신문》의 편집자였으며, 알프레드 아들러 사망 20주년을 기념하여 기사를 하나 실은 휴고 탈러에게 보낸 편지에서, 특히 어떤 부분을 지적하여 감사의 말을 전달했다. 이 기사에는, 휴고 탈러가 아들러를 "사회주의자"로 축하를 했는데, 라이사는 이 부분을 강조했다. "그 누구도 그렇게 하지 않았습니다. 오히려 반대로 했지요. 나는 아들러의 특별한 장점에 대해서, 그러니까 그는 그 어떤 당에도 소속되지 않았다는 장점을 언급하는 많은 보도를 읽었습니다." 그녀는 편지 마지막에 "사회주의자로부터 인사"를 전한다고 썼다.[11]

1959년 3월 27일로 작성된 유언장에 그녀는 1959년 4월 1일 서명을 했다. 유언장의 16번은 다음과 같은 내용이 있었다. "아버지로부터 받은 편지 몇 장은 자식들 모두가 읽을 수 있으며, 알리의 이름으로 수신되어 있다. 사랑하는 나의 아이들아, 서로 뭉쳐야 한다. 나는 너희들을 사랑한단다. 협력해서 살아라."[12] 1930년 알프레드 아들러가 가족에게 보내는 장문의 편지에서, 알리가 수신인으로 되어 있지만 모든 가족을 향해 쓴 편지에서, 어떻게 썼던가? "너희들에게 가장 필요한 것은, 변명도 하지 말고 완전한 확신을 가지고서, 비록 너희들에게 힘들어 보일지라도, 서로를 더 많이 생각하고 서로에게 기쁨이 되도록 하는 것이다. 이렇게 하려면 너희들 모두가 이런 노력을 해야 한다. 한마음으로 살도록 해라."[13]

라이사 아들러는 1962년 4월 21일 오후 13시 45분에 뉴욕의 어퍼이스트사이드Upper East Side에 있는 한 병원에서 사망했다. 사망 진단서에는 키 141센티미터에 체중 49킬로그램으로 기록되어 있었다. 사망원인은 폐렴과 폐동맥의 혈전증으로 인한 폐기종이었다. 그녀는 자신의 바람대로 화장되었다.

하루 뒤, 그날은 부활절 일요일이었는데, 알렉산드라 아들러는 필리스 바텀과 포브스-데니스에게 어머니 사망 소식을 알렸다. 이 부부는 지난 20년 동안 가족과 서로 연락을 하고 지냈고, 아들러 가족은 물론 미국으로 이민 온 다른 개인심리학자들과도 접촉하던 지인들이었다. “사랑하는 필리스와 어난, 어제 어머니가 돌아가셨습니다. 그녀는 레녹스 힐 병원에서 점심을 드시던 도중에, 갑자기 돌아가시고 말았어요. 2시 15분 전에 제가 그곳에 도착했거든요. 어머니는 막 음식물을 삼키기 시작했고, 그러더니 ‘몸이 안 좋아’라고 분명하게 말씀하셨습니다. 그러더니 숨을 힘겹게 한번 쉬었고 그리고 돌아가셨어요. 의사들이 병실로 오기 전이라, 제가 인공호흡으로 산소를 공급했지만, 소용이 없었습니다. 어머니는 3월 6일 엉덩이뼈를 부러뜨린 이후로, 매우 힘들어 하였어요. 수술은 잘 됐지만, 결국 돌아가셨군요. 부러진 뼈는 3월 8일 수술한 뒤에 완전히 치료가 되었어요. 하지만 처음부터 어머니는 손상된 상태로 누워 있었고, 소변 문제도 있었고, 질에 염증이 생겼고 마침내 좀처럼 좋아지지 않는 폐렴에 걸린 것이지요. 어머니는 2주 동안 힘들게 호흡을 했고, 계속 살려두려면 산소를 공급해야만 했습니다. 심각한 것은, 그런 뒤로도 어머니는 정신이 오락가락 했어요. 그런 뒤에 러시아의 죽은 친척들과 얘기를 했고, 아마 그들이 존재한다는 환각을 일으킨 것 같았어요. 그러시다가 저에게, 자신은 죽었다고 말했고, 동시에 죽은 친척들과 대화를 나누었어요. 어머니는 ‘어제’ 죽었다고 생각할 때가 많았습니다. 이 모든 것은 독물로 인한 착란상태이었던 것 같고, 폐렴으로 인해서 생긴 것이라 봅니다. 오늘 부검이 있어요. 만일 예상치 못한 뭔가가 나오면 편지로 알려드릴게요./ 죽음은 텅 빈 시체만 남겨놓았어요. (……) 어머니는 아버지로부터 받은 편지 묶음 작은 것만 남겨두었는데, 1879년[1897년이 정확함]에 받은 편지들로, 아버지가 어머니의 마음을 얻기 위해 쓴 연애편지랍니다. 이 편지들은 어머니에 대한 사랑으로 넘쳐났는데, 4개월

마다 쓴 편지이고, 내용은 비슷비슷해요./ 어머니가 이후에 받았던 편지들을 모두 폐기한 것은 매우 유감입니다. 당신도 알다시피, 우리 어머니는 항상 신중하신 분이라."[14]

딸 넬리는 어머니가 죽던 시점에 시골에 있는 주말 하우스에 있었다. 쿠르트는 어머니가 돌아가신 지 5분 뒤에 병원에 도착했다. 라이사가 죽던 시점에 자식들은 모두 맨해튼에 살고 있었는데, 알리 아들러는 30 파크 애버뉴 가街에, 쿠르트 아들러는 262 센트럴 파크 웨스트에, 그리고 넬리는 미셸과 결혼해서 17 웨스터 67번 가街에 살고 있었다.

하와이 진주만에 있던 해군기지에 일본이 폭탄을 투하하자 1941년 12월 미국이 전쟁에 참여하게 된 뒤, 쿠르트 아들러는 의사로 군에 입대했다. 그는 미국의 외진 지역의 병원에서 근무를 했다. 그리하여 그는 1942년 11월 말에는 애빌린Abilene에서 남쪽으로 15마일 떨어져 있던 캠프 버클리에 주둔했던 부대에서 일했고, 1943년 5월에는 오클라호마 주에 있는 포트 실Fort Sill에서, 그리고 1944년 1월에는 역시 오클라호마 주에 있는 오크멀리의 글래넌 제너럴 병원에서 근무했다.[15] 전쟁이 막바지에 이르렀던 해에 그는 아칸소Arkansas 주의 리틀 록에 있었는데, 이곳에서 그는 두 번째 부인 프라이다Freyda—결혼 전 성姓은 파스터나크Pasternak—를 만났다. 이들은 결혼했고, 1946년 4월 16일에 딸 마르고트 수잔나Margot Susanna가 태어났다. 그녀는 라이사가 총애했던 아이였다. 라이사는 다른 가족하고도 마찬가지였지만 손녀와 독일어로 대화를 나누었고, 그녀의 영어 실력은 평생 그렇게 좋지는 않았다.[16]

나이가 많이 들 때까지 여전히 자신의 병원을 운영했던 쿠르트 아들러는 아버지의 유산에 적극적으로 참여했고, 그리하여 강연을 했으며 항상 대화 상대나 환자에게 친절했다. 그는 92세라는 나이로 뉴욕에서 1997년 5월 30일에 사망했는데, 아버지가 죽은 지 60년 뒤였고, 죽은 날로 계산하면 이틀 뒤였다.

알렉산드라 아들러는 국제 개인심리학회 내에서 조직적이고 협력적인 과제를 떠맡아야 할 때가 늘어났다. 1954년부터 그녀는 알프레드 아들러 정신 위생 종합병원의 원장이 되었는데, 이 병원은 1948년 설립된 아들러 상담센터가 조금씩 성장한 것이었다.[17] 1973년 그녀는 자랑스럽게 발표할 수 있었다. "이 병원은 가장 큰 아들러 종합병원으로, 낮은 보수를 받고도 일주일에 6일 일하며 모든 연령대의 환자들을 받습니다. 이 병원은 제가 뉴욕에 도착하기 전에 이미 아버지의 제자였던 도이취 부인이 시작했습니다. 오늘날에도 여전히 관리를 하고 계시지요. (……) 비싸지 않은 돈으로 심리적 도움을 제공하는 이런 형태의 종합병원은 매우 수요가 많았고 보편적인 복지에 기여를 합니다."[18] 오늘날 알프레드 아들러 뉴욕 연구소는 594 브로드웨이에 주소가 있다. 1959년 알렉산드라는 노르웨이 출신이며 1896년에 태어났고 로망어* 학과의 교수이자, 매사추세츠 주의 윌리엄스타운의 윌리엄스 칼리지의 총장이기도 했던 할프단 그레거선Halfdan Gregersen과 결혼했다. 알렉산드라의 남

* 로마 제국이 멸망한 후, 제국 영역 내의 각지에서 라틴어가 지방적으로 분화하고 변천하여 이루어진 근대어를 통틀어 이르는 말.

편은 1980년 3월에 사망했다. 1978년 빈으로부터 골든 명예훈장을 받았던 알렉산드라 아들러는 나이가 들수록 점점 어머니를 닮아갔고, 남편보다 21년을 더 살았다. 그녀는 2001년 1월 4일 99세의 나이로 사망했다.

재미 오스트리아인의 날이었던 1997년 9월 25일에 알렉산드라 아들러는 미국의 빌 클린턴 대통령에 의해 7027 선언에서 특별히 언급되었다. 미국 대법원의 가장 중요한 판사들 가운데 한 사람이었던 펠릭스 프랑크푸르터Felix Frankfurter, 오스트리아 사람의 아들로 베를린에 태어났으며 뮤지컬 〈마이 페어 레이디〉의 작곡가였던 프레데릭 뢰베Frederick Loewe, 유색 인종의 발전을 위한 국가 위원회의 설립자들 가운데 한 사람이었고, 북미에서 시민권조직들 가운데 가장 오래된 조직의 하나를 설립했던 조엘 엘리아스 스핑건Joel Elias Spingarn, 그리고 건축가 리하르트 노이트라Richard Neutra 등과 함께 호명되었던 것이다. 이 모든 사람들과 달리 그녀는 유일하게 살아 있는 사람이었고, 유일한 여성이었다.[19]

알프레드 아들러의 유일한 손녀인 마르고트는 버클리의 캘리포니아 대학에서 공부했고, 뉴욕에서 라디오 언론인이 되었다. 그녀는 2014년 7월 28일 사망했다. 마지막 20년 동안 그녀는 초교파적인 강신술, 흡혈귀 그리고 신이단新異端에 대해 여러 권의 책을 썼다. 그녀는 자신을 위카Wicca 종교의 성직자라고 칭했는데, 이는 달의 순환에 맞춘 마법과 같은 의식을 행하는 일종의 마녀 종교였다.

31. 1933년 이후의 개인심리학

"우리는 어떻게 행복하고, 생산적이며, 충만한 삶을 살 수 있을까.
내적으로나 외적으로 자유롭고,
우리 자신으로부터 나와서, 그리고 우리 자신과 함께 일체가 되고,
우리의 가장 중요한 욕구를 만족시키고,
우리의 능력과 잠재력을 어떻게 일에서,
사랑에서, 그리고 이성에서 꽃을 피울 수 있을까?"

에리히 프롬 (Erich Fromm)[1]

일에서, 사랑에서 그리고 이성에서. 그리고 성격의 결함에서도. 이 네 번째 개념은 뉴욕의 정신분석학자 쿠르트 아이슬러Kurt R. Eissler가 1982년에 사용했는데, 50년 전의 사건들을 인용했을 때였다. 뉴욕 지그문트 프로이트 문서실을 엄격하게 보호했던 그는, 자신이 무엇에 대해서 쓰고 있는지 잘 알고 있었다. 서른살이었던 1938년에 그는 오스트리아에서 나치를 피해 도망을 쳤고, 그의 아내는 1933년 독일에서 빈으로 이민을 갔고, 그의 형제는 아우슈비츠에서 사망했다. "내가 융의 성격결함이라는 말을 통해 의미하는 바는 볼프강 크라네펠트Wolfgang M. Kranefeldt에게 보낸 편지에서 가장 분명하게 드러난다. 크라네펠트는 융의 제자였고 당시(1934년) 베를린

심리치료연구소의 공동설립자였다. 이 연구소는 국가사회주의당이 집권할 때 창립되었다. 융은 그에게 이렇게 썼다. '어리석음을 막기 위해서 사람들은 아무것도 할 수 없지만, 이 경우에 아리아인들은, 프로이트와 아들러와는 특별히 유대인들의 시각을 설파하게 된다는 사실을 지적할 수 있습니다. 그리고 본질적으로 파괴적인 성격을 가지고 있는 시각도 증명할 수 있어요. 이처럼 유대인 기독교인의 복음이 정부를 편안하게 해준다면, 그럴 수 있습니다. 하지만 그렇지 않다면, 그러니까 정부를 편안하게 해주지 않을 가능성도 존재하는데, (……).'"[2]

칼 뮐러-브라운슈바이크Carl Müller-Braunschweig는 1933년에 《정신분석과 세계관》이라는 논문을 발표했다. 그는 이 주제로 1920년대 말의 논쟁을 다루었는데, 그러니까 신영웅주의적 경향이었다.[3] 1년 뒤 융은 심리치료의 상황에 대해서 이렇게 말했다. "아리아인의 무의식은 유대인의 무의식에 비해서 훨씬 높은 잠재력을 가지고 있다. 이것이 야만적인 것과 완전히 멀어지지 못한 청소년기의 장점과 단점이다. 내 생각에 따르면, 정신의학이 지금까지 저지른 가장 큰 실수는, 정신의학자들이 유대인들의 카테고리를 깊이 검토하지 않은 채 기독교를 믿는 게르만족이나 슬라브인들에게 적용한 것이다. 이렇게 함으로써 그들은 게르만 민족의 지극히 소중한 비밀, 그들의 창조적이며 예감력이 풍부한 영혼의 바탕을 유치하고 진부한 늪지라고 설명했던 반면에, 내가 이런 점을 경고했으나 수십 년 동안 이런 경고는 반유대주의라고 의심을 사기만 했다." 여기에서 끝이 아니었다. "그[프로이트]는 게르만 민족의 영혼을 알지 못했으며, 게르만 민족이지만 맹목적으로 그를 추종했던 사람들만큼이나 알지 못했다. 정신의학자들은 전 세계가 놀라운 눈으로 바라보고 있는 나치즘의 출현을, 우월한 인종의 막강한 출현을 가르쳤을까? 나치즘이 전혀 존재하지 않았을 때, 그때는 들어보지도 못했던 긴장과 중압감은 어디에 있었단 말인가? 그것들은 게르만족의 영혼에 숨어 있었고, 충족되지 못했던 아이들의 소원과 해결되지 못한 가족 간의 원한이라는 쓰레기통과는 전혀 다른 곳에, 그러니까 게르만 민족의 깊은 내면에 숨어 있었을 뿐이다."[4]

독일에서는 나치즘 "심리치료"가 개인심리학의 몇 가지 기본 생각을 종합하려는 시도를 했다. 이것들이 지도적 이념과 상호 어울릴 수 있는 한도 내에서 말이다. 독일 정신분석 학회는 "정권 장악" 이후 모든 방향의 심리치료를 하나의 연구소로 통합하라는 압박을 받았다. C. G. 융이 회장으로 있던 "심리치료를 위한 일반의사 협의회"의 지도적인 회원들은 1933년에 "독일인" 협회를 창설할 생각을 했고, 새로운 정권에게 굽실거렸다. 이를 협의하기 위해서 괴링Göring, 자이프Seif와 퀸켈Künkel이 모였다. 회장으로 괴링이 선출되었다. 이런 위치에 있는 사람은 당연히 NSDAP의 당원이어야 했고, 그 사람이 바로 괴링이었다. 그밖에도 그는 정치적으로 인맥이 두터웠다. 그의 사촌은 헤르만 괴링Hermann Göring이었는데, 1933년 프로이센의 수상이었고 얼마 후 교통부 장관이 되었다. 이렇듯 독일인으로 이루어진 결사 단체가 심리치료를 하는 모든 단체들을 대표해야만 했다. 1933년에 67세였던 자이프는 개인심리학을 대표했다.[5] 퀸켈은 자신만의 방향으로 나아가는 것으로 간주되었다. 그는 점점 더 보수적이 되어갔고 1933년부터 나치스의 분위기에 날렵하게 들어갔다. 그의 주장은 그 사이 융에게 더 가까웠다. 1939년 가을에 그는 미국으로 강연 여행을 떠났고, 전쟁이 발발하자 이곳에 당분간 머물기로 결정했다. 과거에 기독교 성직자들과 협력해서 일을 했기에, 그는 로스앤젤레스에 "목사들의 심리학을 위한 연구소"를 열었다.

마티아스 괴링Matthias Göring은 1926년에 설립되었던 "심리치료를 위한 일반 독일의사 협의회"AAGP의 회장이 되었다.[6] 이 협의회는 정통을 그다지 고수하지 않고, 반자유주의적 측면을 가지고 있으며 일부 인종차별적 시각을 대표했던 심리치료사들을 받아들였다. 이 단체는 적극적으로 동화와 복종을 재촉했다. 1933년 4월에 융이 회장이 되었다. 그의 선임자들은 사임을 했는데, 왜냐하면 그들은 나치스를 거부했기 때문이다. 1934년부터 융은 국제 협의회의 회장도 맡게 되었다.[7] 본부는 부퍼탈-엘버펠트Wuppertal-Elberfeld에 있었는데, "새로운 독일 정신치료학"을 만들기를 원했던 괴링의 집이 있던 곳이었다. 신경학자였던 괴링은 뮌헨에 있는 자이프에게서 학설분석을 했고—훗날 그는, 자이프에게 갔지 유대인 아들러에게 가지 않았다는 사실을 강조했는데, 아들러의 오른팔 슈페르버는 볼셰비키였다—1929년 부퍼탈에 교육 자문회를 설립했다.[8] 조용하게 등장했지만, 1879년에 태어났고 흰 수염이 잔뜩 나 있던 괴링은 지극히 경건한 종교주의자였으며 1945년 7월 죽는 날까지 민족사회주의자였다(그리고 몇몇 동료들을 보호하기도 했다). 이는 AAGP가 결성되기 전 괴링의 언급에서 분명해졌는데, 그러니까 히틀러의 이념과 자신의 방향 사이에 연계성을 강연할 수 있는 동료만 받아들이라고 한 그의 언급이었다.[9] 1933년 9월 15일 AAGP는 베를린에서 창립되었는데, 프리츠 퀸켈의 집에서였다.[10] 《심리치료 중앙지》에는 새로운 단체의 핵심노선이 소개되었다. 모든 독일 의사들이 이 단체에 모여서는 안 되며, 오히려 나치스의 세계관이라는 의미에서 영혼을 치료하는 치료법을 배우고 그밖에 히틀러의 《나의 투쟁Mein Kampf》을 학문적인 진지함으로 다 읽은 뒤 이것을 기본으로 인정하는 의사들만 소속될 수 있다는 말이었다. 그리고 이처럼 새롭고 오래된 순수 독일인의 영혼치료학은 "독일 민족을 영웅적이고, 기꺼이 희생할 줄 아는 마음을 가지도록 교육시키고자 하는, 민족을 대표하는 수상의 의도에 동참"[11]해야만 한다는 것이었다. 1935년 독일 정신분석학회가 "어용기관화" 되었다. 마지막으로 남아있던 유대인 회원들은, 18명으로 대략 회원의 절반을 차지하는데, 탈퇴해야만 했다. 1936년 초에 치료 방향이 다른 단체와 합병하라는 지시가 내려졌고, 그것도 괴링의 지도하에 말이다. 1936년 3월에 라이프치히에 있던 국제 정신분석 출판사가 문을 닫았고 정리되었다.[12] 이해 5월에 "심리 연구 및 심리치료를 위한 독일 연구소"가 AAGP, "독일 정신분석 협회", "C.G. 융 협회"와 프리츠 퀸켈의 "응용 성격학을 위한 모임"의 대표자들을 통해 베를린에 설립되었다. 이 연구소는 "독일 노동 전선"의 "직업교육과 경영관리를 위한 관청"의 한 부서 소속이었다.[13] 괴링은 "독일 심리치료학의 기본을 나치즘적 세계관을 다질 확고한 바탕으로" 삼겠다는 목표를 가지고서 이 기회를 이념적으로 영향을 미칠 생각이었다. 회원들은 반드시 나치스의 회원일 필요는 없었다.[14] 1942년까지 "심리 연구 및 심리치료를 위한 독일 연구소"는 "독일 노동 전선"으로부터 재정 지원을 받았고, 그 이후 "제국연구위원회"로부터 지원을 받았다.[15] 괴링의 "심리 연구 및 심리치료를 위한 독일 연구소"는 1944년 1월 1

일 "제국연구위원회의 제국연구소"[16]가 되었다.

빈에서 간행되었던 《국제 개인심리학 잡지》는 1934년 1월부터 규모가 줄어들었다. 이 해부터 "지속적인 회원들" 가운데 뮌헨 사람들이 빠져나갔다. 독일 저자가 더이상 글을 올리지 않았다. 나치-독일로부터 더이상 소식이 오지 않았고, 교육상담소 또는 비슷한 단체로부터도 소식이 끊겼다. 지부 목록에서는 1936년까지 올라가 있었다.[17] 1934년 4월 사회당에 금지령이 내려졌는데, 마르크스주의 심리학자들 그룹도 해당되었다. 이들은 해산해야만 했다. 빈 교육청에서는 카를 푸르트뮐러가 자신의 자리를 내놓아야 했다.[18] 아들러가 더이상 빈에 머물지 않았기 때문에, 1935년 12월 이 단체는 새로운 회장을 선출해야 했다. 회장은 프란츠 플레바 의학 박사가 되었고, 부회장은 아들러의 사위 하인츠 슈테른베르크 법학 박사가 선출되었다. 창립한 "개인심리학 친구들 클럽"은, 모든 형태의 사회주의를 지우려고 노력했다. 하지만 결과는 좋지만은 않았다. 빈 신문들은 최후까지 적극적으로 활동했던 개인심리학자들, 예를 들어 소피 라자스펠드, 리디아 지허, 알렉산더 노이어 또는 다니카 도이취[19]와 같은 자들의 활동이나 (절반은) 공개적인 등장에 대하여 점점 더 신랄하게 반유대인적인 보도를 했다. 예를 들어 《월요신문》을 보자. "이들 유대인 개인 심리학자들의 친위대 무리들과 퇴폐적 삶의 과제를 극복하려는 자들은 이제 빈의 시민들에게 돌진해오려 한다."[20]

1938년 오스트리아가 독일에 "병합"된 이후 개인심리학에 소속되어 있던 유대인 회원들에게는 상황이 더 열악해졌다. 대략 40명이 위협적인 체포 상황에서 도주를 했고, 6명은 유대인 대학살(홀로코스트)로 인해 희생되었으며, 오로지 3명만이 오스트리아에 남았다. 즉, 오스카 슈필Oskar Spiel, 페르디난트 비른바움Ferdinand Birnbaum, 그리고 카를 노보트니Karl Nowotny였다.[21] "1938년 5월 17일에 발표된 단체, 조직과 협회의 연결과 가입에 관한 법률"에 따라 프란츠 플레바Franz Plewa에게도, 단체를 즉각 중단하라는 고지가 발부되었다. 플레바는 이미 런던으로 이민을 떠난 상태였기에 거기에서 대답하기를, 자신이 부재함으로 모든 소식은 자신의 대리인 페르디난트 비른바움("그는 성실하고 능력이 있다")[22]에게 보내달라고 했다. 1939년 2월에 이 협회는 단체명부에서 삭제되었다. 관공서의 통재가 공식적인 회장 또는 그의 대리인에게 전달되지 못하는 상황은 1945년 이후 법적인 다툼으로 이어지고는 했다.[23] 1938년 8월 중순에 소피 라자스펠드는 빈을 떠났으며, 그녀가 살았던 대저택은 국가에 의해 징발되었다.[24] 알리네와 카를 푸르트뮐러는 1939년 여름 프랑스로 이민 갈 때까지 금지된 위치에서 음모활동을 펼쳤는데, 이를 위해 아들러의 이전 정원사를 급사로 이용했다.[25] 1940년 푸르트뮐러 부부와 소피 라자스펠드는 점령되지 않은 프랑스의 땅 몽토방Montauban에 머물렀다. 푸르트뮐러 부부는 1940년 스페인으로 넘어갔다. 이들은 체포되었고, 여러 형무소를 전전했고 급기야 서로 대화도 나누지 못하는 상태가 되었다. 마침내 알리네는 암에 걸리고 말았다.[26] 여러 종교 단체와 라이사 아들러는 두 사람을 구출하려고 노력했고, 1940년 12월에 성공을 했다. 그들은 리스본에서 미국으로 가는 배를 탔다. 카를 푸르트뮐러는 처음에 필라델피아의 옷 공장에서 단순직 노동자로 일했고, 그 이후 볼티모어에 있는 퀘이커 교도의 학교에서 라틴어를 가르쳤으며, 나중에는 뉴욕에 있는 라디오 방송국 "보이스 오브 아메리카"에서 독일어를 영어로 번역하는 일을 했다. 알리네 푸르트뮐러는 1941년 12월에 암으로 사망했다.[27]

나치스가 활개를 치는 동안 빈에서는 정신분석가 아우구스트 아이히호른August Aichhorn을 중심으로 오스트리아에 남아 있던 정신분석학자들과 개인 심리학자들의 그룹이 만들어졌다. 빈의 카이저린 엘리자베트Kaiserin-Elisabeth 병원에서 정신과와 신경학과를 담당했던 하인리힌 폰 코거러Heinrich von Kogerer는 마티아스 괴링으로부터, 모임을 만들라는 지시를 받았다. 프로이트 정신분석을 특별히 유대인적이라고 분류했던 코거러는 비전문가들과의 협업을 거절했다. 그는 1940년 군대의 심리치료사로 군에 지원했다. 공식적으로 "독일제국연구소"의 밑에 소속되었던 그룹은 어느 정도 사적인 모임을 통해서 논쟁을 할 수도 있었고, 여기에서 다양한 경향을 대표하는 사람들이 함께 일할 수 있었다. 정신분석학자이자 장기간 빈 정신분석학 협회의 회장을 역임했던 하랄드 로이폴트-뢰벤탈Harald Leupold-Löwenthal은 1982년에 솔직하게 다음과 같이 말했다. "개인심리학자들과 정신분석학자들은 나치 시절에 빈에서 민주적인 형식으로, 그리고 역사적으로 끔찍했던 모든 사건과 통렬함을 넘어서서 함께 심층심리학과 정신분석에 대한 공격을 막으려고 노력했다!"[28] 알프레드 아들러를 1920년부터 알고 지냈으며 개인심리학 협회의 회원이었고 의학적인 전문가들의 지도자 역할을 했던 카를 노보트니는 아이히호른과 개인심리학을 실행하는 동료들에게 자신의 환자들을 넘겨줄 수 있었다. 이런 동료들은 의사가 입회한 상태에서 심리치료를 하는 이들이었다. 전쟁이 끝난 뒤 개인심리학 협회는 새롭게 구축될 수 있었다.[29] 1938년 빈의 대학병원을 떠났던 노보트니는 1945년 5월 말에 빈 시립 신경치료 병원인 마리아 테레지아 슐뢰설Maria Theresia Schlössel의 원장으로 임명되었다. 그곳에서 그는 오스카 슈필과 함께 개인심리학을 적용하는 교육상담소도 운영했다.

일, 사랑과 이성. 그리고 끝없는 상실.

1930년에 이미 알리스 륄레-게르스텔과 오토 륄레는 돈이 없어서 드레스덴에 있던 자신들의 집을 팔았다. 히틀러가 정권을 잡기 얼마 전에 두 사람은 1932년 10월에 독일을 떠나서 프라하로 갔다. 드레스덴 집에 남겨두었던 그들의 서재는 몰수당했고—압류를 감독했던 형사는 1918년부터 륄레를 감시하고 있었는데—순식간에 사라져버렸다.[30] 1935년 11월에 오토 륄레는 멕시코로 이민을 갔고, 그곳에는 자신의 첫 번째 결혼으로 낳은 딸이 살고 있었다. 알리스는 6개월 후에 따라갔다.[31] 1936년에 멕시코 교육부에 자리 하나가 그에게 제공되었다. 그의 열정은 대단했다. 하지만 그는 반대에 부딪혔다. 미국에 출판 프로젝트를 제안했으나 답이 없었다. 그가 구상했던 엄청난 규모의 사전에 대해서 처음에는 관심을 가졌던 대형 출판사가 트로츠키와 가깝다는 이유로 거절했던 것이다. 륄레는 트로츠키와 연락을 하고 있었다. 즉, 트로츠키는 멕시코에 머물렀던 그들을 방문해서 부적당한 논쟁을 펼쳤다. 1938년 1월 말 교육부에서 그에게 제공했던 자리가 없어졌다. 그는 마르크스주의에 대한 책을 썼다.[32] 그래도 먹고 살아야 할 걱정으로 인해 그는 엽서에 그림을 그려서 돈을 벌었다.[33] 알리스 륄레-게르스텔은 다양한 잡지사에 글을 기고해서 생활비를 벌었다.[34] 1943년 6월 24일 이 이론가의 심장이 멈추었다. 같은 날 늦은 오후에 알리스 륄레-게르스텔은 집에 있던 창문에서 뛰어내려 남편이 죽은 지 몇 시간 뒤에 숨졌다.[35]

마네 슈페르버는 1933년 3월 15일 베를린에서 체포되었다.[36] 36일 후에 그는 아버지와 빈의 어떤 변호사의 구호활동 덕분에 개인심리학이라는 영향권으로부터 빠져나오게 되었다. 그는 독일을 떠났다. 5월 11일에 그는 빈에서 라디오 방송을 통해 처형 소식에 대해 들었다.[37] 그는 1937년에 모스크바 재판 때문에 스탈린과 공산주의와 결별했다. 자기치유의 수단으로서 그는 아주 짧은 기간 안에 매우 의미심장한 에세이를 완성했다. 《독재정치에 대한 분석Zur Analyse der Tyrannis》은 1938년 파리에서 출간되었는데, 슈페르버는 그 사이 이곳에서 살고 있었다. 그는 20세기에 전체주의의 발생과 기능이라는 사회심리학적 기제를 매우 분명하게 분석했다. 이와 같은 저서로 그는 1945년 이후 반공산주의를 지향하는 선구자로 자리를 잡았다. 그는 오늘날에도 여전히 생생한 느낌을 불러일으킨다. "모든 독재자는 권력을 잡기 전에, 자신을 추종하는 모두에게 모든 것을 제공할 것이라 약속한다. 독재자는 무엇보다, 대규모 권력 장치를 만들어서 자신을 진심으로 따르는 자들에게 이 장치를 맡길 것이라 약속한다. 따라서 독재자는 권력을 약속한다. 그렇지 않으면 거리의 이 소인에게 언제 권력을 약속하겠는가? (……) 독재자는 자신과 비슷한 그리움과 소망을 가진 수백만 명의 소인배 독재자들에게 호소하는데, 물론 이들의 소망은 반드시 충족시켜야 한다는 강박관념으로까지 발전하지는 않았다. 독재자는 권력을 잡으면 몇 천 명에게 이와 같은 약속을 지킨다. 다른 사람들은 두려워한다. (……) 독재자는 행복을 영원히 확고하게 다지기 위해, 이런 위기를 극복할 것이라 약속한다. 다른 사람들도 이런 약속을 한다. 하지만 독재자는 더 많이 약속하고 매우 본질적인 것을 약속하는데, 즉 적에 대한 신화를 통해서이다. 적이란 이른바 이웃이다. 증오할 이웃이 없는 사람이 과연 누가 있으랴? 적이란 바로 열등한 존재라고 모함한 대상일 뿐이다. 하지만 독재자를 추종하는 사람은, 국가의 모범이자 태어날 때부터 귀족인 독재자를 추종하는 사람은, 독재자에게서 자신을 인지함으로써 이를 증명하는 셈이 된다. 독재자가 이 소인배에게 도움을 제공하기도 전에, 이미 놀라운 선물을 했다고 할 수 있다. 그러니까 독재자는 그에게 우선 복잡한 세상을 선과 악이라는 단순하고도 쉬운 잣대로 인도한 것이다. 이제 우리의 소인배도, 왜 자신은 못 사는데 다른 사람들은 잘 사는지 분명하게 이해하게 된다. 독재자는, 두 번째로, 소인배에게 증오심을 주었고, 이 증오심은 독재자는 고상한 사람이라고 합법화시켜준다. 여기에서 부끄러워서 숨겨야만 하는 것은, 다른 사람의 가치를 깎아내려서 자신의 가치를 높이고자 하는 감정들이다."[38]

개인심리학을 지향하는 정신의학자이었고 1920년대 중반부터 사회심리학적 작업의 선구자이자, 정신과 환자들과 알코올 중독자들을 위한 상담소를 열었던 선구자이며 예방치료법을 연구했던 루돌프 드라이쿠르스는 오래 전부터 이민을 고려하고 있었다. 1937년 초에, 브라질에서 강연 초대를 받는 데 성공했다. 대안으로 아들러는, 미국으로 이민 오라는 제안을 그에게 했다. 아들러는 시카고를 추천했는데, 이곳에 개인심리학의 미래가 있다고 하면서 말이다.[39] 드라이쿠르스는 남아메리카로 떠났고 1937년 11월에 미국에 도착했다. 뉴욕에서 그는 라이사 아들러를 방문했다. "어제 나는 아들러 부인과 대화를 나누었고, 그녀는 끔찍해 보이기는 했지만, 그래도 신선했다. 지금부터 시작할 준비를 하는 듯했다."[40]

드라이쿠르스는 시카고로 갔다. 그는 도시에서 가장 오래 되었고 가장 규모가 큰 종합병원인 마이클 리스 병원과 메디컬센터에 자리를 하나 얻었다.[41] 추방된 상황을 극복하기란 간단하지 않았다.[42] 그의 두 아이들은 데려올 수 있었지만, 부모는 그럴 수 없었다. 부모와 헤어진 아내는 강제수용소에 끌려가서 사망했다.[43] 1942년에 그는 시카고 대학의 의학부 정신과 교수가 되었고, 자신의 병원도 운영했다. 1939년에 그는 아동보호 센터와 교육상담실을 비교적 가난한 동네에 설립했다.[44] 1940년부터 1년에 네 번 발행되는 《개인심리학 학술서》를 발행했던 드라이쿠르스는 자신의 아동 및 청소년치료 학교를 설립했다. 이 학교는 개인심리학 이론에 따라 설립했으나, 다른 심리치료 이론들도 함께 녹아들어가 있었다. 심층심리학적 측면은 자기 관찰, 분석과 성격개발처럼 모두 포함되었다.[45] 1942년에 드라이쿠르스는 아들러의 이념이었던 공동체의식을 민주주의에 승리를 안겨주고자 했던 미국의 노력과 연계시켰다. 그는 사회 평등을 위한 근본적인 심리학 혁명을 주장했다. 그는 이것을 사회의 인류학적인 "네 가지 자유"로 간주했다. 그러니까 루스벨트 대통령과 처칠이 1941년 대서양 헌장에서 확고하게 다졌던 자유 말이다. 즉, 언론의 자유, 종교의 자유, 궁핍으로부터의 자유, 그리고 두려움으로부터의 자유. 드라이쿠르스에 따르면 인종, 성별, 그리고 가정과 학교 내에서의 아이들 교육에서 모든 인간이 동등한 가치가 있다고 하는 민주적 원칙을 반드시 실현해야 한다는 것이다.[46] 전쟁을 통해 아내의 역할이 변함으로써 인해 발생한 어려움이 그의 저서 《결혼의 도전》의 핵심이었고, 이 책은 1946년에 출간되었다. 1954년에 국제 개인심리학회의 회장으로 선출되었던 드라이쿠르스는 수년 동안 1952년 설립된 아들러 심리학 연구소—훗날 시카고 알프레드 아들러 연구소로 바뀌었다—를 관리했다. 이 연구소는 오랜 기간 미국에서 가장 규모가 큰 개인심리학 연구소였다. 1950년대와 1960년대에 그는 교육에 관한 베스트셀러를 집필했으며, 《아이들은 우리들에게 요구한다》, 그리고 《교실에서의 심리학》이 바로 그것이었다. 1968년에 이스라엘에서 "인간관계의 향상을 위한 위원회"가 설립되었는데, 드라이쿠르스는 1960년부터 이스라엘에서 여러 차례 활동을 했다. 이 위원회는 알프레드 아들러 연구소와 협력을 했으며 정당, 부처와 경영자, 학부모조직, 교육단체와 이스라엘 군대에 영향을 미칠 수 있었다.[47]

에르빈 벡스베르크는 1934년 미국으로 이민을 갔다. 그는 우선 시카고로 갔다. 그런 뒤 뉴올리언스로 갔고, 이곳에서 개인심리학 상담소를 운영했다. 이어서 그는 빈에서 의학박사 학위를 받았으나 미국 의과대학 시험을 쳤고, 뉴올리언스와 코네티컷 주에 있는 병원에서 일했다. 2차 세계대전 동안에 군의관으로 일했고, 1945년 이후 워싱턴 D.C.로 갔는데, 이곳에서 그는 미국 위생국의 정신 위생부 국장이 되었다. 그에게는 사회 의학적 복지시설, 교육시설과 심리치료를 해주는 상담소와 알코올 중독자를 위한 구급차가 필요해 보였기에 이런 시설들을 구축하기 위해 노력했다.[48] 그는 1957년에 사망했다.

다른 사람들은 운이 따라주지 않았다. 알렉산더 노이어는 1939년 파리로 이민을 했다. 2차 세계대전의 초반에 그는 적대적 외국인으로 감금되었다가 1941년에 강제수용소에서 사망했다.[49] 1940년 5월부터 나치가 점령했던 네덜란드에서는 파울라 알마이어가 1942년 8월에 도주할 결정을 내렸다. 그녀는 자신의 가족과 함께 포르투갈로 가려고 했다. 그녀는 자신을 외국으로 데려다 줄 사람을 한 사람 고용했다. 그러나 이 남자는 밤중에 차로 그녀를 태워서 에우테르페 가街에 있던 게슈타포 앞에 내려주었다. 이들 가족은 곧장 체포되었고, 감금되었다가 아우슈비츠 강제수용소에 실려 가서 1942년 9월 3일 죽었다.[50]

알리 아들러처럼 젊은 여자의사로서 바그너-야우렉과 푀츨 밑에서 일을 했던 리디아 지허는 남편과 함께 1938년 빈을 떠났다. 남편은 대학의 해부학 교수였는데, 미국으로 갔고, 그녀는 1년 동안 영국에 머물렀다. 이들은 유타 주에 정착했고 1941년 로스앤젤레스로 갔고, 그녀의 남편은 캘리포니아 대학의 의학부에서 교수 자리를 얻었다. 그녀는 1948년 아동 보호 센터를 설립했고 로스앤젤레스 심리치료 서비스를 위한 조수로 일했으며 시더스 오브 레바논 호스피털(오늘날에는 시더스 시나이 메디컬 센터로 바뀜)의 정신과 외래환자의 의사로 일했다. 리디아 지허는 1962년에 사망했다.[51] 독일인 여성 개인심리학자 루시 아커크네히트는 1966년 샌프란시스코 버클리에서 인간학 조사와 트레이닝을 위한 웨스턴 연구소를 착수했고, 존 F. 케네디 대학의 심리학 교수를 맡았으며, 개인심리학 마라톤이라는 모델을 고안해내기도 했다.[52] 그녀는 1960년대 중반 이후에 독일에서 젊은 세대의 개인 심리학자들을 위한 교육에 책임 있게 참여했다.

32. 1945년 이후의 개인심리학

"충동이 장애가 되면, 그것은 개들이 잠을 자지 않는다는 증거이며,
만일 개들이 진짜 자는 것처럼 보인다면,
이들을 깨우는 일은 우리의 힘으로는 안 된다."

지그문트 프로이트[1]

클라리넷을 위한 콘서트, 〈시니어 미스터 슈타틀러를 위하여〉. 아다지오, 알레그로, 론도. 볼프강 아마데우스 모차르트의 작품이 클라리넷을 위한 작품으로 분류되었음에도 불구하고, 처음에 사람들은 57박자로 듣는다. 그때까지 오케스트라들은 세 가지 주요 주제를 소개했다. 쾨헬 번호 622번 가장조는 원래 공동체에 관한 작품이라 할 수 있다. 이 작품은 잘츠부르크 태생의 이 작곡가의 작품 가운데 후기에 속하며, 1791년 10월 16일 프라하에서 초연이 있었다. 〈마법의 피리〉의 초연이 있은 지 2주 후이며, 빈의 시내에 있는 라우헨슈타인 길에 있던 작은 그의 집 카이저하우스에서 죽기 대략 6주 전이었다. 마지막 론도 부분은 명랑하고 춤추듯 하며 율동이 느껴진다.

그 다음에 리처드 스토커의 작품—4중주 번호 3번, 작품번호 36—이 1970년 2월 10일 미국에서 초연되는 것을 경험했다. 이 영국의

작곡가는 1년 전에 나온 자신의 작품을 "아들러리언Adlerian"이라고 이름 붙였다.

끝으로 요하네스 브람스의 클라리넷 트리오 나단조, 작품번호 115는, 브람스가 1891년 다시 한번 힘을 내서 열정적으로 만든 작품이며, 이때 그는 더이상 작곡을 하고 싶지 않다고 밝혔다. 장조 3도 음정으로 청각적으로 혼란스럽게 시작해서, 이어 첼로가 나단조로 따라오는데, 우울하고, 죽음을 의식하는 분위기가 느껴진다. 헝가리풍의 스케르초Scherzo는 마지막에 모든 것을 뒤흔드는 피날레에서, 메멘토 모리의 결론으로 끝을 맺는다.

알프레드 아들러와 그의 탄생 100주년을 기념하여 정교한 프로그램으로 짜인 음악회가 캐스퍼리 홀Caspary Hall—오늘날에는 뉴욕 어퍼 웨스트 사이드에 있는 록커펠러 대학의 캐스퍼리 강당Caspary Auditorium—에서 열렸다. 당시에 그의 저서들이 많이 읽혔던 심리학자이자 인류학자이며 프린스턴 대학의 애슐리 몬터규Ashley Montagu—1968년에 《사람과 공격성》을 출간했다—가 이 축제에서 "알프레드 아들러, 사회적 관심사의 도전"이라는 제목으로 강연을 했다.[2]

10개월 뒤에 격월간 잡지인 《미국 정신의학 학술지》 127호에 아들러에 관한 소고 네 편이 실렸다. 알렉산드라 아들러와 쿠르트 아들러가 각각 한 편씩 썼는데, 딸이 쓴 것은 〈내 아버지에 대한 기억〉이었고, 아들 쿠르트는 현재 이론체계를 위한 아들러주의 심리학의 중요성에 대해서 설명했다. 그밖에 두 가지 수필은 하인츠 안스바허Heinz L. Ansbacher와 헬렌 패퍼네크Helen Papanek가 썼다. 전자는 역사적 시각에서 아들러를 바라보았고, 후자는 개인심리학과 그룹심리치료를 다루었다.[3]

이로부터 4개월 후에는 뉴욕에서 독일어로 발행되었으며, 유대인 망명자들 신문인 《아우프바우Aufbau》에 보다 긴 기사를 읽을 수 있었다. 힐데 마르크스Hilde Marx는 지난 시대를 요약했다. 알프레드 아들러 정신 위생 병원이라는 시설을 바탕으로 해서 그녀는 이런 시설들이 다시 유행할 것이라고 주장했고, 이와 동시에 전후에 유행이 시작될 수 있는 조건에 대해서도 서술했다. "병원의 경영진인 다니카 도이취Danica Deutsch 이사가 있으며, 그녀의 80회 생일을 개인심리학 국제 학회에서 축하를 한 바 있다. 도이취 여사는 52년 전부터 아들러의 가족과 학설과 밀접하게 관계를 유지하고 있다. 이미 1932년에 그녀는 빈에서 《개인심리학 행사를 위한 통지문》을 간행했다. 그녀는 또한 1948년에, 훗날 알프레드 아들러 종합병원이 되는 시설을, 그러니까 적은 소득으로 살아가는 지역 주민들을 위해 상담센터를 시작한 사람이기도 했다. 당시에 이 센터는 유치원의 구석에 자리를 잡고서 책상 하나, 타자기 한 대, 서류를 넣어두는 장 하나를 두고 다니카 도이취 혼자서 일했다. 이로부터 2년 뒤 이미 이 센터에 대한 수요가 늘어나는 바람에 현재 있는 이 장소로 옮겨왔고, 필요한 집기만을 갖추고 일을 하고 있음에도 더이상 수요를 감당할 수 없는 상태가 되었다. 곧 병원과 연구소는 88번가에 독자적인 집을 얻어서 이사할 것이다."[4]

제2차 세계대전 때는 1차 세계대전 때보다 심리학에 대한 수요가 더 많았다. 1943년에 윌리엄 도노반William J. 'Wild Bill', Donovan 대령은 1942년부터 새로운 조직 전략사무국 초대국장을 맡고 있었다. 이 조직은 중앙정보부CIA의 전신이기도 하다. 도노반 국장은 하버드 대학의 정신분석학자 월터 랭어Walter C. Langer에게 히틀러의 정신을 분석하여 성격연구를 해달라는 요청을 했다. 이 연구는 30년 동안 미공개했다가, 마침내 《아돌프 히틀러의 마음The Mind of Adolf Hitler》이라는 제목으로 출판되었다. 1899년에 태어난 랭거는 프로이트의 이론을 심리전에 이용할 수 있다고 생각한 유일한 정신분석학자는 아니었다. 심리전을 펼치려면 권위적 정치가들의 최면술과 태도를 알면 도움이 되었기 때문이다. 이처럼 성격을 진단함으로써 미래에 어떤 행동을 하게 될지를 예측할 수도 있었다.[5] 영국에서도 정신분석학자들은 군대에 자신들의 힘을 보탰다. 1944년 군부대의 심리치료 부서가 프로이트 이론에 따라 완전히 정비되었다.[6]

심리학자들이 대대적으로 전쟁터에 투입되었는데, 이들은 행정부와 인사부에서 일을 했을 뿐 아니라, 군인들의 전투의지를 강화시키고, 선전을 담당하기도 하고 군인들을 관리하는 업무도 맡았다. 따라서 병원에서는 이들 전문가에 대한 요구가 넘쳐났다. 이와 관련하여 매우 중요한 것은 바로 40세의 심리학과 교수 카를 로저스Carl Rogers의 저서로, 이 책은 지대한 영향을 끼쳤다. 《상담과 정신치료》을 통해서 로저스는 1942년에 전통적인 심리분석을 새로운 상담방법과 대조시켰다. 즉, 그가 "거울로 비추는 것"이라고 불렀듯이 판단을 내리지 않고 인지하는 방법론을 찬성했고 해석을 거부했으며, 부정적인 낙인을 찍지 않기 위해 "환자"라고 부르는 대신에 "고객"이라 부를 것을 찬성했다. 심리학자들이 군인들의 심리를 치료하는 것은 무엇보다, 프로이트 학파의 분리파였던 오토 랑크에 의해 영향을 받은 휴머니즘적 심리학자들 덕분이었다고 했다.[7] 전쟁이 끝난 뒤 프로이트의 학설은 미국에서 상당한 인기를 누렸다.

"정신분석은 전쟁이 끝난 후에 영향력을 떨칠 수 있었는데, 이는 오로지 치료사들의 부족 때문이었다." 병원에서 심리치료를 담당했던 직업은 전후에 폭발적으로 늘어났다. 그리하여 미국 심리학회는 1940년에 회원이 2,739명 이었던 것이, 30년 후에는 50,839명에 달했다. 18배로 증가한 수이다![8]

1940년에 미국에서 일했던 정신과 의사가 2,295명이었는데, 이들 가운데 60%가 병원에서 근무했다. 그런데 1948년까지 그 숫자가 두 배가 넘었고, 4,700명에 이르렀다. 1946년부터 14년 동안 정신분석학회가 공식적으로 13개 설립되었고, 8개의 연구소와 네 개의 교육센터가 세워졌다. 1960년대 말에 미국심리학회에는 20개의 지부와 22곳의 교육연구소가 등록되어 있었다. 1976년에는 미국에 27,000명의 정신과 의사가 있었다.[9] 1970년과 1995년 사이에 정신과에서 일하는 종사자들이 400% 늘어났다.[10]

1945년 퇴역한 군인들이 입원해 있던 병원과 요양시설의 환자들 가운데 2/3가 정신치료를 받는 경우였다. 근무 불능으로 인한 연금을 받는 사람들 전체 가운데 50%가 정신 장애를 앓고 있는 전쟁희생자들이었다. 2차 세계대전이 끝나고 10년 후 캘리포니아와 로드아일랜드 주 사이에 있던 병원 침상 두 개 가운데 하나에는 정신 질환을 앓는 환자가 누워 있었다. 허버트 후버 전前 대통령이 회장이었던 2차 후버 위원회는 이런 현상을 1955년에 "국가의 건강상으로 비추어 볼 때 가장 큰 문제"라고 불렀다. 국립 보건원 중에서도 가장 빨리 성장한 국립 정신건강 연구소는 청소년범죄, 자살, 알코올 중독과 텔레비전의 폭력을 정신과적으로 연구하는 데 많은 돈을 지출했다.[11]

또다른 정치적인 관점에서도, 지극히 정치적으로, 개인심리학은 반향과 호응을 얻었다. 아들러는 파괴성의 사회적인 바탕을 주시했고 인종을 범주로서 고려했다. 그리하여 케네스 클라크Kenneth Clark—1914년에 태어났으며, 아프리카·아메리카계로서는 최초로 뉴욕 컬럼비아 대학에서 심리학으로 박사과정을 밟았고 뉴욕 시티 칼리지에서 최초 흑인 심리학교수가 되었던—는 1967년에 중요한 논문을 쓰면서 알프레드 아들러를 인용했고, 1960년대의 시민권운동을 위한 투쟁에서 개인심리학적인 요소들을 강조했다.[12] 프랑스령 마르티니크 출신이었으며 정신과의사였던 프란츠 파농Frantz Fanon은 식민주의에 반대하는 지식인들 가운데 가장 영향력 있는 사람들 중 한 사람이었는데, 이미 10년 전에 《검은 피부, 하얀 가면Schwarze Haut, weiße Masken》(1952)라는 논문에서 아들러의 이론을 다루었다(파농의 두 번째 주요 저서 《대지의 저주받은 사람들Die Verdammten dieser Erde》은 서문을 장 폴 사르트르가 썼다).

시카고 대학의 사회학과 교수였던 필립 리프Philip Rieff는 1966년에 《심리치료의 승리The Triumph of the Therapeutic》를 출간했는데, 책 제목에서처럼 승리를 광고하고 있으나, 이 책은 새로운 "심리치료라는 종교"에 대해서 논의를 한 내용이었다. 미국의 문화는 이 나라에 엄청나게 새로운 것이 되었고, 스스로가 외부를 향하는, 그러니까 공동체의 목적을 향하게 되는 동기를 제안하게 되었다. 그리고 공동체를 지향하는 목적을 통해서만이 이런 동기는 실현되고 충족될 수 있다. 심리치료를 바탕으로 하는 문화는 개인에게 목적과 의미를 주며, 타인들과 연결해주고, 인간 세상에 개인의 자리를 마련해준다는 것이다. 다른 말로 하면, 심리치료는 종교를 대체한다는 것이다. 이 둘 사이의 유일한 차이를 리프는 신랄하게 제시하는데, 왜냐하면 심리치료가 영혼의 공허함을 채워주는 것은 아니기 때문이다. 오히려 정반대이다. 정신치료는 도대체 무엇을 선물해주었나? 흐릿한 "정체성", 온전하지 않은 "자주성", 치료사들이 주장하는 바의 "참여", "이렇게 느껴야 한다고 선동당한 평안하다는 감정"[13]이 바로 그것이라고 한다.

1960년대부터 이어져온 심리치료에 관한 담론은 굳이 전문적인 논문이나 특별한 잡지에서만 다루지는 않았다. 대중적인 매체, 그러니까 많은 독자들이 읽는 잡지 《사이콜로지 투데이》—1967년 설립되었으며(독일 출판자는 1974년부터 발행함)—에서도, 뉴요커 우디 앨런의 영화(애니 홀)에서도, 토크쇼, 스스로 도울 수 있다고 조언을 하는 책들, 영화와 《더 소프라노스》와 같은 텔레비전 시리즈에서도 등장했다. 뉴스위크지의 한 기자는 2006년 프로이트의 상속과 결과에 대해서 곰곰이 생각한 뒤 비꼬듯 말했다. 즉, 프로이트가 없었다면 우디 앨런도 바보 멍청이에 불과했을 것이고, 토니 소프라노도 뚱뚱한 갱단이었을 것이라는 얘기였다.[14]

실제로 프로이트의 학문적 이론은 대중적인 언어, 대중문화, 일상의 어휘 속을 뚫고들어갔다.[15] 생산성을 강화하고 이를 넘어서서 대기업이라는 다양성에서 인간이라는 자원은 언어와 기술로 파악되었는데, 그러니까 조화와 생산의 효율성을 올려야만 하는 기술로 파악되었던 것이다. "이처럼 감정적인 양식의 문화적 새로움은, 하필이면 사람들이 절대 기대하지 않았던 곳에서 가장 눈에 띄었는데, 바로 미국의 기업세계에서였다."[16]

1940년대에 정신분석의 "쇠퇴"에 대해 에리히 프롬과 카렌 호나이Karen Horney 사이에 벌어진 논쟁은, 40~50년 전에 아들러와 융 사이에 있었던 의견불일치와 비슷한 논쟁을 불러일으켰다. 1932년부터 미국에 살았던 호나이는 1937년에 《우리 시대에 신경증에 걸린 사람》이라는 저서로 큰 인기를 얻었고 프로이트학파의 분노를 샀다. 이 저서에서 그녀는 프로이트의 리비도 해석과 거리를 두었고, 신경증이 발생하는 원인에 대해서 독자적인 이론을 개발했던 것이다. 그녀의 이론에 따르면, 애정과 공감을 통해서 건강하게 되며, 억압은 소외와 정신적인 분열을 유발한다는 것이다.[17] 1940년대와 1950년대 프로이트의 딸인 안나와 아동심리 분야를 이끌었던 멜라니 클라인Melanie Klein은 충동심리학으로서의 정신분석학을 대상이론Objekttheorie으로 보완을 했다. 즉, 아들러의 이중적 개념인 권력에의 의지와 공동체감정이라는 반대개념들의 자취를 발견하는 그 이상으로, 대상관계를 수정하여 보완했다. "클라인에게 핵심적인 것은, 사랑과 증오, 타인에 대한 관심과 배려와 이들의 사악한 파괴 사이에서 인간이 경험하는 갈등이었다."[18]

1930년에 시카고 대학에서 정신분석학으로 최초로 교수가 되었던 프란츠 알렉산더Franz Alexander는 1946년에 정신분석적 치료라는 저서로, 7년 전에 런던에서 사망했던 프로이트의 이념과는 상당히 동떨어진 치료법 구상을 소개했다. 그러니까 아주 간단한 치료를 제안했는데, 심리치료를 할 때 감정적인 경험을 수정하는 치료법이었다. 이로써 그는 전통파를 대표하는 자들이 깜짝 놀라도록 감정 전이Übertragung라는 개념을 던져버렸다.[19]

이와 같은 혁신적 구상과 활발한 수정은 정신분석을 보다 더 관심 있게 주시하게 했고, 정신분석의 몇 가지 핵심 개념들은 사회와 일상에서 성공적으로 자리를 잡게 했다. 다른 한편으로 정신분석은 신新전통파의 거친 공격으로 활력을 잃기도 했다.[20] "전성기에 정신분석은 적어도 세 가지 다양한 프로젝트를 연계시켰다. 즉, 의사들의 치료, 문화적 해석학의 이론, 그리고 이러한 직업에 헌신하면 얻게 되는 자기 경험이라는 윤리였다. 이제 이와 같은 프로젝트들은 해체되고 말았다. 프로이트의 시대는 끝났지만, 모든 위대한 시작이 그렇듯 정신분석도 일상의 삶, 직관, 꿈과 우리 모두가 살고 있는 어렴풋한 기억에 영향을 미친다."[21] 한 세대가 지난 뒤에 뮌헨의 개인심리학자 카를 하인츠 비테Karl Heinz Witte는, 자신이 편집을 맡았던 알프레드 아들러의 저서 제 1권 서문에서 이렇게 썼다. "개인심리학적 방법으로 시행했던 심리치료에 대한 관심이 그 사이 이동했다. 이 치료법은 오늘날 특별하고, 휴머니즘적인 이론과 인간상을 가지고 치료에 임하는 정신분석학자로 이해된다. 이것이 가능했던 것은 무엇보다 새로운 정신분석이 대상 관계론, 자기 심리학Self psychology, 간間주관적 요소와 인간관계상의 요소, 정신분석에 영감을 받은 발전심리학의 결과를 통해서 하나의 전환기를 겪었기 때문이다. 알프레드 아들러와 아들러학파의 많은 견해와는 어긋나는 것들이었다. 새로운 분석적 심리치료법의 연구결과와 방법론적 차이는—아들러의 이해 차원에서 볼 때—개인심리학적인 동기를 가진 정신분석을 포기하지 않고 받아들인 부분에 있었다."[22] 그리하여 무엇보다 미국의 분석학자가 개발했던 간間주관성은 공통되는 기반common ground을 추구한다. 여기에서 초점은 치료 상황에 있으며, 정신분석학적 이론에는 크게 관심을 두지 않는다.[23] "'간間주관'이란, 인간이란 처음부터 다른 사람들과의 관계에서만 존재한다는 것을 말한다. 인간관계가 무엇보다 우선시되는데, 반면에 개인은 인간관계에서 비로소 완성된다. 개인들의 만남으로부터 인간관계가 발생하는 것이 아니라, 개성이란 인간관계의 결과이다. (……) 이는 심리치료를 할 때 다음과 같은 의미를 갖는다. 가장 주의를 기울여야 하는 것은 내담자와 상담사 사이의 '간間주관적 영역'으로, 언어적이고 비언어적인 대화를 나누는 가운데 상호에게 일어나는 사건에 가장 관심과 주의를 기울여야 한다는 것을 의미한다."[24]

무엇보다 미국에서 아들러의 전문용어와 그의 사고는 반향을 얻었다. 이곳에서는 하나의 개인심리학 형태가 형성되었는데, 이들은 프로이트와 분리된 시기와 심층심리학의 핵심적 이론으로부터 벗어났던 경향을 이어갔다.[25] 개인심리학은 다양한 주장을 하는 사람들을 경험했고, 다양성을 체험했다. 루돌프 드라이쿠르스는 1950년대와 1960년대의 시대와 삶의 환경에 적합하며, 교육문제에 집중하는 개인심리학의 부차적 변종을 보급시켰다. 그가 집필했던 책들은 널리 읽혔다. 1956년 버몬트 대학에서 개인심리학을 가르쳤던 하인츠 안스바허Heinz L. Ansbacher는 자신의 아내 로웨나Rowena와 함께 《알프레드 아들러의 개인심리학》이라는 저서를 내놓았다. 안스바허는 1924년 프랑크푸르트 암 마인에서 미국으로 이민을 갔고, 독일에서처럼 중개인으로 일을 했고 1930년부터 자신에게 영감을 주었던 아들러의 저녁 강좌를 뉴욕에서 들었다. 아들러가 주었던 자극 덕분에 안스바허는 대학에 들어갔다고 한다. 아들러를 통해서 그는 뉴욕 여성 로웨나 피핀을 알게 되었는데, 그녀는 1928년 유럽으로 여행을 갔다가 개인심리학을 발견했고, 빈에서 샤롯

테와 칼 뷜러 밑에서 공부를 한 사람이었다. 두 사람은 결혼했다. 2차 세계대전 이후 안스바허는 벌링턴에 있는 버몬트 대학의 심리학과 교수가 되었다. 안스바허 부부는 아들러의 많은 저서를 처음으로 영어로 번역을 하고 편집을 했다. 1957년 안스바허는 또한 1953년부터 발행되었던 개인심리학 미국 저널의 발행인이라는 지위도 넘겨받았다. 그가 편집장이 되어서 제일 먼저 취한 행동은, 잡지 제목을 《개인심리학 저널》로 바꾸는 일이었다. 1963년부터 1972년까지 발행되었던 개인 심리학자라는 잡지는 두 번째 개인심리학 잡지였는데, 나움 숍스Nahum E. Shoobs가 편집을 맡았다. 숍스는 1939년 개인심리학 뉴욕 소사이어티의 회장으로 선출되었다.[26]

심층심리학적 측면은 실용적인 상담 덕분에 세련되어졌다. 이 심층심리학은 점점 행동을 치료하는 방향으로 나아갔다. 생활양식이 핵심이 되었다. 쾌락주의적 "포스트모더니즘"이 최고봉에 이르렀을 때, 로버트 L. 파워스와 제인 그리피트의 《생활양식의 이해》라는 저서가 1987년에 우연히 출간되었던 것은 아니다. 이 책의 부제는 "정신의 명료화 과정"이었다. 쿠르트 아들러가 이 책의 서문을 써주기는 했으나, 그리고 저자들이 시카고에서 아들러 심리학 스쿨에서 활동했음에도 불구하고, 이들의 주장은 오리지널 학설과는 더이상 일치하지 않았다. 또한 당시에 독일과 오스트리아에서 발전하던 흐름과도 일치하지 않았다. 분석적인 작업을 할 때 제시할 질문들의 목록을 제공했는데, 이는 8년 후 버나드 슐맨Bernard Shulman과 해럴드 모삭Harold Mosak이 자신들의 《생활양식 평가매뉴얼》에서 보다 더 보강했다. 다른 심리치료의 경향들로부터 받아들이고 수용함으로써 경험적 지식과 자료에 대하여 높이 평가를 했다. 이처럼 여러 학문 분야가 관련됨으로써 이념적인 완고함은 줄어들었다. 그 결과로 북미의 개인심리학은 심층심리학이 아니라 오히려 행동을 더 중요시하는 방향으로 나갔다.[27]

그렇듯 이스라엘 출신의 여성 심리학자 지빗 아브람슨Zivit Abramson이 2005년에 부부관계에 관한 책을 냈던 것도 기적이 아니다. 그녀는 드라이쿠르스가 이스라엘에 설립했던 개인심리학 여름 강좌에도 참여한 바 있었다. 이 책은 아들러 그 자체였다. 삶의 주요한 세 가지 과제는 무엇인가? 사랑, 일 그리고 공동체라고 나와 있다.[28]

빈에서는 페르디난트 비른바움Ferdinand Birnbaum이 카를 노보트니Karl Nowotny와 함께 이미 1945년에 새로운 개인심리학 협회를 설립했다. 이미 5월 말에 최초로 공개강좌를 해달라는 요청이 왔다. 같은 해 1934년에 신분제 국가로부터 해체되었던 빈 실험학교가 다시 일을 시작했다. 1957년 여름에 이 학교는 문을 닫았다.[29] 전쟁이 끝난 지 얼마 되지 않아 흩어져 있던 개인심리학 지부들을 함께 지도할 수 있는 첫 번째 조치가 취해졌다. 그리하여 1927/28년에 빈에서 알렉산더 노이어에게서 분석법을 배우고 나중에 영국으로 도망갔던 요수아 비어러Joshua Bierer는 1948년 오스카 슈필Oskar Spiel과 함께 행동했다.[30] 비어러는 런던에서 영국 땅에서 최초로 외래진료소를 세웠을 뿐 아니라, 사회복지 심리치료라는 것도 발명했다. 하지만 국제적인 연대라는 것이 문제없이 잘 작동되지만은 않았다. 외국으로 도주하고, 이민을 떠난 개인심리학자들과 남아 있는 자들 사이의 접촉이 처음부터 마찰이 없었던 것이 아니었다. 그리하여 리디아 지허Lydia Sicher는 1946년 가을에 오스카 슈필에게 나치와 협력하는 업무를 시켰으나, 후자는 화를 내면서 이를 거부했다.[31] 하지만 두 사람의 관계는 신속하게 회복되었다. 지허는 슈필의 가족을 보살펴줄 수 있는 꾸러미들을 보냈는데, 슈필은 이에 대해서 지극히 고마워했다. 그리하여 그는 1948년 7월에 이렇게 썼다. "(……) 점심 때 나는, 지허가 보내준 수프, 옥수수, 쌀, 푸딩을 먹었다. 지허가 보내준 과자를 먹었고, 나의 아내는 가스에 불을 붙였는데, 점화장치도 지허가 보내준 것이었다. (……) 이렇게 나는 머지않아 우리 집에서 필요한 모든 것을 갖게 될 것 같은데, 모두 지허가 보내준 것들이다."[32]

1946년 가을에 비른바움은 알렉산드라 아들러, 카를 노보트니, 그리고 오스카 슈필과 함께 개인심리학 국제잡지를 발행했다. 이미 1호에서 빈, 파리와 암스테르담에 있는 개인심리학 지부의 활동에 대한 언급이 실렸다. 카를 노보트니는 자신의 소고에서, "우리는 1938년에 그만둬야만 했다. 그 사이 세상과 사람들은 너무 많이 변했고, 이는 결과로도 나타날 게 분명하다"[33]라는 점에 대해서 언급했다. 시대의 결과는 달랐다. 1951년 잡지의 발행이 중단되었다. 이민, 전쟁과 유대인 학살은 개인심리학이라는 중심축을 유럽에서 미국으로 이동시켰다.[34] 슈필은 지허에게 자신의 실망을 고백했다.[35]

1947년 55세의 나이로 사망했던 비른바움과 1961년에 사망했던 슈필은 제도화하는 것을 목표로 삼았는데, 개인심리학을 유럽에서 다시 꽃피우고자 했던 것이다. 이와 같은 목표를 보완해주었던 것은 제3세대로, 정신과 의사 에르빈 링엘Erwin Ringel도 이런 세대에 속했다. 링엘은 오스트리아에서 최초의 심신상관 의학병원을 설립했고 1981년 빈 대학의 의과대학에 새로 생긴 심리학부 교수로 자리를 잡았다. 그의 무덤은 빈 중앙묘지에 묻혀 있는 아들러의 묘지와 채 10미터도 떨어져 있지 않다. 그밖에 또다른 전문적 직업군들 덕분에 종합병원에도 심리치료 담당이 늘어나게 되었다.

1990년대부터 네 번째 세대는 출판 프로젝트에 적극적으로 활동했다. 이런 활동은 오스트리아에서 활발하게 일어났다. 개인심리학의 학문적·이론적인 기초 작업, 전문화, 진단에 따른 치료의 효과와 개인심리학의 경험적 연구의 결과로 심리치료 법안이 통과되었다.[36]

"전후 개인심리학의 역사는 독일에서는 더디게 시작되었다."[37] 더디게 시작했을 뿐 아니라, 막혀서 중단되기도 했고 지부들 사이에 연계도 없었다.[38] 뮌헨에서는 자이프를 중심으로 하는 소규모 개인심리학 그룹이 유지되고 있었다. "공동체심리학"이라는 이름으로 위장을 한 채 이들은 "베를린 제국 심리연구 및 심리치료 연구소"의 뮌헨 지부라고 스스로 주장할 수 있었다. 이들은 몇 년 정도 유지되었고, 1950년대까지 활발하게 활동을 했으며—자이프는 1949년에 사망—그런 뒤에 구심점을 잃고 말았다. 이 시기에 독일에서는 개인심리학에 대한 많은 저서들이 출간되었는데, 올리버 브라흐펠트의 《개인과 공동체에 있어서 열등감》과 요하네스 노이만의 《신경과민 성격과 치료》 등이었다. 하지만 이들에 대한 반응은 시원찮았다. 아직 시기가 무르익지 않은 것 같았다. 60년이 지난 뒤, 이 시기에도 개인심리학이 절박하게 필요했었다는 주장이 나왔고, 이에 대한 이의도 없었다. "아들러는 자신의 개인심리학으로 수십 년 이전에 민주주의적인 모델의 미래상을 묘사했고, 그는 이 모델을 조화롭게 살아가는 모습의 기초로 이해하고자 했다. 그의 상상은 독일의 기본법을 실행에 옮기기 위한 행동의 지침으로 삼을 수도 있었는데!"[39]

알프레드 아들러 협회가 1962년에 설립되어서야 비로소 독일에 아들러 이론이 르네상스를 맞이하게 되었다. 주창자는 게슈탈트 심리학자 볼프강 메츠거Wolfgang Metzger였는데, 그는 뮌스터 대학 교수였다. 1964년에 이 협회는 단체 등기부에 등록되었다. 1966년 제10회 국제 개인심리학 학회가 열리는 동안 이 협회는 처음으로 공적으로 자신을 소개했다. 1970년에 이 협회는 "개인심리학을 위한 독일 협회DGIP"라고 불렀고, 본부는 뮌헨에 있었다.[40] 1965년 학술 관련 도서협회는 볼프강 메츠거의 주창에 따라 아들러의 저서 《기관열등감에 대한 연구》의 재판을 찍었다. 1년 뒤 브라흐펠트는 문고판으로 《인간이해》를 발행했는데, 이후 7년 동안 15만 부 이상이 팔렸다.[41] 1967년부터 재교육강좌가 아헨에 제공되었다. 1971년과 1976년 사이에 도시 네 곳에 교육연구소가 생겼다. 아헨 외에, 아헨/쾰른, 뒤셀도르프, 델멘호르스트와 뮌헨에 각각 한 곳이 있었다. 나중에 더 많은 연구소가 생겼는데, 베를린과 마인츠에 생긴 이들은 전체 협회에 동조는 했으나, 독립적으로 활동했다. 의료보험조합 소속 의사 단체는 이들을 분석적이고 심층심리학적 시설로 인정했다. 1980년대 개인심리학은 탈바꿈하던 북미 개인심리학의 다양성과 비슷하게 일종에 정신분석적인 전환psychoanalytic turn을 완성했는데, 이로 말미암아 입지와 개인적인 방향성에 따라서 다양

한 형태를 띠게 되었다.[42]

1976년 국제 개인심리학 학회가 전후 처음으로 다시 독일 뮌헨에서 개최되었고, 11년 후에 뮌스터에서, 2002년에는 다시 뮌헨에서 열렸다. 1976년 개인심리학 잡지가 다시 부활했고, 이 잡지는 오늘날까지 간행되고 있으며 학문적인 교환을 위해 매우 중요한 발판이 되고 있다. 국경을 넘어서 이와 같은 학문적 교류가 있는데, 이 잡지에는 개인심리학 오스트리아 협회와 스위스 협회에서도 협력했던 까닭이다. 특수한 병인病因과 병의 증상에 대한 개인 심리학적 모델의 지속적인 개발은 여전히 이론적인 발전과 젊은 세대를 통한 수정, 그리고 생물학과 신경학적 지식과 혁신처럼 핵심 요소로 자리 잡고 있다.[43]

1989년 11월에 베를린의 담이 무너진 뒤 이 도시의 동부구역에 동베를린 심리치료사 모임이 1990년에 설립되었다. 이들 가운데 많은 치료사들이 카를 마르크스 길에 있는 "건강의 집"에서 일했다. 이곳은 구동독에서 심리치료를 그룹으로 실시했던 곳으로 손꼽힌다. 연초부터 보다 커진 베를린 지부는 자체적으로 알프레드 아들러 연구소를 설립하는 문제에 대해서 토론을 했다. 1990년 10월 말에 설립을 위해 사람들이 모였다. 2년 뒤에 "알프레드 아들러 협회"로 등록했고, 이를 생략해서 AAI로 기록했다. 이로부터 2주 후, 1992년 7월 23일에 베를린 의사회는 이 허가된 단체를 재교육 연구소로 공지했다. 서베를린 치료사들과 망해버린 구동독의 심리치료사들 사이에 논쟁이 있었는데, 구동독 치료사들을 이론적으로 더 교육시켜야 하고, 경험도 더 쌓고 감독도 해야 한다는 것이었다.[44]

2007년 7권으로 이루어진 《알프레드 아들러 연구》가 출간되었다.

33. 개인심리학 4.0

"생각은 도꼬마리풀처럼 성가시게 들러붙는다.
그러니 공중에 매달아놓아야 한다."

알프레드 아들러[1]

사람은 어떻게 상기되는가? 사물을 통해서? 그러나 생각이란 추상적이다. 오래된 기억들이란 영혼측량가의 치료술을 접한 적 없는 일화의 마법사Anekdotenzauber가 제멋대로 무대에 올린 것 아니던가. 빈에서는 알프레드 아들러를 기억하려고 집들에 휘장을 걸어두고, 중앙묘지에는 묘석을 세웠으며, 2009년부터는 중앙역에 인접한 거리의 이름도 그의 이름으로 지었다. 그러나 박물관은 없다. 반면, 지그문트 프로이트 박물관은 두 곳이나 된다. 프로이트의 이 두 개인 박물관은 거울역설Spiegel_paradox처럼 비대칭이다. 런던의 프로이트 박물관에서는 오리지널 안락의자의 존재가 핵심이다. 반면, 빈의 프로이트 박물관에서는 이 의자의 부재가 핵심이다. 런던에는 눕는 의자, 책상, 그가 모았던 골동품과 같은 물건들이 전시되어 있다. 반면, 빈에서는 해석학과 실제의 상담치료가 핵심을 이루는 이야기와 이론의 발전에 대해 소개한다. 런던 프로이트 박물관은 성인聖人전의 공간이다. 반면, 빈 프로이트 박물관은 공간이 아니라 일종의 "컨셉 박물관"[2]이다. 영국의 시인 W. H. 오든Auden은 이를 예감이라도 한 듯, 1939년 11월 자신의 시 〈지그문트 프로이트를 기억하며〉에서 이렇게 썼다. "우리에게 그는 더이상 사람이 아니지/ 견해로 이루어진 분위기일 뿐."[3]

인간은 위의 시인처럼 곰팡이와 이끼로 뒤덮인 기억의 집에 거주하는, 망각의 존재다. 그 망각의 가장 강력한 매개체는 죽음이다. 시간은 결국 기억이 아니라 망각 쪽으로 기울며,[4] 끝내 망각이라는 모자이크—과잉을 통해 끊임없이 무뎌져가는 장치—의 한 조각이 된다. 기억의 자극은 끝내 마비된다.[5] 단테 알리기에리는 자신의 저서 《신곡》에서 우주의 풍경을 통과한다. 나갔다. 운문의 진행에 따라 세 개의 저승세계가 펼쳐지면서, 고인故人들이 등장한다. 이는 고대로부터 이어져온 기억술ars memoriae*이다. 기억술은 기억해야 할 내용을 "그림"으로 파악하는 것을 의미한다. 기억이란 순서대로 "그림"을 찾아내는 일이다. 기억에 들어가 있는 그림들은 변할 수 있다. 변하지 않는 것은 순서이다. 이탈리아의 작가는 "기억예술품"을 창작했던 것이다. 그는 비교적 오래된 기억에서 그가 보았던 것을 예술적으로 기록했다. 그는 죽음의 땅에서 기억을 보도하는 통신원이다. 레테, 망각의 강 레테는 어디 있나요. 단테는 자신의

* 고대의 기억술ars memoriae은 고대 그리스의 음유시인 시모니데스와 연관된다. 시모니데스가 한 연회에 참석했다가 그 건물의 붕괴사고에서 홀로 살아남았는데, 시신의 훼손이 심해 누구의 시신인지 분간하기 어려웠다. 이 비극적 상황에서 시모니데스는 연회 참석자들의 위치를 기억을 통해 복원해냈고, 유족들은 장례를 치를 수 있었다. 이 사건을 계기로 공간을 활용하는 기억술이 생겨났다.

가이드인 베르길리우스에게 묻는다. 베르길리우스는 지하세계의 강에서 단테를 안내하며 "레테는 앞으로 보게 될 것이네"라고 로마의 작가는 단테를 위로한다. 연옥purgatory의 장 마지막, 지상의 낙원에 이르러서야 비로소 단테는 망각하게 해주는 강, 레테의 강가에 서게 된다. 여기에서 사람들은, 기억이 모든 것이라는 사실을 알게 된다. 레테 강의 물은 개인을 순수하게 현재의 사람으로 만들어주는데, 이 강은 가늘고 고리모양의 물에서 나온다. "좋은 기억"이라는 의미를 가진 에오노에Eunoe가 바로 레테 강의 근원인 것이다. 에오노에 물의 치료를 통해서 사람들은 지상의 낙원에서 천상으로 올라갈 수 있으며, 망각에 빠지고 지상에서의 모든 선행만을 기억할 수 있다. 이와 같은 의미에서 단테 알리기에리의 단테는 완전하고 완벽한 형태로 기억하는 "기억 속의 남자"인 것이다.[6]

인간은 이해하는 예술가이기도 하다. 여기에서 이해란 세상에서 겪는 인간의 경험과 세상에 대하여 주관적으로 해석하는 일이며, 일상에서의 행동과 대화를 통한 이성과 상호관계의 열쇠이기도 하다.[7] 그렇게 하여 이해의 관계가 발생하는데, 이런 관계에서 사람들은 서로 가까워지기도 하고 거부하기도 하며, 다른 사람의 행동을 해석하거나 해석하지 않을 수 있고, 다른 사람을 믿거나 믿지 않기도 한다. 이해란 차이의 경험을 통한 의사소통 과정이다.[8] 일상세계에서의 커뮤니케이션은 다양한 장애물의 극복을 통해 얻어진다. 인간세계의 공간은 "공개적이고, 자유로우며, 밝은 특징이 있고, 이러한 여건에서 사람들이 얘기를 할 수 있게 한다."[9] 1979년 "심리치료 과정에서 사람들의 관계"에 대하여 강연을 하며 마네 슈페르버는 개인심리학을 상호작용 심리학이라고 불렀다.[10]

이해의 기술은 심리치료사들이 일하는 분야이다. 그리고 그 이상이다. 이해의 기술은 삶의 과제이기도 하다. 생활양식을 이해하기 위해서는 집중적이고 지속적으로 수정해나가는 회전운동이 필요하다.[11]

아들러의 개인심리학과 관련해서 이해라는 측면은 환자를 직접 체험하고 치료함으로써 얻게 되는 새로운 인식을 중개하는 핵심적 기초이다.[12] 에르빈 벡스베르크에 따르면 내적인 불안과 자기중심적 방향 설정은 주변의 현실과 충돌하게 된다. 그 결과 용기를 잃게 되고, 그래서 신경증에 걸리는 것이다.[13] 신경증이 있는 사람은 뭔가 특별한 것을 습득하는데, 바로 자신의 안에서 단순화시켜버리는 방식이다. 신경증에 걸린 사람은 모든 것을 하나의 질서 체계로 바꿔버린다.[14] 신경증 환자는 신경증이라는 질병으로 도주한 사람이다. 사람의 심리와 사회는 서로 반응을 하는데, 위에서 밑으로 반응하기도 하고, 그 반대로 반응하기도 한다. 개인심리학에서 분석할 때 특히 중점을 두는 부분은 "심리적 과정에 보상하는 반응"[15]에 있다.

개인심리학의 직접적인 접촉점, 다시 말해 아동, 부모와 공동체 교육이라는 구상과 사회복지 업무에서의 접촉점은 세 가지이다. 사회, 개인, 그리고 심리가 그것이다.[16] 여기서 핵심은 부족한 인정과 우월해지려는 노력으로 말미암아 생기는 사회적 통합의 결여이다. 이를 통해 개인심리학은 일탈, 벗어나는 행동과 폭력적인 행동을 해명하게 된다. 사회복지 업무를 실행할 때 아들러의 진단 도구를 이용한다면, 사람들은 자기주장, 자기를 주장하는 기회와 위험성, 권력이 침투된 환경을 줄일 수 있고, 해결책도 보여줄 수 있다.[17]

교육계와 시민들의 논쟁에서도 개인심리학은 좋은 충고를 해줄 수 있다. 인정받는 문제, 품위, 단결과 존경, 야만과 폭력을 둘러싼 논쟁은 물론, 좋은 연대를 맺고 살아가는 공동생활과 "침략적 삶의 방식"[18]의 대안이 될 수 있는 경제에 대한 논쟁에서도 말이다.

인간은 사회적 동물이다. 인간은 공동체로 살아가도록 태어난 것이다. 이런 사실이 우리가 지금껏 받아들여왔던 것 이상으로 더 중요하다는 게 밝혀졌다. 오스트레일리아 브리즈번에 있는 퀸즈랜드 대학의 연구자들이 2018년 한 가지 연구결과를 발표했다. 과학자들은 성인들에게, 기나긴 삶을 사는 데서 가장 장려해야만 하는 것은 무엇인지를 물었다. 그리고 건강에 영향을 미치는 요소 11가지를 나열하도록 요구했다. 설문에 대하여 응답한 주관적인 대답의 1~3위까지는 비슷한 연구를 실행했던 메타 연구와는 상당한 차이를 보여주었다. 여기에서는 절제하고 삼가는 조치가 중요했고, 저기에서는(메타 연구) 148개의 개별조사를 종합하여 신체적인 건강은 물론 정신적인 건강과 보다 높은 수명에 이바지하는 요소들이었다. 1위: 다른 사람을 통한 지원, 2위: 공동체와의 연결 - 퀸즈랜드 대학의 연구에서는 각각 11위 또는 9위를 차지했다.

사회 의학soziale medizin은 건강 상태와 매우 밀접한 연관이 있다. 개별적으로 분리된 삶은 스트레스를 불러일으키는 부정적인 요소이다. 스트레스 요인은 개인을 모든 상황에 준비해야 하는 상태로 만든다. 이때 신체는 더 많은 당분을 요구한다. 당 수치가 올라가면 고혈압이 생길 수 있다. 면역력도 떨어져서 전염병에 쉽게 노출된다. 나아가 이런 상태가 지속되면 위장 장애나 골다공증도 생길 수 있다. 따라서 최상의 예방책은, 울름 대학의 심리학과 교수인 만프레드 슈피처Manfred Spitzer에 따르면, 공동체에 적극적으로 참여하고 다른 사람들과 교류하는 것이라고 한다. 혼자라든가 사회적으로 연계되어 있다는 감정만으로도 고통을 지각하는 정도에 반영된다고 최근의 연구는 말하고 있다. 사람들과 자신이 속해 있는 그룹에 대한 생각만으로도 고통을 줄여주며, 어떤 연구에서는 추위도 덜 느끼게 만든다고 한다. 우울증의 경우에도 공동체는 가장 긍정적으로 예방할 수 있으며 우울증에 덜 걸리게 할 수 있다. 여기에서 세 가지가 중요하다. 그룹은 한 사람에게 중요해야 하며 우리라는 감정을 불러일으켜야 한다. 그룹 내에서의 행동은 신체에도 좋은 효과를 줘야 한다. 마지막으로 여러 그룹에 속해 있는 소속감은 공통된 방향을 추구해야 한다. 이와 같은 사회적 정체성이 바로 정신적 정체성을 만든다고, 오스트레일리아 사회치료 연구팀을 이끌었던 졸랜더 제튼Jolanda Jetten 및 캐서린과 알렉산더 해스램Catherine & Alexander Haslam은 보여주었다.[19] 비슷하거나 동일한 생각과 행동을 하는 무리들, 영혼의 친구들이자 확신과 행동을 같이 하는 그룹들은 훨씬 의미를 많이 부여해줄 수 있다. 이와 같은 방식으로 개인의 자신감이 증가할 수 있다.

심리학 교수인 에바 제기Eva Jaeggi는 2014년에 《나는 누구인가? 타인에게 물어보라!》에서 이와 같은 행동-반응 복합체에 대하여 설명했다. "특정 그룹에 소속되는 것이 어떻게 한 사람의 감정에 영향을 주는지, 나는 늘 이런 생각을 하게 된다." 개인성이라는 것은 차단과 봉쇄로부터 나오는 것이 아니라, 상호작용을 통해서 나온다. 졸랜더 제튼은 《새로운 건강심리학!》에서 다음과 같이 말했다. "그룹을 지은 삶은 우리의 정체성을 강화시켜주고, 다른 사람과 세계 전체를 연결해준다."[20] 사회 의학은 공동체 의학이 되는 것이다. 다른 말로 하면, 사회 의학이란 알프레드 아들러의 가치였던 공동체의 감정을 다루며 삶의 철학을 중요시한다.

애정과 관심은 아이들을 심리적으로 스트레스에 더 잘 대항할 수 있게 해준다는 사실은 그동안 과학적으로 입증되었다. 2013년 한 연구그룹은, 세포가 가진 하나의 장치에 대한 비밀을 푸는 데 성공했다. 즉, 어린 시절에 트라우마를 겪은 뒤, 유전자를 상속해줄 때 스트레스를 조절하는 글루코코르티코이드 수용체Glukokortikoid_Rezeptoren를 형성하는 유전자를 덜 만들고 덜 활성화시키는 장치이다. 그렇듯 분자의 차원에서, 어떻게 부정적인 교육조치가 유전자의 차원에서 그리고 신호를 보내는 지극히 미세한 재료에 지시를 내리는지를 보여준다. 전문잡지는, 사람들 사이의 관계 친밀도를 통해서 어떻게 전달물질을 조절하고 다른 요소들의 활동을 줄이는지, 그리하여 긍정적인 경우 개인이 스트레스 상황을 보다 더 잘 처리하는지를 자세하게 증명해보였다.[21]

인간은 생물학적 존재로, 자기공명 단층촬영을 통한 단면으로 그 사실을 들여다볼 수 있다. 신경학자들은 인간의 뇌 구조를 살펴보았다. 그런데 이것이 심리치료와 무슨 관계가 있다는 말인가? 대략 10년 전부터 상당히 관계가 많다. 마음 건강을 읽는 축이 이제는 생물학적 그리고 신경생물학적 프레임[22]으로 옮겨갔다. 하이테크를 이용하는 신경학은 심리학의 통찰을 경험적으로 입증할 수 있게 되었다.[23] 열등감과 이로 인한 균형에 대한 아들러의 견해는, 적절하게 건재하다고 느낄 수 있는 상태에 대해서 조사한 최신의 신경생물학적인 결과와 일치하고 있다. 연구 결과에 따르면, 공감능력과 협력하는 성향은 인간관계와 정신적 그리고 신체적인 건강도 강화시켜준다고 한다. 인지적인 능력의 발달과 관련된 현재의 모델들은 초기 다섯 살까지 자신과 세계에 대해 갖게 되는 의미에 관한 개인심리학적인 명제들이 옳음을 인정해준다. 인간의 뇌가 사회적 학습을 바탕으로 함으로 뇌는 외부적인 영향들을 신경으로 내면화한다. 신경병리학적 행동 패턴들은 뇌를 스캔함으로써 증명될 수 있었다. 잠재적인 공격성이 개인마다 차이가 난다는 것을 시각적인 증거로 내놓았다. 유전적 요인에 의한 사회성과 반-사회성, 개인심리학의 기본적인 패턴, 이런 것들이 생리학적인 도움을 받아 증명되었다. 아들러의 통각이라는 구도와 감정, 신체적 반응과 본능적인 반응패턴을 목표로 하는 애착 관계도 마찬가지이다. 이와 같은 관계의 효과도 신경학적으로 증명될 수 있었다. 적극적이며 반응적인 원동력을 지니고 있는 공동체감정은 신경의 입체성을 보여준다. 신경의 입체성이라는 개념으로 우리는 신경이 새롭게 만들어지고 그리고 다시 만들어지는 것으로 이해한다. 정서의 조절은 전두엽의 활성화를 통해서 이루어지고, 보다 강력한 사회적 연계는 소위 말하는 애착 호르몬인 옥시토신과 같은 화학적 성분이 더 많이 방출되게끔 한다. 이런 작용물질은 부정적인 자극을 조절함으로써 긍정적인 작용이 무르익게 한다. 학문적인 토론에서는 아들러가 "생활양식"이라고 불렀던 것을 "정신적 요인을 이해하는 능력Mentalisierung"으로 표현하고 있다. 내적으로나 외적으로 작업하는 순간들, 칭찬 혹은 속수무책, 신체적인 고통이나 모빙은 깊은 곳에 있는 기억의 고리들을 불러올 수 있으며, 아들러가 이론적으로 설명했던 바로 그것이다.

또한 전체성이라는 아들러의 개념도 신경생물학적 연구로 증명될 수 있었다. 발생생물학자 에드워드 드로버티스Edward M. DeRobertis는 2015년에 "다양한 환경 내에서 상호작용은 개인의 요동치는 신경들 안에서 확고한 역할"을 한다고 말했다.[24] 여기서의 환경이란 바로 아들러가 외쳤던 신경-신체적 환경, 가족, 사회적 조건과 사회의 영향을 말한다. 그리고 점점 늘어나는 생물학적 연구는 어린 시절의 부정적인 환경에 대한 경험과 인지적 발달의 미숙 사이에 직접적인 연관성이 있음을 증명해준다.[25]

2006년 재미在美 오스트리아 신경학자 에릭 캔들Eric Kandel은, 생물의 진화는 근본적으로 문화의 진화라고 말했다. 이 노벨상 수상자에 따르면, 사회적 요소로 인한 유전자 표출의 조절은 뇌를 포함한 신체기능 전부에게 사회적 영향을 받아들이도록 만든다.[26] 아들러가 말한, 공감위에 구축되는 공동체감정과 거울뉴런 시스템으 그것의 신경생물학적 대응물 사이에는 포개지는 지점이 존재한다. 이탈리아의 생리학자 자코모 리졸라티Giacomo Rizzolatti의 뇌 스캔을 통해 알려진 이와 같은 거울뉴런 시스템은, 원숭이들이 먹이를 잡거나 다른 원숭이가 먹이를 잡는 모양을 관찰했을 때, 행동 뉴런이 "활성화"된다는 것을 보여주었다. 인간의 경우에도 비슷한 일이 일어난다. 우리가 어떤 행도을 할 때, 다른 사람들이 그와 동일한 행동을 하는 것을 보거나 또는 그 행동과 결부된 어떤 소리를 들으면, 뇌의 동일 영역이 활성화된다는 것이다.[27] 아들러가 상호간의 동일시라고 간주했던 것은, 신경생물학에서는 자체 공명시스템에 들어있는 감각적 정보의 자발적인 운동 신호인 것이다.[28] 2019년 앨리카 라이바Alica Ryba와 게르하르트 로트Gerhard Roth는 2005년 심리치료

연구가인 클라우스 그라베Klaus Grawe가 확립했던 바의 좋은 심리치료이자 개인 심리학적 통찰과 일치하는 효과를 신경학적 기초를 바탕으로 하는 통합모델에 적용했다.[29]

뉴욕의 심리학자 에이브러햄 매슬로Abraham Maslow는 1930년대 말에 20대 후반의 나이로 알프레드 아들러와 알게 되었던 인물이다. 나중에 자신의 이름을 따서 만든 5단계 욕구 피라미드로 유명해지기도 했다. 그가 1969년 "알프레드 아들러 100주년"을 기념하여 그를 기리면서 다음과 같은 찬사를 남긴 바 있다. "알프레드 아들러의 통찰은 해가 거듭될수록 더 들어맞고 있다는 생각을 하게 된다. 늘어나는 자료들은 그가 제시한 인간상을 점점 더 강력하게 지지해주고 있다."[30]

옮긴이의 말

알프레드 아들러는 1870년에 태어났으며, 2020년은 그가 태어난지 꼭 150년이 된다. 이를 기념하기 위해서 나온 책이 바로 이 책 〈알프레드 아들러〉라고 해도 과언이 아닐 것이다.

이 책의 저자는 심리학의 거장이라 불리는 프로이트와 융과 비교할 때 상대적으로 평가절하 되어 있었던 알프레드 아들러의 삶과 그의 중요한 생각들, 이론들을 우리에게 소개해준다. 우리가 예상하는 수준을 넘어서 훨씬 상세하게 말이다. 아들러가 태어났던 시기의 오스트리아 정치와 경제는 물론, 심리학이 탄생한 배경과 1차 세계대전과 2차 세계대전을 거치면서 이 학문이 왜, 어떻게 그토록 인기 있는 학문으로 발전하게 되었는지도 서술하고 있다.

독자는 물론이거니와 이 책을 우리나라에서 제일 먼저 접하게 되는 번역자는 책이라는 것을 통해서 주인공을 만나게 된다. 나 역시 아들러라는 심리학자를 매우 개인적으로 알게 될 것이라는 기대감에 부풀어 이 책을 번역하기 시작했는데, 정작 책 속에는 수십 명, 아니 수백 명의 동시대 사람들이 우리를 기다리고 있었다. 그들 가운데는 심리학자는 아니지만 오늘날에도 너무나 유명한 아인슈타인이나 히틀러, 구스타프 클림트도 있었지만, 한 번도 들어보지 못한 이름들, 예를 들어 슈페르버, 드라이쿠르스, 안스바허, 륄레 부부 같은 사람들도 등장했다.

이 책은 아들러의 인생 전반, 그리고 사후에 아들러 심리학이라 불리는 '개인심리학'이 어떻게 되었는지를 다루고 있기에 당연히 방대할 수밖에 없고, 이런 방대한 내용으로 인해 독자들 사이에서는 호불호가 나뉠 수 있으리라 본다.

하지만 이 책 안에는 그 동안 아들러에 관한 책에서는 한 번도 접하지 못한 내용들이 들어 있다. 아들러의 저서에서조차 발견하지 못하는 내용이란, 바로 아들러의 가족과 아들러라는 사람에 대해서 매우 가까운 거리에서 접할 수 있다는 사실이다. 왜냐하면 평전의 저자는 거의 편집증적인 기질을 동원해서 아들러에 관한 자료를 방대하게 찾아 수집한 뒤에 이 책을 집필했기 때문이다. 그러므로 이 평전만큼 아들러에 관해서 다양하고 많은 소식들을 전해주는 책은 과거에도 없었지만, 앞으로도 나오기 힘들 것이라 본다.

국내에서 아들러가 잘 알려지게 된 것은 아무래도 《미움 받을 용기》라는 책 덕분이지 않을까싶다. 일본 철학자 기시미 이치로가 평생 아들러를 읽고 연구해서 매우 쉬운 문체로 아들러를 소개한 덕분에, 아들러와 아들러의 이론은 어쩌면 지금 다시 유행하게 되는, 이른바 "르네상스"를 맞이하고 있는지 모른다. 그리고 이런 현상은 결코 우연이 아니다. 아들러는 이미 활동하던 당시에도 오히려 프로이트보다 더 유명했던 심리학자였다. 1930년대 그러니까 미국에서 루스벨트 대통령이 뉴딜 정책을 발표하던 시절에는, 미국의 언론은 아들러의 '개인심리학'을 아이들을 위한 뉴딜이라 불렀을 정도였다. 또한 아들러의 저서 《인간이해》는 당시에 이미 전 세계 언어로 번역되었고, 미국에서만 100만 부나 팔렸다고 하니 그의 유명세는 완전히 새로운 것은 아니라 할 수 있다. 활동 당시에도 대중들에게 인기가 있고, 현재도 인기가 있는 이유는 아들러의 저서를 읽어본 사람은 누구나 알 것이다.

이렇듯 방대한 알프레드 아들러의 전기를 번역한 뒤에, 그는 도대체 어떤 사람으로 나에게 기억에 남는지 묻는 독자가 혹시라도 있다면, 다음의 일화를 인용하고 싶다. 아들러는 매우 사교적인 사람이었다. 친구들과 동료를 매우 좋아했고, 당시에 커피숍이라는 게 한창 유행을 하던 시기여서 이곳에서 동료나 친구들을 만나 온갖 주제를 대상으로 즐겁게 얘기를 나누었다. 모임에서 아마 동료들 사이에 이런 질문이 오갔던 것 같다. 다시 태어나면 무엇으로 태어나고 싶은가? 그 자리에 있던 어떤 친구가 대답하기를, 원자atom로 태어나서 이 원자가 주변에 어떤 힘을 행사하는지 시험해보고 싶다고 했다. 그런데 아들러의 답은 이러했다. "그렇지만 원자는 혼자잖아요. 나는 장미가 되고 싶습니다. 장미는 보기에도 아름답고, 사람들에게 기쁨을 주며, 수풀에서 다른 장미들과 함께 자리니까요."

2020년 10월

이미옥

알프레드 아들러 주요 연표

1835년 1월 25일: 아버지 레오폴트(나탄 라이프)가 7곳의 유대인 공동체 가운데 하나였던 키트제에서 태어남. 이 키트제는 부르겐란트에 있었는데, 당시에는 헝가리 소속 땅이었음. 레오폴트의 아버지 시몬은 키트제에서 모피 가공업자이자 모피 상인이었음.

1845년 1월 9일: 어머니 파울리네가 메렌에 있는 베어에서, 헤르만 베어의 딸로 출생. 헤르만 베어는 펜칭 출신으로, 이 가문은 곡물 및 과일 거래로 성공했음.

1868년 8월 2일: 파울리네와 레오폴트 아들러의 장남 지그문트 태어남.

1870년 2월 7일: 알프레드 아들러는 루돌프스하임 하우프트 가街 32(오늘날 젝스하우저가 68/70)에서 태어남. 이듬해부터 아들러 가족은 여러 차례 이사를 했고, 특히 쉰브룬 가(오늘날 마리아힐페 가 208)로 이사함.

1871년 10월 24일: 여동생 헤르미네 태어남(1940년대에 나치가 점령한 폴란드 지역의 한 강제수용소에서 사망함).

1872년 11월 9일: 라이사 티모페에브나 엡슈타인이 모스크바에서 태어남.

1873년 5월 12일: 남동생 루돌프 태어남(1874년 1월 31일 디프테리아로 사망함).

1874년 11월: 여동생 이르마 태어남(사망 시기는 미상).

1876~1879년: 세 곳의 초등학교를 다님.

1877년 3월: 남동생 막스 태어남.

1879년: 아들러가 슈페를가세에 있는 지방 중학교에 진학함.

1879/80년: 빈-레오폴트슈타트에 있는 레오폴트슈타트 레알김나지움에 진학함.

1880~1888년: 빈-헤르날스에 있는 헤르날스 휴먼 김나지움에 다님.

1881년 2월 5일: 외할아버지 헤르만 베어가 67세로 빈에서 사망.

1882년 1월 5일: 외할머니 엘리자베스 베어가 61세의 나이로 빈에서 사망. 가족이 친가가 있던 헤르날스 하우프트 가 28번지와 32번지로 이사. 이어서 베링거 하우프트 가 57-59번지로 다시 이사.

1883년: 아들러가 유대교에 따른 성년식을 가짐.

1884년 10월 22일: 남동생 리하르트 태어남.

1888년 6월: 아들러가 고등학교 졸업시험에 합격함.

1888-1895년: 빈 대학에서 의대 공부. 경제적인 쇠퇴로 인해 아들러 가족은 다시 이사함.

1889/1890년: 아들러가 오스트리아 대학생 연합에 가입했다가 이 단체가 해산되자 대학생 연합 "베리타스"에 가입함.

1891년: 베링거 하우프트 가 57번지가 있던 레오폴트슈타트에서 처음에는 빈 2구역 오버러 도나우 가 42번지로 이사 갔다가, 이어서 빈 2구역 츠베르크가세 5번지 렘브란트호프로 이사감. 이곳에서 1896년까지 거주. 아들러가 "1년간 자비 지원자"로 "티롤 카이저 예거 연대"에 입대함. 이 연대의 본부는 프레스부르크(오늘날 브라티슬라바)에 있었음.

1892년: 3월 24일 박사학위를 위한 1차 구술시험. 4월 1일부터 헝가리 군대에서 군사업무 수행(전반기).

1893년: 대학생 단체 "자유 연대"를 동설립함.

1894년 3월 22일: 박사학위를 위한 2차 구술시험. 5월 17일 졸업시험. 빈 종합병원에서 안과 전문의로 1년 간 실습을 마침.

1895년: 1월 19일 박사학위를 위한 3차 구술시험인 "눈 치료 실습"에서 낙방함. 5월 18일 이 시험에 "충분"의 성적으로 합격함(시험 성적은 "탁월", "충분", "불충분"임). 5월 17일, 라이사 엡슈타인이 취리히 대학에서 생물학에 등록함. 여름 학기에 아들러는 "법의학"과 "법의학 연습"에 수강신청을 했고, 시험에는 떨어짐. 11월 12일 재시험에 응하여 "충분"으로 합격함. 11월 22일, 빈 대학에서 의학박사로 박사학위를 받음.

1896년: 4월 1일부터 프레스부르크에 있는 오스트리아 수비대 병원 19에서 대진의사로 두 번째 군복무를 함.

1897년: 형 지그문트가 가업을 넘겨받음으로써 가정의 상황이 안정됨. 베링거 가 61 아이젠가세(오늘날 빌헬름 엑스너 가세) 22, 빈 9구역으로 이사 감. 《노동자 신문》에 아들러의 글이 최초로 발표됨. 〈추천받은 기계〉가 "알라딘"이라는 가명으로 실렸음. 8월/9월, 모스크바에서 열린 국제 의사학회에 참석함. 12월 23일, 라이사 엡슈타인과 스몰렌스크에서 결혼함.

1898년: "자유 연대" 대학생 연합의 회장이 됨. 8월 5일, 딸 발렌티네 디나 태어남. 아들러는 아이젠가세에 자신의 병원을 열었으나, 곧 닫아야만 했음. 《재단사들을 위한 건강백서》가 출간됨.

1899년: 빈-레오폴트슈타트로 이사 감. 빈 2구역, 체르닌가세 7에 있는 종합병원에서 일자리를 얻음. 이곳은 고위층이 살았던 프라터 가 42번지에서도 가까웠음.

1901년: 쇼프론에 있는 헝가리 혼베드 국방군에 징집. 9월 24일, 딸 알렉산드라 태어남.

1902년: 2월 16일에 《노동자 신문》(빈)에 〈간난아이의 삶과 운명〉이라는 기사가 "알라딘"이라는 익명으로 게재됨. 이 기사는 아이를 돌보는 데서의 사회정치적인 역할에 관해 기술했음. 헝가리에서 8월 12일부터 5주 동안 무기연습을 했으며, 9월 15일에 전쟁이 활발하지 않은 상태에서 후방으로 전역됨. 지그문트 프로이트가 아들러를 "수요회"에 초대함. 가을부터 아들러는 프로이트의 집이 있던 빈 4구역 베르크가세 19에서 열린 모임에 정규적으로 참석함. 7월 15일, 의사들의 전문 잡지 《슈탄데스차이퉁》(빈) 창간호에 아들러의 논문 〈의학 안으로 밀고 들어오는 사회복지 관련 원동력〉이 이 게재됨. 이어 그를 대표하는 논문들 세 편이 이 전문잡지에 1902년에서 1904년까지 게재됨.

1903년 3월 27일: "의사 협의회"의 정식 회원으로 가입. 국가 총동원이 유보되면서 아들러는 군에서 제대함.

1904년: 논문 〈교육자로서의 의사〉가 게재됨. 8월 3일, 이스라엘 문화공동체에서 탈퇴하여 신교로 개종, 빈 1구역 도로테어가세에 있는 신교 교회에서 세례를 받음.

1905년 2월 25일: 아들 쿠르트 태어남.

1906년 3월 22일: 어머니의 죽음. 아들러는 프레스부르크에 있는 비밀 결사단 "개척자"에 가입함.

1907년: 아들러는 《오스트리아 노동자달력》에 논문 〈아이의 발달오류〉를 게재함. 《기관열등성에 관한 연구》를 출간함.

1908년 4월 26~27일: 잘츠부르크에서 정신분석 학회가 열림.

1909년 10월 18일: 딸 코르넬리아(넬리) 태어남.

1910년 3월 30~31일: 뉘렌베르크에서 2차 정신분석 학회가 열림. 빌헬름 슈테켈과 함께 《정신분석 중앙지. 심리학을 위한 의학 월간잡지》의 공동편집장이 됨. 발행인은 지그문트 프로이트였음. 아들러가 오스트리아 시민권을 획득함. 프레스부르크에 있는 비밀결사단 "개척자"에서 탈퇴함.

1911년 1월 20일: 빈에서 거주권을 획득함. 이로써 오스트리아 국민이 됨. 3월, 빈 정신분석 협회 회장으로서의 자격 박탈, 프로이트와 불화. 정신분석학회에서 탈퇴함. 4월, "자유 정신분석 연구협의회"를 결성, 8월에 관청에 신고함. 빈 1구역 토미니카너바스타이 10에 위치한 시내로 이사를 감. 이곳에서 "내과 및 신경학과" 병원을 개업함. 빈 정신분석학회의 의장이 됨.

1912년: 취리히에서 개최된 정신 병리학 학회에 참석. 《신경과민 성격에 대하여, 비교 개인심리학과 심리치료의 기초》와 일련의 "자유 정신분석 협회의 글"들이 발표됨. 7월 17일, 신경학과에서 강의를 하고자 지원하는 대학 교원 자격서를 빈 대학에 제출함. 8월부터 1913년 3월까지 루 살로메가 빈에 체류하면서 아들러 및 프로이트와 만남. 9월부터 매주 목요모임이 이루어짐. 10월 17일, 14개월이나 지체된 가운데 "자유 정신분석 연구 협회"의 초대 회장으로 선출됨.

1913년: "자유 정신분석 협회"를 "개인심리학 협회"로 이름을 바꿈. 빈에서 신경 병리학을 위한 학회 열림.

1914년 4월: 《개인심리학 잡지》 창간호 발행됨. 편집장은 카를 푸르트뮐러. 《치료와 교육. 개인심리학 협회의 의사-교육학자로서의 작업》이 알프레드 아들러와 카를 푸르트뮐러의 공저로 발간됨. 6월 28일, 오스트리아 황태자 프란츠 페르디난트와 그의 아내 소피 초테크가 사라예보에서 저격당함. 7월 23일, 세르비아에 오스트리아-헝가리가 최후통첩함. 7월 28일, 세르비아에 오스트리아-헝가리 전쟁 선포. 7월 30일~8월 1일: 러시아, 오스트리아-헝가리, 벨기에, 프랑스와 독일에서 군사력 동원. 8월 5일, 몬테네그로가 오스트리아-헝가리에 전쟁 선포. 8월 6일, 오스트리아-헝가리가 러시아에 전쟁 선포. 라이사와 아이들은 이 시기에 러시아 스몰렌스크에 머물고 있었으며, 몇 주 후에야 스칸디나비아를 거쳐 빈으로 돌아올 수 있었음. 전쟁 동안 아들러 가족은 대부분 아이히그라벤에 있던 아들러 외가의 작은 농가에 머묾.

1915년 2월 17일: 빈 대학 의대 교수회의 전원이 아들러의 강의를 거절함. 아들러가 대학 교원 자격서를 신청했으나 심사를 맡았던 율리우스 바그너-야우렉 교수의 부정적인 판단을 근거로 해서 거절함.

1915/16년: 아들러가 빈에 있는 가장 큰 시민대학이었던 오타크링에 있는 "폭스하임"에서 "실용적인 교육"을 주제로 강연함.

1916년: 카를로트 슈트라서가 중립적인 스위스에서 《개인심리학 잡지》의 발행인을 맡음(1918년까지).

1917년: 아들러가 연초에 크라쿠프에 있는 제9 수비대 병원에 발령받음. 11월부터 빈 19번 구역에 있는 그린칭 전시병원에서 근무함.

1918년: 1월부터 빈 니더외스트라이히와 슈타이어마르크에서 노동자들의 소요 발생. 3월, 아들러는 취리히에 있는 독서모임 호팅겐에서 "도스토옙스키와 차이코프스키"에 관해 강연함. 오타크링 "폭스하임"에서 "인간이해"에 관한 강좌를 시작. 10월 말과 11월 초, 빈에서 혁명. 카를 황제가 11월 4일 휴전 문서에 서명함. 11월 12일, 빈에서 혁명을 외침. 아들러가 《노이에 룬트샤우》에 〈볼셰비키주의와 심리학〉을 발표하고, 내용을 약간 수정하여 《데어 프리덴》에 발표함.

1918/19년: 아들러에 의해 오타크링 "폭스하임"에 최초의 교육상담소가 개설됨. 개인심리학을 상담해주는 곳도 신속하게 생겨남(1926년 빈에 그와 같은 시설이 10곳 이상 생겨남).

1919년 2월 16일: 오스트리아 국회의원 선거. 《다른 측면. 국민의 죄에 대한 대중심리학적 연구》 출간.

1919/20: 아들러가 노동자위원회의 빈 지부 대표자가 됨. 그는 건강분야와 지역 노동자들의 전쟁포로 위원회 분야에서 함께 일함.

1920년: 《개인심리학의 실습과 이론》.

1920~1923년: 쇤브룬 성에 있는 "어린이들 친구. 자유학교" 협회의 교사학교에서 강의함.

1921년: 마네 슈페르버가 아들러와 알게 됨. 몇주 후 슈페르버가 "혁명가의 심리학에 관하여"라는 주제로 강연함.

1922년: 라이사 아들러가 2월 17일에 빈 이스라엘 문화공동체에서 탈퇴함. 아들러는 사회주의 국제 청소년 교육에 영향을 미쳤고, 나중에는 다른 세계청소년들과도 만남. 여름, 평화주의를 지향하는 국제 평화 단체 "빛"의 빈 지부 설립에 참여했고 이 단체의 노동위원으로 선출됨. 12월, 뮌헨에서 제1회 국제 개인심리학회 개최.

1923년 10월: 옥스퍼드에서 개최된 제7회 심리학회에 참석함. 《개인심리학 국제 잡지》

창간호가 발간됨.

1924년: 교사들의 교육을 담당하는 빈 교육 연구소의 강사로 초빙 받음. 6월 29일, 잘츠부르크 학회에 국제 개인심리학 협회 소속 회원들이 빈, 뮌헨, 드레스덴과 뉘렌베르크 등 각지에서 모임. 10월, 뉘렌베르크에서 2차 학회가 열렸고, 1925년 가을에는 협회의 폭발적인 성장에 대해서 의논하기 위해 베를린에 모임.

1925년 1월: 네덜란드에 개인심리학 협회 지부가 설립됨. 제네바, 파리, 암스테르담, 로테르담과 헤이그에서 강연. 9월 5~7일: 2차 국제 개인심리학회가 베를린에서 개최. 슈페르버 덕분에 루돌프 알러스, 다비드 오펜하임과 오스발트 슈바르츠와 결별. 9월 14~15일: 2차 마르크스주의 개인심리학 회의가 빈에서 열림.

1926년 1월: 《공동체, 개인심리학 국제 협의회 소식지》 창간호가 발간됨. 발행처는 베를린 노이쾰른 스튜트가르터 가 52번지. 아들러는 재미 오스트리아 소사이어티의 회원이 됨(1935년까지). 4월, 빈 4구역 쿤다르 가에 있는 프란츠 요셉 병원 아동병동에, 교육하기 힘들고 언어 장애가 심한 아이들을 위해서 개인심리학으로 치료하는 외래 진료소가 생김. 마네 슈페르버가 자신의 저서《알프레드 아들러. 인물과 그의 학설》을 출간함. 아들러가 드레스덴, 켐니츠와 뮌헨, 얼마 후 프랑크푸르트 암 마인과 런던에서 강연함. 베를린에서 열린 성(性) 심리학 학회에 참석. 9월 26~29일: 3차 국제 개인심리학회가 뒤셀도르프에서 개최. 11월, 최초의 미국 여행.

1927년 1월 1일: 《일상에서의 인간. 개인심리학의 전파 및 응용을 위한 잡지》 창간호가 발간됨. 편집처는 빈 2구역 체르닌가세. 1월~4월: 미국 여행. 4월 27일, 신교에서 탈퇴함. 빈에 개인병원의 문을 닫음. 7월 15일, 빈 법원건물의 화재. 9월 17~19일, 4차 국제 개인심리학회가 빈에서 개최. 쿠르트 아들러가 르네 릴리와 결혼함(이 결혼은 1934년 9월에 이혼으로 끝남). "개인심리학 의사들의 작업공동체"가 조직됨. 《인간 이해》 출판. 11월, 마네 슈페르버가 아들러의 지시로 베를린의 개인심리학 지부를 맡기 위해 베를린에 감. 알리스 륄레-게르스텔이 저서 《우리로 가는 길》을 출간함.

1927~1929년: 미국의료협회에서 강의함. 뉴욕 컬럼비아 대학에서 강연함.

1928년: 매년 규칙적으로 6개월씩 미국에서 체류함. 연초, 뉴욕에 있는 사회 조사를 위한 새로운 학교에서 가르침. 뮌헨, 프로이덴슈타트와 베를린에서 강연. 《개인심리학의 기술 I: 삶의 이야기와 질병이야기를 듣는 기술》 출간함. 《폭력과 무폭력. 적극적인 평화주의 편람》에 〈심리학과 권력〉을 게재함. 발행자는 프란츠 코블러였으며, 다른 저자들로는 마하트마 간디, 슈테판 츠바이크, 알베르트 아인슈타인과 버트런드 러셀이 있었음.

1929년: 베를린 "레싱 대학"에서 강연함. 빈 잘만스도르프에서 대규모 정원이 딸린 집을 구입함. 연초, 베를린 개인심리학 그룹에서 분열이 일어나 마네 슈페르버를 중심으로 하는 "베를린 개인심리학회"와 프리츠 퀸켈을 중심으로 하는 "신(新)

베를린 심리학회"로 나뉨. 《학교에서의 개인심리학》 출간함.

1930년 10월~4월: 40회의 강연과 40회의 병원시연을 위해 세 번째 미국 방문. 가을, 뉴욕 컬럼비아 대학의 의학과에서 내과 및 외과의 객원교수를 맡음. 일요일을 제외하고 매일 컬럼비아 대학에서 임상을 했고, 매일 오후 두 시간씩 의사들이 모인 강의실에서 자신의 의학적 작업에 관해 강연을 함. 졸업생들을 위해 30시간 심리학 강의도 함. 런던에서 The Problems of Neurosis: A Book of Case Histories가 출간됨. 뉴욕에서 The Science of Living이 출간됨.

1930년: 아들러가 탄생 60주년을 맞아 빈의 명예시민으로 지명됨. 이를 기념하여 《성격을 직접 교육하기. 알프레드 아들러. 60주년을 맞이하여》가 출간됨. 1월, 미국 미시건 주에서 매일 4~5시간의 순회강연을 하고, 병원에서는 개인적인 환자들을 상담함. 1월부터 4월까지 매주 월요일마다 빈 대학의 대형 강의실 역사관에서 일련의 강연을 함. 프라하, 브라티슬라바, 브륀에서 강연함. 빈에서 5회 국제 개인심리학회가 개최됨. 아들러는 뉴욕 컬럼비아 대학의 "방문 강사"가 됨. 《교육하기 어려운 아이들의 영혼》이 출간됨. 뉴욕에서는 The Pattern of Life가 출간됨.

1931년: 런던, 베를린, 마그데부르크, 코펜하겐과 뉘른베르크에서 강연함. 이후에 뉴욕으로 돌아옴. 6월 26일, 운전면허증을 반납함. 10월부터 12월까지 베를린에서 의사들, 교사들과 유치원 교사들을 위해서 페스탈로치-프뢰벨 하우스에서 강연함. What Life Should Mean to You가 런던에서 출간됨.

1932년: 빈의 시장 칼 자이츠가 1월 14일에 아들러에게 60회 탄생을 기념하여 "빈의 시민"상을 수여함. 아들러가 브레슬라우, 자그레브, 마리보어, 베를린, 빌리츠, 카토비츠와 뮌헨에서 강연함. 6월 20일, 젬므링과 빈에 최초의 개인심리학 여름학교 생김. 딸 코르넬리아가 법학도 하인츠 슈테른베르크와 결혼함(1938년에 이혼). 7월 초, 빈의 경찰에 퇴거신고를 하고 형식적으로 뉴욕으로 이주함. 오스트리아의 그룬들제에서 열린 평화와 자유를 위한 국제 여성연합 여름학교에 참가함. 친한 기업가 찰스 헨리 데이비스의 소개로 아들러는 뉴욕시티에 있는 롱아일랜드 칼리지에서 의대 심리학과에 자리를 얻음. 베를린에서 "변증법적-유물론적 심리학 전문그룹"이라는 이름을 가진 단체가 《위기의 심리학 - 심리학의 위기. 변증법적-유물론적 심리학을 위한 전문그룹의 소고》를 출간함. 알리스 륄레-게르스텔과 마네 슈페르버가 주도적인 역할을 맡음.

1933년: 1월 30일, 독일에서 아돌프 히틀러가 수상으로 선출되고 나치스가 권력을 장악함. 개인심리학자 마티아스 괴링 교수(부퍼탈)은 제국의 수임자로서 "제3제국"의 지시에 따라 심리치료를 재조직함. 아들러의 책들은 독일에서 "금지도서의 목록"에 오름. 3월, 오스트리아 수상 엥엘베르트 돌푸스가 국회를 해산하고 권위적으로 다스림. 3월 30일, 아들러가 롱아일랜드 의과대학으로부터 1993년 9월 1일부터 4년간 의대 심리학과 교수로 임명됨. 4월부터 아들러는 다시 빈에 체류. 4월 30일, 라이사 아들러가 빈에서 구금됨. 아들러가 네덜란드, 핀란드와 에스토니아에서 강의함. 《삶의 의미》가 출간됨. 10월 17일, 아들러는 미국에 공식적으로 이민서류를 제출함. 《종교와 개인심리학》을 출간함(에른스트 얀과 공저).

1934년 1월 21일: 빈에서 간행되었던 사회주의 성향의 《노동자 신문》이 발행 금지됨. 2월 12~15일, 수백 명의 사상자가 난 가운데 빈, 린츠와 다른 오스트리아 도시들에서 내전이 일어남. 오스트리아 공산당과 사회민주주의 공화국 수호연대 금지. 아들러는 5월부터 영국(런던과 캠브리지), 네덜란드(암스테르담, 아머스포트, 헤이그, 뷔쉼, 도르드레히트), 스웨덴(스톡홀름, 웁살라, 탈베르크)에서 열린 개인심리학 여름학교에 참석함. 부다페스트, 프라하, 브륀, 취리히와 파리에서 강연함. 7월 1일, 롱아일랜드 의대에서 아들러를 병원의 신경학부에서 심리치료 주치의로 지명함. 7월 25일, 빈에서 나치이 쿠데타 시도, 돌푸스 수상이 암살당함.

1935년: 《개인심리학 국제저널》이 창간됨. 아들러가 종기제거 수술을 받음. 상태는 위중했고, 컬럼비아 대학 병원에서 4주간 입원함. 라이사, 알렉산드라와 쿠르트 아들러가 뉴욕으로 옴. 아들러가 4월부터 런던, 코펜하겐, 네덜란드, 스톡홀름과 탈베르크, 빈에서 강연함. 여름에 빈에서 대학생 그룹을 가르쳤고, 도미니카너바스타이 10번지에 있던 집을 해약함. 12월 18일, 빈에서 열린 개인심리학 지부의 전체모임에서 프란츠 플레바가 새로운 회장으로, 하인츠 슈테른베르크 박사와 프리츠 피쉴이 부회장으로 선출됨. 아들러는 명예회장이 됨.

1936년: 아들러가 런던에 있는 비행에 대한 과학적 치료 연구소의 부회장이 됨. 총 39명의 부회장 중에는 지그문트 프로이트, H. G. 웰스 그리고 요크의 대주교도 포함되어 있었음. 미국에서 강연함. 5월부터 영국(런던, 플리머스, 카디프, 엑세터, 캠브리지, 옥스퍼드와 리버풀)과 암스테르담에서 강연함. 7월 1일, 롱아일랜드 의과대학에서 아들러를 다시금 1년 간 신경학부에서 심리치료 주치의로 지명함. 로스앤젤레스에서 여름학교를 개최함.

1937년 1월 초~중반: 빈 잘만스도르프에 있던 주택이 사위 하인츠 슈테른베르크 박사의 중개로 8천 실링에 판매됨. 1월 말, 발렌티네 아들러가 모스크바에서 체포됨. 뉴욕에서 뉴욕 개인심리학회가 설립됨. 아들러가 연초에 미국 중서부, 벨기에, 네덜란드, 프랑스와 영국에서 순회강연함. 딸 코르넬리아가 년 초에 가족을 따라 뉴욕으로 옮김(얼마 후 그녀는 하인츠 슈테른베르크와 이혼함). 5월 28일, 아들러가 스코틀랜드 애버딘에서 쓰러짐. 오전 9시 30분 경, 조식을 마친 후 산책을 하던 도중에 심근경색으로 사망함. 6월 1일, 애버딘에서 추도 예배가 치러짐. 아들러는 애딘버러에 있는 워리스톤 화장터에서 화장되었고, 유골은 그곳에 보관됨. 6월 10일, 빈 1구역에 있는 개인심리학 친구들 클럽의 애도식. 제8회 개인심리학 국제 저널의 발행이 중단됨.

1938년: 오스트리아가 나치 독일에 합병됨. 개인심리학 교육상담소들은 획일화되거나 해체되었고, 개인심리학을 가르쳤던 교사들은 해고됨. 빈에 살던 개인심리학자들이 외국으로 이민.

1939년 1월 26일: 빈 20구역 뢰클린 가(街) 70에 있던 개인심리학 협회가 경찰청장에 의해서 해체됨. 관공서의 문서가 회장이나 책임자에게 전달되지 않았기 때문에, 1945년 이후 관공서의 처분의 유효성이 의심됨.

1940년: 루돌프 드라이쿠르스(시카고)가 《개인심리학 뉴스》를 창간함. 1942년에 Individual Psychology Bulletin으로 제호를 변경함.

1941년 7월 3일: 라이사 아들러가 미국 시민권을 얻음.

1942년: 발렌티네 아들러가 소련에서 5년 동안 구금된 후 사망함.

1950년: 뉴욕에서 알프레드 아들러 개인심리학 연구소가 건립됨. 목표는 개인심리학자가 되고자 하는 사람들을 위한 교육임.

1952년: 시카고에서 아들러 심리학 연구소가 건립됨. 훗날 시카고 알프레드 아들러 연구소로 명칭 변경함. American Society of Adlerian Psychology가 건립됨(오늘날에는 North American Society of Adlerian Psychology).

1953년: Individual Psychology Bulletin은 American Journal of Individual Psychology로 이름을 바꿈. 1957년 하인츠 안스바허 교수(버몬트 대학)는 발행권을 이어 받았고, 제목은 Journal of Individual Psychology로 변경함.

1954년 1월: 아들러의 동생 리하르트 사망함. 뉴욕에 있는 알프레드 아들러 상담소는 정신 위생 병원이 되었는데, 관리자는 알렉산드라 아들러가 맡음. 8명의 정신과 의사가 이곳에서 임시로 일했고, 특히 쿠르트 아들러도 일함. 알렉산드라 아들러는 개인심리학 국제 협의회 회장으로 선출됨.

1957년 2월 25일: 형 지그문트가 사망함.

1962년 4월 29일: 뉴욕에서 라이사 아들러가 사망함. 7월 21일, 독일에 알프레드 아들러 협회가 창립됨.

1968년 11월 5일: 동생 막스가 사망함.

1970년 2월 7일: 알프레드 아들러 탄생 100주년 기념행사가 뉴욕 로커펠러 대학의 카스퍼리 홀에서 열림. 알프레드 아들러 협의회를 독일 개인심리학회로 이름을 바꿈.

1971~1976년: 개인심리학 교육연구소가 뮌헨, 뒤셀도르프, 아헨/쾰른 그리고 델멘호르스트에 설립됨.

1976년: 독일 뮌헨에서 국제 개인심리학회가 처음으로 열림. 《개인심리학 잡지》가 창간됨.

1983년: 코르넬리아(넬리) 아들러가 뉴욕에서 사망함.

1992년: 알프레드 아들러 협회(AAI)가 창립됨.

1997년 5월 30일: 뉴욕에서 쿠르트 아들러가 사망함. 9월 25일, "재미 오스트리아의 날" 행사에서 빌 클린턴 대통령이 대법관 펠릭스 프랑크푸르트 외에 건축가 리차드 노이트라와 알렉산드라 아들러를 언급함.

2001년 1월 4일: 뉴욕에서 알렉산드라 아들러가 사망함.

2009년 6월 2일: 빈 시의 문화 및 과학 위원회에서는, 새로운 빈 중앙역에서 가까운 거리를 알프레드 아들러라고 부르기로 결정함.

2011년: 알프레드 아들러의 유골이 4월 29일에 애버딘에서 빈으로 송환됨. 7월 12일, 빈 중앙묘지 추모묘역에 안치됨.

후주

〈약어〉

AAS = Alfred Adler Studienausgabe(알프레드 아들러 연구), 편집 : Karl Heinz Witte. 전7권, 괴팅엔 2007~2009

AUW = Archiv der Universität Wien(빈 대학 자료실)

BL = Britisch Library(영국도서관), 런던, Phyllis Bottome Papers and Correspondence

Briefe = Alfred Adler : Briefe 1896-1937, 편집 : Almut Bruder-Bezzel und Gerd Lehmkuhl, 괴팅엔 2004

DOW = Dokumentationsarchiv des Osterreichischen Widerstandes, 빈

LoC = Library of Congress(의회도서관), Washingtion, D.C., The Alfred Adler Papers

VGA = Verein fur Geschichte der Arbeitbewegung(노동운동사 단체), 빈

대기실

1 Stekel, 다음에서 인용함: Heinrich Zankl: Kampfhähne der Wissenschaft. Kontroversen und Feindschaften(학문의 싸움닭. 논쟁과 불화), Weinheim 2010, p.143

2 Martin Freud: Mein Vater Sigmund Freud(나의 아버지 지그문트 프로이드), Heidelberg 1999, p.34

3 Mark Edmundson: Sigmund Freud. Das Vermächtnis der letzten Jahre(말년의 유산), 뮌헨 2009, p.23

4 Wolf Jobst Siedler: Auf der Pfaueninsel. Spaziergänge in Preußens Arkadien(파우엔인젤에서. 프로이센 이상향으로의 산책), Berlin 1986, p.7

5 Peter-André Alt: Sigmund Freud. Der Arzt der Moderne. Eine Biographie(현대의 의사, 전기). 뮌헨 2016, p.467

6 Vincent Brome: Sigmund Freud und sein Kreis. Wege und Irrwege der Psychoanalyse(지그문트 프로이트와 그의 무리들. 정신분석의 길과 오류), 뮌헨 1969, p.29-30.; Alt, p.467; Peter Gay: Freud. Eine Biographie für unsere Zeit(우리 시대를 위한 전기), 프랑크푸르트/마인 31997,p.200.

7 Max Graf, 다음을 인용함: Hanns Sachs, Freud. Master und Friend(마스터이자 친구), London 1945, p.126

8 Wilhelm Stekel, 다음을 인용함: Louis Breger: Freud. Darkness in the Midst of Vision, New York 2000, p.177

9 Eva Illouz: Die Errettung der modernen Seele. Therapien, Gefühle und die Kultur der Selbsthilfe(현대적 정신의 구원. 심리치료, 감정과 자조의 문화), Berlin 2009, p.50

10 Wolf von Niebelschütz: Der Blaue Kammerherr. Galanter Roman in vier Bänden(푸른 시종장. 네 권으로 된 연애소설), Frankfurt/M, 1949, p.9

11 Illouz, p.30

12 Fritz Wittels: Sigmund Freud. Der Mann, die Lehre, die Schule(그 남자, 그 교리, 그 학파), 라이프치히 1924, p.118

13 Max Graf: Reminiscences(회상) of Professor Sigmund Freud, 출처: Psychoanalytic

Quarterly, Jg.2, 1942, H.4, p.474-475

14 Paul Roazen: Sigmund Freud und sein Kreis(지그문트 프로이트와 그의 무리), Bergisch Gladbach 1976, p.188

1. 시작

1 슈테판 술락과 한스 마그누스 엔첸베르거의 인터뷰. Das einzig wahre Ausland ist die Vergangenheit, 출처: Magazin der Kulturstiftung des Bundes, Jg.II, 2008년 연초, p.8-9

2 Ely Waters: Adler – Student of Invisible World, 출처: The Toronto Star Weekly,1935년 9월 3일: "Dr. Alfred Adler, world-famous psychologist, ranks with Einstein in the brain world. Einstein measures the universe. But Adler measures the human soul.(……)", 출처: LoC Box 6.

3 Doris Kaufmann: "Widerstandsfähige Gehirne" und "kampfunlustige Seelen"(저항하는 능력이 있는 뇌와 싸움을 싫어하는 마음). Zur Mentalitäts- und Wissenschaftsgeschichte des I. Weltkriegs(1차 세계 대전 시기의 정신사와 과학사), 출처: Michael Hagner(발행인): Ecco Cortex. 현대적 뇌 역사에 관한 논문, 괴팅겐 1999, p.206-223, 해당 내용은 p.206

4 Gerd Jüttemann: Die falsche Reihenfolge(틀린 순서), 출처: Psychologische Rundschau, Jg. 66, 2015, p.177-178, 해당 내용은 p.177

5 Harald Walach: Kommentar zum Memorandum von Allesch 외(알레쉬와 그 밖의 사람들의 비망록에 관한 논평), 출처: Psychologische Rundschau, Jg. 66, 2015, p.180-181, 해당 내용은 p.180

6 Henry F.Ellenberger: Die Entdeckung des Unbewussten(무의식의 발견), Bern 1973, 2권, p.765-801; Helmut Albrecht: Burn-out – Ein klarer Fall für die Individualpsychologie? Alfred Adler als Patient und Pionier der Psychosomatik(번 아웃-개인심리학의 보다 분명한 경우? 환자와 심신 상관 의학 개척자로서의 알프레드 아들러는), 출처: Bernd Rieken(발행인): Alfred Adler heute, 뮌스터 2011, p.137-157, 해당 내용은 p.137

7 Albrecht를 인용, p.138

8 Jüttemann, p.177

9 Oskar Frischenschlager(발행인): Wien, wo sonst? Die Entstehung der Psychoanalyse und ihrer Schulen(빈, 이곳일 수밖에? 정신분석의 탄생과 학파들), 서문에서, Wien 1994, p.7-8, 해당 내용은 p.8

10 Roazen, p.211-212

11 Albrecht, p.141

12 Kornbichler, p.11

13 편지들, p.173

14 다음을 참고하라. Gerald Mackenthun(발행인): Alfred Adler – wie wir ihn kannten(우리는 그를 어떻게 알았나), Göttingen 2015, 특히 p.125-270

15 Wolfgang Hildesheimer: Mozart, Frankfurt/M.1993, p.351

16 Henry Jacoby: Alfred Adlers Individualpsychologie und dialektische Charakterkunde(변증법적 특징들), Frankfurt/M. 1974, p.9

17 빌헬름 딜타이는 이상적인 모습으로 묘사했다: Einleitung in die Geisteswissenschaften(인문과학으로 들어가는 서문), 출처: 빌헬름 딜타이 Gesammelte Schriften(전집), 제 1권, 스튜트가르트와 괴팅겐 1957-1959, p.33: "개인의 심리적-신체적 삶의 일체에 대한 묘사가 전기이다." 또한 p.34: "전기를 제대로 잘 써내려가는 과정이란, 인류학과 심리학을 사용해서 문제, 삶의 전체, 그 사람의 발전과 운명을 생생하고도 이해할 수 있게 하는 것이

다." 이와 반대의 입장은 Henry A. Murray이고, 다음 출처에서 인용함: Alan C. Elms: Uncovering Life. The Uneasy Alliance of Biography and Psychology, New York and Oxford 1994, p.7: "[T]he life cycle of a single individual should be taken as a unit, the long unit for psychology. (······) The history of the organism is the organism. (······) (W)ith the perishing of each moment the organism is left a different creature, never to repeat itself exactly. No moment for epoch is typical of the whole. Life is an irreversible sequence of non-identical events. Some of these changes, however, occur in a predictable lawful manner. (······) These phenomena make [psychological] biography imperative."

18 Robert Musil: Der Mann ohne Eigenschaften, 출처: 로베르트 무질: 전집, 1권, Reinbek 1978, p.361

2. 빈 1850년, 1870년, 1900년

1 Musil, p.528

2 LoC Box 6; Eilenberger, p.769-770.; Edward Hoffman: Alfred Adler. Ein Leben für die individualpsychologie(개인심리학을 위한 삶), 뮌헨과 바젤 1997, p.20

3 Mark Zborowski und Elisabeth Herzog: Das Schtetl. Die untergegangene Welt der osteuropäischen Juden(유럽 유대인의 몰락한 세계), 뮌헨 1991, p.III.

4 Eilenberger, p.772, 주석 10.

5 Marianne Bernhard: Zeitenwende im Kaiserreich(황제제국에서의 시대전환). 빈의 링슈트라세. 건축과 사회 1858-1906, 레겐스부르크 1992, p.8

6 위의 책, p.33, 18-25

7 Helmut Andics: Ringstraßenwelt(링슈트라세 세계), Wien 1983, p.286-87

8 위의 책, p.272

9 위의 책, p.322; Karlheinz Rossbacher: Literatur und Liberalismus. Zur Kultur der Ringstraßenzeit in Wien(문학과 자유주의. 빈 링슈트라세 시대의 문화에 관하여), Wien 1992, p.399

10 Andics, p.322

11 위의 책, p.272; Carl Schorske: Fin-de-Siècle Vienna. Politics and Culture, New York 1981, p.31

12 Bernhard, p.91

13 Pieter M.Judson: Habsburg. Geschichte eines Imperiums(제국의 역사) 1740-1918, 뮌헨 2017, p.282-284

14 Andics, p.315

15 Judson, p.304-344

16 Andics, p.332

17 위의 책, p.333

18 Bernhard, p.161, 84

19 위의 책에서 인용, p.161

20 Sigmund Freud: Selbstdarstellung(자화상), 출처: 프로이트의 전집: 14권, 프랑크푸르트/마인, 31963, p.41

21 Judson, p.407, 411

22 위의 책, p.349

23 Andics, p.320

24 위의 책, p.311

25 위의 책, p.311-312
26 Judson, p.425
27 Andics, p.348; Rossbacher, p.432
28 János Szulovsky: Die Dienstleistungsgesellschaft in Ungarn(헝가리에서의 서비스사회), 출처: Helmut Rumpler und Martin Seger(발행인): Soziale Strukturen(사회 구조). 지도로 보는 합스부르크 군주 사회. 행정구조, 사회구조와 사회간접시설구조. 1910년 조사에 따라. 합스부르크 군주 1848-1918, 빈 2010, p.467-491, 여기는 p.473
29 Judson, p.427
30 위의 책, p.470-471
31 Bernhard, p.239
32 Judson, p.400-402
33 Alfred Georg Frei: Rotes Wien. Austromarxismus und Arbeiterkultur(빨간 색 빈. 오스트리아 마르크스주의와 노동자문화). 사회 민주적 거주정책과 지방정책 1919-1934, 베를린 1984, p.77
34 Bernhard, p.40-41
35 위의 책 p.79-80에서 인용함.
36 Rudolf von Eitelberger und Heinrich Ferstel: Das bürgerliche Wohnhaus und das Wiener Zinshaus(시민들이 사는 집과 빈의 셋집), Wien 1860, p.25
37 Bernhard, p.82-83
38 위의 책, p.31
39 위의 책 p.32에서 인용함.
40 위의 책, p.32, 41
41 위의 책, p.262
42 위의 책에서 인용함, p.254-256
43 위의 책, p.308
44 Andics, p.337
45 다음에서 인용. Robert Donia: Islam Under the Double Eagle, Boulder und New York 1981, p.14
46 다음에서 인용함. Bernhard, p.231
47 Steven Beller: Wien und die Juden(빈과 유대인) 1867-1938, Wien 1993, p.213-214
48 Andics, p.352
49 Klaus Lohrmann: Zwischen Finanz und Toleranz(재정과 관대함 사이). Das Haus Habsburg und die Juden. 역사적 수필, Graz 2000, p.42
50 Andics, p.353
51 Beller, p.213
52 위의 책, p.206

3. 유년기, 청소년기, 대학

1 William M.Johnston: Österreichsche Kultur- und Geistesgeschichte(오스트리아의 문화사와 정신사). Gesellschaft und Ideen im Donauraum 1848 bis 1938, Wien 1974, p.263
2 1928년 아들러가 자서전적인 묘사를 하면서, Twersky/J.N & U.L에게 보내는 편지: "나는 빈의 마지막 집에서 태어났답니다.", 다음에서 인용함: Frischenschlager, p.49
3 다음에서 인용함, Hoffmann, p.2
4 Frischenschlager, p.50; Phyllis Bottome: Alfred Adler aus der Nähe porträtiert(가까이에

서 알프레드 아들러를 묘사하다), Klaus Hölzer(발행인이자 소개함), Berlin 2013, p.21
5 Hanz-Wilhelm Hannen: Alfred Adler. Im Banne seines Unterbewussten(무의식을 사로잡은), Weinheim 1994, p.48
6 Frischenschlager, p.51; Hannen, p.59
7 Hoffman, p.24-25
8 Albrecht, p.147
9 다음에서 인용함. Bernhard Handlbauer: Die Entstehungsgeschichte der Individualpsychologie Alfred Adlers(알프레드 아들러의 개인심리학의 발전사), 빈과 잘츠부르크 1984, p.29
10 LoC Box I
11 Hoffman, p.27
12 위의 책, p.23
13 Bottome, p.27
14 Josef Rattner: Die Individualpsychologie Alfred Adlers(알프레드 아들러의 개인심리학). 알프레드 아들러의 심층심리학적 이론으로의 안내, 뮌헨 1981, p.13.
15 Erna Lesky: Die Wiener medizinische Schule im 19.Jahrhundert(19세기 빈의 의학학파), Graz 1965, p.293; Rudolf Riess: Alfred Adler und die Auswirkungen der Individualpsychologie auf das "Rote Wien"(알프레드 아들러와 "빨간 빈"에 미친 개인심리학의 영향), 빈 대학 석사논문 1977, p.6
16 Beller, p.81
17 Andics, p.247
18 Lohrmann, p.118
19 Frischenschlager, p.51
20 위의 책
21 Lesky, p.432
22 LoC, Alfred Adler Papers 1896-1999
23 Riess, p.7
24 닥터 H.A의 편지. Heinz L. Ansbacher에게 보내는 베크-비트만슈테터 편지, Wien, 1966년 3월 5일, 출처: LoC Box 14

4. 라이사 엡슈타인, 그리고 아들러의 직업적 활동의 개시

1 Bottome, p.42
2 H. Ruediger Schiferer: Raissa Adler(1872-1962). Von der bürgerlichen Frauenbewegung zum österreichischen Trotzkismus(오스트리아 트로츠키주의와 관련한 시민 여성운동), 출처: Doris Ingrisch, Ilse Korotin und Charlotte Zwiauer(발행인): Die Revolutionierung des Alltags(일상의 혁명화). 1차와 2차 세계대전 사이에 빈에서의 여성의 지적인 문화에 관하여, 프랑크푸르트/마임 2004, p.193-204, 여기는 p.193; Hoffman, p.45
3 Ulrich Im Hof und Pietro Scandola: Hochschulgeschichte Berns(베른의 대학역사). 1528-1984. 1984년 베른 대학 150주년을 기념하며, 베른 1984, p.501-503
4 Richard Feller: Die Universität Bern. 1834-1934, Bern 1935, p.440; Daniel Heinrich: Dr.med.Charlot Strasser(1884-1950). 작가, 사회정치가와 문화정치가로서의 스위스 정신과 의사. 취리히 1986, p.21 FN 89
5 Wera Figner: Nacht über Russland. 러시아 혁명주의자의 삶에 대한 회고, 라인베크 1988, p.6

6 Hoffman, p.46; Schiferer, p.194
7 Schiferer, p.194에서 인용함.
8 알프레드 아들러의 편지, 1897년 7월 28일, 출처: LoC Box 4
9 라이사 엡슈타인에게 보내는 알프레드 아들러 편지, 1897년 8월 13일, 출처: LoC Box 4
10 라이사 엡슈타인에게 보내는 알프레드 아들러 편지, 모스크바, 1897.8.17, 출처: LoC Box 4
11 라이사 엡슈타인에게 보내는 알프레드 아들러 편지, 1897.9.10, 출처: LoC Box 4
12 라이사 엡슈타인에게 보내는 알프레드 아들러 편지, 1897.10.2, 출처: LoC Box 4
13 라이사 엡슈타인에게 보내는 알프레드 아들러 편지, 1897.9.14, 출처: LoC Box 4
14 라이사 엡슈타인에게 보내는 알프레드 아들러 편지, 빈, 1897.9.18, 출처: LoC Box 4
15 라이사 엡슈타인에게 보내는 알프레드 아들러 편지, 1897.9.22, 출처: LoC Box 4
16 Frischenschlager, p.51-52
17 위의 책, p.52
18 Josef Rattner und Gerhard Danzer: Individualpsychologie heute(오늘날의 개인심리학). 알프레드 아들러 학설 100년, 뷔르츠부르크 2007, p.30.
19 Gerhard Wehr: Pioniere des Unbewussten(무의식의 개척자). 심층심리학의 설립자들, Stuttgart 2013, p.66; Ernst Glaser: Im Umfeld des Austromarxismus(오스트리아 마르크스주의의 주변 환경). 오스트리아 사회주의의 정신사에 기고함, 빈 1981, p.261
20 Glaser, p.261을 인용함.
21 Rudolf Virchow: Zur Erinnerung. Blätter für meine Freunde(기억하며. 내 친구들을 위한 내용), 다음에서 인용함. Wolfgang Jacob: 루돌프 피르호의 사회 의학적 유산으로부터. 인간에 대한 학문으로서의 의학, 출처: Erna Lesky(발행인): Sozialmedizin. 발전과 당연함, 다름슈타트 1977, p.161-185, 여기 p.165
22 위의 책, p.169
23 위의 책, p.176; 또한 다음 책도 참고하라. Rudolf Virchow: Die öffentliche Gesundheitspflege(공공의 건강관리), 출처: 의학 개혁, 5번, 1848.8.4., p.21-22: “민주주의 국가는 모든 국민의 복지를 원하는데, 왜냐하면 이런 국가는 동등한 권리를 인정하기 때문이다.”
24 Hans-Joachim Hannich: Individualpsychologie nach Alfred Adler(알프레드 아들러 이후의 개인심리학), Stuttgart 2018, p.16
25 Elke Pilz: Raissa Adler – Trotzkistin im Roten Wien(공산주의 빈에서의 트로츠키주의자 여성), 출처: 동일인(발행인) Das Ideal der Mitmenschlichkeit(함께 사는 이웃이라는 이념). 여성들과 사회주의적 이념, 뷔르츠부르크 2005, p.111-123, 여기는 p.115

5. 빈에 사는 러시아인들

1 Paul Kutos: Russische Revolutionäre in Wien(빈에 살던 러시아 혁명가들) 1900-1917. 정치적 이민자들의 역사에 관한 사례연구, 빈 1993, p.15
2 위의 책, p.15
3 위의 책, p.69
4 위의 책, p.70-71; Clara Kenner: Der zerrissene Himmel(찢어진 하늘). 빈 개인심리학의 이민과 추방, 괴팅겐 2007, p.26-27
5 Leidinger und Moritz, p.127-129
6 Beller, p.192
7 Der Tag, Nr.808, 1925.3.1., p.8, 다음에서 인용함 Hannes Leidinger und Verena Moritz: Russisches Wien(러시아식의 빈). 400년의 만남, Wien 2004, p.127

8 Sozialwissenschaftliche Dokumentation der Arbeiterkammer für Wien(빈의 노동자청의 사회학적 문서들), "트로츠키" 서류철, 빈 시장에게 올린 경찰국 보고서 Pr. Z.1.IV-1406 (1924.3.26)
9 Leo Trotzki: Mein Leben, 자서전 쓰기의 시도, 베를린 1990, p.210
10 위의 책, p.184-185
11 Natalja Sedowa, 다음에서 인용함. Victor Serge: Leo Trotzki und Werk, Wien 1978, p.33; Schiferer, Raissa Adler, p.195
12 Trotzki, p.195
13 아들러-이사회의 서기를 맡았던 파울 클렘퍼러가 어네스트 존스에게 개인적으로 전했음, 다음에서 인용함. Ernest Jones: Das Leben und Werk von Sigmund Freud(지그문트 프로이트의 삶과 작품). 2권, Bern und Stuttgart 1962, p.165
14 Leidinger und Moritz, p.127; Pilz, p.116
15 Schiferer, Bildbiografie(삽화 전기), p.70; Schiferer, Raissa Adler, p.195-196
16 Schiferer, Raissa Adler, p.196
17 Kutos, p.43; Leidinger und Moritz, p.128-130
18 Leidinger und Moritz, p.128-130, 126
19 위의 책, p.129
20 Kutos, p.61
21 Gertraud Marinelli-König: Das Wien-Bild in der Literatur russischer Emigranten(러시아 이주자들의 문학에 나타난 빈-모습) 1905-1945, 출처: Gertraud Marinelli-König und Nina Pavlova: Wien als Magnet(빈은 자석이었던가)?, 동유럽, 동중부유럽, 그리고 남동유럽 출신의 작가들이 말하는 도시, 빈 1996, p.111-142, p.139

6. 세기말의 빈과 레오폴트슈타트

1 Manès Sperber: Alfred Adler oder Das Elend der Psychologie(알프레드 아들러 또는 심리학의 참담), Wien 1970, p.160
2 Abigail Gilman의 사진을 보라: Viennese Jewish Modernism(비엔나의 유대인 모더니즘). Freud, Hofmannsthal, Beer-Hofmann, and Schnitzler, University Park, PA, 2009, p.3, 4
3 Bernhard, p.209
4 Max Burckard: Modern, 출처: Gotthart Wunberg(발행인): Die literarische Moderne(문학적 모던). Frankfurt/M. 1971, p.131-132, 여기는 p.132
5 다음에서 인용. Andics, p.358
6 Hugo von Hofmannsthal: Gabriele d'Annunzio, 출처: 휴고 폰 호프만슈탈: 전집, Bernd Schoeller 발행, Reden und Aufsatz(강연과 에세이) I 1891-1913, Frankfurt/M. 1979, p.174-184, 여기는 p.174-175
7 Fritz Schalk: Fie de Siècle, 출처: Roger Bauer 외(발행인): Fin de Siècle. 세기 전환기의 문학과 예술, Frankfurt/M.1977, p.3-15, 여기는 p.9; Wolfdietrich Rasch: Fin de Siècle als Ende und Neubeginn(끝과 새로운 시작으로서의 세기말), 출처: Bauer, Fin de Siècle, p.30-49, p.31
8 Hermann Bahr: Die Moderne, 다음에서 인용함. Wunberg, Die literarische Moderne, p.100
9 다음에서 인용함. Peter Payer: Der Klang der Großstadt(대도시의 소리). 청각의 역사. Wien 1850-1914, Wien 2018, p.107
10 Statistisches Jahrbuch für die Stadt Wien(도시 빈의 통계연감) für 1907, Wien 1909; 1908

년 도시 빈의 통계연감, 빈 1910, p.206; Brigitte Hamann: Hitlers Wien(히틀러의 빈). 독재자의 견습 기간, p.42; Gilman, p.21

11 Adolf Hitler: Mein Kampf(나의 투쟁), 한 권짜리 보급판, 뮌헨 1930, p.18

12 Frischenschlager, p.9

13 Jens Malte Fischer: Augenblicke um 1900(1900년이라는 시기). 세기가 전환했던 시기의 문학, 철학, 정신분석과 삶의 세계, Frankfurt/M.1986, p.4

14 Scott Spector: Marginalization: Politics and Culture beyond Fin-de-Siècle-Vienna, 출처: Steven Beller(발행인): Rethinking Vienna 1900, New York und Oxford 2001, p.132-153, 여기는 p.137

15 Lislie Topp: Architecture and Truth in Fin-de-Siècle-Vienna, Cambridge/England 2004, p.26; Max Fabiani 1896: "현장에서는 리얼리즘, 진리를 외쳤다; 보다 예리한 자연관찰, 자연법칙에 대한 보다 심오한 인식은 그 기초가 되었다 - 오늘날 깨어난 완전히 새로운 예술이라는 기초가 되었던 것이다. 작가들과 조각가, 화가와 음악가는 이미 오래 전부터 자신들의 새로운 이념을 인식했다...", 다음을 인용함. Topp, p.177

16 익명: Arndt에 대한 비평: Die Neurasthenie(신경쇠약), 출처: Wiener Medizinische Wochenschrift, Jg.26, 1885, Sp.1096; Hans-Georg Hofer: Nervenschwäche und Krieg(신경쇠약과 전쟁). 오스트리아 정신의학에 있어서의 현대성 비판과 위기 극복, 빈 2004, p.115

17 Georg Simmel: Vom Wesen der Kultur(문화라는 존재에 대하여), 출처: Österreichische Rundschau, Jg.15, 1908, p.42

18 Odo Marquard: Über einige Beziehungen zwischen Ästhetik und Therapeutik in der Philosophie des neunzehnten Jahrhunderts(19세기 철학에 있어서의 미학과 치료학 사이의 몇 가지 관계에 관하여), 출처: Hans Joachim Schrimpf(발행인): 19세기부터 20세기에 이르기까지 문학과 사회. Benno von Wiese를 기리는 기념 논문집, Bonn 1963, p.22-55, p.48

19 Fischer, p.59

20 Manès Sperber: Die Wasserträger Gottes(신이 마실 물을 들고 가는 사람들). 모든 지나간 것들..., Wien 1974, p.224

21 Hamann, p.107-108

22 위의 책, p.93-94

23 위의 책, p.50; Robert Waissenberger: Eine Metropole der Jahrhundertwende(세기말의 대도시), 출처: Robert Waissenberger(발행인)가 안내하는 도시 빈의 역사적 박물관: 빈 1870-1930. 꿈과 현실, 잘츠부르크와 빈 1984, p.7-20, 여기는 p.18

24 Malachi Haim Hacohen: The Making of the Open Society: Karl Popper, Philosophy and Politics in Interwar Vienna, Phil.Diss. Columbia University, New York, 1993, p.83-84

25 Hermann Bahr: Ein Document deutscher Kunst(독일 예술의 기록), 출처:Bildung, Essays,(교육, 에세이) Leipzig 1901, p.45-46

26 Helmut Weihsmann: Das Rote Wien. 1919-1934년 사이 사회민주주의를 지향했던 건축과 지방정책, 수정본, Wien 2002, p.84-86

27 Topp, p.90; Eric Kandel: Das Zeitalter der Erkenntnis(인식의 시대). 빈의 모더니즘부터 오늘날까지 예술, 정신과 뇌에서 살펴본 무의식 연구, 뮌헨 2012, p.35

28 Ruth Beckermann: Die Mazzesinsel(마체 섬). 1918-1938년 사이 빈의 레오폴트슈타트에 살았던 유대인들, 빈과 뮌헨 1984, p.14

29 Andics, p.23

30 위의 책, p.278
31 Beckermann, p.13, 25
32 Andics, p.278
33 다음에서 인용함. Beckermann, p.12
34 다음을 인용함. 위의 책, p.14
35 Andics, p.275
36 위의 책, p.278
37 Beckermann, p.85-86
38 H.Ruediger Schiferer, Helmut Gröger와 Manfred Skopec와 함께 협업하여: 알프레드 아들러. 전기, 뮌헨과 바젤 1992, p.68; LoC Box 4

7. 교육자로서의 의사

1 Lloyd deMause: Was ist Psychohistorie(사이코 역사란 무엇인가)? 기초, Artur R.Boelderl and Ludwig Janus(발행인), Gießen 2000, p.16
2 AAS I, p.26
3 Mackenthun, p.34
4 Wehr, p.66
5 Odo Marquard: Über einige Beziehungen zwischen Ästhetik und Therapeutik in der Philosophie des neunzehnten Jahrhunderts(19세기 철학에 있어서 미학과 치료학 사이의 몇 가지 관계), 출처:Odo Marquard: 역사철학의 어려움, Frankfurt/M.1973, p.85-106, 여기는 p.97-98
6 Hannes Böhringer: Kompensation und Common Sense(보상과 상식). 알프레드 아들러의 생의 철학, Königstein/Taunus 1985, p.56; Hannich, p.16
7 Böhringer, p.58
8 AAS I, p.27-29
9 위의 책, p.30-31
10 위의 책, p.30-33
11 다음에서 인용함. Katharina Rutschky(발행인): Schwarze Pädagogik(어두운 교육학). 시민 교육의 자연사, Berlin und Wien 1977, p.243-247
12 AAS I, p.33
13 Wehr, p.68
14 Böhringer, p.22
15 Glaser, p.273-274
16 다음에서 인용함. Bottome, p.96-97

8. 수요회

1 Carl Gustav Carus: Psyche. 정신의 발전사에 대하여, 포르츠하임 1846, p.1
2 Sigmund Freud: Über Träume(꿈에 대하여), 출처: 지그문트 프로이트: 꿈과 꿈의 해석에 대하여, 프랑크푸르트/마인, 1971, p.12-13
3 Herman Nunberg und Ernst Federn(발행인): Protokolle der Wiener Psychoanalytischen Vereinigung(빈 정신분석 협회의 기록), 1권 1906-1908, 프랑크푸르트/마인 1976, p.XXII
4 Wilhelm Stekel: The Autobiography of Wilhelm Stekel. The Life Story of a Pioneer Psychoanalyst, Emil A.Gutheil(발행인), 뉴욕 1950, p.113; Marina Leitner: Ein gut gehütetes Geheimnis(잘 감시했던 비밀). 빈에서 시작해서 베를린 폴리클리닉이 1920년

세워질 때까지 정신분석에 의한 치료기술의 역사, Gießen 2001, p.73
5 Schiferer, 삽화 전기, p.56
6 Sigmund Freud: Über Psychotherapie, 출처: 지그문트 프로이트: Studienausgabe(보급판), 증보판, 프랑크푸르트/마인 1989, p.107-119, p.115
7 Edith Kurzweil: Freud und die Freudianer(프로이트와 프로이트 학파). 독일, 프랑스와 영국에서의 정신분석의 역사와 현재, Stuttgart 1993, p.58
8 다음에서 인용함. Roazen, p.182
9 Wittels, p.113
10 위의 책, p.114; Brome, p.26
11 위의 책, p.184
12 Protokolle(회의록), 1권, p.XXII, 다음에서 인용함. Schiferer, 삽화 전기, p.59
13 Protokolle, 1권, p.XXIV
14 Sperber, p.58
15 Kurzweil, p.61
16 위의 책
17 위의 책
18 Protokolle, 1권, p.32
19 Kurzweil, p.62-63
20 위의 책, p.66
21 Illous, p.54
22 위의 책, p.54-55; Berger, p.179
23 다음에서 인용함. Kurzweil, p.28-29
24 위의 책, p.33
25 위의 책, p.68

9. 철학과 가정假定

1 Odo Marquard: Wie irrational kann Geschichtsphilosophie(역사철학은 어떻게 비합리적일 수 있는가)? 출처: 오도 마르크바르트: 역사철학의 어려움, Frankfurt/M.1973, p.66-81, 여기는 p.81
2 o.N.: Was man nicht sieht, 출처: Bokowianaer Post, 21.Jg, 1914.5.5., p.1
3 Neue Freie Presse, 17849번, 1914.5.5, p.8
4 편지, p.41
5 Gottfried Fischer: Logik der Psychotherapie(정신 치료의 논리). 정신치료학의 철학적 기초, 크뢰닝 2008, p.25-29
6 Paul Watzlawick, John H.Weakland und Richard Fisch: Lösungen(해결책). 인간 변화의 이론과 실습에 대하여, 베른 1974, p.108
7 Michael Titze: Lebensziel und Lebensstil(삶의 목표와 라이프 스타일). 알프레드 아들러 이후의 목적분석의 특징, 뮌헨 1979, p.38-39
8 Frithjof Rodi: Diltheys Philosophie des Lebenszusammenhang(딜타이의 삶의 총체 철학), 구조이론 – 해석학 – 인류학, Freiburg i. Br. und München 2016, p.69
9 위의 책 p.92
10 Dilthey, 전집 6, p.287; 깨야, p.109
11 Dilthey, 전집 18, p.28
12 Rodi, p.12-13

13 Rudolf A, Makkreel: Dilthey. Philosoph der Geisteswissenschaften(인문학의 철학자), Frankfurt/M. 1991, p.19
14 Rodi, p.105,13; 딜타이, 전집 7, p.119; Rodi, p.17
15 Rodi, p.14, 55, 106
16 위의 책, p.13
17 위의 책, p.17
18 A. A. Cooper, Third Earl of Shaftesbury: Characteristics of Men, Manners, Opinions, Times, London 1711, 2권, p.174; Rodi, p.51
19 딜타이, 전집 XXIV, p.225
20 딜타이, 전집 XXIV, p.222
21 딜타이, 전집 XIX, p.35
22 딜타이, 전집 VII, p.140
23 딜타이, 전집 I, p.29
24 딜타이, 전집 V, p.139-237
25 위의 책, p.176
26 Rodi, p.62-64
27 딜타이, 전집 VI, p.305; Rodi, p.103
28 Makkreel, p.63
29 위의 책, p.III
30 딜타이, 전집 I, p.36-37
31 Rattner und Danzer, p.42
32 Rolf Kühn: War Adler Philosoph? "신경과민 성격에 대하여"에서 아들러가 참고했던 문헌들, 출처: 개인심리학 잡지, 21.Jg, 1996, p.235-255, 여기는 p.236
33 Böhringer, p.40
34 Almut Bruder-Bezzel: Wille zur Macht, schöpferische Kraft und Lebenskunst bei Alfred Adler und Friedrich Nietzsche(알프레드 아들러와 프리드리히 니체에게서의 권력에의 의지, 창의적 힘과 생의 예술), 출처: Almut Bruder-Bezzel: Wiener Kreise in Politik, Literatur und Psychoanalyse(정치, 문학과 정신분석에서 빈의 동아리). 개인심리학의 역사에 대한 기고, 괴팅겐 2019, p.231-258, p.242
35 Brunhilde Schaardt und Klaus Schmalzried: 알프레드 아들러의 개인심리학에서 공동체 느낌에 대한 개념 연구, 어문학 박사논문. 베를린 대학 2001, p.42
36 Rattner und Danzer, p.84
37 Böhringer, p.105
38 Wilhelm Roux: Der Kampf der Theile im Organismus. 기계적 목적론을 보충하기 위한 기고, 라이프치이 1881, p.217
39 Böhringer, p.65
40 위의 책, p.61-65
41 위의 책, p.64
42 Jürgen Habermas: Zur Logik der Sozialwissenschaften(사회과학의 논리에 대하여), Frankfurt/M.1970, p.71-73
43 Köppe, p.46
44 Hans Vaihinger: Die Philosophie des Als Ob. System der theoretischen, praktischen und religiösen Fiktionen auf Grund eines idealistischen Positivismus, Berlin 1911, p.60
45 위의 책, p.113

46 Georg R, Gfäller: Kritische Überlegungen zu Fiktion und Wahrheit(허구와 진실에 관한 비판적 숙고), 출처: 개인심리학 잡지, 21.Jg., 1996, p.292-300, 여기는 p.293
47 Horster, p.6
48 Vaihinger, p.179-180
49 위의 책, p.2
50 Rattner und Danzer, p.42; Horster, p.13-14
51 Bernd Rieken: "Fiktion" bei Vaihinger und Adler(파이잉거와 아들러에게 있어서 허구) - 주의를 덜 받은 구상을 위한 변론, 출처: 개인심리학 잡지, 21.Jg., 1996, p.280-191, 여기는 p.285
52 Rudolf Dreikurs: Grundbegriffe der Individualpsychologie(개인심리학의 기본 개념들), Stuttgart 1969, p.71-72
53 Roland Dollinger: Sehnsucht nach Sinn(의미에 대한 향수), Würzburg 2017, p.57
54 Alfred Adler: Kurze Bemerkungen über Vernunft, Intelligenz und Schwachsinn(이성, 지성과 정신박약에 관한 짤막한 소견), 출처: 개인심리학 국제잡지, 6. Jg., 1928, p.267-272, 여기는 p.269
55 Ansbacher, p.17
56 위의 책, p.17-18
57 Vaihinger, p.5
58 위의 책, p.35
59 AAS 2, p.70-71
60 Böhringer, p.37
61 AAS 2, p.136
62 Bernd Rieken: Psychotherapiewissenschaft, Hermeneutik und das Unbewusste(정신치료학, 해석학과 무의식), 출처:베른트 리켄(발행인): 오늘날의 알프레드 아들러. 개인심리학의 최근, 뮌스터 2011, p.41-59, 여기는 p.55
63 James Hillman: Die Heilung erfinden(치료를 고안하다). 정신 치료법적인 시학, 취리히 1986, p.153

10. "기관열등성"

1 Onür Güntürkin: Einführung(서문), 출처: 오뉘르 귄튀르킨(발행인): Biopsychologie(생의 심리학), Heidelberg 1998, p.7-9, 여기는 p.7
2 Arthur Korn: Elektrische Fernphotographie und Ähnliches, Leipzig 1904, p.5
3 Protokolle(회의록), 1권. p.14, 각주 11, 12, 17
4 Mackenthun, p.38-39; Handbauer, p.214
5 Wilhelm Wundt: Grundzüge der Physiologischen Psychologie, 7번째 수정한 쇄, Leipzig 1923, p.1
6 Güntürkün, p.7
7 Mackenthun, p.39
8 Handlbauer, p.54
9 AAS I, p.71
10 Almuth Bruder-Bezzel: Geschichte der Individualpsychologie(개인심리학의 역사), Frankfurt/M.1991, p.17
11 AAS I, p.10
12 위의 책, p.79

13 위의 책, p.81
14 Mackenthun, p.43
15 Karl Heinz Witte, Eine ciszendentale Interpretation der Individualpsychologie Alfred Adlers, 출처: Reinhard Brunner(발행인)“ Die Suche nach dem Sinn des Lebens(삶의 의미를 찾아서). 개인심리학의 개인의 한계를 초월한 측면, 뮌헨과 바젤 2002, p.95-126, 여기는 p.115
16 Sigmund Freud: Abriss der Psychoanalyse(정신분석의 윤곽), Frankfurt/M.1972, p.9
17 Jürg Rüedi: Die Bedeutung Alfred Adlers für Pädagogik(교육학에서 갖는 아들러의 의미), Stuttgart und Bern 1987, p.32
18 AAS 3, p.98
19 회의록 I, p.385
20 회의록 II, p.425
21 Ansbacher, p.16
22 Alfred Adler: Der psychische Hermaphroditismus im Leben und in der Neurose(삶과 노이로제에서의 정신적 암수동체), 출처: Alfred Adler und Carl Furtmüller(발행인): Heilen und Bilden, Wolfgang Metzger, Frankfurt/M.1973, p.85-93, 여기는 p.90
23 회의록 II, p.333-334; AAS I, p.60
24 Mackenthun, p.48
25 AAS 3, p.54
26 Mackenthun, p.50
27 AAS I, p.142
28 AAS 6, p.67
29 Witte, ciszendental, p.99
30 Karl Heinz Witte: Superman oder Kümmerling und dazwischen nichts(슈퍼맨 또는 가련한 사람 그리고 그 중간에는 아무 것도 없는 거야)? 아들러의 노이로제학설에서 권력문제에 대한 명상, 출처: Franzjosef Mohr(발행인): Macht und Ohnmacht(권력과 무력), München und Basel 1988, p.41-51; Karl Heinz Witte: Aus dem Irrgarten des alltäglichen Machtstrebens(일상에서의 권력에 대한 노력이라는 미로에서부터): die Neurose, 출처: Franzjosef Mohr(발행인): 권력과 무력, 뮌헨과 바젤 1988, p.150-160
31 Witte, ciszendental, p.99
32 Alfred Adler: The Science of Living, H. L. Ansbacher(발행인), New York 1969, p.27-28. 다음에서 인용함. Heinz L. Ansbacher: Die Rolle der Dialektik in der Adlerschen Psychologie(아들러 심리학에서 변증법의 역할), 출처: Rudolf Kausen und Franzjosef Mohr(발행인): Beiträge zur Individualpsychologie(개인심리학에 관한 기고). 1976년 7월 29일부터 8월 3일에 걸쳐서 뮌헨에서 개최되었던 제 13회 국제 개인심리학회에 관한 보도, 뮌헨과 바젤 1978, p.16-24, 여기는 p.17

11. 지그문트 프로이트와 카를 구스타프 융

1 다음에서 인용함. Ernest Jones: Das Leben und Werk von Sigmund Freud(지그문트 프로이트의 삶과 저서), 2권, Bern und Stuttgart 1962, p.530
2 Wilhelm Fließ에게 쓴 프로이트의 편지, 1900.2.1., 출처: Sigmund Freud: Briefe an Wilhelm Fließ, Jeffrey M. Masson가 발행함, Frankfurt/M.1986, p.437
3 Juliet Mitchell: Psychoanalyse und Feminismus(정신분석과 페미니즘). Freud, Reich, Laing und die Frauenbewegung(여성운동), Frankfurt/M. 1976, p.48

4 Böhringer, p.35
5 Beller, p.249
6 1911년 빈스방어가 프로이트에게. 출처: Ludwig Binswanger: Erinnerungen an Sigmund Freud(지그문트 프로이트에 대한 기억), Bern 1956, p.46
7 Jones, 2권, p.49; 회의록 I, p.136; John Kerr: Eine höchste gefährliche Methode(지극히 위험한 방법), Freud, Jung und Sabina Spielrein, 뮌헨 1994, p.164-165
8 Zentralblatt I, p.128
9 Ellenberger p.898; Roazen, 2권, p.232; Martin Freud: Glory Reflected. Sigmund Freud, Man and Father, London 1957, p.108-109
10 Freud und Jung, p.524
11 Kurt R. Eissler: Psychologische Aspekte des Briefwechsels zwischen Freud und Jung(프로이트와 융 사이에 교환했던 편지들의 심리적 측면), Stuttgart 1982, p.79, 110
12 Sigmund Freud und Karl Abraham: 편지교환 1907-1925. Karl Falzeder 발행함, Wien 2009, p.47, 71
13 Jones II, p.50, 그리고 프로이트와 아브라함의 편지들, p.214
14 다음에서 인용함. Eissler, p.22
15 Binswanger, p.63-64
16 Sigmund Freud: Vorwort zu M. Steiner, Die psychischen Störungen der männlichen Potenz(M. 슈타이너에 관한 머리말. 남성 정력의 심리적 장애), 출처: 지그문트 프로이트: 전집 X권, Frankfurt/M, 31963, p.451-52
17 프로이트, Zur Geschichte(역사에 관하여), p.195
18 다음을 참고하라. C.G.Jung: 전집, 제6권, Olten 1959, p.484-85; 융, 전집, 제 7권, p.42; 융, 전집, 제16권, p.72; Werner Kaiser: Alfred Adler und Carl Gustav Jung. 이들 만남에 대한 이야기, 디플롬 논문, 취리히 1991, p.56
19 C.G.Jung이 쓴 볼프강 M.크라네펠트: Therapeutische Psychologie. Ihr Weg durch die Psychologie의 서문. 베를린 31956, p.II, 또한 Jung, 전집, 제4권, p.371-373
20 Kaiser, p.73
21 위의 책, p.74

12. 결별과 새로운 시작

1 Odo Marquard: Weltanschauungstypologie(세계관 유형학). 19세기와 20세기의 인류학적 사고형태에 대한 소견, 출처: 오도 마르크바르트: Schwierigkeiten mit der Geschichtsphilosophie (역사철학에서의 어려움). Frankfurt/M.1973, p.107-121, 여기는 p.107
2 Sebastian Haffner: Geschichte eines Deutschen(한 독일인 이야기) 1914-1933년의 기억. Stuttgart 2000, p.9
3 회의록 I, p.383-384
4 Lothar Böhnisch, Joachim Schille und Gerd Stecklina: Rühle und sein sozialpädagogisches Werk(륄과 그의 사회교육적 작품), 출처: Gerd Stecklina und Joachim Schille(발행인): Otto Rühle. 삶과 작품(1874-1943), 바인하임과 뮌헨 2003, p.45-108, 여기는 p.73
5 Kurzweil, p.475
6 회의록, I권, p.329-333
7 회의록, 2권, p.156
8 위의 자료, p.137
9 위의 자료, p.137-138

10 위의 자료, p.157-159
11 Bernhard Handlbauer: Die Adler-Freud-Kontroverse(아들러와 프로이트의 논쟁), Frankfurt/M.1990, p.83
12 위의 책, p.93, 96
13 Freud Jung Briefe(프로이트와 융의 편지), p.259-260
14 Brome, p.51
15 Roazen, p.189-190
16 Handlbauer, 논쟁, p115-116
17 Dollinger, p.52
18 Binswanger, p.37
19 Günther Bittner: Vater Freuds unordentliche Kinder(아버지 프로이트의 제멋대로 된 자식들). 포스트 정통 정신분석의 기회, 뷔르츠부르크 1989, p.21
20 Böhringer, p.17
21 AAS I, p.105
22 회의록, III, p.25-26
23 회의록, III, p.64-65
24 다음에서 인용함. Jones II, p.160
25 Brome, p.48
26 Freud, Neue Folge, 문고판 I, p.570, 503-504
27 회의록 III, p.104
28 위의 자료, p.167
29 Roazen, p.191
30 Freud, Zur Geschichte(역사에 관하여), p.189-190
31 Graf, Reminiscences(회상), p.473
32 Freud Abraham, 편지, p.127
33 Sigmund Freud und Otto Pfister: 편지 1905-1939, Ernst L. Freud und Heinrich Meng 발행, Frankfurt/M.21980, p.47
34 Sigmund Freud und Ernest Jones: The complete correspondence of Sigmund Freud and Ernest Jones, 1908-1939, R. Andrew Paskauskas 발행, Cambrige, MA, 1993, p.93; Sigmund Freud und Ludwig Binswanger: 편지교환 1908-1938, Gerd Fichtner 발행, Frankfurt/M.1992, p.71
35 Sigmund Freud und Sandor Ferenczi: 편지교환, I권/I, 1908-1911, Eva Brabant, Ernst Falzeder und Patrizia Giampieri-Deutsch발행, André Haynal가 학문적인 지도, Wien 1993, p.341
36 편지, 빈, 1911.6.20., 출처: LoC Alfred Adler Papers 1896-1899
37 위의 자료.
38 위의 자료.
39 Roazen, p.192
40 Schiferer, 삽화 전기, p.81-83
41 Sigmund Freud: 전집, X권, Frankfurt/M.1971, p.187; Roazen, p.191
42 Illouz, p.57
43 Roazen, p.213
44 Sachs, p.120-121
45 Sigmund Freud: Bemerkungen über einen Fall von Zwangsneurose, 출처: 지그문트 프로

이트: 보급판, VII권, p.39
46 다음을 참고하라. Freud, 보급판, II권, p.345-347
47 Rattner und Danzer, p.42
48 David L. Hart: Der tiefenpsychologische Begriff der Kompensation(심층심리학적 개념 보상). 박사논문, 취리히 대학 1956, p.16-17
49 Heinz Kohut: Narzißmus(자기도취), Frankfurt/M.31981, p.26, 15, 130
50 Almuth Bruder-Bezzel: Einleitung(서문), 출처: AAS 2, p.9-16
51 Rainer Schmidt: Kausalität und Freiheit(인과성과 자유). 개인심리학의 시각, 뮌헨과 바젤 1995, p.17
52 Böhringer, p.39
53 Schmidt, p.66
54 Erwin Ringel: Was kränkt, macht krank – Psychosomatik und Arbeitsklima(마음을 상하게 하는 것은, 병들게 만든다 – 심신상관 의학과 노동환경), 출처: Erwin Ringel: Die österreichische Seele(오스트리아의 영혼). 의학, 정치, 예술과 종교에 관한 10가지 강연, Wien 1984, p.199-227, 여기는 p.207-208; Rattner und Danzer, p.125; Peter Hahn: Konversion und Herzkreislauferkrankungen(개종과 심혈관질환), 출처: Peter Hahn(발행인): Psychologie des XX.Jahrhunderts(20세기의 심리학). 제9권: 의학과 관련한 결과들, 취리히 1979, p.123
55 다음에서 인용함. Gerhard Danzer: Eros und Gesundheit(에로스와 건강). Psychosomatik – die Medizin von morgen(심신상관 의학 – 내일의 의학), Berlin 1995, p.74
56 Ringel, p.208
57 Hartmut Rosa: Resonanz(반향). Eine Soziologie der Weltbeziehung(세계관계의 사회학), Berlin 2018, p.145
58 Handlbauer, Entstehungsgeschichte(발생한 이야기), p.367; Wolfgang Kretschmer: Über die Anfänge der Individualpsychologie als "freie Psychoanalyse"(자유 정신분석으로서의 개인심리학의 시작에 관하여), 출처: 개인심리학 잡지, Jg.7, 1982, p.175-179, 여기는 p.175
59 Mirjana Stančić: Manès Sperber. 삶과 작품. Frankfurt/M. 2003, p.100; Kenner, p.91-92
60 Schiferer, 삽화 전기, p.167
61 Hertha Orgler: Alfred Adler. 열등 콤플렉스를 이기고 거둔 승리. Kurt Seelmann의 서문, 뮌헨 수정한 2쇄 1972, p.233-234
62 Helmut Johach: Von Freud zur Humanistischen Psychologie(휴머니즘적 심리학으로 향한 프로이트). 치료적-전기적 프로파일, 빌레펠트 2009, p.66
63 Mitchell, p.492
64 Lou Andreas-Salomé: In der Schule bei Freud(프로이트 학파에서), Ernst Pfeiffer 발행, 취리히 1958, p.14
65 위의 책, p.15
66 위의 책, p.22-23
67 위의 책, p.51
68 위의 책, p.178
69 위의 책, p.180
70 Sigmund Freud und Lou Salomé: 편지교환, Frankfurt/N.1966, p.21
71 Schiferer, 삽화 전기, p.88
72 다음을 인용함. Jean Laplanche und Jean Bertrand Pantalis(발행인): Das Vokabular der Psychoanalyse(정신분석의 어휘), II권, Frankfurt/M. 1972, p.411

73 위의 책, p.185
74 Freud, 역사에 대하여, p.185-186
75 다음에서 인용함. Razen, p.210
76 Jones II, p.161
77 Schiferer, 삽화 전기, p.89
78 Heinrich, p.19-24

13. 전쟁 중인 빈, 전쟁 중인 아들러

1 다음에서 인용함. Österreiches Antwort(오스트리아의 대답). Hugo von Hofmannsthal im Ersten Weltkrieg(1차 세계대전을 겪는 휴고 폰 호프만슈탈), Ausst.Kat. Freies Deutsches Hochstift Frankfurt am Main 2014, n.p.
2 Stefan Zweig: Die Welt von gestern(어제의 세계). 유럽인 한 사람의 기억, Frankfurt/M. 1970, p.249-250
3 Frischenschlager, p.12
4 다음에서 인용함. Judson, p.489
5 Trotzki, p.223
6 위의 책, p.224
7 Max Brod: Streitbares Leben(투쟁이 난무하던 삶) 1884-1968, 뮌헨 1969, p.III
8 LoC Box I, Folder I
9 LoC Box 14
10 Josef Rattner에게 보낸 알리 아들러의 편지, 추측컨대 1971, 출처: LoC Box 13
11 Almut Bruder-Bezzel: Alfred Adler und der Erste Weltkrieg(알프레드 아들러와 제1차 세계대전), 출처: Journal für Psychologie(심리학 저널), Jg.25, 2017, p.67-81, 여기는 p.69
12 Binswanger, p.21-22
13 Henriette Kotlan-Werner: Otto Felix Kanitz und der Schönbrunner Kreis. 사회주의자 교육자들의 노동공동체 1923-1934, Wien 1982, p.31-32
14 위의 책, p.32-33
15 Günter Düriegl: Hauptstadt eines kleinen Landes(작은 나라의 수도). 1차 세계대전과 빈에서의 1920년대, 출처: 빈 1870-1930. 꿈과 현실, p.266-275, 여기는 p.267
16 Roland Schiffter: Romberg und Oppenheim auf dem Weg von der romantischen Medizin zur modernen Neurologie(롬베르크와 오펜하임, 낭만적인 의학에서 현대 신경학까지의 길), 출처: Bernd Holdorff und Rolf Winau(발행인): 베를린에서의 신경학의 역사, Berlin und New York 2001, p.85-98, 여기는 p.91
17 Freud Abraham 편지교환, p.99
18 Brome, p.42-43
19 Schiferer, 삽화 전기, p.91
20 Eberhard Gabriell 외: On the History of Psychiatry in Vienna, Wien und München 1997, p.54
21 AUW, 알프레드 아들러 의학 서류, PA 725; Schiferer, 삽화 전기, p.94
22 Andics, p.395
23 Maureen Healy: Vienna and the Fall of the Habsburg Empire. Total War and Everyday Life in World War I, Cambridge 2004, p.65
24 Walter Schübler: Anton Kuh, 전기, 괴팅겐 2018, p.40; Düriegl, p.266-267
25 AAS 4, p.87; Schiferer, 삽화 전기, p.98

26 AAS 2, p.75
27 Sperber, Wasserträger(물나르는 사람), p.190
28 Judson, p.536
29 Jörn Leonhard: Der überforderte Frieden(과도하게 요구되었던 평화). 베르사이유와 세계 1918-1923, 뮌헨 2018, p.180
30 Pick, p.20
31 Babette Quinkert, Phillipp Rauh und Ulrike Winkler: 서문, 출처: Babette Quinkert, Phillipp Rauh und Ulrike Winkler(발행인): 전쟁과 정신의학 1914-1950, 괴팅겐 2010, p.9-28, 여기는 p.12
32 Martin Lengwiler: Zwischen Klinik und Kaserne(종합병원과 병영 사이에서). 독일과 스위스에서의 군대 정신의학의 역사 1870-1914, 취리히 2000, p.22-23; Hans-Georg Hofer: Nervenschwäche und Krieg(신경쇠약과 전쟁). 오스트리아 정신의학(1880-1920)에서 현대성 비판과 위기 극복, 빈 2004, p.196, 197
33 Quinkert, 외, p.13; Hofer, p.195
34 Walter Benjamin: Erfahrung und Armut(경험과 가난), 출처: 발터 벤자민: 전집 II/2권, Rolf Tiedemann 발행, Frankfurt/M. 1977, p.214
35 Robert Gaupp: Hysterie und Kriegsdienst(히스테리와 병역), 출처: 뮌헨 의학 주간잡지, Jg.62, 1915, p.361-363, 여기는 p.361
36 Kaufmann, p.207-208
37 Friedrich August Düms: Handbuch der Militärkrankheiten(군대질병 사전), 3권, 라이프치히 1896, p.532
38 Hofer, p.198; Kaufmann, p.210; 다음을 보라. Paul Lerner: Hysterical Men. War, Psychiatry, and the Politics of Trauma in Germany(1890-1930), Ithaca 2003
39 Kaufmann, p.214
40 Peter Riedesser und Axel Verderber: Maschinengewehre hinter der Front(최전방 배후에 기관총). 독일 군대 정신의학의 역사에 관하여, Frankfurt/M. 1996, p.32
41 Eric Leed: No Man's Land. Combat and Identity in World War I, Cambridge 1979, p.163-192; Esther Fischer-Homberger: Die traumatische Neurose(트라우마성 노이로제). 심신상관성 고통에서부터 사회적인 고통까지, Bern 1975, p.165
42 Alfred Adler: Die neuen Gesichtspunkte in der Frage der Kriegsneurose(전쟁 노이로제 문제에 있어서 새로운 시각), 출처: Medizinische Klinik, Jg.14, 1918.1, p.66-70, 다음에서 재인쇄 됨, 출처: 알프레드 아들러: Praxis und Theorie der Individualpsychologie(개인심리학의 실습과 이론), Frankfurt/M. 1974, p.291-304, 여기는 p.294
43 Riedesser und Verderber, p.43; Hofer, p.284
44 Hofer, p.361
45 Quinkert, p.16; Heinz-Peter Schmiedebach: Medizinethik und Rationalisierung im Umfeld des Ersten Weltkrieges(1차 세계대전의 상황에서 의학윤리와 합리화), 출처: Andreas Frewer und Josef N. Neumann(발행인): Medizingeschichte und Medizinethik(의학역사와 의학윤리), Frankfurt/M. und New York 2000, p.57-84
46 Bruder-Bezzel, Adler und der Erste Weltkrieg(아들러와 1차 세계대전), p.73
47 Fischer-Homberger, p.153
48 Bruder-Bezzel, Adler und der Erste Weltkrieg, p.70
49 편지, p.201, 199
50 Schiferer, p.99-101; Bruder-Bezzel, Adler und der Erste Weltkrieg, p.69-70

51 편지, p.200
52 Schiferer, 삽화 전기, p.101
53 Albert Ehrenstein: Werke(작품), Hanni Mittelmann 발행, 1권: 편지, 뮌헨 1989, p.105, 510
54 Karl Kraus, 출처: Die Fackel, 457-461번, 1917.5.10., p.92-93; Iris Fink und Roland Knie: Überlandpartie(지역을 넘어선 파티)! 카바레와 피서, Wien 2018, p.250-251
55 Anton Kuh: Die schlechte Akustik(끔찍한 음향), 출처: Der Morgen, 8.Jg, 52번, 2018.12.24., p.7
56 Pick, p.29
57 Leonhard, p.182
58 Düriegl, p.267
59 Pick, p.37
60 Judson, p.512
61 Leonhard, p.185-188
62 Maureen Healy: Am Ende und doch kein Ende(끝이지만 끝이 아닌), 출처: Alfred Pfoser und Andreas Weigl(발행인): Im Epizentrum des Zusammenbruchs(붕괴의 진원지). 1차 세계대전의 빈, Wien 2013, p.572-577, 여기는 p.572-573
63 Alfred Adler: Ein Psychiater über Kriegspsychose(전쟁정신병에 관하여 말하는 한 명의 신경학자), 출처: Internationale Rundschau, 4권, 1918, p.362
64 Leonhard, p.193, 188-189; Otto Bauer: 오스트리아 혁명, Wien 1965, p.88; Judson, p.553
65 Judson, p.553; Carsten, p.19; Leonhard, p.188-189
66 Richard Georg Plaschka, Horst Haselsteiner und Arnold Suppan(): Innere Front(국내 전선). 도나우왕국에서의 군의 지원과 몰락, 뮌헨 1974, p.122
67 Rauchsteiner, p.16f.

14. 1918/19년 빈과 오스트리아에서 일어난 혁명

1 Johann Nestroy: Freiheiten im Krähwinkel(촌구석에서의 자유), 출처: 요한 네스트로이: 전집, 55권: Die politischen Komödien(정치 코미디), Fritz Brukner, Otto Rommel und Adolf Hoffmann(발행인), 빈 1925, p.127-213, 여기는 p.144
2 Christian Ernst Siegel: Egon Erwin Kisch. 현장보도와 정치적 저널리즘, 브레멘 1973, p.190; Francis L. Carsten: 중부 유럽의 혁명 1918-1919, 쾰른 1973, p.64, 68
3 Siegel, p.191
4 Norbert Christian Wolf: Revolution in Wien(빈에서의 혁명). 정치적인 변혁시기 1918/19년에 문학적 지성, 빈 2018, p.31-33
5 Manfried Rauchensteiner: Unter Beobachtung. 1918년 이후의 오스트리아, 빈 2017, p.20
6 Pick, p.105-107
7 Rudolf Neck(발행인): Österreich im Jahr 1918(1918년 오스트리아). 보고와 문서, 뮌헨 1968, p.96-97
8 Frei, p.22
9 Hannes Leidinger und Verena Moritz: Umstritten verspielt gefeiert(논쟁의 여지가 있고 역할을 다하고 성대한). 오스트리아 공화국 1918/20, 인스부르크 2018, p.15-16
10 Neck, p.135-136; 다음도 참고하라. Leidinger und Moritz, 논쟁의 여지, p.25-26
11 Arthur Schnitzler: 일기 1917-1919, 빈 1985, p.201
12 다음을 인용함. Siegel, p.192
13 Wolf, p.50-51

14 Hugo von Hofmannsthal und Ottonie Gräfin Degenfeld: 편지교환, Marie Therese Miller-Degenfeld(발행인). Eugene Weber(협력함), Theodora von der Mühll의 서문, Frankfurt/M.1974, p.374-375

15 편지, p.45

16 Bernhard Weyegraf: 서문, 출처: 베른하르트 바이에그라프(발행인): Hanser Sozialgeschichte der deutschen Literatur vom 16.Jahrhundert bis zur Gegenwart(16세기부터 현재까지 독일 문학의 사회사). 8권: 바이마르 공화국 문학 1918-1933, 뮌헨 1995, p.7-37, 여기는 p.15; Wolfgang Schivelbusch: Die Kultur der Niederlage(패배의 문화). 미국의 남부 1865. 프랑스 1871. 독일 1918, 베를린 2001, p.227-343; Wolf, p.20

17 AAS 7, p.111; Schiferer, 삽화 전기, p.105

18 AAS 7, p.112

19 Pick, p.142; Carsten, p.20

20 Carsten, p.21

21 Leidinger und Moritz, Umstritten, p.27-28

22 Fritz Keller: Gegen den Strom(흐름과는 반대로). 오스트리아 공산당에서의 분파투쟁 - 트로츠키파와 다른 그룹들 1919-1945, 빈 1978, p.11; Hans Hautmann: Die verlorene Räterepublik(잃어버린 소비에트 공화국), 독일오스트리아 공산당의 예, 빈 1971, p.80

23 Leo Trotzki: Die neue Etappe - Die Weltlage und unsere Aufgaben(새로운 시기 - 세계의 상황과 우리의 과제들), der KI 출판사 1921, 여기에서는 다음을 인용함. 발행 연도도 없고, 발행지도 없이 재 인쇄된, p.59

24 Judson, p.561

25 Norbert Leser: Zwischen Reformismuns und Bolschewismus(사회 개량주의와 볼셰비즘 사이에서). 이론과 실재로서의 오스트리아 공산주의, 빈 1968, p.303

26 Keller, p.2-3

27 Schübler, p.70

28 Hartmut Siebenhüner: Rudolf Dreikurs - der individualpsychologische Pragmatiker(개인심리학의 실용주의자), 출처: Alfred Lévy und Gerald Mackenthun(발행인): Gestalten um Alfred Adler. 개인심리학의 개척자들, 뷔르츠부르크 2002, p.37-62, 여기는 p.40

29 Robert Gerwarth: Die größte aller Revolutionen(모든 혁명 가운데 가장 위대한). 1918년 11월과 새로운 시대로의 출발, 뮌헨 2018, p.227

30 Hermann Oncken: Die Wiedergeburt der großdeutschen Idee(위대한 독일이라는 이념의 재탄생), 출처: 오스트리아 룬트샤우, Jg.63, 1920, p.97-114

31 Rauchensteiner, p.361-362

32 위의 책, p.26-29

33 Gerald Stourzh: Um Einheit und Freiheit(통일과 자유). 국가 협약, 중립성과 오스트리아의 동-서-점령의 종말 1945-1955, 빈 다섯 번째로 수정 보완판 2005, p.242-243

34 AAS 7, p.121

35 AAS 7, p.120-130

36 Schiferer, 삽화 전기, p.106

37 Weihsmann, p.23

38 Rauchsteiner, p.52-55; Schübler, p.69

39 Wolf, p.21

40 Elias Canetti: Die Fackel im Ohr(귀에 횃불을). 삶의 이야기 1921-1931, 뮌헨 1985, p.137

41 Karl R. Popper: Ausgangspunkte(출발점). 나의 지적인 발전, 함부르크 1979, p.46

42 Ehrenstein, Briefe, p.191, 195

15. "붉은 빈"- 1920년 이후 빈에서의 심리학, 학교개혁과 교육학

1 Melech Rawitsch: Das Geschichtenbuch meines Lebens(내 삶의 역사책), 잘츠부르크와 빈 1996, p.171
2 Bruno Frei: Jüdisches Elend in Wien(빈에서의 유대인의 비참함). 사진과 자료들, 빈과 베를린 1920, p.2
3 Richard F. Sterba: Erinnerungen eines Wiener Psychoanalytikers(빈 정신분석학자의 기억), Frankfurt/M.1985, p.23
4 Popper, p.49
5 위의 책, 같은 페이지에.
6 위의 책, p.49-50
7 LoC Box 7
8 Schiferer, p.123; Franz Kreuzer: Pan und Apoll. 알프레드 아들러의 개인심리학 – 지그문트 프로이트를 최초로 극복한. 알렉산드라 아들러, 마네스 슈페르버 그리고 발터 토만과의 프란츠 크로이처의 인터뷰, 빈 1984, p.14-15
9 Düriegl, p.270
10 Bauer, p.131
11 Rauchsteiner, p.34
12 Pick, p.142
13 Carsten, p.26
14 Rauchsteiner, p.35-36
15 Popper, p.39
16 Julius Meier-Graefe: Im alten Österreich-Ungarn(옛날 오스트리아-헝가리에서), 출처: Berliner Tageblatt, Jg.49, 370번, 1920.8.8., M, p.1
17 Düriegl, p.270; Pick, p.199
18 Rauchsteiner, p.34
19 Bottome, p.154-156
20 Fink und Knie, p.76
21 Bottome, p.162; Düriegl, p.270
22 Siegfried Rosenfeld: Die Wirkung des Krieges auf die Sterblichkeit in Wien, Wien 1920, p.27
23 Weyergraf, p.7
24 Carsten, p.97-98
25 Felix Czeike: Schwerpunkte der Kommunalpolitik von 1870 bis 1930(1870년부터 1930년까지 지방자치 정책의 핵심), 출처: 빈 1870-1930. 꿈과 현실, p.231-239, p.237
26 Frei, Elend, p.41; Julius Bunzel: Wohnungsmarkt und Wohnungspolitik(주택시장과 주택정책), 출처: 율리우스 분첼(발행인): Beiträge zur städtischen Wohn- und Siedelwirtschaft(도시의 거주관리와 정착관리에 관한 소고). 3부: 오스트리아의 거주현안, 뮌헨과 라이프치히 1930, p.103-178, 여기는 p.119
27 Weihsmann, p.25
28 Rauchsteiner, p.60
29 위의 책, p.70
30 Düriegl, p.271

31 Friedrich C. Wulz: Stadt in Veränderung(변화하는 도시). 1848년부터 1934년까지 빈의 건축정책에 관한 연구, 스톡홀름 1978, p.430-432
32 Schübler, p.221
33 Alfred Georg Frei, p.44-49
34 Rauchsteiner, p.79
35 Robert Waissenberger: Die historische Entwicklung der Wiener Gemeindebauten(빈 공동주택의 역사적 발전), 출처: Gottfried Pirhofer(발행인): Zwischenkriegszeit(전쟁의 중간에 있던 시기). 빈의 지방정책 1918-1938, 빈 1980, p.24-35, 여기는 p.34
36 Hans W. Bousska: Wiener Gemeindebauten(빈의 공동주택). 주택에는 빛이 – 가슴에는 태양이Erfurt 2017, p.8-11
37 Peter Schwarz: Julius Tandler. 휴머니즘과 위생학 사이에, 빈 2017, p.19-21
38 Felix Czeike: Sozialgeschichte von Ottakring 1848 bis 1910(오타크링의 사회사 1848부터 1910까지), 출처: Felix Czeike und Walter Lugsch(발행인): 오타크링과 헤르날스의 사회사 연구, 빈 1955, p.7-74, 여기는 p.40
39 Schwarz, p.24-25
40 위의 책, p.22-24
41 George W. Bakeman: Vienna's Children, 출처: Survey, 1921.12.2, p.690
42 Schwarz, p.23-25
43 Düriegl, p.272
44 Rauchsteiner, p.72-74
45 Alfred Georg Frei, p.52, 58-59
46 위의 책, p.59-60
47 Irene Wondratsch: Schulreform und Volksbildungen im Wien der Zwischenkriegszeit(전쟁 중이던 시기에 빈에서의 학교개혁과 국민교육), 출처: Gottfried Pirhofer(발행인): Zwischenkriegszeit, p.84-85
48 Oskar achis und Albert Krassnig: Drillschule – Lernschule – Arbeitschule(훈련학교 – 배우는 학교 – 노동 학교). 오토 글뢰켈과 1공화국에서의 오스트리아 학교개혁, 빈과 뮌헨 1974, p.117
49 Riess, p.76-78
50 Irmgard Fuchs: Carl Furthmüller – ein Politiker im Dienste der Jugend(카를 푸르트뮐러 – 청소년에게 봉사한 정치가), 출처: Lévy und Mackenthun, p.81-98, 여기는 p.87
51 Schiferer, 삽화 전기, p.174
52 Fuchs, p.86-87
53 Kenner, p.13; Hannich, p.27
54 Reiss, p.82
55 Schiferer, 삽화 전기, p.124
56 Erwin Ringel und Gerhard Brandl(발행인): Ein Österreicher namens Alfred Adler(알프레드 아들러라는 이름의 오스트리아인). 그의 개인심리학 – 회상과 전망, 프랑크푸르트/마인 31997, p.140-141
57 Bottome, p.310 주석 205
58 Martina Siems: Sofie Lazarsfeld. 개인심리학의 선구자 여성의 재발견, 괴팅겐 2015, p.99

16. 교육상담소

1 Ulrich Bleidick: 개인심리학이 교육학에서 갖는 의미, 뮐하임/루르 1959, p.77

2 Leser, p.11-12
3 Reiss, p.84; Orgler, p.217
4 Gerd Stecklina: Persönlichkeiten der Wiener Individualpsychologie(빈 개인심리학의 인물들), 학교형태와 청소년지원, 출처: Lothar Böhnisch, Leonard Plakolm und Natalia Waechter(발행인): Jugend ermöglichen(청소년이 가능하게 한다). 빈의 청소년 업무의 역사에 관하여, 빈 2015, p.101-127, 여기는 p.103
5 Orgler, p.217; Lothar Böhnisch: Zum Verhältnis von Psychoanalyse und Individualpsychologie(정신분석과 개인심리학의 관계에 관하여), 출처: Böhnisch, Plakolm und Waechter, p.72-77, 여기는 p.75
6 Sheldon Gardner und Gwendolyn Stevens: Red Vienna and the Golden Age of Psychology, 1918-1938, New York 1992, p.135-136
7 Orgler, p.217-218
8 Dreikurs, p.111
9 Sofie Freudenberg: Individualpsychologie und Jugendwohlfahrtspflege(개인심리학과 청소년복지관리), 출처: Erwin Wexberg(발행인): 개인심리학 안내서, 뮌헨과 빈 1926, p.367-381
10 Paul E, Stepansky: In Freud's Shadow. Adler in Context, Hillsdale, N.J., 1983, p.240
11 Riess, p.86
12 Robert Musil: Psychologie des Lehrlings(견습생의 심리). 휴고 루카스의 책, 출처: 로베르트 무질: 전집, Adolf Frisé 발행, 9권: Kritik: 문학 – 연극 – 예술 1912-1930, 라인베크 1981, p.1681-1683
13 Bottome, p.140; Reiss, p.86-91
14 Schiferer, ,삽화 전기, p.133-134
15 위의 책, p.136
16 Sofie Lazarsfeld: Das lügenhaft Kind. Dresden 1927, p.12, 13, 30; Lothar Böhnisch: Jugendbilder und Jugenddiskurse des 20. Jahrhunderts bis heute(20세기부터 오늘날까지 청소년상과 청소년담론), 출처: Böhnisch, Plakolm und Waechter, p.11-35, 여기는 p.30

17. 마네 슈페르버

1 다음에서 인용함. Rainer Schmidt: Neuere Entwicklungen der Individualpsychologie im deutschsprachigen Raum(독일어 사용권에서 개인심리학의 발전), 출처: Franzjosef Mohr (발행인): Wege zur Einheit in der Tiefenpsychologie(심층심리학에서 통합하는 길), 뮌헨과 바젤 1987, p.83-93, 여기는 p.87
2 Sperber, Adler, p.10-11
3 Sperber, Wasserträger, p.225
4 위의 책, p.167-168
5 Hans-Rudolf Schiesser: Manès Sperber: 충실한 이단자 – 개인심리학에서만 아니라, 출처: Almut Bruder-Bezzel(발행인): 베를린에서의 개인심리학. 역사적 흔적 찾기, 기센 2014, p.93-114, 여기는 p.93
6 Stančić, p.90
7 Sperber, Adler, p.9
8 위의 책, p.11
9 Manès Sperber: Die vergebliche Warnung(헛된 경고), Frankfurt/M.1993, p.58-60
10 Stančić, p.90

11 Schiesser, p.98
12 Stančić, p.89-91
13 위의 책, p.103-105
14 Schiesser, p.98
15 Alexander Kluy: Raffinement, Verführung, Egoismus(세련미, 유혹, 이기주의). 마네 슈페르버의 처녀 소설은 80년 후에 출간되었다, 출처: Der Standard, "앨범"에 대한 부록, 2005.12.10./11, p.A6
16 Handlbauer, Entwicklungsgeschichte, p.428
17 Karl Marx: Die achtzehnte Brumaire des Louis Napoleon, Bremen 2013, p.80
18 Sperber, Die vergebliche Warnung, p.156-157
19 다음에서 인용함. Stančić, p.122-123
20 Sperber, Adler, p.39
21 Sperber, Die vergebliche Warnung, p.158
22 위의 책.
23 Stančić, p.129; Schiesser, p.98

18. "공동체"와 "생활양식"

1 다음에서 인용함. Rattner und Danzer, p.16-17
2 AAS 7, p.102
3 위의 책, p.104
4 위의 책, p.105
5 위의 책, p108-109
6 Mackenthun, p.51
7 Immanuel Kant: Werke, Wilhelm Weischedel 발행함, Frankfurt/M.1964, 제6권, p.535
8 Böhringer, p.28
9 Helga Pust: Common Sense bis zum Ende des 18.Jahrhunderts(18세 말까지 상식), 출처: Europäische Schlüsselwörter(유럽의 핵심단어들), 2권, Sprachwissenschaftlichen Colloquium(Bonn) 발행함, 뮌헨 1964, p.106-107, 113-115
10 Böhringer, p.29
11 Schmidt, p.29
12 Böhringer, p.35, p.70-71
13 위의 책, p.71
14 위의 책, p.71-72
15 Victor Louis: Einführung in die Individualpsychologie(개인심리학 입문), Bern und Stuttgart 1969, p.80
16 Brunhilde Schaardt und Klaus Schmalzried: 알프레드 아들러의 개인심리학에서의 공동체감정이라는 개념에 대한 연구, 베를린 자유대학 철학과 박사논문, 베를린 2001, p.153
17 Alfred Adler: Lebenslüge und Verantwortlichkeit im Leben und in der Neurose, 출처: Zeitschrift für Individialpsychologie, Jg.1, 1914, p.44-53
18 Handlbauer, Entstehungsgeschichte, p.421
19 Carl Furthmüller: Denken und Handeln(사고와 행동). 심리학에 대한 글들 1905-1950. 정신분석의 초기부터 개인심리학의 응용까지, Lux Furtmüller 발행함, 뮌헨과 바젤 1983, p.53-73
20 Böhringer, p.97; Ralf Elm: Philia, 출처: Christoph Horn und Christoph Rapp(발행인):

Wörterbuch der antiken Philosophen(고대 철학자들의 사전), 뮌헨 2002, p.337-339; Otfried Höffe: philia/ Freundschaft, Liebe(우정, 사랑), 출처: Otfried Höffe(발행인): 아리스토텔레스-사전, Stuttgart 2005, p.445-448

21 Böhringer, p.43

22 Witte, ciszendental, p.102

23 AAS 3. p.32

24 Mackenthun, p.57-58; Handlbauer, Entstehungsgeschichte, p.245

25 AAS 5,p.46

26 Mackenthun, p.17

27 Witte, ciszendental, p.103

28 위의 책, p.107

29 위의 책, p.115

30 Rattner und Danzer, p.16-17

31 Mackenthun, p.16

32 Albrecht, p.151

33 Böhnisch, p.75

34 다음에서 인용함. Bruder-Bezzel, Geschichte, p.191

35 Alfred Adler: The Science of Living, New York 1929, p.30

36 Hee-Tae Chae: Er-ziehen durch Be-ziehen(관계를 통한 교육). 개인심리학과 동아시아의 철학을 바탕으로 하는 전인 교육모델에 대한 구상, 마르부르크 대학 철학과 박사논문, 마르부르크 2004, p.30

37 Bruder-Bezzel, Geschichte, p.189, 195

38 Mackenthun, p.18

39 Helmuth Plessner: Grenzen der Gemeinschaft(공동체의 한계). 사회의 급진주의에 대한 비판, 출처: 헬무트 플레스너: 전집 5권: Macht und menschliche Natur(권력과 인간의 본성), Günter Dux, Odo Marquard und Elisabeth Ströker발행함, Richard W. Schmidt, Angelika Wetterer und Michael-Joachim Zemlin도 도움, Frankfurt/M.1981, p.7-133, 여기는 p.28

40 위의 책, p.14

41 위의 책, p.26

42 위의 책, p.28; Karl-Siegebert Rehberg: Personalität und Figuration gegen jede Gemeinschafts-Verschmelzung(모든 공동체-용해를 반대하는 인격과 형성), 헬무트 플레스너와 노베르트 엘리아스에게 있어서 사회학적-인류학적 이론의 복잡한 관계, 출처: Wolfgang Eßbach, Joachim Fischer und Helmuth Lethen(발행인): Plessners "Grenzen der Gemeinschaft"(플레스너의 "공동체의 한계"), Frankfurt/M.2002, p.213-247, 여기는 p.220

43 Plessner, p.59

44 위의 책, p.59, 67, 75-76

45 위의 책, p.83

46 페르디난트 퇴니스의 "공동체의 한계"에 대한 비평, 1926년 제4권, 쾰른 "사회학 계간지", 출처: Eßbach, Fischer und Lethen, p.353-356, 여기는 p.356

47 Kai Haucke: Plessners Kritik der radikalen Gemeinschaftsideologie und die Grenzen der deutschen Idealismus(플레스너의 급진적인 공동체이데올로기에 대한 비판과 독일 관념론의 한계), 출처: Eßbach, Fischer und Lethen, p.103-130, 여기는 p.103

48 Haucke, p.106; Max Weber: "Politik als Beruf"(직업으로서의 정치), 출처: 전집, 뮌헨

1921, p.396-450; 다음과 비교하라. Georg Simmel: Kant. 16회의 강의, 베를린 대학에서 함, 뮌헨과 라이프치히 51921

49 Dorothee Kimmich: Moralistik und Neue Sachlichkeit(도덕론과 새로운 객관성). 헬무트 플레스너의 "공동체의 한계"에 대한 논평, 출처: Eßbach, Fischer und Lethen, p.160-182, 여기는 p.163-164, 177

50 Lolle Nauta: Plessners Anthropologie der bürgerlichen Gesellschaft, ihr rationeller Kern und ihre historische Grenze(플레스너의 시민 사회의 인류학, 이런 사회의 이성적 핵심과 역사적 한계), 출처: Eßbach, Fischer und Lethen, p.275-293, 여기는 p.278

51 Karl Otto Hondrich: "Grenzen der Gemeinschaft"(공동체의 한계), 사회의 한계 - 오늘날, 출처: Eßbach, Fischer und Lethen, p.294-321, 여기는 p.296-297

52 위의 책, p.300, 319

53 Titze, p.139-140

54 Schmidt, p.19; Böhringer, p.66

55 Rattner, 개인심리학, p.51; Thomas Reinert: Den Kranken verstehen(환자를 이해하기). 중독문제를 심층심리학적으로 관찰하기 위한 알프레드 아들러와 개인심리학의 기고문, 카셀 2000, p.14

56 Herta Brinskele: "Die feinen Unterschiede"(세밀한 차이). 알프레드 아들러의 라이프 스타일이라는 콘셉트와 피에르 부르디외의 하비투스 개념. 출처: Rieken, Adler heute(오늘날의 아들러), p.221-235, 여기는 p.222

57 Dreikurs, p.131

58 Dollinger, p,55

59 Lucy K. Ackerknecht: 개인심리학의 아동 및 청소년 심리치료, 뮌헨과 바젤 1982, p.43

60 Robert F. Antoch: Zur Phänomenologie und Dynamik seelischer Störungen(심리적 장애의 현상과 다이내믹에 대하여), 출처: Franjosef Mohr(발행인): Individualpsychologie in der Bewältigung von Lebenskrise(삶의 위기를 극복함에 있어서 개인심리학). 제4차 델멘호르스트 개인심리학 재교육의 날. 뮌헨과 바젤 1985, p.9-20, 여기는 p.18-19

61 Kornbichler, p.346-347

62 Böhnisch, Schille, Stecklina, p.76

63 Böhringer, p.22

64 Erwin Ringel: Zur Identätsfindung der Individualpsychologie(개인심리학의 정체성 발견에 관하여), 출처: Mohr, Wege zur Einheit, p.73-82, 여기는 p.78-79; Böhringer, p.53

65 Böhringer, p.26, 69

66 John von Neumann und Oskar Morgenstein: Spieltheorie und wirtschaftliches Verhalten (게임이론과 경제적 행동), 뷔르츠부르크 1961, p.79

67 Böhringer, p.66

68 Rattner, 개인심리학, p.107; Kreuzer, p.8-9; Rattner und Danzer, p.17

79 Köppe, p.66

70 ibidem

71 H. Berbalk und H.D. Hahn: Lebensstil(라이프 스타일), psychisch-somatische Anpassung und klinisch-psychologische Intervention, 출처: Klinische Psychologie(임상 심리학) - 연구와 실습에서의 트렌드들, 베른 1980, 제3권, p.22-71

72 Ludwig J. Pongratz und Josa Pongratz-Vogt: Der Einfluß der Individualpsychologie auf andere tiefenpsychologische Schule(다른 심층심리학에 미친 개인심리학의 영향). 개인심리학의 영향사에 관한 기고문, 출처: Mohr, Wege zur Einheit, p.94-106, 여기는 p.99; Iwan

P. Pawlow: Die bedingten Reflexe(조건 반사), 뮌헨 1972, p.132-133; B.F. Skinner: Wisssenschaft und menschliches Verhalten(과학과 인간의 행동), 뮌헨 1973, p.289-303

73 Reinhold Treml(발행인): Heimoto von Dederer – Albert Paris Gütersloh. 서신 왕래 1928-1962, 뮌헨 1986, p.18-19

74 Pierre Bourdieu: Die feinen Unterschiede(정교한 차이). 사회의 판단력에 대한 비판, 프랑크푸르트/마인 1987, p.18

75 Brinskele, p.226

76 Bourdieu, p.284

77 Beate Krais und Gunther Gebauer: Habitus. Bielefeld 2002, p.52

78 Cornelia Bohn: Habitus und Kontext. 부르디외 사회이론에 관한 비판적 기고, 오프라덴 1991, p.25

79 Emmauel Lévinas: Die Zeit und der Andere(시간과 타인), Hamburg 21989, p.10

80 Brinskele, p.233

81 AAS 7, p.195

82 Witte, ciszendental, p.105-106

19. 개인심리학과 사회주의 성향의 "어린이들 친구"

1 다음에서 인용함. Karl Mang: Der Wiener Gemeindebau als Architektur einer sozialen Evolution(사회적 진화의 건축물로서 빈 공동체건설), 출처: Die Presse, 1978.10.14./15, p.38

2 Franz Hueber: Kinderschutz und Jugendfürsorge in Österreich(오스트리아의 아동 보호와 청소년 돌봄). 법규정과 조직. 빈 아동 보호와 청소년 돌봄 중앙센터의 의뢰로 실시, 빈 1911. 다음을 인용함. Kotlan-Werner, p.1

3 다음을 참고하라. Max Winter: Expeditionen ins dunkelste Wien(가장 어두운 빈으로 탐험하기). 사회문제 리포트 가운데 대작, Wien 2006

4 Anton Afritsch: Zehn Jahre Arbeiterverein Kinderfreunde(10년 노동자조합 어린이들 친구), 출처: Der Kinderfreund. 노동자 조합 어린이들 친구라는 조직, 1918년 2-3월, p.7; Kotlan-Werner, p.21

5 Kotlan-Werner, p.14-16

6 위의 책, p.18-19

7 다음에서 인용함. 위의 책, p.83, 85

8 위의 책, p.93-94

9 위의 책, p.44-45

10 위의 책, p.50-52

11 다음에서 인용함. 위의 책, p.53

12 위의 책, p.xv

13 위의 책, p.128-129

14 위의 책, p.129-130

15 위의 책, p.130-131

16 위의 책, p.xviii

17 Siems, p.97-98

18 Kotlan-Werner, p.137

19 Schiferer, 삽화 전기, p.109

20 Kotlan-Werner, p.xvii

20. 독일과 유럽에서의 개인심리학

1 다음을 인용함. Elisabeth von Thadden: Die berührungslose Gesellschaft(접촉이 없는 사회). 뮌헨 2018, p.138
2 편지, p.51
3 Hoffman, p,214
4 편지, p.49
5 Bruder-Bezzel, Geschichte, p.88
6 Almut Bruder-Bezzel: Geschichte der Individualpsychologie in Berlin(베를린 개인심리학의 역사), 출처: Almut Bruder-Bezzel, 베를린 개인심리학의 역사, p.11-53, 여기는 p.11; Schiferer, 삽화 전기, p.140
7 Schiferer, 삽화 전기, p.146
8 Schiferer, 삽화 전기, p.147-148; Marta Marková: Auf ins Wunderland(이상한 나라로!)! 알리스 륄레-게르스텔의 삶, 인스부르크 2007, p.106
9 Schiferer, 삽화 전기, p.142
10 다음을 참고하라. Mark R. Rosenzweig 외(발행인): History of the International Union of Psychological Science(IUPSys), Hove 2000, 5장: Problems and Progrress in the Period between the two World Wars.
11 Bruder-Bezzel, Geschichte, p.85-86, 87
12 위의 책, p.12
13 Schiferer, 삽화 전기, p.151
14 Böhnisch, Schille und Stecklina, p.79
15 Otto Rühle und Alice Rühle-Gerstel: Marxisums und Individualpsychologie(마르크스주의와 개인심리학), 출처: Otto Rühle und Alice Rühle-Gerstel(발행인): Am anderen Ufer(다른 물가에서). 사회주의 교육을 위한 잡지, 1호, 1926, p.19-24, 여기는 p.20
16 Bottome p.253
17 위의 책, 같은 페이지.
18 위의 책, p.254
19 위의 책, 같은 페이지
20 Balász Trencsényi 외: A History of Modern Political Thought in East Europe, 2권: Negotiating Modernity in the "Short Twentieth Century" and Beyond, 1부: 1918-1968, 옥스퍼드 2018, p.87
21 Bottome, p.255
22 위의 책, p256
23 위의 책, p.257
24 Schiferer, 삽화 전기, p.151-152
25 Böhnisch, Schille und Stecklina, p.81
26 Arthur Kronfeld und G. Voigt: 제5회 국제 개인심리학회, 출처: 국제 개인심리학 잡지, 6번째 년도, 1930, p.539, 549

21. 미국 I

1 다음에서 인용함. Warren I, Susman: Culture as History. The Transformation of American Society in the Twenthieth Century, New York 1984, p.199-200
2 Eric Caplan: Mind Games. American Culture and the Birth of Psychotherapy, Berkeley 1998, p.131

3 Illouz, p.61
4 위의 책, p.63
5 May Jo Buhle: Feminismus and Its Discontents. A Century of Struggle with Psychoanalysis, Cambridge, Mass., 1998, p.22
6 Illouz, p.65
7 Leitner, p.185-186
8 Eli Zaretsky: Freuds Jahrhundert(프로이트의 세기). 정신분석의 역사, Wien 2004, p.15
9 Hoffman, p.203
10 위의 책, p.207
11 Illouz, p.64; Hoffman, p.203-204
12 Kenner, p.52
13 LoC Box 14
14 Susman, p.185
15 David M. Kennedy: Freedom from Fear: The American People in Depression and War, 1929-1945, New York und Oxford 2005, p.11
16 Susman, p.188-189
17 Alfred H. Barr: Foreword, 출처: Machine Art, 전시회 카탈로그, Museum of Modern Art, New York 1934, n.p.
18 Susman, p.188-189
19 Zaretsky, p.199-201
20 위의 책, p.204-205
21 Susman, p.188-189
22 위의 책, p.190-191
23 위의 책, p.191
24 Robert S. und Helen M. Lynd: Middletown, A Study in Modern American Culture, New York 1929, p.9
25 Susman, p.191-193
26 Schiferer, 삽화 전기, p.153
27 Bottome, p.222
28 Hoffman, p.216
29 New York World, 1926.12.26
30 Orgler, p.229-230
31 알렉산드라 아들러에게 보내는 알프레드 아들러의 편지, 뉴욕, 캠브리지 호텔, 60 W, 68th, New York City, 1927.1.19., 출처: LoC Box I
32 알리 아들러에게 보내는 알프레드 아들러 편지, The Cambridge Hotel, 60 W, 68th, New York City, 1927.1.3, 출처: LoC Box I
33 편지, p.61
34 Bottome, p.223; Hoffman, p.225
35 Alfred Adler: Das Geltungsstreben im Amerika(미국에서 인정받으려는 노력), 출처: 국제 개인심리학 잡지, 1927, 5권, p.225-228, 여기는 p.226
36 편지, p.63
37 Alfred Adler: Character and Talent, 출처: Harper's Monthly, 155호, 1927 6월, p.64-71
38 Ronald Clark: Freud. The Man and the Cause, London 1980, p.279
39 Hoffman, p.212-212; Gay, p.653; Silas L. Warner: Freud's Antipathy to America, 출처:

Journal of the Americal Academy of Psychoanalysis, Jg. 19, 1991, 1호, p.141-155, 여기는 p.151

40 Alfred Adler, 출처: 국제 개인심리학 잡지, 1927, 5호, p.226; Hoffman, p.227-228

41 Andrew R. Heinzer: Jews and the American Soul. Human Nature in the Twentieth Century, Princeton und Oxford 2004, p.125-126

42 Rattner und Danzer, p.51

43 Hoffman, p.213, 247

44 위의 책, p.249

45 위의 책, p.252

46 Rattner und Danzer, p.52

47 Hoffman, p.253-254

48 위의 책, p.265

49 로스앤젤레스 빌트모어 호텔에서 알프레드 아들러가 알렉산드라 아들러에게 쓴 편지, 1929.2.16., 출처: LoC Box I

50 Rattner und Danzer, p.52-53

51 Hoffman, p.248-249

52 Rattner und Danzer, p.52

53 M. Arthur Kline: American Medical Association of Vienna, 출처: Journal of the American Medical Association, Jg.70, 1952.9.27., p.428

54 Donald L. Miller: Supreme City: How Jazz Age Manhattan Gave Birth to Modern America, New York 2014, p.171, 177

55 Rattner und Danzer, p.54-55

56 Bottome, p.225

57 위의 책, p.226

58 같은 책, 같은 페이지.

59 Hoffman, p.299

60 위의 책, p.300

61 Bottome, p.232

62 위의 책, p.233

63 Hoffman, p.206, 207-208

64 다음을 참고하라. H, L. Ansbacher가 인용했던 Philip Mairet의 Kommentare(인용), 출처: Hans L. Ansbacher: Introduction to “Problems of Neurosis to Alfred Adler”, New York 1964, p;.xxiii

65 Hoffman, p.292, 306

66 Bottome, p.9

67 Kenner, p.52

68 Hoffman, p.293-294

69 Zaretsky, p.205

22. 1920년대 빈에서의 아들러 가족

1 Peter Panter, d. i. Kurt Tucholsky: Brief nach Wien(빈으로 보내는 편지), 출처: Joseph Roth: Nacht und Hoffnungslichter(밤과 희망의 빛), Alexander Kluy 발행, Wien 2014, p.178-181, 여기는 p.180-181

2 다음에서 인용함. Fink und Knie, p.87

3 Rauchensteiner, p.82-83
4 Düriegl, p.274
5 Rauchensteiner, p.84
6 Friedrich Austerlitz: Die Arbeitermörder freigesprochen!, 출처: Arbeiter-Zeitung, 40.Jg, 1927.7.15., p.I
7 Oliver Rathkolb: Erste Republik(제1 공화국), Austrofaschismus, Nationalsozialismus (1938-1945)(오스트리아 파시즘, 민족사회주의), 출처: Thomas Winkelbauer(발행인): 오스트리아의 역사, Stuttgart 2015, p.477-524, 여기는 p.492
8 Leidinger und Moritz, Unbeschritten, p.36
9 다음에서 인용함. Sebastian Pumberger: Justizpalastbrand(법정방화): https://derstandard.at/2000061314173/Justizpalastbrand-Protokoll-einer-Katastrophe, 뉴스 검색한 날짜 2018.11.26
10 Leidinger und Moritz, Unbeschritten, p.38
11 Elias Canetti: Die Fackel im Ohr(귀에 횃불), 삶의 이야기 1921-1931, 뮌헨 1980, p.274
12 Pumberger를 인용함.
13 Leidinger und Moritz, Unbeschritten, p.31
14 Leidinger und Moritz, Unbeschritten, p.39; Rathkolb, p.492
15 Canetti, Fackel, p.275
16 Rauchensteiner, p.88
17 Leidinger und Moritz, Unbeschritten, p.33-34
18 Rathkolb, p.493
19 Rauchensteiner, p.88
20 Düriegl, p.274
21 Rauchensteiner, p.96-98
22 Fink und Knie, p.275; Karl Kraus: For ever, 출처: Die Fackel, 1932년 10월, 876-884번, p.119-120
23 Pilz, p.118; Schiferer, Raissa Adler, p.198
24 LoC Box 6
25 Schiferer, Raisssa, p.198
26 Anton Kuh: "Central" und "Herrenhof", 출처: 문화역사가를 위한 윙크, 출처: Neues Wiener Journal, 35.Jg, 12066번, 1927.6.26., p.12
27 Milan Dubrovic: Veruntreute Geschichte, 빈과 함부르크 1985, p.34-35
28 Schübler, p.30-32
29 Schiferer, 삽화 전기, p.199; Pilz, p.119
30 Gabriella Hauch: "Welcher Weg ist einzuschlagen ...?"(어떤 길을 갔던가...?), 이자 슈트라서의 흔적을 찾아서, 결혼 전 이름 von Schwartzkoppen(1891-1970), 출처: Lucile Dreidemy(발행인): Bannen, Cola, Zeitgeschichte(추방, 콜라, 시대의 역사): Oliver Rathkolb und das lange 20. Jahrhundert, p.137-149, 여기는 p.147
31 DÖW, 트로츠키 모음집, R/536
32 Keller, p.70-71
33 오스트리아 공산당 중앙위원회 정치부에 보낸 라이사 아들러의 편지, 빈, 1930.1.27. 출처: LoC Box 6
34 Raissa Adler: Kindererziehung in der Sowjetunion, 출처: 국제 개인심리학 잡지, 1931, p.297-309; Schiferer, Raissa, p.200-201

35 Schiferer, Raissa, p.199-200
36 다음에서 인용함. Rutschky, p.377, 381
37 Raissa Adler: H. von Bracken: 체벌, 출처: 국제 개인심리학 잡지, 1926, p.166-167
38 국제 개인심리학 잡지, 1930, p.596-597
39 Bottome, p.97-98
40 LoC Box 6
41 Bottome, p.119-120
42 LoC Box 6
43 Ludwig J. Pongratz(발행인): Psychotherapie in Selbstdarstellungen(자서전에서의 심리치료), Bern 1973, p.11
44 Pongratz, p.19; H. A. Beckh-Widmannstetter박사가 Heinz L. Ansbacher에게 보낸 편지, Wien, 1966.3.5., LoC Box 14
45 Katharina Kaminski: Alexandra Adler – 신경학자와 개인 심리학자 사이를 가는 그녀의 길, 출처: Lévy und Mackenthun, p.7-26, 여기는 p.12-13; LoC Box II
46 엘리자베스 베르크너가 넬리 아들러에게 보낸 편지, 베를린, 1925.10.1., LoC Box 7
47 Schiferer, 삽화 전기, p.165
48 Orgler, p.237-238
49 Bottome, p.202-203
50 Schiferer, 삽화 전기, p.165
51 LoC Box 14

23. 인간 이해

1 Jean Améry: Jenseits von Schuld und Sühne(죄와 벌의 저편에). 압도된 것을 제압하는 시도, 뮌헨 1988, p.2-3
2 다음에서 인용함. Georg Brunold(발행인): Handbuch der Menschenkenntnis(인간에 대한 지식 편람). 2500년 동안의 추정, Berlin 2018, p.3
3 Georg Brunold: 서문, 출처: 게오르크 브루놀트. 위의 책, p.13-17, 여기는 p.16
4 다음에서 인용함. Brunold, p.139
5 Claudia Schmölders: Das Gesicht der Würde(품위 있는 얼굴). 헬무트 플레스너의 인상학 2등급, 출처: Eßbach, Fischer und Lethen, p.195-213, 여기는 p.199
6 Erich Jaensch: Der Gegentypus(반대 유형). 독일 문화철학의 심리적-인류학적 기본, 우리가 극복하고자 하는 것에서 출발하여, Jena 1938; Schmölders, p.201
7 Schmölders, p.206
8 Niegel Dennis: Alfred Adler and the Style of Life, 출처: Encounter, 1970년 8월, 다음에서 인용함. Jacoby, 개인심리학, p.13
9 Sabine Knopf: Buchstadt Leipzig(책의 도시 라이프치히). 역사로 떠나는 여행안내서. 베를린 2011, p.58-59
10 Bruder-Bezzel, Geschichte, p.48
11 AAS 5, p.30, 20
12 위의 책, p.30
13 위의 책, p.46
14 위의 책, p.54
15 위의 책, p.63
16 위의 책, p.66

17 위의 책, p.109, 127
18 Böhringer, p.29
19 AAS 5, p.224
20 Mackenthun, p.66
21 다음에서 인용함. 위의 책, p.60
22 Rattner und Danzer, p.51
23 Illouz, p.41-42

24.슈베르버. 마르크스주의. 베를린. 분파

1 다음을 인용함. Joachim Schille: Otto Rühle – der Mensch in Zeugnissen(목격한 사람), 출처: Stecklina und Schille, p.37-45, 여기는 p.41
2 Schiesser, p.99-100
3 Bruder-Bezzel: Geschichte, p.16
4 Stančić, p.130-131
5 Schiferer, 삽화 전기, p.175
6 Alice Rühle-Gerstel: Die Rolle der Psychologie in der sozialen Umwälzung(사회적 변혁에서의 심리학의 역할), 출처: 변증법적-유물론적 심리학 전문그룹(발행인): 위기의 심리학 – 심리학의 위기, 베를린 1932, p.51-54, 여기는 p.54
7 Wolfgang Kutz: Der Erziehungsgedanke in der marxistischen Individualpsychologie(마르크스 개인심리학에서의 교육적 사고). 심층심리학의 특징이 강한 교육학의 역사에 기여한 마네 슈페르버, 오토 륄레와 알리스 륄레-게르스텔의 교육학 p.191-192
8 Alice Rühle-Gerstel und Otto Rühle: Erziehung und Gesellschaft(교육과 사회). "다른 강변에서. 사회주의 교육을 위한 잡지" 신간, 베를린 1972, p.3
9 Böhnisch, Schille und Stecklina, p.46-47
10 다음에서 인용함. Henry Jacoby und Ingrid Herbst: Otto Rühle zur Einführung(오토 륄레, 서문), 함부르크 1985, p.12
11 Henry Jacoby: Von des Kaisers Schule zu Hitlers Zuchthaus(황제의 학교부터 히틀러의 교도소). 바이마르 공화국에서의 레프트 윙에 있던 청소년, 프랑크푸르트 암 마인 1980, p.89
12 Jacoby und Herbst, p.25-27
13 다음에서 인용함. Hermann Weber(): Der Gründungsparteitag der KPD(독일 공산당 창당 전당대회). 기록과 자료들, 프랑크푸르트 암 마인 1969, p.98
14 Jacoby und Herbst, p.40-42
15 Alice Rühle: Streit der Eltern(부모의 다툼), 출처: Das proletarische Kind(프롤레타리아 아이), 프롤레타리아 교육을 위한 월간잡지, 알리스와 오토 륄레 발행, Jg. 4, 1925년 호, p.79-80
16 Markobá, p.77
17 Kutz, p.258
18 Ingrid Herbst und Bernd Klemm: Einleitung(서문), 출처: Alice Rühle-Gerstel: Der Umbruch oder Hanna und die Freiheit(변혁 혹은 한나와 자유), Ingrid Herbst와 Bernd Klemm의 서문, Stephen S, Kalmar의 후기, 프랑크푸르트 암 마인 1984, p.5-21, 여기는 p.6-8
19 Otto Rühle: Grundfragen der Erziehung(교육의 기본적 문제), Stuttgart 1912, p.12
20 Jacoby, Von des Kaisers Schule(황제의 학교에 대하여), p.127

21 위의 책, p.132; Herbst und Klemm, p.9-10
22 Herbst und Klemm, p.10; Alice Rühle-Gerstel: Der Weg zum Wir(우리로 가는 길), Dresden 1927, p.17
23 Alice Rühle-Gerstel: Freud und Adler. Elementare Einführung, 출처: 정신분석과 개인심리학, 드레스덴 1924, n.p
24 위의 책, p.69
25 Markobá, p.78
26 Rühle-Gerstel: Der Weg zum Wir, p.195-197; Hoffman , p.239-241
27 Rühle-Gerstel: Der Weg zum Wir, p.13-14
28 위의 책, p.221
29 Rainer Schmidt: Bemerkungen zu diesem Buch(이 책에 대한 논평), 출처: Alice Rühle-Gerstel: Der Weg zum Wir, 뮌헨과 바젤 1980, p.225-246, 여기는 p.234-236
30 Josef Rattner: Tiefenpsychologie und Politik(심층심리학과 정치), 프라이부르크 임 브라이스가우 1970, p.113
31 다음에서 인용함. Glaser, p.277
32 Manès Sperber: Alice Rühle-Gerstel, 우리로 가는 길, p.3-4, 여기는 p.3; Kutz, p.260
33 Glaser, p.280-281
34 다음에서 인용함, Schiferer, 삽화 전기, p.176
35 위의 책, p.177-179
36 Bottome, p.186-190; Alfred Lévy: Rudolf Allers – 가톨릭 신자인 개인 심리학자, 출처: Lévy und Mackenthun, p.26-36, 여기는 p.31
37 Lizette Jacinto: Utopie und Sozialismus im Werk von Otto Rühle und Alice Rühle-Gerstel(오토 륄레와 알리스 륄레-게르스텔의 저서에서 유토피아와 사회주의), 출처: Gala Rebane, Katja Bendels und Nina Riedler(발행인): Humanismuspolyphon, p.269-284, 여기는 p.276
38 Böhnisch, p.74; 다음과 비교하라. 알리스 륄레-게르스텔의 프로이트와 아들러, 그리고 알리스 륄레-게르스텔의 현재의 여성문제, 심리학적 결산, 라이프치히 1931
39 Rühle-Gerstel, 우리로 가는 길, p.196-197
40 Jacoby und Herbst, p.52-54
41 Otto Rühle: Der autoritäre Mensch und die Revolution(권위적인 인간과 혁명), 출처: Die Aktion(행동), Jg.15, 1925, Sp. 555-557, 다시 인쇄함, 출처: 오토 륄레: Zur Psychologie des proletarischen Kindes(프롤레타리아 자식들의 심리학에 대하여), 프랑크푸르트 암 마인 1975, p.161-163
42 위의 책, p.166
43 Otto Rühle: Das verwahrloste Kind(방치된 아이), Dresden 1926, p.13-14
44 Jacoby und Herbst, p.55-63
45 Markobá, p.92, 94
46 위의 책, p.97-98
47 위의 책, p.98-99
48 Sofie Lazarsfeld: Das lügenhafte Kind(거짓말 하는 아이), Dresden 1927, p.12
49 위의 책, p.30; Stecklina, 인격, p.106
50 Carl Steuermann: Der Mensch auf den Flucht, Berling 1932, p.154
51 Jacoby und Herbst, p.73-75
52 Carl von Ossitzky: Wahlkreis Europa(선거구역 유럽), 출처: Weltbühne, 23 Jg., p.697-699,

여기는 p.697

53 다음에서 인용함. Stančić, p.143

54 Stančić, p.143-144

55 Manès Sperber: All das Vergangene(이 모든 지나간 것들), Wien 1983, p.423

56 Bruder-Bezzel, Berlin, p.100

57 위의 책, p.13-14

58 Josef Rattner: Fritz Künkel, 출처: Klassiker der Psychoanalyse(정신분석의 거장들), Weinheim 1995, p.467-488, 여기는 p.467

59 Jacoby, 황제의 학교, p.128; Bruder-Bezzel, Berlin, p.21

60 Horst Gröner: 개인심리학회 25주년, 출처: 개인심리학 잡지, Jg.12, 1987, 1권, p.55-69; Zeitschrift für Individualpsychologische Pädagogik und Psychohygiene, 1928 5월, 3권, p.71-72

61 Francis Fukuyama: Identität(정체성). 어떻게 존엄성의 상실이 우리 민주주의를 위태롭게 하는지, 함부르크 2019, p.50

62 Schiferer, 삽화 전기, p.152

63 Bruder-Bezzel, Berlin, p.24, 22; Michael Kölch: Theorie und Praxis der Kinder- und Jugendpsychiatrie in Berlin 1920-1935(베를린에서의 아동 및 청소년 정신의학의 이론과 실습). 정신의학, 개인심리학과 정치라는 긴장된 필드에서 "정신병"이라는 진단, 박사 논문, 베를린 자유 대학 의학부, 2002, p.263

64 편지, p.65

65 Bruder-Bezzel, Berlin, p.25-26

66 편지, p.68-69

67 Bruder-Bezzel, Berlin, p.14-15

68 Hans Mayer: Manès Sperber. 알프레드 아들러 혹은 심리학의 곤궁, 출처: 노이에 룬트샤우, 81. Jg, 1970, 5호, p.598-602, 여기는 p.602

69 Jacoby, 황제의 학교, p.128

70 위의 책, p.129

71 Bruder-Bezzel, Berlin, p.26

72 Sperber, Die vergebliche Warnung(헛된 경고), p.170

73 Stančić, p.152

74 Bruder-Bezzel, Berlin, p.16-17

75 위의 책, p.17

76 편지, p.72-73

77 Manès Sperber: Individuum und Gemeinschaft(개인과 공동체). 사회적 성격학에 대한 시도, Stuttgart 1978, p.7

78 Bruder-Bezzel, Berlin, p.101

79 Hilde Ottenheimer: Soziale Arbeit(사회복지 일), 출처: Sigmund Katznelson: Juden im deutschen Kulturbereich(독일 문화영역에서의 유태인), Berlin 1959, p.849-850

80 Kronfeld und Voigt, p.555

81 위의 책, p.537-539

82 Paul Rom: Alfred Adler und die wissenschaftliche Menschenkenntnis(알프레드 아들러와 학문적 인간이해), Frankfurt/M. 1966, p.129

83 다음에서 인용함. Horster, p.76

84 Bruder-Bezzel, Berlin, p.31

85 Alt, p.778
86 Orgler, p.225
87 Bruder-Bezzel, Berlin, p.104; Stančić, p.169-170
88 Sperber, All das Vergangene(모든 지나간 것들), p.520-521
89 Manès Sperber: 필리스 바텀에게 보내는 편지, 1948.8.16. 다음에서 인용함. Stančić, p.152
90 Stančić, p.159-161
91 Sperber, 모든 지나간 것들, p.524
92 Rommert Casimir, Leonhard von Renthe-Fink und Robert Schneider: Bei den Gründern der Individualpsychologie(개인심리학의 창설자들). 1932년으로 떠나는 연구여행, Helmuth E. Lück und Hermann Feuerhelm(발행), Gotha 1997, 84; Bruder-Bezzel, Berlin, p.20-21; Orgler, p.223
93 Bruder-Bezzel, Berlin, p.16-17
94 Manès Sperber: Der gegenwärtige Stand der Psychologie(심리학의 현재 상태), 출처: Alice Rühle-Gerstel, Manès Sperber 외: Psychologie der Krise(위기의 심리학) – 심리학의 위기. 변증법적-유물론적 심리학을 위한 전문그룹의 소고, 베를린 1932, p.15
95 Sperber, 헛된 경고, p.231

25. 삶의 의미

1 Theodor W. Adorno: Negative Dialektik(부정적 변증법), Frankfurt/M. 1966, p.103
2 위의 책, p.13
3 Hans-Jürgen Lang: Findet man das Glück in der Psychoanalyse(정신분석에서 사람들은 행복을 발견할까)?, 출처: 개인심리학 잡지, 39.Jg., 2014, p.131-154, 여기는 p.131
4 다음에서 인용함. Thaye Dorje Karmapa: Das buddhistische Buch von Weisheit und Liebe(지혜와 사랑에 대한 불교책). Gilles von Grasdorf가 얘기함, 암스테르담 2004, p.120
5 Alfred Adler: Wozu leben wir? Frankfurt/M.1979, p.47
6 Künzig Shamar Rinpoche: Buddhistische Sichtweisen und die Praxis der Meditation(불교가 보는 방식과 명상의 실습), Oy-Mittelberg 2007, p.45, 81, 82-83
7 Alfred Adler: Lebensprobleme(삶의 문제들). p.15
8 Adler 1932, Ansbacher und Ansbacher, p.69; Matthias Wenke: Wir sind die Herren im eigenen Haus(우리는 자신의 집에 있는 주인이다). 개인심리학, 현상학과 불교의 유사점에 대하여, 출처: 개인심리학 잡지, 39.Jg. 2014, p.169-184, 특히 p.178-180
9 http://verlagsgeschichte.murrayhall.com/?page_id=262
10 국제 개인심리학 잡지, 3.Jg., 1925, p.93-96; 국제 개인심리학 잡지, 9.Jg., 1931, p.71-84
11 Sigmund Freud: Das Unbehagen in der Kultur(1930), 출처: 문고판, 제9권, 프랑크푸르트 암 마인 1989, p.135-189, 여기는 p.128-129
12 Dollinger, p.55
13 Witte, ciszendental, p.109
14 Mackenthun, p.78
15 Wolfgang Metzger: Einführung(서문), 출처: 알프레드 아들러: 삶의 의미, 프랑크푸르트 암 마인 1973, p.13
16 Mackenthun, p.79
17 위의 책, 같은 페이지.

18 Dollinger, p.62
19 Böhringer, p.25
20 Bleidick, p.65; Reinert, p.16
21 Dollinger, p.56-57
22 Andrea Abele-Brehm: Zur Lage der Psychologie(심리학의 상태에 대하여), 출처: Psychologische Rundschau, Jg.68, 제1권, 2017, p.1-19, 여기는 p.15
23 Mackenthun, p.81
24 위의 책, p.82
25 Hannich, p.30
26 위의 책, 같은 페이지
27 Dollinger, p.63
28 Rattner und Danzer, p.126
29 Bottome, p.86-87
30 Dreikurs, p.29

26. 미국 II

1 알프레드 아들러가 G. Margery Allen에게 보낸 편지, 1932.5.18., 출처: LoC Box 4
2 Keller, p.60
3 위의 책, 같은 페이지
4 Alexandra Adler, 자서전적 기록, 대략 1973년 8월, 출처: LoC Box 14; 알렉산드라 아들러의 편지, 1979.1.14, 출처: LoC Box 13
5 다음에서 인용함. Leser, p.138
6 Rathkolb, p.499; Rauchensteiner, p.113
7 Rathkolb, p.500
8 위의 책, p.504-506
9 Susman, p.196-197
10 위의 책, p.196, 198
11 위의 책, p.201
12 위의 책, p.198
13 위의 책, p.199-200
14 위의 책, 같은 페이지
15 위의 책, p.200-201
16 Cleveland Plan-Dealer, 1934.4.4, 다음에서 인용함. Hoffman, p.327
17 Susman, p.201
18 위의 책, 같은 페이지에서 인용함
19 Margery Allen에게 보낸 알프레드 아들러의 편지, 베를린, 1931.1.2., 출처: LoC Box 4
20 Hoffman, p.315-317
21 Bottome, p.256
22 Hoffman, p.322-324; 아들러의 편지, 1931.10.16., 다음에서 인용함. Hoffman, p.327
23 라이사 아들러에게 보낸 아돌프 아들러 편지, 코펜하겐, 팰리스 호텔, 1931.1.23., 출처: LoC Box 1
24 Nelly Adler에게 보낸 알프레드 아들러의 편지, Berlin, 1931.1.26., 출처: LoC Box 1
25 Riess, p.14
26 Bottome, p.234

27 넬리에게 보내는 알프레드 아들러 편지, 호텔 그래머시 파크, 뉴욕, 1932.10.22., 출처: LoC Box 1
28 Rattner und Danzer, p.54-55
29 익명: "I on Long Island", 출처: Time(New York), 1932.10.10., p.27
30 위의 자료, p.235
31 Dreikurs, p.9
32 Heinze, p.124
33 LoC Box 1
34 Hoffman, p.350-351
35 Bottome, p.236-237
36 알리에게 보낸 알프레드 아들러의 편지, 1928.4.21, 클리브랜드, 호텔 클리브랜드, 출처: LoC Box 1
37 알리 아들러에게 보내는 알프레드 아들러의 편지, 디트로이트, 1930.1.19., 출처: LoC Box 7
38 알리 아들러에게 보내는 알프레드 아들러의 편지 일부, 1930, 출처: LoC Box 1
39 Schiferer, 삽화 전기, p.185-187; Hoffman, p.308
40 Schiferer, 삽화 전기, p.191
41 넬리 아들러-슈테른베르크와 하인츠 슈테른베르크에게 보내는 알프레드 아들러의 편지, 뉴욕, 1934.2.30., 출처: LoC Box 1
42 넬리 아들러에게 보낸 알프레드 아들러의 편지, 호텔 그래머시 파크, 뉴욕, 1934.1011, 출처: LoC Box 1
43 하인츠 슈테른베르크에게 보낸 알프레드 아들러의 편지, 1934.11.8, 출처: LoC Box 1
44 알렉산드라 아들러에게 보낸 알프레드 아들러의 편지, 1935.2.8., 출처: LoC Box 1
45 LoC Box 1

27. 종교와 개인심리학

1 Marquard, Schwierigkeiten mit der Geschichtsphilosophie(역사철학이 가진 어려움), p.81
2 Henrik Simojoki: Evangelische Erziehungsverantwortung(신교의 교육책임). 프리트리히 델레카츠(1892-1970)의 저서에 있어서 종교교육학적 연구, 튀빙겐 2008, p.119
3 Sperber, Adler, p.50
4 Rom, p.130
5 http://verlagsgeschichte.murrayhall.co./?page_id=262
6 AAS 6, p.198
7 위의 책, p.199
8 위의 책, p.209
9 위의 책, p.217
10 위의 책, 같은 페이지
11 위의 책, p.224
12 위의 책, p.191-192
13 Theodor Däubler: Das Nordlicht. 피렌체 판, 뮌헨과 라이프치히 1910, p.13
14 Witte, ciszendental, p.95-96
15 위의 책, p.122
16 Robert Hall: Alfred Adler's Concept of God, 출처: Journal of Individual Psychology, 1971, Nr.1, p.10-17, 여기는 p.17

28. 끝

1 다음에서 인용함. Hoffman, p.354
2 Schiferer, 삽화 전기, p.196
3 편지, p.142
4 LoC Box 1
5 Phyllis Bottome: The Goal, London 1962, p.249-250
6 Hoffman, p.363
7 위의 책, 같은 페이지
8 넬리와 하인츠 슈테른베르크에게 보내는 라이사 아들러의 편지, 날짜는 없지만 아마도 1935.10월, 출처: LoC Box 8
9 알리 아들러에게 쓴 알프레드 아들러의 편지, 1935.3.4., 알프레드 아들러 빈 연구소, 다음에서 인용함, Kenner, p.16
10 Bottome, p.326-328
11 위의 책, p.4, 6, 329; Pam Hirsch: The Constant Liberal. The Life and Work of Phyllis Bottome, London 2010, p.428
12 Bottome, p.330-331
13 위의 책, p.331
14 LoC Box 1
15 Appoints Book 1937, 출처: LoC Box 1, Container 1
16 Roazen, p.139
17 알프레드 아들러에게 보낸 포브스-데니스의 편지, 1937.2.12., 출처: LoC Box 9
18 Riess, p.15
19 Orgler, p.228
20 LoC Box 9
21 위의 자료
22 위의 자료
23 LoC Box 4
24 LoC Box 1
25 위의 자료
26 LoC Box 7
27 Pieter Hermanus Ronge: Individual-Psychologie. Een systematische Uiteenzetting, Bijleveld 1934.
28 Bottome, p.291-295
29 다음에서 인용함. Jones III, p.255
30 Schiferer, 삽화 전기, p.216
31 http://www.theguardian.com/uk/2011/apr/10/alfred-adler-ashes-found-edinburgh

29. 발렌티네 아들러와 소비에트연방

1 Galina Stange: Mein Leben ist leer geworden(내 삶은 공허하게 되었다), 출처: Véronique Garros, Natalija Kornewskaja und Thoma Lahusen(발행인): Das wahre Leben(진정한 삶). 스탈린 시대에 쓴 일기, 베를린 1998, p.153-212, 여기는 p.173
2 알프레드 아들러에게 보낸 발렌티네 아들러의 편지, 1936.12.24., 출처: LoC Box 7
3 LoC Box 6
4 위의 자료

5 Mertens의 서류기록, 1937.2.13., 출처: LoC Box 6; 편지, p.177
6 LoC Box 6
7 위의 자료
8 Wladislaw Hdeler: Chronik der Moskauer Schauprozesse(모스크바 모의 재판의 연대기) 1936, 1937 und 1938. 계획, 연출과 효과. Steffen Dietzch의 수필과 함께, Berlin 2003, p.115
9 Alexander Vatlin: "Was für ein Teufelspack"(무슨 종류의 악당들인가). 모스크바와 모스크바 지역에서의 NKWD(내무 인민 위원회)의 독일 작전, Berlin 2013, p.39
10 위의 책, p.10
11 Wadim S. Rogowin: 1937, 테러의 해, Essen 1998, p.43
12 Mertens의 서류기록, 1937.2.13., LoC Box 6
13 발리 아들러에게 보내는 알프레드 아들러의 편지, 윈저 호텔에서, 뉴욕, 1937.2.2., LoC Box 1
14 Andrei Januarjewitsch Wyschinski in der Komsomolskaja Prawda, 1937.7.28., 출처: Valtin, p.16-17
15 Gerd Koenen: Was war der Kommunismus(공산주의는 무엇이었던가), 괴팅겐 2010, p.86; Vatlin, p.99
16 Vatlin, p.177-178
17 위의 책, p.182
18 위의 책, p.79
19 Barry McLoughlin und Hans Schafranek: Die Kaderpolitik der KPÖ-Führung in Moskau 1914 bis 1940, 출처: Hermann Weber, Dietrich Staritz und Siegfried Bahne(발행인): 공산주의자들이 공산주의자들을 뒤쫓다. 30년대부터 유럽의 공산당에 있어서 스탈린 식의 테러와 "숙청", Berlin 1993, p.125-147, 여기는 p.143
20 Vatlin, p.182-183, 188
21 넬리와 하인츠 슈테른베르크에게 보내는 라이사의 편지, 1937년 3월, 출처: LoC Box 7
22 라이사 아들러의 편지, 윈저 호텔, 뉴욕, 1937.4.13., 출처: LoC Box 7
23 발리 아들러에게 보내는 알프레드 아들러의 편지, 1937.5.11., 출처: LoC Box 1
24 편지, p.177
25 위의 자료, p.183
26 위의 자료, p.185
27 라이사에게 보내는 알프레드 아들러의 편지, 캘리도니언 호텔, 애버딘, 1937.5.27., 출처: LoC Box 1
28 포브스 데니스의 편지, Lonach Cottage, 46 Lexham Gardens, London, 날짜 없음, 출처: LoC Box 6
29 Ehrenstein, 편지, p.302-303
30 아인슈타인에게 보낸 알렉산드라의 편지, 1938.4.13., 출처: LoC Box 4, 4번째 서류철
31 LoC Box 4, 4번째 서류철
32 아인슈타인에게 보낸 알렉산드라의 편지, 1938.5.27., 출처: LoC Box 4, 4번째 서류철
33 LoC Box 6; Clara Kenner: Valentine Adler, 출처: Brigitte Keintzel und Ilse Korontin(발행인): 오스트리아 출신의 여성학자들, 삶-작품-영향, 빈, p.13-14, 여기는 p.14
34 알리 아들러의 편지, 1941.9.10., 출처: LoC Box 6
35 LoC Box 6
36 마르가레테 부버의 편지, 스톡홀름, 1947.3.12., 라이사 아들러에게, 출처: LoC Box 6

37 Kenner, Valentine Adler, p.14

30. 1937년 이후 아들러 가족

1 LoC Box 7
2 BL, Bottome Papers
3 Pongratz, p.23
4 Kaminsky, p.15-16
5 Ehrenstein, 편지, p.298-300; 편지, p.131, 137, 141-143
6 알리 아들러에게 보내는 포브스-데니스의 편지, 1971.4.29., 출처: LoC Box 13
7 라이사 아들러에게 보내는 알리 아들러의 편지, 1940.11.29., 출처: LoC Box 13
8 LoC Box 13
9 Kenner, p.91
10 BL, Bottome Papers
11 라이사 아들러, 휴고 탈러에게 보내는 편지(빈), 1957.6.30., 출처: VGA, Kat. Nr.F 10, Lade 20, Mappe 51; Pilze, p.111
12 LoC Box 13
13 알리 아들러에게 보내는 아돌프 아들러의 편지, 디트로이트, 1930.1.19., 출처: LoC Box 7
14 필리스 바텀에게 보낸 알렉산드라 아들러의 편지, 1962.4.22., 부활절 일요일, 출처: BL, Bottome Paters
15 LoC Box 7
16 Hoffman, p.357
17 Pongratz, p.29
18 위의 책, p.30
19 The Office of the Federal Register, National Archives and Records, Administration(발행인): Code of Federal Regulations, 3권: 1997 Compilation and Parts 100-102. Revised as of January 1, 1998, Washington DC, 1998, p.144-145

31. 1933년 이후의 개인심리학

1 다음에서 인용함. Gerd Meyer: Freiheit wovon, Freiheit wozu(자유 무엇으로부터, 자유 무엇 때문에)? 에리히 프롬의 정치적 심리학과 휴머니즘적 정치의 대안, 오플라덴 2002, p.12-13
2 Eissler, Psychologische Aspekte(심리학의 시각), p.160; C, G, Jung: 볼프강 크라네펠트에게 보낸 편지, 1934.2.9., 출처: 정신분석 국제 리뷰, Jg.4, 1977, p.377
3 다음에서 인용함. Helmut Dahmer: Libido und Gesellschaft(리비도와 사회). 프로이트와 프로이트적 좌파에 대한 연구, 프랑크푸르트 암 마인 1973, p.480. 1938년 그는 교수 및 출판 금지명령을 받았다. 이에 관해 다음을 참고하라. Hans-Martin Lohmann und Luthz Rosenkötter: Psychoanalyse in Hitlerdeutschland(히틀러 독일에서의 정신분석). 정말 그때는 어떠했을까? 출처: Hans-Martin Lohmann(발행인): Psychoanalyse und Nationalsozialismus (정신분석과 나치즘). 극복할 수 없는 꿈을 극복하기 위한 소고, 프랑크푸르트 암 마인 1994, p.54-77, 여기는 p.69
4 C. G. Jung: Zur gegenwärtigen Lage der Psychotherapie(심리치료의 현재 상태), 출처:, 심리치료 중앙지, 7.Jg, 1934, p.1-16, 여기는 p.9
5 자이프에게 보낸 괴링의 편지, 1933.9.6., 다음에서 인용함. Bruder-Bezzel, p.34-35

6 Käthe Dräger: Bemerkungen zu den Zeitumständen und zum Schicksal der Psychoanalyse und der Psychothrapie in Deutschland zwischen 1933 und 1949(1933년과 1949년 사이 시대적 상황과 독일 정신분석과 정신치료의 운명에 대한 논평), 출처: Hans-Martin Lohmann (발행인): Psychoanalyse und Nationalsozialismus. 극복할 수 없는 꿈을 극복하기 위한 소고, Frankfurt/M. 1994, p.41-53, 여기는 p.47; Lohmann und Rosenkötter, p.65
7 Schiferer, 삽화 전기, p.219
8 Bruder-Bezzel, Berling, p.33
9 위의 책, p.34
10 위의 책, p.35
11 다음에서 인용함. Schiferer, 삽화 전기, p.218-219
12 Lohmann und Rosenkötter, p.62
13 위의 책, p.67, 76
14 Bruder-Bezzel, Berlin, p.36; Dräger, p.48
15 Dräger, p.49-50
16 위의 책, p.41-42
17 Bruder-Bezzel, Berlin, p.33
18 Kenner, p.26-27
19 Schiferer, 삽화 전기, p.201
20 Wiener Montagsblatt, 1937.1.25., 다음에서 인용함. Handlbauer, p.198-199
21 Kenner, p.9-10, 25
22 Schiferer, 삽화 전기, p.203
23 Kenner, p.15; Schiferer, 삽화 전기, p.204
24 Siems, p.71
25 Bottome, p.211
26 알리네 푸르트뮐러의 일기장을 참고하라. VGA Wien, 푸르트뮐러의 유산, 서류철 17
27 Kenner, p.28, 34
28 Harald Leupold-Löwenthal: Die Beziehung zwischen Analytikern und Individualpsychologen in der Zeit der Verfolgung(박해당하던 시기에 분석가와 개인 심리학자 사이의 관계), 출처: 1982년 8월 2일부터 6일까지 빈에서 개최되었던 국제 개인심리학 학회 제15회에서 선별한 소고, 1982, p.43-50, 여기는 p.48
29 Kenner, p.44
30 Joachim Schiller: Otto Rühle – 목격한 사람, 출처: Stecklina und Schille, p.37-43, 여기는 p.37
31 Jacinto, p.276-277
32 Jacoby und Herbst, p.82-83
33 Gerd Stecklina: Zur Person Otto Rühle(오토 륄레라는 사람에 대하여), 출처: Stecklina und Schille, p.17-36, 여기는 p.33
34 Jacoby , Des Kaisers Schule(황제의 학교), p.134
35 위의 책, p.135
36 Stančić, p.147
37 위의 책, p.177-179
38 Manès Sperber: Zur Analyse der Tyrannis, Wien 1975, p.55-57
39 Janet Terner und W. L. Pew: The courage to be imperfect. The Life and Work of Rudolf Dreikurs, New York 1978, p.97

40 위의 책, p.140
41 Kenner, p.21-22
42 가족에게 보내는 드라이쿠르스 편지, 1937.11.24.일과 11.26일, 알프레드 아들러 연구소 빈, 다음에서 인용함. Kenner, p.22
43 Kenner, p.22-23
44 Kenner, p.28; Ackerknecht, p.22
45 Siebenhüner, p.47
46 Terner und Pew, p.200-201
47 Siebenhüner, p.48, 50-51
48 Kenner, p.21; Ackerknecht, p.23
49 Kenner, p.158
50 Bottome, p.253
51 위의 책, p.301, 주석 197
52 Ackerknecht, p.23

32. 1945년 이후의 개인심리학

1 다음에서 인용함. Roazen, p.153
2 LoC Box 11
3 The American Journal of Psychiatry, vol.127, No.6, 1970.12.6., 이 잡지에는 다음의 내용이 들어있다. Alexandra Adler: Recollections of My Father, p.771-772; Kurt A. Adler: The Relevance of Adler's Psychology to Present-Day Theory, p.773-776; Heinz L. Ansbacher: Alfred Adler: A Historical Perspective, p.777-782; Helen Papanek: Adler's Psychology and Group Psychotherapy, p.783-786, 출처: Loc Box 11
4 Hilde Marx: Individualpsychologie erlebt starke Renaissance(개인심리학은 강력하게 부흥하고 있다). "알프레드 아들러 정신 위생 병원", 출처: Aufbau, 1971.4.16., p.64, 출처: LoC Box 11
5 Peter Loewenberg: Decoding the Past. The Psychohistorical Approach, New York 1983, p.31
6 Pearl King: Early Divergences between the the Psycho-analytical Societies in London and Vienna, 출처: Edward Timma und Naomi Segal(발행인): Freud in Exile, New Haven 1988, p.124-133
7 Ellen Herman: The Romance of American Psychology. Political Culture in the Age of Experts, Berkeley 1995, p.266; Zaretsky, p.397
8 Herman, p.2
9 Kurzweil, p.347; Zaretsky, p.397-398
10 Frank Furedi: Therapy Culture. Cultivating Vulnerability in an Uncertain Age, London 2004, p.10
11 Zaretsky, p.397-398
12 Kenneth Clark: Implications of Adlerian Theory for an Understanding of Civil Rights Problems and Action, 출처: Journal of Individual Psychology, 23.Jg, 1967.11월, p.181-190
13 Philip Rieff: The Triumph of the Therapeutic. Uses of Faith after Freud, Chicago 1966, p.4, 13; Rieff에 관해서는 다음을 참조하라. Kenneth S. Piver: Philip Rieff. The Critic of Psychoanalysis as Cultural Theorist, 출처: Mark S. Micale und Roy Porter(발행인):

Discovering the History of Psychiatry, New York und Oxford 1994, p.191-215
14 Jerry Adler: Freud in Our Midst, 출처: Newsweek, 27.Jg, 2006.3월, www.newsweek.com/id/46977
15 Illouz, p.47-48
16 위의 책, p.33
17 Michael Ermann: Psychoanalyse in den Jahren nach Freud(프로이트 이후의 정신분석), 1940-1975의 발전, Stuttgart 2012, p.36
18 C. Fred Alfort: Melanie Klein and the Nature of Good and Evil, 출처:Paul Marcus und Alan Rosenberg(발행인): Psychoanalyic Versions of the Human Condition. Philosophies of Life and their Impact on Practice, New York 1998, p.118-139, 여기는 p.120
19 Ermann, p.49-51
20 Illouz, p.56; Ermann, p.53-54
21 Zaretsky, p.25-26; 다음을 참고하라. Stephen A. Mitchell und Margaret J. Black: Freud und Beyond. A History of Modern Psychoanalytic Thought, New York 1995, 특히 6장. Psychologies of Identity and Self: Erik Erikson and Heinz Kohut, p.139-169, 그리고 7장. Contemporary Freudian Revisionists: Otto Kernberg, Roy Schafer, Hans Loewald und Jacques Lacan, p.170-205
22 Karl Heinz Witte: 서문, 출처: AAS1, p.7-8, 여기는 p.7
23 Gasser-Steiner, p.68
24 위의 책, 같은 페이지
25 Thomas Stephenson: Bernd Rieken, Brigitte Sindelar und Thomas Stephenson: Psychoanalytische Individualpsychologie in Theorie und Praxis(이론과 실습에서의 정신분석학적 개인심리학), 정신치료, 교육학, 사회. Roland Wölfle의 소고, 빈과 뉴욕 2011, p.31-53, 여기는 p.46
26 Kenner, p.29, 주석 18
27 Stephenson, p.48
28 Zivit Abramson: Partnerschaft lernen(배우자와의 관계 배우기), Lindau 2015, p.423
29 Stecklina, 성격, p.115
30 Kenner, p.49; https://doi.org/10.1177/0957154X9700803101
31 Kenner, p.45
32 위의 책, p.46-47
33 다음에서 인용함. Schiferer, 삽화 전기, p.221
34 Glaser, p.310
35 Kenner, p.47-48
36 Stephenson, p.48-49
37 Schmidt, p.120
38 Bruder-Bezzel, Berlin, p.37-38
39 Rudolf Meindl: Selbstverantwortung(자기책임). 직업과 사회와 연관하여 아돌프 아들러의 개인심리학, 뮌헨 2014, p.18.
40 Schmidt, p.120; Bruder-Bezzel, Berlin, p.7
41 Wolfgang Metzger: Alfred Adler im deutschen Sprachraum(독일어권에서의 알프레드 아들러). 개인심리학 독일 협회의 명예회장의 개회연설, 출처: Rudolf Kausen und Franzjosef Mohr(발행인): 개인심리학을 위한 소고. 1976년 7월 29일부터 8월 3일까지 뮌헨에서 열린 제13차 국제 개인심리학 학회에 관한 보고서, 뮌헨과 바젤 1978, p.9-15, 여기는 p.9

42 Bruder-Bezzel, Berlin, p.37-38
43 위의 책, p.38
44 위의 책, p.175-177

33. 개인심리학 4.0

1 Bottome, p.227
2 Joanne Morra: Inside the Freud Museums. History, Memory ad Site-Responsive Art, London and New York 2018, p.7-8
3 W. H. Auden: Collected Poems, Edward Mendelson 발행, London 1994, p.275
4 Harald Weinrich: Lethe. Kunst und Kritik des Vergessens(망각. 망각의 기술과 망각에 대한 비판), 뮌헨 1997, p.40-41, 223; 다음과 비교하라. Paul Celan: Der Sand in den Urnen(유골단지의 모래), 출처: Paul Celan: Gedichte in zwei Bänden(2권으로 된 시), Frankfurt/M. 1975, p.22
5 Weinrich, p.263-271
6 위의 책, p.44-46
7 Matthias Nauerth: Verstehen in der Sozialen Arbeit(사회적 일을 할 때의 이해). 사회적 진단을 위한 행동 이론적 소고, 비스바덴 2016, p.113-114
8 Hans Thiersch: Verstehen – lebensorientiert(이해 – 삶에 방향을 맞춘), 출처: Sandra Wesenberg 외(발행): Verstehen: 사회교육학적 요구, 바인하임과 바젤 2018, p.16-32, 여기는 p.17
9 Medard Boss: Grundriss der Medizin und der Psychologie(의학과 심리학의 기본적인 형태). 현상학적 심리학, 심리학, 병리학, 치료와 현대 산업사회에서의 존재에 적합한 예방의학에 관한 소고, Bern 1975, p.244
10 Rainer Schmidt: Neuere Entwicklungen der Individualpsychologie im deutschsprachigen Raum(독일어권에서 개인심리학의 새로운 발전), 출처: Wege zur Einheit, p.83-93, 여기는 p.87
11 Kornbichler, p.18-19
12 Wolfgang Metzger: Einführung(서문), 출처: Alfred Adler: Die Technik der Individualpsychologie 2(개인심리학 2의 기술). 교육하기 힘든 학생들의 마음, Frankfurt/M.1974, p.7-11, p.9
13 Erwin Wexberg: 개인심리학, 2차 수정한 책의 재판, 라이프치히 1931, Stuttgart 1974, p.211
14 Jacoby, Alfred Adlers Individualpsychologie, p.63
15 Alexandra Adler: : 개인심리학(알프레드 아들러), 출처: Viktor E. Frankl 외(발행): Handbuch der Neurosenlehre und Psychotherapie(노이로제 학설과 심리치료 편람), 3권, 특수 심리치료 1, 뮌헨 1959, p.221-268, 여기는 p.223; Erwin Ringel: Torbergs "Schüler Gerber" und seine Bedeutung für die moderne Selbstmodrverhütung(학생 게르버와 현대 자살방지와 관련한 그의 의미), 출처: Erwin Ringel: Die österreichische Seele(오스트리아인의 영혼), p.109-145, 여기는 p.128
16 Gerd Stecklina: 사회교육학과 개인심리학의 관계에 관하여, 출처: Wesenberg 외, Verstehen, p.134-147, 여기는 p.142
17 다음을 참고하라. Lothar Böhnisch: Lebensbewältigung(삶의 극복). 사회 복지 업무를 위한 컨셉, 바인하임과 바젤 2016 ; Wilfried Datler: Die Bewertung der Freud-Adler-Kontroverse in der gegenwärtigen Individualpsychologie und die Wiederannährung an

psychoanlytische Positionen: 개인심리학 오스트리아 협회의 발전에 관한 논평, 출처: 개인심리학 잡지, 34. Jg., 2009, 1권, p.55-65

18 Adelheid Biesecker und Sabine Hofmeister: Zur Produktivität des "Reproduktiven"(재생산하는 자들의 생산성). 출처: Feministische Studien, 31. Jg., 2권, p.240-252; I.L.A. Kollektiv(발행): Das gute Leben für alle(모두를 위한 좋은 삶). 연대적인 삶의 방식을 위한 길, 뮌헨 2019

19 Catherine Haslam 외: The New Psychology of Health. Unlocking the Social Cure, London und New York 2018

20 다음을 인용함. Susie Reinhardt: Die Medizin der Gemeinschaft(공동체의 의학), 출처: Psychologie Heute(오늘날의 심리학), 2권, 2019, p.64-69

21 Torsten Klengel 외: Allele-specific. FKBP5 DNA demethylation dediates gene-childhood trauma interactions, 출처: Natur Neuroscience. 16.Jg, 2013, p.33-41; Wiener Bartens: Emotional Gewalt(감정적 폭력). 무엇이 정말 우리를 아프게 하는가: 모욕, 굴욕, 무관심과 어떻게 우리가 이로부터 우리를 보호하나, Berlin 2018, p.49

22 Thomas A. Field, Eric T. Besson und Laura K. Jones: the new ABCs: A practitioner's guide to neuroscience-informed cognitive-behavior therapy, 출처: Jounal of Mental Health Counseling, Jg. 37, 2015, p.206-220

23 Edward M. DeRobertis: A neuroscientific Renaissance of Humanistic of Psychology, 출처: Journal of Humanistic Psychology, Jg. 55, 2015, p.323-345, 여기는 p.323

24 위의 책, p.328

25 Raissa Miller und Dalena Dillman Taylor: Does Adlerian Theory Stand the Test of Time? Examining Individual Psychology From a Neuroscience Perspective, 출처: Journal of Humanistic Counseling, Jg. 55, 2016, p.111-128

26 Eric R. Kandel: Psychiatrie, Psychoanalyse und die neue Biologie des Geistes(정신 의학, 정신 분석과 정신의 새로운 생물학), Frankfurt/M. 2006, p.87

27 Susanne Rabenstein: Individualpsychologie und Neurowissenschaften(개인심리학과 신경학). 알프레드 아들러 이론의 신경생물학적 기초, 뮌스터와 뉴욕 2017, p.36-37

28 Giacomo Rizzolati und Corrado Sinigaglia: Empathie und Spiegelneurone(공감능력과 거울뉴런). 공감의 생물학적 기초, 프랑크푸르트 암 마인 2008, p.113-136, 여기는 p.136

29 Alica Ryba und Gerhard Roth: Coaching und Beratung in der Praxis(실무에 있어서의 코칭과 충고). 신경학에 바탕을 둔 통합모델, Stuttgart 2019, p.22-24

30 Abraham Maslow. 1969.8.25. Anne Kaufmann에게, Division of Public Information, Alfred Adler Centennial, 71 Park Avenue, New York, 출처: LoC Box 7

인명 색인

이 책은 알라딘 북펀드를 통해

240명의 독자들이 함께 참여하여 만들었습니다.

강명오 강성찬 강신주 고은아 고정오 고진선 곽상경 곽주은 곽진영 구미연
구본철 권동희 권지선 권혁임 권혁진 금동조 김건하 김경록 김경원 김근엽
김대정 김동학 김명숙 김명순 김문숙 김미선 김상복 김상훈 김선미 김선아
김성룡 김성지 김소령 김수정 김수진 김승권 김승룡 김영민(2) 김영옥
김영헌 김예슬 김용주 김유진 김은영 김일신 김재철 김재홍 김종수 김주영
김지목 김진규 김진영 김창규 김태은 김푸름 김현우 김희수 김희정(2)
남미지 남선미 도승철 문민정 문영아 문정미 민난희 민춘숙 박건표 박근남
박도희 박래중 박범진 박병규 박병선 박상현 박서준 박선영 박성기 박성식
박성진 박은경 박일섭 박정숙 박정현 박종금 박지애 박혜영 배주원 백상우
백승우 서경아 서민들레 서연진 서용원 서인희 서주혜 서효원 설하윤
성혜란 손동신 손영식 손정남 손지상 손지예 송경섭 송혜경 송혜민 신연경
신한별 심재수 안분훈 안형진 안희령 양병희 양승훈 양정석 엄주영 오승희
오영미 오현정 오혜리 우승원 유미예 유선희 윤달수 윤도영 윤성환 윤숙희
윤영찬 윤지희 이다정 이미란 이설 이소영 이수연 이순구 이승교 이승용
이연수 이영란 이영숙 이영주 이원경 이은균 이정옥 이정화 이종국 이주희
이지용 이창희 이청오 이태우 이희망 이희준 임옥화 장덕수 장석전 장유정
장정윤 장한솔 전은지 전정수 정경수 정근와 정미라 정용수 정은지 정재오
정재욱 정혜영 정회성 정효주 조레아 조소진 조수안 조재은 조제윤 조현동
지미란 최낙현 최돈진 최민호 최승범 최연웅 최영은 최혜선 하강희 하승주
하민희 한로사 한상일 한준모 한지혜 허아영 홍대기 홍사원 황인성 황의성
황예경 황한결 황한솔 황한슬

● 후원자 가운데 허락하신 분들의 이름만 실었습니다.

DIE VERMESSUNG DER MENSCHLICHEN PSYCHE
BIOGRAPHIE

Alfred Adler

알프레드 아들러

개인심리학의 탄생

지은이 | 알렉산더 클루이
옮긴이 | 이미옥

펴낸곳 | 마인드큐브
펴낸이 | 이상용
편집부 | 김인수, 현윤식
디자인 | 서경아, 남선미, 서보성

출판등록 | 제2018-000063호
이메일 | mind@mindcube.kr
전화 | 편집 070-4086-2665
마케팅 031-945-8046 팩스 031-945-8047

초판 1쇄 발행 | 2020년 11월 23일
ISBN | 979-11-88434-32-9 (03180)